CB053146

A INSTITUIÇÃO DA RELIGIÃO CRISTÃ

João Calvino

A INSTITUIÇÃO DA RELIGIÃO CRISTÃ

ORGANIZADA AGORA PELA PRIMEIRA VEZ EM QUATRO LIVROS E EM CAPÍTULOS PRECISOS E DISTINTOS, MUITO ADEQUADA AO ESTUDO. ALÉM DISSO, ENRIQUECIDA DE TÃO GRANDE ACRÉSCIMO QUE QUASE PODE SER TOMADA POR UMA OBRA NOVA.

Tomo I

Livros I e II

Edição integral de 1559

editora
unesp

Título original em latim: Institutio Christianae Religionis (1559)
© 2007 da tradução brasileira:

Fundação Editora da UNESP (FEU)
Praça da Sé, 108
01001-900 – São Paulo – SP
Tel.: (0xx11) 3242-7171
Fax: (0xx11) 3242-7172
www.editoraunesp.com.br
www.livrariaunesp.com.br
feu@editora.unesp.br

CIP – Brasil. Catalogação na fonte
Sindicato Nacional dos Editores de Livros, RJ

C168L
v. 1

Calvin, Jean, 1509-1564
    A instituição da religião cristã, Tomo I, Livros I e II/João Calvino; [tradução Carlos Eduardo de Oliveira... et al., e, tradução do livro II, Carlos Eduardo de Oliveira]. — São Paulo: Editora UNESP, 2008.
    Tradução de: Institutio Christianae Religionis
    "Edição integral de 1559"
    ISBN 978-85-7139-804-7
    1. Igrejas reformadas — Doutrinas e controvérsias — Obras anteriores a 1800.
2. Teologia dogmática — Obras anteriores a 1800. I. Título.
08-0380.   CDD: 284.2
                                                       CDU: 275

Editora afiliada:

Asociación de Editoriales Universitarias
de América Latina y el Caribe

Associação Brasileira de
Editoras Universitárias

Abreviaturas adotadas

- **Ab** .... Abdias
- **Ag** .... Ageu
- **Am** .... Amós
- **Ap** .... Apocalipse
- **At** .... Atos dos apóstolos
- **Br** .... Baruque
- **Cl** .... Colossenses
- **1Co** .... Coríntios, 1
- **2Co** .... Coríntios, 2
- **1Cr** .... Crônicas, 1
- **2Cr** .... Crônicas, 2
- **Ct** .... Cântico dos cânticos
- **Dn** .... Daniel
- **Dt** .... Deuteronômio
- **Ecl** .... Eclesiastes
- **Eclo** .... Eclesiástico
- **Ed** .... Esdras
- **Ef** .... Efésios
- **Et** .... Ester
- **Ex** .... Êxodo
- **Ez** .... Ezequiel
- **Fm** .... Filêmon
- **Fp** .... Filipenses
- **Gl** .... Gálatas
- **Gn** .... Gênesis
- **Hb** .... Hebreus
- **Hc** .... Habacuque
- **Is** .... Isaías
- **Jd** .... Judas
- **Jl** .... Joel
- **Jn** .... Jonas
- **Jó** .... Jó
- **Jo** .... João
- **1Jo** .... João, 1
- **2Jo** .... João, 2
- **3Jo** .... João, 3
- **Jr** .... Jeremias
- **Js** .... Josué
- **Jt** .... Judite
- **Jz** .... Juízes
- **Lc** .... Lucas
- **Lm** .... Lamentações
- **Lv** .... Levítico
- **Mc** .... Marcos
- **1Mc** .... Macabeus, 1
- **2Mc** .... Macabeus, 2
- **Ml** .... Malaquias
- **Mq** .... Miquéias
- **Mt** .... Mateus
- **Na** .... Naum
- **Ne** .... Neemias
- **Nm** .... Números

Sumário

João Calvino, para o leitor[*]

ma vez que alimentava eu tênue expectativa acerca do sucesso que, por sua imensa bondade, o Senhor conferiu à primeira edição desta obra, em pouco tempo (como costuma acontecer às obras pequenas) finalizei sua maior parte. No entanto, quando soube que fora recebido com o aplauso *piorum fere omnium* (de quase todos os devotos) aquele que jamais reclamaria e muito menos teria ousado esperar por reconhecimento, tendo percebido que fora concedido à minha alma muito mais do que eu mereceria, pensei que haveria de ser ainda maior a ingratidão se não estivesse pronto a corresponder, ao menos em conformidade à minha simplicidade, aos que, zelosos, voltam-se para mim e espontaneamente solicitam meu trabalho. E não procurei fazer isso apenas na segunda edição: por ocasião de todas as posteriores publicações, a obra foi enriquecida de não poucos acréscimos. Embora não me arrependesse do trabalho até então despendido, jamais entretanto me satisfiz, até que ele chegou à ordem agora proposta. Espero, então, ser plenamente aprovado por vosso juízo. Decerto é possível dar um rico testemunho de quanto zelo dediquei a que esta obra da Igreja de Deus fosse concluída, pois que, pelo inverno passado, ao estimar que uma febre quartã me apresentava à morte, quanto mais pesava a enfermidade, menos me poupava, até deixar como herança este livro, como recompensa a uma tão benigna solicitação dos fiéis. Sem dúvida, eu teria preferido maior presteza, afinal, maior a pressa quando maior é o bem. Oportunamente, considerarei entretanto que avancei quando perceber ter trazido para a

---

[*] Tradução de Carlos Eduardo de Oliveira e José Carlos Estevão.

Igreja de Deus algum fruto ainda mais proveitoso do que antes; eis meu único desejo. E evidentemente agiria mal comigo mesmo, a não ser que, contente com a aprovação do Deus único, desprezasse os juízos estultos e perversos dos homens ignaros ou os iníquos e malignos dos ímprobos. Pois, ainda que Deus tenha consagrado em plenitude a minha alma ao zelo, tanto da propagação de seu reino como do serviço para o proveito comum, estou também dignamente cônscio de que terei Ele e os anjos como testemunhas, desde que recebi o ofício de doutor na Igreja, de a nada mais ter-me proposto senão a fazer avançar a Igreja, afiançando a sincera doutrina da piedade. Considero, contudo, que ninguém seja mais acometido, atormentado e achacado por calúnias do que eu: quando a epístola já estava no prelo, recebi informação segura de que, de Augusta, onde corria a Dieta das ordens do Império, fora espalhado o rumor de minha rendição ao Papado, e de que teria sido expulso das cortes dos príncipes com mais cupidez do que o é um rival. Eis, então, a gratidão daqueles que certamente não ocultam as muitas provas de minha constância, os quais, em vez de vomitar tão horrenda calúnia, deveriam, a partir daquela, me defender perante todos os juízes equânimes e humanos. Engana-se o Diabo, com toda a sua caterva, se, ao me oprimir com fétidas mentiras, considera que haverei de ser mais alquebrado ou mais indolente, porquanto confio que Deus, por sua imensa bondade, há de me dar tolerância equânime para perseverar no curso de seu santo chamado, cujo novo exemplo exibo nesta edição para os leitores fiéis. Além disso, neste trabalho, foi este meu propósito: preparar e instruir os candidatos ao aprendizado da palavra divina da sagrada Teologia, para que possam ter um acesso fácil a ela, assim como prosseguir livremente em seus passos, pois que considero ter reunido uma tal suma da religião em todas as suas partes e a tenha classificado em tal ordem, que qualquer um que a considere retamente não terá dificuldade em estabelecer e buscar o que é principal na Escritura, e possa aquele, ao final, referir tudo que nela está contido. E, desse modo, se acrescentar depois alguns comentários à Escritura, uma vez que não terei de instituir longos debates sobre os dogmas e estender-me a respeito das passagens comuns, tal qual por uma via pavimentada, sempre os reduzirei a um compêndio. Por essa razão, o fiel leitor será poupado de um grande aborrecimento e fastio unicamente pelo conhecimento da presente obra, como se marchasse fortalecido por um instrumento necessário. Mas, desde que a razão desta instituição aparece com clareza, como que em um espelho, em meus tantos comentários, prefiro dar a conhecer o que vem a ser o próprio trabalho a celebrá-lo com palavras. Salve, amigo Leitor! E se apanhares algum fruto de meus labores, favoreça-me junto a Deus, nosso pai, com tuas preces.

De Genebra, no primeiro dia de agosto do ano de 1559.

Às almas para as quais teria sido sem importância justificar o opúsculo,
Que se componha, pelo zelo de aprender, uma grande obra.

Agostinho, *Epístola 7:*
    Proclamo estar entre o número dos que escrevem se desenvolvendo e
    se desenvolvem escrevendo.[1]

Ao Potentíssimo e Ilustríssimo Monarca Francisco,

Rei Cristianíssimo dos Franceses,
Seu Príncipe,
João Calvino suplica a paz e a saúde em Cristo.

Quando me dediquei a esta obra pela primeira vez, nada estaria mais longe de meus pensamentos, ó brilhantíssimo Rei, do que dedicá-la, à sua conclusão, a vossa majestade. Havia apenas o desejo de ensinar alguns rudimentos pelos quais seriam formados para a verdadeira piedade os que tivessem experimentado algum zelo da religião. E me apliquei a este trabalho sobretudo pelos nossos franceses: embora entendesse que muitos deles estivessem famintos e sedentos de Cristo, percebia que muito poucos eram imbuídos de um conhecimento minimamente correto. O próprio livro atesta que esta foi minha principal razão: composto, com efeito, para ser ensinado de modo fácil e simples. Com efeito, quando divisei que o furor de alguns ímprobos se fortalecia em vosso reino, a ponto de não haver lugar para uma doutrina verdadeira,[2] vi que se tornava conveniente para mim se, numa mesma obra, tanto oferecesse a eles a instituição quanto declarasse a vós uma confissão, pela qual aprendais a

---

1 Agostinho. *Epístola* 143, 2. In: *Patrologia Latina* (PL) 33, 585.
2 Cf. a epístola de Francisco I aos príncipes da Alemanha, datada de 1º de fevereiro de 1535 (Herminjard, III, 249ss).

doutrina sobre que se inflamam com tanta raiva aqueles furiosos que hoje causam distúrbio a vosso reino com ferro e fogo. De fato, não temerei reconhecer aqui que esteja contido em minha suma quase a mesma doutrina que aqueles vociferam que deva ser tanto condenada ao cárcere, ao exílio, à proscrição, às chamas, quanto exterminada pela terra e pelo mar. Sem dúvida, sei por quão atrozes delações saturaram vossos ouvidos e vossa alma para tornarem nossa causa muito odiosa para vós, mas, por vossa clemência, deve ser avaliado que não haveria nenhuma inocência, nem nos ditos, nem nos fatos, se fosse suficiente a acusação. Evidentemente se alguém, com o pretexto de excitar o ódio a essa doutrina da qual eu procuro expor a vós a razão, der como pretexto que, condenada por toda ordem de cálculos, já tivesse sido criticada por muitas sentenças do foro, não teria dito senão que, em parte, foi violentamente abatida pelo conluio e potência dos adversários, e em parte insidiosa e fraudulentamente oprimida por mentiras, ardis e calúnias. É violência que, por pretexto não declarado, sejam levantadas contra ela sentenças sanguinárias; fraude, que seja acusada de sedição e de malefícios sem merecimento. Para que ninguém estime que nos queixamos disso por injúria, vós mesmo podeis ser nossa testemunha, ó nobilíssimo Rei, de quão mentirosas são as calúnias sob as quais todos os dias ela é trazida para vós, visto que não se espera senão que, aos Reis, rapte seus cetros de suas mãos; que lance a todos em tribunais e juízos; que subverta todas as ordens e governos; que perturbe a paz e a quietude do povo; que suspenda a todas as leis, que dissipe os domínios e as possessões, que, enfim, ponha tudo de ponta-cabeça. E, no entanto, não ouvis senão uma minúscula porção. Com efeito, entre os vulgos, certamente, são disseminados horrores que, fossem verdadeiros, todo o mundo, com razão, julgaria que ela, junto a seus autores, fosse digna de mil fogos e cruzes. Quem, então, se admiraria que avançasse sobre ela um ódio público, quando se tem fé em tão iníquas incriminações? Eis porque todas as ordens daqueles consentem e conspiram contra a nossa doutrina e para a nossa condenação: tomados por essa afecção, os que tomam o assento para o julgamento pronunciam como sentenças os prejulgamentos que trazem de casa e consideram ter dado cabo do que lhes cabe se não obrigarem ser levado ao suplício senão aquele que foi provado culpado por seu próprio testemunho ou por testemunhos sólidos. Mas de qual crime? Dizem: daquela doutrina condenada. Mas por qual juízo foi condenada? Ora, o sustentáculo da defesa era que aquela doutrina não fosse abnegada, mas defendida como verdadeira. Assim se interdita aqui a faculdade de suspirar!

Motivo pelo qual não postulo de modo iníquo, ó Rei invencível, que tomais conhecimento integral dessa causa que até agora foi tratada, ou de qualquer modo perseguida, com distúrbio e com nenhuma ordem de direito antes por agitação impotente que pela gravidade legítima. E não estimais que eu arquitete aqui minha defesa particular, pela qual conseguirei voltar a salvo à minha pátria: se bem que honre uma afeição de humanidade com ela, como é conveniente, do modo como as coisas estão agora, dela não me afasto com pesar. Com efeito, abraço a causa comum de todos os devotos e, acima de tudo, a do Cristo, que hoje está por tantos modos dilacerada e esmagada em vosso reino que, por assim dizer, jaz deplorada, antes, certamente, pela tirania de certos fariseus que por vossa consciência. Mas quem o faça, não cabe dizer aqui; seja como for, jaz aflita. Com efeito, os ímpios avançaram no fazer que a verdade de Cristo, ainda que não se perca afugentada e dissipada, seja escondida como sepulta e ignóbil, dado que a Igreja paupérrima deva ser ou consumida por massacres cruéis, ou lançada ao exílio, ou, pelo menos, abalada por tamanhos terrores que nem os ouse denunciar. E ainda assim, com a insânia e a ferocidade com a qual estão acostumados, lançando-se sobre a ruína que erigiram, batem com força contra a parede que já está demolida. E não surge ninguém nesse meio-tempo que censure tais fúrias, visto que, quando veem que alguns desejam claramente favorecer a verdade, estimam que há de ser perdoado o erro e a imprudência dos homens simples. Com efeito, os homens ingênuos – de tanto que lhes embaraça o Evangelho! – falam de modo que se chame de erro e imprudência o que sabem ser a certíssima verdade de Deus; de estúpidos àqueles que veem que a capacidade não foi desprezada pelo Cristo, que lhes revelou os mistérios da sabedoria celeste. Vosso será, porém, ó Rei sereníssimo, o não afastar nem os ouvidos nem a alma de tão justo apoio, sobretudo ao se tratar de tão grande matéria, a saber: de que modo a glória de Deus seja mantida sobre a terra, de que modo a verdade de Deus retenha a sua dignidade, de que modo o reino de Cristo permaneça em sua perfeição entre nós;[3] matéria digna de vossos ouvidos, digna de vosso conhecimento, digna de vosso tribunal. Pois um tal pensamento faz ainda um verdadeiro rei: reconhecer-se ministro na administração do reino de Deus. Pois não é um rei, mas um salteador, o que não reina para servir à glória de Deus. Ademais, engana-se ao esperar uma longa prosperidade para seu reino aquele que não é regido pelo cetro de Deus, isto é, por sua santa

---

3 Cf. Plauto, *Trinummum*, 317.

palavra, já que não pode escapar ao oráculo celeste, pelo qual foi proclamado que seria dissipado o povo em que faltasse a profecia [Pr 29, 18]. E esse zelo não deve ser afastado de vós pelo desprezo de nossa humildade. Por certo estamos plenamente cônscios do quanto somos homúnculos paupérrimos e abjetos — em face de Deus, pecadores miseráveis; à visão dos homens, muito desprezíveis, espécie de excrementos e dejetos do mundo (se quiseres), ou o que de mais vil possa ser nomeado — de sorte que não reste, para nos gloriarmos junto de Deus, nada além de sua misericórdia, para que não sejamos admitidos à esperança da salvação eterna por nada que seja mérito nosso; não há desse modo, junto dos homens, muito mais que nossa enfermidade, a qual, para eles, é uma suma ignomínia indicar ou confessar. Mas é preciso que nossa doutrina seja elevada acima de toda a glória do mundo e permaneça invencível sobre todo o poder, uma vez que não é nossa, mas do Deus vivo, e do seu Cristo, que o Pai constituiu Rei, para que domine de mar a mar, desde os rios até os confins da terra.[4] E é certo que a domine de tal modo com sua força férrea e brônzea, com o esplendor dourado e prateado, que apenas estalada a vara de sua boca, não se quebre diferentemente que um vaso de oleiro, do mesmo modo que os profetas anunciaram sobre a magnificência de seu Reino [Dn 2, 32; Is 11, 4; Sl 2, 9]. É certo que nossos adversários nos acusam tomar falsamente a palavra de Deus, da qual seríamos corruptores muito celerados.[5] Ora, vós mesmo, ao ler a nossa confissão, podereis julgar por vossa prudência que essa não seja apenas uma calúnia maliciosa, mas também uma impudência insigne. Aqui deve ainda ser dito para vós algo que ou excite o zelo e a atenção ou pavimente de forma correta o caminho para a leitura dela. Quando Paulo quis que toda profecia fosse conformada à proporção da fé [Rm 12, 6], propôs uma regra muito certa pela qual a interpretação da Escritura deve ser corriqueiramente provada. Se reclamarem esta regra de fé para nós, temos nas mãos a vitória. O que, com efeito, converge melhor e mais adequadamente com a fé do que nos reconhecermos desnudados de toda virtude, para que sejamos vestidos por Deus? Vazios de todo bem, para que sejamos preenchidos por Ele? Servos do pecado, para que sejamos libertos por Ele? Cegos, para que sejamos iluminados por Ele? Enfraquecidos, para que sejamos sustentados por Ele? Afastarmo-nos de toda matéria de glória, para que apenas Ele seja eminentemente glorioso e sejamos glorificados n'Ele? Quando dizemos isso, e tudo o mais que é do mesmo

4 Sl 72, 8.
5 De Castro, Afonso. *Adversus omnes haereses*, I, c.4. [Paris], 1534.

16

gênero, eles interpelam e reclamam que desse modo será tornada cega não sei que luz natural,[6] as preparações forjadas,[7] o livre-arbítrio[8] e as obras meritórias da salvação eterna,[9] junto ainda com suas obras excedentes,[10] uma vez que não podem tolerar que todo louvor e glória de todo bem, virtude, justiça, sabedoria, residam em Deus. Mas não aprendemos que tenham sido repreendidos os que tivessem haurido da fonte de água viva; pelo contrário, são gravemente censurados os que cavaram para si cisternas, cisternas furadas, que não servem para conter água [Jr 2, 13]. Ou melhor, o que é mais conveniente para a fé que Deus oferecer a si mesmo como um Pai propício, quando Cristo é reconhecido como um irmão e propiciador? Do que, com segurança, esperar-se tudo, plena e prosperamente, daquele que dirigiu uma dileção tão inenarrável para nós que não poupou seu próprio filho e o entregou por nós [Rm 8, 32]? Do que aquiescer, com certa esperança de salvação de vida eterna, quando se cogita que tenha sido dado pelo Pai o Cristo no qual tais tesouros estão escondidos? Aqui lançam mão contra nós e clamam que a certeza dessa confiança é repleta de arrogância e presunção. E tal como nada há de nosso, mas tudo deva ser presumido de Deus, não somos espoliados de toda glória vã senão para que aprendamos nos gloriar no Senhor. O que mais? Percorrei, ó Rei fortíssimo, todas as partes de nossa causa e nos tomai como piores, seja qual for o gênero de homens celerados, se não fordes evidentemente informado de que trabalhamos e somos censurados porque depositamos nossa esperança no Deus vivo [1Tm 4, 10], uma vez que cremos ser esta a vida eterna: conhecer um único Deus verdadeiro e aquele a quem Ele enviou, Jesus Cristo [Jo 17, 3]. Em vista dessa esperança, alguns de nós são atados por grilhões, outros caem sob a vara, outros são cercados por zombarias, outros são proscritos, outros sofrem sevícias, outros escapam em fuga: todos somos encurralados em desfiladeiros, somos amaldiçoados por cruéis execrações, somos dilacerados como amaldiçoados, somos tratados de modos indignos. Olhai, então, para nossos adversários (falo sobre a ordem dos sacerdotes, por cuja indicação e arbítrio alguns criam inimizades conosco) e considerai um pou-

---

6 Cochlaeus, Johannes. *De libero arbitrio adv. locorum communes Philippi Melanchthonis*. 1525.
7 Ibidem, II, L6b.
8 Ibidem, I, B3a; C5a; II, I2a.
   Eck, Johannes. *Enchiridion locorum communium adv. Martinum Lutherum et asseclas eius*, c.31. 1532.
9 Cochlaeus, J. Op. cit., I.
   Eck, J. Op. cit., c.5.
10 Ibidem, c.24.

co comigo qual zelo os impele. Facilmente permitem que a verdadeira religião, que é ensinada pela Escritura, e que deveria estar presente no meio de todos, seja ignorada, negligenciada, desprezada por eles e por outros, considerando que seja indiferente o que cada um mantém ou não mantém sobre Cristo ou sobre Deus, desde que, pela fé implícita,[11] como dizem, submeta sua mente ao juízo da Igreja; nem os impressiona muito que a glória de Deus seja manifestamente poluída com blasfêmias, desde que não se levante um dedo contra o primado da Sede Apostólica e a autoridade da mãe Igreja. Por que, então, combatem com tanta sevícia e tanta aspereza em favor da missa, do Purgatório, das peregrinações e de tal gênero de frivolidades, já que, sem sua fé, diga-se, assim, muito esclarecida, neguem que há de ser salva a piedade, quando não podem dar provas de nada disso fundando-se na palavra de Deus? Por quê? Senão porque o Deus deles é o estômago e a religião, a cozinha, que, se retirados, não apenas não creem que já não sejam cristãos, mas que não haveriam de ser nem ao menos homens? Com efeito, ainda que uns se empanturrem esplendidamente e outros se alimentem de pequenas migalhas, todos vivem da mesma panela, que, sem aqueles incentivos, não apenas não frigiria, mas se congelaria por completo. Por isso, tanto mais cada um deles é solícito com seu estômago, mais ainda se torna um guerreiro implacável em favor de sua fé. Por fim, mesmo se todos se entregam exclusivamente a manter ou incólume o reino ou cheio o estômago, nenhum dá uma mostra, ainda que mínima, de um ardor sincero. Nem assim, entretanto, deixam de atacar nossa doutrina e de incriminá-la e difamá-la por quantos nomes possam, para torná-la odiosa ou suspeita. Chamam-na de nova e recém-nascida, dela escarnecem como duvidosa e incerta,[12] indagam por quais milagres foi confirmada,[13] perguntam se seria mantida com equidade, dado que contraria o consenso de todos os santos Pais[14] e os antiquíssimos costumes,[15] exigem que reconheçamos que seja cismática, dado que move batalhas contra a Igreja,[16] ou que a Igreja estivesse moribunda por muitos séculos, nos quais nada semelhante foi ouvido.[17] Por fim, dizem não haver necessidade de muitos argumentos,

---

11 Tomás de Aquino. *Suma teológica*, II-2, q.2, a.5-8.
   Biel, Gabriel. *Collectorium in sent.*, III, d.25, q.un.ss.
12 De Castro, A. *Adversus omnes...*, c.14.
13 Ibidem, c.14.
14 Ibidem, c.7.
15 Cf. Clichtove, Josse van. *Anthilutherus*, I, c.12. [Paris], 1524.
16 Eck, J. *Enchiridion...*, c.1.
17 Ibidem, c.1.
   De Castro, A. Op. cit., c.14.

dado ser possível julgar de que gênero seja por meio de seus frutos, visto ter produzido tamanha quantidade de seitas,[18] tantas agitações sediciosas,[19] tal licenciosidade de vícios.[20] Afinal, é muito fácil para eles insultar, perante a multidão crédula e ingênua, uma causa sem defesa. No entanto, se nos fossem reciprocamente conferidas as oportunidades de falar, esfriaria essa acidez pela qual espumam contra nós de boca tão cheia e tão licenciosa quanto impunemente. Para começar, ao chamá-la de nova, injuriam de modo veemente a Deus, cuja Sagrada Palavra não merecia ser acusada de novidade. Tenho, por certo, poucas dúvidas de que seja nova para aqueles que tanto o Cristo é novo como o Evangelho é novo, mas os que aprenderam que seja antigo aquele discurso de Paulo, que Jesus Cristo, morto pelos nossos pecados, tenha ressuscitado para a nossa justificação [Rm 4, 25], não encontram nada de novo junto de nós. Que se escondesse durante muito tempo incógnita e sepulta, é um crime da impiedade humana; ao nos ser agora devolvida pela benignidade de Deus, a sua antiguidade deveria ser admitida ao menos por direito poslimínio. Vem da mesma fonte de ignorância que a tomem como duvidosa e incerta. Foi anunciado que o Senhor tenha-se queixado, pela palavra de seu profeta, de que o boi conhecesse seu dono, e o jumento, a manjedoura de seu senhor, mas que Ele não fosse entendido pelo seu povo [Is 1, 3]. Com efeito, dado que escarneçam da incerteza de nossa doutrina, se a deles devesse ser selada com o próprio sangue e pela perda da vida, poder-se-ia observar quantos deles o fariam. Completamente diferente é a nossa confiança, que não teme nem os terrores da morte nem mesmo o próprio tribunal de Deus. Agem de modo ímprobo ao requerer de nós os milagres; na realidade, não urdimos algum Evangelho novo, mas mantemos exatamente o mesmo: para a confirmação de sua verdade, servem todos os milagres que alguma vez tanto o Cristo quanto os apóstolos tenham dado à luz. E têm uma particularidade a mais do que nós: podem confirmar a sua fé por milagres frequentes desde então até nossos dias. Mas, pelo contrário, antes alegam milagres que podem abater uma alma, de outro modo bem-disposta, porquanto ou são frívolos e ridículos ou vãos e mentirosos. No entanto, ainda que fossem muito prodigiosos, não seria preciso que fosse contra a verdade de Deus em nenhum momento, dado ser conveniente que o nome de Deus seja santificado em

---

18 Eck, J. Op. cit., c.1.
19 Epístola de Francisco I aos príncipes da Alemanha (Herminjard, III, 251ss).
20 Clichtove, J. van. Op. cit., c.1.

quaisquer lugar e tempo, seja por prodígios, seja pela ordem natural das coisas. O quadro talvez pudesse ser mais ilusório se a Escritura não nos admoestasse sobre o fim e o uso legítimo dos milagres. De fato, pelos sinais ter-se-ia manifestada a confirmação que acompanha a pregação dos apóstolos, ensina Marcos [Mc 16, 20], tal como Lucas também narra, que houvesse testemunho à palavra de sua graça, concedendo sinais e prodígios pelas mãos dos apóstolos [At 14, 3]. Muito parecida é aquela citação do apóstolo: que tenha sido confirmada a salvação, pelo Evangelho anunciado, apresentada pelo Senhor por signos e prodígios e várias virtudes [Hb 2, 4].[21] Ouvimos que sejam marcas distintivas do Evangelho; voltamo-nos por isso para destruir a fé no Evangelho? Que são destinados apenas para assinalar a verdade; acaso nos acomodaremos para a confirmação da mentira? Por isso, é conveniente que seja examinada e explorada, em primeiro lugar, a doutrina que o Evangelista diz que deve preceder, a qual, se tiver sido provada, deverá então finalmente arrogar para si, por direito, a confirmação pelos milagres. E, ensina o Cristo, esta é a marca da prova da doutrina: que não se dobre para buscar a glória dos homens, mas a de Deus [Jo 7, 18; 8, 50]. Dado que Cristo assevere ser essa a prova da doutrina, erroneamente se busca que os milagres sejam apresentados senão para tornar ilustre o nome do Deus único. E é nosso dever lembrar que Satanás tem os seus milagres, e mesmo que sejam antes artimanhas que verdadeiros poderes, são no entanto de tal modo que iludem aos imprudentes e ingênuos. Os magos e os encantadores sempre se notabilizaram por seus milagres; milagres estupendos banharam a idolatria, os quais, entretanto, não nos servem para a aprovação da superstição nem dos magos nem dos idólatras. E outrora, por esse mesmo aríete, os donatistas abalavam a simplicidade dos vulgos, visto que produzissem milagres. Por tanto, respondemos agora a nossos adversários o mesmo que então Agostinho aos donatistas: "O Senhor nos tornou cuidadosos contra esses fabricadores de milagres, dado que predisse que haveriam de vir falsos profetas, que por signos mentirosos e vários prodígios, se pudessem, induziriam os eleitos ao erro" [*Tratado sobre o evangelho de João*, 13;[22] Mt 24, 24]. E Paulo admoestou que o reino do Anticristo haveria de vir com toda a força e sinais e prodígios mentirosos [2Ts 2, 9]. E (dirão que) estes milagres não são feitos por ídolos, por feitiços, por falsos profetas, mas por santos. Como se não sou-

---

21 Hb 2, 3s.
22 Agostinho. *In Ioh. tract.*, 13, 17. In: PL 35, 1501.

béssemos que seja uma arte de Satanás transfigurar-se num anjo de luz [2Co 11, 14]. Outrora, os egípcios, tendo-o sepulto entre eles, prestaram a Jeremias sacrifícios e outras honras divinas [Jerônimo, prefaciando a *Jeremias*];[23] pois não é que se valiam do santo profeta de Deus para a idolatria? E, entretanto, consideravam que fosse pela graça de tal veneração ao sepulcro que alcançavam a cura para a mordida da serpente. O que dizemos senão que esta tenha sido, e sempre haverá de ser, a justíssima vingança de Deus: "enviar a eficácia da ilusão aos que não receberam a dileção da verdade, para que creiam na mentira" [2Ts 2, 11]? Não nos faltam, portanto, os milagres, os quais são certos e não sujeitos à mentira. Ora, os milagres que aqueles apresentam por si são puras ilusões de Satanás, desde que afastam o povo do verdadeiro culto de seu Deus para a vaidade. Além disso, opõem[24] caluniosamente os Pais contra nós (refiro-me aos antigos e melhores escritores daquela época), como se os tivessem como apoiadores de sua impiedade: se a disputa tivesse de ser dirimida pela autoridade deles, a melhor parte da vitória (dizendo-o de modo muito comedido) seria nossa. Com efeito, dado que muito tenha sido escrito de modo preclaro e sabiamente por aqueles Pais, há entretanto alguns em que aconteceu o que costuma acontecer aos homens; estes fiéis, a saber, os filhos, pela destreza que os caracteriza, tanto no engenho, como no juízo, como na alma, adoram dos Pais apenas as quedas e os erros, já que ou não observam, ou dissimulam, ou corrompem o que fora excelentemente dito, tal como dizeis que o cuidado deles tenha sido, em suma, recolher apenas o esterco menosprezando o ouro existente.[25] Assim nos oprimem com clamores ímprobos, tais como desdenhadores e adversários dos Pais. Nós, entretanto, não apenas não os desprezamos, como não me seria trabalho algum comprovar que as melhores partes daquilo que hoje dizemos estão apoiadas nos escritos deles, para os quais sempre nos voltamos: "para que sempre recordemos que tudo seja nosso para nos servir, não para nos dominar; nós somos do único Cristo, a quem se deve obedecer em tudo, sem exceção" [1Co 3, 21].[26] Quem não tem essa ordem, nada teria constituído na fé,

---

23 Não se encontra em Jerônimo, mas em Isidoro de Sevilha, *De ortu et obitu patrum*, c.38, 74, in: PL 143. Cf. *De prophetarum vita et obitu in rec. pri. Epiphanii, Dorothei et altera Epiphanii* (*Prophet. vitae fabulosae*, ed. Schermann, p.9, 44.61).
24 Clichtove, J. van. *Propugnaculum ecclesiae adv. Lutheranos*, III, c.2. [Paris], 1526. De Castro, A. *Adversus omnes...*, I, c.7.
Cochlaeus, J. *De libero arbitrio...*, I.
25 Cassiodoro. *De institutione divinar. literar.*, c.1. In: PL, 70, 1112.
26 1Co 3, 21-23.

uma vez que muito tenham ignorado àqueles santos homens: frequentemente entram em conflito entre si, e ainda, entrementes, lutam consigo mesmos. Não é sem razão, dizem, que sejamos admoestados por Salomão para que não transgridamos os antigos limites que foram estabelecidos pelos nossos Pais [Pr 22, 28].[27] Mas a regra não é a mesma para a delimitação dos campos e a obediência da fé, a qual deve ser assim ponderada: que esqueça a seu povo e à casa de seu pai [Sl 45, 10]. Visto que tantas vezes se comportam de modo alegórico, por que não interpretam, antes de quaisquer outros, aos apóstolos como Pais, a cujos limites prescritos seja um crime arrancar? Assim, interpretou Jerônimo, de quem recuperaram as palavras em seus cânones.[28] Visto desejarem que se fixem os limites daqueles tal como os entendem, por que os transgridem tão licenciosamente a seu bel-prazer? Entre os Pais havia dois, um dos quais disse: "O nosso Deus nem come nem bebe, e assim não tem necessidade de cálices nem de pratos" [Acácio, *História tripartite*, XI, c.16];[29] o outro, que os sacramentos não requerem ouro, e não agrade com ouro o que não se compra com ouro [Ambrósio, *De officiis*, II, c.28].[30] Portanto, ultrapassam os limites quando tantas vezes, nos sacramentos, se deleitam com o ouro, a prata, o marfim, o mármore, as pedras preciosas, as sedas, e não consideram agradar corretamente a Deus, a menos que espalhem um esplendor distinto ou, antes, um luxo insano.[31] Era um Pai o que disse: "Por isso se alimentava de carne no dia em que os outros se abstinham: porque era um cristão" [*História tripartite*, I, c.10].[32] E assim excedem os limites quando amaldiçoam como funesta a alma que tenha experimentado carne durante a quaresma.[33] Eram Pais, um dos quais disse que o monge que não trabalhe com as próprias mãos deva ser tomado tal qual a um profano, ou se o preferires, a um ladrão [*História tripartite*, VIII, c.1];[34] outro, que não seja lícito para o monge viver do que é alheio, ainda que sejam assíduos nas contemplações, nas orações, nos zelos [Agostinho, *Sobre a obra dos monges*, c.17].[35] E ultrapassa-

---

27 Cochlaeus, J. Op. cit., I.
   Eck, J. *Enchiridion...*, c.1.
28 *Decr. Gratiani* II, C.24, Q.3, c.33. In: *Corpus iuris canonici* I, p.999 (a partir do segundo livro de Jerônimo, *Comment. ad cap. 5 Oseae*). [Friedberg].
29 Cassiodoro. *Historia tripartita*, XI, c.16. In: PL, 69, 1198.
30 Ambrósio. *De officiis ministrorum*, II, c. 28, 138. In: PL, 16, 140.
31 Clichtove, J. van. *Propugnaculum* ..., f. 56.
32 Cassiodoro. Op. cit., I, c.10. In: PL, 69, 894s.
33 Cf. Clichtove, J. van. Op. cit., III, c.2, 3, 22, 33.
34 Cassiodoro. Op. cit., VIII, c.1. In: PL 69, 1103s.
35 Agostinho. *De opere monachorum*, c.17. In: PL 40, 564.

ram a este limite quando colocaram os estômagos dos monges, ociosos e como pipas, em covis e lupanares, para que se cevassem do sustento alheio.[36] Era um Pai o que disse que seja uma abominação horrível ver representada qualquer imagem, ou de Cristo ou de um santo, num templo cristão [Epifânio, na carta traduzida por Jerônimo].[37] E não foi pela voz de um único homem, mas pelo decreto de um concílio eclesiástico que se pronunciou não dever ser cultuado o que está pintado numa parede [Concílio de Elvira, c.36].[38] Dista muito que se contenham dentro de tais fins, desde que não permitem restar sequer um canto desprovido de imagens. Outro Pai aconselhou que, como ofício de humanidade perante os mortos, deixemo-los repousar jazendo sepultos [Ambrósio, *Sobre Abraão*, I, c.9].[39] Ultrapassam estes limites quando incutem uma perpétua solicitude com os mortos. Desde os Pais atestava-se não fosse anulada, na eucaristia, a substância do pão e do vinho, tal como, no Senhor Cristo, permanece a substância e a natureza do homem ao lado da divina [papa Gelásio no Concílio de Roma].[40] Portanto, não fazem senão exceder os que fingem que, recitadas as palavras do Senhor, anule-se a substância do pão e do vinho transubstanciando-se em corpo e sangue.[41] Eram Pais os que exibiam para toda a Igreja unicamente uma eucaristia. Tal como eles, afastavam os escandalosos e celerados, condenavam pesadamente todos aqueles que, presentes, dela não comungassem [Crisóstomo, *Sobre o primeiro capítulo de Efésios*;[42] papa Calixto, *Sobre a consagração*, d.2].[43] Quão longe se afastaram destes fins? Uma vez que fazem plenos de suas missas não apenas os templos, mas também as casas particulares; uma vez que admitem quem queira assisti-las, e ainda com maior boa vontade ao que mais prodigamente paga, por mais que seja impuro e criminoso: a ninguém convidam à fé em Cristo e à fiel comunhão dos sacramentos sem que antes vendam sua obra como graça e mérito do Cristo. Estava entre os Pais um dos que decretou fossem afastados em defi-

---

36 Clichtove, J. van. *Anthilutherum*, f.186ss.
37 Epifânio. *Ep. ad Io. Ierosolymitanum, ab Her. versa.*
   Jerônimo. *Epístola* 51, 9. In: PL 51, 9.
38 *Concil. illiberitanum* (Elvira, a.306), can. 36. In: Mansi. *Concil. collectio*, II, 264.
39 Ambrósio. *De Abraham*, I, c.9, 80.
40 Gelásio. *De duabus naturis in Christo adv. Eutychem et Nestorium*, tract.III, c.14l. In: Thiel. *Ep. Rom. pont.*, I.
41 *Conc. lateran.* IV (al.1215), c.1. In: Mansi, XXII, 982.
42 Crisóstomo. *In epistolam ad Eph. Comment.*, c.I, hom.III, 4; 5. [Paris], 1834ss., t.XI, 26ss.
43 *Decr. Grat.*, III. *De consecrat.*, dist.II, c.18 (*ex concil. Martini papae*, c.83), p.1320. [Friedberg].

nitivo da frequentação da Ceia Sagrada de Cristo os que, contentes com a participação em uma das espécies, se abstivessem da outra [papa Gelásio, *Sobre a consagração*, c. *Comperimus*, d.2];[44] outro defendeu com veemência que não seja denegado ao povo cristão o sangue de seu Senhor, por cuja confissão é obrigado a derramar seu próprio sangue [Cipriano, *Epístola* 2, I;[45] *Sobre a queda*].[46] Também removeram estes limites quando, por uma lei inviolável, ordenaram exatamente aquilo que por um foi punido com a excomunhão, pelo outro, censurado por uma forte razão.[47] Era um Pai o que asseverou ser uma temeridade definir sobre uma matéria obscura, em quaisquer que sejam as suas partes, sem os testemunhos claros e evidentes da Escritura [Agostinho, *Sobre a pena e a remissão dos pecados*, II, último capítulo].[48] Esqueceram-se deste limite quando estatuíram, sem nenhuma palavra de Deus, tantas constituições, tantos cânones, tantas determinações magistrais. Era um Pai o que reprovou a Montano, entre outras heresias, que fosse o primeiro a impor leis para o jejum [Apolônio, *História eclesiástica*, V, c.18].[49] Também excederam em muito este limite quando sancionaram o jejum com leis tão estritas.[50] Era um Pai o que negou que fossem interditados cônjuges aos ministros da Igreja: castidade, pronunciava, é a união com a própria esposa [Pafnucio, *História tripartite*, II, c.14],[51] e eram Pais os que asseveraram sua autoridade.[52] Abandonaram estes limites quando, com seus sacrifícios, indicaram tão severamente o celibato.[53] Era um Pai o que divisou que apenas o Cristo deveria ser ouvido, sobre o qual se disse: "Ouvi-o,[54] e não vos volteis ao que outros antes de nós tenham dito ou

---

44 *Decr. Grat.* III. *De consecrat.*, dist.II, c.12 (*Gelasius Papa Maiorico et Iohanni Episcopis*), p.1318. [Friedberg].
   Cf. Agostinho. *Conf.*, II, 1. In: PL 32.
45 Cipriano. *Ep.* 57, 2. In: *Corpus Scriptorum Ecclesiasticorum Latinorum* (CSEL), 3, II, 652.
46 Idem, *De lapsis*, c.22, 25. In: CSEL, 3, I, 253; 255.
47 *Conc. Constant. Sess.* XIII, *Definitio de communione sub utraque specie* (a.1415), *Confirmata a Martino V, per bullam "In eminentis"*, a.1418. In: Mansi, XXVII, 727s.; 1215; 1219.
   Clichtove, J. van. *Propugnaculum...*, f.51.
48 Agostinho. *De peccatorum meritis et remissione et de baptismo parvulorum*, II, c.36. In: PL 44, 186.
49 Eusébio. *Historia ecclesiastica*, V, 18.
50 Cf. *Decr. Grat.* III, *De consecrat.*, dist.3, c.9 (*ex conc. Agat.*, a.506), c.3 (*ex conc. Aurel.*, a.511), c.7 (*ex conc. Martini Papae*, a. 649), p.1353ss etc. [Friedberg].
51 Cassiodoro. *Historia...*, II, 14. In: PL 69, 933.
52 Cf. *Decr. Grat.* I, dist.28, c.15 (*ex conc. Grangrensi*, a.343), p.105. [Friedberg].
53 Cf. RE3 IV, p.204ss. [Friedberg].
54 Mt 17, 5.

feito, mas ao que o Cristo (que é o primeiro de todos) prescreveu" [Cipriano, *Epístola* 3, II].[55] Nem mantiveram para si este fim, nem deixaram que outros o tivessem mantido, quando estabeleceram como chefe, para si e para os outros, mestres que não o Cristo.[56] Era um Pai o que defendeu que a Igreja não deve se antepor a Cristo, uma vez que ele sempre julga justamente, mas os juízes eclesiásticos, tal como homens, enganam-se em profusão [Agostinho, *Contra o gramático Crescônio*, c.2].[57] Transgredindo também este ponto, não hesitam asseverar que toda a autoridade da Escritura dependa do arbítrio da Igreja.[58] Todos os Pais execraram, a um só coração, e amaldiçoaram, a uma só boca, que a Santa Palavra de Deus fosse contaminada pelas argúcias dos sofistas e envolvida nas rixas dos dialéticos.[59] Acaso contêm-se nestes limites quando, por toda a vida, não se empenharam senão em envolver e impedir a simplicidade da Escritura por infinitas contendas e litígios mais do que sofísticos? Se se levantassem agora os Pais e ouvissem a tal arte de litigar que aqueles chamam de teologia especulativa, nada menos creriam do que se tratar de uma disputa sobre Deus. Com efeito, por quão longos espaços distender-se-ia meu discurso se eu quisesse recensear o quão petulantemente estes sacodem o jugo dos Pais, dos quais querem ser vistos como filhos obedientes? Com certeza, faltar-me-iam meses, senão anos. E ainda assim perdem-se com uma impudência deplorável, dado que ousam nos acusar de não hesitar em transgredir os limites antigos. Na verdade, nada alcançam ao nos chamar ao costume. Aliás, seríamos tratados com grande injustiça se devêssemos ceder aos costumes. Se fossem corretos os juízos dos homens, o costume seria claramente buscado nos bons; no entanto, com frequência se dá o inverso: o que se vê que seja feito por muitos, é, por direito e de imediato, tomado como costume, se bem que dificilmente as coisas humanas tenham sido alguma vez tomadas em tão alta conta que as melhores fossem do agrado de muitos. Portanto, dos vícios privados de muitos, com assiduidade se dá um erro público, ou, antes, um consenso comum sobre os vícios, o qual esses bons homens querem agora seja tomado por lei. Os que têm olhos veem que

---

55 Cipriano. *Ep.* 63, 14 (*ad Caecilium*). In: CSEL, 3, II, 712.
56 Cf., por exemplo, Clichtove, J. van. *Propugnaculum...*, III, c.4.
   De Castro, A. *Adversus omnes...*, I, c.5.
57 Agostinho. *Contra Cresconium grammaticum donatistam*, II, c.21. In: PL 43, 482.
58 Eck, J. *Enchiridion...*, c.1.
   De Castro, A. Op. cit., I, c.2.
59 Tertuliano. *De praescriptione haereticorum*, VII, p.8ss [Oehler].
   Agostinho. *De doctrina christiana*, II, 31. In: PL 34, 57s etc.

não apenas um mar de vícios seja constituído, que o orbe seja tomado por muitas pestes funestas e tudo se desmorone, visto que ou as coisas humanas devem ser completamente deploradas, ou que devemos lançar mão de tantos males, ou ainda fazer uso da força. E não há outra razão para que o remédio seja rejeitado, senão porque há muito tempo nos acostumamos ao mal. Mas, ainda que o erro tenha lugar claro na sociedade dos homens, no reino de Deus é ouvida e esperada apenas sua verdade, a qual não pode ser prescrita por nenhuma série de anos, por nenhum costume, por nenhuma conjuração [*Decreto*, d.8].[60] Assim, Isaías ensinava antigamente aos eleitos de Deus que não chamassem "conspiração" a tudo que o povo chamasse "conspiração" [Is 8, 12], isto é, que não conspirassem unidos ao consenso de um povo celerado, nem temessem do temor dele, nem se apavorassem, mas para que antes santificassem o Senhor dos Exércitos, que Ele fosse o temor e o pavor deles. Por isso, agora, objetem contra nós, tanto para os séculos passados como para os presentes, tantos exemplos quantos queiram: se tivermos santificado o Senhor dos Exércitos, não será grande nosso terror. Mesmo que muitas gerações tivessem consentido em semelhante impiedade, forte é aquele que castiga até a terceira e a quarta geração. Mesmo que todo o orbe conspire simultaneamente na mesma maldade, a experiência nos ensina qual seja o fim daqueles que pecam com a multidão: "dado que destruiu a todo o gênero humano pelo dilúvio, salvo a Noé com a pequena família, aquele que por sua fé condenou a todo o mundo" [Gn 7, 1; Hb 11, 7]. Por fim, um mau costume não é senão uma peste pública, na qual não perecem menos os que morrem entre a multidão, como os que perecem sozinhos. Quanto a isso, é um dever considerar o que Cipriano proferiu em outro lugar: "Ainda que não se possa eximir de toda a culpa aqueles que pecam por ignorância, vê-se de que modo possam eles ser desculpados; contudo, aqueles que de modo pertinaz recusam a verdade oferecida pelo benefício de Deus, nada têm que os justifique" [*Epístola 3, II*;[61] *Epístola para Juliano sobre o batismo dos hereges*].[62] Nem somos tão fortemente premidos por seus argumentos para que nos façam confessar que a Igreja estivesse moribunda por algum tempo ou que estejamos agora em litígio com ela. Com certeza, a Igreja de Cristo viveu e viverá enquanto o Cristo reinar à direita do Pai, pela mão de quem é sustenta-

60 *Decr. Grat.* I, dist.8, c.5 (*Si consuetudinem*), c.9 (*Si solus*), p.14ss [Friedberg]. Cf. Agostinho. *Conf.*, II, 1.
61 Cipriano. *Ep.* 63 (*ad Caecilium*), c.7s. In: CSEL, 3, II, 715.
62 Idem, *Ep.* 73 (*ad Iubaianum*), c.3. In: CSEL, 3, II, 787.

da, pelo favor de quem é defendida, pela virtude de quem mantém sua incolumidade. Ele por certo dará o que uma vez prometeu: "permanecer junto dos seus até a consumação dos séculos" [Mt 28, 20]. Contra a Igreja não movemos nenhuma guerra, uma vez que, por consenso, com todo o povo dos fiéis, honramos e adoramos o Deus uno e o Senhor Cristo, tal como sempre foi adorado por todos os devotos. Mas não se afastam pouco da verdade ao não reconhecer como Igreja senão a que divisam com o olho presente, e se esforçam por circunscrevê-la naqueles limites nos quais jamais foi encerrada. Nestes pontos, volta nossa controvérsia: primeiro, que defendam que a forma da Igreja seja sempre aparente e esplendorosa;[63] depois, que constituam sua forma na sede da Igreja romana e na ordem de seus sacerdotes.[64] Nós, pelo contrário, asseveramos que a Igreja pode existir sem nenhuma forma aparente e não se constitua apenas na aparência esplendorosa, à qual admiram de modo estulto, mas noutra completamente diversa, a saber, na pura pregação da Palavra de Deus e na administração legítima dos sacramentos.[65] Gritam, a menos que a Igreja seja sempre mostrada com o dedo. Mas quão amiúde se deu que fosse tão deformada entre o povo judeu que não restasse nenhuma aparência? Que forma consideram que se via quando Elias se queixava de que era o único que restara [1Rs 19, 11]?[66] Há quanto tempo depois do advento de Cristo se esconde deformada? Por quantas vezes depois de seu tempo foi tão oprimida por guerras, sedições, heresias, de modo que em nenhuma parte se avistava? Acaso, se vivessem naquele tempo, creriam haver alguma Igreja? Mas Elias ouviu que fossem salvos sete mil homens que não teriam dobrado seu joelho diante de Baal. E não deve haver dúvida entre nós de que Cristo sempre tenha reinado na Terra depois que ascendeu ao Céu; ora, se os olhos dos fiéis requeressem alguma forma notável de igreja, não teriam imediatamente desanimado? Hilário, já em seu tempo, por certo tinha a isso como grande vício, desde que, ocupados com a admiração da dignidade episcopal, não notaram escondida sob sua máscara a mortal Hidra de Lerna. E, de fato, diz o seguinte: "Dou um aviso: cuidado com o Anticristo; vós fostes tristemente tomados pelo amor das paredes; tristemente fostes venerar nos tetos e nos edifícios a Igreja de Deus; tristemente depositastes sob eles a união dos

---

63 Eck, J. *Enchiridion*..., c.1.
    De Castro, A. *Adversus omnes*..., I, c.6.
64 Eck, J. Op. cit., c.3.
65 Agostinho. *Conf.*, I, 7.
66 1Rs 19, 10.

fiéis. Acaso, seria duvidoso que o Anticristo estivesse sentado entre eles? Para mim, são mais seguros os montes, as florestas, os lagos, as grutas e os abismos, pois que, neles morando ou se escondendo, os profetas vaticinavam" [*Contra Auxentium*].[67] O que verdadeiramente o mundo venera em seus paramentados bispos a não ser que estime serem mais santos os sacerdotes da religião que presidem sobre célebres cidades? Afasta-te, então, de tão estúpida consideração. Mas, antes, concedamos isto ao Senhor: dado que apenas Ele conheça quem seja seu servo [2Tm 2, 19], que por vezes retire também o conhecimento da externa forma de sua Igreja da visão dos homens. Reconheço que é horrível a vingança de Deus sobre a Terra, mas, se assim o merece a impiedade dos homens, por que nos esforçamos em nos opor à justa punição do Senhor? Assim Deus puniu a ingratidão nos séculos passados; pois, uma vez que não quiseram obedecer à sua verdade e apagaram a sua luz, foi permitido serem transtornados pelos sentidos, bem como enganados por mentiras absurdas e mergulhados em profundas trevas, para que não ficasse aparente nenhuma forma da Igreja verdadeira; enquanto isso, entretanto, aos seus, tanto dispersos como ocultos em meio aos erros e às trevas, salvou da destruição. E não é de admirar: aprenderam a guardar, tanto na confusão da Babilônia quanto na chama da fornalha ardente. Ora, ignoro por qual pompa vã queiram considerar a forma da Igreja: menos que comentar, indicarei o quão isso seja perigoso, e não prolongarei por demais o discurso. O Pontífice, dizem, que mantém a Sede Apostólica e os que por ele são ungidos e consagrados sacerdotes, distintos por ínfulas e cajados, representam a Igreja e devem ser mantidos pela Igreja; por isso não podem errar. Como assim? Por que são pastores da Igreja e consagrados pelo Senhor? E Aarão e os outros que conduziram Israel não eram também pastores? Aarão e seus filhos, já designados sacerdotes, teriam no entanto errado, visto que fabricaram o bezerro [Ex 32, 4]. Por que, segundo essa razão, aqueles quatrocentos profetas que mentiam a Acab não representariam a Igreja [1Rs 22, 12]? E a Igreja estava ao lado de Miquéias: ainda que só e abatido, de sua boca saía a verdade. Acaso, os profetas não exibiam diante de si o nome e a face da Igreja quando, por um ímpeto, insurgiram-se contra Jeremias e, ameaçando-o, sustentavam que não pudesse acontecer de a Lei faltar ao sacerdote, a deliberação ao sábio, a palavra ao profeta [Jr 18, 18]? Contra toda a nação dos profetas, apenas Jeremias foi enviado para anunciar, da parte do Senhor, que

---

67 Hilário. *Contra arianos vel auxentium mediolanensem*, c.12. In: PL 10, 616.

a Lei faltaria ao sacerdote, a deliberação ao sábio, a palavra ao profeta [Jr 4, 9]. Acaso, não fulgurou um tal esplendor naquele concílio em que os pontífices, os escribas e os fariseus reuniram para deliberar como Cristo seria capturado para a morte [Jo 12, 10]? Que avancem agora e detenham-se na máscara exterior, para fazer a Cristo e aos profetas de Deus cismáticos, e, inversamente, aos ministros de Satanás, instrumentos do Espírito Santo. Então, se falam com sinceridade, respondam-me de boa-fé: em que nações e lugares calculam que resida a Igreja, desde que, pelo Concílio de Basileia, foi deposto e abjurado por decreto o pontificado de Eugênio,[68] tendo sido Amadeus sub-rogado em seu lugar?[69] Não podem negar, ainda que tenham rompido, que aquele concílio tenha sido legítimo, ao menos no que diz respeito aos ritos exteriores, convocado não apenas por um, mas por dois pontífices.[70] Ali, Eugênio foi condenado como cismático, rebelde e pertinaz, e com ele todo o rebanho de cardeais e bispos que com ele se esforçaram para a dissolução do concílio. No entanto, sublevado depois pelo favor dos príncipes, ele recobrou o pontificado.[71] E aquela eleição de Amadeus, constituída pela autoridade reta do sínodo geral e sacrossanto, virou fumaça: a menos que ele tenha sido aplacado pelo barrete cardinalício, tal qual o cão que ladra para que lhe lancem um naco de carne. Da rebelião herética deles, procede o conjunto pertinaz de tudo o que se seguiu: papas, cardeais, bispos, abades, presbíteros. Aqui é necessário que sejam apanhados em flagrante: à qual das duas partes dão o nome de Igreja? Acaso, negarão a ocorrência do concílio geral, do qual nada faltou quanto à majestade exterior? Visto que foi solenemente indicado por duas bulas, consagrado pelo legado que presidia a sé romana, bem composto em toda a ordem de coisas, e perseverou até o fim sempre com a mesma dignidade. Reconhecerão como cismático a Eugênio com toda sua corte, pela qual são todos santificados? Ou definem de outro modo a forma da Igreja, ou, seja lá quantos forem, sejam tidos por nós como cismáticos os que, consciente e voluntariamente, foram ordenados por hereges? Dado que antes jamais se tenha visto a Igreja desatada de pompas exteriores, eles mesmos podem servir para nós como um extenso exemplo de que, sob aquele título enganador de Igreja, venderam a si mesmos a todo o mundo, enquanto, na verdade, foram uma peste mortal para a Igreja. Não falarei sobre os costumes nem

---

68 25 de julho de 1439.
69 5 de novembro de 1439.
70 Referência a Martinho IV e Eugênio IV.
71 7 de fevereiro de 1447.

sobre os trágicos crimes que abundam por toda a vida deles, desde que digam que são fariseus, que devem ser ouvidos, não imitados.[72] Se dedicares um pouco de vosso ócio para a nossa leitura, não obscuramente reconhecereis que a mesma, a mesmíssima doutrina que eles dizem ser devida àqueles que são a Igreja, seja para a Igreja uma funesta carnificina de almas, fogo, ruína e aniquilamento. Por fim, com clareza não agem de modo cândido quando invejosamente lembram quantas agitações, tumultos e contendas a pregação de nossa doutrina teria trazido consigo e quais frutos, de muitos, agora produza; pois indignamente é derivada nela a culpa daqueles males que deveria ser imputada à maldade de Satanás. Por certo, este é como que o talento da Palavra Divina: que jamais venha à luz enquanto Satanás permanece quieto e adormecido; marca certíssima também para os primeiros fiéis, pela qual é distinta das doutrinas mentirosas, que facilmente se manifestam ao ser de igual recebidas por todos os ouvidos e ouvidas por um mundo que as aplaude. Desse modo, por vários séculos pelos quais todos foram submersos em trevas profundas, para este senhor de todo o mundo, os mortais eram mero passatempo e diversão e, tal qual um sardanapalo, degenerava-se e deliciava-se em paz profunda. E o que mais fazer senão rir e se divertir com a tranquila e pacata posse do reino? E, assim, quando a brilhante luz do alto afastou ao longe suas trevas, quando aquele forte perturbou e abalou seu reino,[73] então começou a afastar o torpor e a recolher as armas. E, em primeiro lugar, certamente impelia as mãos dos homens, pelas quais oprimiria com violência a verdade radiante; onde elas de nada adiantaram, converteu-se a insídias, excitou à discórdia e às contendas dogmáticas por seus catabatistas e outros portentos nebulosos, através dos quais a obscureceria até que também a extinguisse. E agora persevera por ambas as maquinações a tentá-la, visto que também se esforce para que aquela semente verdadeira seja arrancada à força pela mão dos homens e procura (o quanto pode) cegá-la por suas cizânias, para que não cresça e renda fruto. No entanto, não o consegue, se ouvirmos os avisos do Senhor, o qual muito antes nos mostrou as artes dele, para que não nos encontrasse desprevenidos, e, como claramente nos armou de firmes defesas contra todas as suas maquinações. Quanto ao mais, quanta é a maldade, com a própria Palavra de Deus? Seja pela inveja das sedições, com as quais

---

72 Mt 23, 3.
   Eck, J. *Enchiridion...*, c.2B, 5a.
73 Lc 11, 22.

testemunham em contrário a ela os ímprobos e os rebeldes, seja a inveja das seitas, com as quais o fazem os impostores. Não é, contudo, um exemplo novo. Elias foi interrogado se por acaso não seria ele quem agitava Israel. Cristo, para os judeus, era sedicioso. Aos apóstolos impingia-se o crime de comoção popular. O que fazem os que hoje nos imputam todas as agitações, tumultos, contendas, que fervilham em nós? Ora, Elias nos ensinou o que deve ser respondido a isso: "não somos nós os que espalham erros ou promovem tumultos, mas aqueles mesmos que lutam contra a força de Deus" [1Rs 18, 18]. Com efeito, mesmo aquilo que é suficiente para rebater a temeridade daqueles deve, por outro lado, ir ao encontro da fraqueza dos outros, que não raro são abalados por tais obstáculos e vacilam perturbados. Para que eles não vacilem por essa perturbação nem recuem, saibam que os apóstolos também experimentaram o mesmo que agora nos acontece. Como Pedro disse, eram incultos e instáveis os que, com sua própria perniciosidade, depravaram o que foi divinamente escrito por Paulo [2Pd 3, 16]. Eram contendores de Deus os que, ao ouvir que abundasse o pecado para que transbordasse a graça, imediatamente proferiam: permaneceremos no pecado, para que a graça abunde. Ao ouvir que os fiéis não estejam sob a Lei, logo entoavam o agouro: "pecaremos, uma vez que não estamos sob a Lei, mas sob a graça" [Rm 6, 1-15]. Eram os que o acusavam de persuadir para o mal. Sub-repticiamente penetravam falsos apóstolos, que destruíam as Igrejas que Ele edificava. Outros, por inveja e contraposição, não pregavam o Evangelho de modo sincero, mas malicioso: pensando que "acrescentariam aflições as suas prisões" [Fp 1, 15]. Em outros lugares, não era grande o proveito do Evangelho. Todos buscavam o que seria seu, não o que seria para Jesus Cristo. Outros voltam para trás, como os cães ao vômito e os porcos ao atoleiro da lama. Muitos pilhavam a liberdade do Espírito, como licenciosidade da carne. Muitos insinuavam-se frades, os quais, depois, infligiam danos aos fiéis. Entre os próprios irmãos, levantavam-se várias discussões. O que deveriam fazer os apóstolos? Deviam deixar passar o tempo ou, antes, renunciar e abandonar ao Evangelho, que viam ser a sementeira de tantos litígios, matéria de tantos perigos, ocasião de tantos escândalos? E mesmo em tais precipícios, recordavam que Cristo era pedra de tropeço e pedra de escândalo, posto na ruína e na ressurreição de muitos, bem como no sinal de contradição [Lc 2, 34]; armados com essa confiança, avançavam corajosamente por todos os perigos dos tumultos e ofensas. O mesmo pensamento deve ser sustentado também por nós, já que Paulo atesta ser este o talento perpétuo do Evangelho: "que seja odor de morte para a morte daqueles que perecem" [2Co 2, 16], ainda que neste uso antes fosse destinado ser para nós como "o odor da vida na vida, e poder de Deus para a salvação dos fiéis",[74] visto que nós também o experimentaremos, a menos que corrompamos por nossa ingratidão esse tão singular benefício de Deus e convertamos para nossa destruição aquela que deveria ser nossa única garantia de salvação. Mas retorno a vós, ó Rei. Não façais caso daquelas delações vãs, pelas quais nossos adversários se esforçam para lançar sobre vós o temor de que este novo Evangelho (como o chamam) não ambiciona nem busca senão a oportunidade para as sedições e a impunidade para todos os vícios.[75] Com efeito, o nosso Deus não é o autor da divisão, mas o da paz, e não é o ministro do pecado o Filho de Deus, que veio para dissolver a obra do Diabo. E nós somos acusados, sem merecimento, de cupidezes das quais certamente jamais demos a menor suspeita, a saber, de que nos aplicamos para a inversão dos reinos, nós de quem jamais nenhuma voz facciosa foi ouvida e de quem a vida sempre foi reconhecida como quieta e simples, quando vivíamos sob vós, e, ainda que sejamos agora abandonados pela pátria, não deixamos, entretanto, de invocar toda a prosperidade a vós e a vosso reino. A saber, de que estaríamos à cata da petulância impune dos vícios, nós, de quem, ainda que muito possa ser repreendido nos costumes, nada há que seja digno de tamanho assalto, nem progredimos de modo tão infeliz (pela graça de Deus) no Evangelho; que nossa vida não seja para esses detratores um exemplo de castidade, benignidade, misericórdia, continência, paciência, modéstia e de qualquer que seja a virtude. É uma realidade conhecida de todos que suficientemente tememos e honramos com sinceridade a Deus, tanto em nossa vida quanto em nossa morte, quando pedimos que seja santificado seu nome, e a própria inveja é forçada a dar testemunho da inocência e da integridade civil de alguns dos nossos, nos quais foi punido pela morte aquilo mesmo que deveria ser sustentado em grande louvor. De fato, se houver alguns que causam tumultos sob o pretexto do Evangelho[76] (dos quais até agora não foi averiguado haver um em vosso reino), se houver alguns que têm a liberdade da graça de Deus como pretexto para a licenciosidade de seus vícios (muitos dos quais conheci), há leis e as penas da lei pelas quais sejam asperamente refreados segundo os merecimentos: tão só para que,

---

74 Rm 1, 16.
75 Ver p.14-5 deste Livro.
76 Referência aos monges anabatistas.

nesse meio-tempo, o Evangelho de Deus não seja mal reputado em consequência da maldade dos homens celerados. Tendes, ô Rei, muito suficientemente exposta a iniquidade virulenta dos caluniadores, para que não inclinais o ouvido de modo demasiado crédulo às delações deles. Temo ainda não ter sido muito excessivo, visto que este prefácio quase se aproxima da medida de uma justa apologia pela qual não se urde uma defesa, mas só, para que fosse ouvida a própria moção da causa, zelei por abrandar a vossa alma, agora certamente hostil e afastada de nós, até mesmo, acrescento, irritada, mas confiamos que vossa graça possa ser recuperada para nós, se tiverdes lido, calmo e bem-disposto, uma só vez esta nossa confissão, que desejamos seja uma defesa perante vossa majestade. Mas, se os sussurros dos malévolos ocupam de tal modo vossas orelhas, que não haja lugar para os réus falarem por si, aquelas fúrias insuportáveis, com a vossa conivência, sempre maltratarão com prisões, açoites, suplícios, incisões, abrasamentos. Certamente nós, como as ovelhas destinadas à imolação, seremos submetidos a quaisquer resoluções, de modo que, em nosso sofrimento, tomemos posse de nossa alma e esperemos a mão forte do Senhor, que, sem dúvida, oportunamente, virá e se mostrará armada tanto para tirar os pobres de sua aflição quanto para punir os que, desdenhosos, exultam agora com tanta segurança. Que o Senhor Rei dos Reis estabeleça o vosso trono na justiça e o vosso cetro na equidade, ô ilustríssimo Rei.

De Basileia, no primeiro dia do mês de agosto do ano de 1536.

PRIMEIRO LIVRO

Sobre o conhecimento de Deus Criador

O conhecimento de Deus e o de nós mesmos são realidades inseparáveis. De que modo são coesos.*

uase toda a suma de nossa sabedoria, que deve ser considerada a sabedoria verdadeira e sólida, compõe-se de duas partes: o conhecimento de Deus e o conhecimento de nós mesmos.[77] Como são unidas entre si por muitos laços, não é fácil discernir qual precede e gera a outra. Pois, em primeiro lugar, ninguém pode olhar para si sem que volte imediatamente seus sentidos para Deus, no qual vive e se move,[78] porque não há muita dúvida acerca de que não provenham de nós as qualidades pelas quais nos sobressaímos. Pelo contrário, é certo que não sejamos senão a subsistência no Deus uno. Ademais, por esses bens, que gota a gota caem do céu sobre nós, somos conduzidos como que de um regato para a fonte. Da perspectiva de nossa miséria, mostra-se melhor aquela infinidade de bens que residem em Deus. Especialmente essa ruína miserável em que nos lançou o erro do primeiro homem obriga-nos a olhar para cima, não só para que, em jejum e famintos, busquemos o que nos falta, mas também para, despertados pelo medo, aprendermos a humildade. Pois, como se encontra no homem todo um mundo de misérias, desde que fomos despojados do ornamento divino, uma nudez vergonhosa revelou-nos uma grande quantidade de opróbrios: é necessário que a consciência de cada um seja tocada pela própria infelicidade para que chegue ao menos a algum conhecimento de Deus. Assim, do sentimento de ignorância, vaidade, indigência, enfermidade, enfim, de depravação e da própria corrupção, reconhecemos que não está em outro lugar, senão em Deus, a

---

* Tradução deste capítulo: Ilunga Kabebgele.
77 Cf. Clemente de Alexandria. *Paedagogus*, III, 1.
78 At 17, 28.

verdadeira luz da sabedoria, a sólida virtude, a perfeita confluência de todos os bens, a pureza da justiça, a tal ponto que somos estimulados por nossos males a considerar os bens divinos. E não podemos aspirar seriamente a isso antes que comecemos a nos desagradar de nós mesmos. Com efeito, que homem não descansa satisfeito em si mesmo? Quem não repousa enquanto é desconhecido para si, isto é, enquanto contente com seus dons e ignorante ou esquecido de sua miséria? Por isso, o reconhecimento de si não apenas instiga qualquer um a buscar a Deus, mas ainda como que o conduz pela mão para reencontrá-lo.

2. Consta, pelo contrário, que o homem jamais chega a um conhecimento puro de si sem que, antes, contemple a face de Deus, e, dessa visão, desça para a inspeção de si mesmo. Assim é que, sendo a soberba inata a todos nós, sempre nos vemos como justos, íntegros, sábios e santos, salvo se, por argumentos evidentes, sejamos convencidos de nossa injustiça, imundície, estupidez e impureza. Contudo, não somos convencidos disso se voltarmos os olhos exclusivamente para nós mesmos e não também para Deus, que é a única regra da qual se deve exigir tal juízo. Deveras, porque todos somos propensos por natureza à hipocrisia, uma frágil aparência de justiça nos satisfaz plenamente, em vez da própria justiça. E, porque nada se mostra entre nós ou ao nosso redor que não seja manchado por alguma obscenidade, enquanto mantemos nossa mente dentro dos limites da impureza humana, o que é um pouco menos imundo agrada-nos como se fosse muito puro.[79] Do mesmo modo, o olho para o qual nada se apresenta senão a cor negra, julga ser muito branco aquilo que, quanto à brancura, está todavia um tanto apagado ou não pouco encardido. E mais: pelos sentidos corporais, pode-se discernir, ainda mais adequadamente, o quanto nos equivocamos no julgamento das virtudes da alma. Pois, se, ao meio-dia, dirigimos a vista para a terra ou para o que está à nossa frente, parecemos providos de um olhar muito vigoroso e perspicaz; mas, quando erguemos a vista para o sol e o contemplamos com olhos atentos, aquela força, que era particularmente vigorosa na terra, logo é ofuscada e confundida por um brilho tamanho que somos obrigados a reconhecer que nossa acuidade na observação das coisas terrestres, quando voltada para o sol, é mera estupidez. Assim também acontece na consideração dos nossos bens espirituais. Enquanto não olhamos para além da terra, estamos contentes com a própria justiça, sabedoria e bela virtude, lisonjeamos a nós mesmos com doçura, e apenas

---

79 Platão. *A República*, VII, 514a ss.

não nos consideramos semideuses. Mas, se de uma vez, começamos a elevar nosso pensamento em direção a Deus e a sopesar qual e quão exata é a perfeição da Sua justiça, sabedoria e virtude, à qual frequentemente devemos nos conformar, o que antes agradava sob o falso pretexto de justiça sujar-se-á de pronto como a mais alta injustiça; o que impunha maravilhosamente o título de sabedoria, recenderá a tolice extrema; o que levava à sua frente a face da virtude será acusado de miserabilíssima impotência, a tal ponto corresponde mal à pureza divina o que em nós é visto talvez como absolutamente perfeito.

3. Daqui provém aquele horror e espanto pelo qual, em diversas passagens, a Escritura narra tenham sido abalados e afligidos os santos todas as vezes que sentiram a presença de Deus. De fato, quando vemos aqueles que se mantinham firmes e seguros na ausência de Deus serem tão consternados e abalados quando Ele manifesta sua glória que são derrubados pelo medo da morte ou, antes, devorados e quase aniquilados, devemos então concluir que o homem nunca é suficientemente atingido e afetado pelo conhecimento da pequenez de sua humanidade, a não ser depois que se compara com a majestade de Deus. Temos numerosos exemplos dessa consternação, seja no livro dos Juízes, seja nos livros dos Profetas, de sorte que essa expressão tenha sido frequente para o povo de Deus: "Morreremos porque vimos a Deus" [Jz 13, 22; Is 6, 5; Ez 2,1; e em outros lugares]. Por isso também na história de Jó, para derrubar os homens pela consciência de sua estupidez, impotência e impureza, sempre se apresenta uma prova fortíssima diante da descrição da sabedoria, da virtude e da pureza divinas. E isso não é inútil. Vemos que Abraão melhor se reconheça como terra e pó por ter-se aproximado da contemplação de Deus [Gn 18, 27]; que Elias, tendo descoberto o rosto, não suportasse olhar a manifestação de Deus, tamanho o espanto da visão [1Rs 19, 13]. E o que faria o homem, ele que é podridão e verme, se é preciso que os querubins, pelo mesmo pavor, escondam o rosto? É isso, com efeito, o que diz o profeta Isaías: "A lua se cobrirá de vergonha e o sol ficará confuso quando o Senhor dos Exércitos reinar" [Is 24, 23]; isto é, quando sua claridade refulgir e for propriamente manifesta, o mais claro tornar-se-á escuro ante sua presença [Is 2, 10.19]. Seja como for que o conhecimento de Deus e de nós estejam ligados por um vínculo mútuo, a ordem correta do ensino postula que primeiro tratemos daquele e depois desçamos para tratar deste.

CAPÍTULO II

O que é conhecer Deus e a que fim se destina o seu conhecimento. *

ntendo por conhecimento de Deus não só conceber que algo seja Deus, mas também compreender o que, no conhecimento acerca d'Ele, nos convém saber, o que é útil para sua glória e, por fim, o que é necessário. Na verdade, não é dito de modo adequado que Deus seja conhecido onde não há religião nem piedade. E aqui não me refiro ainda àquela espécie de conhecimento pela qual os homens, perdidos e amaldiçoados em si, apreendem um Deus redentor no Cristo Mediador, mas falo tão somente daquele conhecimento primeiro e simples, para o qual nos conduziria a genuína ordem da natureza se Adão se tivesse mantido íntegro. Pois, ainda que nessa ruína do gênero humano ninguém sinta a Deus como pai, autor da salvação ou propício de algum modo, até que o Cristo se nos apresente como um meio de sua pacificação, é diferente sentir que Deus, nosso criador, sustente-nos por sua potência, reja pela providência, favoreça pela bondade e acompanhe com todo o gênero de bênçãos, e que nos abrace a graça da reconciliação que nos é apresentada em Cristo. Porque o Senhor aparece, em primeiro lugar, unicamente como criador — tanto na obra do mundo quanto na doutrina geral da Escritura, e, depois, como redentor na imagem de Cristo —, emerge daí um duplo conhecer a seu respeito. Um deles deve ser tratado como anterior, e o outro seguirá sua ordem. Ainda que nossa mente não possa apreender a Deus sem lhe atribuir algum culto, não bastará, entretanto, defender apenas que Ele seja o único a ser cultuado e adorado, a menos que também sejamos persuadidos de que Ele seja a fonte de todos os bens, para que não os busque-

---

* Tradução deste capítulo: Ilunga Kabebgele.

mos senão n'Ele. Tomo isso assim: Ele não criou este mundo num único instante somente para que fosse sustentado com seu poder imenso, moderado com sabedoria, conservado com bondade, e, especialmente, para que o gênero humano fosse regido com justiça e equidade, tolerado com misericórdia, mantido protegido, mas — uma vez que não se encontre em nenhuma parte uma gota sequer de sabedoria e luz, ou de justiça, ou de potência, ou de retidão, ou de verdade sincera que não flua d'Ele e da qual Ele não seja a causa — para que aprendamos a tudo d'Ele esperar e pedir e, com ação de graças, atribuir a Ele o que se recebe. Assim é que, para nós, aquele sentimento de misericórdia de Deus é o verdadeiro mestre da piedade, da qual nasce a religião. Chamo piedade à reverência unida ao amor a Deus, que agrega o conhecimento de seus benefícios. Com efeito, até que os homens não sintam que devem todas as coisas a Deus, que são favorecidos pelo seu cuidado paterno, que Ele é o autor de todos os bens, de modo que nada deva ser buscado fora d'Ele, jamais se sujeitarão a Ele por uma observância voluntária, pelo contrário; a menos que erijam n'Ele uma sólida felicidade para si, jamais se aproximarão completamente d'Ele de modo verdadeiro e com sinceridade de alma.

2. Por conseguinte, os que se propõem a insistir na questão "O que é Deus?" brincam com especulações fúteis, já que a nós, antes, interessa saber de que modo Ele vem a ser e o que convém saber de sua natureza. De que adianta reconhecer, como Epicuro, um Deus que, sem coragem para o cuidado do mundo, apenas se entretém com o ócio?[80] Em suma, de que ajuda conhecer um Deus com o qual nada temos a ver? Pelo contrário, conhecê-lo deve valer primeiro para nos instituir ao temor e à reverência, depois para que, por esse conhecimento, aprendamos a pedir a Ele todo o bem e a Ele atribuir o que recebemos. Como o ato de pensar em Deus pode chegar à nossa mente sem que pensemos, simultânea e imediatamente, que – sendo invenção d'Ele, somos, por direito de criação, devedores e servos de seu império – devamos a ele nossa vida, que convém atribuir a Ele tudo o que empreendemos e fazemos? E, uma vez que é assim, resulta de imediato que nossa vida estará miseravelmente corrompida se não for colocada a seu serviço, posto que sua vontade deve ser para nós lei de vida. Por outro lado, é impossível ver claramente sem reconhecer que Ele é fonte e origem de todos os bens, de onde tanto o desejo de unir-se a Ele como a confiança nasceriam se a malícia natural do homem não desviasse sua mente da reta investigação. Pois, de pron-

---

80 Cícero. *De natura deorum*, I, 2, 3; 17, 45; 19, 51.

to, a mente piedosa não sonha para si um Deus qualquer, mas vê somente um Deus único e verdadeiro. Tampouco se imagina um tal Deus, mas fica contente de possuí-lo tal qual se manifesta, e com grande diligência tem o cuidado de não se afastar temerariamente do seu caminho.

3. Tendo assim conhecido a Deus, e como entende que por Ele é completamente governada, confia que Ele seja para si um tutor e protetor, e por isso tem n'Ele tão grande fé. Como entende que Ele é o autor de todos os bens,[81] se algo a oprime, se lhe falta algo, logo se refugia em sua proteção, esperando que a ampare. Como está convencida de que Ele é bom e misericordioso, entrega-se a Ele com plena confiança, e não duvida que sempre haverá um remédio para todos os seus males na clemência d'Ele. Como reconhece um Senhor e Pai, conclui como muito justo que se deva ver o seu império sobre tudo, submeter-se à sua majestade, cuidar da propagação da sua glória, seguir os seus mandamentos. Como vê que é um juiz justo e que está armado de sua severidade para castigar os celerados, tem sempre em mira o tribunal d'Ele e, por temor, contém e impede a si mesma de provocar a sua ira. Contudo, não teme tanto o seu julgamento que dele queira se afastar, ainda que se revele uma saída. Pelo contrário, aceita-o como vingador contra os maus e benéfico com os piedosos, quando compreende que diz respeito à glória de Deus que os ímpios e celerados encontrem n'Ele uma pena, tal como os justos têm sua recompensa na vida eterna. Além disso, não se abstém de pecar somente pelo medo da vingança, mas observa e cultua Deus como senhor porque o ama e respeita como pai e, mesmo se não existir nenhum inferno, teme tão somente ofendê-lo. Eis o que é a pura e autêntica religião, a saber, a fé unida ao verdadeiro temor de Deus,[82] de tal modo que o temor tanto contenha em si a reverência voluntária quanto traga consigo o culto legítimo tal qual é prescrito na Lei. Deve-se notar isto com diligência: todos veneram confusamente a Deus e pouquíssimos o reverenciam; porquanto por toda parte é grande a ostentação exterior, rara contudo é a sinceridade do coração.

---

81 Ibidem, I, 2, 4.
    Sêneca. *De beneficiis*, IV, 3, 2ss.
82 Cf. Melanchthon. *Locos comm.* Kolde, [1521]. p.199.

CAPÍTULO III

O conhecimento de Deus está naturalmente incutido na mente dos homens.*

 stá fora de discussão que é inerente à mente humana, certamente por instinto natural, algum sentimento da divindade.[83] A fim de que ninguém recorra ao pretexto da ignorância, Deus incutiu em todos uma certa compreensão de sua deidade, da qual, renovando com frequência a memória, instila de tempos em tempos novas gotas, para que, quando todos, sem exceção, entenderem que há um Deus e são sua obra, sejam condenados, por seu próprio testemunho, por não o cultuarem e não consagrarem a própria vida à vontade d'Ele. Com certeza, se buscamos em algum lugar a ignorância de Deus, é verossímil que em nenhum outro lugar possa ser exibido exemplo melhor que entre os povos grosseiros e mais afastados da cultura humana. Não obstante, nenhuma nação, afirma o gentio, é tão bárbara, nenhum povo é tão selvagem que não se convença da existência de um Deus [Cícero, *Sobre a natureza dos deuses*].[84] E mesmo aqueles que, em outras partes da vida, parecem diferir muito pouco das feras, sempre possuem, no entanto, certa semente de religião: essa assunção geral ocupa de forma tão profunda o espírito que é tenazmente indissociável das vísceras de todos. Então, de tal perspectiva, desde o começo do mundo, nenhuma cidade, nenhuma casa existiria que pudesse carecer de religião. Nisso há uma tácita confissão: está inscrito no coração de todos um sentimento de divindade. E a idolatria é um grande

---

* Tradução deste capítulo: Ilunga Kabebgele.
83 Cícero. Op. cit., I, 16, 43; 17, 45.
84 Ibidem, I, 16, 43 (cf. 23, 62).
   Idem, *Tusculanae disputationes*, I, 13, 30.
   Cf. Lactâncio. *Divinae institutiones*, III, 10, 7.

exemplo dessa concepção. Sabemos como o homem não se rebaixa de bom grado de modo que coloque outras criaturas à sua frente. Por conseguinte, como o homem prefere antes cultuar um pedaço de pau e uma pedra a considerar que não há nenhum Deus, vê-se muito bem a que grau ele se deixa impressionar a respeito da divindade. De tal forma esta não pode ser apagada da mente dos homens, que é mais fácil que se corrompa sua inclinação natural, como de fato é corrompida, quando o homem, altivo e soberbo, rebaixa-se espontaneamente ao que é ínfimo para que Deus seja reverenciado.

2. Por isso, é de todo gratuito o que dizem alguns: que a religião foi inventada pela astúcia e esperteza de certos homens, para que o povo simples cumprisse seu dever, sendo que os próprios inventores, que ensinavam os outros a servir a Deus, não acreditavam em sua existência.[85] Sem dúvida, reconheço que, na religião, homens astutos escreveram muitas coisas pelas quais incitavam a reverência da plebe e incutiam o terror para que as almas se mantivessem obedientes, mas em lugar algum conseguiram isso sem que a mente dos homens já não fosse antes imbuída daquela constante persuasão acerca de Deus, da qual, assim como de uma semente, emerge a propensão para a religião. E certamente não é crível que faltasse em absoluto o conhecimento de Deus àqueles mesmos que, com velhacaria, iludiam aos mais rudes sob o título da religião. Mesmo que outrora alguns tenham surgido e hoje não poucos a neguem que Deus existe, queiram ou não queiram, depois começam a sentir o que antes desejavam desconhecer.

3. Não se encontra ninguém que manifestasse em mais audaz ou mais desenfreado combate à deidade que Caio Calígula; no entanto, ninguém tinha mais temor quando algum sinal da ira divina se manifestava e, assim, temia involuntariamente o Deus ao qual zelava combater.[86] Vemos que isso acontece por toda parte a vossos semelhantes. Com efeito, tanto maior a audácia com que alguém combate a Deus, tanto mais profundamente se abala até mesmo com o ruído de uma folha caindo. De onde vem isso, a não ser do castigo da majestade divina, que abala com tanto maior força a consciência deles quanto mais procuram fugir? Todos voltam os olhos para as trevas, pelas quais se afastariam da presença do Senhor e, em contrapartida, apagariam-na de sua alma, mas, queiram ou

---

85 Cícero. *De natura...*, I, 16, 43, 118.
   Platão. *Leis*, X, 889e. Fragmento de Crítias apud Sexto Empírico, *Adversus mathematicos*, IX, 54. Políbio, VI, 56.
86 Suetônio. *Caligula*, 51.

não, sempre são enredados: apesar de às vezes parecer que se esvaeça por algum tempo, de imediato ela retorna e irrompe com novo ímpeto. Se há para eles algum relaxamento da inquietação da consciência, não é muito diferente do sono dos bêbados e dos loucos, que, mesmo dormindo, não repousam placidamente, porque são afligidos por funestos e terríveis sonhos. Portanto, até mesmo os próprios ímpios são exemplo de que sempre vigora na alma de todos os homens alguma noção de Deus.

3. Para os que julgam com retidão, sempre estará estabelecido que foi gravado na mente humana um sentimento de divindade que jamais será apagado,[87] tanto seja naturalmente inata em todos a convicção de que há um Deus como esteja profundamente arraigada tal convicção na própria medula dos homens. É rico testemunho disso a teimosia dos ímpios que, lutando furiosamente, não se podem desembaraçar do medo de Deus. Ainda que Diágoras e seus semelhantes zombem do que por todos os séculos se acredita sobre a religião,[88] e Dionísio ridicularize o juízo celeste,[89] o riso deles é sardônico, porque o verme da consciência os morde interiormente de modo mais duro que todos os cautérios. Não digo, como Cícero, que com o tempo os erros diminuíram e, com o passar dos dias, a religião mais cresce e melhora. Pois o mundo, como um pouco adiante devemos expor, tenta esboroar todo o conhecimento de Deus, na medida em que há nele tal conhecimento, e corromper de todos os modos o seu culto. Mas digo apenas isto: quando a dureza tola que os ímpios cupidamente almejam, desprezando a Deus, definha em suas almas, vigora e de imediato emerge aquele sentimento de deidade que com tanto ardor quiseram fosse extinto. Donde se tem que essa não seja uma doutrina a ser ensinada nas escolas em primeiro lugar, mas que qualquer um é para si um mestre dessa doutrina desde o útero, e a própria natureza não permite que ninguém a esqueça, ainda que muitos apliquem todas as forças nisso. Ademais, se todos nascem e vivem sob a condição de que conheçam a Deus — afinal, o conhecimento de Deus é fugaz e evanescente se não chegar a tal ponto —, é notório que degeneram quanto à lei da criação todos aqueles que não destinam o conjunto dos pensamentos e ações de sua vida para tal fim. Nem aos filósofos foi isso oculto. Não foi senão o que pretendeu Platão quando [no *Fédon* e no *Teeteto*][90] ensinou que o bem supremo da alma é ser semelhante a Deus, quando,

---

87 Cícero. *De natura...*, I, 17, 45; II, 4,12.
88 Ibidem, I, 1, 2; 23, 63; 42, 117; III, 37, 89.
89 Ibidem, III, 34, 83.
90 Platão. *Fédon*, 107c.; *Teeteto*, 176b.

depois de receber o seu conhecimento, se transforma toda n'Ele. Também muito sabiamente raciocina Grilo no livro de Plutarco quando afirma que, se a religião for afastada de uma vez da vida dos homens, eles não somente não serão em nada melhores que os animais brutos, como também serão de longe mais miseráveis em muitos aspectos, de tal modo que, obrigados a tantas formas de males, levarão para sempre uma vida de tumultos e inquietudes. Portanto, há um único culto de Deus que os torna superiores, e somente por ele se aspira à imortalidade.[91]

---

91 [Provavelmente] Plutarco. *Gryllus*, 7.

O conhecimento de Deus é enfraquecido ou corrompido, em parte pela ignorância, em parte pela maldade.*

ssim como a experiência revela que em todos está incutida uma semente da religião inspirada por Deus, dificilmente se encontrará um entre cem que não a fomente em seu coração. No entanto, não há ninguém em que ela amadureça a ponto de o fruto aparecer no tempo certo. Seja porque alguns se desvaneçam em suas superstições, seja porque, dada a obra maliciosa, afastam-se de Deus, todos degeneram do seu verdadeiro conhecimento. Assim, ocorre que não reste no mundo nenhuma verdadeira piedade. Quanto ao que foi dito, que pelo erro alguns caíram na superstição, não considero que sua ignorância os exima do pecado, porque a cegueira que possuem, quase sempre está acompanhada pela vaidade da soberba e pela contumácia. A vaidade, unida à soberba, mostra-se nisto: os homens miseráveis, na busca de Deus, não se elevam acima de si, como seria esperado, mas querem medi-lo segundo a dimensão de seu entorpecimento carnal. Negligenciada a verdadeira procura, passam por alto, por curiosidade, a vãs especulações. E, assim, não apreendem a Deus tal como Ele se oferece, mas o imaginam tal como o que fabricam com sua temeridade. Aberto esse abismo, para onde quer que movam o pé, é necessário sempre mergulharem, como de precipícios, na ruína. Depois, o que quer que realizem para o culto ou ao serviço de Deus, não podem consagrar a Ele, porque em seu lugar cultuam, não a Ele mesmo, mas antes a ficções e sonhos de seus corações. Paulo censura claramente essa depravação, dizendo que eram tolos desejando ser sábios [Rm 1, 22]. Dissera antes que se desvaneceram em suas cogitações, mas, para não os eximir da

---

* Tradução deste capítulo: Ilunga Kabebgele.

culpa, acrescento que fossem cegados, com razão, porque, não contentes com a sobriedade, mas arrogando a si mais do que é adequado, aproximam-se propositadamente das trevas, ou melhor, por perversidade e arrogância, fazem a si mesmos de tolos. Donde resulta que não pode ser desculpada sua estultice, cuja causa é não só a vã curiosidade, mas também o desejo de, por falsa confiança, saber mais do que é devido.

2. Quando Davi disse que os ímpios e os insensatos sentem em seu coração que não há nenhum Deus [Sl 13, 1], primeiro se restringe àqueles que, sufocada a luz natural, propositadamente se tornaram insensíveis, como analisaremos adiante. Vemos como, depois de se endurecerem pela audácia e pelo costume de pecar, muitos repelem com fúria a memória de Deus, que, de modo espontâneo, é interiormente sugerida a eles por um sentimento natural. E, para tornar mais detestável a fúria deles, Davi diz explicitamente que negam a existência de Deus, não porque lhe subtraiam a essência, mas porque, despojando-o de seu julgamento e providência, limitam-no ao céu, como se estivesse ocioso.[92] Nada convém menos a Deus que relegar à sorte o governo do mundo, ignorar os crimes dos homens, para que pequem impunemente. Qualquer um que seja indulgente consigo, esquecendo o julgamento celeste, nega a existência de Deus.[93] É este o justo castigo de Deus: endurecer os corações de tal modo que os ímpios, depois de fechados os olhos, ao ver, não enxerguem. Davi, em outro lugar, é um ótimo intérprete de sua sentença quando diz que não há temor a Deus ante os olhos dos ímpios [Sl 36, 2]. E ainda: "eles aplaudem a si mesmos orgulhosamente nas maldades, porque se convencem de que Deus não vê" [Sl 10, 11]. Ainda que sejam obrigados a reconhecer que há um Deus, esvaziam a sua glória, tirando-lhe o poder, assim como atesta Paulo: "Deus não pode renegar-se a si mesmo" [2Tm 2, 13], porque permanece sempre semelhante a si. De tal modo se diz que, forjando-o como um ídolo morto e sem virtude, na verdade estes negam a Deus. Deve-se notar que, a despeito de lutarem contra os próprios sentimentos e de não desejarem apenas extrair Deus deles mesmos, mas também o abolir no céu, não se fortalecerá tanto seu estupor sem que Deus os leve frequentemente ao seu tribunal. Mas, como por nenhum temor são impedidos de se arrojar violentamente contra Deus, embora permaneçam arrebatados por um ímpeto cego, é certo que reina sobre eles o homem animal.

---

92 Cícero. *De natura...*, I, 2, 3; 17, 45; 19, 51; 24, 67.
93 Ibidem, I, 20, 54; 30, 85ss, 44, 123.

3. Desse modo, desmorona aquela frágil proteção que muitos costumam tecer para sua superstição. Consideram que qualquer zelo de religião, ainda que às avessas, basta, mas não têm a alma atenta a que a verdadeira religião deve ser conformada à indicação de Deus ou à regra perpétua: Deus permanece semelhante a si mesmo e não é um espectro ou fantasma a ser transformado pelo desejo de qualquer um. Vê-se claramente por quantos artifícios mentirosos a superstição se enreda quando procura agradar a Deus, pois, apossando-se quase sempre daquilo que Ele declara não ter importância para si, ela ou mantém com desdém ou mesmo rejeita sem dissimulação àquilo que Ele prescreve e ensina que lhe agrade. Assim, amam e cultuam seus delírios todos aqueles que rendem cultos falsos a Deus, porque de modo algum ousariam ser tão frívolos com Ele se primeiro não forjassem um deus conforme à torpeza de suas frivolidades. Razão pela qual o apóstolo afirma que é ignorância a opinião vaga e errática a respeito da deidade: "Não conhecendo a Deus, servíeis a deuses que, por natureza, não o são" [Gl 4, 8]. Em outro lugar, diz que os efésios não possuíam Deus no tempo em que estavam distantes do verdadeiro conhecimento do Deus único [Ef 2, 12]. E, ao menos nisso, pouco importa tomar um único ou vários deuses, porque sempre se afastam e se distanciam do Deus verdadeiro, o qual, abandonado, não resta senão como um ídolo execrável. Resta, então, que estabeleçamos com Lactâncio[94] que nenhuma religião seja legítima se não for unida à verdade.

4. Outro pecado também acrescenta que os homens não têm nenhuma razão para se voltar a Deus a não ser que sejam obrigados, nem d'Ele se aproximam sem que sejam forçados, tampouco são imbuídos do temor voluntário que nasce do respeito à majestade divina, mas somente do temor servil e coagido que o juízo de Deus lhes arranca, o qual, já que não podem evitar, temem de tal modo que também o abominam. Corresponde muito bem à impiedade, e somente a ela, a frase de Estácio segundo a qual é o temor que primeiro fez os deuses na terra.[95] Os que trazem a alma alheia à justiça divina querem ver derrubado o tribunal de Deus, pois sabem que é erigido para punir suas transgressões. Levados por esse desejo, lutam contra Deus, que não pode ser privado de seu trono de juiz, mas, ao entender que um poder irresistível os ameaça, recuam de pavor,

---

94 [Possivelmente] Lactâncio, *Divines...*, I, 1, 6; 1, 25; IV 2, 5; 3, 6ss; 5, 1. *Epit.* 36, 1, 5. In: CSEL 19, 2.
95 Estácio. *Thebaida*, III, 659.

porque não o podem afastar nem evitar. Assim, para que não pareçam desprezar sua autoridade, satisfazem-no com um tipo qualquer de religião. Entretanto, não deixam de manchar-se com toda sorte de vícios e juntar infâmia sobre infâmia, até que, por toda parte, violem a santa Lei do Senhor e dissipem toda sua justiça; e, certamente, não se detêm por aquele aparente temor de Deus que não repousem com suavidade em seus pecados, bem como se encantem e prefiram ser indulgentes com a sua intemperança carnal que a coibir pelo freio do Espírito Santo. Mas, como se trata de uma sombra inútil e falsa da religião, que mal é digna de ser chamada sombra, é, em contrapartida, fácil deduzir o quanto difere desse conhecimento confuso de Deus a verdadeira piedade, instilada apenas nos corações dos fiéis, da qual, exclusivamente, nasce a religião.

Assim, os hipócritas querem, com tortuosos volteios, parecer próximos de Deus, a quem no entanto evitam. Com efeito, onde deveria haver por toda a vida um movimento perpétuo da obediência, aqueles que seguramente se rebelam em quase tudo o que fazem, zelam por aplacá-lo apenas por pouquíssimos sacrifícios; onde Ele deveria ser servido com a santidade da vida e a pureza do coração, criaram frívolas zombarias e cerimônias pelas quais pretendem conseguir o seu favor. Ou melhor, com maior licenciosidade, são torpes em suas oferendas, porque confiam que, com os jogos de suas expiações, possam satisfazer a Deus; depois, onde deviam colocar sua confiança em Deus, colocam-na em si ou em criaturas, desprezando-o. Finalmente, envolvem-se numa quantidade tão grande de erros que a escuridão da maldade destrói aquelas centelhas que brilhavam para o discernimento da glória de Deus. Sem dúvida, resta aquela semente, que de nenhum modo pode ser extraída desde a raiz, pois que há uma divindade. Mas de tal modo está corrompida, que de si não produz senão péssimos frutos. Ou melhor, daí se extrai com maior exatidão o que estou defendendo agora: o sentimento da divindade foi naturalmente impresso no coração dos homens, uma vez que a necessidade extrai sua confissão até dos próprios réprobos. Enquanto tudo está tranquilo, zombam de Deus, ou melhor, são mordazes e loquazes em enfraquecer seu poder; se algum desespero os aflige, estimula-os a buscá-lo e a ditar pequenas preces, pelas quais fica evidente que não desconheciam inteiramente a Deus, mas que o que devia manifestar-se antes foi suprimido pela malícia e rebeldia.

CAPÍTULO V

O conhecimento de Deus reluz na criação do mundo e no seu contínuo governo. *

ma vez que o fim último da vida bem-aventurada consiste no conhecimento de Deus, para que a ninguém tenha sido obstruído o caminho da felicidade, Deus não só incutiu na mente dos homens aquilo que chamamos semente da religião, mas tornou a si de tal modo evidente no conjunto da obra do mundo e com tal clareza se mostra cotidianamente, que eles não podem abrir os olhos sem que sejam obrigados a contemplá-lo. Por certo, sua essência é incompreensível, de tal modo que sua deidade escapa a todos os sentidos humanos. Mas Ele imprimiu, em cada uma de suas obras, certas marcas de sua glória, e tão claras e insignes que está excluída qualquer desculpa de ignorância aos incultos e aos rudes. Por isso, com grande razão, exclama o profeta que Deus está "envolto em luz como num manto" [Sl 104, 2], como se dissesse que Deus, ao mostrar seu poder desde a criação do mundo, já se revelava em sua glória, que o fez esplêndido e poderosíssimo de onde quer que o vejamos. Na mesma passagem, o profeta compara os extensos céus a um pavilhão real de Deus; diz que Ele é o que constrói sua morada nas águas; o que põe as nuvens como sua carroça; que cavalga sobre as asas dos ventos, que faz dos ventos velozes e dos raios seus mensageiros.[96] E, visto que a glória de seu poder e sabedoria resplandeça mais intensamente no alto, muitas vezes chama ao céu seu palácio. Em primeiro lugar, para onde quer que lancemos os olhos, não há uma pequenina parte do mundo na qual não irrompam ao menos algumas centelhas de sua glória. Não podemos

---

* Tradução deste capítulo: Ilunga Kabebgele.
96 Sl 104, 2-4.

contudo contemplar, de uma só vez, tão ampla e bela obra, que de forma vasta se mostra, sem que sejamos completamente cobertos por um imenso fulgor. Por isso, com elegância, o autor da *Epístola aos hebreus* chama os mundos espetáculos das coisas invisíveis [Hb 11, 3], pois tão harmoniosa disposição do mundo é para nós como um espelho, no qual podemos contemplar de outro modo o Deus invisível. Por essa razão, o profeta atribui às criaturas celestes uma linguagem que todos conhecem [Sl 19, 1],[97] porque nelas se exibe tão evidentemente o testemunho da divindade que a consideração de nenhum povo, por grosseiro que seja, deve desprezar. Narrando isso com maior clareza, o apóstolo diz que se torna patente para os homens o que se deve conhecer a respeito de Deus, uma vez que todos, sem exceção, veem o que é invisível de Deus, até mesmo quanto à sua eterna força e divindade, como conhecido desde a criação do mundo [Rm 1, 19].

2. São inumeráveis as provas que atestam sua admirável sabedoria, tanto no céu como na terra, não somente aquelas mais secretas, às quais se destinam o estudo da astronomia,* da medicina e de toda a ciência natural, mas também o que se mostra ao exame de qualquer um, mesmo o mais inculto idiota, de tal sorte que os olhos não possam ser abertos sem que obrigados a servir de testemunhas. Na verdade, aqueles que se embriagaram ou, pelo menos, experimentaram das artes liberais, auxiliados por elas, chegam bem mais longe na introspecção dos segredos da divina sabedoria.[98] Ninguém, no entanto, está, por insciência, impedido de ver muito bem vários dos artifícios da obra de Deus, pelos quais é levado a admirar ao Criador de tais obras. Certamente, para investigar os movimentos dos astros, distribuir suas posições, medir suas distâncias, anotar suas propriedades, necessitamos de uma técnica e de um trabalho bastante preciso. Com tais conhecimentos, como a providência divina se mostra de modo mais claro, assim cabe à alma elevar-se mais altamente para considerar a glória de Deus. Mas nem os plebeus e os mais incultos, que somente contam com a ajuda dos olhos, podem ignorar a excelência da arte divina, que se mostra espontaneamente nessa infinita, distinta e ordenada variedade da obra celeste. Consta, pois, que não há ninguém para quem Deus não tenha tornado muito clara sua sabedoria. De modo

---

97 Sl 19, 2ss.
  * No texto, *astrologia*, mas com sentido de "astronomia", distinta de *astrologia judiciária*, isto é, "astrologia" no sentido contemporâneo. Cf. Calvino, *Advertissement contre l'astrologie qu'on appele judiciaire...*, 1549. In: *Corpus reformatorum*, VII.
98 Cf. Sêneca. *Epist. ad Lucilium*, 102, 28.

semelhante, é de grande diligência considerar com perspicácia a conexão, a simetria, a beleza e o uso na estrutura do corpo humano, como fez Galeno [*Libris de usu partium*]. E todos reconhecem que o corpo humano apresenta uma composição tão engenhosa[99] que, muito adequadamente, julga-se, tendo em vista a obra, o Artífice admirável.

3. Por isso, alguns dos filósofos, não sem razão, chamaram outrora o homem de microcosmo, porque é um raro exemplo do poder, da bondade e da sabedoria de Deus, e contém em si muitos milagres para ocupar-nos a mente, se não nos enfada buscá-los. Por essa razão, Paulo, quando relembra que também seja possível aos cegos, apalpando, encontrar a Deus, acrescenta que não deva ser buscado muito longe [At 17, 27], porque sem dúvida cada qual sente interiormente a graça celeste pela qual é sustentado. Mas se, para apreender a Deus, não é necessário sairmos de nós, que perdão merecerá por sua estupidez aquele que, para encontrar Deus, desdenha descender em si mesmo? É a mesma razão pela qual Davi, quando brevemente celebrou o admirável nome de Deus e a majestade que resplandece em toda parte, imediatamente exclamou: "Que é o homem para que dele te lembres?" [Sl 8, 5]. E ainda: "pela boca dos infantes e dos que mamam, tu o firmaste".[100] Com efeito, afirma que não só no gênero humano se exibe o claro espelho das obras divinas, mas que também as crianças, ainda quando apegadas ao seio materno, são bastante eloquentes para louvar a glória de Deus, de sorte que seja quase nula a necessidade de outros oradores. Daí, não duvida que suas bocas conduzam ao alto, como se bem instruídas para refutar a demência daqueles que desejariam extinguir o nome de Deus em prol de sua diabólica soberba. Daí também vem o que Paulo cita de Arato:[101] "somos da progênie de Deus" [At 17, 28], porque, exortando-nos com tamanha dignidade, atestou ser nosso pai. Assim também, pelo senso comum e, por assim dizer, pela experiência comum, os poetas profanos chamaram-no pai dos homens.[102] Na verdade, ninguém se sujeitará, espontaneamente e de bom grado, ao obséquio de Deus a não ser que, depois de ter experimentado o seu amor paterno, seja por sua vez atraído a amá-lo e cultuá-lo.

4. Aqui, descobre-se a horrível ingratidão dos homens que, ao conter em si a nobre oficina das inúmeras obras divinas, junto de um armazém atulhado de uma inestimável abundância de obras, em lugar de render

---

99 Cf. Vallam. *De voluptate*, I, 10.
100 Sl 8, 3.
101 Arato. *Phaenomena*, 5.
102 Cícero. *De natura...*, I, 2, 4.

graças, se enchem de orgulho e presunção. Sentem em si mesmos como Deus opera de modo admirável; e sua própria experiência lhes mostra a grande variedade de dons que possuem graças à sua generosidade; são obrigados, queiram ou não, a reconhecer que esses são signos da divindade, não obstante os ocultem interiormente. De fato, não é necessário irem para fora de si mesmos, a não ser que, atribuindo-se o que é dado do céu, sepultem na terra o que serve de lume a seu entendimento para ver claramente a Deus. Ou o que é pior, hoje, a terra sustenta muitos espíritos monstruosos que, para destruir o nome de Deus, não hesitam em tentar arrancar toda semente da divindade espargida na natureza humana.[103] Quão detestável é essa loucura, pergunto, pois encontrando o homem a Deus em seu corpo e sua alma cem vezes,[104] tendo como pretexto essa mesma excelência, nega que há Deus? Não dizem que são distintos dos animais brutos por acaso, mas, apresentando como disfarce a natureza, que para eles é o artífice de todas as coisas, excluem a Deus. Eles veem quão especial é o artifício de Deus em cada um de seus membros, desde a cabeça até a ponta do pé. E também nisso instituem a natureza no lugar de Deus.[105] Mas os movimentos da alma, tão ágeis, com tão importantes faculdades, tão raros dons fazem ver que a divindade não pode ser facilmente escondida. No entanto, os epicuristas, tal qual Ciclopes, atrevidamente fazem guerra contra Deus. E não é que, para reger um vermezinho de cinco pés, concorrem todos os tesouros da sabedoria celeste? O conjunto do mundo carecerá desse privilégio? Quanto ao primeiro, estatuir que há algo orgânico na alma que corresponde a suas partes singulares[106] em nada obscurece a glória de Deus, mas antes a ilustra. E responda Epicuro: que concurso dos átomos[107] que, cozinhando a comida e a bebida, digere parte em excrementos, parte em sangue, e faz que para cada um dos membros seja tão grande a capacidade de realizar seu trabalho, como se por consenso tantas almas regessem um corpo?

5. Mas não me interessa tal pocilga.[108] Ataco os que, entregues à curiosidade sem propósito, aduzem torcidamente às frígidas palavras de

---

103 Possível referência a Serveto. Cf. *Christianismi restitutionem*, 1553. In: *De Trinitate*, III, p.145ss; *De Trin. dialog.*, I, p.213ss.
104 Cf. Serveto. *De Trinitate dialog.*, I, p.216.
105 Cícero. *De natura...*, I, 20, 56.
Cf. Lactâncio, *Divines...*, III, 28, 4, in: CSEL 19, 264.
Vallam, *De voluptate*, I, 13.
106 Aristóteles. *De anima*, II, 1, 412a28, b6.
107 Cícero. Op. cit., I, 20, 54; 24, 66; II, 37, 93ss.
Cf. *Tusculanae...*, I, 11, 22.
108 Cf. Horácio. *Epist.* I, 4, 15ss.

Aristóteles, tanto para destruir a imortalidade da alma como para arrancar de Deus a sua autoridade. Com efeito, já que as faculdades da alma são orgânicas, usando esse pretexto, ligam-na ao corpo de modo que não possa subsistir sem ele. Com uma breve exposição sobre a natureza, tanto quanto podem, suprimem o nome de Deus.[109] Mas está muito longe de ser verdade que as faculdades da alma estejam inclusas nas funções que servem ao corpo. Que tem a ver com o corpo saber medir o céu, contar o número das estrelas, conhecer a magnitude de cada uma, saber qual espaço há entre elas, com que velocidade ou lentidão realizam seu curso, em que grau se curvam para cá ou para lá? Reconheço que há alguma utilidade na astronomia,*[110] todavia mostro que, nessa tão elevada investigação das coisas celestes, não há relação orgânica, e sim que as partes da alma estão separadas do corpo. Apenas dou um exemplo pelo qual será fácil para os leitores presumirem os demais. Evidentemente, a agilidade e a diversidade com que a alma percorre o céu e a terra, une o passado ao futuro, retém na memória as coisas que outrora ouviu, figura qualquer coisa para si, e a perspicácia com a qual inventa coisas incríveis, que é mãe de tantas artes maravilhosas, são insígnias certas da divindade no homem.[111] Que dizer acerca de, mesmo dormindo, o homem não só se virar e revirar, mas também conceber muitas coisas úteis, raciocinar sobre muitas coisas e até adivinhar o futuro? O que deve ser dito aqui, a não ser que não podem ser apagadas as coisas que são sinais da imortalidade impressos no homem? Por que razão o homem é divino e não reconhece o Criador? Nós, fazendo uso do juízo que foi plantado em nós, discernimos o justo e o injusto. E não haverá um juiz no céu? Até no sonho restara-nos algum resíduo de inteligência. E nenhum Deus estará de sentinela na regência do mundo? Seremos considerados inventores de tantas artes e de tantas coisas úteis, e Deus será privado do seu louvor? Como a experiência ensina suficientemente, o que temos vem de outro lugar e é distribuído em medidas diferentes. A respeito do que muitos[112] tagarelaram sobre uma secreta inspiração que conserva o mundo todo, isso não só é vão como profano. Agrada a eles[113] aquele célebre dito de Virgílio:

---

109 Pomponatio. *De imortalitate animae*, 4, 8, 9, 10.
 * No texto, *astrologia*.
110 Cícero. *Tusculanae...*, I, 24, 56; 27, 66.
111 Pomponatio. *De imortalitate...*, 14.
112 Ou seja, os Libertinos. Calvino, *Contre la secte phantastique et furieuse des Libertins*. CR Calv.
113 Cf. Farelli. *Le glaive de la parolle*, 1555, p.223.

Primeiro, ao céu e às terras, e aos campos cristalinos
E ao globo reluzente da lua, e aos astros titânicos
Alimenta um espírito interior; e a mente infundida nos membros
Agita toda a massa, e se mistura com o grande corpo.
Do gênero dos homens, e dos animais, e da vida das aves
E dos monstros que o mar oferece sob a superfície branca,
Ígneo é o vigor e celeste a origem...

(*Eneida*, VI, 724-730)

Assim, o mundo, que foi fundado para o espetáculo da glória de Deus, seria criado por si próprio. Como em outra passagem, Virgílio seguiu a opinião comum de gregos e latinos:

Têm as abelhas uma parte do espírito divino, e as emanações
etéreas que chamam Deus; que se estende
por todas as terras, pelo mar e o céu profundo
Aqui homens, rebanhos, animais e todas as bestas,
Cada qual recebe ao nascer tênue vida,
Depois tudo retorna, se desfaz e reintegra:
Não tem lugar a morte, mas vida que voa às estrelas
E sobe aos altos céus.

(*Geórgicas*, IV, 219-227)

Eis aí de que vale para gerar e fomentar a piedade no coração dos homens aquela frágil especulação sobre a alma universal que anima e sustenta o mundo. Isso se vê mais claramente nas palavras sacrílegas que são deduzidas de tal princípio pelo impuro cão Lucrécio.[114] Isso é criar uma deidade ociosa para afastar o verdadeiro Deus, ao qual tememos e cultuamos. Reconheço que se pode dizer piamente, desde que por uma alma pia, que Deus é a natureza.[115] Mas é uma maneira de falar dura e imprópria, já que a natureza é antes a ordem prescrita por Deus. Em assuntos de tamanha importância, e aos quais se deve a uma religião singular, é nocivo que se envolva confusamente a Deus com o curso inferior de suas obras.[116]

6. Lembremos, toda vez que alguém considera a própria natureza, que há um único Deus, que governa toda a natureza de um modo tal que

114 Lucrécio. *De rerum natura*, I, 54ss; I, 629.
   Cf. Lactâncio, *Divines...*, VI, 10; VII, 3, 12.
115 Sêneca. *De beneficiis*, IV, 7; fragm. 122 (ed. Haase, III, 444); *Naturales quaestiones*, II, 45, 3.
   Cf. Lactâncio. Op. cit., II, 8, 23. Zwinglio, *De providentia*, III (ed. Schuler et Schulthess, IV, 87, 90ss.).
116 Cf. Lactâncio. Op. cit., III, 28, 5.

deseja voltemos os olhos para Ele, que a nossa fé seja dirigida a Ele, que seja cultuado e invocado por nós, porque nada é mais fora de propósito que gozar de dons tão preclaros inspirados em nós pela divindade, e negligenciar o Autor que tem por bem nos conceder. E quanto ao poder de Deus, por quão preclaros indícios nos arrebata para sua consideração! A menos que fosse possível escondermos que força implica sustentar com a própria palavra essa infinita massa de céu e terra, sacudir o céu com o estrondo dos trovões com um simples gesto, incendiar o que for com raios, acender o ar com relâmpagos, conturbar de várias maneiras as tempestades e acalmá-las imediatamente quando desejar, ao mar, que, em sua profundidade, parece ameaçar a terra com uma devastação constante, conter como se suspenso no ar, excitá-lo de um modo terrível com o ímpeto dos ventos e, acalmadas as ondas, torná-lo manso. Dizem respeito a isso aqueles elogios do poder divino que resultam dos testemunhos da natureza, principalmente no livro de Jó e em Isaías, que agora deixo propositadamente de lado, porque reaparecerão com maior conveniência em outro lugar, quando for apresentada a criação do mundo conforme a Escritura.[117] Agora, apenas desejei notar que é este o caminho por onde todos, devotos ou não, devem buscar a Deus, a saber, seguindo os planos que de cima abaixo representam sua imagem viva. O mesmo poder nos conduz a considerar sua eternidade, porque é necessário que seja eterno e seja princípio de si mesmo o Ser que é origem e princípio de todas as coisas.[118] Continuando, se for procurada a causa pela qual tanto foi induzido a criar tudo de uma vez como agora é movido a conservar, descobriremos como causa única sua bondade. E, se esta é a única causa, tanto mais deve bastar para nos atrair ao amor de Deus, quando, como lembra o profeta [Sl 145, 9], não há nenhuma criatura na qual não esteja difundida sua misericórdia.

7. Também no segundo gênero de suas obras, que se vê acontecerem fora do curso ordinário da natureza, os argumentos de sua força não se mostram em nada mais obscuros. Pois, de tal modo modera sua providência na administração da sociedade dos homens que, como é benigno e benéfico com todos e de infinitas maneiras, declara sua clemência aos devotos e severidade com os ímprobos e celerados por testemunhos claros e cotidianos. Não há dúvida quanto às punições concedidas às depra-

---

117 Capítulo XIV deste Livro.
118 Platão. *Fédon*, 245c.
    Cícero. *Tusculanae...*, I, 23, 53ss.

vações: de modo nada obscuro, mostra que é tutor, e até defensor, da inocência quando favorece a vida dos bons pela sua bênção, socorre o necessitado, mitiga as dores e consola, alivia as calamidades, por tudo concede a salvação. E não deve obscurecer a regra perpétua de sua justiça o fato de permitir que, por algum tempo impunes, vivam como querem os ímprobos e os criminosos, e que os justos e os inocentes sejam lançados em muitas situações adversas e até sofram oprimidos pela maldade e pela iniquidade dos ímprobos. Pelo contrário, devemos pensar que, quando castiga alguma maldade com certa mostra evidente de sua ira, é sinal que a todos execra; e quando deixa impunes a muitos, é porque haverá outro julgamento no qual as punições estão reservadas. Da mesma forma, quanta matéria nos dá para considerar sua misericórdia quando frequentemente, por sua infatigável benignidade, acompanha míseros pecadores até que, fazendo o bem, quebrará a depravação deles, chamando-os a si com uma indulgência mais do que paterna?

8. Para este fim, o profeta lembra como nas situações de desespero Deus repentinamente, e de modo admirável e contrário ao esperado, socorre os miseráveis e perdidos, ou protege das feras os que vagam pelos desertos e ainda os reconduz para o caminho, ou administra o alimento para os necessitados e famintos, ou liberta os cativos de fossos horríveis e das grades de ferro, conduz incólumes para o porto os náufragos, ou cura das doenças os quase mortos, ou abrasa pelo calor e pela secura as terras, ou as fecunda com a oculta irrigação da graça, ou eleva os mais desprezados do povo, ou derruba os nobres do mais alto grau [Sl 107]. Apresentados esses exemplos, conclui-se que os acontecimentos que consideramos fortuitos são testemunhos da providência celeste, mas principalmente da clemência do Pai, que dá motivos de alegria aos piedosos e cala a boca de ímpios e réprobos. Mas, porque a maioria, imiscuída em seus erros, está cega a um cenário tão grandioso, exclama o profeta que é de rara e singular sabedoria examinar com prudência essas obras de Deus, de cuja visão nada progridem aqueles que sob outros aspectos são muito sagazes. Decerto, por mais que brilhe a glória de Deus, de cem, um será seu verdadeiro espectador. Por nada mais se escondem nas trevas o poder e a sabedoria, dos quais o primeiro emerge de modo preclaro quando, num único momento, a ferocidade dos ímpios, que na opinião de todos seria invencível, é desfeita, a arrogância é domada, fortíssimas prisões são demolidas, armas e dardos são esmagados, forças são quebradas, maquinações destruídas, e sucumbe ao seu próprio peso o atrevimento que se elevava acima das nuvens, caindo até o centro da terra.

Em contrapartida, os pobres elevam-se do pó e os necessitados são ressuscitados do esterco [Sl 113, 7], os oprimidos e aflitos são arrancados de angústias extremas, os que choram são restituídos à boa esperança, os desarmados vencem os armados, poucos a muitos, os fracos aos fortes. E a sabedoria mostra-se manifestamente quando dispõe o que quer que seja em tempo por demais favorável, confunde a perspicácia do mundo, surpreende os astutos em sua astúcia [1Co 3, 19], e, por fim, ordena a todas as coisas na melhor ordem possível.

9. Vê-se não ser preciso nem longa nem laboriosa demonstração para que sejam erigidos os testemunhos que servem para a ilustração e a certificação da majestade divina, visto que dos poucos que colhemos, para onde quer que se volte, consta que sejam tão disponíveis e óbvios que podem facilmente ser indicados aos olhos e apontados com os dedos. Aqui, pelo contrário, deve-se observar que somos convidados ao conhecimento de Deus, não como uma especulação vazia, contente apenas por voejar no cérebro, mas como um conhecimento que no futuro será sólido e frutuoso, se for percebido corretamente por nós e fincar raízes no coração. Deus manifesta-se por suas virtudes, com as quais, porque sentimos em nosso interior a força e fruímos de suas bênçãos, é antes necessário que sejamos muito vivamente afetados pelo conhecimento de Deus do que se o imaginássemos sem que nada d'Ele viesse a nossos sentidos. Donde entendemos que este seja o melhor e o mais eficaz meio para se buscar a Deus: que não tentemos nos adentrar, por uma curiosidade audaz, a examinar sua essência, que antes deve ser adorada que mais escrupulosamente investigada, mas que contemplemos a Deus em suas obras, pelas quais se nos torna próximo e familiar. A isso se referia o apóstolo dizendo que Deus não deveria ser buscado ao longe, pois sua virtude presentíssima habita em nós [At 17, 28]. E é daí que Davi, confesso de sua indescritível grandeza, depois de descer à lembrança de Suas obras, avança na descrição da própria grandeza [Sl 145, 3.5]. Por isso, também a nós incumbe essa investigação de Deus, para que mantenha o entendimento suspenso de tal admiração que ao mesmo tempo nos toque com um sentimento absolutamente eficaz. Como alhures ensina Agostinho, uma vez que não podemos agarrar a Deus, tal como desfalecemos sob sua grandeza, convém avistar as obras, para que sejamos recriados com sua bondade [Agostinho, *Comentário aos salmos*, 144].[119]

---

119 Agostinho. In: *Psal.*, 144, 6. In: PL 37, 1872.

10. Depois, um conhecimento desse tipo não deve apenas nos excitar ao culto de Deus, mas também nos despertar e levantar para a esperança de vida futura. Quando notamos que as indicações que Deus fornece de sua clemência e severidade são ainda inacabadas e incompletas, sem dúvida é preciso considerarmos que Ele preludia obras maiores, cuja manifestação e exibição plena serão percebidas na outra vida. E, de modo inverso, quando vemos os devotos serem talhados pelos ímpios com aflições, abatidos por injúrias, oprimidos por calúnias, dilacerados por afrontas e opróbrios e, ao contrário, os celerados florescerem, prosperarem, obterem a tranquilidade com dignidade, e isso impunemente, de imediato devemos concluir que haverá outra vida, na qual tanto a maldade será vingada como a justiça reposta. Quando observamos que os fiéis são com frequência castigados pelo chicote do Senhor, mais do que certamente devemos considerar que um dia muito menos escaparão ao seu flagelo os ímpios. Com efeito, sabemos aquela passagem de Agostinho: "Se agora todo pecado fosse castigado por uma pena manifesta, nada seria considerado como reservado para o juízo final" [*A cidade de Deus*, I, c.8].[120] Por outro lado, se Deus não punisse agora abertamente nenhum pecado, acreditar-se-ia não haver uma providência divina. Deve-se, então, reconhecer que em cada uma das obras de Deus, e principalmente no conjunto delas, foram pintadas como que em quadros as virtudes de Deus pelas quais todo o gênero humano é convidado a seu conhecimento e, depois dele, para a plena felicidade. Continuando, embora apareçam tão luminosas aqui, somente compreendemos a que tendem, de que valem, a que fim devem ser reputadas, quando descemos em nós mesmos e consideramos de que modo o Senhor exibe sua vida, sabedoria e virtude e como exerce sobre nós sua justiça, bondade e clemência. Pois, embora Davi tenha-se queixado com justiça de que os incrédulos não têm compreensão porque não consideram os desígnios divinos no governo do gênero humano [Sl 92, 7], é muito verdadeiro o que ele mesmo diz em outro lugar, que a admirável sabedoria de Deus, quanto a isso, excede os cabelos de nossa cabeça [Sl 40, 13]. Contudo, uma vez que este argumento, a sua vez, deverá ser tratado mais plenamente, agora o abandono.[121]

11. No entanto, ainda que o Senhor represente tanto a si como a seu reino imortal no espelho de suas obras com tanta claridade, por nosso entorpecimento sempre enfraquecemos diante de tão nítidos testemu-

---

120 Agostinho. *De civ. Dei*, I, 8, 2. In: PL 41, 20.
121 Ibidem, liv.I, 16.

nhos, de tal modo que nos escapam sem proveito. Quanto ao que diz respeito à criação do mundo e à sua belíssima disposição, quão poucos de nós, enquanto os olhos são atraídos para o céu ou vagam por várias regiões da terra, voltam a mente para a memória do Criador e não mais se detêm na visão da obra, deixando de lado o Autor? No que respeita àquilo que acontece cotidianamente fora da ordem do curso natural, quão poucos não pensam que os homens giram e são revirados pela cega temeridade da fortuna mais do que são governados pela providência de Deus? Se alguma vez somos conduzidos a considerar Deus pelo traçado e direção dessas coisas (o que é necessário que aconteça a todos), concebemos temerariamente o sentido de alguma divindade, caímos em nossos delírios carnais ou depravações e corrompemos a pura verdade de Deus com nossa vaidade. Nisso, que cada um por sua parte reclama um erro particular, estamos com certeza dissimilares; naquilo que, por perigosos desatinos, todos nos afastamos do verdadeiro Deus, somos semelhantíssimos. Mal no qual estão implicados não somente as personalidades mais simples e obtusas, mas também as que já dissemos muito preclaras e de particular agudeza. Quanto a isso, quão abundantemente toda a nação de filósofos mostrou sua tolice e estupidez? Pois, dado que nos abstenhamos dos outros, que eram de forma notável muito mais ineptos, até Platão, o mais religioso e sóbrio de todos, também se equivocou no seu globo redondo.[122] E o que não acontecerá aos outros quando os que primeiro deveriam iluminar aos demais caem e se enganam? Do mesmo modo, quando o governo das coisas humanas manifestamente dá testemunhos da providência, de tal modo que não pode ser negada, ainda assim não tiramos mais proveito disso do que se acreditássemos que todas as coisas se dobram para cima e para baixo por causa da temerária vontade da fortuna, tamanha é nossa propensão para a vaidade e o erro. E sempre falo dos homens mais elevados, não daqueles vulgares cuja loucura tanto avançou na profanação da verdade de Deus.

12. Dessa imensa mistura de erros, pela qual todo o orbe foi completamente atulhado e coberto, o entendimento de cada um se encontra como num labirinto, de modo que não seja de admirar que cada povo tenha sido levado aos mais variados desatinos, e não somente os povos, mas como que se cada homem tivesse seus próprios deuses. Como a temeridade e a lascívia recaem na insciência e nas trevas, dificilmente se desco-

---

122 Platão. *Timeu*, 33b.
    Cf. Cícero. *De natura...*, I, 10, 24.

briu algum homem que não fabricasse para si um ídolo ou um espectro no lugar de Deus. Por certo, do mesmo modo que de uma vasta e ampla fonte brota água, uma imensa turba de deuses nasce da mente dos homens, quando cada um, com vaga licenciosidade, inventa indevidamente isso ou aquilo a respeito de Deus. Não é necessário fazer aqui uma lista das superstições nas quais o mundo foi implicado, porque ela não teria fim. Ainda que não se diga nada, é bastante claro como é horrível a cegueira da mente humana. Deixo de lado o vulgo rude e ignorante. Mas quão vergonhosa é a variedade entre os filósofos que tentaram adentrar no céu pela razão e pela instrução? Dado que qualquer um, quanto mais elevado for o entendimento, já anunciado e burilado pela técnica e pela ciência, tanto mais parece imprimir cores especiais à sua sentença. Contudo, se inspecionarmos a todos esses, veremos como esmaecem suas tintas. Com perspicácia pareceram dizer os estoicos que se pode extrair do conjunto das partes da natureza vários nomes de Deus sem com isso dilacerar o Deus uno. Como se já não fôssemos bastante inclinados à vaidade sem que nos seja apresentada uma múltipla abundância de deuses que mais longe e mais violentamente nos arrasta ao erro. A teologia mística dos egípcios mostra que todos estavam muito preocupados em não parecer que perdiam a razão. À primeira vista, talvez enganasse em algo aos simplórios e aos incautos, mas nunca algum mortal cogitou nada pelo qual a religião não fosse vergonhosamente corrompida. Essa diversidade tão confusa aumentou a audácia dos epicuristas e outros grosseiros menosprezadores da religião[123] para que abandonassem todo o sentimento de Deus. Pois, como veem aqueles que são mais prudentes disputar com opiniões contraditórias, não hesitaram em concluir de suas disputas, bem como da frívola e absurda doutrina de cada um, que os homens buscavam, em vão e estultamente, inquietações para si ao investigar se há um Deus, pois não há nenhum. E dizem que fazem isso sem culpa, porque é preferível negar por completo a Deus em poucas palavras a forjar deuses incertos e depois promover contendas sem fim. Mas assim deveras raciocinam com grande inocência, ou melhor, usam a ignorância dos homens, pela qual não há equidade em que Deus seja afastado, para lançar uma nuvem que esconda sua própria descrença. Mas, quando todos reconhecem que não há nenhuma questão em que mais discordem os doutos e os incultos simultaneamente,[124] conclui-se que nos

---

123 Cf. Cícero. Op. cit., I, 1, 2; 23, 63; 42, 117.
124 Ibidem, I, 2,5.

mistérios celestes é mais do que cega e tola a mente dos homens, que assim erra na investigação de Deus. Alguns louvam a resposta de Simônides, que, indagado pelo tirano Hierão o que é Deus, pede que lhe seja concedido um dia para pensar. Dado que o mesmo tirano o interrogue após três dias, pede mais dois dias. E, duplicando muitas vezes o número de dias, finalmente responde: "Quanto mais considero, tanto mais a questão me parece obscura".[125] Com grande prudência, ele suspende seu parecer sobre uma questão obscura. Aqui, vê-se que os homens não tenham nada de seguro, sólido e distinto, se forem educados somente pela natureza, mas estão presos a princípios confusos, a ponto de adorarem um deus desconhecido.

13. Deve-se também ter em mente que qualquer um que corrompa a pura religião (como necessariamente acontece a todos que se entregam à própria opinião) afasta-se do Deus único. Por certo, dirão que têm algo diverso no espírito, mas o que pretendem ou o que persuadem a si mesmos não vem muito ao caso, visto que o Espírito Santo declara que são apóstatas todos os que, em função da obscuridade de sua mente, colocam demônios no lugar de Deus. Por esta razão, Paulo afirma que os efésios deveriam se manter sem Deus até que aprendessem pelo Evangelho o que era cultuar o Deus verdadeiro [Ef 1, 21]. E não convém restringir isso a um único povo, já que, em outro lugar, defende que de maneira geral todos os mortais perdem-se nos seus pensamentos [Rm 1, 21] depois que tenha sido manifestada a eles a majestade do Criador na criação do mundo. Por isso, para dar lugar a um único e verdadeiro Deus, a Escritura condena como falsidade e mentira o que outrora foi celebrado como divindade entre os pagãos: e não há nenhuma deidade, exceto no monte Sião, onde vigorava um conhecimento especial de Deus [Hc 2, 18.20]. Certamente, entre os gentios da idade de Cristo, os samaritanos parecem ter se aproximado mais da verdadeira crença, entretanto, ouvimos da boca de Cristo que eles não sabiam o que cultuar [Jo 4, 22], donde segue que foram iludidos por um erro vão. E, por fim, embora nem todos sofressem de graves erros ou caíssem em manifestas idolatrias, não houve religião pura e aprovada que fosse fundada apenas no senso comum. Mesmo sendo poucos os que não tenham enlouquecido como o vulgo, permanece verdadeiro o ensinamento de Paulo de que "nenhum dos príncipes deste mundo conheceu (a sabedoria de Deus)" [1Co 2, 8]. Mas, se mesmo os homens mais elevados se perderam nas trevas, o que se deve

---

125 Ibidem, I, 22, 60.

dizer da gente vulgar? Por essa razão, não é de estranhar que o Espírito Santo repudie como degenerados todos os cultos excogitados pelo arbítrio dos homens, porque a opinião concebida pelos homens nos mistérios celestes, ainda que nem sempre gere uma grande quantidade de erros, é mãe do erro. E para que nada de pior aconteça, não é um vício leve adorar casualmente um Deus desconhecido, pelo que são condenados pela boca de Cristo todos aqueles que não são ensinados a partir da Lei sobre que Deus convém cultuar [Jo 4, 22]. Com certeza, os melhores legisladores não tomaram senão que a religião fosse fundada no consenso público. Sócrates, como narra Xenofonte,[126] elogia a resposta de Apolo, na qual ensina que cada um cultua a Deus segundo o ritual da pátria e conforme o costume de sua cidade. De onde vem aos mortais o direito para definir, por sua própria autoridade, algo que transcende ao mundo? Ou quem, desse modo, poderia tranquilamente aquiescer aos ancestrais ou ao povo recebendo um deus humanizado sem o pôr em dúvida?[127] Antes prefere manter-se firme no seu juízo a sujeitar-se ao arbítrio de outro.[128] Portanto, dado que o costume e o consenso dos antigos no culto a Deus seja um vínculo muito fraco e frágil da religião, resta que o próprio Deus, desde o céu, dê testemunho de si.

14. Assim, em vão brilham para nós, na obra do mundo, tantas lâmpadas acesas para iluminar a glória do Criador, que de tal maneira nos iluminam por toda parte, ainda que não possam de modo algum nos conduzir por si só ao caminho reto. E certamente resplandecem algumas centelhas, mas são apagadas antes que espalhem em plenitude seu brilho. Por isso, o apóstolo, naquele mesmo lugar em que chama os mundos de simulacros das coisas invisíveis, acrescenta que pela fé entendemos terem sido constituídos o Universo pela palavra de Deus [Hb 11, 3], significando, assim, que a divindade invisível é apresentada nesses espetáculos, mas não temos olhos para enxergá-la se não formos iluminados por meio da fé, pela revelação interior de Deus. Nem Paulo, quando ensina que o que deve ser conhecido acerca de Deus se manifesta desde a criação do mundo [Rm 1, 19], não se refere a uma manifestação tal que seja compreendida pela perspicácia dos homens, antes mostra apenas que ela avança apenas o suficiente para que eles se tornem indesculpáveis. Embora negue em uma passagem que se deva procurar Deus ao longe, já

126 Xenofonte. *Memorabilia*, IV, 3, 16.
127 Cícero. *De natura...*, III, 4, 9.
   Cf. Lactâncio. *Divines...*, II, 6, 7ss.
128 Cf. Lactâncio. Op. cit., II, 7, 1-6.

que habita entre nós [At 17, 27], ensina em outro lugar para que vale uma tal proximidade: nas gerações passadas, afirma, o Senhor permitiu que as nações seguissem os próprios caminhos [At 14, 16], no entanto, não deixou de dar testemunho de si mesmo fazendo o bem, enviando do céu as chuvas, suprindo com alimento e alegria o coração dos homens.[129] Mas, mesmo que o Senhor não tenha deixado de dar testemunhos, atraindo suavemente os homens para que O conhecessem por muitas e diversas benignidades, nem por isso eles desistiram de seguir seus caminhos, isto é, erros gravíssimos.

15. Se bem que estejamos desprovidos da faculdade natural que nos permite elevar-nos até o puro e cristalino conhecimento de Deus, porque o vício da estupidez está em nosso interior, está excluída qualquer tergiversação. Com efeito, não nos é permitido alegar ignorância sem que nossa consciência nos convença de nossa preguiça e ingratidão. Nem evidentemente é digno que se admita o pretexto de que o homem carecia de ouvidos para conhecer a verdade, que, no entanto, é cantada pelas criaturas mudas a vozes mais do que claras. Que alegasse não poder ver com os olhos o que as criaturas sem olhos mostram, que fosse escusado pela fraqueza da mente, quando todas as criaturas irracionais lhe ensinam. Por isso, somos muito adequadamente excluídos de qualquer desculpa por andarmos perdidos e ociosos, dado que todos mostram o caminho reto. Mas, com efeito, seja como for que se deva imputar ao vício dos homens que logo corrompam a semente do conhecimento de Deus, aspergido no interior de suas mentes por obra da natureza, no entanto, é muito verdadeiro que esse testemunho nu e simples da glória de Deus, trazido de forma magnífica por todas as criaturas, não nos torna em absoluto suficientemente instruídos. De fato, ao mesmo tempo que provamos um pouco o gosto da divindade ao contemplar o mundo, ao deixar Deus de lado, erguemos em seu lugar sonhos e invenções do nosso cérebro e subtraímos dessa fonte, aqui e ali, o louvor da sabedoria, da bondade e da força. Além disso, ou obscurecemos ou invertemos de tal forma seus feitos cotidianos, avaliando-os de modo depravado, que nos apressamos em tomar deles tanto a sua glória como o louvor devido a seu Autor.

---

129 At 14, 17.

A Escritura é necessária, como guia e mestra, para se atingir o Deus criador.*

 mbora aquela claridade que se apresenta aos olhos dos homens, no céu e na terra, seja suficiente para extinguir a ingratidão dos homens – tal como Deus, para que o gênero humano seja envolvido por uma única acusação, propõe a todos que sua deidade seja manifestada nas criaturas – é necessário alcançar um outro e melhor apoio que nos dirija de modo probo para o próprio Criador do mundo. Desse modo, não foi em vão que deu a luz de sua palavra para que se tornasse a marca para a salvação. Por tal privilégio, dignou-se a trazer para si aqueles que desejou de modo mais próprio e familiar. Pois, uma vez que via que as almas de todos eram cercadas por uma agitação vaga e instável, escolheu para si os judeus como um rebanho particular, cercou-os com cancelas para que não se extraviassem como os outros. E não é vão que nos mantenha no puro conhecimento de si com o mesmo remédio, uma vez que, de outro modo, até mesmo os que pareciam muito estáveis logo se perderiam como os demais. Com efeito, se é apresentado a eles um belíssimo volume — assim como os velhos ou os que têm os olhos enfermos e qualquer um que tenha a vista enevoada dificilmente poderão reunir duas palavras, por mais que reconheçam que haja algo escrito ali, mas começam a ler com clareza com a ajuda de uma lente —, assim também a Escritura, recolhendo em nossa mente um conhecimento de Deus de outro modo confuso, desfazendo a fumaça, apresenta-nos claramente o verdadeiro Deus. E este é certamente um dom singular: para conhecer o Templo, Deus não usa somente mestres mudos, mas também torna acessível sua boca sacrossan-

---

* Tradução deste capítulo: Ilunga Kabebgele.

ta, e não só promulga que devemos cultuar algum deus, mas pronuncia que Ele é o Deus que deve ser cultuado; nem ensina que os eleitos olhem unicamente para Ele, mas também se apresenta para que o vejam. Junto de sua Igreja, Ele conservou desde o início essa ordem, para que usasse, além daqueles documentos, a Palavra, que é a marca mais certa e mais segura para o discernirmos. E não há dúvida de que Adão, Noé, Abraão e os outros patriarcas adentraram por esse auxílio em um conhecimento muito mais íntimo, que de algum modo os diferenciou dos incrédulos. Não falo ainda da própria doutrina da fé, pela qual foram iluminados na esperança da vida eterna. De fato, para passarem da morte para a vida, foi necessário reconhecerem não só o Deus criador, mas também o Redentor, de modo que são adeptos de um e do outro pela palavra. Assim é que primeiro lhes chegou aquela espécie de conhecimento pela qual foi dado sustentar que o mundo foi criado e é governado por Deus. Depois, foi acrescentado um outro, mais interior, que é o único que vivifica as almas mortas, pelo qual Deus não é só conhecido como o criador do mundo e como o único autor e juiz de tudo o que foi feito, mas também como redentor na pessoa do Mediador, Jesus Cristo. Quanto ao mais, uma vez que ainda não se chegou à queda do mundo e à corrupção da natureza, abster-me-ei por ora de tratar do remédio. Que os leitores atentem a que ainda não falo daquela aliança pela qual Deus adotou para si os filhos de Abraão e daquela parte da doutrina pela qual os fiéis sempre estiveram adequadamente separados das gentes profanas, porque ela é fundada em Cristo, mas será exposto somente como convém aprender da Escritura que o Deus que é criador do mundo se diferencia por marcas certas de toda a multidão de deuses inventados. Depois, a própria ordem da exposição nos levará oportunamente a tratar da redenção. Embora usemos muitos testemunhos do Novo Testamento, outros ainda da Lei e dos profetas, nos quais se menciona expressamente a Cristo, todos tendem, no entanto, para este fim: a consciência de que é na Escritura que o Deus criador torna-se patente para nós e de que é ela a expor o que devemos sentir a seu respeito, a fim de que não busquemos por circunlóquios alguma deidade incerta.

2. Tenha Deus se manifestado aos patriarcas por oráculos e visões, tenha Ele revelado, pelo trabalho e ministério dos homens, o que seria futuramente transmitido por eles como que de mão em mão, não há dúvida de que foi insculpida no coração deles uma firme certeza da doutrina para que compreendessem e se convencessem de ter vindo de Deus o que transmitiram. Com efeito, Deus sempre fez indubitável a fé em sua

palavra, fé que seria superior a toda opinião dos homens. Por fim, para que a verdade da doutrina sobreviva por todos os séculos e mantenha-se no mundo, Deus quis consignar, como que em registros públicos, os oráculos que expôs aos Patriarcas. Segundo esse plano, foi promulgada a Lei à qual acrescentou como intérpretes os profetas. Ainda que tenha sido múltipla a utilidade da Lei, como veremos melhor em lugar adequado,[130] o propósito, especialmente de Moisés e de todos os profetas, foi ensinar o modo da reconciliação entre Deus e os homens (donde Paulo também chama a Cristo de Fim da Lei [Rm, 10, 4]); no entanto, repito ainda uma vez, além da doutrina da fé e da própria penitência, que apresenta Cristo como Mediador, a Escritura ornaria com marcas certas e insignes o único e verdadeiro Deus, que criou e governa o mundo, para que não se misture com a multidão de deuses falsos. Portanto, ainda que muito convenha ao homem voltar os olhos para contemplar a obra de Deus, quando é colocado como espectador nesse esplêndido teatro,[131] convém aguçar os ouvidos principalmente para a palavra, para que tenha mais proveito. Por isso, não é de admirar que endureçam mais e mais em seu torpor aqueles que nasceram nas trevas, uma vez que pouquíssimos se oferecem docilmente à Palavra de Deus a fim de manterem-se em seus limites, mas antes se regozijam na sua vaidade. Assim se tem, para que as ilumine a verdadeira religião, que o início deva ser desde a doutrina celeste e não há quem prove sequer o mínimo gosto da reta e sã doutrina a não ser que seja seu discípulo; donde também emerge o princípio da verdadeira inteligência, quando abraçamos respeitosamente o que Deus quis atestar a seu próprio respeito na Escritura. Com efeito, não só a fé perfeita e plena nasce da obediência, mas todo o reto conhecimento de Deus. E quanto a isso, em todos os tempos, manifestou-se a providência de Deus com os mortais.

3. Se considerarmos quão brusca é a queda da mente humana no esquecimento de Deus, quanta a inclinação para todo gênero de erro, quanto o desejo de estabelecer, sem cessar, religiões novas e fictícias, poderemos perceber como foi necessário o registro dessa doutrina celeste para que os homens não se perdessem no esquecimento, nem se perdessem no erro, nem se corrompessem por atrevimento. E assim é claro que, dado Deus ter oferecido o auxílio da palavra a cada vez que quis dar uma eru-

---

130 Cf. Livro II, Capítulo VII.
131 Cícero. *Tusc.*, I, 28, 69. *De natura...*, II, 14, 37.
    Cf. Lactâncio. *Divines...*, III, 9, 9ss.

dição frutífera aos homens, visto que previsse que sua imagem, impressa na belíssima forma do mundo, fosse pouco eficaz, estabelece que devemos ir por esse caminho reto se aspiramos seriamente à sua sincera contemplação. Digo que é à Palavra que se deve voltar quando, de modo probo e vivo, Deus nos é descrito por suas obras, dado que as obras sejam estimadas não da depravação de nossos juízos, mas da regra da verdade eterna. Se afastamos-nos disso, como já disse, porque correremos fora do caminho, por mais rápidos que sejamos, nunca conseguiremos chegar à meta. Porque é necessário pensar que o resplendor e claridade da divina majestade, que o apóstolo diz inacessível [1Tm 6, 16], é para nós como um labirinto inextrincável se não nos guiamos para Ele pela palavra, de tal modo que é melhor coxear dentro do caminho que correr muito rapidamente fora dele.[132] Assim Davi, ao ensinar por muitas vezes que as superstições devem ser tolhidas do mundo a fim de que floresça a verdadeira religião, apresenta um Deus que reina [Sl 93; 96; 97; 99; e outros], não significando com a palavra "reinar" a potestade do qual é particularmente dotado e que exerce no governo de toda a natureza, mas a doutrina pela qual atribui a si um principado legítimo, pois os erros não podem ser arrancados do coração dos homens até que tenha sido plantado o verdadeiro conhecimento de Deus.

4. Por isso, o mesmo profeta, quando lembra que pelo céu é narrada a glória de Deus, que a obra de suas mãos é revelada pelo firmamento, que pela série dos dias e das noites é celebrada a sua majestade [Sl 19,1s.], desce depois à proposição da palavra. Diz: "A Lei de Deus é imaculada, converte as almas; o testemunho do Senhor é fiel, torna sábio o simples; a justiça do Senhor é reta, alegra os corações; o preceito do Senhor é lúcido, ilumina os olhos".[133] Ainda que compreenda os demais sentidos da Lei, aponta que, como Deus em vão convida a si todos os povos através da terra e do céu, essa é a escola própria dos filhos de Deus. É o mesmo que diz o salmo 29, quando o profeta, depois de afirmar que a terrível voz de Deus que ressoa no trovão, nos ventos, nas tormentas, nos torvelinhos e nas tempestades que abalam a terra, que faz tremer os montes, deita abaixo os cedros, ao fim ordenou que no santuário fossem entoados os seus louvores, porque os incrédulos são surdos para todas as vozes de Deus que ressoam no ar. Tal como em outro salmo, quando descreve as terríveis ondas do mar, assim conclui: "Teus testemunhos são

132 Agostinho. *In Psal.* 31, *enarr.* 2, 4. In: PL 36, 260.
133 Sl 19, 8.9.

firmes de fato; a santidade é o adorno de teu templo por dias sem fim"
[Sl 93, 5]. Daqui e dali emana o que Cristo disse para a mulher samaritana:
"Teu povo e todos os demais adoram o que não conhecem; somente os
judeus exibem culto ao Deus verdadeiro" [Jo 4, 22]. Pois, dado que a
mente humana não pode chegar a Deus a não ser que auxiliada e sustentada pelo Verbo Sagrado, foi necessário que todos os mortais, exceto
os judeus, caíssem na vaidade e no erro, uma vez que o buscavam sem a
Palavra.

CAPÍTULO VII

É o testemunho do Espírito que certifica a autoridade da Escritura. É ímpio pretender que a fé nela dependa do juízo da Igreja. *

ntes de prosseguir, convém considerar sobre a autoridade da Escritura, tanto preparando as almas para reverenciá--la quanto eliminando dúvidas. Pois, quando confessadamente se impõe a palavra de Deus, ninguém tem a deplorável audácia, nem talvez a falta de senso ou mesmo de humanidade, para não lhe dar fé. Mas não é todo dia que se recebem oráculos dos céus, e o Senhor quis que somente a Escritura conservasse a perpétua memória de sua verdade, não tendo outro direito de que os fiéis reconheçam sua plena autoridade senão porque fluiu dos céus, ouvindo-se nela a voz viva do próprio Deus. O tema é de grande dignidade e deveria ser acuradamente exposto. Mas, com a vênia dos leitores, restrinjo-me ao propósito da obra, mais do que a amplitude do tema requereria.[134] Cresce entre muitos o erro perniciosíssimo de que o valor da Escritura decorre da vontade da Igreja, como se dependesse do arbítrio humano a eterna e inviolável verdade de Deus, pois, com grande desprezo pelo Espírito Santo, perguntam: quem nos fará crer que provém de Deus? Como nos certificarmos de que chegou salva e intacta aos nossos dias? Quem pode nos persuadir de que este livro deve ser recebido com reverência e outro expurgado? Exceto que, acerca disso, a regra seja prescrita pela Igreja? Daí concluem que pertence à Igreja determinar que reverência se deve à Escritura e que livros devem ser arrolados em seu catálogo. Esses

---

* Tradução deste capítulo: Carlos Eduardo de Oliveira e José Carlos Estevão.
134 Segue-se polêmica contra J. Cochlaeus, *De authoritate ecclesiae et scripture... Adv. Lutheranos*, 1524. J. Eck, *Enchiridion locorum communium adversus Lutherum*, ed. 1532. Heinrich Bullingerum, *De scripturae sanctae authoritate...*, 1538. J. Cochlaeus, *De canonicae scripturae sanctae authoritate...*, ad H. Bullingerum... *Libellus*, 1543.

homens sacrílegos usam a Igreja como pretexto para impor a tirania, não cuidando dos absurdos em que eles e os outros se enredam, desde que possam extorquir dos incultos que concordem não haver nada que a Igreja não possa. Se é assim, que será das míseras consciências que buscam a sólida segurança da vida eterna, se todas as promessas sobre ela se apoiam apenas no juízo humano? Se aceitam tal resposta, não haverão de tremer e se intranquilizar? Ademais, como os ímpios escarnecerão de nossa fé e quantas suspeitas cairão sobre ela se é por mercê dos homens que a Escritura tem uma tão precária autoridade?

2. Basta, porém, uma única palavra do apóstolo para refutar tais rábulas. Ele atesta que a Igreja está "edificada sobre o fundamento dos apóstolos e dos profetas" [Ef 2, 20]. Se o fundamento da Igreja é a doutrina profética e apostólica, seria preciso que houvesse certeza dessa doutrina antes que houvesse a Igreja. Não procede a cavilação segundo a qual a Igreja é dirigida pela doutrina em seu primeiro começo, mas que, sem a intervenção do juízo da Igreja, há dúvida quanto ao que é dos profetas e dos apóstolos. Pois, se a Igreja cristã foi fundada pelos escritos dos profetas e pela pregação dos apóstolos, onde quer que reinasse tal doutrina, por certo ela foi aceita precedendo a Igreja, que sem ela não o teria sido. É totalmente vão dizer que a Escritura pode ser julgada pela Igreja e que a certeza da Escritura está interligada ao arbítrio da Igreja. Daí, quando recebe e admite a Escritura, a Igreja não a torna de dúbia ou controversa em autêntica, mas reconhece ser a verdade de seu Deus, e por piedade a venera sem restrição. Rogam que se lhes responda como seremos persuadidos de que a Escritura procede de Deus sem nos abrigarmos no decreto da Igreja? Assim como distinguimos a luz das trevas, o branco do negro, o doce do amargo.

3. Sei que é comum citar a passagem de Agostinho na qual diz que não creria no Evangelho se não o movesse a autoridade da Igreja [*Contra epistolam fundamentalem*, 5].[135] Errado e calunioso é citá-lo nesse sentido, como facilmente o demonstra o contexto. O problema de Agostinho eram os maniqueus, que requeriam a crença incontrovertida neles quando afirmavam, sem o provar, que tinham a verdade. Como, para sustentar sua fé, citassem o Evangelho, Agostinho pergunta o que fariam se encontrassem um homem que não cresse no Evangelho. Que gênero de argumentação usariam? É então que afirma "eu não creria no Evangelho" etc., querendo dizer que, enquanto era alheio à fé, só pela autoridade da

---

135 Agostinho. *Contra ep. Manichaei quam vocant Fundamenti*, 5. In: PL 42, 176.

Igreja era levado a ter o Evangelho como a firme verdade de Deus. Por que alguém, não tendo ainda conhecido a Cristo, obteria o respeito admirável dos homens? Portanto, Agostinho não ensina que a fé dos pios está fundada na autoridade da Igreja nem que dela dependa a certeza do Evangelho, mas simplesmente que os infiéis não teriam como certo o Evangelho, para que possam ser ganhos para Cristo, se o consenso da Igreja não os impelisse. Ele o confirma sem obscuridade, pouco depois: "Quando eu houver louvado o que creio e escarnecido do que crês, o que pensas que devemos julgar ou fazer senão deixar aqueles que nos convidam ao conhecimento seguro e que depois ordenam que creiamos no que é incerto, e seguir aqueles que nos convidam a crer no que ainda não podemos apreender e, depois de fortalecidos pela fé, entender aquilo em que cremos, com a mente interiormente sustentada e iluminada não pelos homens, mas pelo próprio Deus?".[136] Essas são as palavras de Agostinho das quais qualquer um prontamente conclui que esse santo homem não tinha em mente que a fé na Escritura depende da vontade ou do arbítrio da Igreja, mas pretendia indicar a mesma verdade que confessamos: aqueles que ainda não são iluminados pelo Espírito de Deus são induzidos à docilidade pelo respeito à Igreja, para que aprendam do Evangelho a fé em Cristo, de modo que a autoridade da Igreja seja uma introdução que prepara para a fé no Evangelho. E como vemos, para ele, a certeza dos pios tem um fundamento muito diverso. De resto, não nego que, muitas vezes, desejando que os maniqueus aceitassem a Escritura, repudiada por eles, Agostinho os confrontou com o consenso universal da Igreja. Daí a acusação contra Fausto[137] por não se submeter à verdade do Evangelho, tão fundada, tão estável, de fama tão gloriosa, atestada por sucessão segura desde o tempo dos apóstolos. Mas em lugar algum ensina que a autoridade que reconhecemos na Escritura decorre de definição ou decreto humano, apenas que se vale do universal juízo da Igreja, que lhe confere grande superioridade sobre os adversários. Desejando-se maior comprovação, leia-se seu opúsculo *Sobre a utilidade de crer*,[138] no qual recomenda não crer facilmente no que nos é proposto, mas apenas no que for oportuno como princípio do estudo, dizendo ainda que não se trata de aquiescer com uma opinião, mas de buscar a verdade certa e segura.

4. Reafirmando o que se disse acima, a doutrina da fé só está estabelecida quando estamos persuadidos de que, indubitavelmente, Deus é seu

---

136 Ibidem, 5. In: PL 42, 183.
137 Idem, *Adversus faustum manichaeus*, 32, 19. In: PL 42, 509.
138 Idem, *De utilitate credendi*. In: PL 42.

Autor. A principal prova da Escritura é que nela Deus fala pessoalmente. Os profetas e apóstolos não alegam nem sua própria agudeza, nem eloquência, tampouco aduzem razões, mas proferem o sagrado nome de Deus, por honra do qual todos são coagidos à obediência. Vejamos agora como se sabe que o nome de Deus, sem temeridade ou falácia, é invocado com líquida verdade, não dependendo de uma opinião aparente. Se queremos o melhor para as consciências, para que, vacilantes, não permaneçam vagando em dúvida instável, nem hesitando com pequenos escrúpulos, acima de humanas razões ou juízos ou conjecturas, devemos buscar a persuasão do secreto testemunho do Espírito. É verdade que, fosse o caso, poderia apresentar muitos argumentos que facilmente evidenciam que, se há um Deus no céu, d'Ele emanam a Lei, os profetas e o Evangelho. Mesmo que homens doutos e de grande preparo queiram, com todo seu engenho, contestá-los, haveriam de confessar, se não forem vergonhosamente obstinados, que há sinais manifestos de que Deus fala na Escritura, patenteando que sua doutrina é celestial. Mais à frente, veremos que todos os livros da Sagrada Escritura superam muitíssimo quaisquer outros escritos. Logo, se as avaliamos com olhos puros e sentidos íntegros, imediatamente percebemos a majestade de Deus, que, suprimindo nossa audácia em contradizê-las, nos coage à obediência. É o contrário do que fazem os que pretendem estabelecer com solidez a fé na Escritura contendendo em disputas.[139] Embora eu não seja de grande destreza nem de forte eloquência, se tivesse de disputar com cada um dos mais astutos desprezadores de Deus, que se esforçam solertes para desacreditá-lo, confio que não seria muito difícil para mim os calar e, se fosse útil dar-se ao trabalho de refutar suas cavilações, não seria grande coisa destruir as jactâncias que murmuram pelos cantos. Na verdade, mesmo que se livre a sagrada palavra de Deus do maldizer humano, nem por isso os corações recebem de imediato a certeza que deseja a piedade. Como os homens profanos entendem que a religião depende de opinião, para não crerem de modo tolo ou leviano, querem que se prove com razões que Moisés e os profetas falaram por Deus. Respondo que o testemunho do Espírito é superior a toda razão. Assim como só Deus é testemunha idônea de sua Palavra,[140] também não se dará fé à Palavra no coração dos homens sem o testemunho interior do Espírito. Portanto, é necessário que o Espírito que falou pela boca dos profetas penetre em nosso

---

139 Cf. Lactâncio. *Divines...*, III, 1, 6.
140 Hilário. *De Trinitate*, I, 18. In: PL 10, 38.

coração, para que sejamos persuadidos de que proferiram fielmente o mandamento divino. Tal conexão é muito bem exposta pelas palavras de Isaías: "Meu espírito está sobre ti, e as minhas palavras, que pus em tua boca, não se afastarão dela, nem da boca da tua semente" [Is 59, 21]. Há pessoas que se inquietam por não ter à mão uma prova clara, quando impunemente os ímpios murmuram contra a Palavra de Deus. Como se o Espírito não fosse chamado de selo e penhor[141] por confirmar a fé dos piedosos, uma vez que antes de ele iluminar as mentes, elas sempre titubeiam e vacilam.

5. Tenha-se por firme, portanto, que a quem o Espírito Santo ensina interiormente aceita com firmeza a Escritura, que é exame de si mesmo, sem precisar nem de razões nem de demonstrações, pois a certeza que temos na Escritura provém do Espírito Santo. Apesar da reverência que sua majestade inspira, só nos toca quando é selada em nosso coração pelo Espírito. Assim, iluminados por seu poder, não cremos que a Escritura procede de Deus a nosso juízo ou ao de outros, mas que assim seja é certíssimo (não menos do que manifestando a vontade do próprio Deus), por um juízo sobre-humano, que da boca do próprio Deus é transmitido pelo ministério dos homens. Não queiramos apoiar nosso juízo nem em argumentos nem em verossimilhanças, mas submetamos nosso julgamento e nosso entendimento a uma coisa exterior à nossa aleatória estimativa. Não como alguns costumam fazer, tomando uma coisa desconhecida, que logo abandonam depois de melhor a examinar, mas porque somos plenamente cônscios de termos a verdade inexpugnável. Nem como homens míseros, que deixam sua mente ser presa da superstição, mas porque sem dúvida sentimos que aí vige e respira indubitável majestade, a que somos levados a obedecer, cientes e voluntariamente, mais vívida e eficazmente do que pela vontade ou pelo conhecimento humanos. Assim, de pleno direito, Deus proclama por intermédio de Isaías que os profetas e todo o povo testemunham que a profecia a eles ensinada, indubitavelmente, sem falácias ou ambiguidades, era a voz de Deus [Is 43, 10]. Tal é, por conseguinte, a persuasão que não exige razões: um conhecimento cuja poderosa razão é que as mentes repousam com mais segurança e constância do que em quaisquer razões, enfim, um sentimento que só pode nascer da revelação celeste. Falo apenas do que cada um dos fiéis experimenta, e que as palavras estão longe de poder exprimir. Deixando de lado o que sobre isso será tratado no momento oportuno,

---

141 2Co 1, 22.

agora o que sabemos é que a fé verdadeira é aquela cujo selo o Espírito Santo grava em nosso coração. Uma única razão será suficiente para contentar o leitor dócil e modesto: Isaías promete que todos os filhos da Igreja renovada serão discípulos de Deus [Is 54, 13]. Um privilégio singular que Deus só concede aos eleitos, distinguindo-os de todo o gênero humano. Pois qual é o começo da verdadeira doutrina senão a pronta vivacidade em ouvir a voz de Deus? E Deus, pela boca de Moisés, quer ser ouvido, como está escrito: "Não digas em teu coração: quem subirá ao céu ou quem descerá ao abismo? A palavra está em tua boca" [Dt 30, 12]. Se foi da vontade de Deus esconder para seus filhos esse tesouro de inteligência, não é nem surpreendente nem absurdo que, entre os homens comuns, haja tanta ignorância e tolice. Chamo de "comuns" mesmo os mais ilustres, mas somente enquanto não estão no corpo da Igreja. Isaías diz a causa pela qual a doutrina dos profetas não seria acreditada nem por estrangeiros, nem mesmo pelos judeus, que queriam ser considerados familiares de Deus: "porque o braço de Deus não será revelado a todos" [Is 53, 1]. Por isso, quando nos entristecemos porque tão poucos creem, vem-nos à mente que só aqueles a quem isso foi dado compreendem os mistérios de Deus.

Capítulo VIII

São suficientemente abundantes as provas, possíveis para a razão humana, que sustentam a fidelidade da Escritura.*

m vão a autoridade da Escritura será corroborada por argumentos ou fortalecida pelo consenso da Igreja ou confirmada por outros apoios, a não ser que a certeza seja defendida por um juízo mais poderoso e mais forte que qualquer juízo humano; porquanto, a menos que tal alicerce tenha sido estabelecido, a autoridade sempre permanece incerta. Ao contrário, quando compreendemos que, estando apartados da condição comum, pela religião e pela dignidade, o que não tinha valor para inserir e gravar sua certeza em nosso espírito, então são auxílios os mais convenientes. Com efeito, é admirável quanta confirmação daí decorre quando consideramos interiormente o quão a dispensação da sabedoria divina aparece ali ordenada e disposta, quão celeste é a doutrina, em nada recendendo, em lugar algum, a qualquer coisa terrestre; quanto é belo o consenso de todas as partes entre si e, desse modo, tudo o mais que convém aos escritos para atribuir-lhes grandeza. Então, na verdade, nossos corações mais solidamente se fortificam quando consideramos que a admiração se eleva em nós mais pela dignidade das coisas que pela graça das palavras. Também não foi feito sem a exímia providência de Deus que os mistérios sublimes do reino celeste fossem transmitidos, em boa medida, por palavras de desprezível humildade, porque, se fossem ilustrados pela mais brilhante eloquência, os ímpios cavilariam que somente a força dela reina ali. Mas, se essa simplicidade, inculta e quase rude, suscita maior reverência que qualquer eloquência retórica, o que podemos pensar a não ser que é tal a força da ver-

---

* Tradução deste capítulo: Carlos Eduardo de Oliveira, José Carlos Estevão e Melina Rodolpho.

77

dade da sagrada Escritura que dispensa qualquer artifício de palavras? Pois o apóstolo, não sem razão, afirmou que a fé dos coríntios não se funda na sabedoria humana, mas na virtude de Deus, que sua pregação entre eles não persuadia com palavras de sabedoria humana, mas por demonstração de Espírito e de poder [1Co 2, 4], pois a verdade está livre de toda dúvida quando não é sustentada por defesas alheias, mas basta a si mesma. Que tal virtude seja própria da Escritura, se vê que, dos escritos humanos engenhosamente elaborados, nenhum, jamais, é tão eficaz para nos comover. Leia Demóstenes ou Cícero, Platão, Aristóteles ou outros quaisquer: admito que de modo admirável atrairão, deleitarão, comoverão, arrebatarão. Contudo, se daí formos para essa sagrada leitura, queiramos ou não, prontamente nos afetarão, penetrarão em nosso coração, fixar-se-ão em nossas entranhas de modo que, diante da eficácia desse sentimento, quase desapareça a força dos retóricos e dos filósofos e perceba-se patentemente que a Sagrada Escritura, que supera em tão larga medida todos os dotes e as graças do engenho humano, tem algo de divino.

2. Confesso que, na verdade, em alguns profetas, o gênero da fala é brilhante e ainda luminoso e elegante, de modo que a eloquência[142] destes não seja inferior aos escritores profanos; e o Espírito Santo quis mostrar com tais exemplos que a eloquência não lhe faltou, enquanto, em outros lugares, fez uso de estilo rude e grosseiro. De resto, se lemos seja Davi, Isaías ou semelhantes, nos quais a oração flui suave e agradável, ou Amós, um pastor de rebanhos, e Jeremias e Zacarias, cujas palavras, mais ásperas, têm sabor de rusticidade, em toda parte aquela grandeza do Espírito da qual falei será visível. Nem me escapa que Satanás, muitas vezes êmulo de Deus, introduza-se com semelhança falaz no espírito dos simples, disseminando ímpios erros com os quais astutamente engana pobres homens com palavras incultas e de todo bárbaras, muitas vezes usando formas obsoletas de falar, de maneira que esconda sob tal máscara suas imposturas; mas todos que possuem senso, mesmo o menor, percebem tal afetação inútil e insuportável. Na verdade, no que se refere à Escritura sagrada, ainda que homens obstinados tentem desgastá-la, vê-se que está repleta de doutrinas que, humanamente, não se teria podido conceber. Observe-se a cada um dos profetas: não se encontrará nenhum que não tenha ultrapassado em muito o que é humano. Em suma, aqueles para os quais a doutrina é insípida devem ser considerados carentes de paladar.

---

142 Cf. Agostinho, *De doctrina...*, IV, c.6ss, in: PL 34. Bullingerum, *De scripturae sanctae authoritate*, c.11.

3. O tema já foi tratado copiosamente por outros,[143] de modo que, agora, é suficiente referir de passagem as poucas coisas que, sobretudo, resumem a causa. Além disso, a própria antiguidade[144] da Escritura não é de pouca importância. Pois, mesmo que os escritores gregos contem muitas coisas a respeito da teologia egípcia, contudo nenhum documento da sua religião ainda existe que não seja muito tempo inferior[145] ao século de Moisés. Tampouco Moisés inventa um novo Deus: mas fala do Deus eterno tal como os israelitas receberam, como que transmitidos de mão em mão pelos patriarcas, em uma longa série temporal. Com efeito, o que ele faz senão que eles próprios voltem ao pacto firmado com Abraão? Se contasse um fato inaudito, nenhuma aceitação teria, mas os livrar da servidão à qual estavam submetidos era fato conhecido e habitual para todos, de modo que, ao ouvirem mencioná-lo, elevava-se o ânimo de todos. É, ainda, provável que os instruísse sobre o período de quatrocentos anos. Agora, considere-se que, se Moisés, embora ele mesmo anteceda por tanto tempo a todos os outros escritores, retorna à tradição da sua doutrina de tão ilustre origem, é de considerar o quanto a Escritura sagrada excede em antiguidade a todos os demais escritos.

4. A menos que se queira crer nos egípcios, que estendem sua própria antiguidade a seis mil anos antes de o mundo[146] ser criado. Mas, como mesmo os autores profanos tratam-nos com zombaria, não há por que nos darmos ao trabalho de refutá-los. Josefo, porém, cita contra Apião testemunhos dignos de relato de escritores antiquíssimos, de onde é lícito inferir o consenso de todos os povos de que a doutrina propagada na Lei era célebre desde muitos séculos, ainda que nem tenha sido lida nem verdadeiramente conhecida.[147] De modo que nenhuma suspeita se detivesse junto dos de má índole e não houvesse ocasião de escarnecimento pelos ímprobos, Deus opõe-se ao perigo de ambos com os melhores remédios. Quando Moisés relata que Jacó proclamou, com inspiração celeste, quase trezentos anos antes a respeito de seus descendentes, de que modo enobrece sua tribo? A marca com a infâmia eterna na pessoa de Levi. Diz que Simão e Levi são instrumento da iniquidade: "que minha alma não entre em seu conselho, que meu coração não se una a eles" [Gn 49, 5]. Certamente, poderia calar tal desonra não apenas para poupar seu

---

143 Citados por H. Bullingerum. Op. cit.
144 Bullingerum, H. Op. cit., I, c.11.
145 Cf. Agostinho. *De civ...*, 18, 37, in: PL 41. Lactâncio, *Divines...*, IV, 5, 8.
146 Cf. Agostinho. *De civ...*, 18, 37. In: PL 41.
147 Cf. Flávio Josefo. *Contra Apionem*, I, 22; II, 34; II, 39.

pai, mas a si próprio e a toda sua família dessa ignomínia. De que modo poderá ser suspeito quem proclama voluntariamente que o primeiro fundador da família da qual era oriundo fora detestável para o oráculo do Espírito Santo, nem pondera sobre si, nem recusa provocar o ódio de seus parentes, entre os quais, por certo, isso era desagradável? E quando recorda os ímpios murmúrios de Aarão, seu próprio irmão, e de Maria, sua irmã [Nm 12, 1], dizemos que fala segundo seu sentimento carnal ou que se sujeita ao império do Espírito Santo? Além disso, quando tinha autoridade suprema, por que pelo menos não deu a seus filhos o direito ao Sumo Sacerdócio, em vez de os relegar ao último lugar? Dou poucos exemplos entre muitos, mas na própria Lei, em vários lugares, apresentam-se muitos argumentos que dão plena fé, sem controvérsia, de que Moisés é como um Anjo de Deus que veio do céu.

5. Na verdade, mesmo os muitos e tão notáveis milagres a que se refere são outras tantas confirmações da Lei e da doutrina por ele próprio proposta, pois que foi levado para o monte em uma nuvem e ali, até o quadragésimo dia, foi retirado do convívio humano [Ex 24, 18]. Na própria promulgação da Lei, sua face resplandecia tal como os raios solares [Ex 34, 29], de todas as partes refulgiam os relâmpagos, e os trovões e os estrondos eram ouvidos de longe por todo o ar, e a trombeta soava sem ser por boca humana [Ex 19, 16], a entrada do tabernáculo era obstruída por uma nuvem que o escondia da vista do povo [Ex 40, 34], sua autoridade foi tão admiravelmente declarada, com a horrível destruição de Corê, de Datã e de Abiram e de todas as facções ímpias [Nm 16, 24],[148] que a pedra tocada por seu cajado de pronto fez fluir um rio [Nm 20, 10],[149] o maná caiu do céu para atender sua súplica [Nm 11, 9]. Acaso, Deus não estava, do céu, a atestá-lo indubitavelmente como seu profeta? Se me objetam que tomo como certos fatos sujeitos a controvérsia, é fácil a solução desta objeção. Pois quando Moisés deu a público todas essas coisas, como poderia simulá-las diante das próprias testemunhas oculares dos acontecimentos? Ou seja, teria avançado para o meio do povo, acusando-o de infidelidade, de soberba, de ingratidão e de outros crimes, jactando-se de que sua doutrina fora afirmada aos olhos deles por esses milagres que eles próprios jamais teriam visto?

6. Também é digno de notar quantas vezes ele narra a respeito de milagres, ao mesmo tempo expondo o que de maneira desagradável pudesse

---

148 Nm 16, 24-35.
149 Nm 20, 10ss.

levar todo o povo a protestar, se ao menos existisse a menor oportunidade; de onde se vê que foram conduzidos para que aprovassem, não de outro modo, mas porque estavam mais que suficientemente convencidos por sua própria experiência. De resto, visto que era tão notório que os escritores profanos não tinham liberdade para negar os milagres de Moisés, o Diabo, o pai da mentira, sugeriu a eles a calúnia de os atribuir a artes mágicas [Ex 7, 11]. Mas com qual prova acusam de ter sido mágico quem de tal modo se afasta dessa superstição, de forma que ordena ser apedrejado aquele que tão só tenha consultado os mágicos e os adivinhos [Lv 20, 6]? Certamente, nenhum farsante realiza suas ilusões sem procurar, a fim de obter fama, deixar atônito o espírito do povo. Porém, o que faz Moisés? Clamando que ele e seu irmão Aarão nada eram, mas que executavam o que Deus determinou [Ex 16, 7], apaga terminantemente qualquer nódula sinistra. Agora, considerando os próprios fatos, que encantamento pode fazer o maná chover dia após dia do céu, sendo suficiente para alimentar a população e, se alguém guardasse mais do que a justa medida, aprenderia com a própria corrupção que sua incredulidade seria punida pela vontade divina? Acrescente-se que Deus permitiu que seu servo fosse testado por muitas provações severas, de modo que os ímpios não o pudessem incomodar. Pois como poderia escapar ao furor deles com imposturas se tantas vezes, ora todo o povo se ergueu, com soberba e insolência, ora alguns, conspirando entre si, esforçaram-se em destruir o santo servo de Deus? Eventos que ensinam abertamente que, desse modo, sua doutrina foi afirmada por todos os séculos.

7. Além disso, ao ser assinalado pelo patriarca Jacó que o principado era atribuído à tribo de Judá [Gn 49, 6-10], quem irá negar que isso tenha sido feito pelo espírito Profético, principalmente se levarmos em conta o que sucedeu depois? Supõe-se que Moisés tenha sido o primeiro autor do vaticínio, e no entanto, desde que deu à memória um tal escrito, passaram-se quatrocentos anos sem que houvesse menção alguma de a tribo de Judá tomar o cetro. Depois da investidura de Saul [1Sm 11, 15], a força régia parece residir na tribo de Benjamin. Quando Davi é ungido por Samuel [1Sm 16, 13], transparece a razão pela qual faz a transferência? Quem esperaria que o rei houvesse de sair da morada plebeia de um pastor de rebanhos? E havendo sete irmãos, quem destinaria a honra ao mais jovem? Além disso, por que razão ele vem a ter a esperança do reino? Quem diria que a unção foi administrada com humana arte, indústria ou prudência, e não antes como cumprimento do vaticínio celeste? Igualmente predizer, ainda que de forma obscura, sobre os povos que

devem ser acolhidos no pacto com Deus, levando quase dois mil anos para que isso ocorresse, acaso não mostra que fala por inspiração divina? Omito outras predições que, em plenitude, mostram que assim sopra a revelação divina, para que conste que Deus é aquele que fala aos homens sãos. Em poucas palavras, é o claro espelho em que Deus se mostra com evidência num canto único [Dt 32].

8. Nos outros profetas, isso é entendido com ainda muito maior clareza. Escolho poucos exemplos, porque seria excessivo trabalho reunir todos. Quando, no tempo de Isaías, o reino de Judá estivesse pacificado, presumindo gozar da proteção dos caldeus, Isaías discursava a respeito da queda da cidade e do exílio da população. Predizer muito antes coisas que pareciam fabulosas e, por fim, mostram-se verdadeiras ainda não oferece prova suficientemente clara da inspiração divina; contudo, os vaticínios a respeito da redenção, feitos ao mesmo tempo, de onde dizemos que derivaram senão de Deus? Indica o nome de Ciro [Is 45, 1], por quem os caldeus deviam ser subjugados e a população posta em liberdade. Desde que o profeta assim vaticinou, passaram-se mais de cem anos antes de Ciro vir ao mundo, pois nasceu por volta do centésimo ano depois da morte daquele. Ninguém poderia prever então que existiria algum Ciro, o qual haveria de fazer guerra contra os babilônios, que poria fim ao exílio do povo israelita, submetendo à sua mão a poderosa monarquia. Essa narrativa desnuda, sem nenhum ornato de palavras, não demonstra claramente que o que Isaías fala não são conjecturas do homem, mas indubitáveis oráculos de Deus? Doutra feita, quando, antes que o povo fosse levado, Jeremias estabelece em setenta anos o tempo do cativeiro e o momento do retorno e liberdade [Jr 25, 11s.], acaso não foi preciso que sua língua fosse governada pelo Espírito de Deus? Que imprudência seria negar que a autoridade dos profetas foi estabelecida com tais provas, e haver-se cumprido aquilo de que eles se jactavam para dar fé a suas palavras. "As primeiras coisas já se realizaram, agora vos anuncio outras novas; antes que elas surjam, eu vo-las anuncio" [Is 42, 9]. Omito que Jeremias e Ezequiel, embora estivessem tão distantes entre si, mas na mesma época, profetizavam coincidindo em todos os ditos como se, mutuamente, um ditasse as palavras do outro. E Daniel? Porventura, não profetizou sobre quase seiscentos anos de acontecimentos futuros, como se escrevesse a história de feitos conhecidos e por toda parte já escritos? Se isso for meditado por homens piedosos, terão o bastante para conter os gritos dos homens ímpios; com efeito, essa demonstração é clara o suficiente para que seja sujeita a qualquer cavilação.

9. Sei que certos charlatães murmuram pelos cantos para ostentar a agudeza de seu entendimento ao atacar a verdade de Deus. Com efeito, indagam o que nos assegura que é de Moisés e dos profetas o que lemos sob o nome deles. Além disso, ousam levantar a questão de que jamais teria existido um Moisés qualquer. Mas, se alguém duvidar de que jamais teria existido algum Platão, ou Aristóteles ou Cícero, quem não diria que tal loucura deva ser castigada com tapas e açoites? A Lei de Moisés é admiravelmente conservada, antes pela providência celeste que pelo empenho dos homens. E, ainda que a negligência dos sacerdotes a tenha deixado sepultada por um breve tempo, desde que o piedoso rei Josias a encontrou, tem estado nas mãos dos homens pela contínua sucessão dos tempos. Na verdade, nem Josias revelou um livro novo ou desconhecido, mas, sim, o que sempre fora propagado e cuja memória já então era célebre. O volume original fora ofertado ao Templo, um exemplar fora transcrito e oferecido aos arquivos régios; tudo que acontecera é que os sacerdotes deixaram de publicar a própria Lei de acordo com o solene costume, e o próprio povo também negligenciara a leitura usual. Por que quase nenhum século passou sem que fosse confirmada e renovada sua sanção? Acaso, Moisés era desconhecido pelos que meditavam sobre Davi? Na verdade, para falar de todos ao mesmo tempo, seguramente é mais certo que os escritos chegaram aos pósteros como que de mão em mão, por assim dizer, recebidos, pela perpétua série dos anos, dos pais, que em parte ouviram o que foi dito, em parte aprenderam dos que tinham ouvido falar.

10. O que, para enfraquecer a fé que se presta à Escritura, fazem objeção sobre a história dos macabeus é o que mais propriamente a corrobora. Em primeiro lugar, diluamos as cores com que pintam, em seguida, voltemos contra eles o artifício que usam contra nós. Dizem que, uma vez que Antíoco teria ordenado que todos os livros fossem queimados [1Mc 1, 56], de onde temos os exemplares que apareceram agora? Eu, porém, os interrogo: em que oficina teria sido possível fabricá-los tão rápido? Pois consta que apareceram logo depois de acalmada a violência e, sem discussão, foram acatados por todos os devotos que, educados em sua doutrina, tinham familiaridade com eles. Mesmo quando todos os ímpios, como que conjurados, insultavam tão obstinadamente os judeus, ninguém jamais ousou acusá-los de forjar livros falsos. Pois, seja o que for, na opinião deles, a religião judaica, reconhecem no entanto que ela tem a Moisés como autor. Logo, de que outra coisa mais do que de sua canina ousadia dão mostras tais tagarelas quando mentem afirmando que foram substituídos livros cuja sagrada antiguidade é aprovada pelo consenso de todas as histórias? Mas, para não gastar inutilmente esforços em refutar tão absurdas calúnias além do necessário, consideremos quanto cuidado teve Deus em conservar sua palavra, contra a esperança de todos, pois a salvou da truculência do cruel tirano, como de um incêndio. Fortaleceu, em piedosos sacerdotes e tantos outros, tal constância que não hesitaram em transmitir aos pósteros esse tesouro, mesmo com o prejuízo da própria vida se necessário fosse, frustrando a intensa busca de tantos chefes e dos seus subordinados. Quem não admite como admirável e insigne obra de Deus que aqueles textos sagrados, que os ímpios se convenceram estar perdidos, tão logo reapareceram e como que com maior dignidade? Pois o que se seguiu foi a tradução grega, que os propagou por todo o orbe. Nem o milagre foi apenas Deus salvar as tábuas de seu pacto dos éditos sanguinários de Antíoco, mas que, entre tantas perdas do povo judeu, pelas quais foi arruinado e destruído, sendo depois reduzido quase até a geral mortandade, ainda assim elas foram salvas. A língua hebraica era não apenas ignóbil como quase desconhecida: certamente, se Deus não a quisesse salvar, a religião teria perecido de todo. Transparece nos profetas daquele tempo quanto os judeus que voltaram do exílio se tinham apartado do uso genuíno da língua pátria, o que é útil notar, porque com maior clareza evoca a antiguidade da Lei e dos profetas. E por intermédio de quem Deus preservou a doutrina da salvação expressa para nós na Lei e nos profetas, de modo que, a seu tempo, Cristo a manifestasse? Dos judeus, que eram os inimigos mais hostis do próprio Cristo, e aos quais Agostinho chama, por essa razão e merecidamente, de os bibliotecários da Igreja Cristã, porque nos forneceram a leitura de que eles próprios não faziam uso.[150]

11. Em seguida, chegando-se ao Novo Testamento, em que sólidos apoios firma-se sua verdade. Três evangelistas narram a história com palavras humildes e simples, simplicidade que é fastidiosa para muitos soberbos, pois não percebem os principais pontos da doutrina, dos quais seria fácil para eles concluir que dissertam acerca de mistérios celestes que estão além do conhecimento humano. Por certo, todos aqueles que estão providos de uma mínima porção de ingênuo pudor envergonhar-se-iam ao ler o primeiro capítulo de Lucas. Quanto aos discursos públicos de Cristo, cuja suma é recolhida por aqueles três evangelistas, determinam que seus escritos livrem-se facilmente de todo o desprezo. Além

---

150 Agostinho. *Enarr. In Psal.*, 56, 9. In: PL 36.

disso, João, trovejando sublime, derruba, mais forte que o raio, a obstinação daqueles que não são compelidos à fé. Que esses censores espertos exponham-se aos olhos de todos, pois sua maior vontade é abater a reverência à Escritura, em seu coração e no de outros; que leiam o Evangelho de João, ali descobrirão, queiram ou não, mil sentenças que ao menos lhes perturbarão a apatia, que lhes queimarão na consciência como horrível cautério, para coibir-lhes o riso. E o mesmo se diga em relação a Paulo e Pedro, nos escritos dos quais, ainda que a maior parte dos leitores não o veja, com celeste majestade a todos retêm, como que presos a eles. Na verdade, que sua doutrina eleva-se além do mundo mostra-se suficientemente, porque Mateus, antes, estava preso à renda de sua mesa, Pedro e João trabalhavam em seus barquinhos, todos eles grosseiramente ignorantes, sem nada terem aprendido na escola dos homens que pudessem ensinar a outros. Paulo, que de inimigo não só declarado, mas também cruel e sanguinário, converteu-se em novo homem, mostra, por sua súbita e inesperada mudança, que foi obrigado a defender a doutrina que atacava. Que tais cães neguem que o Espírito Santo desceu sobre os apóstolos, ou até que anulem a fidelidade da história: contudo, a realidade proclama publicamente que tinham sido instruídos pelo Espírito Santo, pois aqueles que antes eram desprezíveis em meio à própria plebe de repente começaram a dissertar de forma tão magnífica a respeito dos mistérios celestes.

12. Acrescente-se haver também outras excelentes razões pelas quais o consenso da Igreja não carece de peso. Com efeito, não se deve menosprezar que, desde o surgimento da Escritura, tenha havido, por tantos séculos, constante vontade de a ela obedecer, ainda que Satanás, com todo o mundo e de espantosos modos, tenha-se empenhado em oprimi-la, destruí-la, derrubá-la totalmente e apagá-la da memória dos homens; contudo, sempre superior como a palmeira, a Escritura se elevou e persistiu invencível.[151] Mesmo que, desde outrora, quase não tenha havido sofista ou retórico do mais excelente entendimento que não dirigisse contra ela suas forças; contudo, todos fracassaram. O poder do universo armou-se para derrubá-la, e todos os esforços se evolaram em fumo. Tão fortemente assaltada, de que modo subsistiria se fosse confiada apenas à defesa humana? Que tenha resistido a todo esforço humano, mais demonstra que provém de Deus, arrimando-se em seu próprio poder. Acrescente-se também não ter sido uma única cidade, um único povo, a con-

---

151 Cf. Bullingerum. Op. cit., Ic, c.9.

cordar em recebê-la e abraçá-la, mas que há muito tempo e por toda a extensão do orbe terrestre, por santo acordo, vários povos, entre os quais nada além disso era comum, aceitaram sua autoridade. Além disso, quanto deve nos comover que tal concordância de espíritos tão diversos, e mesmo discordantes entre si em todas as coisas, só pela celeste divindade possa encontrar conciliação. Ainda maior é seu peso quando contemplamos a piedade daqueles que assim se acordam — na verdade, não todos, mas daqueles que, como luzes, o Senhor quis que iluminassem sua Igreja.

13. Então, com quanta segurança é conveniente dar por estabelecida a doutrina que vemos testemunhada e atestada pelo sangue de tantos homens santos? Estes que, tendo a recebido, não hesitaram, intrépida e corajosamente, em morrer, e mesmo sofreram com grande alegria. Transmitida a nós com tal intensidade, como não a receberíamos com persuasão certa e inabalável? Logo, não é pouco para a comprovação da Escritura ter sido selada pelo sangue de tantas testemunhas, ainda mais considerando que enfrentaram a morte para dar testemunho da fé, não por fanatismo, como algumas vezes acontece com espíritos erráticos, mas com firme, constante e sóbrio zelo de Deus. Existem outras razões, nem poucas nem fracas, pelas quais a dignidade e a grandeza da Escritura não apenas se afirmam nos corações piedosos, como também, honrosamente, a defenderiam contra as trapaças dos caluniadores, mas que não são suficientes por si para dar prova da fé sem que o Pai celeste, tendo revelado ali sua divindade, extraia de toda controvérsia a devida reverência. Então, realmente, a Escritura será satisfatória para o conhecimento da salvação de Deus quando a certeza a respeito dela tiver sido fundada na persuasão interior do Espírito Santo. Porque, na verdade, se seguirem tal princípio e suprema persuasão, os testemunhos humanos para a confirmar não serão inúteis como auxílios secundários à nossa debilidade. Mas aqueles que desejam provar aos infiéis que a Escritura é a palavra de Deus o fazem ineptamente, pois, a não ser pela fé, isso não se pode conhecer. Assim, com razão, Agostinho adverte que a piedade e a paz de espírito deve ter precedência para que o homem possa conhecer algo a respeito de tais coisas [*Sobre a utilidade de crer*].[152]

---

152 Agostinho. *De utilitate...*, 18, 36. In: PL 42.

CAPÍTULO IX

Subvertem todos os princípios da piedade os fanáticos que, desprezando a Escritura, lançam-se a revelações. *

 queles que, repudiando a Escritura, imaginam não sei que caminho que os introduza a Deus, menos do que equivocados, devem ser considerados tomados pela raiva. Com efeito, há pouco emergiram alguns transtornados[153] que, arrogando-se pretensiosamente o magistério do Espírito, desprezam a leitura e a simplicidade daqueles que seguem, como dizem eles, a letra morta e que mata. Gostaria de saber deles quem é esse espírito por cujo sopro de grandeza são tão arrebatados que ousam desprezar como simples e pueril a doutrina da Escritura. Pois, se respondem que é o espírito de Cristo, tal certeza é muito ridícula, pois concordam que os apóstolos de Cristo e os outros fiéis da primeira Igreja não foram iluminados por outro espírito. E nenhum deles, no entanto, aprendeu daí a desprezar a palavra de Deus, mas antes cada um foi impregnado de um grande respeito por ela, como seus próprios escritos atestam muito bem. Assim foi proferido pela boca de Isaías, que, quando diz: "Meu espírito está sobre ti, e as minhas palavras, que pus em tua boca, não se afastarão dela, nem da boca da tua semente" [Is 59, 21], não se dirige ao povo antigo como se ensinasse o que é elementar, mas ensina que essa verdadeira e plena felicidade da nova Igreja haverá de estar sob o reino de Cristo, para que não seja menos regida pela voz de Deus que por seu Espírito. Daí, concluímos que, por esse horrível sacrilégio, é separado por esses falsários aquilo que o profeta uniu por um vínculo inviolável. Além disso, Paulo, levado para o terceiro céu, não deixou de avançar na doutrina da Lei

---

* Tradução deste capítulo: Ilunga Kabebgele.

153 Referência aos Libertinos. Cf. Calvino, *Contre la secte phantastique et furieuse des Libertins*. CR Calv.

e dos profetas, tal como exorta Timóteo, doutor de singular superioridade, a se entregar à leitura [1Tm 4, 13]. E é digno de ser lembrado aquele elogio com o qual exalta a Escritura: ela "é útil para ensinar, para instruir, para refutar, para corrigir", a fim de os servos de Deus tornarem-se perfeitos [2Tm 3, 16]. Qual não é o furor diabólico em fingir que é caduco ou temporal o uso da Escritura que conduz os filhos de Deus até o fim último! Depois, também isto gostaria que me fosse respondido por eles: acaso eles hauriram um espírito diferente daquele que o Senhor prometeu aos seus discípulos? Ainda que sejam vexados por uma loucura extrema, não considero que sejam tomados por um delírio tal que possam dizer isso. Quando ele o prometeu, como anunciou que seria esse espírito? Certamente, um que não falasse por si mesmo, mas que sugerisse e insinuasse em suas almas aquilo mesmo que Ele transmitiu por palavras [Jo 16, 13]. Então, não é um ofício do Espírito que nos prometeu forjar novas e inauditas revelações ou apresentar um novo gênero de doutrina pela qual seremos afastados da doutrina recebida do Evangelho, mas aquela mesma que o Evangelho recomenda que seja chancelada em nossa mente.

2. Donde entendemos com facilidade que devemos nos incumbir zelosamente tanto da leitura quanto da audição da Escritura se queremos perceber algum uso e fruto proveniente do Espírito de Deus (tal como Pedro elogia o zelo daqueles que se voltaram para a doutrina profética, que poderia parecer ter perdido o lugar após ser exibida à luz do Evangelho [2Pd 1, 19]). Mas, ao contrário, se algum espírito, desprezando a sabedoria da palavra de Deus, apresenta-nos outra doutrina, deve-se, com razão, suspeitar de vaidade e mentira. Pois, como Satanás se transfigura em anjo de luz, que autoridade terá sobre nós o Espírito se não puder ser discernido por marcas muito claras? A voz do Senhor o mostra com nitidez, não fosse porque esses miseráveis buscam espontaneamente errar quando buscam o espírito partindo de si mesmos antes que do próprio Espírito. Alegarão que é indigno que o próprio Espírito de Deus, ao qual todas as coisas são subordinadas, seja subordinado à Escritura. Como se fosse vergonhoso para o Espírito Santo ser em toda parte igual e conforme a si mesmo e estar sempre de acordo consigo e em nada mudar. Deveras, se o restringirmos a uma regra humana, angélica ou outra qualquer, devemos concordar que é reduzido à ordem e ainda, se se quiser, à servidão. Mas quando comparado consigo, quando considerado em si, quem dirá que há injúria? Não obstante, reconheço, deste modo Ele é examinado. Mas por um exame pelo qual Ele deseja que a sua majestade seja sancionada junto de nós. Deve bastar-nos que Ele se mostre para nós.

Mas para que, sob seu nome, o espírito de Satanás não se introduza secretamente, quer ser reconhecido por nós na sua imagem que imprimiu na Escritura. É o autor da Escritura, não pode ser distinto ou dessemelhante a si mesmo. Como se manifestou uma vez ali, que do mesmo modo permaneça para sempre. Isso não é ultrajante para Ele, a não ser que concordássemos que seria honroso que degenerasse e deixasse de ser Ele próprio.

3. Mas quanto a dizerem zombando que nos debruçamos sobre a letra que mata, sofrem o castigo por desprezar a Escritura. É bastante claro que Paulo combate ali [2Co 3, 6] contra os falsos apóstolos que recomendam a lei sem Cristo e afastam o povo do Novo Testamento, no qual o Senhor promete que insculpirá sua Lei nas vísceras dos fiéis e a inscreverá nos seus corações. Pois a Lei do Senhor é letra morta e mata os que a leem sem a graça de Cristo; soa somente aos ouvidos, sem tocar o coração. Mas, se é eficazmente impressa nos corações pelo Espírito, exibe o Cristo e é palavra de vida, convertendo as almas, emprestando sabedoria aos pequenos etc. Mais adiante, no mesmo lugar, o apóstolo chama de ministério do Espírito sua pregação [2Co 3, 8], significando certamente que o Espírito Santo está ligado à sua verdade, manifesta por Ele na Escritura, e apresenta e mostra a sua força, quando pela Palavra se firmam a reverência e a dignidade dela. E não se opõe a isso o que foi dito há pouco, a saber, que a própria Palavra não seja muito clara para nós a não ser que confirmada pelo testemunho do Espírito. Como em um nó mútuo, o Senhor uniu entre si a certeza da sua palavra com a do Espírito, para que uma sólida religião incida em nossa alma quando resplandecer o Espírito que nos faz contemplar a face de Deus, de modo que abracemos o Espírito sem nenhum medo de nos equivocarmos quando o reconhecermos em sua imagem, isto é, no Verbo. E de fato assim é. Deus não manifestou a Palavra em meio aos homens por causa de súbita ostentação, para que a chegada do Espírito logo a abolisse, mas enviou o mesmo Espírito, por cuja virtude auxiliara a Palavra, para completar a sua obra com confirmação eficaz da Palavra. Assim, Cristo revelou o sentido da Escritura a dois discípulos [Lc 24, 27], não para que soubessem por si mesmos, abandonando a Escritura, mas para que a pudessem entender. De modo semelhante, Paulo, quando exorta os tessalonicenses a não extinguir o Espírito [1Ts 5, 19s.], não os leva a falsas especulações sem a Palavra, mas, em contínuo, diz que não devem desprezar as profecias, indicando, sem dúvida, que a luz do Espírito é obstruída ao mesmo tempo que as profecias são desprezadas. Que dirão esses orgulhosos entusiastas, que julgam excelente essa iluminação que, uma vez oprimida e suprimida a palavra de Deus, sem receio e às cegas, acatam seja o que for que concebem mesmo dormindo? A sobriedade dos filhos de Deus deve ser bem outra, pois, como sem o Espírito Santo se veem privados de toda a luz da verdade, assim também não ignoram que a Palavra é o instrumento pelo qual o Senhor dispensa aos fiéis a iluminação do seu Espírito. E não conhecem outro Espírito que não aquele que nos apóstolos habitou e falou, por cujos oráculos são frequentemente chamados à audição da Palavra.

Capítulo X

Para corrigir as superstições, a Escritura opõe exclusivamente o verdadeiro Deus a todos os deuses gentios.*

 isto que ensinamos que o conhecimento de Deus, que é sustentado de modo claro na criação do mundo e em todas as suas criaturas, é explicado de modo mais familiar e ainda mais claro pela Palavra, então, é preciso examinar se o Senhor se nos apresenta na Escritura tal qual primeiro parece ser esboçado em suas obras. A matéria decerto é longa, se alguém desejar se deter em tratá-la com diligência. Mas me contentarei em ter apresentado como que uma indicação, para que, advertida, a mente dos fiéis saiba o que pode ser muito vantajosamente investigado a respeito de Deus na Escritura e seja dirigida para o alvo certo de sua busca. Ainda não me refiro àquela aliança pela qual Deus distinguiu os descendentes de Abraão de todos os outros povos. Pois, recebendo como filhos numa adoção gratuita àqueles que eram inimigos, o Redentor já aí se revelou. Nós, porém, até agora nos debruçamos sobre aquele conhecimento que subsiste na criação do mundo e não ascende ao Cristo Mediador. Ainda que pouco depois seja o caso de citar algumas passagens do Novo Testamento (tal como também provar daí tanto o poder do Deus criador como a providência na conservação da primeira natureza), quero, no entanto, que os leitores sejam advertidos de qual é o meu propósito agora, para que não ultrapassem os limites prescritos. Por fim, que baste ter presente que Deus é artífice do céu e da terra e que governa o mundo por ele fundado. Com efeito, em muitos lugares se celebra igualmente a sua bondade paterna e a inclinação de sua vontade para o bem, e são ensinados exemplos de severidade que mostram que Ele é justo para punir os crimes, em especial quando sua tolerância em absoluto não aprova os obstinados.

---

* Tradução deste capítulo: Ilunga Kabebgele.

2. É fato que, em certos lugares, são apresentadas descrições mais vivas, pelas quais a autêntica visão de sua face é exibida clara como um ícone. Assim é que Moisés, quando a descrevia, parece ter desejado mostrar sumariamente o que quer fosse permitido aos homens entender a seu respeito. "Jeová! Jeová! Deus misericordioso e clemente, paciente, muito compassivo e veraz, que conserva a misericórdia para milhares, que remove as iniquidades e os crimes, junto de quem não será inocente o inocente, que devolve a injustiça dos pais aos filhos e aos netos" [Ex 34, 6].[154] Passagem na qual somos advertidos de que a sua eternidade e soberania sejam predicadas por aquele magnífico nome por duas vezes repetido, depois, que sejam lembradas suas virtudes, pelas quais nos é descrito não o que Ele é em si, mas de que modo Ele é para nós, de maneira que esse conhecimento seja mais o de sentimento vivo que o de uma vã especulação. Prosseguindo, ouvimos aqui serem enumeradas as virtudes que notamos reluzir no céu e na terra: clemência, bondade, misericórdia, justiça, juízo, verdade. Pois a virtude e o poder estão contidos sob o nome de Elohim. Com os mesmos epítetos engrandecem-no os profetas quando querem tornar plenamente ilustre o seu santo nome. Não queremos acumular muitos exemplos. Basta-nos, para o presente, um único salmo, no qual a soma de todas as suas virtudes é exposta com tanta exatidão que nada pode ser visto como omitido [Sl 145]. No entanto, nada é dito ali que não seja contemplado nas criaturas. De modo que sentimos a Deus pela experiência que é mestra tal qual Ele se declara pela Palavra. Quando Deus declara em Jeremias de que modo quer ser conhecido por nós, faz uma descrição não tão completa, mas claramente recai no mesmo. Aquele que deseja gloriar-se, diz, glorie-se de que terá conhecido a mim, o Senhor que faz misericórdia, juízo e justiça na terra [Jr 9, 24].[155] É necessário conhecermos antes de tudo estas três virtudes: a misericórdia, a única em que consiste a salvação de todos nós; o juízo, que é exercido cotidianamente contra os infames e mais seriamente está reservado a eles como castigo eterno; a justiça, pela qual os fiéis são conservados e fomentados com muita benevolência. Uma vez compreendidas as três, teremos em grande medida como se gloriar em Deus. Desse modo, entretanto, não se omitem seja a sua verdade, seja o poder, a santidade ou a bondade. Como constaria efetivamente a ciência da justiça, da misericórdia, de seus juízos, que aqui é requerida, a menos que brilhasse por sua verdade inflexível? Como se acreditaria que a Terra é moderada

---

154 Ex 35, 6s.
155 Jr 9, 23 (*Vulgata* 9, 24).

pelo juízo e pela justiça, a menos que fosse entendida a sua virtude? Ora, donde vem a misericórdia, se não da bondade? Se, finalmente, todos os seus caminhos são a misericórdia, o juízo e a justiça, nelas também é conspícua a santidade. O conhecimento de Deus que nos é proposto na Escritura não se destina a outro fim que não o de brilhar impresso nas criaturas: com efeito, primeiro nos convida ao temor, depois à confiança, para que aprendamos a louvá-lo com uma inocência perfeita de vida e com uma obediência não simulada, para, assim, dependermos totalmente de sua bondade.

3. Mas aqui foi proposto reunir uma suma geral da doutrina. E, em primeiro lugar, observem os leitores que a Escritura, para nos dirigir claramente a Deus, exclui e rejeita todos os deuses dos gentios, porque em quase todos os séculos a religião foi adulterada em vários lugares. Também é verdade que por toda parte o nome do Deus único foi conhecido e célebre. Pois aqueles que cultuavam uma multidão enorme de deuses, valeram-se simplesmente do nome de Deus, muitas vezes falando com um sentimento natural genuíno, como se contentes com um Deus único. Isso foi prudentemente apontado por Justino Mártir, que para este fim compôs o livro *Sobre a monarquia de Deus*,[156] no qual mostra, mediante vários testemunhos, que a unidade de Deus estivesse insculpida no coração de todos. Tertuliano comprova o mesmo na fala comum.[157] Mas, como de maneira geral, todos ou foram arrastados ou caíram por vaidade em falsos comentários, esvaecendo, assim, em seus sentidos; tudo o que tenham intuído a respeito de um Deus único não vale senão para que se tornem indesculpáveis. Pois também alguns dos mais sábios entre eles mostraram claramente o leviano erro de sua mente quando desejaram que algum deus estivesse junto deles, e com tais votos invocaram um deus incerto. Além disso, imaginando uma natureza de deuses múltiplos, ainda que não menos absurdamente do que sente o vulgo a respeito de Júpiter, Mercúrio, Vênus, Minerva e outros, não foram eles também menos imunes às falácias de Satanás. E, como já dissemos,[158] seja qual for a saída que tenham excogitado os filósofos, o crime da queda não dilui que a verdade de Deus tenha sido corrompida por todos. Por essa razão, Habacuque, tendo condenado todos os ídolos, ordena que todos busquem Deus em seu templo [Hc 2, 20], para que os fiéis não admitam senão aquele que se manifestara pela sua palavra.

---

156 Justino. *De monarquia*, I, 2.
157 Tertuliano. *De testimon. animae*, II.
158 Capítulo V, § 11, deste Livro.

CAPÍTULO XI

Não é lícito conferir uma forma visível a Deus. Todos os que erigem ídolos geralmente se afastam do verdadeiro Deus.*

 ma vez que a Escritura costuma falar popularmente, aco-
modando-se ao entendimento rude e grosseiro dos homens,
quando quer discernir o verdadeiro Deus dos falsos, opõe-
-no sobretudo aos ídolos. Não porque aprove o que é ensinado de modo mais sutil e elegante pelos filósofos, mas para
bem desnudar a estultícia, ou melhor, a loucura do mundo na busca de
Deus, enquanto cada um se prende às próprias especulações. Assim, uma
definição exclusiva, que aparece em vários lugares, reduz a nada toda divindade que os homens fabricam para si tomando como base a própria
opinião, visto que só o próprio Deus é testemunha confiável de si mesmo.[159] Dado que os homens buscassem figuras visíveis de Deus e assim
formassem deuses de madeira, pedra, ouro, prata e outras matérias inanimadas e corruptíveis enquanto tal insensata necessidade dominou todo
o orbe, nós devemos ter como princípio que a glória de Deus é corrompida com uma ímpia mentira todas as vezes que se atribui alguma forma a
Ele. E assim, na Lei, depois de Deus reservar para si a glória da divindade, quando quer ensinar qual culto aprova ou qual repudia, logo acrescenta: "Não farás para ti esculturas, nem imagem alguma" [Ex 20, 4],
palavras com que reprimiu nossa licença, para que não tentássemos
representá-lo por alguma efígie visível; e enumera brevemente todas as
formas pelas quais já outrora a superstição começara a converter sua
verdade em mentira. Sabemos, com efeito, que o sol fosse adorado pelos
persas; que todas as vezes em que os povos ignorantes distinguiam es-

* Tradução deste capítulo: Carlos Eduardo de Oliveira, José Carlos Estevão e Maria
 Cecília Albernaz.
159 Hilário. *De Trinitate*, I, 18. In: PL 10, 38.

trelas no céu, em igual quantidade forjavam deuses para si. Já quase não havia nenhum animal que para os egípcios não fosse a figura de um deus. Os gregos, na verdade, foram tidos como superiores em saber aos demais, porque cultuaram Deus sob a forma humana [Máximo Tírio, *Serm.*, 38].[160] Porém, Deus não compara as imagens entre elas, como se uma conviesse mais, outra menos, mas, sem exceção, repudia todos os simulacros, pinturas e outros signos por meio dos quais os supersticiosos julgaram haver de tê-lo próximo a si.

2. O que é prontamente aceito pelas razões que acompanham a proibição. Em primeiro lugar, por Moisés: "Lembra o que Jeová disse para ti no vale Horeb: ouviste a voz, não viste o corpo; portanto, observa a ti mesmo, para que, enganado talvez, não faças para ti nenhuma similitude" etc. [Dt 4, 15].[161] Vemos como Deus opõe abertamente a sua voz a todas as figuras, para que saibamos que se apartam de Deus todos aqueles que buscam formas visíveis d'Ele. Dos profetas, basta um exemplo: Isaías, que, nessa demonstração, é o mais enfático, já que ensina ser a majestade de Deus aviltada por uma ficção indecorosa e absurda quando, sendo incorpóreo, é assemelhado à matéria corpórea, sendo invisível, a um simulacro visível, sendo espírito, a uma coisa inanimada, sendo imenso, à exígua madeira ou pedra ou fragmento de ouro [Is 40, 18;[162] 41, 7-29; 45, 9; 46, 5].[163] De igual modo pensava Paulo: visto que "somos de raça divina, não podemos pensar que a divindade seja semelhante ao ouro, à prata ou à pedra esculpida com arte ou a uma invenção do homem" [At 17, 29]. Donde consta que qualquer estátua que se erige ou imagem que se pinta para a figuração de Deus, desagrada-O absolutamente, como desonra certa à sua majestade. E o que há de admirável se o Espírito Santo troveja essas revelações do céu quando impele os idólatras, miseráveis e cegos, também a se renderem a tal confissão na terra? É conhecida aquela famosa reclamação de Sêneca, lida em Agostinho: "Indicam a deuses sagrados, imortais e invioláveis, numa matéria muito vil e ignóbil, e os vestem de homens e feras, alguns com o sexo misturado e com corpos diversos, e chamam de deidades aquilo que, se lhe fosse dado um espírito, seria considerado um monstro" [*A cidade de Deus*, VI, 10],[164] donde claramente se mostra que os defensores das imagens escapam por meio

---

160 Máximo Tírio. *Philosophumena*, II, 3.
161 Dt 4, 15s.
162 Is 40, 18-20.
163 Is 46, 5-7.
164 Agostinho. *De civ...*, VI, 10. In: PL 41, 190.

de um engano frívolo, que pretendem haver uma proibição aos judeus[165] por serem estes inclinados à superstição. Como se fosse pertinente a um só povo o que Deus persuade com sua essência eterna e com a contínua ordem da natureza. Com efeito, não era dos judeus, mas dos atenienses que Paulo falava ao refutar o erro na figuração de Deus.

3. É certo que Deus se manifestou algumas vezes por certos signos da deidade, de tal modo que se dizia que o viram face a face; mas todos os sinais que alguma vez expôs condizem convenientemente com a razão do que deve ser ensinado e, ao mesmo tempo, advertem com clareza aos homens sobre sua essência incompreensível. Assim é que as nuvens, a fumaça e o fogo, por mais que fossem símbolos da glória celeste, impediam, como se por um freio, que as mentes tentassem penetrar mais alto [Dt 4, 11]. Por isso, nem mesmo Moisés (a quem, entre todos, Deus se revelou de modo mais familiar) alcançou, com muitas preces, ver aquela face, mas recebeu como resposta que o homem não é capaz de tanta luz [Ex 33, 20]. O Espírito Santo mostrou-se sob a imagem de uma pomba [Mt 3, 16], mas, como imediatamente desapareceu, quem não vê no símbolo de um único momento que os fiéis são advertidos a crer que o Espírito é invisível, para que, satisfeitos por seu poder e graça, não busquem nenhuma figura externa d'Ele? Pois que Deus algumas vezes tenha aparecido sob a forma de homem, foi a antecipação da futura revelação em Cristo. E assim, não foi minimamente permitido aos judeus que abusassem desse pretexto para erguerem para si um símbolo da divindade sob a figura humana. Também o propiciatório, no qual, sob a Lei, Deus mostrou seu poder, era composto de forma que mostrasse ser um excelente aspecto da divindade que as almas se elevassem por admiração acima de si próprias. Pois os querubins ocultavam-no com as asas estendidas, o véu o encobria, seu lugar próprio, distante recôndito, por si mesmo o escondia [Ex 25, 17.18.21]. Assim, não é muito obscuro que estão loucos aqueles que tentaram defender os simulacros de Deus e dos santos tendo como exemplo os querubins.[166] Para que, suplico, aquelas imagenzinhas, senão para mostrar que não há imagens confiáveis para representar os mistérios de Deus? Pois que eram feitas de tal modo que as asas escondiam o propiciatório para que, não só aos olhos como a todos os

---

165 Eck, J. *De non tollendis Christi et Sanctorum imaginibus*, 1522. Opera I. *Eckii contra Lutherum*, 1531, parte II.

166 Eck, J. *De non tollendis...*; *Enchiridion...*, 1532, c.16.
Cochlaeus, J. *De sanctorum invocatione et intercessione, deque imaginibus et reliquiis eorum pie riteque colendis*, 1544.

sentidos humanos, fossem vetados a vista de Deus, e assim corrigiriam a temeridade. A isso se acrescenta que, em suas visões, os profetas pintaram os serafins com a face velada [Is 6, 2], o que significa que é tamanho o fulgor da glória divina que também os próprios anjos são contidos por sua vontade direta, e as tênues centelhas dela que neles brilham são subtraídas a nossos olhos. Entretanto, agora se trata dos querubins, os quais são atinentes ao que ensinava a Lei antiga, como sabem todos aqueles que julgam com idoneidade. Assim, é um absurdo dá-los como exemplo que sirva à nossa época. Com efeito, aquela época pueril, por assim dizer, à qual tais rudimentos foram destinados, passou.[167] E certamente é vergonhoso que escritores profanos sejam mais hábeis intérpretes da Lei de Deus que os papistas. Juvenal, por escárnio, censura os judeus por adorarem as brancas nuvens e a grandeza do céu.[168] Por certo fala perversa e impiamente; entretanto, negando que fazem uma efígie de Deus, fala de modo mais correto que os papistas, que chilreavam ter havido entre os judeus alguma efígie visível de Deus. Mas, como aquele povo tantas vezes se lançou com férvida rapidez a procurar ídolos para si, assim como as águas jorram com violento ímpeto de uma grande nascente, melhor aprendemos quanto nosso entendimento é propenso à idolatria, para que, sob os vãos encantos do pecado, não durmamos o sono mortífero lançando a culpa do vício comum aos judeus.

4. Tende ao mesmo aquela citação: "Os simulacros dos gentios são prata e o ouro, obra de mãos humanas" [Sl 115, 4; 135, 15], porque também, conclui o profeta, não há deuses cujas efígies sejam de matéria áurea ou prateada, e assume como verdade que tudo aquilo que concebemos com nosso próprio sentido sobre Deus é uma ficção insípida. Menciona antes o ouro e a prata que a lama ou a pedra, para que nem o esplendor nem o preço alcancem reverência aos ídolos. Entretanto, conclui em geral que nada é menos provável que deuses sejam compostos de uma matéria inanimada qualquer. Nesse ínterim, não insiste menos em que os mortais sejam levados em demasia pela insensata temeridade, que trazendo precariamente o espírito fraco a todo instante, ousam conferir a honra de Deus aos ídolos. O homem é impelido a reconhecer que é um animal efêmero, e, todavia, o metal deu a origem da divindade àquele que desejou ser considerado Deus. Donde, com efeito, vem o princípio dos ídolos, senão do arbítrio humano? É muito justo o gracejo daquele poeta profano:

---

167 Gl 4, 2.
168 Juvenal. *Sátiras*, V, 14.

Outrora eu era um tronco de figueira, madeira inútil,
Quando um carpinteiro, sem saber se faria um banco ...
Preferiu que fosse um Deus

(Horácio, 1 *Ser. Sát.* 8)

isto é, um pobre homem terrestre que expira a quase todo momento trans-feriria, por sua artimanha, o nome e honra de Deus a um tronco inani-mado. Mas, uma vez que esse epicurista, jogando alegremente, não se preocupou com nenhuma religião, esquecidos seus sarcasmos e os de seus semelhantes, que nos atormente, ou melhor, transpasse a repreensão do profeta: "Há tolos em demasia que, da mesma madeira, aquecem-se, acen-dem o forno para preparar o pão, assam ou cozinham a carne, e fabri-cam um deus diante do qual os suplicantes se prostram para orar" [Is 44, 12].[169] E assim, alhures, não só acusa os réus com base na Lei, mas os repreende porque não aprenderam com os "fundamentos da terra" [Is 40, 21]: quando, a saber, nada é menos concorde que querer reduzir Deus, imenso e incompreensível, a uma medida de cinco pés. E, no entanto, o costume mostra ser natural para os homens essa abominação que cla-ramente repugna à ordem da natureza. Continuando, deve-se ter que essa forma de falar seja frequentemente marcada por superstições, visto que sejam obras das mãos dos homens, que carecem da autoridade divina [Is 2, 8; 31, 7; 57, 10; Os 14, 4; Mq 5, 13], para que isto seja fixado: todos os cultos que os homens inventam por si são detestáveis. O profe-ta exacerba o furor no salmo porque imploram ajuda a coisas mortas e carentes de sentido aqueles que são dotados de inteligência para que saibam que tudo é movido unicamente pelo poder de Deus. Mas, por-que a corrupção da natureza arrebata tanto a totalidade do povo quan-to cada indivíduo a tão grande desvario, o Espírito finalmente fulmina uma sinistra imprecação: "Semelhantes a eles são os que os fazem, e todos aqueles que neles confiam" [Sl 115, 8]. Note-se, porém, que não é me-nos vetada a pintura que a escultura, pelo que se condena a inepta pre-caução dos gregos, que consideravam ter agido bem por não esculpir a Deus enquanto eram mais licenciosos nas pinturas que quaisquer outros povos. Se bem que o Senhor não proíba somente que seja erigida uma efígie de si por um estatuário, mas proíbe sua efígie a qualquer artista, porque desse modo é assemelhado erroneamente e com o ultraje de sua majestade.

---

169 Is 44, 12-17.

5. Sei certamente que, por toda parte, está mais do que gasto dizer que "as imagens são os livros dos ignorantes". Foi o que disse Gregório,[170] mas, no entanto, o Espírito de Deus proclama algo muito diferente: se Gregório tivesse sido educado na escola do Espírito de Deus quanto a essa parte, jamais teria falado assim. Pois, quando Jeremias anuncia que a madeira é a doutrina da vaidade [Jr 10, 3], quando Habacuque ensina que a obra de metal fundido é a mestra da mentira [Hc 2, 18], certamente deve ser recolhida aqui a doutrina geral de que é fútil, e até mentira, tudo aquilo que os homens aprenderam com imagens sobre Deus. Se alguém[171] observar que os profetas repreendem aqueles que usam de simulacros para uma falsa superstição, certamente sou concorde com isso, mas, acrescento — o que é conspícuo para todos — que é de todo condenado por eles aquele axioma que os papistas tomam por certo: "as imagens substituem os livros". Com efeito, opõem os simulacros ao verdadeiro Deus, como coisas contrárias e que nunca podem convergir. Digo que seja estabelecida, por aquelas citações que há pouco fiz, esta afirmação: dado que os judeus cultuavam o único Deus verdadeiro, errônea e falsamente se inventam figuras visíveis que representam a Deus, e são miseravelmente enganados todos os que pensam que desta maneira conhecem a Deus. Por fim, se não se afirmasse tanto de que seja falso e enganoso todo conhecimento de Deus que é reclamado por meio de simulacros, os profetas não o teriam condenado com tanta frequência. Eu sustento ao menos isto: dado que ensinamos que seja futilidade e mentira os simulacros pelos quais os homens tentam fazer efígies de Deus, não repetimos senão, palavra por palavra, o que os profetas ensinaram.

6. Além disso, que sejam lidas as coisas que sobre esse assunto escreveram Lactâncio e Eusébio, os quais não hesitam em afirmar como certo que fossem mortais todos os que foram representados por simulacros. De igual modo, Agostinho afirma com segurança que é ilícito não só adorar simulacros, mas os estabelecer como Deus.[172] E não disse senão o que, muitos anos antes, fora decretado no Concílio de Elvira, do qual este é o *caput* trigésimo sexto: "Agrada que não haja pinturas nos templos, para que não seja pintado nas paredes o que possa ser cultuado ou adorado". O mais memorável, contudo, é o que o próprio Agostinho cita alhures de Varrão e confirma com sua assinatura: "Aqueles que primeiro introduzi-

---

170 Gregório. *Epistola* 9, 105; 11, 13. In: PL 77, 1027-28.
171 Referência a Johannes Eck.
172 Agostinho. *De fide et simbolo*, 7, 14, in: PL 40, 188. Cf. *De divers. quaest.*, 83, c.78, In: PL 40, 90.

ram simulacros de Deus não só tiraram o medo como trouxeram o erro" [*A cidade de Deus,* IV, c. 9 e 31].[173] Se apenas Varrão tivesse dito isso, talvez tivesse pouca autoridade, entretanto, deveria, com razão, causar--nos vergonha que um homem gentio, como que apalpando nas trevas, tivesse alcançado uma tal luz, e por isso sejam indignas as imagens concretas da majestade de Deus: porque diminuem nos homens o medo dele e aumentam o erro. A matéria certamente testemunha por si mesma que isso não foi dito com menos verdade que prudência, mas Agostinho, que tomou emprestado de Varrão, a toma como se fosse sua. E, antes, adverte que os primeiros erros sobre Deus, nos quais os homens estão implicados, não tiveram início nos simulacros, mas aumentaram com a nova matéria adicionada. Depois explica que o temor a Deus diminuiu, ou, ainda, foi tolhido por isto: porque sua deidade pode ser desdenhada na ignorância, inépcia e absurda ficção dos simulacros. Queira Deus que não experimentemos como tão verdadeiro esse segundo comentário! Portanto, todo aquele que deseja ter um bom conhecimento, que aprenda com algo diverso dos simulacros aquilo que deve saber a respeito de Deus.

7. Porque, se têm alguma honestidade, os papistas doravante não tomem como desculpa que as imagens são os livros dos ignorantes, o que é tão claramente refutado por muitos testemunhos da Escritura. Ainda que eu concedesse isso a eles, nem assim muito progrediriam para contemplar seus ídolos. É sabido que sorte de monstros atiram no lugar de Deus. O que são as pinturas ou estátuas que dizem de santos, se não exemplares da mais perdida luxúria e obscenidade? Se alguém quiser se conformar dessa maneira, é digno de ser castigado com bastonadas. De fato, os lupanares apresentam meretrizes vestidas mais casta e modestamente que as imagens que os templos querem colocar como de virgens. Em coisa alguma mais decente criam uma veste aos mártires. Portanto, que componham seus ídolos ao menos com um pouco de pudor, para que mintam um pouco mais discretamente ao dizer que são livros de alguma santidade. Mas ainda então responderemos que esse método não deve ser ensinado ao povo devoto nos lugares sagrados: bem diferente dessas elegias é a doutrina que Deus quis ali instituída. Ordenou que uma doutrina comum a todos fosse exposta ali por meio da propagação de sua palavra e dos mistérios sagrados, para a qual manifestam pouco interesse em dirigir sua atenção aqueles que voltam os olhos para contemplar os ídolos. Portanto, a quem chamam os papistas de ignorantes, que por serem

173 Agostinho. *De civ...*, IV, 9; 31, 2. In: PL 41; 119, 138.

tão rudes não podem ser instruídos a não ser por meio de imagens? Evidentemente aqueles que o Senhor reconheceu por seus discípulos, aqueles que dignou com a revelação de sua filosofia celeste e aqueles a quem quis fosse dada a erudição dos mistérios salvadores de seu reino. Reconheço, como as coisas são hoje, que não são poucos os que não podem carecer de tais livros. Mas, eu pergunto, donde tal estupidez senão porque foram despojados da doutrina que era a única idônea para formá-los? Com efeito, não foi senão porque eram mudos, que aqueles que presidiam as Igrejas confiaram aos ídolos as vezes de ensinar. Paulo atesta que, pela verdadeira proclamação do Evangelho, Cristo é pintado e, de certa maneira, crucificado sob nossos olhos [Gl 3, 1]. A que fim, pois, será útil serem erigidas, aqui e ali, tantas cruzes nos templos, de madeira, pedra, prata e ouro, se digna e fielmente isto for introduzido: Cristo morreu para que suportasse nossa maledicência na cruz,[174] expiasse nossos pecados pelo sacrifício de seu corpo,[175] e os limpasse com seu sangue,[176] e, por fim, para que nos reconciliasse com Deus Pai?[177] Assimilando esse único ensinamento, poderiam aprender mais que com milhares de cruzes de madeira ou pedra. Pois, nas de ouro e prata, os avaros talvez fixem com maior tenacidade a mente e os olhos que em alguma palavra de Deus.

8. Dando continuidade à origem dos ídolos, o que está contido no livro da Sabedoria foi recebido quase como um consenso público, a saber, que seus primeiros autores foram aqueles que honraram aos mortos cultuando supersticiosamente a memória deles [Sb 14, 15]. E reconheço que esse costume perverso decerto é antiquíssimo, e não nego que fosse o archote que mais abrasou o furor do homem para a idolatria. Entretanto, não admito que essa tenha sido a primeira fonte do mal. Pois que os ídolos já estavam em uso antes que a ambição de consagrar as imagens dos mortos se fortalecesse (da qual, com frequência, se faz menção nos escritores profanos) consta em Moisés. Quando narra que Raquel [Gn 31, 19] roubou os ídolos de seu pai, fala como que de um vício comum. Donde é permitido concluir que o pensamento humano é, por assim dizer, uma eterna fábrica de ídolos. Desde o dilúvio houve certa renovação do mundo, se bem que não tivessem passado muitos anos sem que os homens, por libido, forjassem deuses para si. E é crível, que ainda que santo o Patriarca, seus netos fossem entregues à idolatria, para que percebesse com

---

174 Gl 3, 13.
175 Hb 10, 10.
176 Ap 1, 5.
177 Rm 5, 10.

os próprios olhos, não sem uma agudíssima dor, a terra ser mutilada pelos ídolos, cujas corrupções Deus há pouco purgara com um juízo tão horrível. Pois, Taré e Nacor, antes mesmo de Abraão ter nascido, já eram cultores de falsos deuses, como atesta Josué [Js 24, 2]. Dado que se tenha revoltado tão rapidamente a progênie de Sem, o que pensaremos sobre a posteridade de Cam, que foi ainda antes amaldiçoada em seu pai? Seguramente assim é. A mente do homem, como é cheia de soberba e audácia, ousa imaginar um Deus adequado à sua capacidade; como trabalha com a estupidez, está, pois, coberta pela mais grosseira ignorância, concebe a futilidade e um espectro inane no lugar de Deus. A esses males, acrescenta-se uma nova improbidade, porque o homem que concebe tal Deus interiormente, tenta representá-lo em obra. Portanto, a mente gera o ídolo, as mãos lhe trazem à vida. Esta é a origem da idolatria: que os homens não acreditam que Deus está consigo se não se exibe carnalmente; como aparece no exemplo dos israelitas: "Desconhecemos, diziam, o que teria acontecido com este Moisés: faça-nos deuses que nos precedam" [Ex 32, 1]. Certamente, sabiam que havia um Deus, cujo poder haviam experimentado em tantos milagres, mas não confiavam que estivesse próximo de si se não vissem com seus olhos o símbolo corpóreo de sua presença, que seria um testemunho do governo de Deus. Queriam portanto saber, pela imagem que os precedia, que Deus seria o condutor de sua viagem. A experiência cotidiana ensina que a carne estava sempre inquieta até que encontrou uma representação semelhante a si na qual se acostumou, de modo inane, no lugar da imagem de Deus. Por esse desejo cego, ao qual os homens teriam cedido em quase todas as épocas desde que o mundo foi criado, erigiram signos nos quais acreditavam que Deus era visto diante de seus olhos carnais.

9. A tal ficção segue-se imediatamente a adoração, pois, quando os homens pensam ver Deus nos simulacros, também o cultuaram ali. Por fim, todas as almas e olhos estavam fixados ali e começaram a embrutecer-se mais, e como se alguma divindade estivesse presente, a se maravilhar e admirar. É claro, pois, que os homens não se lançam ao culto dos simulacros antes de impregnados por alguma opinião mais grosseira. Na verdade, não acham que sejam deuses, mas imaginam que alguma força da divindade habita lá. E assim, seja Deus, seja qualquer criatura representada em imagem, quando se prostrar à veneração, já estará fascinado por alguma superstição. Por esse motivo, o Senhor proibiu não só que fossem erigidas estátuas artisticamente para sua efígie, mas também todos os títulos e pedras que seriam postos para adoração. Pela mesma razão, também no preceito da Lei, outra parte é exposta sobre a adoração. Pois, ao mesmo tempo que é figurada uma forma visível para Deus, a esta também é ligada sua força. Assim, os homens são estúpidos, já que onde quer que preguem Deus, pregam que lá está e, por conseguinte, percebem que não podem deixar de adorá-lo. Não interessa se cultuam um ídolo simplesmente, ou a Deus no ídolo, é sempre idolatria quando a um ídolo, de qualquer matiz, são oferecidas honras divinas. E porque Deus não quer ser cultuado supersticiosamente, dele é roubado tudo aquilo que é conferido aos ídolos. Que dirijam a atenção para aqueles que buscaram pobres pretextos para a defesa da execrável idolatria, na qual, por muitos séculos no passado, a verdadeira religião foi submersa e subvertida. Não são consideradas, dizem,[178] imagens no lugar de deuses. E os judeus não eram tão completamente irrefletidos para não lembrarem que pela mão de Deus foram conduzidos para fora do Egito antes de fabricarem o bezerro. Porém, quando Aarão lhes disse que aquele era o deus pelo qual haviam sido libertados da terra do Egito, concordaram prontamente, sem nada duvidar, como se quisessem reter Deus, seu libertador, pois o viam à sua frente no bezerro. Nem se deve acreditar que os gentios tenham sido tão estúpidos que não entendessem que Deus era algo além de madeira e pedras. Pois mudavam arbitrariamente os simulacros, sempre retendo na alma os mesmos deuses; e muitas eram as imagens para um único deus, entretanto, não forjavam para si muitos deuses. Além disso, diariamente consagravam novos simulacros, mas não pensavam que faziam novos deuses. Leiam-se as escusas que Agostinho relata, as quais foram usadas como pretextos pelos idólatras de seu tempo. Convém saber que, quando arguidos, os ignorantes respondiam que não cultuavam aquilo que é visível, mas a deidade que habitava invisivelmente lá. Aqueles que de fato eram de uma religião mais pura, como o próprio Agostinho diz, falavam que não cultuavam nem um simulacro nem um demônio, mas, por uma efígie corpórea, contemplavam o signo daquela coisa que deveriam cultuar [*Comentário aos salmos*, 113].[179] O que então? Todos os idólatras, quer judeus, quer gentios, foram animados de um modo não diferente do que foi dito; não contentes com o entendimento espiritual, consideravam que haveriam de ter uma impressão mais correta e próxima por meio de seus simulacros. Depois, uma vez que agradou tal simulação invertida de Deus, não havia mais nenhum limite, logo e inces-

178 Referência a Johannes Eck, *De non tollendis...* Eckii II, R 7 b.
179 Agostinho. In: *Ps.*, 113, sermo 2, 3, 4. In: PL 37, 1483.

santemente eram enganados por novos artifícios, pois pensavam que Deus projetava sua força nas imagens. Contudo, os judeus foram persuadidos a cultuar, sob tais simulacros, o Deus eterno, único e verdadeiro Senhor do céu e da terra; também os gentios forjaram seus falsos deuses, aos quais, todavia, atribuíam uma morada no céu.

10. Aqueles que negam que isso se deu há algum tempo e ainda agora se dá, mentem descaradamente. Com efeito, por que se prostram diante dessas imagens? Por que, ao rezar, voltam-se a elas como se aos ouvidos de Deus? É verdade o que diz Agostinho: não há quem ore ou adore olhando um simulacro que não se impressione a ponto de considerar ser ouvido por Ele ou de esperar que Ele lhe conceda o que deseja [*Comentário aos salmos*, 113].[180] Por que há tamanha diferença entre os simulacros de um mesmo Deus que, enquanto um é passado ou honrado de modo vulgar, a outro acompanham com toda a honra solene? Por que se fadigam com peregrinações votivas para ver simulacros dos quais possuem semelhantes em sua casa? Por que, hoje, digladiam-se por eles, assim como por seus altares e lugares sagrados, com mortes e chacinas, quando mais facilmente haveriam de deixar que fosse arrebatado deles o único Deus que seus ídolos? Entretanto, ainda não conto os erros grosseiros do vulgo (que são quase infinitos e ocupam quase todos os corações). Mostro apenas aqueles que os próprios adoradores declaram querer muitíssimo para se purgar da idolatria. Dizem: não os chamamos nossos deuses. Nem os judeus ou gentios outrora os chamavam; e entretanto os profetas, indistintamente, não deixaram de reprovar aquelas fornicações de madeira e pedra, feitas hoje por aqueles que desejam ser considerados cristãos, a saber, porque veneravam Deus carnalmente em madeira e pedra.

11. Aliás, não ignoro, nem deve ser dissimulado, que os mesmos adoradores escapavam por meio de uma distinção mais astuciosa, sobre a qual depois se deve fazer menção um pouco mais completa.[181] Pois encobrem o culto que dedicam a seus simulacros com o nome de εἰδωλοδουλεία, que significa algo como "serviço ao ídolo", e negam ser εἰδωλολατρεία, que tem o sentido de "idolatria". Falando desse modo, ensinam que até o culto que chamam de "dulia" pode ser conferido a estátuas e pinturas sem ofensa a Deus. Logo, julgam-se inocentes se são somente servos dos ídolos, não seus cultores. Como se servir não fosse um pouco mais grave que cultuar! E, entretanto, enquanto buscam escon-

---

180 Ibidem, *sermo* 2, 5. In: PL 37, 1484.
181 Capítulo XII, § 2, deste Livro.

derijo em um vocábulo grego, brigam consigo mesmos muito infantilmente. Pois, dado que λατρεύειν nada significa para os gregos além de "cultuar", o que dizem equivale a declarar que cultuam suas imagens, mas sem o culto. E não adianta objetarem que eu me estendo à caça de palavras: são eles mesmos que ostentam sua insciência enquanto buscam espalhar trevas nos olhos dos simples. Entretanto, por mais que sejam hábeis, jamais conseguirão nos provar com sua eloquência que uma única e mesma coisa forma duas. Nesse assunto, digo, mostrem a diferença, para que sejam considerados dessemelhantes aos antigos idólatras. Pois, como um adúltero ou homicida não fugirá da acusação se colocar um nome estrangeiro a seu crime, é absurdo que estes sejam absolvidos por uma astuciosa ficção, se por motivo algum diferem dos idólatras que eles próprios buscam condenar. Mas tão distante está de ser sua causa distinta da deles que antes a fonte do mal está na emulação que disputam com eles às avessas, enquanto imaginam com seu entendimento e forjam com suas mãos símbolos com os quais figuram Deus para si.

12. Todavia, não mantenho a superstição de que nenhuma imagem deve ser reputada idônea. Mas, porque a escultura e a pintura são dons de Deus, busco que o uso de uma e outra seja puro e legítimo para que aquilo que o Senhor, para sua glória e nosso bem, concedeu-nos, não seja poluído com um uso inverso, nem seja convertido para nossa perdição. Consideramos que seja ilícito fazer a efígie de Deus com uma forma visível porque Ele mesmo o proibiu, e isso não pode se dar sem algum dano à sua glória. E para que não considerem que estamos sozinhos nessa opinião, aqueles que lerem suas obras verão que todos os santos escritores sempre reprovaram isso. Se certamente não é lícito representar a Deus em uma forma visível, muito menos será adorar tal imagem como se fosse Deus ou adorar a Deus nela. Resta, portanto, que seja pintado ou esculpido aquilo que os olhos são capazes de ver; a majestade de Deus, que está muito acima do sentido dos olhos, não deve ser corrompida por imagens indecorosas. Nesse gênero, parte são histórias, como as ações realizadas, parte imagens, como as formas de corpos, sem nenhuma descrição das ações realizadas. As primeiras têm como uso ensinar ou advertir alguém. As segundas, não vejo como possam trazer algo além de deleite. E, todavia, consta que tais foram quase todas as imagens que até agora expuseram nos templos. Donde é permitido julgar que estas foram postas lá não pelo juízo ou seleção, mas pela cupidez estulta e irrefletida. Omito o quanto, em sua maior parte, são representadas falsa e indecentemente, o quanto brincaram, licenciosamente, os pintores e estatuários, já que toquei no assunto um pouco antes:[182] digo apenas que, ainda que não houvesse nenhum vício inerente a elas, nada teriam, entretanto, para ensinar.

13. Porém, esquecida aquela diferença, pensemos de passagem se convém haver imagens nos templos cristãos, quer figurem ações realizadas, quer corpos humanos. A princípio, se alguma autoridade da antiga Igreja nos incomoda, lembremos que, ao longo de quinhentos anos, nos quais, até então, a religião mais floresceu e uma doutrina mais sincera prosperou, os templos cristãos estavam completamente vazios de imagens. Logo, então, primeiro foram admitidas para o ornamento dos templos quando a pureza do ministério havia degenerado um pouco. Não discutirei se teriam razão aqueles que foram os primeiros autores desse assunto, porém, se comparamos época com época, veremos que estes se desviaram muito da integridade daqueles que se abstiveram das imagens. Como é possível julgar que aqueles santos padres haveriam de deixar a Igreja carecer por muito tempo de uma coisa que julgavam ser útil e salutar? Mas, certamente, porque não viam nela nenhuma ou pouca utilidade, mas que nela subsistia um grande perigo, antes repudiaram com prudência e razão que omitiram com negligência e ignorância. Isso ainda atesta Agostinho claramente quando diz: "são postas nestes lugares altos e eminentes, para que sejam vistas por aqueles que rezam ou sacrificam atingindo, pela semelhança, o coração dos espíritos fracos pois, embora careçam de sentimento e vida, parecem viver e respirar" etc. [*Epístola* 49].[183] E em outro lugar: "Pois, de certa forma, aquela figura com membros humanos faz e alcança isto: que a alma, vivendo no corpo, antes arbitre que sente o corpo, que vê que é muito parecido com o seu ...". E pouco depois: "Os simulacros valem mais para comover o espírito infeliz, porque têm boca, olhos, orelhas e pés, que para corrigi-lo, já que não falam, nem veem, nem ouvem, nem andam" [*Comentário aos salmos*, 113].[184] Esta, sem dúvida, parece ser a razão por que João quis que tomássemos cuidado não só com o culto de simulacros, mas também com os próprios simulacros [1Jo 5, 21]. E por essa horrível sandice que, já há algum tempo, ocupa o mundo para a destruição de quase toda a religião, nós sabemos muito bem que assim que imagens são colocadas nos templos, como que um sinal da idolatria é erigido, porque a ignorância dos homens não

---

182 Capítulo XI, § 7, deste Livro.
183 Agostinho. *Ep.*, 102, q.3, 18. In: PL 33, 377.
184 Idem, In: *Ps.*, 113, sermo 2, 5, 6. In: PL 37, 1484.

pode se controlar sem que, em seguida, incorra em cultos supersticiosos. Ainda que tamanho perigo não fosse eminente, quando considero o uso para o qual os templos foram destinados, desconheço de que maneira dizer como me parece indigno à santidade destes que aceitem outras imagens que não aquelas vivas e feitas ao natural, as quais o Senhor consagrou por sua palavra: como o Batismo e a Ceia do Senhor, e outras cerimônias. Por estas, convém que nossos olhos se detenham com mais zelo e se impressionem com mais vivacidade, em vez de solicitarem outras feitas pelo entendimento humano. Eis o bem incomparável das imagens, que, se acreditarmos nos papistas, nenhuma compensação pode ressarcir.

14. Reputo que já se teria dito o suficiente sobre o assunto se minha mão, de certa forma, não se lançasse ao Concílio de Niceia, não aquele famosíssimo que Constantino, o Grande, reuniu, mas aquele que foi trazido há oitocentos anos pela ordem e auspícios da imperatriz Irene. Este, pois, decretou não só que deveria haver imagens nos templos, mas também que deveriam ser adoradas. A tudo aquilo, portanto, a autoridade do Concílio traria grande preconceito. Mas, para falar a verdade, isso não me incomoda tanto quanto que se apresente aos leitores para onde se estendeu a paixão destes que foram mais desejosos de imagens do que convinha aos cristãos. Primeiro consideremos isto: aqueles que hoje mantêm o uso de simulacros apresentam o auxílio daquele Concílio de Niceia. No entanto, há um livro de refutações, atribuído a Carlos Magno, cujo estilo revela ter sido composto àquela época. Lá estão pronunciadas as opiniões dos bispos que estiveram presentes ao Concílio e os argumentos com os quais debateram. João, embaixador dos povos do Oriente, disse: "Deus criou o homem à sua imagem", e daí entendeu que se devia ter imagens.[185] Ele pensou, por causa do que está escrito, que as imagens eram recomendadas a nós: "Mostra-me tua face, porque é bela".[186] Outro, para provar que as imagens deveriam ser colocadas nos altares, citou este testemunho: "Ninguém acende uma candeia e a coloca sob um pequeno móvel".[187] Outro, para mostrar a sua utilidade, citou um verso dos Salmos: "A luz de tua face, ó Senhor, foi marcada sobre nós".[188] Outro fez esta comparação: "Assim como os patriarcas usaram sacrifícios dos gentios, da mesma forma os cristãos devem possuir imagens de santos no lugar dos ídolos dos gentios". Igualmente distorceram isto: "Senhor,

---

185 Gn 1, 26.
186 Ct 2, 14.
187 Mt 5, 15.
188 Sl 4, 7.

amei a beleza de tua casa".[189] Mas a interpretação mais engenhosa foi esta: "Como ouvimos, assim também vemos".[190] Portanto, Deus não é só conhecido pela audição da palavra mas também pela visão das imagens. Igual agudeza há no bispo Teodoro: "Deus deve ser admirado em seus santos". Não obstante, tem-se em outro lugar: "nos santos que estão na terra", e por conseguinte deve-se referir a imagens.[191] Por fim, são tolices tão absurdas que tenho pesar até em citá-las.

15. Quando debatem sobre a adoração, levantam aquela veneração do faraó,[192] do cajado de José[193] e da inscrição que erigiu Jacó.[194] Aliás, no último caso, não só corrompem o sentido da Escritura como tomam o que não se lê em nenhuma parte. Então, aquelas citações: "Adorai o escabelo dos pés d'Ele".[195] Do mesmo modo: "Adorai em seu monte santo".[196] E ainda: "Todos os ricos do povo suplicarão diante de tua face";[197] parecem a eles provas firmes e convenientes. Se alguém quiser atribuir um papel ridículo, por zombaria, aos defensores das imagens, acaso poderia reunir sandices maiores ou mais grosseiras? Mas, para que não reste mais dúvida de nenhuma parte, o bispo Teodósio de Mira confirma que as imagens devem ser adoradas pelos sonhos de seu arquidiácono, e o faz tão seriamente como se tivesse ao alcance o oráculo celeste. Que os protetores dos simulacros agora venham e nos empurrem o decreto do sínodo. Como se aqueles padres veneráveis não houvessem tirado de si toda credibilidade ao tratar a Escritura tão infantilmente ou a dilacerando tão ímpia e falsamente.

16. Dirijo-me agora à monstruosidade das blasfêmias, as quais é admirável que tenham ousado despejar, e duas vezes admirável é não terem todos reclamado contra eles com grande abominação. Convém apresentar essa torpe loucura para que, ao menos, seja retirado do culto de simulacros a púrpura da antiguidade sob a qual os papistas os escondem. O bispo Teodósio de Amora atira uma excomunhão contra todos aqueles que não querem adorar imagens. Outro atribui todas as calamidades da Grécia e do Oriente ao crime de não as terem adorado. Logo, de quais penas

---

189 Sl 26, 8.
190 1Jo 1, 1.
191 Sl 68, 36; 16, 3.
192 Gn 47, 10.
193 Gn 47, 31.
194 Gn 28, 18.
195 Sl 99, 5.
196 Sl 99, 9.
197 Sl 45, 13.

são dignos os profetas, os apóstolos e os mártires, em cujo tempo não havia nenhuma imagem? Em seguida, acrescentam que, se se vai ao encontro da imagem imperial com incenso e perfume, tal honra deve-se muito mais aos simulacros dos santos. Constâncio, bispo de Constância no Chipre, declara abraçar as imagens respeitosamente e confirma haver de apresentar a elas o culto de honra que é devido à vivificante Trindade: todo aquele que se recusa a fazer o mesmo ele excomunga e separa com os maniqueus e os marcionitas. Mas, para que não se considere ser a opinião particular de um único homem, todos os demais assentem a isso. Mas João, embaixador do Oriente, levado para mais longe por sua coragem, adverte que é preferível admitir todos os lupanares na cidade a renegar o culto das imagens. Por fim, tudo é resolvido por um consenso, o de que os samaritanos são os piores de todos os hereges, mas os inimigos das imagens são piores que os próprios samaritanos. De resto, para que a fábula não careça de seu solene "aplauso", adiciona-se um fecho: "Alegrem-se e exultem aqueles que, tendo a imagem de Cristo, a ela oferecem sacrifício". Onde, agora, está a distinção entre "λατρεία" e "δουλεία" com a qual costumam ofuscar os olhos de Deus e dos homens? Pois o concílio, sem exceção, atribui o mesmo tanto aos simulacros como ao Deus vivo.

Capítulo XII

Deus diferencia-se dos ídolos para ser o único solidamente cultuado.*

 issemos no começo[198] que o conhecimento de Deus não consiste de uma fria especulação, mas traz consigo o culto d'Ele. E nós tocamos de passagem em como é cultuado devidamente, o que deverá ser explicado com maior amplitude em outro lugar.[199] Agora, só repito que todas as vezes que a Escritura sustenta haver um único Deus, não defende apenas um simples nome, mas prescreve que tudo aquilo que compete à divindade não seja transferido a outro; donde mostra também no que a pura religião difere da superstição. A palavra Εὐσέβεια certamente significa para os gregos o mesmo que "culto certo", porque, embora sempre cegos, às apalpadelas em meio às trevas, perceberam que uma certa regra deveria ser observada para que Deus não fosse cultuado às avessas. Cícero, contudo, deduz verdadeira e habilmente o nome "religião" (*religio*) de "recolhendo" (*relegendo*) [*Sobre a natureza dos deuses*, II];[200] no entanto, a razão que ele oferece é forçada e superficial: que os cultores probos muitas vezes recolheram e, com diligência, retrataram qual seria a verdade. Antes considero que a palavra "religião" se opõe à licença excessiva, porque a maior parte do mundo toma tudo aquilo que é óbvio para temer, mas ainda escapa aqui e ali. A piedade, entretanto, consiste em um passo firme, recolhe-se dentro de seus limites, tal como me parece não acontecer com a superstição, que não se contenta só com a razão prescrita, mas acumula um monte inútil de coisas vãs.

---

* Tradução deste capítulo: Carlos Eduardo de Oliveira, José Carlos Estevão e Maria Cecília Albernaz.

198 Capítulo II, § 2, deste Livro.

199 Cf. Capítulo 5, § 6. 9s, deste Livro, e Capítulo VIII do Livro II.

200 Cícero. *De natura...*, II, 28, 72.

De resto, deixando de lado as palavras, em todas as épocas sempre foi aceito como consenso que a religião é viciada e pervertida com falsos erros. Do
que concluímos que, para o que for que permitamos com ardor inconside-
rado, será frágil o pretexto com o qual os supersticiosos defender-se-ão.
Mas, embora tal confissão seja muito comum, logo a ignorância se mostra
torpe, porque nem se apegam a um único Deus nem estabelecem limites
em seu culto, como ensinamos antes.[201] Mas Deus, como reivindica para si
o seu direito, declaro que é zeloso e haverá de ser um vingador severo se
for confundido com algum deus fictício; depois, define o que é um culto legítimo, que mantenha o gênero humano sob obediência. Duas coisas determina em sua Lei: primeiro, quando une os fiéis a Si para ser seu único
legislador, depois, quando prescreve uma regra pela qual seja devidamen-
te cultuado segundo sua vontade. Certamente, falarei a respeito da Lei no
devido lugar, porque seus usos e objetivos são múltiplos; agora, eu toco
somente nesse assunto, que é imposto como um freio aos homens, para que
não se desviem em direção a cultos viciosos. Todavia, o que coloquei em
uma passagem anterior deve ser observado: se no Deus único não residir
tudo aquilo que é próprio da divindade, Ele é despojado de sua honra e seu
culto é violado. E aqui convém observar, com mais intenso cuidado, as
astúcias pelas quais joga a superstição. Com efeito, não se revolta de tal
modo contra deuses estranhos para que pareça abandonar o Deus supremo ou reconduzi-lo ao patamar dos outros, mas, enquanto lhe concede o
lugar superior, circunda-o com uma turba de deuses menores, entre os
quais reparte os ofícios próprios de Deus. Desse modo (ainda que dissimu-
ladamente e com esperteza), a glória da divindade é dispersada e não permanece única. Assim, os antigos, tanto judeus como gentios, outrora colocaram aquela grande turba sob a vontade do pai dos deuses, aos quais seria
comum, segundo a regra da ordem, a administração do céu e da terra com
o supremo Deus. Então, há alguns séculos, os santos que se retiravam desta
vida eram transportados para a sociedade de Deus, para que fossem
cultuados, invocados e celebrados em Seu lugar. Por certo não consideramos que a majestade de Deus é ofuscada por tal abominação, já que, em
sua maior parte, é suprimida e extinta: a menos que retenhamos uma opinião fria sobre seu supremo poder, enquanto iludidos por disfarces,
estendemo-nos em direção a vários deuses.

2. Porém, a distinção que fizeram entre "latria" e "dulia" foi criada para
esse fim, pelo qual se verão as honras divinas ser impunemente trans-

---

201 Capítulo IV deste Livro.

feridas a anjos e mortos.[202] Pois o culto que os papistas concedem aos santos não difere em nada do culto que é revelado a Deus, já que adoram a Deus como a eles indistintamente, a não ser que ameaçados, quando escapam por esta restrição: a Deus permanece incólume o que é seu, porque deixam a Ele a "latria". Mas quando a questão é sobre a realidade, e não sobre a palavra, quem lhes permite jogar tão tranquilamente com o assunto mais elevado de todos? Mas (para que omitamos isso também) não obterão com sua distinção senão que prestam um culto ao Deus único, enquanto aos outros, no entanto, prestam um serviço. Com efeito, λατρεία entre os gregos significa o mesmo que "culto" entre os latinos; δουλεία significa propriamente "serviço"; entretanto, essa diferença é por vezes confundida na Escritura. Mas, mesmo que fosse, deve-se arguir sobre o que significa cada uma. Já ninguém duvida que servir é algo mais que cultuar, pois seria duro servir várias vezes a quem não recusamos cultuar; assim, seria uma distribuição injusta dar o que há de mais elevado aos santos e deixar o que é ínfimo a Deus. Mas muitos entre os antigos faziam uso dessa distinção. O que fazer, então, se todos perceberam que era não só imprópria mas profundamente frívola?

3. Revelando essas sutilezas, examinemos o assunto. Quando Paulo recorda aos gálatas o que foram antes de terem sido iluminados pelo conhecimento de Deus, diz que "serviram" a estes que, pela natureza, não eram deuses [Gl 4, 8]. Como quer que seja, não nomeia "latria". Acaso, por essa razão, sua superstição seria desculpável? Certamente ele mesmo condena aquela perversa superstição, à qual põe o nome de "dulia", como se dissesse o nome de "latria". E quando Cristo repele a tentação de Satanás com essa defesa, está escrito: "Adorarás o Senhor, teu Deus" [Mt 4, 10]: não fora nomeado "latria" na questão. Com efeito, Satanás não exigia senão adoração. De modo semelhante, quando João é repreendido pelo anjo, visto que estivesse ante ele de joelhos [Ap 19, 10], não devemos entender que João fosse tão insensato que tenha querido transferir ao anjo a honra que é devida unicamente a Deus. Mas, porque não é possível que aconteça de modo diferente sem que o culto ligado com a religião tenha um sabor divino, ele não podia adorar o anjo sem que retirasse a glória de Deus. Na verdade, muitas vezes lemos que os homens foram adorados, mas isso foi honra civil, se assim posso dizer. No entanto, a religião tem outra razão, a qual, ao mesmo tempo em que está ligada com o culto, traz consigo a profanação da honra divina. O mesmo pode

---

202 Lombardo, Pietro. *Sent.*, III, dist.9, 1. In: PL 192, 775s.

ser também visto em Cornélio [At 10, 25]. Com efeito, não progrediu tão pouco com relação à piedade que não tributasse o culto supremo ao Deus único. Portanto, por certo não se prostrou diante de Pedro com a intenção de adorá-lo no lugar de Deus. Mas Pedro, com severidade, proíbe-o de fazer isso. Por que, senão pela exclusiva razão de os homens nunca discernirem com clareza entre o culto de Deus e das criaturas sem transferirem, promiscuamente, às criaturas, o que é próprio de Deus? Donde, se queremos ter um único Deus, lembremos que não se deve tomar um pouquinho de sua glória sem que se retenha tudo o que lhe pertence. E assim, quando Zacarias fala sobre a reparação da Igreja, exprime claramente que não só deve haver um único Deus como também seu nome deve ser um só [Zc 14, 9], a saber, para que nada tenha em comum com os ídolos. O tipo de culto que Deus exige será visto em lugar apropriado. Pois em sua Lei quis prescrever aos homens o que é lícito e correto, e, por isso, submetê-los a certa norma, para que cada um não se permita inventar um culto qualquer. Mas porque não convém sobrecarregar os leitores misturando muitas coisas, ainda não trato dessa parte. É suficiente considerar isto: que todos aqueles ofícios da piedade que são transmitidos a outro, que não ao único Deus, são sacrilégios. Pois, na verdade, a superstição primeiro atribuiu ao sol e a outras estrelas ou aos ídolos a honra divina, depois se seguiu a ambição, a qual, adornando os mortais com os espólios de Deus, ousou profanar tudo aquilo que era sagrado. E embora se mantivesse aquele princípio de cultuar a deidade suprema, havia entretanto o costume de oferecer, promiscuamente, sacrifícios aos espíritos e aos deuses menores ou aos heróis mortos. Por isso estamos inclinados a cair nesse vício: de comunicar a muitos aquilo que Deus reivindica somente para si.

A Escritura ensina-nos, desde a criação do mundo, que a essência única de Deus contém em si três pessoas.[*]

que se ensina na Escritura sobre a essência, infinita e espiritual, de Deus deve valer tanto para destruir os delírios do vulgo quanto para refutar as sutilezas da filosofia profana. Sabe-se que um dos antigos disse parecer-lhe que Deus fosse tudo aquilo que vemos e tudo aquilo que não vemos.[203] Mas, dessa forma, teve a ilusão de que a divindade fosse espalhada em cada uma das partes do mundo. Ora, ainda que Deus, para nos manter na sobriedade, tenha falado pouco sobre sua essência, tanto tolhe as imaginações grosseiras quanto reprime a audácia da mente humana por aqueles dois epítetos que mencionei.[204] Pois, certamente, sua infinitude deve nos atemorizar, para que não tentemos medi-lo com nossos sentidos; com efeito, a natureza *espiritual* proíbe que qualquer um especule sobre ele em termos terrenos ou carnais. E, assim, se dá que atribua frequentemente para si o céu como morada, ainda que, dado ser incompreensível, preencha também a própria terra. No entanto, uma vez que Ele vê a nossa mente se manter depositada na terra por sua lentidão, alça-nos, com razão, acima do mundo, para nos extrair da preguiça e da inércia. E assim sucumbe o erro dos maniqueus, que, estabelecendo dois princípios, fizeram o Diabo quase igual a Deus, o que por certo foi tanto para destruir a unidade de Deus como para restringir sua imensidão. Pois foi uma torpe ignorância ousarem abusar de alguns testemunhos, tal como foi uma execrável insânia o próprio erro. Também são facilmente refutados os antropomorfistas, que

---

[*] Tradução deste capítulo: Carlos Eduardo de Oliveira, José Carlos Estevão e Artur Costrino.

203 Sêneca. *Naturales quaestiones*, prol.I, 13.

204 Cf. Jeová e Elohim, no Capítulo X, § 2, deste Livro.

imaginaram um Deus corpóreo pois a Escritura com frequência Lhe imputa boca, orelhas, olhos, mãos e pés. Na realidade, quem é tão desprovido de compreensão que não entende que, por essa via, Deus balbucia conosco tal como as amas costumam fazer com as crianças? Assim, tais formas de falar antes acomodam tal conhecimento à nossa fraqueza que exprimem claramente de que modo Deus é, visto que, para que tal se dê, seria necessário descer muito abaixo de sua altitude.

2. Mas Ele também se designa por outra marca especial, pela qual pode ser discernido. Pois, ao mesmo tempo que se apresenta como um Deus único, oferece-se à nossa contemplação em três pessoas distintas; e a menos que as assumamos completamente, não traremos para nosso entendimento mais que um ineficaz nome de Deus. Para que ninguém sonhe com um Deus triplo ou considere que a essência simples de Deus seja lacerada em três pessoas, devemos buscar aqui uma definição breve e fácil, que nos mantenha distante de todo erro. Como alguns rejeitam com ódio o termo "pessoa",[205] como se fosse uma invenção humana, deve-se primeiro verificar com qual direito assim o fazem. Quando o apóstolo chama o Filho de Deus de "ferrete da hipóstase do Pai" [Hb 1, 3], sem dúvida atribui ao Pai uma subsistência[206] pela qual se diferencia do Filho. Pois tomar isso como essência (como fizeram alguns intérpretes, como se Cristo representasse em si a substância do Pai, do mesmo modo que a cera impressa por um sinete) seria não só forçado como absurdo. Desde que a essência de Deus é simples e indivisa, toda contida em si, sem nenhuma partição ou deflúvio, mas com inteira perfeição, de modo impróprio, até mesmo inepto, ela é chamada de seu "ferrete". Mas porque o Pai, embora distinto por sua propriedade, expressou-se inteiro no Filho, diz-se com total razão que Ele manifestou a sua hipóstase conspícua naquele; para o qual está completamente de acordo o que segue: "é o resplendor de sua glória". Certamente entendemos, pelas palavras do apóstolo, que há no Pai uma hipóstase própria que resplandece no Filho. Daí novamente infere-se que há uma hipóstase do Filho que o distingue do Pai. A mesma regra para o Espírito Santo: porque imediatamente provaremos que ele também é Deus e é necessário que seja discernido do Pai. Esta não é, contudo, uma distinção da essência, ilicitamente tida por múltipla. Por conseguinte, dada fé ao testemunho do apóstolo, segue-se

---

205 Serveto. *De Trinitate Error.*, I.
  Blandrata, Giorgio. *Quaestiones*, CR Cal. XVII.
  Alciato, Andrea. CR XIX.
206 Tomás de Aquino. *Summa Theologica*, I, q.29, a.2.

que há três hipóstases em Deus. Quando os latinos expressaram o mesmo com a palavra "pessoa" (*persona*),[207] houve muito fastio e mesmo maldade em querer disputar sobre um assunto esclarecido.[208] Se quisermos uma tradução literal, diremos então "subsistência". Muitos disseram "substância" com esse mesmo sentido.[209] O nome de "pessoa" não estava no uso apenas dos latinos, mas os gregos, de modo semelhante, talvez sob o pretexto de atestar o consenso, ensinaram que há três πϱόσωπα em Deus. Estes que, sejam gregos ou latinos, diferem entre si pelo termo, consentem muito bem no auge do assunto.

3. Agora — embora os hereges vociferem a respeito do termo "pessoa", ou alguns mais impertinentes alardeiem que não admitem um nome inventado pelo arbítrio dos homens, uma vez que não podem nos demover de que sejam nomeados três, dos quais cada um é seguramente Deus, e de que não há mais deuses —, qual não é a improbidade de condenar as palavras que não explicam senão aquilo que foi atestado e consignado na Escritura? Dizem que teria sido mais claro conter não só nossos sentidos, mas também nossas palavras entre os limites da Escritura do que espargir termos exóticos, que haverão de ser sementeiras de separações e litígios; com efeito, tal como a luta acerca das palavras é obscurecida, afasta-se a verdade pela discussão e odiosamente dissolve-se a caridade em rixas. Se chamam de palavra exótica aquilo que não pode ser mostrado na Escritura com as mesmas sílabas, de fato impõem a nós uma lei injusta, com a qual se condena toda interpretação que não seja a costurada pelo contexto da Escritura. Se exótico é aquilo que, excogitado com curiosidade, é defendido de modo supersticioso, que mais vale para a contenda que para a edificação, que é usurpado inoportuna ou infrutiferamente, que ofende os ouvidos pios com sua aspereza, que abstrai a simplicidade da palavra de Deus, eu abraço a sobriedade deles com toda a minha alma, pois não acho que a religião sobre Deus seja menor ao falar que ao pensar, quando tanto é tolo aquilo que pensamos sobre Ele como absurdo aquilo que d'Ele falamos. Há, porém, um modo que deve ser conservado, tomando, na própria Escritura, uma regra correta de pensar e de falar, da qual sejam extraídos todos os pensamentos da mente e as palavras da boca. Mas o que impede que expliquemos ao menos aquilo que é embaraçoso e vetado às nossas capacidades na Escritura com palavras mais claras, que sirvam religiosa e fielmente à verdade da própria

---

207 Ibidem, V, 9, 10; VII, 4, 7ss. In: PL 42, 917s., 939ss.
208 Serveto. Op. cit., I.
209 Cf. Orígenes, *De principiis*, I, 2, 2; Agostinho, *De Trinitate*, V, 8, 10. In: PL 42, 917.

Escritura e, com parcimônia e modéstia, para que não sejam usurpadas sem motivo? Para esse assunto não faltam muitos exemplos. Tendo sido comprovado que a Igreja fosse premida, por grande necessidade, a tomar as palavras "trindade" e "pessoas", se alguém então repreender a novidade das palavras,[210] porventura não será suspeito, com razão, de levar indignamente a luz da verdade, dado que repreenda tão só àquilo que torna a verdade nítida e dilúcida?

4. Ora, a novidade (se deve ser assim nomeada) de tais palavras ganha um uso muito potente quando a verdade deve ser asseverada contra os caluniadores que a falsificam por tergiversação.[211] Hoje experimentamos com maior clareza que é excessivo o trabalho para que a doutrina sã e pura seja aplicada a tais hostes, a tal ponto que essas serpentes escorregadias escapam por uma sinuosidade diletante e volúvel, a menos que sejam intensamente perseguidas e firmemente presas. Desse modo, os antigos, agitados por certames de vários dogmas depravados, foram obrigados a enunciar com elegante perspicácia o que sentiram, para que não deixassem subterfúgios diletantes aos ímpios, para os quais os invólucros das palavras eram sombras para os erros. Ário reconheceu em Cristo o Deus e o Filho de Deus, uma vez que não pudera resistir a oráculos evidentes, e, como fosse alguém que conduzisse algo excelentemente a seu fim, simulava o consenso com os outros. Mas, ao mesmo tempo, não deixava de bradar que Cristo fora criado e tivera um início, como as demais criaturas. Os antigos, para extrair das sombras a astúcia flexível desse homem, foram mais adiante, pronunciando que o Cristo fosse o Filho do Pai eterno e consubstancial ao Pai. Aqui efervesceu a impiedade, dado que os arianos começassem a afrontar e execrar terrivelmente o nome "consubstancial": se tivessem confessado com sinceridade e com toda a alma que Cristo fosse Deus, não teriam contestado que fosse consubstancial ao Pai. Quem ousará acusar aqueles homens probos de ser movidos por rixas e contendas, visto que, por uma simples palavra, inflamaram-se e perturbaram a quietude da Igreja espalhando tanto fervor? Ora, aquela mera palavra fazia a distinção entre os cristãos de fé pura e os sacrílegos arianos! Depois[212] apareceu Sabélio, que ensinava serem quase nada os nomes Pai, Filho e Espírito Santo, dizendo não haver nenhuma causa para a distinção, mas que eram atributos diversos de Deus, havendo muitos outros. Se fosse posto em disputa, reconheceria crer que o Pai

---

210 Serveto. *De Trinitate Error.*
211 Agostinho. *De Trinitate*, VII, 4, 9. In: PL 42, 941.
212 *Sic.*

fosse Deus, o Filho fosse Deus, o Espírito fosse Deus, mas, em seguida, estaria pronto para escapar, como se não tivesse dito senão que chamou a Deus de forte e justo e sábio. E assim recitava uma outra cantilena, que o Pai fosse Filho, e o Espírito Santo fosse o Pai, sem nenhuma ordenação, sem nenhuma distinção. Os doutores probos, para os quais havia então piedade de coração, para que alquebrassem a improbidade desse homem, reclamavam que fossem verdadeiramente reconhecidas em Deus três propriedades. E como fossem munidos aberta e simplesmente da verdade contra tortuosas artimanhas, afirmaram que subsistisse em um único Deus, ou (o que era o mesmo) que subsistisse na unidade de Deus, a Trindade das pessoas.

5. Se, portanto, os nomes não são inventados de modo temerário, devemos estar atentos para que, repudiando-os, não sejamos acusados de uma temeridade soberba. Preferia que eles estivessem sepultos, para que constasse apenas que há um único Deus, Pai e Filho e Espírito Santo, entre todas as fés e, no entanto, que o Filho não seja o Pai ou o Espírito o Filho, mas que fossem distintos por certa propriedade. E não sou tão austero a ponto de travar uma guerra por palavras. Com efeito, atento que os antigos, embora falando muito religiosamente sobre tais coisas, não estavam plenamente de acordo nem entre si, nem com eles mesmos. Hilário desculpa a quantas fórmulas usurpadas de Concílios?[213] A que licença por vezes se lança Agostinho?[214] Quão semelhantes aos latinos são os gregos? Ora, basta um exemplo destas variações: quando os latinos quiseram verter o nome όμοουσίον disseram "consubstancial", indicando que fosse uma a substância do Pai e do Filho, e assim tomaram "substância" por "essência", donde Jerônimo dizer para Damásio que fosse sacrílego predicar três substâncias em Deus,[215] se bem que pode ser encontrado mais de cem vezes em Hilário que haja três substâncias em Deus.[216] Ora, quão perplexo ficou Jerônimo com o vocábulo "hipóstase"? Na verdade, suspeitava que fosse um veneno nomearem três hipóstases em Deus. E não dissimulava que fosse uma locução imprópria, ainda que alguém a usasse em um sentido pio,[217] se é que foi sincero ao falar assim e antes não zelou, ciente e voluntariamente, por cravar uma calúnia injusta aos

---

213 Hilário. *De synodis*, c.12ss. In: PL 10, 489ss.
214 Cf. Agostinho, *Soliloqu.*, I, 1, 4 in: PL 32, 871; *Retract.*, I, 4, 3 in: PL 32, 590; *De Trin.*, VII, 6, 11, in: PL 42, 945.
215 Jerônimo. *Ep.* 15, 4 (*ad Damasum*).
216 Cf. Hilário. Op. cit., c.27, 67-71. In: PL 10, 525ss.
217 Jerônimo. Op. cit., 3.

bispos do Oriente, aos quais execrava. De modo muito pouco ingênuo, asseverou isto: "em todas as escolas profanas, οὐσία [substância] não seria senão hipóstase",[218] o que pode ser refutado em vários lugares pelo uso comum e batido. Agostinho, de modo mais modesto e humano, ainda que tenha dito que o nome "hipóstase" fosse novo aos latinos nesse sentido, tanto consentia aos gregos o seu linguajar como serenamente tolerava os latinos, que imitaram o estilo grego [*Sobre a Trindade,* V, c. 8 e 9].[219] E visto que, no livro sexto da *História tripartite*, é atribuído também a Sócrates o uso do termo, Agostinho pretendia que fora erroneamente acomodado a essa matéria como que por homens ignorantes.[220] O próprio Hilário acusa que a improbidade dos hereges faz subjazer ao perigo da fala humana aquilo que precisa ser contido religiosamente pela mente, e não dissimula que seria ilícito falar do que é inefável, presumir o que não foi concedido. Pouco depois, pede muitas desculpas por ousar proferir nomes novos; pois, quando sustentou os nomes de natureza, "Pai", "Filho" e "Espírito", acrescentou que tudo o que for buscado para além disso ultrapassa o significado da palavra, a intenção do sentido, a compreensão do intelecto [*Sobre a Trindade*, II].[221] Elogiou algures os bispos da Gália, que não teriam escrito, nem adotado, nem conhecido por inteiro uma confissão que não fosse aquela antiga e muito simples que fora adotada em todas as Igrejas desde o tempo dos apóstolos [*Sobre os concílios*].[222] Não é diferente a desculpa de Agostinho: que aquela palavra tenha sido deslocada por necessidade, por causa da inépcia da fala humana para tamanho assunto, não para que exprimisse aquilo que é, mas para que não calasse de que modo sejam três: Pai, Filho e Espírito.[223] E essa modéstia dos santos homens deve nos aconselhar para que não marquemos com a pena da censura, direta e tão severamente, àqueles que não queiram jurar os termos estabelecidos por nós:[224] que não façam isso exclusivamente por orgulho, petulância ou maliciosa astúcia, mas que examinem por qual necessidade somos impelidos a falar desse modo, para que aos poucos se acostumem a uma forma útil de falar. Aprendam também a tomar cuidado, para que, quando cumprir combater de um lado os aria-

---

218 Ibidem, 4.
219 Agostinho. *De Trinitate*, V, 8, 9. In: PL 42, 916s.
220 Cassiodoro. *Historia...*,VI, 21. In: PL 69, 1042.
221 Hilário. *De Trinitate*, II, 2. In: PL 10, 51.
222 Idem, *De synodis*, c.27, 63. In; PL 10, 522s.
223 Agostinho. Op. cit., VII, 4, 7. In: PL 42, 939.
224 Calvino parece lembrar aqui a controvérsia que Pedro Carlos moveu contra ele acerca da Trindade.

nos, de outro os sabelianos, enquanto irritam[225] a ambos por ser suprimida a oportunidade de tergiversar, não lancem alguma suspeita de que seriam discípulos quer de Ário, quer de Sabélio. Ário diz que Cristo é Deus, mas guarda silêncio quanto a ele ter sido criado e ter tido um início. Diz que é uno com o Pai, mas sussurra, às escondidas nos ouvidos dos seus, que ele é formado, como os outros fiéis, ainda que com uma prerrogativa singular. Diga consubstancial e fará a larva sair do casulo, e, no entanto, nada adiciona à Escritura. Sabélio diz que "Pai", "Filho" e "Espírito Santo" não indicam nada distinto em Deus. Diga que sejam três, e esbravejará que nomeia três deuses. Diga que a Trindade das pessoas está em uma única essência de Deus, terá dito com uma única palavra o que a Escritura fala e terá reprimido uma tagarelice vazia. A superstição sufoca alguns com tamanho escrúpulo que não toleram esses termos; entretanto, ninguém, mesmo se for alquebrado, já poderá negar que, quando ouvimos que seja uno, deva ser entendida a unidade da substância; quando ouvimos que sejam três em uma única essência, são marcadas as pessoas nessa Trindade. Já que isso é confessado de modo não fraudulento, não nos demoremos com palavras. Mas eu, desde muito tempo, experimentei, e certamente qualquer um que discuta com pertinência a respeito das palavras experimentará, que com maior frequência fomentam um mal oculto, de tal modo que é antes conveniente provocar os contendores para o que está além que falar de modo obscuro em favor deles.

6. De resto, abandonando a disputa sobre as palavras, tentarei agora falar a respeito da questão em si. Assim, chamo "pessoa" uma subsistência na essência de Deus, a qual, como foi relatada a outros, distingue-se por uma propriedade incomunicável. Pelo nome de "subsistência" queremos que seja entendido algo diverso de "essência". Se, pois, a Palavra fosse Deus de forma absoluta, enquanto não tivesse algo de próprio, João teria dito erroneamente que sempre esteve junto de Deus [Jo 1, 1]. Quando, logo após, acrescenta que Deus era também a própria Palavra, ele nos reconduz para uma única essência. Mas, porque não pôde estar junto de Deus de tal modo sem que residisse no Pai, daí emerge aquela subsistência, a qual, mesmo que unida à essência por uma ligação indivisa e indissolúvel, ainda possui uma marca especial que desta a distingue. Digo, então, que cada uma das três subsistências, relacionadas umas com as outras, distingue-se por uma propriedade. Aqui a relação é expressa cla-

225 Cf. Serveto. *De Trinitate...*, I. Vê-se que a sequência não diz respeito apenas a Ário e a Sabélio, mas também a Serveto.

ramente: porque, quando se faz uma menção simples e indefinida a "Deus", o nome não cabe menos ao "Filho" e ao "Espírito Santo" que ao "Pai". Ora, logo que se compara o Pai com o Filho, um se distingue do outro por sua propriedade. Em terceiro, afirmo que seja incomunicável tudo o que seja próprio a cada um, porque não compete ou não pode ser transferido ao Filho tudo o que é atribuído ao Pai como marca distintiva. E não me desagrada a definição de Tertuliano, desde que tomada corretamente: há em Deus uma disposição ou economia tal que em nada muda a unidade da essência [*Contra praxeam*].[226]

7. Antes de avançar, devemos provar a divindade tanto do Filho como do Espírito Santo; depois, veremos como diferem entre si. Por certo, seria absurdo imaginar que a Palavra de Deus, quando apresentada a nós na Escritura, seja apenas uma voz corrente e esvaecida que, emitida pelo ar, avança para além do próprio Deus: como foram desse modo tanto as revelações feitas para os Patriarcas quanto todas as profecias,[227] visto que assim era indicada a sabedoria perpétua que reside em Deus, pela qual surgiram todas as revelações e profecias. Com efeito, como atesta Pedro, os antigos profetas não falaram menos que os apóstolos do Espírito de Cristo [1Pd 1, 11], bem como qualquer um que posteriormente ministrou a doutrina celeste. Porque, decerto, ainda não manifestado o Cristo, era necessário que se entendesse que a Palavra foi gerada do Pai antes dos séculos. Dado que, se houve aquele Espírito da Palavra, do qual os profetas foram instrumentos, indubitavelmente colheríamos que fosse Deus. E isso é ensinado de modo muito claro na exposição da criação do mundo por Moisés, que estatui a Palavra como um intermediário. Por que ele narraria claramente que Deus, ao criar cada uma das obras, tivesse dito "Faça-se isto ou aquilo", a não ser para que a insondável glória de Deus reluza em sua imagem? Um modo de escapar disso teria sido descoberta pelos zombadores e palradores: que a Palavra fora usada para a ordem e para o comando;[228] melhores intérpretes, porém, são os apóstolos, que ensinam que os séculos foram criados pelo Filho, e ele carrega tudo com sua poderosa palavra [Hb 1, 2]. Aqui, com efeito, vemos a palavra ser usada como sinal e mandamento do Filho, ele próprio a Palavra eterna e essencial do Pai. Não é obscuro o enunciado de Salomão para os desapaixonados e modestos quando introduz que a Sabedoria fora cria-

---

226 Tertuliano. *Adv. praxeam*, c. 2; 9.
227 Serveto. Op. cit., II.
228 Cf. Esra, Abraão Ibn. *Commentarium in Gen.*, 1.

da por Deus antes dos tempos e preside a criação das coisas e do conjunto das obras de Deus [Eclo 24, 14].[229] Pois, imaginar um mandato de Deus temporal teria sido tolo e vão, dado que Deus tivesse então desejado apresentar seu conselho firme e eterno e também algo mais oculto. Também se volta a isso o dito do Cristo: "Meu pai e eu operamos continuamente até este dia" [Jo 5, 17]. Assim, afirmando ter estado assiduamente com o Pai na obra desde o princípio do mundo, ele explica com maior clareza aquilo em que Moisés tocara de forma breve. Portanto, compreendemos que Deus falou de tal modo que houve partes próprias para a Palavra, e assim a operação seria comum a ambos. Ora, João é muito mais claro que todos quando afirma que aquela Palavra, que desde o início era Deus junto de Deus, era, simultaneamente com Deus Pai, a causa de todas as coisas [Jo 1, 3]. Pois tanto atribui uma essência sólida e permanente ao Verbo como concede algo peculiar e mostra de modo lúcido como Deus, ao falar, fora o criador do mundo. Portanto, como as revelações proferidas da divindade foram corretamente feitas insignes com o título de Verbo de Deus, assim convém pôr aquele Verbo substancial em um sumo grau, fonte de todos os oráculos, que, não dependente de nenhuma variação, permanece perpetuamente uno e mesmo junto de Deus, e é o próprio Deus.

8. Aqui alguns cães alardeiam que, embora não ousem arrancar publicamente da Palavra sua divindade, roubam de modo furtivo sua eternidade. Dizem, com determinação, que a Palavra começou a ser apenas quando Deus abriu a sua boca sagrada na criação do mundo.[230] Mas, com maior falta de consideração, mantêm a ficção de alguma mudança na substância de Deus. Pois, como os nomes de Deus que dizem respeito à obra exterior começaram a ser-lhe atribuídos a partir da existência das próprias obras (de modo que é chamado de criador do céu e da terra), assim a fé não reconhece ou admite nenhum nome que signifique a ocorrência de alguma novidade no próprio Deus. Se tivesse ocorrido algo adventício, derrubaria aquele dito de Tiago de que todo presente perfeito emana desde cima, e desce do Pai das luzes, junto de quem não há mudança nem sombra de variação [Tg 1, 17]. Portanto, nada deve ser menos tolerado que a ficção de um princípio daquela Palavra, que tanto sempre foi Deus quanto, depois, foi a feitora do mundo. Mas, de modo arguto, visto que nada seja mais fútil, tramam que Moisés, quando narra que Deus tenha

---

229 Cf. Serveto. Op. cit., II.
230 Cf. Serveto. Op. cit., II; *Dial. de Trinitate*, II, I.

falado pela primeira vez, simultaneamente tenha indicado que não havia nenhuma Palavra n'Ele.[231] O fato de algo começar a se manifestar em certo tempo não pressupõe que nunca tivera sido antes. Assim, eu concluo de modo bem diferente, dado que, no mesmo momento em que Deus disse "Faça-se a luz" [Gn 1, 3], ter-se-ia erguido e aparecido a força da Palavra, tendo ela sido desde muito antes. Se alguém inquirir desde quando, achará que não teve início. Com efeito, não define um espaço certo de tempo, dado que Cristo disse: "Ó Pai, ilustra o Filho com a glória a qual me empossei junto de ti no início, antes que fossem lançados os fundamentos do mundo" [Jo 17, 5], nem João se esquece disso, uma vez que, antes de descer até a criação do mundo, diz que no princípio a Palavra era junto de Deus.[232] Concluímos, então, ainda uma vez, que a Palavra foi concebida por Deus de modo exterior ao início dos tempos, e tenha residido perpetuamente junto d'Ele, donde se comprovam a eternidade e a verdadeira essência, bem como a sua divindade.

9. No entanto, eu ainda não me refiro à pessoa do Mediador, já que adio isso para o momento em que se tratará da redenção.[233] Mas, como deve constar para todos, sem discussão, que o Cristo seja aquela Palavra feita carne, convêm excelentemente para isso aqueles testemunhos que asseveram a deidade do Cristo. Quando é dito no salmo 45: "Teu trono é de Deus pelos séculos sem fim",[234] os judeus tergiversam que o nome Elohim compete também aos anjos e a sumas potestades.[235] Entretanto, não há em parte alguma da Escritura semelhante passagem, na qual seja erigido um trono eterno para uma criatura: com efeito, não é chamado simplesmente de Deus, mas também de dominador eterno. Depois, esse título não é conferido a ninguém senão com uma adjetivação, do mesmo modo como se diz que Moisés haveria de ser "um deus para Faraó" [Ex 7, 1]. Outros são lidos no caso genitivo,[236] que não é menos insípido.[237] Certamente, reconheço que com frequência seja chamado de divino o que é distinto por uma utilidade singular, mas, dado o contexto, é claro transparecer que isso seja difícil e forçado, ou melhor, que não seja de nenhum modo cabível. Com efeito, se a pervicácia deles não cede, o Cristo é apre-

---

231 Ibidem.
232 Jo 1, 1.
233 Cf. Livro II, Capítulo XIV.
234 Sl 45, 7.
235 Cf. os comentários de Johannes Raschius e de Abraão Ibn Esra para o salmo 45, 7.
236 Caso do latim equivalente ao adjunto restritivo em português. [N.T.]
237 Cf. comentário de Abraão Ibn Esra para o salmo 45, 7.

sentado, e de modo não obscuro, pelo próprio Isaías tanto como Deus como também ornado de suma potência, o que é próprio do Deus único. Isto é, diz o profeta, o nome pelo qual o chamavam, Deus forte, Pai dos séculos futuros etc. [Is 9, 6].[238] Aqui também os judeus trazem objeções, e desse modo invertem a lição: "Este é o nome pelo qual chamei a Ele de Deus forte, Pai do futuro" etc., para que ao menos deixem ao Filho ser chamado de Príncipe da Paz.[239] No entanto, para que haveriam de ser acumulados aqui tantos epítetos para o Deus Pai quando o conselho do profeta seria que o Cristo fosse ornado pelas marcas insignes que edifiquem a nossa fé n'Ele? Porque não há dúvida de a razão de Deus ser agora chamado de forte é a mesma pela qual antes foi chamado de Emanuel. Ora, não pode ser encontrada uma passagem mais dilúcida que a de Jeremias: "este haverá de ser o nome pelo qual o chamará a semente de Davi: Jeová, a Nossa Justiça" [Jr 23, 6]. Dado que, para ensinar que os demais nomes de Deus não sejam senão epítetos, os próprios judeus dizem que apenas o que é inefável seja substantivo[240] para sua essência ser expressa,[241] concluímos que seja Deus e eterno o Filho único que, em outro lugar, pronuncia que não haverá de dar a sua glória a outro [Is 42, 8]. Certamente aqui procuram uma escapatória, uma vez que tanto Moisés impusera esse nome ao altar erigido por ele, como Ezequiel o impôs para a nova cidade de Jerusalém.[242] Mas quem não vê que o altar tenha sido erigido num monumento para que Deus fosse a exaltação de Moisés e que Jerusalém não fosse insigne com o nome de Deus a não ser para testemunhar a presença de Deus? Assim, com efeito, fala o profeta: "O nome da cidade, a partir daquele dia, será Jeová Está Ali" [Ez 48, 35]. E assim Moisés "edificou um altar e pôs-lhe o seu nome: Jeová, Minha Exaltação" [Ex 17, 15]. Mas sobrevém um certame maior de outra passagem de Jeremias, em que as palavras desse mesmo elogio são referidas à Jerusalém: "este é o nome pelo qual a chamarão: Jeová, a Nossa Justiça" [Jr 33, 16]. Contudo, está tão longe este testemunho de impedir a verdade que defendemos que antes a confirma. De fato, dado que antes atestara que o Cristo era verdadeiramente Jeová, de quem flui a justiça, pronuncia agora que a Igreja de Deus sentirá isso como tão verdadeiro que poderá se

---

238 Is 9, 5s. (*Vulgata* 9, 6s).
239 Cf. os comentários de Davi Kimchius e de Johannes Raschius sobre Is 9, 5.
240 Cf. comentário de Johannes Raschius para Ex 3, 15.
241 Cf. comentário de Abrahão Ibn Esra para Ex 3, 15; 6, 3.
242 Cf. comentário de Davi Kimchius para Jr 23, 6.

gloriar com o próprio nome. E assim se sustenta a passagem anterior como fonte e causa da justiça, depois se acrescenta o efeito.

10. Se os judeus não se satisfazem com isso, não vejo por quais interpretações eles repudiam que Jeová se estabelecesse com tamanha frequência na pessoa de um anjo. Diz-se que um anjo apareceu aos santos Patriarcas. Ele reclama para si o nome do Deus eterno [Jz 6; 7]. Se alguém afirmar que isso diz respeito à pessoa que ele representa, não desata absolutamente o nó. Ao permitir que fosse oferecido para si um sacrifício, o servo tomaria de Deus a sua honra. Mas o anjo, negando-se a provar o pão, ordena que seja oferecido o sacrifício a Jeová [Jz 13, 16]. Depois, prova que ele e Jeová são a mesma coisa. E assim Manoá e sua mulher perceberam que desse signo tinham visto não apenas um anjo, mas Deus. Donde aquela expressão: "Morreremos porque vimos a Deus". Quando a mulher responde "Se Jeová quisesse nos matar, não receberia o sacrifício de nossa mão", certamente reconhece a Deus naquele que antes se disse um anjo [Jz 13, 22s.]. Acrescente-se que a própria resposta do anjo exclui a dúvida: "Por que perguntas sobre o meu nome, que é admirável?" [Jz 13, 18]. Pelo que foi mais detestável a impiedade de Serveto, ao asseverar que Deus jamais tivesse se manifestado a Abraão e aos outros Patriarcas, mas que um anjo fosse adorado em seu lugar. Ora, correta e prudentemente, os ortodoxos doutores da Igreja interpretaram que fosse a Palavra de Deus aquele anjo supremo, que desde então começou a exercer, num certo prelúdio, o ofício de Mediador.[243] Mesmo não estando ainda revestido pela carne, desceu como se fosse um intermediário, para que se achegasse mais familiarmente aos fiéis. Portanto, Ele deu mais propriamente à comunicação o nome de anjo, enquanto reteve o que era seu, para que fosse um Deus de glória inefável. O mesmo quis para si Oséias, que, depois de narrar a luta de Jacó com o anjo, diz: "Jeová, Deus dos Exércitos, Jeová, seu nome memorável" [Os 12, 5].[244] Serveto novamente insinua que Deus gestara a pessoa do anjo, como se o profeta não confirmasse o que fora dito por Moisés: "Para que perguntas sobre o meu nome?". E a confissão do santo patriarca claramente declara que não fosse um anjo criado, mas um no qual residiria plenamente a divindade, quando diz: "Vi Deus face a face" [Gn 32, 29s.].[245] Disso também se segue aquela citação de Paulo de que o Cristo fosse o

---

243 Justino. *Dial. Cum Tryphon.*, c.56; 58s, 127s.
    Tertuliano. *Adv. Marc.*, III, 9.
244 Os 12, 6.
245 Gn 32, 30s.

condutor do povo no deserto [1Co 10, 4], uma vez que, se ainda não tivesse chegado o tempo da humilhação, aquela Palavra eterna propôs a figura de seu ofício, ao qual Ele estava destinado. Então, examinando-se, sem paixão alguma, o segundo capítulo de Zacarias, o anjo que enviou outro anjo imediatamente é pronunciado Deus dos Exércitos, e a ele é atribuída uma suma potência.[246] Omito numerosos testemunhos com os quais em tudo aquiesce a nossa fé, por mais que não comovam muito aos judeus. Pois quando se diz em Isaías: "Eis: este é o nosso Deus; aqui está Jeová: por Ele esperávamos, e Ele nos proverá", é patente a quem tem olhos que seja mostrado o Deus que mais uma vez se levanta para a salvação de seu povo [Is 25, 9]. E as demonstrações enfáticas, duas vezes apresentadas, não assinalam senão que isso traga o Cristo. Mais clara é a passagem de Malaquias em que promete que o Dominador, que era então esperado, haveria de vir ao seu templo [Ml 3, 1]. Por certo, o templo não foi senão para o único sumo Deus, que entretanto o profeta reclama como Cristo. Donde se segue que seja o mesmo Deus que sempre foi adorado junto aos judeus.

11. Ora, o Novo Testamento está repleto de numerosos testemunhos. Por isso, buscarei antes escolher alguns poucos que arrolar a todos. Por mais que os apóstolos tenham falado sobre Ele depois que se mostrou como Mediador na carne, tudo o que eu reunirei vem a propósito para provar sua eterna divindade. Quanto ao primeiro, é digno de advertência que os apóstolos ensinam que tudo que fora prenunciado sobre o Deus eterno ou já foi mostrado no Cristo ou haverá de ser representado depois. Assim Paulo assevera sobre a passagem em que Isaías vaticina que o Senhor dos Exércitos haveria de ser aos judeus e aos israelitas uma pedra de tropeço [Is 8, 14], que estaria no Cristo seu implemento [Rm 9, 32]. Portanto, o Senhor declara que aquele exército seja de Cristo. De modo semelhante, em outra passagem: "É preciso que nós todos estejamos presentes ao tribunal de Cristo" [Rm 14, 10]. E assim foi escrito: "Todo joelho se dobrará para mim, e toda língua me proclamará" [Is 45, 23]. Aquela mesma coisa que Cristo exibe em si e a qual Deus predisse de si mesmo em Isaías, tem como consequência que aquele seja o mesmo Deus cuja glória não pode ser transferida a outro. O que também cita em Efésios, com base nos Salmos, de forma clara compete unicamente a Deus: "Ascendendo ao alto, levou cativo o cativeiro" [Ef 4, 8; Sl 67, 19], entendendo que assinala como exibida em plenitude em Cristo uma tal ascen-

---

246 Zc 2, 7-12.

são, que foi sombreada quando Deus mostrou sua potência na insigne vitória contra as nações exteriores. Assim, João atesta que era a glória do Filho aquela que foi revelada a Isaías por uma visão [Jo 1, 14; Is 6, 1], ainda que o profeta tenha descrito a própria majestade de Deus por ele vista. É revelador que tudo aquilo que o apóstolo confere ao Filho na Epístola aos Hebreus não sejam senão caríssimos elogios a Deus: "Tu, Senhor, no princípio fundaste o céu e a terra" etc. E ainda: "Adorai-o todos os seus anjos" [Hb 1, 10.6].[247] E também não os destrói quando os aplica ao Cristo, dado que apenas Ele implementa aquilo que foi cantado nos Salmos. Com efeito, foi Ele que se levantou em misericórdia de Sião,[248] Ele que asseverou para Si o reino de todos os povos e ilhas.[249] E por que João duvidaria de que a majestade de Deus fosse referida a Cristo, ele que prenunciara que o Verbo sempre fosse Deus [Jo 1, 1.14]? O que Paulo temeria ao colocar o Cristo no tribunal de Deus [2Co 5, 10], tendo feito um tão aberto elogio de sua divindade quando disse que Deus fosse bendito pelos séculos [Rm 9, 5]? Para ficar claro estar plenamente concorde consigo quanto a isso, em outra citação, Paulo ainda escreve que Deus tenha-se manifestado na carne [1Tm 3, 16]. Se Deus deve ser louvado pelos séculos, Ele é, portanto, como afirma em outra passagem, o único a quem se deve toda a glória e honra [1Tm 1, 17]. E Paulo não dissimula isso, antes claramente o anuncia: "Embora tivesse a forma de Deus, não considerou o ser igual a Deus como algo a que se apegar ciosamente, mas esvaziou-se a si mesmo" [Fp 2, 6].[250] E para que os ímpios não clamassem que fosse um certo Deus fictício, João vai além: "Ele é o Deus verdadeiro e a vida eterna" [1Jo 5, 20]. Pelo que deve estar muito claro para nós que seja chamado Deus, sobretudo pelo testemunho daquele que abertamente assevera para nós não haver vários deuses, mas um único. Ora, este é Paulo, que assim fala: "Seja por que for que muitos proclamem deuses, quer no céu, quer na terra, para nós, no entanto, há um único Deus, do qual tudo há" [1Co 8, 5].[251] Quando ouvimos da mesma boca que Deus se manifestou na carne [1Tm 3, 16], que Deus adquiriu com seu sangue a Igreja para si [At 20, 28], qual é esse segundo Deus que imaginamos, ao qual Ele jamais reconhece? E não há dúvida de que todos os devotos tenham assumido o mesmo sentido. De modo semelhan-

---

247 Sl 102, 26; 97, 7.
248 Sl 102, 14.
249 Sl 97, 1.
250 Fp 2, 6-8.
251 1Co 8, 5s.

te, Tomé prega abertamente: "Senhor meu e Deus meu!" [Jo 20, 28], declarando que Ele fosse o único Deus ao qual sempre tinha adorado.

12. Logo, se divisarmos sua divindade desde as obras que a Ele são atribuídas na Escritura, isso estará claro de modo ainda mais evidente. Quando, com efeito, disse que operava junto com o Pai desde o princípio [Jo 5, 17], os judeus, ainda que muito fechados a outros de seus ditos, sentiram, no entanto, que Ele usurpasse para si a potência divina. E por isso (como relata João) ainda mais procuravam matá-lo, porquanto não só desrespeitava o sábado, mas também dizia que Deus fosse seu Pai, fazendo-se igual a Deus.[252] Qual, portanto, será nosso estupor se não sentirmos daí plenamente asseverada a sua divindade? Por certo, administrar a providência e a virtude do mundo, moderar a tudo com uma força própria (como a ele confere o Apóstolo [Hb 1, 3]) não cabe senão ao Criador. E não é partícipe do Pai unicamente no governar a província do orbe, mas também em outros encargos singulares, que não podem ser comunicados às criaturas. O Senhor anuncia pelo profeta: Eu sou, eu sou o que apaga as tuas iniquidades em razão de mim mesmo" [Is 43, 25]. Como os judeus estimavam que, segundo esta sentença, era aplicada uma injúria a Deus, dado que Cristo perdoava os pecados, Ele não asseverou que esse poder era próprio d'Ele apenas por palavras, mas também o comprovou com um milagre [Mt 9, 6]. Portanto, vemos que a remissão dos pecados seja para Ele não um ministério, mas antes uma potestade que o Senhor nega que seja passada de si para um outro. Ora, porventura não é unicamente de Deus interrogar e penetrar as cogitações tácitas dos corações? E isso também foi próprio do Cristo [Mt 9, 4], donde se recolhe sua divindade.

13. Ora, quão perspícua e claramente isso aparece nos milagres? Reconheço que milagres iguais e similares foram feitos pelos profetas e pelos apóstolos, mas ainda nisso é vasta a diferença, considerando que aqueles dispensaram seu ministério como dons de Deus e Ele o executou pela própria força. Certamente, usou um pedido pelo qual refere a glória ao Pai, mas vemos como muitas vezes sua força própria foi mostrada a nós. E de que modo não seria o verdadeiro autor dos milagres aquele que, por sua autoridade, dá aos outros o poder de dispensá-los? Com efeito, o evangelista narra que Ele deu aos apóstolos o poder de ressuscitar os mortos, curar os leprosos, expulsar os demônios etc. [Mt 10, 8; Mc 3, 15; 6, 7]. Ora, eles se valeram de tal modo desse ministério, que claramente

---

252 Jo 5, 18.

mostraram que essa força não seria de ninguém mais que do Cristo. "Em nome de Jesus Cristo (diz Pedro), levanta-te e anda!" [At 3, 6]. Portanto, não admira que Cristo lançasse seus milagres para convencer a incredulidade dos judeus, dado que, realizados por sua força, davam um grande testemunho da divindade [Jo 5, 36; 10, 37; 14, 11]. Além disso, se não há salvação, justiça, nem vida fora de Deus, o Cristo que contém em si tudo isso, certamente mostra a Deus. E, para que ninguém argumente comigo a objeção de que a vida e a salvação foram difundidas no Cristo por Deus,[253] com efeito não se diz que tivesse recebido o dom da salvação, mas que Ele mesmo fosse a salvação. E se ninguém é bom a não ser o Deus único [Mt 19, 17], de que modo seria meramente um homem, não digo bom e justo, mas a própria bondade e justiça? Como, visto que desde o início primeiro da criação, atesta o evangelista, n'Ele era a vida, e a própria vida já então existente era a luz dos homens [Jo 1, 4]? Por isso, tendo tais testemunhos, ousamos depositar n'Ele a nossa fé e esperança, dado que saibamos ser uma impiedade sacrílega pôr tal confiança nas criaturas. Crês em Deus? Diz, "também creia em mim" [Jo 14, 1]. E assim Paulo interpreta duas passagens de Isaías: "Todo o que espera n'Ele não se envergonhará". E ainda: "Será da raiz de Jessé aquele que se levantará para reger os povos: n'Ele esperam os gentios" [Is 28, 16; 11, 10; Rm 10, 11; 15, 12]. E para que procurar na Escritura mais testemunhos sobre essa matéria se em todos aparece a sentença "Aquele que crê em mim tem a vida eterna"? Logo, também cabe a Ele a invocação que depende da fé, invocação que é então própria da majestade divina, se é que ela tem algo de próprio. Diz, com efeito, o profeta: "Quem quer que invoque o nome de Jeová será salvo" [Jl 2, 32].[254] E um outro diz: "Uma torre fortíssima é o nome de Jeová: recorre a ela o justo e é salvo" [Pr 18, 10]. E assim, se o nome de Cristo for invocado para a salvação, segue-se então que Ele seja Jeová. Temos um exemplo de invocação em Estêvão, quando diz: "Senhor Jesus, recebe meu espírito" [At 7, 59];[255] depois em toda a Igreja, tal como Ananias testemunha no mesmo livro: "Senhor, sabes quantos males este causou a todos os santos que invocam o Teu nome" [At 9, 13]. E, para se entender melhor que habite corporalmente em Cristo toda a plenitude da divindade, o apóstolo reconhece que não trouxesse diante de si nem pregasse entre os coríntios outra

---

253 Possível referência a Claudius Sabaudem.
    Cf. também Serveto, *De Trinitate...*, III.
254 Jl 3, 6 (*Vulgata* 2, 32).
255 At 7, 58.

doutrina que não o seu conhecimento [1Co 2, 2]. Pergunto o que e quão extenso é o nome do Filho ser anunciado para nós, visto que Deus ordena haver glória unicamente em seu conhecimento [Jr 9, 24]? Quem ousa apontar como uma mera criatura aquele de quem o conhecimento é a nossa única glória? Acrescentem-se a isso as saudações que iniciam as epístolas de Paulo que pedem ao Filho os mesmos benefícios que ao Pai,[256] pelo que nos ensina que não chegue a nós apenas aquilo que nos concede a intercessão do Pai celeste, mas que o próprio Filho seja o autor por que tem o mesmo poder que seu Pai. E este conhecimento prático que é indubitavelmente mais certo e mais sólido que qualquer especulação ociosa.[257] Com efeito, a alma fiel vê um Deus muito presente e quase o toca quando se sente vivificar, iluminar, salvar, justificar e santificar por Ele.

14. E por isso é necessário uma prova pela qual, das mesmas fontes, seja asseverada a deidade do Espírito. Nesse sentido, não é obscuro o testemunho de Moisés na narração da criação: "o Espírito de Deus se espalhava sobre os abismos" [Gn 1, 2], ou sobre a matéria informe, desde que não apenas a beleza do mundo agora visível vigora graças à força do Espírito, mas também, antes de se dar tal adorno, o Espírito já operava fomentando aquela massa confusa. De igual modo, não está submetido a nenhum erro o que diz Isaías: "E agora Jeová me enviou a mim e o seu Espírito" [Is 48, 16], porque atribui ao Espírito Santo a mesma autoridade de enviar os profetas, do que reluz sua divina majestade. Mas, como disse, haverá uma excelente confirmação para nós em uma experiência comum. De fato, está completamente fora do alcance das criaturas o que a Escritura atribui ao Espírito: e nós mesmos aprendemos uma certa experiência da piedade. Ele é aquele que, difuso em todas as partes, a tudo sustenta, vigora e vivifica, no céu e na terra. Por isso mesmo, excede a todas as criaturas, visto não ser circunscrito por nenhum fim, mas transfundindo em tudo o seu vigor, inspira neles a essência, a vida e o movimento, o que claramente é divino. Depois, se a regeneração na vida incorruptível é superior e muito mais excelente que qualquer estado de vida presente, o que deve ser buscado daquele de quem tudo procede por sua força? Ora, a Escritura ensina em muitos lugares que o Espírito seja o autor da regeneração não por concessão, mas por um vigor próprio, e não apenas dela, mas também da imortalidade futura. Por fim, como no Filho, são conferidos ao Espírito todos os ofícios que são maxi-

---

256 Rm 1, 17; 1Co 1, 3; 2 Co 1, 2; Gl 1, 3 etc.
257 A crítica é dirigida a Pedro Carolus.

mamente próprios da divindade. Assim é que também esquadrinha as profundezas de Deus aquele que não tem conselheiro entre as criaturas [1Co 2, 10.16], concede a sabedoria e a faculdade de falar [1Co 12, 10], ainda que o Senhor diga a Moisés que o fazer isso seja exclusivamente d'Ele [Ex 4, 11]. Desse modo, pelo Espírito somos levados à participação em Deus, para que sintamos que, de algum modo, sua virtude nos vivifica. Nossa justificação é obra do Espírito, d'Ele provém a potência, a santificação, a verdade, a graça, e tudo o que é possível pensar de bom, visto ser o único Espírito do qual procedem todos os gêneros de dons. Pois, antes de tudo, deve-se notar como digna é aquela sentença de Paulo: "Por mais que os dons sejam diversos, e múltipla e variada a distribuição, o Espírito, no entanto, é o mesmo, porque Ele não estabelece somente o princípio e a origem mas também o autor", o que está expresso, pouco depois e de forma ainda mais clara, por estas palavras: "um único e mesmo Espírito distribui a tudo na medida em que o quer" [1Co 12, 11ss.]. Com efeito, a menos que houvesse algo subsistente em Deus, jamais teriam sido dados ao Espírito o arbítrio e a vontade. Paulo, de modo inequívoco, torna insigne o Espírito com a potência divina e mostra que Ele reside, hipostaticamente, em Deus.

15. Nem quando a Escritura fala sobre Ele, abstêm-se de chamá-lo Deus. Com efeito, Paulo conclui que sejamos um templo de Deus porque o seu Espírito habita em nós [1Co 3, 17; 6, 19; 2Co 6, 16]. O que não deve ser nem ligeiramente preterido, dado que, sempre que Deus nos promete fazer de nós o seu templo, não implementa sua promessa senão ao fazer que seu Espírito habite em nós. Com certeza, como disse de modo preclaro Agostinho, se fôssemos obrigados a fazer um templo para o Espírito de madeiras e de pedras, uma vez que devemos esse culto unicamente a Deus, seria um nítido argumento de sua divindade. Portanto, agora, não é mais claro que não devemos fazer para o Espírito um templo, mas ser um templo nós mesmos [*Epístola 66 para Máximo*]?[258] E, com o mesmo significado, o apóstolo escreve por vezes que sejamos o templo de Deus, outras, do Espírito Santo. Pedro, ao repreender a Ananias por ter mentido ao Espírito Santo, dizia que não ter ele mentido para os homens, mas para Deus [At 5, 3s.]. E quando Isaías apresenta o Senhor dos Exércitos ao falar, Paulo ensina que é o Espírito Santo quem fala [Is 6, 9; At 28, 25s.]. Ou melhor, quando os profetas dizem, em vários lugares, que as palavras que proferem sejam do Deus dos Exércitos, Cristo e

---

258 Agostinho. *Ep.* 170, 2 (*ad Maximum* medicum). In: PL 33, 749.

os apóstolos referem-nas ao Espírito Santo, donde se conclui ser o verdadeiro Jeová, que é sobretudo o autor das profecias. Em contrapartida, quando Deus se queixa de ser incitado à ira pela contumácia do povo, Isaías escreve que, em virtude disso, está contristado seu Espírito Santo [Is 63, 10]. Em suma, se a blasfêmia contra o Espírito não é esquecida nem neste século nem no futuro, ainda que obtenha o perdão o que blasfemou contra o Filho [Mt 12, 31; Mc 3, 29; Lc 12, 10], deduz-se daí claramente sua majestade divina, à qual é um crime inescusável ofender ou rebaixar. Ciente e voluntariamente, deixo de lado muitos testemunhos empregados pelos antigos. A eles pareceu plausível a citação de Davi: "Pela Palavra do Senhor foram firmados os céus, e pelo sopro de Sua boca [sc. *Spiritu oris*], todas as Suas forças" [Sl 33, 6], a fim de provar que o mundo não seja menos obra do Espírito que do Filho. Mas, dado ser corrente nos Salmos repetir o mesmo duas vezes, e dado que em Isaías o sopro da boca [sc. *Spiritus oris*] vale o mesmo que a Palavra [Is 11, 4], aquela razão não tem força. Assim, quis apenas atingir parcamente aquilo que apoia com solidez as mentes devotas.

16. Ora, uma vez que Deus se manifestou pelo advento de Cristo, assim também se fez mais familiarmente conhecido em três pessoas. Mas que, de muitos testemunhos, baste-nos apenas um.[259] Pois Paulo une tanto estes três — Deus, a fé e o Batismo [Ef 4, 5] — que, argumentando de um para outro, conclui que, assim como não há mais que uma fé, igualmente não há mais que um Deus; e já que não há mais que um Batismo, não há tampouco mais que uma fé. Portanto, se somos iniciados em um único Deus pelo Batismo, pela fé e religião, é necessário divisar o Deus verdadeiro em cujo nome fomos batizados. E não há dúvida de que, por uma fórmula solene, quis o Cristo atestar que a luz perfeita da fé já fosse exibida, quando disse: "Batizai-os em nome do Pai e do Filho e do Espírito Santo" [Mt 28, 19], visto isso valer o mesmo que batizar em nome do Deus único, o qual, com toda a evidência, se manifestou no Pai, no Filho e no Espírito Santo, de onde claramente segue que reside na essência de Deus três pessoas em que o Deus único é conhecido. E, dado que a fé não deve ser procurada aqui e ali, nem discorrer sobre várias coisas, mas ver o Deus único e a Ele se dirigir e n'Ele repousar, facilmente se tem que, se fossem vários os gêneros de fé, também seria preciso que fossem muitos os deuses. Logo, uma vez que o Batismo é um sacramento da fé, confirma para nós a unidade de Deus o fato de que é único.

---

259 Cf. Lutero, Martinho. *Enchiridion piarum precationum.*

Daí também se tem que não é lícito batizar senão em nome de um único Deus, uma vez que abraçamos a fé daquele em cujo nome somos batizados. O que, então, quer para si o Cristo, ao mandar batizar no nome do Pai e do Filho e do Espírito, senão que se deva crer com uma fé única no Pai e no Filho e no Espírito? E isso não é tão somente testemunhar com clareza que o Pai, o Filho e o Espírito sejam um único Deus? Por isso, ainda que seja indubitável que Deus seja uno, e não vários, temos que o Verbo e o Espírito não são senão a própria essência de Deus. E assim muito tolamente perdiam a cabeça os arianos, que, confessando a divindade do Filho, negavam a Ele a substância. E não era muito diferente a raiva que vexava os macedônios, que queriam entender pelo Espírito somente os dons da graça distribuídos aos homens. Pois, dado que a sabedoria, a inteligência, a prudência, a fortaleza, o temor do Senhor provêm do Espírito, assim Ele mesmo é o Espírito da sabedoria, da prudência, da fortaleza, da piedade. E Ele não é dividido segundo a distribuição das graças, mas, seja como for que elas sejam multiplamente divididas, o apóstolo diz que Ele permanece o mesmo e uno [1Co 12, 11].

17. Por outro lado, também é demonstrada na Escritura uma certa distinção do Pai pelo Verbo e do Verbo pelo Espírito. No entanto, a própria magnitude do mistério adverte-nos o quanto de reverência e de sobriedade deve conter o exame dela. Agrada-me clara e veementemente aquela citação de Gregório Nanziano: "Não posso cogitar o uno sem que seja imediatamente circundado pelo fulgor de três, nem posso discernir três sem que subitamente me refira ao uno" [*Sermão sobre o Sacro Batismo*].[260] Por isso, também nós não sejamos levados a imaginar na alma uma Trindade de pessoas que impeça nosso entendimento e não leve imediatamente àquela unidade. Os vocábulos Pai, Filho e Espírito certamente insinuam uma distinção, para que ninguém considere que sejam meros epítetos pelos quais Deus seja designado por suas obras,[261] mas é uma distinção, não uma divisão. Que a propriedade do Filho seja distinta da do Pai já mostraram as passagens que citamos, uma vez que a Palavra não estaria junto de Deus a não ser que fosse outra Pessoa distinta do Pai, nem teria a sua glória junto do Pai a menos que fosse distinta d'Ele. De modo semelhante, distingue-se o Filho do Pai quando disse que há outro que dá testemunho de si [Jo 5, 32; 8, 16; e outros]. E o mesmo foi dito em outro lugar: que o Pai criou tudo por meio do Verbo,[262] o que

---

260 Nanziano, Gregório. *Oratio* 40, 41: *In sanctum baptisma*. In: PG 36, 418.
261 Cf. Serveto. *De Trinitate*..., I; *Dialogorum*..., I.
262 Hb 11, 3.

não seria possível a não ser que fosse de algum modo distinto d'Ele. Além disso, o Pai não desceu à terra, mas aquele que saiu do Pai; não morreu nem ressuscitou, mas aquele que por Ele fora enviado. E essa distinção não teve início na assunção da carne,[263] mas é manifesto que o unigênito estivesse antes no seio do Pai [Jo 1, 18]. Com efeito, quem asseverará que tenha ingressado no seio do Pai precisamente quando desceu do céu para assumir a humanidade? Era, portanto, antes no seio do Pai,[264] e obtinha a sua glória junto do Pai. A distinção do Espírito Santo para com o Pai é mostrada pelo Cristo quando diz que ele procede do Pai [Jo 14, 6;[265] 15, 26]: ora, há distinção para consigo mesmo nas muitas vezes em que o chama de outro, como quando anuncia que enviará de si outro consolador [Jo 14, 16], e frequentemente em muitos lugares.

18. Na verdade, não sei se é válido, para expressar a distinção, traçar semelhanças com as coisas humanas. Os antigos, embora costumem fazê-lo, reconhecem que tudo o que apresentam como semelhante é muito diferente quanto ao meio,[266] pelo que temo aqui qualquer audácia, para que, se algo venha a ser produzido de modo intempestivo, não dê ocasião aos malvados para a calúnia, ou aos ignorantes para as alucinações. Não convém, contudo, passar ao largo da distinção que observamos marcada na Escritura, qual seja: que é atribuído ao Pai ser o princípio de toda obra e a fonte e o manancial de todas as coisas; ao Filho, a sabedoria, o conselho e a ação de dispor de todas as coisas; ao Espírito, a força e a eficácia da ação. Prosseguindo, seja qual for a eternidade do Pai, é também a eternidade do Filho e do Espírito, uma vez que Deus jamais pode ser sem a sua sabedoria e virtude. Ora, na eternidade, não se busca um antes ou um depois, no entanto, não é vã nem supérflua a observação da ordem, já que o Pai é considerado o primeiro, depois a partir dele o Filho e, depois de ambos, o Espírito. Pois também o entendimento de qualquer um, espontaneamente, se inclina primeiro para a consideração de Deus, depois para a sabedoria que emerge d'Ele, e, finalmente, para a virtude pela qual realiza os decretos de sua deliberação. Razão pela qual se diz que o Filho exista unicamente do Pai, e o Espírito, tanto do Pai como do Filho; isso é dito em muitos lugares, mas nunca de modo tão claro quanto no capítulo 8 da *Epístola aos Romanos*, em que o mesmo Espírito é promiscuamente cha-

---

263 Cf. Serveto. *De Trinitate*..., I.
264 Jo 1, 18.
265 Jo 14, 26.
266 Cf. Agostinho, *De fide*..., c.9, 17, in: PL 40, 189s; *De Trinitate*, VI, 1, in: PL 42, 925; Tertuliano, *Adv. Prax.*, c.8, 13; Cirilo, *De Trin. Dial.*, III, in: PG 75, 600s.

mado umas vezes de "Espírito de Cristo", outras de "Espírito daquele que ressuscitou o Cristo dos mortos",[267] e isso sem injúria. Pois também Pedro atesta que foi pelo Espírito de Cristo que os profetas vaticinaram [2Pd 1, 21], ainda que toda a Escritura ensine que foi o Espírito de Deus Pai.

19. Essa distinção tanto não impede a unidade de Deus, que ainda permite provar que o Filho seja um com o Deus Pai, porque consta que seja uno simultaneamente com Ele pelo Espírito; ora, o Espírito não é diverso do Pai e do Filho, porque é o Espírito de ambos, visto que seja entendida em uma única hipóstase toda a natureza divina, com a diferença de que subsiste a cada um a sua propriedade. O Pai está todo no Filho, o Filho, todo no Pai, do mesmo modo pelo qual o Filho mesmo assevera: "Eu no Pai, e o Pai em mim" [Jo 14, 10], para que os escritores eclesiásticos não concedam nenhuma diferença de essência a separá-los uns dos outros [Agostinho, *Homilia 38*: sobre o Tempo, a Trindade e a Pomba;[268] Cirilo, *Sobre a Trindade*, VII; *Diálogos*, III].[269] Por essas palavras que denotam distinção (diz Agostinho) quer se significar a correspondência que as Pessoas têm uma com a outra, e não a substância, que é una nas três Pessoas [*Epístola 174*: para Pascêncio].[270] Sentido pelo qual devem ser conciliadas entre si as palavras dos antigos, que não poucas vezes parecem discordes. Com efeito, umas vezes ensinam que o Pai seja o princípio do Filho, em outras, asseveram que o Filho tenha por si mesmo tanto a divindade quanto a essência, a ponto de ser um único princípio com o Pai [Agostinho, *Comentário aos salmos*, 109[271] e *Tratado sobre o evangelho de João*, 39].[272] Com perspicácia, Agostinho explica a causa dessa diversidade noutro lugar, quando fala: "O Cristo é dito Deus quanto a si; quanto ao Pai, é dito Filho. E, em contrapartida, o Pai quanto a si é dito Deus; quanto ao Filho, é dito Pai. O que é dito Pai quanto ao Filho não é o Filho, o que é dito Filho quanto ao Pai, não é o Pai, o que é dito Pai quanto a si e Filho quanto a si, é o mesmo Deus" [Agostinho, *Comentário aos salmos*, 68].[273] Portanto, quando falamos sobre o Filho em absoluto, sem relação

---

267 Rm 8, 9.
268 Entre as obras de Agostinho, estava antes introduzida, sob o título *"Homilia 38*: sobre o Tempo, a Trindade e a Pomba", parte do livro de Alcuíno *De fide Sanctae Trinitatis*, I-II, 3. In: PL 101, 13-25.
269 Cirilo. *De sancta et consubstantiali Trinitate, Dial.* VII, in: PG 75, 1075ss; *Dial.* III, in: PG 75, 787ss.
270 Agostinho, *Ep.* 238, 14 (*ad Pascentium*). In: PL 33, 1043.
271 Idem, *In Ps.*, 109, 13. In: PL 37, 1457.
272 Idem, *Tract. In Ioh.*, 39, 1. In: PL 35, 1682s.
273 Idem, *In Ps.*, 68, 5. In: PL 36, 845.

com o Pai, bem e propriamente, asseveramos que ele seja a partir de si mesmo e, por isso, o chamamos de princípio único. Mas, quando marcamos a relação que ele tem com o Pai, fazemos, com razão, do Pai o princípio do Filho. Diz respeito à explicação dessa matéria todo o livro quinto de *Sobre a Trindade* de Agostinho.[274] Subsistir naquilo que ensina sobre a relação é muito mais seguro do que se perder em muitas especulações vãs ao avançar nas sutilezas de um mistério sublime.

20. Portanto, para aqueles que amam a sobriedade e se dão por satisfeitos com a medida da fé, tomem estritamente o que é necessário saber: quando professamos acreditar em um único Deus, sob o nome de Deus é entendida uma essência única e simples, na qual compreendemos três pessoas ou hipóstases; por isso, por quantas vezes o nome de Deus for usado de modo geral, não se designa menos o Filho e o Espírito do que o Pai; ora, quando é acrescentado o Filho ao Pai, então vem à baila a relação existente, e assim distinguimos entre as Pessoas. Uma vez que as propriedades nas Pessoas trazem consigo uma ordem, dado que o princípio e a origem estejam no Pai, sempre que se faz a menção simultânea do Pai e do Filho ou do Espírito, o nome de Deus é peculiarmente atribuído ao Pai; desse modo, retém-se a unidade da essência e tem-se a regra da ordem, a qual, no entanto, em nada diminui a deidade do Filho e do Espírito. Dado que antes tivesse sido visto que os apóstolos asseveravam que o Filho de Deus era aquele ao qual Moisés e os profetas testemunharam que fosse Jeová, é necessário sempre voltar à unidade da essência. Por isso, é para nós um sacrilégio detestável que o Filho seja chamado de outro Deus distinto do Pai, porque o nome de Deus não admite simplesmente relação alguma, nem pode ser dito que Deus seja, quanto a si mesmo, isto ou aquilo. Também das palavras de Paulo fica patente que o nome de Jeová, tomado indefinidamente, caiba ao Cristo: "por isso três vezes roguei ao Senhor", uma vez que, quando descreve a resposta de Cristo, "É suficiente para ti a minha graça", acrescenta pouco depois: "para que pouse sobre mim a força de Cristo" [2Co 12, 9]. Com efeito, é certo que o nome do Senhor seja posto ali pelo de Jeová, e, desse modo, seria fútil e pueril que fosse restrito à pessoa do Mediador, uma vez que é uma oração absoluta, que não compara o Filho com o Pai. E sabemos que os apóstolos, em conformidade com os gregos, em vários lugares substituíram o nome de κύριος [Senhor] no lugar de Jeová. E não se deve procurar muito longe um exemplo: Paulo não orou ao Senhor com um sentido di-

---

274 PL 42, 911ss.

verso daquele no qual é citada por Pedro uma passagem de Joel: "Quem quer que invoque o nome do Senhor, será salvo" [At 2, 16; Jl 2, 28].[275] Quando esse nome é peculiarmente atribuído ao Filho, aparecerá, por sua vez, outra razão; no momento basta que se tenha que, embora Paulo rogasse a Deus de forma absoluta, estava imediatamente subjacente o nome de Cristo. Assim também o Espírito é chamado pelo Cristo de Deus enquanto é Deus. Com efeito, não há inconveniente algum que toda a essência de Deus seja espiritual, na qual o Pai, o Filho e o Espírito estão compreendidos. E é isso mesmo o que se faz claro na Escritura, pois, do mesmo modo que ouvimos Deus ser ali chamado de Espírito, assim também ouvimos ser dito que o Espírito Santo, uma vez que é a hipóstase de toda a essência, seja tanto Espírito de Deus como procede de Deus.

21. Ora, dado que Satanás, para arrancar a nossa fé pelas próprias raízes, sempre move grandes batalhas, em parte sobre a divina essência do Filho e do Espírito, em parte sobre a distinção das pessoas, e dado que, em quase todos os séculos, excitou os espíritos ímpios para que vexassem os doutores ortodoxos sobre essa matéria, assim também hoje, fundado nos antigos rescaldos, procura acender um fogo novo: é preciso então tratar aqui de alguns desses delírios. Até esse ponto, foi proposto que se conduzissem os dóceis como que pela mão, mas sem disputar com os obstinados e contendores: ora, agora a verdade, que foi placidamente mostrada, deve ser defendida de todas as calúnias dos ímprobos; e ainda que o zelo esteja sobretudo incumbido de que tenham um ponto de apoio correto os que mantêm os ouvidos propícios e abertos ao Verbo de Deus. Certamente aqui, como sói com os mistérios recônditos da Escritura, deve-se filosofar com sobriedade e grande moderação, tomando também muito cuidado para que nem o pensamento nem a língua avancem além dos fins que são traçados para o Verbo de Deus. De fato, de que modo a mente humana, quanto à sua medida, definiria a imensa essência de Deus se nem pode estatuir ao certo qual seja o corpo do Sol, ao qual, no entanto, vê cotidianamente com os olhos? Ou melhor, de que modo, por si só, penetrará no exame da substância de Deus aquela que minimamente alcança a sua própria? Portanto, deixemos livre para Deus o conhecimento de si. Na verdade, somente Ele, como diz Hilário, é o único testemunho de si, o qual não é conhecido a não ser por Si [*Sobre a Trindade*, I].[276] Ora, deixamos para Ele tal conhecimento se também o con-

275 At 2, 21; Jl 3, 5 (*Vulgata* 2, 32).
276 Hilário. *De Trinitate*, I, 18. In: PL 10, 38.

cebemos tal qual Ele se manifesta para nós, e não nos informamos sobre Ele senão por meio de seu Verbo. Quanto a esse argumento, aparecem as cinco homilias de Crisóstomo contra Anomoeo, com as quais, porém, não pôde coibir a audácia dos sofistas sem que se soltassem as rédeas da tagarelice.[277] Com efeito, eles em nada se mostraram mais modestos aqui do que costumam ser com qualquer outra coisa. O infelicíssimo sucesso de tal temeridade deve-nos admoestar para que a questão seja tratada antes com docilidade que com agudeza, e para que não nos ponhamos a investigar a Deus senão no seu Verbo sagrado, nem a cogitar seja o que for, a menos que seu Verbo venha à frente, nem a falar senão com base no que é tomado do próprio Verbo. (Dado que seja de conhecimento difícil) se a distinção que subjaz na divindade una do Pai, do Filho e do Espírito antes causa embaraços e moléstias a certos entendimentos do que os desembaraça, lembrem-se as mentes que, enquanto são indulgentes com sua curiosidade, avançam para um labirinto. Desse modo, mantenham-se regidas pelos oráculos celestes, por mais que não compreendam a profundidade do mistério.

22. Catalogar os erros com os quais outrora foi tentada a sinceridade da fé com respeito a esse tema, seria não apenas longo mas repleto de um tédio inútil: e a maior parte dos heréticos procurou atacar toda a glória de Deus com delírios tão crassos que se satisfizeram em abalar e perturbar os ignorantes. De poucos homens logo fervilharam várias seitas, que em parte laceraram a essência de Deus, em parte confundiram a distinção que há entre as Pessoas. Se mantivermos o que antes foi suficientemente mostrado pela Escritura — que seja simples e indivisa a essência do Deus único que pertence ao Pai e ao Filho e ao Espírito, ou melhor, que o Pai, por alguma propriedade, difere do Filho e o Filho do Espírito —, estará fechada a porta não apenas a Ário e Sabélio, mas também a outros antigos autores dos erros. Mas, uma vez que em nosso tempo se levantaram alguns frenéticos como Serveto e semelhantes, que a tudo envolveram com novos passes de mágica, é preciso discutir algumas de suas falácias. Para Serveto, o nome da Trindade foi tão odioso, ou melhor, detestável, que dizia serem ateus todos os que chamava de Trinitários.[278] Omito as palavras estúpidas com as quais procedia ao ataque. Esta, certamente, foi a suma de sua especulação: que seja introduzido um Deus tripartido quando se diz que residem em sua essência três Pessoas, e essa Tríade seja

---

277 Crisóstomo. *Homiliae quinque de incomprehensibili contra Anomoeos.*
278 Serveto. *De Trinitate...*, I.

imaginária, uma vez que atenta contra a unidade de Deus. Ao mesmo tempo, quis que as Pessoas fossem certas ideias exteriores, que não subsistissem verdadeiramente na essência de Deus, mas figurassem Deus para nós por esta ou aquela imagem:[279] e, certamente, no início nada haveria de distinto em Deus, porque outrora Verbo e Espírito eram o mesmo,[280] mas, dado que Cristo emergiu como um Deus sobre Deus, também um outro Espírito defluiu do mesmo Deus.[281] E ainda que ilustre seus desvarios com alegorias, como quando diz que a Palavra eterna de Deus seja o Espírito de Cristo junto de Deus e o reluzir de sua ideia,[282] e, ainda, que o Espírito seja a sombra da deidade,[283] depois, entretanto, conduz a deidade de ambos para o nada, asseverando que, segundo o modo da dispensação, tanto no Filho como no Espírito há uma parte de Deus, tal como o mesmo Espírito, estando substancialmente em nós e também na madeira e nas pedras, é uma porção de Deus.[284] Aquilo que murmura sobre a pessoa do Mediador, veremos em seu devido lugar.[285] O comentário prodigioso de que a Pessoa não seja senão a imagem visível da glória de Deus não carece de longa refutação. Pois, quando João pronunciou que Deus fosse λόγος [o Verbo] antes de o mundo ter sido criado, visava a algo muito diverso de uma ideia [Jo 1, 1]. Se então e desde a última eternidade aquele λόγος, que era Deus, fosse junto do Pai, e fosse insigne junto do Pai por sua própria glória [Jo 17, 5], por certo não poderia ser um esplendor externo ou figurativo, mas necessariamente uma hipóstase que residiria no interior do próprio Deus. Se bem que não seja feita menção ao Espírito senão na narração da criação do mundo, o Espírito, no entanto, não é apresentado ali como sombra, mas como uma força essencial de Deus, quando Moisés narra que também aquela massa informe fosse sustentada n'Ele [Gn 1, 2]. Portanto, aparece que o Espírito Eterno sempre fosse em Deus, enquanto susteve, fomentando, a matéria confusa do céu e da terra, até que aparecesse a beleza e a ordem. E com certeza já não poderia ser uma efígie ou representação de Deus,[286] como sonha Serveto. Em outro lugar, Serveto é obrigado a pôr ainda mais abertamente a nu sua impiedade, ao dizer que Deus, resolvendo com sua eterna razão ter

---

279 Ibidem, III.
280 Ibidem, III e V.
281 Ibidem, V.
282 Ibidem, I.
283 Ibidem.
284 Ibidem, III.
285 Cf. Livro II, Capítulo XIV, §§ 5-8.
286 Serveto. *De Trinitate*..., III.

para si um Filho visível, exibiu desse modo visivelmente a si;[287] pois, se isso fosse verdadeiro, não seria deixada outra divindade ao Cristo a não ser na medida em que fosse ordenado Filho pelo decreto eterno de Deus. Acrescente-se que transforma aqueles espectros que supõe no lugar da hipóstase de tal modo que não hesita em acrescentar ficções de novos acidentes em Deus. O que deve ser execrado ao máximo é que mistura tanto o Filho de Deus quanto o Espírito promiscuamente com todas as criaturas. Com efeito, assevera que há na essência de Deus partes e partições, das quais qualquer porção é Deus. Sobretudo, diz que os espíritos dos fiéis são coeternos e consubstanciais com Deus, ainda que atribua, em outro lugar, uma deidade substancial não apenas à alma do homem mas a todas as coisas criadas.

23. Desse pântano avança outro monstro em nada diferente. Com efeito, certos miseráveis, para evitar a inveja e a vergonha da impiedade de Serveto, confessaram que certamente há três Pessoas, mas adicionaram a regra de que o Pai, que é verdadeira e propriamente o único Deus, ao formar o Filho e o Espírito, transfundiu sua deidade neles. E não se abstêm de um terrível modo de falar — que o Pai se distingue do Filho e do Espírito por esta marca: somente Ele é a fonte de toda essência. Primeiro, sustentaram esta debilidade: que o Cristo seja chamado frequentemente de Filho de Deus. Disso concluem que não há propriamente um outro Deus que não o Pai. No entanto, não observam que, embora o nome de Deus seja comum também ao Filho, designa o Pai algumas vezes por excelência, uma vez que é fonte e princípio da deidade, e isso para que seja marcada a unidade simples da essência. Argumentam que, se é verdadeiramente Filho de Deus, é um absurdo que seja visto como o Filho de uma Pessoa. Eu, no entanto, respondo que ambos sejam verdadeiros, certamente é Filho de Deus, porque é a Palavra gerada pelo Pai antes dos séculos (ainda não tratamos da pessoa do Mediador), e, ainda que a causa da explicação seja a razão tida pela Pessoa, que o nome de Deus não seja tomado em absoluto, senão pelo Pai. Pois se não divisamos outro Deus que não seja o Pai, o Filho não é deposto obscuramente de tal posição. Portanto, todas as vezes em que se fizer menção à deidade, não se deve admitir uma mínima antítese entre o Filho e o Pai, como se apenas para este conviesse o nome de verdadeiro Deus. Pois, de modo claro, o Deus que apareceu a Isaías [Is 6, 1] foi o Deus verdadeiro e único, o qual, no entanto, João afirmou que era o Cristo [Jo 12, 41]. Aquele que decla-

---

287 Ibidem, I.

rou, pela boca de Isaías, que haveria de ser uma pedra de tropeço para os judeus [Is 8, 14] era o Deus único, que Paulo disse ser o Cristo [Rm 9, 33]. Aquele que proclama por Isaías: "Diante de mim se dobrará todo joelho" [Is 45, 23] é o Deus único, no entanto, Paulo o toma como o Cristo [Rm 14, 11]. Os testemunhos que o apóstolo recita [Hb 1, 10; 6], "Tu, Deus, fundaste o céu e a terra" [Sl 102, 26] e ainda "que o adorem todos os anjos de Deus" [Sl 97, 7], dirigem-se a isto: que não dizem respeito senão a um único Deus, dado que defenda serem elogios próprios do Cristo. E não vale a perversidade que transfere para Cristo aquilo que é próprio de Deus, uma vez que Cristo é o brilho de sua glória. Pois, quando e onde for sustentado o nome de Jeová, segue-se que a deidade seja a partir d'Ele mesmo. Pois se é Jeová, não se pode negar que ele seja aquele Deus que, em outro lugar, clama por Isaías: "Eu, eu sou, e não há Deus além de mim" [Is 44, 6]. Convém também lembrar aquela passagem de Jeremias: "Que os deuses que não fizeram o céu e a terra pereçam na terra que está sob o céu" [Jr 10, 11], de onde, em contrapartida, será necessário reconhecer que o Filho de Deus seja aquele cuja deidade foi mais frequentemente provada a Isaías desde a criação do mundo. Ora, de que modo não será de si mesmo, mas tomará a essência de um outro, o criador que dá o ser para todos? Pois qualquer um que diga que o Filho receba a essência do Pai, nega ao Filho o próprio ser. Ora, o Espírito Santo se opõe a isso nomeando-O Jeová. Assim, se consentirmos que toda a essência venha a ser unicamente no Pai, ela ou se tornará divisível ou será negada ao Filho, que, assim, espoliado de sua essência, será Deus somente de nome. Se for dado crédito a esses desvairados, a essência de Deus convém unicamente ao Pai, uma vez que apenas Ele é e em que Ele é a fonte da essência do Filho. Assim, a divindade do Filho será algo abstraído da essência de Deus, ou a derivação da parte de um todo. Logo, partindo deste princípio, é necessário que concedam que o Espírito seja somente do Pai, uma vez que, se a derivação se efetua da primeira essência, que não é própria senão ao Pai, por direito o Espírito não é divisado no Filho. Isso, porém, é refutado pelo testemunho de Paulo, visto que o faz comum ao Cristo e ao Pai. No entanto, se a pessoa do Pai for expungida da Trindade, em que diferirá do Filho e do Espírito senão porque somente Ele é o único Deus? Reconhecem que o Cristo seja Deus, e, no entanto, que difere do Pai. Em compensação, é preciso que seja visível alguma diferença, para que o Pai não seja o Filho. Aqueles que a põem na essência, manifestamente conduzem ao nada a verdadeira divindade do Cristo, que não pode ser, nem ser completa, sem a essência. Certamente, o Pai não

difere do Filho a menos que tenha algo próprio em Si que não seja comum ao Filho. O que, então, encontram para que se distingam? Se há
distinção na essência, respondam se, porventura, ela não se comunicaria
com o Filho. Com efeito, isso não poderia se dar de forma parcial, porque é ilícito forjar um Deus dividido. Acrescente-se que, por essa via, di-
laceram horrivelmente a essência de Deus. Resta então que a essência
seja completa e consistentemente comum ao Pai e ao Filho. E, se isso é
verdade, já não há por meio dela nenhuma distinção entre Pai e Filho. Se
replicarem que, ao fornecer a essência, o Pai permanece sempre como o
único Deus, em cujo poder estaria a essência, então o Cristo será um Deus
figurativo, apenas na aparência e no nome; mas não na realidade, porque nada é mais próprio a Deus que o ser, como foi dito: "Aquele que é
enviou-me para vós" [Ex 3, 14].

24. Muitas são as passagens que provam ser falso o que assumem:
que em todas as vezes que a Escritura faz menção a Deus de modo absoluto, não é entendido senão o Pai. Mesmo naquelas passagens que citam
em seu favor, revelam de modo torpe sua ignorância, uma vez que ali se
retira o nome do Filho, donde se tem a impressão de que o nome de Deus
seja tomado de forma relativa e, por isso, restrito à pessoa do Pai. Mas
a objeção deles se dilui numa única sentença: "A não ser que apenas o
Pai seja o Deus verdadeiro", dizem, "seria pai de si mesmo". Na verdade,
não é nenhum absurdo que, de acordo com o grau e a ordem, seja especialmente chamado de Deus aquele que não só gerou a partir de si sua
sabedoria, mas também é Deus do Mediador, como o mostrarei no devido lugar. Pois, desde que se manifestou na carne, Cristo é chamado de
Filho de Deus, não tanto na medida em que foi a Palavra eterna gerada
desde o Pai antes dos séculos, mas porque recebeu a pessoa e o encargo
de Mediador, para nos unir a Deus. Uma vez que excluem o Filho da honra de Deus de modo tão audaz, eu queria saber se, quando Ele afirma
que, além do Deus único, ninguém é bom [Mt 19, 17], Ele se priva da
bondade. Não falo de sua natureza humana, para que, por acaso, não
objetem que tudo o que houvesse nela de bom fluísse de um dom gratuito. Pergunto se a Palavra eterna de Deus é boa ou não. Se negarem, tem-
-se claramente a certificação de sua impiedade; admitindo, cortam o próprio pescoço. Que pareça, à primeira vista, que Cristo declina de si o nome
de bom, antes confirma nosso propósito: visto ser um elogio restrito ao
Deus único, uma vez que fora costumeira e correntemente saudado como
bom, ao repudiar uma honra falsa, admoesta que seja divina a bondade
que possui. Pergunto ainda se, quando Paulo afirmou que apenas Deus

é imortal, sábio e veraz [1Tm 1, 17], tenha, por suas palavras, trazido o Cristo à ordem dos mortais, estultos e falaciosos. Não era pois imortal aquele que, desde o início, foi a vida que conferiria imortalidade aos anjos? Não era sábio aquele que é a sabedoria eterna de Deus? Não será veraz a própria verdade? Pergunto, além disso, se lhes parece que Cristo não deva ser adorado. Com efeito, se é por direito que reclama que todo joelho se curve diante de si [Fp 2, 10], segue-se que seja Deus ter vetado que qualquer outro fosse adorado exceto Ele. Se quiserem aceitar apenas para o Pai aquilo que foi dito em Isaías, "eu sou, e ninguém além de mim" [Is 44, 6], replicarei a eles este testemunho: vimos ser atribuído a Cristo tudo o que é de Deus. E não é uma ocasião para o erro deles que Cristo tenha sido exaltado na carne na qual se esvaziou, e todo o império no céu e na terra tenha sido dado a ele em referência à carne: porque, ainda que a majestade dos reis e dos juízes seja estendida a toda a pessoa do Mediador, a menos que Deus se tivesse manifestado na carne, ele não poderia ser alçado a tão grande altitude sem que Deus se opusesse a si mesmo. E Paulo elimina excelentemente essa controvérsia ensinando que ele teria tido igual a Deus antes que se esvaziasse sob a forma de um servo [Fp 2, 6s.]. Como haveria tal igualdade se Deus não fosse aquele cujo nome é Já e Jeová, que cavalga sobre o querubim, que é rei de toda a terra, e rei dos séculos? Logo, por mais que gritem, não pode ser tirado de Cristo o que em outra passagem diz Isaías: "Este, este é nosso Deus, esperávamos por ele" [Is 25, 9], quando descreve, por essas palavras, o advento do Deus Redentor, que não só retirou o povo do exílio da Babilônia, mas que constituiu plenamente a Igreja em todas as perfeições. Nada avançam de outro erro: que Cristo tenha sido Deus em seu Pai. Pois, mesmo admitindo que, pela razão da ordem e do grau, o princípio da divindade esteja no Pai, dizemos no entanto que seja detestável aquele comentário de que a essência seja própria unicamente do Pai, como se fosse deificador do Filho, uma vez que, desse modo, ou haveria uma essência múltipla ou, unicamente por título ou imaginação, chamam a Cristo de Deus. Se concederem que o Filho seja Deus, mas o segundo desde o Pai, então seria gerada e formada nele a essência que é não gerada e sem forma no Pai. Eu sei que para muitos zombadores é motivo de escárnio a distinção das pessoas que fazemos pelas palavras de Moisés quando apresenta o Deus, que fala assim: "Façamos o homem à nossa imagem" [Gn 1, 26]. No entanto, os leitores pios veem que Moisés teria querido apresentar esse colóquio de modo frio e inepto se não subsistissem várias pessoas no Deus único. Logo, dá-se como certo que não sejam criaturas aqueles com quem o Pai fala: ora, nada há que não o próprio e, certamente, o único Deus que não seja criatura. Portanto, a menos que concedam agora que fosse comum ao Pai, ao Filho e ao Espírito o poder da criação e a autoridade de comandar, segue-se que Deus não tenha falado assim interiormente consigo mesmo, mas que tivesse dirigido a palavra a outros artífices, exteriores. Por fim, uma única passagem resolve de forma fácil e simultânea duas de suas objeções. Pois aquilo que o próprio Cristo pronunciou, que Deus seja o Espírito [Jo 4, 24], não teria sido conveniente se fosse restrito ao Pai, como se a Palavra, ela mesma, não tivesse uma natureza espiritual. Se o nome "Espírito" convém de modo semelhante tanto ao Filho como ao Pai, tomo que o Filho esteja compreendido sob o nome indefinido de "Deus". Ele acrescenta, logo depois, que não são aprovados como cultores pelo Pai senão aqueles que o adoram em espírito e verdade, de onde se conclui ainda que, exercendo Cristo o ofício de doutor debaixo daquele que é a cabeça suprema, atribui ao Pai o nome "Deus", não para que sua própria deidade fosse abolida, mas para nos elevar a ela gradativamente.

25. Mas se enganam aqueles que sonham com indivíduos que obtenham de modo singular uma parte da essência. Não obstante, por meio da Escritura, ensinamos que há essencialmente um único Deus e, por isso, que a essência seja não gerada tanto para o Filho quanto para o Espírito; mas, uma vez que o Pai é o primeiro pela ordem e gerou sua sabedoria desde si, como há pouco se disse, merecidamente Ele é visto como princípio e fonte de toda a divindade. Assim, é "Deus", tomado sem definição, que é não gerado, e também o Pai é não gerado quanto à pessoa. Estultos também consideram poder ver em nossa sentença que seja estatuída ao Pai uma quaternidade, uma vez que atribuem a nós, falsa e caluniosamente, um comentário de seu cérebro, como se supuséssemos que três Pessoas avançassem de modo derivado de uma única essência, quando é claro que, em nossos escritos, as Pessoas não são abstraídas da essência, mas é interposta uma distinção, por mais que residam nela. Se as Pessoas fossem separadas da essência, talvez o argumento deles fosse provável, mas, desse modo, haveria uma trindade de deuses, não das Pessoas que o Deus único contém em si. Assim resolve-se a questão fútil daqueles para quem a essência não concorre para a formação da Trindade, como se imaginássemos que três deuses seriam dela descendentes. Nasce da mesma tolice sustentarem que haveria uma Trindade sem Deus, porquanto, ainda que a Trindade não concorra como parte ou membro para a distinção, as pessoas não são sem ela nem fora dela, uma vez que também o Pai, a menos que fosse Deus, não poderia ser Pai, nem poderia o Filho ser Filho senão porque é Deus. Dizemos, portanto, que a divindade seja absoluta por si; donde reconhecemos que também o Filho, uma vez que é Deus, seja por si, prescindindo a relação de pessoa; desde que é verdadeiramente Filho, dizemos que seja a partir do Pai: assim, a essência do Filho carece de princípio, já que o princípio da Pessoa é o próprio Deus. Os escritores ortodoxos, seja os que tenham outrora falado da Trindade, mantiveram esse nome apenas para as Pessoas, visto que abraçar na mesma distinção a essência não seria só um erro absurdo, mas uma crassa impiedade. Pois aqueles que pretendiam que concorressem os três, a Essência, o Filho e o Espírito, é claro que esvaziavam a essência do Filho e do Espírito; além disso, misturadas entre si, as partes se destruiriam, o que é vicioso em qualquer distinção. Por fim, se "Pai" e "Deus" fossem sinônimos, assim como o Pai seria o deificador, não haveria no Filho nenhum resíduo além da sombra, nem a Trindade seria mais do que a união de um Deus com duas coisas criadas.

26. Já se respondeu àquilo que trazem como objeção, que se Cristo fosse o próprio Deus, seria falsamente chamado de Filho de Deus, uma vez que, ao fazer a comparação entre uma pessoa e outra, o nome "Deus" não é tomado de forma indefinida, mas é restrito ao Pai, uma vez que é Ele o princípio da divindade, não por ser fonte da essência, como os fanáticos dizem, mas em vista da ordem. É tomada com esse sentido aquela palavra que Cristo dirigiu ao Pai: "Esta é a vida eterna: que creiam em ti, o único Deus verdadeiro, e em Jesus Cristo, a quem enviaste" [Jo 17, 3]. Pois, ao falar na pessoa do Mediador, Cristo mantém um grau intermediário entre Deus e os homens, embora Sua majestade não seja diminuída por esse motivo. Pois, ainda que tenha esvaziado a si mesmo, não perdeu junto do Pai a sua glória, que foi oculta à presença do mundo. Assim, o apóstolo, no capítulo 2 da *Epístola aos Hebreus*, por mais que reconheça que Cristo estivesse, por um tempo exíguo, abaixo dos anjos, não hesita em asseverar que Ele fosse o Deus eterno que fundou a terra. Portanto, cumpre manter que, por quantas vezes o Cristo, na pessoa do Mediador, dirija-se ao Pai, abarca sob o nome "Deus" a divindade que também é d'Ele. Assim, ao dizer aos apóstolos: "Livra-me de ascender ao Pai, porque o Pai é maior" [Jo 16, 7], não concede para si apenas a segunda divindade, dado ser inferior ao Pai segundo a essência eterna, mas porque, possuidor da glória celestial, junta os fiéis em sua participação. Ele coloca o Pai em um grau superior, uma vez que a perfeição e o esplendor que aparecem no céu diferem visivelmente da medida da glória que é vista n'Ele, revestido pela carne. Pela mesma razão, Paulo também diz que Cristo restituirá o reino do Pai a Deus, por Deus ser tudo em todos [1Co 15, 24]. Nada é mais absurdo que negar a perpetuidade da divindade de Cristo. Visto que, se jamais deixa de ser o Filho de Deus, mas sempre permanecerá o que foi desde o início, deva-se compreender sob o nome do Pai a única essência de Deus, que é comum a ambos. E certamente por isso Cristo desceu para nos elevar ao Pai, ao mesmo tempo que nos elevou a si mesmo, porque Ele é uno com o Pai. Portanto, não é lícito nem correto restringir o nome de Deus ao Pai, como se fosse negado ao Filho. E por essa causa João afirmou que era o verdadeiro Deus [Jo 1, 1], para que não se considere subsistir abaixo do Pai em um segundo grau de divindade; e me admira o que reclamam para si esses inventores de novos deuses, quando confessam que Cristo é o verdadeiro Deus, e logo depois o excluem da divindade do Pai, como se pudesse haver um Deus verdadeiro além daquele que é único, ou se a divindade transferida não fosse uma nova ficção.

27. Dado que reúnam muitas passagens de Irineu, nas quais assevera que o Pai de Cristo é o único e eterno Deus de Israel,[288] ou é uma vergonhosa insciência ou uma grande improbidade. Deveriam, na realidade, observar que o negócio e a disputa daquele santo homem se desse com os frenéticos que negavam que o Pai de Cristo fosse aquele Deus que outrora fora mencionado por Moisés e pelos profetas, e diziam ser uma fantasia produzida pela corrupção do mundo. E assim tudo se dá para que não seja pregado na Escritura senão o Deus que é o Pai de Cristo, e falsamente seria excogitado um outro. Por isso, não é espantosa a frequente conclusão de que não seja senão o Deus de Israel aquele que foi celebrado por Cristo e pelos apóstolos. Desse modo, também agora, que se deve opor a um erro diverso, dizemos com certeza que o Deus que outrora apareceu aos Patriarcas não é outro que não o Cristo. E se alguém fizer a objeção de que ele fosse o Pai, terá a pronta resposta de que não excluímos o Pai enquanto lutamos em favor da divindade do Filho. Quanto a isso, se os leitores atenderem ao conselho de Irineu, cessará toda a contenda. Com efeito, a partir do sexto capítulo do terceiro livro, toda a controvérsia é dirimida com facilidade, visto que o homem devoto insiste nisto: aquele que é chamado de Deus absoluta e indefinidamente na Escritura é de verdade o único Deus; ora, o Cristo é chamado de Deus em absoluto.[289] Lembremo-nos que esse era o estado da discussão, como

---

288 Irineu. *Adv. haer.*, III, c.6, 4.
289 Ibidem, III, c.6, 1.

é patente na obra toda, sobretudo no capítulo 46 do livro segundo: que não seja chamado de Pai, enigmática e alegoricamente, aquele que não é de fato Deus.[290] Adiciona, ao mesmo tempo, a afirmação de que tanto Filho quanto Pai foram pregados pelos profetas e apóstolos [liv.3, c.9].[291] Depois define como o Cristo, que é o Senhor e o Rei e o Deus e o Juiz de tudo, recebeu a potestade de tudo daquele que é Deus, em consideração à subjeção, uma vez que foi humilhado até a morte na cruz [c.12 do mesmo livro].[292] Pouco depois, afirma ser o Filho, o criador do céu e da terra, aquele que entregou a Lei na mão de Moisés e apareceu aos Patriarcas [c.16 do mesmo livro].[293] Assim, se alguém palrear que, para Irineu, apenas o Pai é o Deus de Israel, referir-me-ei ao que o mesmo escritor abertamente ensina: que exista o Cristo único e o mesmo, tal como também se refere a Ele o vaticínio de Habacuque de que Deus viria do sul[294] [c. 18[295] e 23[296] do mesmo livro]. Está de acordo com tudo isso mesmo o que se lê no capítulo 9 do livro 4: o próprio Cristo com o Pai é o Deus dos viventes. E no mesmo livro, no capítulo 12, há a interpretação de que Abraão cria em Deus porque o Cristo era o criador do céu e da terra e era o único Deus.[297]

28. Não é em nada mais verdadeira a alegação de que Tertuliano é seu patrono, porque, embora seu jeito de falar seja ora áspero ora espinhoso, observamos que ensina a suma da doutrina que sustento, sem ambiguidades: seguramente, Deus é único; no entanto, sua palavra é econômica: há um único Deus na unidade da substância e, não obstante, pelo mistério da dispensação, a unidade é disposta em uma Trindade: há três, não no estado, mas no grau; não na substância, mas na forma; não na potestade, mas na ordem.[298] Diz que defende o Filho como o segundo desde o Pai,[299] mas não entende que seja outro senão pela distinção.[300] Em outra passagem, diz que o Filho é visível; mas, depois de ter raciocinado por ambos os lados, define que Ele seja invisível, uma vez que é Palavra.[301] Por fim, ao afirmar que o Pai é caracterizado por sua

---

290 Ibidem, II, c.27, 2.
291 Ibidem, III, c.9, 1.
292 Ibidem, III, c.12, 13.
293 Ibidem, III, c.15, 3.
294 Hc 3, 3.
295 Irineu. *Adv. haer.*, III, c.16, 2.
296 Ibidem, III, c.20, 4.
297 Ibidem, IV, c.5, 3.
298 Tertuliano. *Adv. Praxeam*, c.2.
299 Ibidem, c.7.
300 Ibidem, c.9.
301 Ibidem, c.14.

Pessoa,[302] prova que está o mais longe possível daquele comentário que repelimos. E, por mais que não reconheça nenhum outro Deus além do Pai, ao explicar-se em um contexto próximo, mostra que não fala a respeito do Filho de modo excludente, porque nega que seja um outro Deus além do Pai: e, por isso, a unidade do império de Deus não é violada pela distinção da Pessoa. E é fácil deduzir o sentido das palavras do que foi dito por ele. Com efeito, contende contra Práxeas, dizendo que, por mais que Deus se distinga em três Pessoas, não se torna, porém, vários deuses, nem divide a unidade.[303] E uma vez que, segundo o comentário de Práxeas, Cristo não poderia ser Deus sem também ser Pai,[304] luta tanto Tertuliano contra essa distinção.[305] Que chame a Palavra e o Espírito de uma parte do todo,[306] ainda que essa fala seja dura, é escusável, visto que não se refere à substância,[307] mas nota tanto a disposição quanto a economia[308] que convém unicamente às Pessoas, como atesta o próprio Tertuliano. É também daí que ele pergunta: "Quantas pessoas são vistas por ti, perversíssimo Práxeas, senão tantas quantas são as palavras?".[309] Ainda assim, um pouco depois: "que creiam no Pai e no Filho, cada qual com seus próprios nomes e Pessoas".[310] Com isso, julgo eu, pode ser suficientemente refutada a impudência daqueles que, pela autoridade de Tertuliano, tentam iludir os ignorantes.

29. E certamente qualquer um que compare com discernimento os antigos escritos, não encontrará em Irineu senão aquilo que foi ensinado por aqueles que o sucederam. Justino é um dos mais antigos e está de acordo conosco em tudo.[311] Trazem a objeção de que, tanto por ele quanto por outros, que o Pai de Cristo seja chamado de o Deus único.[312] Hilário também ensina o mesmo, ainda que fale energicamente que a eternidade seja no Pai.[313] Mas como tirar do Filho a essência de Deus? Ora, tudo está na defesa de sua fé, que seguimos. Nem os envergonha escolher não sei que ditos mutilados, pelos quais persuadem de que Hilário é o patrono do erro

---

302 Ibidem, c.18.
303 Ibidem, c.3 et passim.
304 Ibidem, c.1, 2 et passim.
305 Ibidem, c.11.
306 Ibidem, c.9 e 26.
307 Ibidem, c.26.
308 Ibidem, c.3.
309 Ibidem, c.23.
310 Ibidem, c.23.
311 Cf. Justino. *Apologia*, I, c.6, 13, 23 et passim.
312 Cf. Serveto. *De Trinitate*, I.
313 Hilário. *De Trinitate*, I, 5; II, 6. In: PL 10, 28; 55s.

deles. Se quiserem que aquilo que pretendem obter de Inácio tenha alguma importância, provem que os apóstolos propuseram a lei da Quaresma e corrupções semelhantes. Nada é mais ofensivo que aquelas ninharias editadas sob o nome de Inácio. Quão menos tolerável é a impudência deles, que se instruem com tais larvas para a queda. O consenso dos mais velhos é percebido de modo tão claro nisso, que Ário, no Concílio de Niceia, não teve a ousadia de propor suas heresias emprestando a autoridade de nenhum escritor, e nenhum deles, grego ou latino, jamais se escusou de dissentir de seus antecessores. Nem é preciso dizer o quão cuidadosamente analisou os escritos de todos e com quanta reverência os abraçou Agostinho, para quem aqueles enganadores são perigosíssimos. De fato, costuma mostrar muito escrupulosamente por que se vê forçado a discordar deles. E também a respeito desse argumento, se tivesse lido algo ambíguo ou obscuro em outros escritores, não o disfarçaria. Mas ele assume de forma confessa que a doutrina que estes combatem tivesse sido recebida sem controvérsia desde a mais remota antiguidade. E ele também não ignorou o que os outros ensinaram antes, o que consta de uma única palavra, quando disse, no livro primeiro de *A doutrina cristã*, que o Pai fosse a unidade.[314] Dirão eles, então, que se esqueceu de si mesmo? Mas ele se livra dessa calúnia em outra passagem, em que chama o Pai de princípio de toda a divindade,[315] porque não procede de nenhum outro, considerando ser muito prudente atribuir ao Pai o nome de Deus, dado que, a menos que o início seja d'Ele, a simples unidade de Deus não poderia ser concebida. E, por fim, eu espero que o leitor reconheça que todas as calúnias que foram discutidas até este ponto são aquelas pelas quais Satanás tentou perverter ou obscurecer a pura fé da doutrina. Enfim, creio que a suma totalidade da doutrina tenha sido explicada com fidelidade, se os leitores impuserem regra à curiosidade e não se lançarem a disputas molestas e perplexas com mais cupidez do que é necessário. Pois em nada busco que sejam aplacados os que têm prazer nas intempéries da especulação. Decerto considerarei que não omiti astuciosamente o que me teria sido contrário, mas, zelando pela edificação da Igreja, pareceu melhor não mencionar vários tópicos, os quais trariam pouco proveito e vão aborrecimento aos leitores. De que serve disputar se o Pai sempre gera? Tendo como indubitável que desde a eternidade existem três Pessoas em Deus, este ato contínuo de engendrar não é mais que uma supérflua e frívola fantasia.[316]

---

314 Agostinho. *De doctrina...*, I, 5. In: PL 34, 21.
315 Idem, *De Trinitate*, IV, c.20, 29. In: PL 42, 98.
316 Lombardo, P. *Sentent.*, I, dist.9, 10ss. In: PL 192, 547ss.

Capítulo XIV

Na própria criação do mundo e em todas as coisas, a Escritura diferencia com certas marcas o Deus verdadeiro do fictício.*

 inda que Isaías reprove corretamente a imprudência dos cultores dos falsos deuses, que não aprenderam com os fundamentos da terra e com o âmbito do céu quem é o verdadeiro Deus [Is 40, 21], foi necessário, dada a preguiça e lentidão da nossa mente, desenhar de forma mais viva o Deus verdadeiro aos fiéis, para que não se deixassem levar pelas ficções dos gentios. Pois, apesar do absurdo da descrição de que Deus seja a mente do mundo,[317] tida pelos filósofos como muito tolerável, é preciso que Ele seja mais familiarmente conhecido por nós, para que nem sempre vaguemos na ambiguidade. E assim Ele quis exibir a história da criação para que, apoiada, a fé da Igreja não buscasse outro Deus senão aquele proposto por Moisés como fundador e criador do mundo. Nessa história, foi primeiro assinalado o tempo, para que, na contínua sucessão dos anos, os fiéis chegassem à origem primeira do gênero humano e de todas as coisas, cuja cognição é de extrema necessidade, e não apenas para destruir as fábulas prodigiosas que no Egito e em outras regiões da terra outrora abundaram, mas também para que, conhecido o início do mundo, reluzisse com maior fulgor a eternidade de Deus e nos tomasse ainda mais em sua admiração. E não nos deve mover aquela zombaria profana de que seja admirável não ter ocorrido antes à mente de Deus criar o céu e a terra, mas que tenha permitido fluir ocioso um imenso espaço, antes do qual poderia haver um sem-número de gerações; dado

---

* Tradução deste capítulo: Carlos Eduardo de Oliveira, José Carlos Estevão, Melina Rodolpho e Izabella Lombardi.
317 Cícero. *De natura...*, I, 13, 33-35.
Lactâncio. *Divines...*, I, 5, 18-22.

que ainda não chegou aos seis mil anos ainda, e já está declinando para o seu fim.[318] Nem é lícito nem convém a nós inquirir por que Deus adiou tanto a criação, uma vez que, se a mente humana decidir penetrar na questão, cem vezes falhará no caminho; nem seria útil saber o que o próprio Deus, para provar a modéstia de nossa fé, deliberadamente desejou que fosse escondido. E aquele velho devoto, dado que um impertinente perguntasse por troça o que Deus fazia antes de o mundo ser criado, habilmente respondeu que fizera um inferno aos curiosos.[319] Essa admoestação, não menos grave que severa, detém também a lascívia, que a muitos anima e impele a especulações falsas e nocivas. Por fim, lembremos que aquele Deus invisível, cuja sabedoria, virtude e justiça são incompreensíveis, é posto a nós pela história de Moisés como que em um espelho, no qual sua imagem reluz vivamente. E de fato, assim como nada distinguem com precisão olhos enfraquecidos pela idade ou prejudicados por outro vício, a menos que sejam auxiliados por lentes, também nós, porque nos cabe a fraqueza, se a Escritura não nos dirigir na busca de Deus, esvaecemos de imediato. Aqueles que são indulgentes com sua petulância, uma vez que inutilmente admoestados agora, sentirão muito tarde, em seu castigo terrível, o quanto teria sido melhor para eles desejar com reverência os desígnios secretos de Deus, em vez de lançar blasfêmias que obscurecem o céu. E de modo acertado Agostinho aponta que se faz uma injúria a Deus quando se busca uma causa das coisas superior à sua vontade [*Sobre o Gênesis, contra os maniqueus*].[320] Em outro lugar, Agostinho admoesta prudentemente que não é erro menor mover uma questão sobre a imensidão dos espaços, seja quanto aos tempos, seja quanto aos lugares [*A cidade de Deus*, XI].[321] Por certo, por mais amplamente que se estenda o circuito dos céus, há, no entanto, certa dimensão. Se alguém reclamasse agora com Deus que o vazio supera uma centena de vezes, não seria uma petulância detestável a todos os devotos? Precipitam-se ao mesmo furor os que perseguem o ócio de Deus, visto que, pelo arbítrio deles, Ele não esconderia o mundo por inúmeros séculos.[322] Para satisfazer sua cupidez, estes buscam ir para fora do mundo, como se, em tão ampla circunferência do céu e da terra, não ocorressem coisas suficientes que, por seu fulgor inestimável, absorvam todos os nossos senti-

---

318 Cf. Cícero, *De natura*..., I, 9, 21.
319 Agostinho. *Conf.*, XI, 12, 4. In: PL 32, 815.
320 Idem, *De Gen. Ctr. Man.*, I, 2, 4. In: PL 34, 175.
321 Idem, *De civit*..., XI, 5. In: PL 41, 320s.
322 Cícero, *De natura*..., I, 9, 21.

dos: como se Deus, em seis mil anos, não tivesse exibido exemplos o bastante com os quais nossa mente se exercita em meditação assídua. Portanto, permaneçamos voluntariamente presos nestas cancelas, nas quais Deus quis circunscrever a nós e como que contrair nossa mente, para que não defluísse vagando com licenciosidade.

2. Diz respeito à mesma razão o que narra Moisés: que o trabalho de Deus não foi feito em um momento, mas em seis dias. Pois, também por essa particularidade, recolhemos, de todas as ficções quanto ao único Deus, que Ele distribuiu seu trabalho em seis dias para que não nos fosse um incômodo o ter de se ocupar na consideração disso por todo o curso da vida. Por mais que nossos olhos, para qualquer parte a que se voltem, sejam obrigados a ver o trabalho de Deus, percebemos que a atenção é frouxa e rapidamente se esmaecem as cogitações pias que porventura nos alcançam. Aqui também reclama a razão humana, como se tais progressos fossem alheios ao poder de Deus, até que, subjugada ao obséquio da fé, aprende a acolher aquela quietude à qual a santificação do sétimo dia nos convida. Na própria ordem das coisas, é considerado o amor paterno de Deus com o gênero humano, que não criou Adão antes que a terra fosse enriquecida em abundância de coisas boas. Pois, se o tivesse colocado na terra estéril e vazia, se desse a vida antes da luz, ver-se-ia que pouco teria considerado o que era útil para ele. Mas, ao dispor o movimento do sol e dos astros a serviço do homem, encheu a terra, as águas e os ares com animais; produziu em abundância todos os frutos que serviriam de alimento, tomando o cuidado de um pai de família providente e diligente, ostentou diante de nós sua admirável bondade. Se alguém ponderar com maior atenção o que apresento de modo tão breve, constatará que Moisés foi uma testemunha e um arauto autêntico do único Deus criador. Omito o que já expus,[323] que ali não fala meramente da essência nua de Deus, mas também propõe sua eterna sabedoria e o Espírito, para que não sonhemos com nenhum outro Deus senão aquele que deseja ser reconhecido naquela imagem clara.

3. Mas, antes que eu comece a discorrer sobre a natureza do homem, é preciso acrescentar algo sobre os anjos. Mesmo que Moisés, acomodando a história da criação à rudeza do vulgo, não recorde nenhuma outra obra de Deus a não ser a que aparece diante de nossos olhos, porque depois introduz os anjos como ministros de Deus, facilmente se pode tomar que seja o criador dos anjos aquele a quem dedicaram a obra e as tare-

---

323 Cf. Capítulo XIII, §§ 2 e 24, deste Livro.

fas. Em sua fala popular, Moisés não reconhece os anjos como as primeiras criaturas de Deus. Nada nos impede, no entanto, de ensinar longa e detalhadamente o que a Escritura com frequência ensina em outros lugares, uma vez que, se desejamos conhecer a Deus por meio de suas obras, não deve ser omitido tão notável e nobre espécime. Acrescente-se que essa parte da doutrina é necessária para que diversos erros sejam refutados: a mente de muitos se fecha de tal maneira à observação da natureza dos anjos que considera uma injúria a eles serem sujeitos ao império de um Deus único, como se recolhidos numa ordem. Também apareceu Manes com sua seita, que fabricou para si Deus e o Diabo por dois princípios, atribuindo a origem das coisas boas a Deus, mas referindo a autoria das naturezas más ao Diabo.[324] Se esse delírio tivesse envolvido nossa mente, não creditaríamos a Deus a Sua glória na criação do mundo. Visto que nada seja mais próprio a Deus que a eternidade e a autogênese, ou seja, a existência desde si mesmo, se assim posso falar, aqueles que atribuem autorias ao Diabo não o dotam de certo modo com o título da divindade? Logo, onde está a onipotência de Deus se for concedido ao Diabo um império tal que, aquele constrangido e contrariado, este faça tudo o que queira? O único ponto mantido pelos maniqueus, de que não seja lícito atribuir ao bom Deus a criação daquelas coisas más, em nada lesa a fé ortodoxa, que não admite haver, na totalidade do mundo, uma natureza má, dado que nem a depravação nem a malícia, quer dos homens, quer do Diabo, ou os pecados daí nascidos, provêm da natureza, mas da corrupção da natureza;[325] nem, desde o início, houve absolutamente algo em que Deus não tenha exibido um espécime de sua sabedoria e de Sua justiça. Para ir de encontro a tão perversos comentários, é necessário elevar a alma mais ao alto do que nossos olhos podem contemplar. É provável que por esta causa, quando no símbolo niceno se diz que Deus é o criador de todas as cisas, estejam se referindo às coisas invisíveis. Entretanto, haverá de se cuidar do que prescreve a regra da piedade, para que os leitores não vaguem afastados da simplicidade da fé, especulando mais ao alto do que é cabido. E, dado que o Espírito sempre nos ensina o que nos convém, omitindo por completo ou tocando apenas de passagem aquilo que pouco nos acrescenta para a edificação, também é nosso ofício ignorar voluntariamente aquilo que não nos leva a lugar algum.

---

324 Cf. Agostinho, *De haeresibus*, c.44, in: PL 42, 34; *De Genesi ad literam*, XI, 12, 17. In: PL 34, 436; *Contra Iulianum*, I, 115ss. In: PL 44, 1124ss.
325 Cf. Agostinho. *Contra Iulianum*, I, 114. In: PL 44, 1124ss.

4. Deve, portanto, estar claramente fora de toda controvérsia que, sendo os anjos ministros de Deus ordenados para a execução de seus mandamentos, sejam também criaturas d'Ele. Mover uma contenda sobre o tempo ou a ordem pela qual foram criados não é, porventura, antes pervicácia que diligência?[326] Moisés narra que a terra e os céus foram concluídos com todo o seu exército [Gn 2, 1]: de que adianta, então, atormentarmo-nos para saber quantos dias depois dos astros e planetas os outros exércitos celestes, mais recônditos, também começaram a ser? Para que eu não vá mais longe, lembremos aqui que, em toda a doutrina da religião, deve-se observar uma única regra de modéstia e sobriedade: sobre as coisas obscuras, nem falemos nem sintamos nem busquemos saber mais do que nos foi ensinado pelo Verbo de Deus. E, ainda que, na leitura da Escritura, insistamos em buscar e meditar constantemente tudo o que diz respeito à edificação, não sejamos indulgentes com a curiosidade ou o zelo de coisas inúteis. E porque o Senhor nos quis tornar eruditos não em questões frívolas, mas na piedade sólida, no temor de seu nome, em uma confiança verdadeira, nos ofícios de santidade, aquiesçamos àquela ciência. Eis por que, se queremos saber ordenadamente, devemos deixar aquelas questões supérfluas que são ensinadas por homens ociosos sobre a natureza, a ordem, a multiplicidade dos anjos, sem o Verbo de Deus.[327] Sei que esses pontos aparecem a muitos como cúpidos demais, e que há maior voluptuosidade por eles do que por aqueles que são aplicados no uso cotidiano. Na verdade, a menos que seja pesaroso para nós sermos discípulos de Cristo, não deve ser pesaroso seguir o caminho que ele mesmo prescreveu. Assim, se dê que, contentes com seu magistério, não só nos abstenhamos de especulações vãs, mas também tenhamos aversão àquilo que dele nos afasta. Ninguém pode negar que o próprio Dionísio, tenha sido quem fosse, discorreu muito sutil e engenhosamente sobre a hierarquia celeste,[328] mas, se alguém examinar mais de perto tal relato, depreenderá que seja mera bobagem na sua maior parte. Ora, o propósito de um teólogo não é deleitar os ouvidos, mas, ao ensinar o que é verdadeiro, certo e útil, confirmar as consciências. Quem ler aquele livro, pensará que o homem que caiu do céu referiu-se não ao que aprendeu, e sim àquilo que seus olhos viram. Mas Paulo, que foi levado para fora do terceiro céu [2Co 12, 2], não contou nada semelhante, assim como ates-

---

326 Lombardo, P. *Sent.*, II, dist.2, 1ss. In: PL 192, 655.
327 Ibidem, dist.2-11.
328 Pseudo-Dionísio Areopagita, *Peri;* In: PG 3.

tou não ser lícito ao homem contar os segredos que vira.[329] Portanto, abandonando essa sabedoria desvairada, consideremos pela simples doutrina da Escritura o que o Senhor deseja que saibamos sobre seus anjos.

5. Na Escritura, lê-se que os anjos são Espíritos celestes dos quais Deus usa o ministério e serviço para executar tudo aquilo que decreta, donde aquele nome ser atribuído igualmente aos mensageiros que Deus chamou para se manifestarem aos homens. E outros nomes pelos quais também são feitos insignes são atribuídos por razão semelhante. São chamados de exército, porque, como satélites, circundam o seu Príncipe, adornam sua majestade e lhe restituem o brilho; e, como soldados, que têm a atenção sempre voltada à posição de seu Líder, estão de tal modo prontos para receber e executar suas ordens que, no momento em que a ordem é dada, eles se preparam para o trabalho ou, antes, já estão no trabalho. Os profetas descrevem essas e outras imagens para declarar a magnificência do trono de Deus, sobretudo Daniel, quando disse que "mil milhares e dez mil miríades ali estavam quando Deus apareceu ao tribunal" [Dn 7, 10]. Como é por eles que o Senhor, maravilhosamente, executa e declara o poder e a força de suas mãos, são chamados Virtudes. Porque Deus exerce e administra seu império no mundo por meio deles, ora são chamados Principados, ora Potestades, ora Domínios [Cl 1, 16; Ef 1, 21]. Por fim, como a glória de Deus de algum modo reside neles, também são chamados de Trono. Embora sobre este último nome nada asseverarei, porque uma interpretação diversa ou é igual ou até mais congruente. Omitido este último nome, os anteriores são usados com frequência pelo Espírito Santo para recomendar a dignidade do ministério angélico. E não é justo que as criaturas das quais o Senhor se serve como instrumentos para manifestar de modo particular sua presença não sejam tomadas em grande estima. E por essa razão, não uma, mas muitas vezes, são chamados de deuses, porque de algum modo nos mostram em seu ministério, como em um espelho, uma certa divindade. E ainda que não me desagrade a interpretação dos antigos escritores, os quais, quando a Escritura lembra que um anjo de Deus apareceu a Abraão, Jacó, Moisés e outros [Gn 18, 1; 32, 1-28;[330] Js 5, 14; Jz 6, 14; 13, 22], interpretam que Cristo era aquele anjo.[331] No entanto, quando muitas vezes se faz menção a todos os anjos, esse nome de deuses é atribuído a eles. Isto, porém, não deve susci-

---

329 2Co 12, 4.
330 Gn 32, 2-29 (*Vulgata* 32, 1-28).
331 Justino. *Dial. C. Tryph.*, c.56, 58s.
      Tertuliano. *Adv. Marc.*, III, 9.

tar admiração, pois, se essa honra é dada a príncipes e juízes [Sl 82, 6], visto que tomem o lugar de Deus, que é o sumo Rei e Juiz em sua função, há uma causa muito maior para que seja dado aos anjos, nos quais a claridade de sua glória divina reluz de forma muito mais abundante.

6. Ora, a Escritura insiste em ensinar de vários modos isso que poderia levar excelentemente à consolação e à confirmação de nossa fé, a saber, que os anjos sejam os dispensadores e administradores para nós da beneficência divina. Por isso, lembra que estão atentos à nossa salvação, cuidam de nossa proteção, dirigem nossos caminhos, solicitamente cuidam para que não se dê nada que nos seja adverso. São universais as sentenças que dizem respeito primeiro a Cristo, cabeça da Igreja, e depois a todos os fiéis: "Mandou seus anjos a ti, para que te guardem em todos os teus caminhos; eles te levarão nas mãos, para que teus pés não tropecem" [Sl 91, 11]. Além disso, o Anjo do Senhor permanece no encalço daqueles que o temem e os defende [Sl 34, 8]. Por meio dessas citações, Deus mostra que delega à tutela de seus anjos aqueles que aceita receber em sua custódia. É por essa razão que o Anjo do Senhor consolou a Agar fugitiva e ordenou que ela se reconciliasse com sua senhora [Gn 16, 9]. Abraão prometeu a seu servo que um anjo os guiaria no caminho deles [Gn 24, 7]. Jacó, ao abençoar Efraim e Manassés, rezou para que o Anjo do Senhor, por quem foi liberado de todo o mal, fizesse-os prosperar [Gn 48, 16]. Assim, um anjo foi indicado para proteger o acampamento do povo israelita [Ex 14, 9; 23, 20], e quantas vezes Deus quis livrar Israel da mão do inimigo, lançava o ministério vingador dos anjos [Jz 2, 1; 6, 11; 13, 10].[332] Assim, por fim (dado não ser necessário estendermo-nos ainda mais), os anjos ministraram o Cristo [Mt 4, 11] e estavam com Ele em todas as dificuldades [Lc 22, 43]. Anunciaram sua ressurreição às mulheres; aos discípulos, o seu advento glorioso [Mt 25, 5-7; Lc 24, 5; At 1, 10]. Para cumprir a missão de nossos protetores, lutam contra o Diabo e contra todos os nossos inimigos, e executam a vingança de Deus contra aqueles que nos afligem, tal como lemos que o Anjo do Senhor, para livrar Jerusalém do cativeiro, tivesse matado em uma só noite cento e oitenta e cinco mil homens em um acampamento do rei da Assíria [2Rs 19, 35; Is 37, 36].

7. De resto, não ousarei afirmar como certeza que um anjo seja atribuído a cada um dos fiéis para sua defesa. Assim é que Daniel, quando introduziu o Anjo dos Persas e o Anjo dos Gregos [Dn 10, 13-20; 12, 1], quis mostrar que certos anjos são destinados a presidir reinos e provín-

---

332 Jz 13, 3-20.

cias. Também Cristo, quando disse que os anjos dos meninos sempre viam a face do Pai [Mt 18, 10], insinua que há certos anjos aos quais é recomendado o bem-estar daqueles. Mas não sei se daí se pode dizer que cada um tenha um anjo. Sem dúvida, deve-se ter por certo que cada um de nós é cuidado não só por um único anjo, mas por todo um consenso que vigia nosso bem-estar. Pois, de todos os anjos, de fato se diz que mais se alegram com a conversão de um pecador arrependido que com os noventa e nove justos que persistem na justiça [Lc 15, 7]. Também se diz que muitos anjos carregaram a alma de Lázaro ao seio de Abraão [Lc 16, 23].[333] Nem foi em vão que Eliseu mostrou a seu servo as várias carruagens de fogo que foram especialmente destinadas a ele [2Rs 6, 17]. Há ainda uma passagem que confirma isso de forma mais clara: quando Pedro, depois de liberto da prisão, bate à porta da casa onde estavam congregados os irmãos, uma vez que não podiam suspeitar de que era mesmo Pedro, disseram que fosse seu Anjo [At 12, 15]. A ideia parece ter vindo à mente deles pela concepção comum de que cada fiel possui um anjo próprio, designado a si. Pode-se também responder aqui que nada impede entender que fosse um anjo qualquer que o Senhor enviou para cuidar de Pedro, o que não implica que fosse seu guardião eterno, tal como comumente nos imaginamos atribuídos a cada um de nós dois anjos, um bom e outro mau, feito gênios diversos. Mas não vale a pena investigar em minúcias aquilo que não diz muito respeito ao nosso conhecimento. Pois se alguém não se satisfaz em saber que todas as ordens da milícia celeste estão perpetuamente cuidando de seu bem-estar, não vejo como pode ganhar em saber que há um anjo exclusivo, dado para si como guarda. Os que restringem a um único anjo o cuidado despendido por Deus a cada um de nós, fazem grande injúria a Ele e a todos os membros da Igreja: como se não tivessem valor as promessas daquelas tropas auxiliares, pelas quais, cingidos e munidos por todos os lados, combatemos com maior ardor.

8. Aqueles que ousam definir a multiplicidade e a ordem[334] deveriam considerar que fundamento têm. Miguel, eu reconheço, é chamado por Daniel de grande príncipe [Dn 12,1] e de arcanjo na *Epístola de Judas* [Jd 9]. E Paulo ensinou que haveria de ser um arcanjo aquele que, com uma tuba, citará os homens para o Juízo [1Ts 4, 16]. Mas quem poderia daí estabelecer uma gradação de honras entre os anjos para distingui-

---

333 Lc 16, 22.
334 Cf. Lombardo, P. *Sent.*, II, dist.9. In: PL 192, 669.
  Tomás de Aquino, *S.Th.*, I, q.50, a.3, q.108.

los um a um por suas insígnias, e designar o lugar e a morada de cada um? Pois tanto os dois nomes que estão na Escritura, Miguel e Gabriel, como um terceiro, se se quiser adicionar o da história de Tobias, parece que foram vistos, desde seu significado, atribuídos aos anjos em virtude de nossa fraqueza, embora eu prefira permanecer indeciso quanto a isso. Em respeito a seu número, ouvimos da boca de Cristo que há muitas legiões [Mt 26, 53]; de Daniel, que há muitas miríades [Dn 7, 10]. O ministro de Eliseu viu carruagens cheias e declarou ser grande a multidão dos que acampam no círculo dos que temem a Deus [Sl 34, 8]. É certo que o Espírito carece de forma, no entanto, a Escritura, de acordo com nosso entendimento, não se furta de pintar para nós anjos alados sob a forma de querubins e serafins, para que não duvidemos da incrível rapidez com que sempre se farão presentes para o nosso auxílio assim que se apresentar a ocasião, como se, com a rapidez costumeira, voasse para nós um relâmpago enviado do céu. Além disso, creiamos que tudo o que puder ser buscado sobre ambos pertença ao gênero dos mistérios cuja revelação completa será anunciada no último dia. Por isso, recordemo-nos de evitar uma excessiva curiosidade no buscar ou audácia no falar.

9. Contudo, há algo que, embora alguns homens inquietos ponham em dúvida,[335] deve ser tido como certo: os anjos são espíritos ministrantes, dos quais Deus usa o trabalho para a proteção dos seus, e por intermédio dos quais Ele tanto dispensa seus benefícios entre os homens como também executa os trabalhos restantes. Por certo, pesa sobre a questão a antiga opinião dos saduceus de não ser designado por anjos senão o movimento que Deus inspira aos homens, ou os indícios que Ele dá de sua força. Mas todos os testemunhos da Escritura contradizem esse delírio, e é inconcebível que tão crassa ignorância pudesse se dar àquele povo. Dado que, com efeito, eu omita as passagens antes citadas, as quais se referem aos milhares e às legiões de anjos, em que se atribui a eles a felicidade, em que se narra que sustentem os fiéis pelas mãos, que levem as almas deles à quietude, que vejam a face do Pai e semelhantes imagens, há passagens que mostram de modo muito claro que os anjos sejam realmente espíritos com uma natureza subsistente. Pois aquilo que disseram Estêvão e Paulo — que a Lei fosse trazida pela mão dos anjos [At 7, 53; Gl 3, 19] — e também Cristo — que, após a ressurreição, os eleitos haverão de ser semelhantes aos anjos; que o dia do Juízo não é conhecido nem pelos anjos [Mt 22, 30; 24, 36], que ele haverá de vir com

---

335 Referência aos Libertinos.

os santos anjos [Mt 25, 31; Lc 9, 26] — por mais que seja obscuro, requer que assim seja entendido. De modo semelhante, quando Paulo atesta a Timóteo, diante de Cristo e de seus anjos eleitos, que guarde seus preceitos [1Tm 6, 12-14], não denota qualidades ou inspirações sem substância, mas verdadeiros espíritos. E não subsiste de outro modo aquilo que se lê na *Epístola aos hebreus* — que o Cristo foi mais exaltado que os anjos, que o orbe da terra não estava sujeito a eles,[336] que Cristo não assumiu a natureza deles, mas a dos homens [Hb 1, 14; 2, 16] — se não entendemos que não são nada além de espíritos bem-aventurados, sobre os quais caem tais comparações. E o próprio autor das Epístolas o declarou com a colocação simultânea das almas dos fiéis e dos santos anjos no reino de Deus [Hb 12, 22]. Além do que já citamos, que os anjos das crianças sempre veem a face de Deus, que somos defendidos pela proteção deles, que se alegram com nossa salvação, que se admiram com a múltipla graça de Deus na Igreja, que se submetem ao Cristo, a cabeça.[337] Isso se confirma pelo fato de que todos os anjos tenham aparecido aos Patriarcas sob a forma de homens, que tenham falado e ainda aceitado hospitalidade. E o próprio Cristo, pelo primado que obtém na pessoa do Mediador, é chamado de Anjo [Ml 3, 1]. Quis tocar isso rapidamente, apenas para prevenir aos simples contra aquelas cogitações estultas e absurdas que, desde há muitos séculos excitadas por Satanás, reaparecem de tempos em tempos.

10. Resta lembrar a superstição que costuma surpreender muitos, quando se diz que os anjos sejam os ministros e os provedores para nós de todos os bens. Daí, a razão do homem imediatamente considera que não há de deferir a honra senão aos anjos: assim se dá que aquilo que cabe apenas a Deus e a Cristo é transferido para eles. Vemos que a glória de Cristo foi, por vários séculos, amplamente obscurecida, enquanto elogios extravagantes foram cumulados aos anjos, apesar da palavra de Deus. E dificilmente haverá um vício que seja mais antigo do que estes que hoje impugnamos. Até Paulo parece ter tido uma discussão severa com alguns que elevaram os anjos de tal modo que quase os trouxeram à ordem de Cristo. Donde urge com tanta solicitude, na *Epístola aos colossenses*, que Cristo não só é superior a todos os anjos, mas é também o autor de todos os bens [Cl 1,16; 20], para que não nos voltemos àqueles que não podem bastar a si mesmos, mas haurem da mesma fonte que nós. Com

---

336 Hb 2, 5.
337 Cf. §§ 6 e 7 deste Capítulo.

certeza, dado que a glória de Deus resplandece nos anjos, nada é mais fácil do que nos prostrarmos no disparate de sua adoração e, em seguida, atribuirmos a eles tudo o que não é devido senão a Deus. Até mesmo João confessa, no *Apocalipse*, que isso lhe aconteceu, mas logo a seguir acrescenta a resposta obtida: "Cuida de não o fazeres! Sou servo como tu: adora a Deus!" [Ap 19, 10].

11. Mas esse perigo será proveitosamente evitado se considerarmos por que Deus costuma declarar o seu poder, cuidar da salvação dos fiéis e comunicar os dons de suas beneficências por meio dos anjos que por si. Certamente, não age assim por necessidade, como se não pudesse prescindir deles: pois sempre que lhe agrada, pretere-os e perfaz seu trabalho por si só, tão longe está que eles lhe sirvam de auxílio para afastar alguma dificuldade. Portanto, faz isso para o alívio de nossa fraqueza, para que não falte nada do que desejamos para erigir nossa alma na boa esperança ou confirmá-la na segurança. Isto apenas deveria ser suficiente: o Senhor asseverar que Ele mesmo é nosso protetor. Mas, enquanto nos vemos circundados por tantos perigos, por tantas nocividades, por tantos gêneros de inimigos, tal é a nossa fragilidade e pusilanimidade, que por vezes nos tornamos repletos de medo, ou caímos em desespero, a menos que o Senhor nos faça apreender a sua presença na medida do possível. Por essa razão, Ele não só promete ter o nosso cuidado para si, mas envia numerosos guardiões que encarregou de cuidar de nossa salvação: pelo tempo em que somos cercados por sua guarda e tutela, seja qual for o perigo iminente, estaremos postos para além de todo mal. Reconheço ser errôneo ainda procurarmos de onde vem o nosso auxílio depois de termos a simples promessa de proteção do Deus único. Mas como o Senhor, em sua imensa clemência e bondade, quis suplantar esse nosso vício, não há porque negligenciar seu tão grande benefício. Temos um exemplo disso no serviçal de Eliseu, que, quando viu a montanha bloqueada, circundada pelo exército sírio, sem ter nenhum refúgio, foi consternado pelo pavor, como se agissem contra si e seu senhor. Então Eliseu rezou para que Deus abrisse seus olhos: ao longe, enxergou a montanha repleta de cavalos e de carruagens de fogo, ou seja, repleta de uma multiplicidade de anjos, pelos quais era custodiado junto com o profeta [2Rs 6, 17]. Tendo sido confirmado por tal visão, pôde despistar com ânimo destemido os inimigos, cuja aparição fora antes causa de espanto.

12. Por isso, dirijamos a este fim tudo o que é dito sobre o ministério dos anjos: para que, eliminada toda a falta de confiança, nossa esperança seja estabelecida de forma mais forte em Deus. Visto que esses protetores são enviados a nós pelo Senhor, não para que temamos a multidão dos inimigos, como se as obras deles prevalecessem na adversidade, mas para que nos refugiemos naquela sentença de Eliseu, de que são mais os que estão a nosso favor do que os que estão contra nós. Portanto, quão despropositado é que sejamos afastados de Deus pelos anjos, que são constituídos para testemunhar a obra d'Ele como mais presente para nós? Ora, afastam-nos se não conduzem a Ele com mão firme, para que o olhemos, invoquemos e celebremos como o único auxiliador, se não são considerados por nós como as mãos d'Ele, que não se movem a obra nenhuma que não aquela que Ele dirige, se não nos mantêm em Cristo, como o único Mediador, para que d'Ele dependamos, n'Ele reclinemos, a Ele nos voltemos, e n'Ele aquiesçamos. Com efeito, aquilo que Jacó descreveu de sua visão deve estar impresso e profundamente fixado em nossa alma: que os anjos descem na terra para os homens e, pelos homens, ascendem ao céu por uma escada, na qual está sentado o Senhor dos Exércitos [Gn 28, 12]. Indica-se assim que os ministérios dos anjos cheguem a nós somente pela intercessão de Cristo, tal como Ele mesmo afirma: "Daqui por diante, vereis os céus abertos e os anjos que descem até o Filho do Homem" [Jo 1, 51]. Assim, o servo de Abraão, recomendado à custódia do anjo, não o invoca para que estivesse junto de si, mas, apoiado naquela recomendação, difunde suas preces diante do Senhor e pede que mostre sua misericórdia para com Abraão [Gn 24, 7]. Com efeito, tal como não os fez ministros de seu poder e de sua bondade para partilhar sua glória com eles, Deus não nos promete sua obra no ministério deles, para que dividamos nossa confiança entre Ele e os anjos. Portanto, devemos dizer adeus àquela filosofia platônica que procura se aproximar de Deus pelos anjos e, com este fim, cortejá-los com a intenção de fazer Deus mais receptivo a nós [Platão, *Epinomis* e *Crátilo*].[338] Com esta falsa doutrina os homens supersticiosos e curiosos procuraram desde o início introduzir em nossa religião, e na qual persistem ainda hoje.

13. O que a Escritura ensina sobre o Diabo em geral nos incita a estarmos alertas, para nos precaver contra suas insídias e maquinações, e, assim, munirmo-nos de armas suficientemente firmes e fortes para expulsar inimigos potentíssimos. Pois, quando Satanás é chamado de deus e príncipe deste século, fortemente armado, espírito cujo poder está no ar, leão que ruge,[339] diz-se: "estas descrições não consideram senão que

---

338 Platão, *Epinomis*, 984e; *Crátilo*, 398a.
339 1Pd 5, 8.

sejamos mais cautelosos e mais vigilantes e, assim, mais preparados para a luta que há de vir". O que por vezes é também marcado expressamente por palavras. Pedro, após dizer que o Diabo anda em derredor, rugindo como leão, buscando a quem possa devorar [1Pd 5, 8], adiciona a exortação de que resistamos bravamente na fé.[340] E Paulo, quando nos lembra que não temos de lutar contra a carne e o sangue, e, sim, contra os principados, contra as potestades, contra os poderes deste mundo tenebroso, contra as forças espirituais da maldade nas regiões celestes [Ef 6, 12], imediatamente ordena empunharmos a arma que seja adequada para sustentar tão perigoso certame.[341] Dado que reunimos tudo para este fim: que seja assiduamente advertido a nós que o inimigo está próximo — e um inimigo prontíssimo pela audácia, homem robustíssimo, experimentadíssimo na arte, com uma diligência e rapidez infatigável, guarnecidíssimo com todas as máquinas, armadíssimo com a ciência da guerra —, e não nos permitamos oprimir pela indolência ou preguiça, mas, pelo contrário, com a alma erguida e excitada, finquemos o pé na resistência, e uma vez que essa campanha não tem fim senão com a morte, sejamos encorajados para a perseverança. Conscientes, sobretudo, de nossa fraqueza e rudeza, invoquemos a obra de Deus, para que não tentemos nada sem nos apoiarmos n'Ele, visto que é d'Ele apenas o subministrar o conselho, a fortaleza, o ânimo e as armas.

14. Para que sejamos mais incitados e provocados a isso, a Escritura denuncia que não são um ou poucos os inimigos, mas grandes exércitos que guerreiam contra nós. Pois é dito que também Maria Madalena foi liberta de sete demônios, os quais a habitavam [Mc 16, 9], e Cristo testemunha ser comum que um demônio, uma vez expulso, encontrando novamente aberto o lugar, tome consigo sete espíritos piores que ele e assuma com eles a posse vaga [Mt 12, 45]. E ainda se diz que de um único homem tomou posse toda uma legião [Lc 8, 30]. Assim aprendemos que a quantidade de inimigos com os quais temos de lutar é infinita, para que não sejamos negligentes com a batalha, considerando que são povos, ou cedamos à preguiça, considerando que nos seja propiciado algum descanso. De que se fale de um único Satanás ou Diabo, ainda assim denota-se aquele principado da iniquidade, que combate o reino da justiça. Tal como a Igreja tem, com a sociedade dos santos, o Cristo como cabeça, assim a facção dos ímpios e a própria impiedade nos é pintada com

---

340 1Pd 5, 9.
341 Ef 6, 13ss.

seu príncipe, que obtém dali o sumo império. Razão pela qual foi dito: "Ide, malditos, para o fogo eterno, preparado para o Diabo e seus anjos" [Mt 25, 41].

15. Isso também deve nos incitar ao certame perpétuo com o Diabo, que em todos os lugares é dito nosso adversário e de Deus. Pois, se há glória de Deus em nosso coração, como deve ser, devemos empregar todas as forças contra aquele que procura a extinção da glória. Se, como convém, somos animados a asseverar o reino de Cristo, é necessário que mantenhamos uma luta contínua com aquele que conspira para sua ruína. Ou melhor, se nos toca o cuidado com nossa salvação, não devemos dar nem paz nem tréguas àquele que, em sua perniciosidade, continuamente intenta trapaças. Ele é descrito no *Gênesis*, no capítulo 3, quando afasta o homem da obediência que devia a Deus, para despojar de Deus a honra devida e precipitar o próprio homem à ruína.[342] Também nos evangelistas há algo assim, quando ele é chamado de inimigo [Mt 13, 28], e é dito que espalhe a cizânia para corromper a semente da vida eterna.[343] Em suma, experimentamos em todos os seus feitos o que o Cristo atestou sobre ele: que desde o início fosse assassino e mendaz [Jo 8, 44]. Com efeito, com a mentira, luta contra a verdade de Deus, obscurece a luz com as trevas, implica com os erros a mente dos homens, suscita o ódio, inflama lutas e batalhas, tudo para destruir o reino de Deus e afundar consigo os homens na eterna perdição. Donde consta que é depravado, maligno e malicioso por natureza. Pois é preciso haver uma suma depravação que foi feita em uma natureza para atacar a glória de Deus e a salvação dos homens. João aponta isto também em sua epístola, quando escreve que o Diabo pecava desde o início, visto entender que foi ele o autor, o condutor e o arquiteto de toda a malícia e iniquidade.

16. Contudo, dado que o Diabo tenha sido criado por Deus, lembremos que a malícia que atribuímos à sua natureza não veio da criação, mas da depravação. Tudo o que ele tem de condenável trouxe para si pela defecção e pela queda. Por isso a Escritura admoesta-nos que, crendo que ele proviesse de Deus no modo como agora é, não atribuamos a Deus o que lhe é totalmente alheio. Por essa razão, Cristo declara que Satanás, quando fala mentiras, fala a partir do que é seu [Jo 8, 44] e aponta o motivo: "porque não permanece na verdade". Claro que, quando nega que persista na verdade, indica que esteve uma vez nela, e quando faz dele o

---

342 Gn 3, 1-5.
343 Mt 13, 25.

pai da mentira, atribui isso a ele para que não impute a Deus o vício do qual ele mesmo foi a causa. Por mais que sejam apresentados de forma breve e superficial, estes ditos são suficientes para que a majestade de Deus seja vingada de toda calúnia. E de que nos serve saber muito ou pouco sobre os diabos? Não são poucos os que murmuram que a Escritura, em várias passagens, não tenha exposto ordenada nem distintamente a causa, o modo, o tempo, a espécie de sua queda. Mas, como nada disso toca a nós, foi melhor que, apesar de não passar por eles inteiramente em silêncio, a Escritura tenha apenas tocado-os de leve, uma vez que nem o Espírito Santo se dignou a alimentar a curiosidade com histórias sem fruto. E vemos que este foi o propósito do Senhor: não ensinar nada em seus sagrados oráculos que não sirva à edificação. Por isso, não nos demoremos no que é fútil, mas estejamos contentes em ter tratado brevemente sobre a natureza dos diabos: que fossem no início da criação anjos de Deus, mas que, ao se degenerarem, perderam-se e foram feitos instrumentos da perdição de outros. Uma vez que era útil sabê-lo, isso foi claramente ensinado em *Pedro* e *Judas*: Deus, dizem, não poupará os anjos que pecaram e não serviram à sua origem, mas abandonaram sua morada [2Pd 2, 4; Jd 6]; e Paulo é o que nomeia os anjos eleitos [1Tm 5, 21] e sem dúvida opõe tacitamente os rejeitados.

17. Quanto ao que diz respeito à discórdia e à luta que Satanás mantém com Deus, dizemos que é preciso lembrar sempre que Satanás, a menos que Deus o consinta e queira, nada pode fazer. Com efeito, lemos na história de Jó que ele devia se manter perante Deus para receber seus mandamentos, e não ousasse executar nada a não ser por uma licença concedida [Jó 1, 6; 2, 1]. Assim também quando Acab foi enganado, foi comunicado de que haveria de ser o espírito da mentira na boca de todos os profetas e, enviado pelo Senhor, assim o fez [1Rs 22, 20].[344] Por essa razão, também se diz que era um espírito mau do Senhor aquele que atormentou Saul, visto que, por ele, tal qual por um flagelo, os pecados daquele rei ímpio eram punidos [1Sm 16, 14; 18, 10]. E em outro lugar, se escreve que as pragas do Egito foram infligidas por Deus por meio de anjos maus [Sl 78, 49]. Segundo esses exemplos particulares, Paulo generaliza que a cegueira dos incrédulos seja uma obra de Deus, ainda que antes a chamasse uma operação de Satanás [2Ts 2, 9-11]. Consta, portanto, que Satanás está sob o poder de Deus, e é tão governado por sua autoridade que deve obediência a Ele. E, embora digamos que Satanás

344 1Rs 22, 22.

resiste a Deus e que se afaste das obras d'Ele com suas obras, assevera-mos que, ao mesmo tempo, essa repugnância e esse certame dependem da permissão de Deus. Logo, não falo sobre a vontade, tampouco sobre a inclinação, mas unicamente sobre o efeito. Visto que seja ímprobo por natureza, o Diabo em nada está propenso à obediência da vontade divi-na, mas se volta completamente à contumácia e à rebelião. Portanto, mantém isso desde si e de sua maldade, para opor-se a Deus cúpida e propositadamente. Por tal improbidade, é estimulado a impulsionar aque-las coisas que considera serem maximamente contrárias a Deus. Mas, uma vez que Deus o mantém atado e constrito pelo freio de seu poder, ele exe-cuta unicamente aquilo que lhe foi concedido pela divindade e, assim, quei-ra ou não, obedece a seu criador, desde que é forçado a realizar qual-quer ministério que lhe seja imposto.

18. Assim, como Deus, à medida que o deseja, direciona os espíritos imundos para isto ou aquilo, modera esse governo de modo que, pugnan-do, atormentem os fiéis, ataquem com insídias, persigam com incursões, ameacem com batalhas, e ainda frequentemente fatiguem, conturbem, atemorizem, e, enquanto isso, tornem vulneráveis, mas jamais vençam nem oprimam, porém submetam os ímpios, exerçam o domínio sobre seu corpo e sua mente, e empreguem-nos como escravos para todos os flagelos. No que diz respeito aos fiéis, é porque são inquietados por tais inimigos que ouvem estas exortações: "não queiras dar lugar ao Diabo" [Ef 4, 27]; "vosso adversário, o Diabo, vos circunda como um leão que ruge, buscando a quem devorar: resisti-lhe fortalecidos pela fé!" [1Pd 5, 8],[345] e outras semelhantes. Paulo reconhece que não foi imune a esse gênero de batalha quando escreve que, como remédio para dominar a soberba, foi dado para si o anjo de Satanás, pelo qual haveria de ser humilhado [2Co 12, 7]. Portanto, esse exercício é comum a todos os fi-lhos de Deus. Ora, uma vez que aquela promessa de cortar a cabeça de Satanás [Gn 3, 15] concerne tanto a Cristo como a todos os seus mem-bros, então eu nego que os fiéis possam ser vencidos ou oprimidos por ele. São com certeza frequentemente consternados, mas não são esva-ziados sem que se recolham: caem pela violência das pancadas, mas de-pois se erguem; machucam-se, mas não fatalmente; por fim, assim tra-balham em todo o curso da vida, para obter ao final a vitória. No entanto, não veto alguns atos singulares. Sabemos que, pela justa vingança de Deus, Davi foi temporariamente entregue a Satanás, para que, impulsio-

---

345 1Pd 5, 8s.

nado por ele, fizesse o recenseamento do povo [2Sm 24, 1], e não é em vão que Paulo mantém a esperança do perdão, ainda que tenham sido presos na armadilha do Diabo. Por isso, em outro lugar, o próprio Paulo mostra que a promessa citada acima começa a se cumprir já nesta vida, na qual se há de lutar e, depois, que a luta há de cessar, quando diz que o Deus da paz em breve conterá Satanás sob os vossos pés [Rm 16, 20]. Por certo, essa vitória sempre foi plenamente certa para a nossa Cabeça — uma vez que o príncipe do mundo nada podia contra Ele, mas conosco, que somos seus membros — e, apesar de aparecer agora como parcial, será completada quando, libertados de nossa carne, segundo a qual somos sujeitos à enfermidade, seremos plenos da virtude do Espírito Santo. Desse modo, quando o reino de Cristo for criado e estabelecido, Satanás cairá com seu poder, como disse o próprio Senhor: "Eu vi Satanás, como um raio, caindo do céu" [Lc 10, 18]. Com efeito, a resposta confirma o que os apóstolos propuseram sobre o poder de sua pregação. Ainda, "Quando um príncipe ocupa seu palácio, está em segurança tudo o que possui, quando, porém, sobrevém um mais forte, é vencido" etc. [Lc 11, 21].[346] E quanto a este fim, Cristo, ao morrer, vence Satanás, que tinha o império sobre a morte, e triunfa sobre todas aquelas tropas, para que não possam ser nocivas à Igreja; de outro modo, centenas a destruiriam a cada instante. Então (visto que nossa é a fraqueza, e dele são as forças furiosas) como nos manteremos, ainda que minimamente, contra os múltiplos e assíduos ataques dele, se não confiamos na vitória de nosso condutor? Portanto, Deus não permite o reino de Satanás sobre a alma dos fiéis, mas ensina que apenas os ímpios e os infiéis sejam governados por ele, os quais não concede serem vistos em seu rebanho. Pois é dito que ocupa este mundo sem resistência, até que seja expulso pelo Cristo. Ainda, que cega todos aqueles que não creem no Evangelho [2Co 4, 4]. Ainda, que realiza sua obra nos filhos da contumácia [Ef 2, 2]; e, adequadamente, que são ímpios, de fato, todos os instrumentos da ira. Por isso, a quem deveriam ser sujeitados se não ao ministro da vingança divina? Por fim, diz-se que eles procedem de seu pai, o Diabo [Jo 8, 44]: "Uma vez que, tal como os fiéis são reconhecidos como filhos de Deus por gerar a imagem d'Ele, assim sejam considerados como filhos de Satanás aqueles que se degeneraram pela sua imagem" [1Jo 3, 8].

19. Tal como acima refutávamos aquela frívola filosofia sobre os santos anjos,[347] que ensina não serem eles nada além de boas inspirações

---

346 Lc 11, 21s.
347 Cf. § 9 deste Capítulo.

ou movimentos que Deus excita na mente dos homens, também agora se deve repelir aqueles que inanemente alegam que os diabos não são mais que afecções más ou perturbações que nossa carne suscita.[348] Convém, porém, ser sucinto, já que não é pouco o que é exibido nessa matéria por testemunhos claros e evidentes da Escritura. Primeiro, quando são chamados de espíritos imundos e anjos apóstatas, que degeneraram desde sua origem, os próprios nomes exprimem com clareza não movimentos ou afecções da mente, mas, antes e de fato, mentes ou espíritos dotados de sensação e inteligência. De modo similar, dado que os filhos de Deus fossem unidos, tanto por Cristo quanto por João, com os filhos do Diabo [Jo 8, 44; 1Jo 3, 10], essa não teria sido uma comparação sem sentido se o nome do Diabo não designasse mais do que inspirações ruins? E João acrescenta algo ainda mais claro: que "o diabo pecou desde o início" [1Jo 3, 8]. Semelhantemente, quando Judas apresentou o arcanjo Miguel lutando com o Diabo [Jd 9], por certo opõe ao anjo bom o mau e decaído. A isso corresponde o que se lê na história de Jó, que Satanás apareceu diante de Deus juntamente com os santos anjos [Jó 1, 6; 2, 1]. Ora, as mais claras de todas são aquelas passagens que fazem menção ao castigo que começam a sentir desde o Juízo de Deus, e que haverão de sentir principalmente na ressurreição: "Filho de Davi, por que vieste antes do tempo para nos atormentar?" [Mt 8, 29]; e ainda: "Ide, malditos, para o fogo eterno, que foi preparado para o Diabo e seus anjos" [Mt 25, 41]; e ainda: "se não perdoou os próprios anjos, mas os lançou ao fogo para que fossem guardados para a danação eterna" etc. [2Pd 2, 4]. Quão ineptas haveriam de ser essas locuções de que, destinados os diabos ao julgamento eterno, que fosse preparado para eles o fogo, que fossem atormentados e atormentados pela glória de Cristo, se de fato não existisse? Mas, visto que a matéria não carece de disputa entre aqueles que têm fé na palavra do Senhor, de pouco adiantam os testemunhos da Escritura a esses vãos especuladores, aos quais nada apraz a não ser o que é novo. Parece-me que realizei o que pretendia, a saber, instruir a mente dos fiéis contra tais delírios, com os quais os homens inquietos perturbam a si mesmos e a outros mais ingênuos. Foi, porém, necessário tocar também nesse ponto, para que aqueles envolvidos pelo erro de considerar não ter inimigos, não se tornem mais indolentes e incautos no resistir.

20. Entretanto, não pese para esse belíssimo teatro, que é o mundo, tomar a distração das obras manifestas e óbvias de Deus. Com efeito, há

---

348 Referência aos Libertinos.

(como dissemos antes),[349] ainda que não seja o principal, o primeiro exemplo da fé segundo a ordem da natureza: que qualquer lugar para o qual nossos olhos se voltem lembrem que tudo o que aparece é obra de Deus e, ao mesmo tempo, cogitem, com reverência, para qual fim foram criados. Portanto, para que apreendamos com verdadeira fé o que importa saber sobre Deus, é necessário primeiro atentar na história da criação do mundo, como sucintamente contada por Moisés e, depois, ilustrada de forma copiosa pelos santos homens, sobretudo por Basílio[350] e Ambrósio.[351] Nela aprendemos que Deus, com o poder do Verbo e do Espírito, criou do nada, o céu e a terra, e, daí, que produziu todo gênero de animais e coisas inanimadas; distinguiu, numa série admirável, uma numerosa variedade de coisas, introduziu a cada um dos gêneros sua natureza, sinalizou os ofícios, atribuiu os lugares e mansões, e, dado que tudo esteja sujeito à corrupção, tenha providenciado, no entanto, que cada uma das espécies conserve-se salva até o dia final. Por isso, fomentou a umas com modos secretos, e nelas, de tempos em tempos, instilou um novo vigor; a outras, conferiu a força de se propagar, para que, com sua morte, não morressem totalmente. E assim criou o céu e a terra com a mais plena abundância de todas as coisas, pela variedade e beleza, como se tivesse ornado admiravelmente uma ampla e esplêndida morada, ao mesmo tempo mobiliada e repleta do mais excelente e copioso. Por fim, ao dar forma ao homem, dotando-o com tanto brilho, tornando-o insigne com todos e tantos dons, fez dele o espécime mais notável de suas obras. Como não é meu propósito narrar a criação do mundo, que seja suficiente ter mencionado esse pouco. Com efeito, como já admoestei os leitores, é preferível que busquem um entendimento mais pleno dessas passagens em Moisés e naqueles que relembraram a criação do mundo de maneira fiel e diligente.

21. De nada adianta prosseguir na disputa sobre para onde se deve dirigir e para que fim se deve a consideração das obras de Deus, dado que a questão já tenha sido exposta em outro lugar no que diz respeito à sua maior parte,[352] e, quanto ao que interessa ao que estamos tratando, pode ser resumido. Decerto, se quiséssemos, por dignidade, explicar o quanto reluzem na composição do mundo a inestimável sabedoria, potência, justiça e bondade de Deus, não haveria nenhuma eloquência que

---

349 Cf. Capítulo V, § 1-5, deste Livro.
350 Basílio. *Homiliae IX in Hexaemeron*. In: PG 29, 3ss.
351 Ambrósio. *Hexaemeron libri sex*.
352 Cf. Capítulo V, § 1ss, deste Livro.

se equiparasse à magnitude de tamanha matéria. Mas não há dúvida de que o Senhor deseja que nos ocupemos continuamente com essa santa meditação, para que, enquanto contemplamos em suas criaturas, como que num espelho, aquelas imensas riquezas de sua sabedoria, justiça, bondade e potência, não passemos por elas com um olhar fugidio e uma visão (por assim dizer) evanescente, mas nos detenhamos com cuidado nesta cogitação: revolvamo-la na alma séria e fielmente, e a repitamos com frequência na memória. Mas, uma vez que nos dedicamos a um gênero didático, convém nos abstermos de assuntos que requerem longas considerações. Portanto, dado que zele por um compêndio, saibam então os leitores que aprenderão com fé verdadeira o que seja o Deus que é criador do céu e da terra se seguirem àquela primeira regra universal de não passar ligeiramente, quer por desconsideração ou por esquecimento ingratos, pelas conspícuas virtudes que Deus mostra em suas criaturas. Depois, aprendam a aplicar tal meditação a si mesmos, de maneira que a experimentem profundamente em seu coração. Um exemplo da primeira parte do que dissemos é considerarmos quão grande foi o artífice que ordenou e preparou essa multidão de estrelas que está no céu, tendo-as disposto em tal série que não se possa imaginar algo com aspecto mais brilhante; a umas inseriu e fixou em tais posições que não se pudessem mover; a outras, concedeu um caminho mais livre, mas que, vagando, não ultrapassassem seu espaço; e combinou de tal modo o movimento de tudo que mediu os dias e as noites, os meses, os anos e as estações do ano, e ainda dispôs essa desigualdade dos dias, que discernimos continuamente, numa combinação tal que nada possui de confuso. Assim também, quando observamos a potência ao sustentar tão vasta massa, ao governar tão célere revolução da máquina celeste, e outras coisas semelhantes. Com efeito, esses poucos exemplos declaram de forma suficiente o que significa reconhecer as virtudes de Deus na criação do mundo. Além do mais, se agradasse discorrer sobre toda essa matéria, não haveria limite, como eu disse, pois são tantos os milagres do poder divino, tantas as insígnias de bondade, tantos os exemplos de sabedoria, quantas são as espécies das coisas que estão no mundo, ou melhor, quantas são as coisas, quer sejam grandes ou pequenas.

22. Resta outra parte, pertinente mais propriamente à fé: para que, ao compreender que Deus destinou todas as coisas para o bem e para nossa saúde, ao mesmo tempo sintamos, em nós mesmos e em tamanhos bens que nos conferiu, seu poder e graça, e, então, nos empenhemos em direção à sua confiança, invocação, louvor, amor. Que tenha produzido todas as coisas por causa do homem, o próprio Senhor demonstrou pela ordem em que as criou, como pouco antes observei.[353] Não foi sem motivo que dividiu a criação do mundo em seis dias, considerando que não fosse em nada mais difícil ter acabado toda a obra ao mesmo tempo, em todas as suas partes, em um único momento, do que tê-la realizado desse modo, em progressão, pouco a pouco. Com efeito, assim quis fazer valer sua providência e solicitude paterna em nosso favor, visto que, antes de criar o homem, tudo o que haveria de ser útil e salutar providenciar para ele, a isso tudo preparou. Quão grande agora seria a ingratidão de duvidarmos de que o excelente Pai nos tem em cuidado, o qual percebemos que nos foi solícito antes de termos nascido? Quão ímpio seria mostrar desconfiança, com receio de que sua bondade nos abandonasse em necessidade, bondade essa que percebemos ter sido dada com a suma abundância de todos os bens, antes ainda de termos nascido? Quanto a isso, ouvimos de Moisés que, por sua liberalidade, absolutamente todas as coisas que estão no mundo inteiro estão sujeitas a nós [Gn 1, 28; 9, 2]. Decerto não o fez assim para nos iludir com um inane título de doação. Portanto, nada nos haverá de faltar no que diz respeito à nossa salvação. Por fim, para encerrar, todas as vezes que nomearmos Deus criador do céu e da terra, venha-nos à mente que a distribuição de tudo que Ele criou está em suas mãos e em seu poder, e nós somos seus próprios filhos, os quais acolheu para alimentar e educar em sua fé e custódia; para que esperemos somente d'Ele o sumo de todos os bens e com segurança esperemos que Ele nunca nos deixará faltar as coisas necessárias à nossa salvação; para que a nossa esperança não dependa de outro; para que, em tudo o que desejamos, dirijamos a Ele os nossos votos, e reconheçamos ser de seu benefício o fruto de cada coisa que recebemos, e o declaremos com ação de graças, para que, atraídos por tamanha suavidade de bondade e beneficência, zelemos por amá-lo e honrá-lo de todo o coração.

---

353 Cf. Capítulo 14, § 2, deste Livro.

Capítulo XV

Como terá sido criado o homem: sobre as faculdades da alma, a imagem de Deus, o livre-arbítrio e a integridade primeira da natureza.[*]

 preciso agora falar da criação do homem, não só porque é, entre as obras de Deus, a espécie mais nobre e mais admirável, tanto de sua justiça quanto de sua sabedoria e bondade, mas porque, como dissemos no início, Ele não pode ser apreendido plena e solidamente por nós a não ser pela apreensão de nós mesmos. Essa apreensão é, pois, dupla, a saber, como éramos na origem, quando fomos criados, e como nossa condição veio a ser depois da queda de Adão (de fato, não seria útil conhecer nossa criação se não reconhecêssemos qual foi a corrupção e a deformação de nossa natureza nessa triste ruína). Mas agora nos empenharemos na descrição de qual foi o estado de integridade em que fomos originalmente criados. E, com certeza, antes que cheguemos à mísera condição do homem, à qual então foi condenado, cabe tratar desde o início de sua criação. Deve-se, contudo, ter cuidado para que, demonstrando tão só os males naturais do homem, não pareçamos atribuí-las ao autor da natureza humana, pois que, com tal pretexto, os ímpios pensam ter suficiente defesa quando podem alegar que, tenham o que for de vicioso, é de alguma forma proveniente de Deus. Nem vacilam os impiedosos, se refutados, de litigar com o próprio Deus, transpondo-lhe a culpa por aquilo de que são merecidamente acusados. Mesmo aqueles que parecem falar com maior reverência religiosa, deliberadamente desculpam seus pecados alegando sua viciosa e corrompida natureza, não considerando que também (ainda que de maneira algo obscura) ultrajam a Deus, no qual a desonra recairia se fosse provado existir algo vicioso na natureza. Vendo, então, que a carne anseia por todos os

* Tradução deste capítulo: Carlos Eduardo de Oliveira, José Carlos Estevão, Melina Rodolpho e Izabella Lombardi.

171

subterfúgios pelos quais julga derivar de outro a culpa de seus males, deve--se resistir diligentemente a tal malícia, e assim deve ser tratada a calamidade do gênero humano, de tal modo que cada tergiversação seja de todo eliminada e que a justiça de Deus seja defendida de toda acusação. Depois, quando convier, veremos quão distante estão os homens daquela pureza com a qual Adão foi criado. Mas, primeiro, deve-se observar que ter sido feito de terra e de barro põe um freio à sua soberba, porque nada é mais absurdo que se gloriarem de sua excelência aqueles que não só habitam em tugúrios de barro, mas são eles próprios provenientes da terra e das cinzas.[354] Contudo, por Deus ter considerado digno animar um vaso de barro, e também por tê-lo feito morada de um espírito imortal, Adão pôde gloriar-se, justamente por tanta generosidade do seu Criador.

2. Então, o fato de o homem ser composto de alma e corpo está fora de controvérsia. Pelo nome "alma" entendo uma essência imortal, todavia criada, que é a parte mais nobre do homem. Algumas vezes é chamada também de "espírito". Na verdade, quando ocorrem juntos, os dois nomes possuem significados diferentes; porém, usado de forma isolada, "espírito" tem o mesmo valor de "alma", como na ocasião em que Salomão, ao falar sobre a morte, disse que o espírito retorna a Deus, o qual a ele o concedeu [Ecl 12, 7], e também Cristo, ao encomendar seu espírito ao Pai [Lc 23, 46], e Estêvão, a Cristo [At 7, 59], não entendem outra coisa que, quando a alma se livrar da prisão do corpo, Deus será seu guardião perpétuo. Estão completamente enganados, como mostram as próprias coisas e toda a Escritura, aqueles que imaginam que se chama a alma "espírito" porque é um sopro ou uma força infundida por Deus no corpo, a qual, todavia, carece de essência. Na verdade, é certo que, quando os homens são apegados à terra mais do que convém, enfraquecem-se ainda mais, tendo sido afastados do Pai das Luzes, cegados pelas trevas, de modo que não pensam que, depois da morte, voltarão a viver. Todavia, a luz ainda não foi extinta nas trevas a ponto de que todo o senso de sua imortalidade tenha-se perdido. Certamente a consciência, que ao discernir o bem e o mal responde ao juízo de Deus, é um sinal inequívoco do espírito imortal. De que modo, pois, um movimento sem essência penetraria no tribunal de Deus e seu estado de culpa lhe incutiria terror? Pois o corpo não é afetado pelo medo do castigo espiritual, mas só a alma, que, por conseguinte, é dotada de essência. Já o próprio conhecimento que temos de Deus demonstra suficientemente que as almas que transcendem o mundo são imortais, pois um vigor que se desvanece não che-

---

354 Cf. Livro II, capítulo 1, § 3.

garia à fonte da vida. Por fim, enquanto tantos excelentes dons, por causa dos quais a mente é potente, proclamam que algo divino nela está insculpido, há ainda outras tantas evidências de sua essência imortal. Pois a sensibilidade que está nos animais brutos não vai além do corpo, ou ao menos não se estende além das coisas que estão à vista. Mas a agilidade da mente humana, que percorre o céu e a terra e os mistérios da natureza, e abraçou todos os séculos com entendimento e memória, dispondo cada coisa em sua ordem e compreendendo pelo passado o futuro, claramente demonstra que se oculta no homem algo que é separado do corpo. Concebemos pela inteligência o Deus invisível e os anjos, que não têm presença em corpo; apreendemos o reto, o justo e o honesto, coisas desconhecidas pelos sentidos corpóreos. Logo, é preciso que a sede dessa inteligência seja o espírito. Até mesmo o sono, que imobilizando o homem parece privá-lo da vida, é clara testemunha da imortalidade, pois não só sugere pensamentos das coisas que nunca foram realizadas, mas também dá presságios do tempo que há de vir. Toco de forma breve nessas coisas que mesmo os escritores profanos exaltam magnificamente com grande eloquência; mas, para leitores piedosos, será suficiente uma simples indicação. Se a alma não fosse uma essência distinta do corpo, a Escritura não ensinaria que habitamos em casas de barro e, ao morrer, deixamos o tabernáculo da carne, abandonando o que é corruptível para, enfim no último dia, recebermos a recompensa de acordo com o que se fez no corpo. Essas passagens, e outras semelhantes que ocorrem em todo lugar, não só claramente distinguem a alma do corpo, mas, transferindo-lhe o nome do homem, indicam que é sua principal parte. Ainda, quando Paulo exorta os fiéis a se purificar de toda mancha da carne e do espírito [2Co 7, 1], mostra que há duas partes nas quais residem os sórdidos pecados. Também Pedro, ao chamar Pastor e Bispo das Almas a Cristo [1Pd 2, 25], teria dito um absurdo se não houvessem almas em favor das quais exercer tal ofício, e não sustentaria o que disse sobre a eterna salvação das almas [1Pd 1, 9]. Também quando ordena purificarmos nossa alma e quando afirma que desejos depravados guerreiam contra a alma [1Pd 2, 11]. Ainda o que disse o autor da *Epístola aos Hebreus*, que os pastores fazem a guarda para dar conta de nossa alma [Hb 13, 17], não seria possível se as almas não tivessem essência própria. Para o mesmo efeito, Paulo invoca a Deus como testemunha de sua alma,[355] pois que não poderia ter sido acusada diante de Deus se não pudesse ser castigada.

---

355 2Co 1, 23.

Também o que se exprime mais claramente pelas palavras de Cristo, quando manda temermos aquele que pode fazer perecer no inferno tanto a alma como o corpo [Mt 10, 28; Lc 12, 5]. Ainda, quando o autor da *Epístola aos Hebreus* distingue os pais segundo a carne de Deus, que é o único Pai do espírito [Hb 12, 9], não pôde de maneira mais clara provar a essência das almas. Além disso, a não ser que as almas, depois de libertadas da prisão do corpo, permanecessem vivas, seria absurdo Cristo ter apresentado a alma de Lázaro desfrutando de alegria no seio de Abraão, enquanto, ao contrário, a alma do rico era sujeita a horríveis tormentos [Lc 16, 22]. Isso também Paulo confirma, ensinando que peregrinamos longe de Deus enquanto habitamos na carne, mas que, fora da carne, desfrutaremos de sua presença [2Co 5, 6-8]. Para não me demorar mais em assunto tão claro, acrescentarei apenas isto, de Lucas, que conta entre os erros dos saduceus o fato de não crerem na existência dos espíritos e anjos [At 23, 8].

3. Também obtém-se uma prova segura disso na passagem em que se diz que o homem foi criado à imagem de Deus [Gn 1, 27]. Com efeito, ainda que na forma externa do homem refulja a glória de Deus, não há dúvida, porém, de que a sede própria da imagem está na alma. Não nego que, decerto, a aparência externa, enquanto nos distingue e diferencia dos animais brutos, ao mesmo tempo nos aproxima de Deus; e não contradirei com veemência se alguém quiser incluir, em relação à imagem de Deus, que "enquanto os outros animais, inclinados, contemplam a terra, ao homem é dado ter a face voltada para o alto, determinado a contemplar o céu e às estrelas";[356] desde que esteja assente que a imagem de Deus, a qual se observa e se sobressai nos sinais exteriores, é espiritual. Osiander (cujos escritos atestam ter sido perversamente engenhoso em comentários fúteis), estendendo indiferentemente a imagem de Deus à alma e ao corpo, misturou o céu à terra. Diz que o Pai, o Filho e o Espírito Santo colocam sua imagem no homem, razão pela qual, mesmo que Adão tivesse permanecido íntegro, Cristo viria a ser feito homem.[357] Desse modo, segundo ele, o corpo que foi destinado a Cristo era exemplo e tipo daquela forma corpórea que então foi composta. Mas onde ele encontra que Jesus seria a imagem do Espírito? Admito que, na verdade, na pessoa do Mediador reluz a glória de toda a divindade; mas, como pode se chamar à

---

356 Ovídio. *Metamorfoses*, I, 84ss. Cícero. *De natura...*, II, 56, 140. Lactâncio. *Divines...*, II, 1, 15.

357 Osiander, Andreas. *An filius Dei fuerit incarnandus, si peccatum non introiuisset in mundo. ...*

Palavra Eterna imagem do Espírito, se aquela o precede em ordem? Enfim, confunde-se a distinção entre o Espírito e o Filho quando aquele designa este como sua imagem. Além disso, gostaria de saber de Osiander de que modo Cristo, na carne de que se revestiu, representa o Espírito Santo e por quais sinais ou formatos exprime sua imagem. Também, como as palavras "façamos o homem..." [Gn 1, 26] podem ser comuns à pessoa do Filho, segue-se que ele seria a imagem de si próprio, o que contraria toda razão. Ademais, se se admite a ficção de Osiander, o homem foi formado segundo o tipo e exemplo do Cristo Homem, e a ideia da qual se criou Adão seria Cristo da maneira que deveria ser em carne. Mas a Escritura ensina que Adão foi criado à imagem de Deus em sentido muito diverso. São mais sutis aqueles que interpretam que Adão foi criado à imagem de Deus porque seria conforme[358] a Cristo, a única imagem de Deus. Mas ainda este argumento carece de solidez. Tampouco é pequena a discussão sobre os termos "imagem" e "semelhança" quando os intérpretes buscam uma inexistente diferença entre as duas palavras,[359] sendo o termo "semelhança" usado como explicação do termo "imagem". Antes de tudo, sabemos que, entre os hebreus, são frequentes as repetições pelas quais explicam mais de uma vez uma única coisa; daí não existir nenhuma ambiguidade em nomear o homem "imagem de Deus", pois que é "semelhante a Deus". Do que se vê serem ridículos aqueles que filosofam muito sutilmente em relação a tais termos, seja atribuindo as qualidades a *Zelem*, isto é, "imagem", a substância da alma, e a *Demuth*, isto é, "semelhança",[360] seja de outro modo. Quando, pois, Deus decretou criar o homem "à sua imagem", porque tal era obscuro, como explicação repetiu a expressão "à semelhança"; como se dissesse que fazia o homem, no qual se representaria a si mesmo como à imagem, pelos sinais de semelhança que lhe imprimiria. Assim Moisés, repetindo o mesmo pouco depois, usa duas vezes o termo "imagem", tendo omitido "semelhança". Ainda, é frívolo o que objeta Osiander, que não se chama imagem de Deus a uma parte do homem, nem a alma com suas qualidades, mas a todo Adão, ao qual se impôs o nome da terra de que foi tirado.[361] Direi que isso é frívolo, e o julgarão os leitores sensatos. Pois, quando o homem todo é chamado de mortal, não é por isso que a alma está sujeita à morte; nem quando, ao contrário, se diz que é animal racional, a razão ou inteligência compete por isso ao corpo. Por-

---

358 Serveto. *De Trinitate*, III.
359 Claraval, Bernardo de. *De grat. et lib. arb.*, c.9, 28. In: PL 182.
360 Ibidem, loc. cit.
361 Osiander, A. *An filius...*

tanto, ainda que a alma não seja o homem, não é absurdo, todavia, com respeito à alma, chamá-lo imagem de Deus. Então, mantenho o princípio que há pouco expus: que a imagem de Deus se estende para toda a excelência em que sobressai a natureza do homem entre todas as espécies animais. E, assim, com essa palavra se faz notar a integridade de Adão, quando possuía espírito reto, tinha afetos ajustados à razão e todos os sentidos em ordem retamente disposta e, com seus exímios dotes, de fato refletia a excelência de seu Criador. E, ainda que a primeira sede da imagem divina tenha sido na mente e no coração, na alma e em suas potências, mesmo assim não houve nenhuma parte, mesmo em seu corpo, na qual dela não brilhassem algumas centelhas. É certo que, mesmo em cada uma das partes do mundo, brilham determinadas mostras da glória de Deus, de onde se pode perceber que, quando sua imagem foi colocada no homem, tacitamente se subentende uma antítese que eleva o homem acima de todas as outras criaturas, tal que o separasse do comum. Mas não se pode negar que os anjos foram criados à semelhança de Deus, pois a nossa suma perfeição, como atestou Cristo, será em nos fazermos semelhantes a eles [Mt 22, 30], mas não sem motivo Moisés, dando o título peculiar de "à imagem de Deus", afirma a graça de Deus em nosso favor, sobretudo quando compara o homem somente às criaturas visíveis.

4. Todavia, ainda não parece que se tenha dado uma definição completa da imagem, enquanto não se vê mais claramente por quais faculdades o homem sobressai e por quais deve ser visto como espelho da glória de Deus. Isto, porém, não pode ser mais bem conhecido do que por meio da reparação da natureza corrompida. Não há dúvida de que, quando caiu de sua dignidade, Adão foi afastado de Deus por causa de tal fraqueza; embora a imagem de Deus não fosse absolutamente esvaziada e destruída, ainda assim se corrompeu de tal maneira que não restou senão uma horrenda deformidade. Por isso, o começo da recuperação da salvação está na restauração que alcançamos por meio de Cristo, o qual, por essa razão, é chamado Segundo Adão, pois que nos restituiu a verdadeira e sólida integridade. Pois, ainda que Paulo, ao opor o espírito vivificante dado por Cristo aos fiéis à alma vivente com a qual foi criado Adão [1Co 15, 45], acentue a maior abundância da graça na regeneração, não contradiz que o fim da regeneração é Cristo nos reformar à imagem de Deus. Por isso, em outro lugar, ensina que o homem novo se renova segundo a imagem do seu Criador [Cl 3, 10], ao que corresponde: "revestir-vos do Homem novo, criado segundo Deus" [Ef 4, 24]. Deve-se agora observar o que particularmente Paulo compreende por tal renovação. Em primeiro lugar, coloca o conhecimento, em segundo, a justiça santa e verdadeira. Daí concluímos que, no princípio, a imagem de Deus era conspícua na luz da mente, na retidão do coração e na santidade de cada parte. Ainda que eu admita que essas formas de dizer tomem o todo pelas partes, não é possível, porém, o princípio ser destruído. O que, na renovação da imagem de Deus, é precípuo, também na própria criação ocupava o mais alto grau. A isso vem igualmente a propósito o que ele diz em outro lugar: que nós todos, com a face descoberta, refletimos a glória de Cristo e somos transformados na sua própria imagem [2Co 3, 18]. Vemos agora como Cristo é a imagem perfeitíssima de Deus, conformados à qual somos restaurados de tal maneira, que nos fazemos imagem de Deus na verdadeira piedade, retidão, pureza e inteligência. Isso posto, a imaginação de Osiander sobre aquela figura do corpo, por si só se esvanece. Quanto a que, em Paulo, só o homem seja chamado imagem e glória de Deus, e que a mulher seja excluída desse grau de honra [1Cr 11, 7], o contexto deixa claro que se restringe à ordem política. Penso que foi suficientemente provado que a imagem compreende tudo o que concerne à vida espiritual e eterna. O mesmo, em outras palavras, confirma João, afirmando que a vida, a qual era desde o início na eterna Palavra de Deus, foi a luz dos homens [Jo 1, 4]. Assim, quando propôs louvar a singular graça de Deus pela qual o homem sobressai ao restante dos animais, para diferenciá-lo das coisas comuns, pois que não lhe cabe uma vida vulgar, mas uma vida composta com a luz da inteligência, mostra ao mesmo tempo de que modo foi criado à imagem de Deus. Como a imagem de Deus é a perfeita excelência da natureza humana, que resplandeceu em Adão antes de seu erro, logo tendo sido de tal maneira viciada e quase destruída, que nada que não fosse confuso, mutilado e infectado restasse nessa ruína. Alguma parte dessa imagem se observa, agora, nos eleitos, à medida que são regenerados pelo espírito, e no céu terá seu pleno fulgor. Mas, para que saibamos de quais partes consta, é necessário tratar das faculdades da alma. Pois a especulação de Agostinho, de que a alma seja espelho da Trindade, já que nela residem o intelecto, a vontade e a memória [*Sobre a Trindade*, 10, e *A cidade de Deus*, 11],[362] não é minimamente sustentável. E também não é provável a opinião daqueles que colocam[363] a semelhança de Deus no domínio legado

362 Agostinho. *De Trinitate*, X, 11s; XIV, 4, 6, 8; XV, 21. In: PL 42. Idem, *De civit...*, XI, 26, 28. In: PL 41.
363 Crisóstomo. *In Genesin Hom.*, 8, 3.
Cirilo. *Glaphyrae in Gen.*, I, 2. In: PG 69.
Sobre a opinião de Pelágio, cf. Agostinho, *De grat. et lib. arb.*, 13, 25. In: PL 44.

ao homem, como se somente nisso tivesse similitude com Deus, por ter sido constituído dono e possuidor de todas as coisas, quando precisamente se deve buscar a semelhança não fora, mas dentro do homem, já que é um bem interior da alma.

5. Entretanto, antes de continuar, é necessário contestar o delírio dos maniqueus, o qual Serveto tentou reavivar em nossos dias. Por ser dito que Deus soprou no rosto do homem o alento da vida [Gn 2, 7], pensaram alguns que a alma é proveniente da substância de Deus, como se uma porção da imensurável divindade fluísse no homem.[364] Mas é fácil mostrar, com brevidade, quão crassos e assustadores são os absurdos que esse diabólico erro traz consigo. Pois se a alma do homem é proveniente da essência de Deus, segue-se que a natureza de Deus está sujeita não só a mudanças e paixões, mas também à ignorância, a maus desejos, enfermidades e vícios de todo tipo. Nada é mais inconstante que o homem, dado que movimentos opostos agitam e de várias maneiras distraem sua alma; sucessivamente se engana por ignorância; vencido pelas menores tentações, sucumbe; sabemos que a própria alma é fossa e receptáculo de cada sordidez. Convém que todas essas coisas sejam atribuídas à natureza de Deus, se entendermos que a alma é da essência de Deus ou misterioso influxo da divindade? Quem não ficará horrorizado com tal monstruosidade? É certo o que Paulo diz, fundado em Arato,[365] que somos a progênie de Deus [At 17, 28]. Mas entenda-se que pela qualidade, na medida em que nos adornou com dotes divinos, não pela substância. Entretanto, dilacerar a essência do Criador, para que cada um possua uma parte, é excessiva demência. Portanto, deve-se decerto sustentar que as almas, ainda que tenham gravada em si a imagem de Deus, foram criadas, assim como os anjos; e a criação não é transfusão, mas o início da essência a partir do nada. E, mesmo que o espírito tenha sido dado por Deus e, migrando da carne, a Ele retorne, não se pode dizer que foi extraído da substância de Deus. Também aqui Osiander, ao ser levado por suas ilusões, envolveu-se em grande erro, desconhecendo que a imagem de Deus poderia estar no homem sem uma justiça essencial, como se Deus, com a inestimável virtude de seu espírito, não pudesse nos fazer com sua mesma forma a não ser que Cristo se infundisse em nós substancialmente. Quaisquer que sejam as cores com que alguns pretendem ornar tais ilusões, nunca poderão ofuscar os olhos de leitores sensatos de tal maneira

---

364 Cf. Serveto, *De Trin. lib. III.*; *De Trin. dial.*, I, 220; Agostinho, *De Genesi ctr. Manich.*, II 8, 11. In: PL 34.
365 Aratus. *Phaenomena*, 5.

que eles não vejam que isso lembre o erro dos maniqueus. E quando Paulo trata da restauração da imagem, é fácil inferir por suas palavras que o homem fora semelhante a Deus não pelo influxo da substância, mas pela graça e poder do Espírito Santo. Assim diz que, contemplando a glória de Cristo, somos transfigurados na mesma imagem pelo Espírito do Senhor [2Co 3, 18], o qual, por certo, opera em nós sem nos fazer consubstanciais a Deus.

6. Seria tolo buscar a definição de alma nos filósofos, dos quais quase nenhum, exceto Platão, solidamente afirmou que fosse imortal;[366] outros discípulos de Sócrates também trataram disso, mas decerto nenhum de maneira clara, a ponto de ensinar aquilo de que eles mesmos não estavam convencidos. Platão tem a opinião mais correta, porque considerou a imagem de Deus na alma.[367] Quanto aos outros, ligam as potências e faculdades da alma à vida presente de tal modo que não deixam restar nada exterior ao corpo.[368] Além do mais, já ensinamos, por meio da Escritura, que a alma é uma substância incorpórea; agora precisamos acrescentar que, mesmo que não possa ser propriamente retida em um lugar, a alma, tendo sido colocada em um corpo, nele habita como em uma morada, para animar cada parte dele e tornar seus órgãos aptos e úteis a suas funções, e também para deter o primado em reger a vida do homem — em relação tanto às funções da vida terrena como ao serviço de Deus. Ainda que a última dotação não seja vista com clareza em nossa atual corrupção, permanecem vestígios dela até nos vícios. Com efeito, de onde vem tamanha preocupação dos homens com relação à reputação, a não ser do pudor? E de onde vem o pudor, a não ser do respeito ao que é honesto? O princípio e causa de tais sentimentos é a compreensão de que nasceram para cultivar a justiça, no que se inclui a semente da religião. Mas, assim como não há controvérsia de que o homem foi criado para meditar a vida celestial, é certo que o conhecimento dela foi gravado na alma. E, na verdade, o homem careceria do principal uso da inteligência se não encontrasse sua felicidade, cuja perfeição consiste em estar junto de Deus; por isso, a principal ação da alma é aspirar à felicidade perfeita; e, por esse motivo, quanto mais alguém deseja aproximar-se de Deus, mais prova estar dotado de razão. Aqueles que dizem que há várias almas no homem, isto é, a sensitiva e a racional,[369] ainda

---

366 Platão. *Fédon*, 105e ss; 245c ss.
367 Idem, *Alcibíades*, I, 133c. Cf. Cícero, *Tusc.*, I, 27, 66.
368 Pomponatio. *De imortalitate...*
369 Cf. Platão, *Politicus*, IV, 439cd; Tertuliano, *De anima*, 14, 16.

que pareçam dizer algo provável, já que nada é sustentável em seus argumentos, devemos repudiá-los, a não ser que devêssemos nos atormentar com coisas frívolas e inúteis. Dizem que há uma grande repugnância entre os movimentos orgânicos e a parte racional da alma,[370] como se a própria razão não se diferenciasse em si mesma, e seus conselhos não estivessem em conflito uns com os outros, tal qual exércitos inimigos. Mas, como essa perturbação provém da depravação da natureza, é errôneo concluir disso que há duas almas, uma vez que as faculdades não consentem entre si na proporção que convém. Deixo aos filósofos que tratem mais detalhadamente do que concerne às faculdades da alma; para edificar a piedade, é suficiente para nós uma definição simples. Admito, no entanto, que os filósofos propiciam um conhecimento verdadeiro e não só agradável como útil, e de fato não proíbo os que desejem aprender com eles. Assim, em primeiro lugar, admito que há cinco sentidos, os quais, porém, Platão prefere chamar de órgãos por meio de que todo objeto se deposita no senso comum, como em um tipo de receptáculo [*Teeteto*].[371] Depois vem a imaginação, que discerne o que o senso comum apreendeu; depois vem a razão, que contém o juízo universal; e, por fim, vem a inteligência, que contempla com fixo e tranquilo olhar o que a razão costuma revolver discorrendo.[372] Admito também que a estas três faculdades intelectuais — inteligência, razão e imaginação — correspondem outras três apetitivas: a vontade, cujo ofício é buscar o que a mente e a razão propõem; a força da cólera, que segue o que é posto pela razão e imaginação; a força da concupiscência, que apreende os objetos apresentados pela imaginação e pela sensibilidade.[373] Ainda que tal seja verdadeiro, ou ao menos provável, penso que deva ser omitido, pois temo que mais nos envolvam em sua obscuridade que nos ajudem. Se a alguém agrada distribuir de outro modo as potências da alma, chamando uma apetitiva, a qual, não sendo racional, pode, se dirigida de outro lugar, obedecer à razão; e chamando outra intelectiva, que por si mesma participa da razão [Aristóteles, *Ética*, I, último capítulo],[374] não faço objeção relevante. Nem refutaria que a ação comporta três princípios: a sensibilidade, o intelecto e o apetite [Aristóteles, *Ética*, VI, c.2].[375] Mas nós elege-

---

370 Cf. Platão, loc. cit.
371 Idem, *Teeteto*, 184d.
372 Idem, *Politicus*, VII, 534a.
373 Temístio, *De anima*, II; VII.
374 Aristóteles. *Eth. Nic.*, I, 13, 1102b 30ss.
375 Ibidem, VI, 2, 1139a 17.

mos uma divisão melhor, que todos podem conhecer e certamente não pode ser obtida dos filósofos, pois estes, quando querem falar da maneira mais simples, dividem a alma em apetite e intelecto, mas fazem ambos duplos. Dizem ser aquele algumas vezes contemplativo, ocupando-se somente com a cognição, não tendo nenhum movimento de ação [Temístio, *Sobre a alma*, III, c.49],[376] o que Cícero pensa ser designado com o nome de "engenho" [*Sobre os fins*, V].[377] Ao outro chamam prático, o qual, pela apreensão do bem e do mal, move a vontade de forma variada. Sob este gênero está contida a ciência do viver bem e justamente. Aquele (digo, o apetite), por sua vez, é dividido em vontade e concupiscência; chamam βούλησις o apetite, que, quando obedece à razão, é então chamado ὁρμή, e, por outro lado, quando se livra do jugo da razão e corre para a intemperança, é chamado πάθος.[378] De modo que sempre imaginam que há no homem uma razão pela qual ele pode se moderar retamente.

7. Por nossa didática, somos forçados a nos afastar um pouco, pois que os filósofos, para os quais a corrupção da natureza era desconhecida, corrupção proveniente do castigo de Adão pela queda, confundem completamente os dois estados, que são diversos um do outro. Portanto, para a conveniência do presente tratado, sustentemos que a alma humana consista em duas partes, sendo elas o intelecto e a vontade. O ofício do intelecto é discernir as coisas propostas de modo que reconheça o que deve ser aprovado e o que deve ser desaprovado; o ofício da vontade, por sua vez, é eleger e seguir o que o entendimento ditou como bom e rejeitar e evitar o que ele desaprovou [Platão, *Fédon*].[379] Não nos enredemos aqui com aquelas minúcias de Aristóteles, de que a mente por si não tem nenhum movimento, mas que é a escolha que a move,[380] a qual também designa como intelecto apetitivo.[381] Para não nos perdermos em meio a questões supérfluas, será suficiente dizer que o intelecto é como um condutor e governador da alma, que a vontade sempre considera seu gesto e espera pelo seu juízo em relação aos desejos. Por essa razão, o próprio Aristóteles também diz que há no apetite fuga e perseguição, assim como na mente há afirmação e negação [*Ética*, VI, c.2, 1139a, 21]. Em outro lugar, veremos quão firme é o governo do intelecto para conduzir a von-

---

376 Temístio. Op. cit., VI.
377 Cícero. *De fin.*, V, 13, 36.
378 Temístio. Op. cit., VI.
379 Platão, *Fédon*, 253d ss.
380 Aristóteles. Op. cit., VI, 2, 1139a 31.
381 Ibidem, loc. cit., 1139b 4; 1139a 21.

tade; aqui apenas queremos mostrar que, na alma, não há nenhuma potência que não possa ser retamente referida a um ou a outro desses dois. E desse modo o intelecto compreende a sensibilidade, o que outros distinguem, dizendo que a sensibilidade é propensa ao prazer, da mesma forma que o intelecto busca o bem; daí vem que o apetite da sensibilidade se torne em concupiscência e lascívia, ao passo que a afecção do intelecto é a vontade.[382] Em lugar do termo "apetite", preferido por esses filósofos, uso o termo "vontade", que é mais comum.

8. Assim, Deus formou a alma do homem com o entendimento, por meio da qual pudesse discernir o bem do mal, o justo do injusto e, instruído com a luz da razão, ver o que seguir ou evitar. Por isso os filósofos chamaram a parte que dirige de "governadora".[383] A isso Deus acrescentou a vontade, à qual pertence a escolha. Com esses dotes, deu excelência ao homem em sua primeira condição, para que a razão, a inteligência e a prudência não só respondessem à condução da vida terrena, mas também transcendessem até Deus e à felicidade eterna. E a escolha foi acrescentada para dirigir os apetites e moderar todos os movimentos orgânicos, estando assim a vontade conforme à medida e consentânea à razão. Assim, o homem possuía livre-arbítrio, por meio do qual, se quisesse, poderia alcançar a vida eterna. Mas, seria intempestivo aduzir aqui à questão sobre a secreta predestinação de Deus, pois não vem ao caso agora o que poderia ou não acontecer, mas qual foi a natureza do homem. Podia, pois, Adão, se quisesse, permanecer como fora criado, e não caiu senão por sua própria vontade; mas, como sua vontade era flexível tanto para um lado quanto para o outro e não possuía a constância para perseverar, ele caiu tão facilmente. Na verdade, foi livre a escolha entre o bem e o mal; e não só isso, mas, apesar de suma retidão na mente e na vontade e todas as partes orgânicas adequadamente dispostas a obedecer, Adão, perdendo a si mesmo, corrompeu seus bens. Daí a tão grande cegueira dos filósofos, pois que buscavam um edifício na ruína e liames apropriados na desarticulação; tinham em princípio que o homem não poderia ser animal racional se não pudesse escolher entre o bem e o mal;[384] e pensavam que, se o homem não estabelecesse sua vida com sua própria deliberação, não haveria discernimento entre virtude e vício.[385] O que seria

---

382 Temístio. Op. cit., VI.
383 Plutarco. *De virtute morali*, c.3.
　　Tertuliano. *De anima*, c.14ss.
　　Eusébio. *De praep. ev.*, XV, 20.
384 Aristóteles. Op. cit., III, 4, 1112a 1; VI, 2, 1139a 19.
385 Ibidem, VI, 2, 1139a 34; *Eth. Eud.*, III, 7, 1234a 24.

correto, se não tivesse havido no homem determinada mudança, a queda, a qual os filósofos ignoraram, de onde decorre sua confusão entre o céu e a terra. Há aqueles que, enquanto professam ser discípulos de Cristo, ainda buscam o livre-arbítrio no homem perdido e submerso na desgraça espiritual, dissipando a doutrina celeste entre os preceitos dos filósofos, e, em tal insensatez, não alcançam nem o céu nem a terra — mas disso se tratará melhor em seu lugar. Agora, devemos levar em conta apenas isto: que o homem, em sua primeira criação, era extremamente diverso de toda sua posteridade, que, corrompida de origem, contraiu a ruína hereditária. Cada uma das partes da alma foi criada para a correção, a mente era sã, e a vontade era livre para escolher o bem [Agostinho, *Sobre o Gênesis*, c.7-9].[386] Se alguém objeta a isso, como se a vontade devesse escorregar, pois que sua faculdade fosse fraca, digo que seu grau valia o suficientemente para suprimir qualquer escusa. Nem Deus estava constrangido a uma lei que obrigasse a fazer o homem tal que de todo não pudesse ou não quisesse pecar. Na verdade, tal natureza teria sido mais excelente; mas reclamar de Deus, como se a devesse conferir ao homem, é mais do que iníquo, uma vez que era de seu arbítrio dar tanto quanto quisesse. Porque Deus não lhe deu a virtude da perseverança, está oculto em seu conselho; a nós cabe saber com sobriedade. Decerto, o homem teria recebido o poder se quisesse, mas não teve querer pelo qual pudesse, pois que o querer teria sido acompanhado pela perseverança [Agostinho, *Sobre a corrupção e a graça*, c.11].[387] Não é escusável aquele que tanto recebeu e que obteve espontaneamente para si a ruína. E nenhuma necessidade foi imposta por Deus que lhe desse uma vontade que pudesse inclinar-se para o bem e para o mal ou não fosse caduca, de modo que de sua queda derivasse matéria para a glória divina.

---

386 Agostinho. *De Genesi...*, II, 7ss. In: PL 34.
387 Agostinho. *De corruptione et gratia*, 11, 32. In: PL 44.

CAPÍTULO XVI

Por seu poder, Deus sustenta e mantém o mundo criado por Ele, e por sua providência governa cada uma de suas partes.*

eria de todo inútil e indiferente fazer de Deus um criador efêmero, o qual tivesse terminado de uma vez sua obra; e, principalmente nisto, será conveniente nos diferenciarmos dos homens profanos: o poder divino nos ilumina não menos no estado perene do mundo do que no seu princípio. Pois, ainda que mesmo a alma dos ímpios seja forçada a elevar-se até o Criador pela visão da terra e do céu, a fé tem seu modo peculiar de atribuir a Deus o pleno louvor da criação. A isso é pertinente o que antes já citamos do apóstolo [Hb 11, 3]: "Apenas pela fé compreendemos que o mundo foi disposto pela Palavra de Deus, pois que, se não chegamos até sua providência, por mais que pareçamos compreendê-lo com a mente e confessá-lo com a língua, não podemos entender o que vale dizer que Deus é criador". O pensamento natural, depois de considerar o poder de Deus na criação do mundo, detém-se ali, ou, se mais se aprofunda, para avaliar tal obra, não consegue considerar mais do que a sabedoria, o poder e a bondade do Criador (coisas que se mostram espontaneamente mesmo aos que não as querem ver); ou então concebe uma espécie de operação geral de Deus para conservá-lo e moderá-lo, e da qual depende a força do movimento. Finalmente, pensa que o vigor divino infundido desde o início seja suficiente para sustentar todas as coisas. Mas a fé deve penetrar mais fundo; assim, como aprendeu que Aquele é criador de todas as coisas, deve concluir imediatamente que também é moderador e conservador perpétuo, e isso, não acionando com certo movimento uni-

---

* Tradução deste capítulo: Carlos Eduardo de Oliveira, José Carlos Estevão, Melina Rodolpho e Izabella Lombardi.

versal tal máquina e cada uma de suas partes, mas sustentando, protegendo e cuidando, com certa singular providência, cada uma das coisas que criou, até o menor pássaro. Assim Davi, tendo anunciado com brevidade que o mundo fora criado por Deus, logo passa à perpétua ordem da providência: "os céus foram firmados pela palavra de Jeová, e pelo sopro de sua boca todos os seus poderes" [Sl 33, 6]. Acrescentando: "do céu, Jeová contempla e vê todos os filhos dos homens" [Sl 33, 13], e o mais que a isso se segue. Pois, ainda que nem todos raciocinem tão habilmente, seria incrível que Deus se preocupasse com as coisas humanas se não fosse o criador do mundo, e ninguém crê, verdadeiramente, que o mundo foi feito por Deus sem que esteja convencido de que Ele se ocupa de sua obra. Davi, com razão e na melhor ordem, leva-nos de uma à outra asserção. Em geral, os filósofos também ensinam, e as mentes humanas assim entendem, que todas as partes do mundo têm seu vigor por secreta inspiração de Deus. Entretanto, nenhum deles alcançou Davi, o qual eleva consigo todos os piedosos, ao dizer "todos esperam de Ti que, a seu tempo, lhes dês o alimento: Tu lhes dás, e eles o recolhem; abres Tua mão, e eles se saciam de bens. Escondes Tua face, e eles se apavoram; retiras Tua respiração, e eles expiram, voltando ao seu pó. Envias o Teu sopro, e eles são criados, e assim renovas a face da terra" [Sl 103, 27-30]. Assim, ainda que os filósofos concordem com as palavras de Paulo que dizem que n'Ele existimos, movemo-nos e vivemos [At 17, 28]; todavia, estão muito afastados da compreensão da graça que Paulo recomenda, pois que não experimentam minimamente o cuidado especial de Deus, pelo qual somente se conhece o favor paterno.

2. Para que essa distinção fique mais evidente, deve-se saber que a providência de Deus, tal qual é narrada na Escritura, é oposta à fortuna e aos casos fortuitos. É certo que — como se esteve convencido, comumente e em todos os tempos, de que todas as coisas acontecem de modo fortuito, e mesmo hoje tal é a opinião de quase todos os mortais — o que deveria se expor sobre a providência é não só obscurecido por essa má opinião, mas quase que sepultado. Se alguém cai entre ladrões ou entre bestas ferozes, se, por um repentino vento, ocorre um naufrágio no mar, se alguém é soterrado pela queda de uma casa ou de uma árvore, se outro, vagando por terras desertas, encontra com o que mitigar sua penúria, ou, depois de ter sido abatido pelas ondas, chega a um porto, milagrosamente escapando por um fio da morte, todos esses acontecimentos, tanto os favoráveis quanto os adversos, são atribuídos pela razão carnal à fortuna. Na verdade, aquele que tenha aprendido da boca de Cristo que todos os cabelos de sua cabeça estão numerados [Mt 10, 30], buscará mais distante a causa, sustentando que qualquer evento é governado pelo oculto discernimento de Deus. Quanto às coisas inanimadas, devemos dizer com segurança que, ainda que a propriedade de cada uma lhe tenha sido infundida naturalmente, não exercem sua força a não ser que sejam dirigidas pela presença da mão de Deus. Não são, portanto, mais do que instrumentos por meio dos quais Deus, continuamente, introduz tanta eficácia quanto quer, e com seu arbítrio flexiona e dirige esta ou aquela ação. Não há entre as criaturas força mais admirável e ilustre do que a do sol, pois, além de iluminar todo o orbe com seu fulgor, o quanto não dá do vigor e favorece todos os animais com seu calor? E com seus raios insufla fecundidade na terra? E, tendo aquecido as sementes nela colocadas, daí ergue as ervas verdejantes, as quais, supridas de novos alimentos, firma e aumenta, até que cresçam em hastes? E as alimenta com perpétuo alento, até que floresçam, e, da flor ao fruto, o qual sazona até amadurecer? E igualmente as árvores e vinhas por ele aquecidas, primeiro despontam e produzem folhas, e daí a flor, e da flor o fruto? Mas o Senhor, para reivindicar a si pleno louvor de todas essas coisas, antes de criar o sol, quis que existisse luz e que a terra estivesse repleta de todo gênero de ervas e frutos [Gn 1, 3.11]. Portanto, o homem piedoso não terá no sol causa principal ou necessária das coisas que antes da criação do sol existiam, mas somente instrumento do qual Deus se serve, pois pode, se assim quiser, deixá-lo de lado e, sem nenhuma dificuldade, agir por si. Depois, quando lemos em dois lugares que o sol, pelas preces de Josué, por dois dias ficou parado um grau [Js 10, 13], que em favor do rei Ezequiel sua sombra retrocedeu por dez graus [2Rs 20, 11], por esses poucos milagres Deus testemunhou que o sol não se levanta e se põe todos os dias por um instinto cego da natureza, mas que governa seu curso para renovar a memória de seu favor paternal para conosco. Nada é mais natural do que a primavera suceder ao inverno, do que o verão à primavera, do que o outono ao verão. E, nessa série, se percebe tanta diversidade que facilmente se vê que cada um dos anos, meses e dias é composto com uma nova e especial providência de Deus.

3. De fato, Deus reivindica para si onipotência e quer que a reconheçamos, não como inane, ociosa e quase inerte como imaginam os sofistas, mas vigilante, eficaz e operosa, a qual em contínua ação se transforma; e não uma onipotência que seja tão só um princípio geral do movimento confuso, como se ordenasse que a corrente fluísse uma vez preparado o leito, mas que se propõe a movimentos singulares e particulares. É considerado onipotente não porque pode fazer, ainda que por vezes cesse e fique inerte, ou deixe que, pelo impulso geral, continue a ordem que deu à natureza, mas porque, governando o céu e a terra com sua providência, modera todas as coisas de modo que nada aconteça que não seja do seu desígnio. Assim é que, no salmo, quando se diz que "faz tudo o que deseja" [Sl 115, 3], nota-se que tal vontade é correta e deliberada. Pois seria insuficiente interpretar as palavras do profeta segundo o uso filosófico de que Deus é o primeiro agente, pois que é princípio e causa de todo movimento.[388] De preferência, é um consolo para os fiéis saber que, nas coisas adversas, nada sofrem a não ser por ordem e mandato de Deus, pois que estão sob sua mão. Mas, se o governo de Deus assim se estende a todas as suas obras, é uma cavilação pueril incluí-lo no influxo da natureza. Na verdade, mais que privar Deus de sua glória, privam a si mesmos da mais útil doutrina aqueles que restringem a providência de Deus em limites tão estreitos, como se permitisse que todas as coisas se levassem em livre curso segundo a perpétua lei da natureza,[389] pois não haveria nada mais miserável do que o homem se estivesse exposto a todos os movimentos do céu, do ar, da terra e das águas. Acrescente-se que, desse modo, muito indignamente se exaure a singular bondade de Deus para cada um. Davi exclama que as crianças que ainda mamam são eloquentes o suficiente para celebrar a glória de Deus [Sl 8, 3], pois que, com certeza, a partir do momento em que saem do útero, descobrem que lhes foi preparado pelo cuidado celeste um alimento. Na verdade, se não nos privarmos de olhos e sentidos, a experiência demonstra com clareza que algumas mães possuem as mamas cheias, enquanto outras, quase secas, de acordo com a vontade de Deus de alimentar este de forma mais abundante e aquele mais parcamente. Aqueles que atribuem o justo louvor à onipotência de Deus, recebem então duplo fruto: primeiro, que a ampla faculdade de fazer o bem está em Deus mesmo, na possessão do qual estão o céu e a terra, e todas as criaturas respeitam sua vontade, de modo que se favoreçam com seu obséquio; segundo, que podem descansar com segurança em sua proteção, pois todos que podem temer danos de qualquer parte subjazem a seu arbítrio, e Satanás, com todas as suas fúrias e toda a sua força, e de cuja vontade depende o que quer nos possa ser adverso, é pelo poder de Deus, como por um freio, reprimido. Medos imoderados e supersticiosos, de que sofremos muitas vezes diante dos perigos, não podem ser corrigidos e apaziguados de outra forma. Digo que sentimos um temor supersticioso se, cada vez que as criaturas nos

---

388 Cf. Tomás de Aquino. *Summa Theologica*, I, q.19, a.6.
389 Cf. Sêneca. *De prov.*, 5, 8.

ameaçam ou incutem outro terror, assustamo-nos, como se tivessem por si força e poder para causar dano, ou por acaso pudessem nos ferir e machucar, ou se em Deus o auxílio não fosse suficiente para nos defendermos. Como exemplo, o profeta proíbe que os filhos de Deus temam as estrelas e os sinais celestes [Jr 10, 2], como é costume dos incrédulos. Por certo, não condena qualquer temor, mas, como os infiéis transferem o governo do mundo de Deus para os astros, imaginam que sua felicidade ou miséria dependam dos decretos e presságios dos astros, e não da vontade de Deus; assim, desviam seu temor daquele único a quem deveriam respeitar e o direcionam a estrelas e cometas. Portanto, quem quiser evitar tal infidelidade, tenha sempre na memória que seja a potência, seja a ação ou o movimento, não são erráticos nas criaturas, mas são regidos pelo secreto desígnio de Deus, de modo que nada aconteça a não ser o que por Deus, com conhecimento e por vontade, for decretado.

4. Portanto, tenham os leitores por princípio que providência significa não que Deus, ocioso no céu, apenas contempla o que se faz no mundo,[390] mas que, como se segurando um timão, dirige todos os eventos. Assim, a providência concerne não menos às mãos que aos olhos. Quando Abraão disse a seu filho "Deus proverá" [Gn 22, 8], queria tanto afirmar que Deus é presciente do evento futuro quanto deixar o cuidado da situação desconhecida para a vontade daquele que costuma pôr termo às coisas perplexas e confusas. Daí segue que a providência consiste no ato; muitos, pois, falam mal quando se referem a uma presciência pura.[391] Não é tão crasso o erro daqueles que atribuem o governo a Deus, embora, como já dito, com um governo confuso e promíscuo, ou seja, que com um movimento geral faz girar e impele a máquina do mundo e cada uma de suas partes, mas que não dirige particularmente a ação de cada criatura. Contudo, tampouco é possível tolerar tal erro. Pois, nessa providência, que chamam universal, não se impede a nenhuma criatura mover-se de modo incerto, ou ao homem ir para lá ou para cá segundo seu livre-arbítrio. Dividem entre Deus e o homem de maneira que Deus, com seu poder, insufle no homem um movimento pelo qual possa agir em razão da natureza que lhe foi infundida; e este, por sua vez, governe suas ações por desígnio voluntário. Em suma, querem que o mundo, as coisas concernentes

---

390 Cícero. *De natura*..., 1, 2, 3; 19, 51.
391 Agostinho. *De lib. arb.*, III, 2, 4ss. In: PL 32.
    Pseudo-Agostinho. *De praed. et grat.*, c.5. In: PL 45.
    Lombardo, P. *Sententiarum*, I, dist.38. In: PL 192.
    Bonaventura, Francesco. *In Sent.*, I, dist.38. Cf. Vallam, L. *De libero arbitrio*.

ao homem e os próprios homens sejam governados pelo poder de Deus, mas não por sua determinação. Não falo dos epicuristas (uma peste da qual o mundo sempre esteve repleto), os quais sonham com um Deus ocioso e inerte, nem de outros, não menos corrompidos, que diziam que Deus dominava a região acima do ar de tal maneira que deixava à fortuna as partes inferiores,[392] pois, contra insanidade tão manifesta, clamam até mesmo as criaturas mudas. Agora é meu propósito refutar aquela opinião quase majoritária que, nesciamente atribuindo a Deus um movimento cego e ambíguo, retira-lhe o que é principal, a saber, que, com sua sabedoria incompreensível, Deus dirige e dispõe todas as coisas de acordo com sua finalidade; tal opinião faz de Deus o regulador do mundo somente em palavra, não na realidade, pois que lhe tira o governo. Mas pergunto: o que é governar senão presidir de tal maneira que as coisas sobre as quais se preside sejam regidas por uma ordem determinada? Todavia, não repudio de tudo o que se diz sobre a providência universal, contanto me seja concedido que o mundo é regido por Deus, não só porque se considera uma ordem natural posta por Ele, mas porque Ele gere com cuidado particular cada uma de suas obras. É certo que cada espécie de coisas é movida por secreto instinto da natureza, como a obedecer à ordem eterna de Deus, e, uma vez por Ele estabelecida, flui espontaneamente. E a isso se pode referir o que declarou Cristo, que Ele e o Pai estão sempre, desde o início, operando. E o que Paulo ensina: "n'Ele vivemos, e nos movemos, e existimos" [At 17, 28]; e o que também o autor da *Epístola aos hebreus*, querendo provar a divindade de Cristo, disse: que "todas as coisas são sustentadas pelo seu poder" [Hb 1, 3]. Mas alguns, sob esse pretexto, escondem e obscurecem certa providência especial, a qual é afirmada pelos certeiros e claros testemunhos da Escritura, a ponto de ser admirável a possibilidade de se duvidar dela. Decerto, aqueles que usam do pretexto que mencionei são forçados a corrigir-se admitindo que muitas coisas são feitas pelo cuidado especial de Deus, sendo que, por erro, restringem isso tão só a atos particulares. Por isso é necessário provar que Deus assim se aplica a reger cada um dos eventos, e assim todos eles provêm de seu desígnio determinado, de modo que nada aconteça fortuitamente.

5. Se concedemos que o princípio de todo movimento está em Deus e, na verdade, todas as coisas se movem para onde as impele a inclinação da natureza, de espontâneo ou por acaso, será obra de Deus a mú-

---

392 Cf. Pseudo-Aristóteles. *Perí kósmou*, c.6.

tua alternância dos dias e das noites, do inverno e do verão, uma vez que, atribuindo a cada coisa seu papel, Ele lhes fixou uma lei determinada, isto é, que conservassem na mesma medida os dias que sucedem às noites e os meses que sucedem aos meses, assim como os anos que sucedem aos anos. Mas, quando calores imoderados com a seca queimam todos os frutos, e quando as chuvas extemporâneas corrompem as sementes, e a calamidade súbita irrompe com granizo e tempestades, então não seria isso obra de Deus, a não ser que as névoas, o tempo sereno, o frio e o calor tivessem origem no curso dos astros ou em outras causas naturais. Mas, desse modo, não restaria lugar nem para o favor paterno de Deus nem para seus juízos. Se disserem que Deus é suficientemente benéfico ao gênero humano ao infundir ao céu e à terra uma força regular pela qual produz os alimentos, seria frágil e profana imaginação se a fecundidade de um ano não fosse uma bênção de Deus, porém a penúria e a fome de outro não fosse maldição e vingança. Mas, como seria demasiado longo levantar todas as razões, baste-nos a autoridade do próprio Deus. Que diga amiúde, na Lei e nos profetas, que, sempre que irriga a terra com o orvalho e com a chuva, testemunha sua graça; que, pelo seu poder, o céu se endurece como um ferro e as colheitas são consumidas pela praga e por outros males; que os campos, sendo devastados pelo granizo e pelas tempestades, são sinais precisos e determinados de sua vingança. Se admitimos essas coisas, é certo não cair sequer uma gota de chuva que não por ordem expressa de Deus. Davi louva a providência geral de Deus, porque ministra alimento aos filhos dos corvos que o invocam [Sl 147, 9]. Mas, quando o próprio Deus ameaça de fome os animais, não declara que a todos os animais alimenta umas vezes com menos abundância, outras vezes com mais, de acordo com o que lhe pareça melhor? É pueril, como eu já disse, restringir isso a casos particulares, quando Cristo diz que, sem exceção, nenhum dos passarinhos, por menor que seja seu valor, cai por terra sem o consentimento do Pai [Mt 10, 29]. De fato, se o voo das aves é regido pelo desígnio determinado de Deus, é preciso confessar com o profeta que, habitando alto, Deus se abaixa para olhar pelo céu e pela terra [Sl 112, 5].

6. Mas, como sabemos que o mundo foi criado principalmente para o gênero humano, quando falamos em seu governo, devemos também considerar este fim. Exclama o profeta Jeremias: "Sei, Senhor, que não pertence ao homem o seu caminho, que não é dado ao homem que caminha dirigir seus passos" [Jr 10, 23]. Salomão, por sua vez, diz: "O Senhor dirige os passos do homem, como, pois, o homem poderá compreender seu caminho?" [Pr 20, 24]. Digam, agora, que o homem é movido por Deus segundo a inclinação de sua natureza, mas que o homem dirige o movimento para onde quiser. Se isso fosse verdade, o arbítrio de seus caminhos estaria no homem. Talvez neguem, dizendo que nada tem valor sem o poder de Deus. Mas, quando se considera que o profeta e Salomão atribuíram a Deus não só o poder, mas também a escolha e a destinação, em relação a isso jamais se poderiam explicar. E Salomão, em outro lugar, refuta elegantemente a temeridade dos homens que, sem respeito por Deus, estabelecem seu próprio escopo, como se não fossem comandados por sua mão. Diz ele: "do homem é a disposição do coração, e do Senhor é a resposta da língua" [Pr 16, 1]. É ridícula insânia que pobres homens pretendem fazer algo sem Deus, quando sequer poderiam falar se Deus não o quisesse. Ainda, a Escritura, para melhor dizer que absolutamente nada ocorre no mundo a não ser por decreto de Deus, mostra que mesmo as coisas que parecem por demais fortuitas lhe estão sujeitas. O que é mais casual do que um ramo de árvore que cai e mata um passante? Todavia, bem diferente é a visão do Senhor, que admite tê-lo levado às mãos do que o mataria [Ex 21, 13]. Assim mesmo, quem não o atribui à fortuna, à cegueira do acaso? Na verdade, Deus, que reivindica para si o juízo dessas coisas, não sofre. Ensina que é por seu próprio poder que pedrinhas são postas no regaço das vestes e também daí são retiradas; o que poderia se dar ao acaso, atribui a si próprio [Pr 16, 33]. A isso é pertinente o que disse Salomão: "O pobre e o usurário se encontram, é Deus quem ilumina os olhos de ambos" [Pr 29, 13]. Pois, ainda que no mundo os ricos estejam misturados aos pobres, sendo a condição de cada um assinalada pela divindade, diz que Deus, o qual ilumina a todos, não é absolutamente cego e, assim, exorta os pobres a ter paciência, pois vê que os descontentes com seu destino procuram livrar-se do fado que por Deus lhes foi imposto. Assim também outro profeta repreende os homens profanos, os quais atribuem à indústria dos homens e à fortuna o fato de que uns jazem na sordidez, enquanto outros se elevam às honras: "Porque não é do Nascente nem do Poente, nem do deserto, que Deus vem como juiz; a um Ele abaixa, a outro eleva" [Sl 75, 7]. Pois Deus não pode privar-se do ofício de juiz; daí se raciocina que, pelo seu secreto desígnio, a uns exalta, enquanto outros permanecem abatidos.

7. Ademais, digo que os eventos particulares são, em geral, testemunhos da singular providência de Deus. Deus soprou no deserto um vento austral e trouxe ao povo uma abundância de pássaros [Ex 16, 13]. Quando quis que Jonas fosse jogado no mar, excitando um turbilhão, enviou um

vento [Jn 1, 4]. Dirão, aqueles que não pensam que Deus segura o timão do mundo, que isso aconteceu fora do que ocorre costumeiramente. Pois concluo daí que nunca um vento surge ou se levanta sem a determinação do juízo de Deus. E não poderia, então, ser verdade que faz dos ventos seus mensageiros, e das flamas do fogo, seus ministros, das nuvens, seus veículos, e cavalga sobre as asas do vento [Sl 104, 4], se não movesse tanto os ventos quanto as nuvens pelo seu arbítrio, sem que nisso mostrasse a singular presença de seu poder. Assim também, em outro lugar, somos ensinados que, quantas vezes o mar se agitar ao sopro dos ventos [Sl 105, 27-29], tais ímpetos são testemunho da singular presença de Deus; diminui e excita os sopros da tempestade, e levanta ao céu as vagas do mar; depois, acalma a tempestade, para que cessem as vagas para os navegantes. Assim, como diz em outro lugar, que flagelou o povo com ventos inflamados [Am 4, 9]. Assim, ainda que tenha infundido naturalmente nos homens a força de gerar, Deus quer que atribuam à sua graça especial o fato de uns não poderem ter filhos e outros, ao contrário, poderem, pois é seu dom o fruto do ventre [Sl 127, 3]. E por isso dizia Jacó à sua mulher: "Por acaso sou Deus, para te dar filhos?" [Gn 30, 2]. Concluindo, não há nada mais ordinário na natureza do que nos alimentarmos de pão; contudo, o Espírito Santo declara que não só o provento da terra é dom especial de Deus, como também que nem só de pão vivem os homens [Dt 8, 3; Mt 4, 4], pois não se sustentam de sua fartura, e sim da secreta bênção de Deus; e, ao contrário, também ameaça com a falta do pão [Is 3, 1]. Nem se poderia conceber a prece do pão cotidiano se não o recebêssemos da mão paternal de Deus. Para persuadir os fiéis de que Deus os alimenta como o mais excelente chefe de família, o profeta lembra que "Ele dá o pão a toda carne" [Sl 136, 25]. Por fim, quando ouvimos, de um lado, que o Senhor "tem os olhos sobre os justos e os ouvidos atentos ao seu clamor" e, de outro, que "os olhos do Senhor estão sobre os ímpios para apagar da terra a sua memória" [Sl 34, 16s.], saibamos que todas as criaturas, no alto e em baixo, prestam-se à obediência segundo o querer divino. Concluindo, a providência não está nas criaturas apenas de modo geral, como a permanência da ordem natural, mas que, por seu admirável desígnio, é apta a um fim certo e próprio.

8. Os que atacam essa doutrina dizem, caluniosamente, que ela seria o dogma estoico do destino, como o fez algumas vezes Agostinho [*Carta a Bonifácio*, II, 6].[393] Mesmo sem querer entrar em litígio por palavras,

---

393 Agostinho. *Contra duas epistolas: Pelagianotum ad Bonifacium*, II, 5ss. In: PL 44; *De civ...*, V, 9, 3, in: PL 41.

não aceitamos o termo "destino", pois é daqueles em relação a cujas profanas novidades Paulo nos adverte [1Tm 6, 20] e porque, por meio de sua odiosidade, tais homens intencionam investir contra a verdade de Deus. No entanto, falsa e maliciosamente, imputam-nos tal doutrina. Mas, ao contrário dos estoicos, não afirmamos uma necessidade contida na natureza, decorrente da perpétua vinculação e série implícita das causas, mas a Deus constituímos como árbitro e moderador de tudo, que, por sua sabedoria, desde a mais remota eternidade, decretou o que haveria de fazer, e agora seu poder executa o que decretou. Afirmamos que o céu e a terra e as criaturas inanimadas, e também os desígnios e as vontades dos homens são governados pela providência e diretamente dirigidos para seu escopo. Então, se me perguntam, nada é fortuito, nada acontece por contingência? Respondo como Basílio, o Grande,[394] para quem "fortuna" e "acaso" são termos dos povos, de cuja significação não se deve ocupar a mente dos homens piedosos. Se todo sucesso é bênção de Deus, toda calamidade e adversidade é maldição sua, não há nenhum lugar para a fortuna ou o acaso nas coisas humanas. Também deve nos impressionar o que diz Agostinho sobre seu livro *Contra os acadêmicos*: "não me agrada que tantas vezes eu tenha nomeado a 'fortuna', embora não quisesse que com este nome entendessem uma deusa qualquer, mas apenas o evento fortuito de coisas externas, boas ou más".[395] Da palavra "fortuna" derivam outras que nenhuma religiosidade proíbe dizer: *forte* [talvez], *forsan* [quem sabe], *forsitan* [quiçá], *fortasse* [porventura], *fortuitus* [fortuito], as quais se deve, contudo, remeter à divina providência. Também disse Agostinho que aquilo que, porventura, vulgarmente se designa Fortuna é regido por uma ordem oculta, e se há as coisas que chamamos de casuais é porque desconhecemos sua razão e causa. E se penitencia de haver usado o termo "fortuna" quando vê que os homens têm o péssimo hábito de dizer "a fortuna quis assim", quando deveriam dizer "Deus quis assim". Enfim, Agostinho ensina muitas vezes que, atribuindo-se o que for à fortuna, o mundo fica entregue a si. Embora estabeleça, alhures, que tudo se dá em parte pelo livre-arbítrio humano, em parte pela providência divina, esclarece, em seguida, que os homens estão sujeitos a ela e são governados pela providência, assumindo como princípio que nada é mais absurdo do que acontecer algo que não seja ordenado por Deus, pois que aconteceria às cegas. Razão pela qual exclui a contingência que depende

---

394 Basílio. *Homilia in Psalmum*, 32, 4. In: PG, 29.
395 Agostinho. *Retract.*, I, 1, 2. In: PL 32.

do arbítrio humano, asseverando claramente que não se deve buscar qual seja a causa da vontade de Deus. No entanto, fala muitas vezes de permissão, o que se entende muito bem quando diz que a vontade de Deus é suprema e a primeira causa de tudo, nada acontecendo sem ela ou sem sua permissão [Agostinho, *Livro sobre as 83 questões*. Idem, *Sobre a Trindade*, III, 4].[396] Com certeza, não imagina a Deus como uma ociosa sentinela, pois, ao dar sua permissão, intervém uma vontade presente (por assim dizer) quanto ao que deseja, sem o que não poderia ser causa.

9. Visto que a lentidão de nossa mente permanece tão abaixo da grandeza da providência divina, deve-se recorrer a uma distinção que nos eleve até ela. Assim, afirmo que, embora todas as coisas sejam ordenadas pela resolução e pela certa disposição de Deus, no entanto, para nós, são fortuitas, e não por considerarmos que a fortuna impere sobre os homens e o mundo, e que ao acaso tudo revolva de cima a baixo (sandice que deve ser afastada de todo peito cristão). Isso porque a ordem, a razão, o fim e a necessidade dos acontecimentos quase sempre permanecem ocultos na resolução de Deus e não são apreendidos pela opinião humana, para a qual são como que fortuitos os acontecimentos que certamente decorrem da vontade de Deus, isto é, têm essa imagem, sejam considerados em sua natureza, sejam estimados segundo nosso conhecimento ou juízo. Imaginemos, por exemplo, um mercador que, tendo adentrado regiões selvagens na companhia de homens de confiança, afaste-se imprudentemente dos sócios, e que tal erro o leve a ser roubado e morto por ladrões. Sua morte não foi apenas prevista pelo olho de Deus, mas também determinada por seu decreto. Pois não se diz que Ele previu por quanto a vida de cada um se estenderá, mas que fixou limites que não podem ser ultrapassados [Jó 14, 5]. No entanto, tudo o que o alcance de nossa mente capta se lhe aparenta fortuito. Então, o que pensará o cristão? Que, embora tudo o que concorreu para aquela morte seja, por natureza, fortuito, não se duvidará de que a providência de Deus esteve à frente, dirigindo a fortuna ao seu fim. É a mesma razão quanto aos futuros contingentes. Todas as coisas futuras são tão incertas para nós que permanecemos em suspenso quanto a se penderão para um lado ou para outro. Mas permanece fixo em nosso coração que nada acontecerá sem que o Senhor tenha previsto. Nesse sentido, repete-se no *Eclesiastes* o termo "evento", pois, à primeira vista, os homens não conseguem pe-

---

396 Agostinho. *De div. quaestionibus LXXXIII*, qq.24, 27-28. In: PL 40; *De Trinitate*, III, 4, 9. In: PL 42.

netrar a causa primeira, escondida muito longe. Contudo, nunca se apagou tanto dos corações humanos o que foi revelado na Escritura sobre a oculta providência de Deus para que algumas centelhas não brilhassem nas trevas. Assim, os áugures dos filisteus, ainda que vacilem incertos, atribuem o acaso adverso parte a Deus, parte à fortuna: "Se a Arca segue por tal caminho, sabemos que é Deus quem nos castiga; se, no entanto, tomar outro, o que nos aconteceu foi por acaso" [1Sm 6, 9]. Tolamente, enganados pela adivinhação, refugiam-se na fortuna; entrementes, os vemos constrangidos a não ousar tomar a infelicidade que lhes aconteceu como fortuita. Ademais, o modo como Deus desvia, com o freio de sua providência, quaisquer e cada um dos eventos ao que Ele deseja é confirmado por este exemplo sem igual: eis que, no momento em que Davi foi surpreendido no deserto de Maom, os filisteus investiram contra o país, e Saulo foi obrigado a se retirar. Se Deus, desejando ajudar na salvação do seu servo, impôs esse obstáculo a Saulo, com certeza não podemos afirmar que, ainda que os filisteus, ao contrário do que os homens esperavam, subitamente tenham pego em armas, isto se deveu ao acaso. O que nos parece contingente, a fé reconhece haver sido por secreta impulsão de Deus. Embora nem sempre semelhante desígnio seja aparente, ele é indubitável: toda e qualquer mudança que tenha lugar neste mundo advém de um secreto movimento da mão de Deus. Ao mesmo tempo, é forçoso que aquilo que Deus estabeleceu ocorra, mas de modo que não seja necessário, nem absolutamente nem por sua própria natureza. Há um exemplo familiar em relação aos ossos de Cristo: como Ele se revestiu de um corpo similar ao nosso, ninguém, em juízo são, negará que os seus ossos eram frágeis; e, no entanto, era impossível quebrá-los.[397] Por isso vemos, novamente, serem inventadas nas escolas, não sem propósito, distinções entre necessidade em certo sentido [*secundum quid*] e necessidade absoluta, assim como entre necessidade de consequente e de consequência:[398] quando Deus expôs os ossos de seu filho à fragilidade, eximiu-os de fratura; e, de acordo com a necessidade de sua decisão, restringiu o que naturalmente poderia ter acontecido.

---

397 Jo 19, 33.36.
398 Tomás de Aquino. *Summa Theologica*, I, q.19, a.3.
    Boaventura. *In Sent.*, I, dist.30, a.2, q.1; dist.47, art.un.q.1.
    Escoto, Juan Duns. *In Sent.*, I, dist.39, q.un.35.

Capítulo XVII

Determinação do fim e do escopo desta doutrina, a fim de que se evidencie para nós sua utilidade.*

ado que o engenho dos homens seja propenso a sutilezas vãs, dificilmente pode se dar que aqueles que não compreendem o uso reto e probo desta doutrina não se enredem em intrincados nós. Por isso, cabe tocar aqui a finalidade para o qual a Escritura ensina que tudo esteja divinamente ordenado. Primeiro, deve-se notar que a providência de Deus deve ser considerada tanto no futuro quanto no passado; depois, que seja a tal ponto moderadora de todas as coisas, que por vezes opere com a interposição de intermediários, por vezes sem intermediários, por vezes contrariamente a todos os intermediários. Por fim, que leve a isto: que Deus mostra que tem para si o cuidado de todo o gênero humano e, sobretudo, que age como um vigia ao reger a Igreja (para a qual olha mais de perto). Logo, também isto deve ser acrescentado: por mais que ou o favor paterno e a beneficência de Deus, ou a severidade do seu juízo frequentemente reluzam em todo o caminho da providência, às vezes, no entanto, são ocultas as causas do que acontece, dado que a cogitação surpreenda que as coisas humanas estão ao sabor do ímpeto cego da fortuna, ou a carne nos solicite à injúria, como se Deus se divertisse em lançar aos homens de um lado a outro como se fossem bolas. É verdade que, se mantivermos a mente quieta e sossegada para o aprendizado, a saída enfim se manifestará: que Deus tem uma ótima razão em sua deliberação: ou para dar erudição aos seus sobre a tolerância, ou para corrigir os depravados de suas afecções e domar a lascívia, ou para submeter os seus à abnegação, ou a expulsar o torpor e, em contrapartida, prosternar os soberbos, para abater a astúcia dos ímpios,

---

* Tradução deste capítulo: Carlos Eduardo de Oliveira e José Carlos Estevão.

para dissipar as suas maquinações. Seja como for que as causas se escondam e fujam de nós, deve-se ter como certo que estejam recônditas junto d'Ele, e por isso deve ser exclamado com Davi: "Muitas são, ó Senhor meu Deus, as maravilhas que tens operado para conosco. Os teus pensamentos não se podem contar diante de ti; eu quisera anunciá-los, e manifestá-los, mas são mais do que se podem contar" [Sl 40, 5]. Com efeito, ainda que os pecados devam levar ao nosso sofrimento para que a própria pena nos solicite à penitência, vemos, no entanto, o Cristo asseverar que há mais determinações na deliberação secreta do Pai do que o castigar alguém na medida em que o merece. Pois disse sobre o cego de nascença: "Nem este pecou, nem os pais, mas para que a glória de Deus fosse manifestada nele" [Jo 9, 3]. Aqui, por ter a calamidade a precedência aos próprios nascituros, os sentidos injuriam como se Deus afligisse sem clemência àqueles que não merecem. No entanto, o Cristo atesta que, nesse espetáculo, refulge a glória do Pai, desde que nossos olhos sejam puros. Mas a modéstia deve ser conservada, não para forçarmos Deus a apresentar uma causa, mas para reverenciarmos a tal ponto seus juízos ocultos, que sua vontade, para nós, seja a causa justíssima de todas as coisas. Quando densas nuvens ocupam o céu e cai uma violenta tempestade, uma vez que também os olhos sejam impedidos por uma triste escuridão, e percutem trovões aos ouvidos, e todos os sentidos sejam tomados pelo terror, tudo nos parece confuso e agitado, e, no entanto, sempre permanece no céu a quietude e a serenidade. Assim, deve-se estatuir que, enquanto as coisas no mundo parecem turbulentas ao nosso juízo, a partir de sua pura luz de justiça e sabedoria, Deus, por um movimento excelentemente composto, a elas regula e dirige para o fim devido. E, quanto a isso, é prodigioso o furor de muitos que, com grande licenciosidade, ousam reduzir a obra de Deus a seus cálculos e explorar as suas deliberações secretas, levantando, assim, um parecer precipitado sobre o que é desconhecido, como se julgassem os feitos de homens mortais. O que é mais fora de propósito do que se conduzir com modéstia diante de nossos iguais, preferindo suspender o juízo a ser tachado de temerário, insultando com impertinência os juízos secretos de Deus, aos quais devemos contemplar com reverência?

2. Portanto, ninguém poderá perscrutar reta e utilmente a providência de Deus sem que, reputando haver para si um inevitável elo com aquele que teve a visão de seu mundo e o criou, submeta-se pelo medo e pela reverência que a humildade requer. Daí, os muitos cães que hoje atacam esta doutrina com suas mordidas virulentas, ou ao menos com seus latidos, uma vez que não querem conceder a Deus mais do que lhes dita a própria razão. Reputam também a nós quantas impertinências podem, visto que, não contentes com os preceitos da Lei, nos quais está compreendida a vontade de Deus, dizemos que o mundo também é regido por suas deliberações secretas. Como se fosse uma invenção nossa aquilo que ensinamos e o Espírito não pronunciasse o mesmo tão claro em vários lugares, repetindo-o de numerosas maneiras. Mas, uma vez que os retém certo pudor para que não ousem lançar suas blasfêmias ao céu mais livremente ensandecidos, fingem brigar conosco. A menos que admitam que tudo o que acontece no mundo seja governado por uma deliberação incompreensível de Deus, respondam com que fim a Escritura diz que seus juízos sejam um abismo profundo [Sl 36, 7]. Pois, dado que Moisés clame que a vontade de Deus não deve ser buscada ao longe, nas nuvens ou nos abismos, porque está familiarmente exposta na Lei,[399] segue-se uma outra vontade oculta, comparada a um abismo profundo, sobre a qual Paulo fala: "Ó profundidade das divícias e da sabedoria e do conhecimento de Deus! Quão inescrutáveis são seus juízos, e impenetráveis seus caminhos! Com efeito, quem conhece a mente do Senhor ou foi seu conselheiro?" [Rm 11, 33]. E certamente é verdade que na Lei, como no Evangelho, estejam compreendidos mistérios que ultrapassam longamente em eminência os nossos sentidos, mas, visto que Deus ilumina a mente dos seus com o espírito de inteligência para a compreensão dos mistérios que quis manifestados pelo Verbo, não há ali nenhum abismo, mas um caminho, o qual se deve sempre seguir, e um luzeiro a reger os pés, e uma luz da vida, e uma escola da verdade conspícua e certa. E é adequadamente chamada de abismo a razão admirável de governar o mundo, uma vez que, enquanto nos é oculta, deve ser adorada com reverência. Moisés expressou a ambos em poucas e belas palavras. "O que é oculto pertence a nosso Deus, mas o que aqui está escrito pertence a vós e a vossos filhos" [Dt 29, 29]. Vemos que, de fato, não nos manda apenas nos voltarmos ao zelo para a meditação da Lei, mas contemplarmos reverentemente a secreta providência de Deus. Esse elogio das alturas é proposto também no livro de Jó, a fim de humilhar nossa mente. Depois de ilustrar a máquina do mundo, acima e abaixo, e discorrer magnificamente sobre as obras de Deus, por fim acrescenta: "Eis: estas são as extremidades de seus caminhos, e quão pouco é o que é ouvido d'Ele!" [Jó 26, 14]. Razão pela qual distingue, noutro lugar, a sabedoria que reside apenas em Deus e o modo de saber que é prescrito ao homem. Pois, quando se volta aos segredos da natureza, diz

---

399 Dt 33, 11ss.

que a sabedoria é conhecida unicamente por Deus, mas escapa aos olhos de todos os viventes [Jó 28].[400] Porém, pouco depois acrescenta: "Eis que o temor de Deus é a sabedoria".[401] Diz respeito a isso o que disse Agostinho: "Porque não conhecemos tudo que Deus faz para nós com excelente ordenação, agimos segundo a Lei de Deus apenas pela boa vontade, no mais, age-se verdadeiramente segundo a Lei, porque a sua providência é uma Lei incomutável" [*Livro sobre as 83 questões*, c.27].[402] Portanto, dado que Deus reivindique para Si um direito a nós desconhecido de reger o mundo, seja esta a lei da sobriedade e da modéstia: aquiescer a seu sumo império, para que sua vontade seja para nós a única regra da justiça e a justíssima causa de todas as coisas. Não certamente aquela vontade absoluta sobre a qual palreiam os sofistas,[403] que, por uma separação ímpia e profana, distinguem a sua justiça da potência, mas sim aquela providência moderadora de todas as coisas, desde a qual nada emana se não o que é reto, por mais que as razões nos sejam ocultas.

3. Todos que se conduzirem com essa modéstia, nem gemerão contra Deus sobre as adversidades no tempo passado nem jogarão n'Ele a culpa das celeridades, tal como o Agamenon de Homero: "Não sou eu a causa, mas Zeus e a moira";[404] nem, por outro lado, tal qual aquele adolescente de Plauto, que, como tomados pela sorte, por desespero se lançarão no abismo: "É instável a sorte das coisas, os homens agem pela libido do destino; lançar-me-ei ao escolho, para perder esta coisa com a vida".[405] Nem, a exemplo de outro, encobrirão suas abominações com o nome de Deus. Com efeito, assim disse Licônides numa outra comédia: "Deus foi o impulsionador, creio que os deuses o quisessem, pois sei que, se não o quisessem, não teria acontecido".[406] Antes busquem e aprendam com a Escritura o que agrada a Deus, para que, com a direção do Espírito, alcancem-no: preparados, ao mesmo tempo, para seguir a Deus para onde quer que chame,[407] mostrarão com a própria realidade que nada seja mais útil que o conhecimento desta doutrina. Os homens profanos[408] são tola-

---

400 Jó 28, 21.
401 Jó 28, 28.
402 Agostinho. *De diversis quaestionibus LXXXIII*, q.27. In: PL 40, 18.
403 Ockham, Guilherme de. *In Sent.*, I, d.17, q.2; *Centiloquium*, concl.7.
    Biel, G. *Collect. In Sent.*, I, dist.17, q.2a.
    Cf. Escoto, J. D. Op. cit., I, d.44, q.un., 1-4.
404 Homero. *Ilíada*, T (19), 87.
405 Plauto. *Bacchides*, I, 1 (interpolação antiga).
406 Idem, *Aulularia*, 737, 742.
407 "Seguir a Deus": cf. Virgílio, *Aen.*, XII, 677, V, 22; Sêneca, *Dial.*, VII, 15, 5; *Benef.*, IV, 25, 1. 2; VII, 31, 2; *Epist.*, XVI, 5.
408 Referência aos Libertinos.

mente tumultuados com suas inépcias, revirando, como se diz, o céu e a terra: se o Senhor assinalou o ponto de nossa morte, não é possível fugir, portanto, de nada adianta trabalhar em busca de precaução. Assim, um não se arrisca a se pôr a caminho, quando ouve que este seja perigoso, para não ser assaltado por ladrões; outro chama o médico e se farta de remédios, para que a vida seja conservada; outro se abstém de alimentos pesados, para não prejudicar uma fraca constituição; outro recusa habitar uma casa a ruir; enfim, todos buscam meios de, com grande diligência, alcançar aquilo que desejam. Todos esses remédios que são tomados para a correção da vontade divina são inanes, ou não terminam por um seu decreto determinando a vida e a morte, a saúde e a doença, a paz e a guerra, e o que mais que os homens, à medida que ou o desejam ou o buscam, zelam assim com afã por obter ou recusar. Com efeito, dizem que haverão de ser perversas, se não vãs, as orações dos fiéis pelas quais se pede para que o Senhor seja propício com aquilo que já decretou desde a eternidade. Em suma, daí suprimem todas as deliberações que são tomadas com relação ao futuro, como se contrárias à providência de Deus, a qual, sem recorrer a elas, decretou o que quis que fosse feito. Depois, tudo o que já aconteceu, imputam à providência de Deus de tal modo que são coniventes com o homem ao qual se sabe que tais atos devessem ser atribuídos. Mata o assassino um cidadão honesto? Executou, dizem, a deliberação de Deus. Alguém roubou ou cometeu adultério? Fez o que era previsto e ordenado pelo Senhor, uma vez que é ministro de Sua providência. O filho esperou indiferentemente a morte do pai, negligenciando o remédio? Não pôde resistir a Deus, que assim tivera estabelecido desde a eternidade. Assim chamam de virtudes todos os flagelos, porque serviriam à ordem de Deus.

4. E quanto ao que pertence ao futuro, Salomão facilmente concilia com a providência de Deus as deliberações humanas. Tal como ri da estupidez daqueles que, com audácia, buscam tudo o que querem sem Deus, como se não fossem regidos por sua mão, assim fala em outro lugar: "O coração do homem cogita o seu caminho, e o Senhor dirige os seus passos" [Pr 16, 9], significando que o decreto eterno de Deus não impede que velemos por nós mesmos e administremos tudo o que é nosso. E não falta a isso uma razão manifesta: pois aquele que limitou com seus termos a nossa vida, ao mesmo tempo depositou junto a nós seu cuidado e instruiu os subsídios para a conservação da vida; fez-nos também prescientes dos perigos: para que não nos passassem despercebidos, sugeriu precauções e remédios. Agora está claro o que seja nosso dever: se o

Senhor atribuiu a nós a tutela de nossa vida, que a conservemos; se ofereceu subsídios, que deles usemos; se antecipou os perigos, não caiamos temerariamente; se forneceu os remédios, não os negligenciemos. E nenhum perigo causará dano, a não ser o fatal, inelutável a todos os remédios. Ora, o que se dá se os perigos não são fatais porque o Senhor dá para nós os remédios para superá-los e evitá-los? Veja como nossa razão convém com a ordem da administração divina. Concluímos que não se deve prevenir o perigo porque, dado que não seja fatal, estamos para além da precaução: mas o Senhor manda que nos previnamos por isso: porque não quer que seja fatal para nós. Esses insanos não consideram o que está sob os olhos, que as artes de se aconselhar e de se prevenir foram inspiradas aos homens por Deus, as quais estão submetidas à sua providência, para a conservação da própria vida. Pelo contrário, com negligência e preguiça, procuram males que lhes acrescente. O que faz, com efeito, que um homem providente, enquanto se aconselha, escape de males a si iminentes, o estulto pereça por uma temeridade inadvertida, a não ser que tanto a estultice quanto a prudência sejam os instrumentos da dispensação divina para ambos os casos? Por isso Deus quis ocultar de nós tudo o que é futuro, para que, à medida que tenhamos dúvidas, não deixemos de aplicar os remédios até que ou sejam superadas, ou superem a todo cuidado. Por isso, admoestei antes que a providência de Deus nem sempre aparece nua, mas que, de certo modo, Deus a veste ao aplicar intermediários.

5. Atribuem, maldosa e inconsideradamente, aqueles eventos do tempo passado à providência nua de Deus. Pois, uma vez que depende dela tudo o que acontece, dizem que, então, nem os furtos, nem os adultérios, nem os homicídios são perpetrados sem que a vontade de Deus interceda. Por que, então, dizem, é punido o ladrão que espoliava a quem o Senhor quis castigar com a pobreza? Por que se punirá o homicida que matou aquele a quem Deus dera um fim à vida? Se servem todos a vontade de Deus, por que serão punidos? Eu, contudo, nego que eles sirvam à vontade de Deus. De fato, não dizemos que aquele que é movido por um ânimo mau realize o ministério ordenado por Deus, dado que unicamente obedece a cupidezes malignas. Obedece a Deus aquele que, instruído por sua vontade, luta por aquilo para o que foi por ela chamado. Ora, donde nos instruímos senão a partir de seu Verbo? Por isso, nas coisas que fazemos, devemos observar a vontade de Deus, declarada por seu Verbo. O Deus único requer de nós apenas o que nos prescreve. Se designarmos algo contra o preceito, não é obediência, mas contumácia e transgressão. "E, a não ser que Ele queira, não o faremos." Reconheço-o. Mas, acaso fazemos o mal com o fim de prestar a Ele um favor? E Ele absolutamente não nos manda fazê-lo: caímos não porque cogitamos o que Ele quer, mas porque, arrebatados de tal modo pela intempérie de nossa libido, esforçamo-nos contra Ele por uma deliberação certa. E por essa razão, ao agir mal, servimos à sua justa ordenação: uma vez que, pela magnitude de sua imensa sabedoria, Ele sabe usar bem e de modo probo para a boa ação os instrumentos maus. E veja quão tola é a argumentação deles: querem que os autores de suas celeridades não sejam punidos porque não agem senão pela dispensação de Deus. Eu concedo ainda mais: os ladrões e homicidas, e outros malfeitores, são instrumentos da divina providência, usados pelo Senhor para cumprir os juízos que Ele mesmo constitui. No entanto, nego que daí deva ser dada alguma desculpa a seus males. O que, então? Acaso implicarão a Deus com a sua iniquidade ou operarão a sua depravação pela justiça d'Ele? Não podem nada disso. Por isso, a menos que se purguem, são acusados pela própria consciência, a menos que acusem falsamente a Deus, depreendem todo o mal em si e, em poder dele, não mais do que o legítimo uso da malícia deles. "Mas, com efeito, Ele opera por intermédio deles." E de onde, pergunto, vem o fedor do cadáver, que foi tanto apodrecido quanto aberto pelo calor do Sol? Todos veem que seja excitado pelos raios do Sol, ninguém, no entanto, diz que por isso os raios tenham fedor. Assim, dado que no homem mal reside a matéria do mal e a culpa, o que é reputar a Deus alguma mancha, se por seu arbítrio o homem for usado para o ministério d'Ele? Portanto, afaste-se essa audácia canina, que certamente pode ladrar a distância contra a justiça de Deus, mas não pode tocá-la.

6. Facilmente, discute essas calúnias ou, antes, esses delírios dos frenéticos, a meditação pia e santa da providência, que dita para nós a regra da piedade para que daí nos provenha um fruto excelente e muito suave. Portanto, o peito cristão, dado que esteja persuadido pela certeza de que tudo aconteça pela dispensação de Deus e de que nada se dê de modo fortuito, sempre voltará os olhos a Ele, tal como a causa precípua das coisas, observando, no entanto, as causas inferiores em seu lugar. Depois, não duvidará que a providência singular de Deus esteja velando por conservá-lo e que não haverá de se dar senão o que se torne para si em bem e salvação. Visto que seu negócio é primeiro com os homens e depois com as demais criaturas, terá como certo para si que a providência de Deus reine em toda e qualquer coisa. No que toca aos homens, sejam bons, sejam maus, reconhece que esteja sob a mão d'Ele as suas deliberações, vontades, impulsos, faculdades, já que está situado no arbítrio d'Ele dobrá-los para o que quiser e obrigá-los quantas vezes quiser. São várias e claríssimas as passagens que testemunham que uma singular providência de Deus vela pela salvação dos fiéis: "Lança sobre o Senhor o teu cuidado, e Ele te nutrirá, nem jamais permitirá que o justo seja agitado" [Sl 55, 23], visto que "estamos sob seus cuidados" [1Pd 5, 7]. "O que habita no abrigo do Altíssimo, morará sob a proteção do Deus do céu" [Sl 91, 1]. "Aquele que vos toca, toca a pupila de meus olhos" [Zc 2, 8].[409] "Serei teu escudo",[410] "um muro êneo" [Is 49, 15],[411] "combaterei os que te combatem".[412] "Ainda que a mãe se esqueça dos filhos, não me esquecerei de ti" [Is 49, 15]. Aqui é muito potente o escopo da história bíblica: ensinar que os caminhos dos santos são guardados pelo Senhor com tanta diligência, que certamente não tocarão nenhuma pedra. Portanto, como foi antes[413] justamente demolida a opinião daqueles que inventaram uma providência universal de Deus que não se propõe a um cuidado especial de cada uma das criaturas, é preciso reconhecer primeiro esse cuidado especial conosco. Donde o Cristo, quando asseverou que nem mesmo um mísero passarinho cai por terra sem a vontade do Pai [Mt 10, 29], imediatamente faz esta aplicação: "Dado que sejamos mais que os pássaros,[414] consideremos por isso que Deus nos preste um cuidado ainda mais adequado, e toma isso de modo que confiemos que os cabelos de nossa cabeça estejam contados" [Mt 10, 30]. Que mais escolheremos, se nem ao menos um fio de cabelo pode cair de nossa cabeça sem que seja sua vontade? E não falo apenas do gênero humano, mas, uma vez que Deus elege a Igreja para si como domicílio, não deve haver dúvida de que mostre, por exemplos singulares, o cuidado com que a rege.

7. Confirmado, tanto por essas promessas quanto por esses exemplos, acrescenta o servo de Deus os testemunhos que ensinam que os homens estão sob Sua potestade, seja para conciliar suas almas, seja para coibir a malícia, para que não cause nenhum dano. É o Senhor quem nos dá a graça, não somente junto àqueles que nos querem bem, mas também aos olhos dos egípcios: "Soube, com efeito, quebrantar de vários modos a improbidade de nossos inimigos" [Ex 3, 21]. E assim é que, por vezes, Deus

---

409 Zc 2, 12 (*Vulgata* 2, 8).
410 Gn 15, 1.
411 Is 26, 1; cf. Jr 1, 18.
412 Is 49, 25.
413 Cf. Capítulo VI, § 4ss, deste Livro.
414 Mt 10, 31.

os priva da mente, para que não possam apoderar-se de algo bom, tal como quando enviou Satanás para implementar a mentira na boca de todos os profetas e, assim, enganar Acab [1Rs 22, 22]; ou quando enlouqueceu Roboão com o conselho dos jovens, para que fosse espoliado do reino por sua tolice [1Rs 12, 10.15]. Não raro, quando concede-lhes o entendimento, aterroriza-os e desanima de tal modo que nem querem nem maquinam aquilo que conceberam. Outras vezes, também, permite começarem o que a libido e a raiva sugeriram, interrompendo oportunamente o ímpeto deles e não permitindo que levem até o fim o que haviam instituído. Assim dissipou a tempo a deliberação de Aquitofel, que era funesta para o futuro de Davi [2Sm 17, 7.14]. Assim também está em seu cuidado moderar todas as criaturas para o bem e a salvação dos seus, bem como o próprio Diabo, o qual, vimos, não ousou tentar nada contra Jó sem sua permissão e comando [Jó 1, 12]. Segue-se necessariamente a esse conhecimento a gratidão da alma — no próspero sucesso das coisas, na paciência na adversidade e também em uma segurança incrível quanto ao que há de vir. Portanto, tudo o que acontecer de modo próspero e da decisão da alma, isso tudo referiremos como tomado de Deus, quer a sua beneficência seja sentida pelo ministério dos homens, quer o tenha sido pelo auxílio de criaturas inanimadas. E, assim, reputará em sua alma: certamente, foi o Senhor que inclinou a mim estes ânimos, aglutinando-os a mim, para que fossem, junto comigo, instrumentos de sua benignidade. Na abundância de frutos, cogitará: é o Senhor que escuta o céu, para que o céu escute a terra, para que ela também escute os seus frutos; quanto ao mais, não duvidará que seja unicamente pela bênção do Senhor que tudo prospere, para que, admoestado por todas as causas, não se mantenha ingrato.

8. Se acontecer algo adverso, logo, também aqui, levanta a mente para Deus, cuja mão nos vale muito para a paciência e a plácida moderação da alma. Se José tivesse demorado no reconhecimento da perfídia dos irmãos, jamais os poderia receber fraternalmente na alma. Mas, voltando a mente ao Senhor, esqueceu a injúria e foi inclinado à mansidão e à clemência para, de modo espontâneo, consolar os irmãos. Disse ele: "Não sois vós os que me venderam no Egito, mas, pela vontade de Deus, fui enviado diante de vós, para conservar-vos a vida" [Gn 45, 8].[415] Decerto, vós cogitastes sobre o meu mal, mas o Senhor o converteu em bem. Se Jó se convertesse aos caldeus, pelos quais era vexado, imediatamente

---

415 Gn 45, 7s.

seria levado à vingança, mas, uma vez que reconhecesse a obra de Deus, ao mesmo tempo foi consolado por aquela belíssima sentença: "O Senhor deu, o Senhor tira: bendito seja o nome do Senhor" [Jó 1, 21]. Assim, Davi, impedido pelas maldições e pedras de Semei, se tivesse fixado os olhos no homem, teria animado os seus a retaliar a injúria, mas, como entendeu que aquele não teria agido senão movido pelo Senhor, antes os dissuade: "Deixai-o, porque o Senhor o mandou para que amaldiçoe" [2Sm 16, 11]. Com o mesmo freio, em outro lugar, coíbe a intempérie da dor: "Calei e emudeci, porque Tu, Jeová, o fizeste" [Sl 38, 10].[416] Se não há remédio mais eficaz para a ira e a impaciência, certamente não pouco progride aquele que aprendeu a meditar quanto a isso na providência de Deus, dado que possa sempre revocar isto à mente: o Senhor o quis, por isso deve ser feito, não apenas porque não é possível relutar, mas porque Ele não quer senão o que é justo e adequado. O que nos leva a esta suma: para que, lesados injustamente pelos homens, omitida a improbidade deles (que não exaspera senão a nossa dor e acua nossa alma para a vingança), lembremos de nos voltarmos a Deus e aprendamos a estabelecer como certo que sua dispensação seja justa, e foi permitido e enviado tudo o que os inimigos celerados aplicam em nós. Paulo, dado que nos compila a retaliar as injúrias, admoesta com prudência que a nossa luta não seja com a carne e com o sangue, mas com um inimigo espiritual, o Diabo [Ef 6, 12], de modo que nos preparemos para o certame. Mas esta é uma admoestação utilíssima para acalmar todo ímpeto para a iracúndia: que Deus arma para o conflito tanto ao Diabo como aos ímpios, e senta como se fosse aquele que preside aos jogos, para exercitar nossa paciência. Se, apesar dos homens, houver obras a nos impor cadeias e misérias, que seja retomada da memória a doutrina da Lei: "Tudo o que há de próspero, flui da fonte das bênçãos de Deus, todas as contrariedades, são suas maldições" [Dt 28]. E encha-nos de terror aquela denúncia terrível: "Se avançardes temerariamente contra mim, também Eu avançarei temerariamente contra vós" [Lv 26, 23].[417] Palavras com as quais condena nosso torpor quando, conduzindo como um sentido fortuito da carne em geral tudo o que acontece a ambas as partes, nem somos estimulados pelos benefícios divinos para seu culto, nem somos estimulados pelos flagelos ao arrependimento. É por essa mesma razão que Jeremias e Amós queixaram-se acerbamente com os judeus, porque re-

---

416 Sl 39, 10 (*Vulgata* 38, 16).
417 Lv 26, 23s.

putaram que tanto o que há de bom quanto o que há de mal seja feito sem a ordem de Deus [Lm 3, 38; Am 3, 6]. Diz respeito ao mesmo aquilo que clama Isaías: "Eu, Deus, criador da luz e formador das trevas, fazedor da paz e criador do mal, Eu, Deus, faço tudo isso" [Is 45, 7].

9. Nesse entretempo, o homem temente a Deus não estará fechado às causas inferiores. De fato, não é porque considera ministros da bondade divina aqueles de quem o benefício tenha sido recebido que os esquece, como se não fossem merecedores de nenhuma graça por sua humanidade, mas sente na alma que está obrigado a eles, e livremente reconhece a obrigação, e zela em favor de uma faculdade e de uma oportunidade surgida, por retribuir a graça. Por fim, reverenciará e rezará a Deus, pelos bens recebidos, e O reconhecerá como o autor principal; mas honrará os homens como seus ministros, e entenderá ser, pela vontade de Deus, devedor daqueles por cujas mãos Deus quis ser benéfico. Se, por negligência nossa, alguém a quem deveríamos ter cuidado for tomado pela doença, ainda que não ignoremos que essa pessoa tenha chegado ao término de sua vida, do qual não podia passar, no entanto, não podemos por isso nos excusar de nosso pecado; mas, uma vez que não cumprimos com nosso dever, temos de sentir sua morte como se fosse por nossa culpa ou negligência. E muito menos nos desculparemos, tendo como pretexto a providência divina, se cometermos um homicídio ou latrocínio por engano ou malícia. Se não que no mesmo ato consideremos como distintas a justiça de Deus e a maldade do homem, como de fato ambos se mostram com toda a evidência. Quanto ao futuro, terá muito fortemente em conta a razão de tais causas inferiores, pois, entre as bênçãos do Senhor, questionará de novo se não foi destituído dos meios humanos, os quais usa para a sua sobrevivência. E assim, não deixará de deliberar, nem enfraquecerá suas súplicas àqueles que podem ajudá-lo; e pensará que quando as criaturas o ajudam, é Deus mesmo quem as coloca em suas mãos, para que sejam os legítimos instrumentos da providência divina. E, por ser incerto qual fim hão de ter os negócios que conduz (a não ser a consciência que o Senhor, para seu bem, em tudo proverá), com zelo aspirará por aquilo que lhe parece adequado, uma vez que possa alcançá-lo pelo entendimento e pela mente. E não será conduzido pelos próprios sentidos a tomar conselhos, mas se recomendará e se entregará à sabedoria de Deus, para que, por sua condução, seja dirigido ao objetivo correto. Quanto ao mais, não empregue uma confiança tal nesses meios terrenos de modo que, quando estiverem presentes, nos sintamos totalmente tranquilos, e quando faltarem, completamente desamparados. Sempre haverá de ter o pensamento fixado unicamente na providência de Deus, e não haverá de ser retirado de sua firme contemplação pela consideração das coisas presentes. Assim Jó, ainda que reconhecesse que a batalha estivesse sob o arbítrio e a mão de Deus, não se deu, no entanto, à inércia, mas executou o que é próprio de seu chamado, deixando ao Senhor a moderação do evento: "Estejamos fortes, por nossa gente e pelas cidades de nosso Deus: mas que o Senhor faça o que é bom aos seus olhos" [2Sm 10, 12]. Pelo mesmo conhecimento impele-nos à contínua invocação de Deus despojados da temeridade e de uma falsa confiança, enquanto encherá nossa alma com a boa esperança, para que não hesitemos em menosprezar segura e intensamente os perigos que nos circundam.

10. Quanto a essa parte, o que se vê é a inestimável felicidade dos fiéis. São inúmeros os males que atacam a vida humana, que apresentam todas as formas de morte. Para não irmos muito além, dado que o corpo seja o receptáculo de mil doenças, ou melhor, que mantenha e fomente em seu interior as causas das doenças, o homem não pode levar a si sem levar consigo as muitas formas de suas quedas, e, de certo modo, trazer a vida implícita com a morte. O que mais diremos, com efeito, quando nem se resfria nem se soa sem perigo? Logo, para onde quer que se volte, tudo o que está à volta, não é apenas ambíguo para a fé, mas abertamente levanta ameaças e parece intentar a morte presente. Entremos em um navio, estamos a um pé da morte. Montamos um cavalo, nossa vida põe-se a perigo no falsear de um pé. Adentramos pelas ruas da cidade, tantas forem as telhas, tantos serão os perigos aos quais estaremos submetidos. Se um instrumento cortante está em nossa mão ou na de um amigo, os perigos são proeminentes. Tantos animais ferozes quantos virmos, estarão armados para a nossa destruição. Dado que, enquanto zelamos por imiscuir-nos em um horto, quando não parecer haver nada mais que amenidade, ali se esconderá a serpente. A casa assiduamente sujeita ao incêndio ameaça-nos durante o dia com a pobreza e durante a noite com a opressão. O campo, dado que seja exposto ao granizo, à geada, à seca e a outras tempestades, denuncia para nós a esterilidade e, dela, a fome. Omito os venenos, as insídias, os latrocínios, a violência declarada, dos quais parte nos ataca em casa, parte nos segue ao longe. Entre tais angústias, acaso não é preciso que seja miserabilíssimo o homem, se em vida traz penosamente, mais morto que vivo, um espírito atormentado e enfraquecido, como se tivesse consigo uma perpétua espada iminente na garganta? Dizemos que raro isso acontece, ou que nem sempre e não para todos, nem certamente tudo ao mesmo tempo. Reconheço-o, mas, com o exemplo de outros, somos admoestados de que também podem acontecer conosco e de que a nossa vida não deve ser uma exceção maior que a daqueles, pois não pode se dar que não os temamos e evitemos como se não houvesse de acontecer conosco. Portanto, podemos imaginar algo mais calamitoso? Acrescente-se que não careceria de afronta a Deus se fosse dito que o homem, criatura nobilíssima dentre as criaturas, estivesse exposto a quaisquer lances temerários e fortuitos da fortuna. Mas aqui foi proposto falar apenas da miséria que o homem sentiria se fosse conduzido sob o império da fortuna.

11. E quando aquela luz da providência divina brilha em cada homem temente a Deus, ele é aliviado e desatado não apenas dos extremos que antes o premiam com ansiedade e medo, mas de todo cuidado. Com efeito, tal como temia com razão a fortuna, assim pode ousar se pôr seguramente em Deus. Isto, digo, é um consolo, para que entenda que o pai celeste contém de tal modo a tudo por sua potência, de tal modo rege por seu império e desejo, de tal modo modera com sabedoria que nada acontece senão segundo o que Ele destina. Assim, tomado pela fé n'Ele, confiado ao cuidado dos anjos, o homem não pode ser prejudicialmente atingido nem pela água, nem pelo fogo, nem pelo ferro, a não ser uma vez que tenha aprazido ao Deus moderador dar lugar a eles. Com efeito, entoa o salmo: "Visto que Ele te libertou do laço do caçador e da peste prejudicial, que te protege sob as asas, e que terás confiança em suas penas, sua verdade será como um escudo. Não temereis o pavor noturno, nem a flecha que voa durante o dia, nem a peste que perambula na escuridão, o perigo que grassa ao meio-dia" etc. [Sl 91, 3].[418] De onde também emerge nos santos aquela confiança com que se gloriam, "O Senhor é meu guarda, não temerei o que aconteça com minha carne", "O Senhor é meu protetor, o que recearei?", "Ainda que se constituam exércitos contra mim, ainda que ande em meio às sombras da morte, não deixarei de esperar o bem" [Sl 118, 6; 27, 3; 56, 5; e outros]. De onde têm isso, pergunto, visto que a eles nunca falta sua segurança, a não ser porque, quando veem que o mundo está temerariamente transtornado, sabem que o Senhor opera em tudo, obra que confiam que lhes haverá de ser salutar? Assim, quando a salvação deles é impedida, quer pelo Diabo, quer por homens celerados, a menos que sejam amparados pela recordação e pela meditação da providência, necessariamente hão de

---

418 Sl 91, 3-6.

fraquejar de imediato. E têm um claro consolo quando se recordam que o Diabo e toda a corte dos ímprobos são coibidos de tal maneira, como um freio, pela mão de Deus, para que não possam conceber nenhum malefício contra nós, nem realizar o concebido, nem mover um dedo para perpetrá-lo, por mais que o queiram, a não ser uma vez que Ele o permita, ou melhor, uma vez que Ele o ordene, e não somente os tenha todos presos, mas que são obrigados a prestar-lhe favores. Pois, tal como cabe ao Senhor armar o furor daqueles e converter e destiná-lo ao que desejar, assim também o estatuir o modo e o fim, para que não exultem licenciosamente por sua libido. Sustentado por tal persuasão, Paulo, que em um lugar dissera que seu progresso fora impedido por Satanás, em outro, atribuiu isso à permissão de Deus [1Ts 2, 18; 1Co 16, 7]. Se tivesse dito somente que o obstáculo fosse posto por Satanás, ver-se-ia ter dado um grande poder a este, como se estivesse em sua mão modificar inclusive as deliberações de Deus, mas, quando atribui o obstáculo ao arbítrio de Deus, de cuja deliberação dependem todos os caminhos, mostra que Satanás nada pode, de tudo o que maquina, a não ser que siga a indicação do Senhor. Pela mesma razão, Davi, uma vez que a vida dos homens é sempre revolvida e como que torcida segundo várias conversões, integra-se neste refúgio: "Seus tempos estão na mão de Deus" [Sl 31, 16]. Poderia ter posto no singular o caminho da vida, ou o tempo, mas quis exprimir "tempos" porque, por mais instável que seja a condição dos homens, quaisquer vicissitudes que tomem lugar são governadas pela divindade. Motivo pelo qual Rasin e o rei de Israel, ainda que tivessem sido vistos como tochas acesas para a perdição e a consumação da terra ao unir os homens para a queda de Judá, são chamados pelo profeta de tições fumegantes, que não podem exalar mais do que um pouco de fumaça [Is 7, 4]. Assim o faraó, temido por todos pelas obras, força e vastidão de seus soldados, é comparado a um animal marinho, e seus exércitos, aos peixes [Ez 29, 4]. Deus aponta que capturará com seu anzol o condutor e seu exército, e os arrastará para onde quiser. Por fim, para que não me demore mais aqui, facilmente veremos, se prestarmos atenção, que a ignorância da providência é o extremo de todas as misérias, e a suma bem-aventurança está em seu conhecimento.

12. Seria suficiente o que dissemos sobre a providência de Deus, para a instrução e consolo dos fiéis (pois a curiosidade dos homens vãos é satisfeita jamais nem se deve optar por fazê-lo), se não obstassem algumas poucas passagens que parecem apontar contrariamente ao que foi exposto acima: que o conselho de Deus não é firme e imutável, mas que muda segundo a disposição das coisas inferiores. Primeiro, às vezes se lembra a penitência de Deus, como quando se arrependeu de ter criado o homem [Gn 6, 6]; de ter levado Saul ao reino [1Sm 15, 11], que tenha se penitenciado do mal que estabelecera infligir a seu povo, assim que sentiu alguma conversão da parte dele [Jr 18, 8]. Depois, são apontadas não poucas anulações de seus decretos. Por intermédio de Jonas, dissera aos ninivitas que Nínive haveria de perecer passados quarenta dias, mas logo se inclinou a uma sentença mais branda pela penitência daqueles [Jn 3, 4-10]. Pela boca de Isaías, pronunciou a morte de Ezequias, a qual foi adiada, comovido por suas lágrimas e preces [Is 38, 1-5; 2Rs 20, 1-5]. Daí muitos argumentam que Deus não constitui para os homens um decreto eterno, mas, à medida que há méritos para cada um, ou à medida que parece reto e justo, resolve isto ou aquilo em anos, dias ou horas determinados.[419] No que diz respeito à penitência, ela não cabe a Deus mais do que a ignorância, o erro ou a impotência. Se ninguém, consciente e voluntariamente, leva a si mesmo à necessidade de penitência, não podemos atribuir a penitência a Deus sem que digamos que ignorava o que há de ser o futuro, ou que não pôde evitar, ou que caiu precipitada e inconsideradamente na sentença da qual há logo de se arrepender. Ora, isso está tão distante do Espírito Santo que, na simples menção da penitência, nega que Deus seja levado a ela, uma vez que não é senão o homem que pode se penitenciar [1Sm 15, 29]. E deve-se notar, no mesmo capítulo, que junta de tal modo a ambos na comparação que concilia totalmente a contradição que parece existir. É uma maneira figurada dizer que Deus se penitencie de ter feito de Saul um rei. Pouco depois, acrescenta: "Não mentirá a glória de Israel, nem se dobrará pela penitência, porque não é homem para que se penitencie", palavras pelas quais, de forma clara e não figurada, assevera a imutabilidade. Assim é certo que a ordenação de Deus na administração das coisas humanas seja tanto perpétua como superior a toda penitência. E, para que não haja dúvida sobre sua constância, também seus adversários são obrigados a dar-lhe seu testemunho. Com efeito, Balaão, quisesse ou não, teve de prorromper aquela sentença de que Deus não seja tal qual o homem, para que minta, nem como um filho do homem, para que mude, e é impossível que não faça tudo o que disser, de não implementar tudo o que foi dito [Nm 23, 19].

---

419 Cf. Orígenes. *De princ.*, III, 1, 17.

13. O que, portanto, significa para Ele o nome de penitência? Decerto, o que significam todas as outras formas de falar que nos descrevem um Deus humanizado. Uma vez que nossa fraqueza não pode chegar à sua altura, a sua descrição que nos é dada deve ser submetida à nossa capacidade, para que a entendamos. Esta é a razão de que seja submetida: para que Ele seja representado para nós, não tal como é, mas como nós o sentimos. Estando além de qualquer perturbação, apresenta-se contudo irascível aos pecadores. Por isso, tal como não devemos imaginar alguma mudança em Deus quando o ouvimos irado, mas antes reputar que seja uma sentença assumida desde os sentidos, uma vez que Deus mostra uma face irada sempre que exerce sua justiça, assim não devemos conceber sob a palavra "penitência" mais do que a mudança do que é feito, já que os homens costumam, ao mudar o que fazem, atestar seu desagrado. Portanto, visto que qualquer mutação entre os homens é a correção do que lhes desagrada, e a correção provém da penitência, assim, através do nome de "penitência", tem-se que Deus muda quanto às suas obras, ainda que nem sua deliberação nem sua vontade sejam invertidas, nem Seu modo de ser seja comutável, mas que prossegue em uma continuidade perpétua o que previra, provara e decretara desde a eternidade, por mais que pareça aos olhos dos homens uma súbita variação.

14. E a história sagrada não mostra que os decretos de Deus fossem anulados ao narrar que fora remida a destruição promulgada aos ninivitas [Jn 3, 10] e fora prorrogada a vida de Ezequias depois de anunciada a morte [Is 38, 5].[420] Os que assim o entendem, são ludibriados pelos anúncios, os quais, mesmo quando são simples afirmações, contêm, ao menos tacitamente, uma condição, como se entende pelos próprios fins. Com efeito, por que o Senhor teria enviado Jonas aos ninivitas para predizer a ruína da cidade? Por que indicaria por intermédio de Isaías a morte de Ezequias? Poderia ter perdido tanto àqueles quanto a este sem o auxílio de um mensageiro. Portanto, esperava mais do que a antevisão da morte iminente ao estarem prescientes de sua vinda. E não é de admirar que não os quisesse perdidos, mas emendados para que não perecessem. Por isto, Jonas profetizou a destruição de Nínive após quarenta dias: para que não ruísse. Por isto foi cortada a esperança de Ezequias de uma vida mais longa: para que obtivesse vida ainda mais longa. Quem não vê que o Senhor queria, com tais ameaças, levar ao arrependimento aqueles que atemorizara, para escapar do juízo de que seus pecados eram merecedo-

---

420 Cf. Erasmo. *De libero arbitrio*.

res? Se isto é assim, por isso mesmo a natureza das coisas nos conduz para que subentendamos uma condição tácita no que é anunciado, o que também tem confirmação em exemplos semelhantes: o Senhor, ao repreender o rei Abimeleque por ter roubado de Abraão sua esposa, usa estas palavras: "Eis que tu morrerás por causa da mulher que tomastes, porque ela está unida a um marido" [Gn 20, 3]. No entanto, depois que Abimeleque se desculpou, falou deste modo: "Restitui a esposa ao marido, porque é um profeta e orará por ti, para que vivas. Caso contrário, saibas que, morrendo, morrerás tu e tudo o que tens".[421] Aqui vemos que, com o primeiro anúncio, atinge mais veementemente a alma daquele, para que seu intento seja cumprido, mas, com o segundo, deixa claramente explícita a sua vontade? Considerando que a razão é semelhante nas demais passagens, não infiras delas que seja derrogado tudo o que tivesse sido anteriormente determinado por Deus, porque tornara nulo o que promulgara. Decerto o Senhor, quando admoesta ao arrependimento aqueles que deseja perdoar ao anunciar a pena, antes externa o caminho de sua ordenação eterna do que muda em algo a Vontade ou a Palavra, visto que não exprime palavra a palavra o que, no entanto, é bem fácil compreender. É preciso que permaneça verdadeira aquela passagem de Isaías: "O Senhor dos Exércitos o determinou, e quem o invalidará? A sua mão está estendida, e quem a fará voltar atrás?" [Is 14, 27].

---

421 Gn 20, 7.

Capítulo XVIII

De tal modo Deus usa a obra dos ímpios e dobra sua alma para que executem seus desígnios que Ele próprio permanece limpo de toda mácula.*

outras passagens, em que o arbítrio de Deus dobra ou arrasta o próprio Satanás e a todos os condenados, emerge uma questão mais difícil: de que modo age por eles sem contrair nenhuma mancha de seus vícios? Mais ainda: a inteligência carnal mal pode compreender que, da obra comum, seja isento de toda a culpa e, no entanto, condene seus servos com justiça. Aqui se encontra a distinção entre fazer e permitir,[422] uma vez que parece inexplicável para muitos que, desse modo, Satanás e todos os ímpios estejam sob a mão e o império de Deus, para que dirija a malícia deles para qualquer fim que deseje e use seus crimes para executar seu desígnio. Talvez fosse perdoável o grande recato daqueles que se assustam com a aparência de absurdo, se não fosse sob o patrocínio da mentira que tentam defender a justiça divina de toda marca de maldade. Parece-lhes absurdo que um homem se torne cego pela vontade e determinação de Deus, sendo que depois este homem sofrerá as penas de sua cegueira. Tergiversam alegando que isso ocorre somente pela permissão de Deus, mas não por sua vontade. Na verdade, Ele próprio, declarando abertamente que faz isso, impede tal subterfúgio. Pois os homens nada fazem senão pelo secreto arbítrio de Deus, e prova-se, por numerosos e claros testemunhos, que ninguém delibera nada a não ser que o próprio Deus já o tenha decretado e em sua secreta direção o estabeleça. O salmo [115, 3] citado anteriormente, "Deus faz tudo o que quer", por certo se estende a todas as ações dos homens. Se só Deus é o árbitro da guer-

---

* Tradução deste capítulo: Carlos Eduardo de Oliveira, José Carlos Estevão e Maria Cristina Pullin.
422 Lombardo, P. *Sent.*, 1, dist.45, 11. In: PL 192.

ra e da paz, como é dito ali, e isso sem nenhuma exceção, quem ousará dizer que os homens são impulsionados a elas cegamente, ao acaso, com Deus não tomando conhecimento e impassível? Mas isso será mais claro com exemplos particulares. Sabemos, pelo primeiro capítulo de Jó, que Satanás se apresenta diante de Deus para receber suas ordens, tanto quanto os anjos, que a elas obedecem espontaneamente. Por certo o faz com diferenças no modo e no fim, contudo nada pode encetar a não ser que Deus o queira. Ainda que, em seguida, pareça ter total a permissão para afligir um santo homem, é verdadeira a sentença: "O Senhor deu, o Senhor tirou, Deus fez como lhe aprouve" [Jó 1, 21], de onde concluímos que, nessa provação, Satanás e os ladrões ímpios foram servos, Deus foi o autor. Satanás peleja por levar um homem santo à loucura pelo desespero. Cruel e impiedosamente, os sabeus roubam-lhe os bens. Jó reconhece que é por Deus que estava privado de toda sua fortuna e se tornava pobre, porque assim agradava a Deus. Logo, seja o que for que façam os homens, e mesmo o próprio Satanás, é Deus que tem o mando, convertendo-lhes o esforço para executar sua justiça. Deus quis que o pérfido rei Acab fosse enganado, e o Diabo ofereceu seus serviços para essa causa. E foi enviado por uma ordem expressa: ser o espírito de mentira na boca de todos os profetas [1Rs 22, 20]. Se a cegueira e a insânia de Acab vêm da justiça de Deus, a figuração da mera permissão se esvai, pois seria ridículo o juiz apenas permitir o que seja feito, e nem decretar nem mandar a seus servos que o executem. O propósito dos judeus é eliminar Cristo: Pilatos e os soldados executam o raivoso desejo deles, contudo os discípulos confessam, em solene oração, que os ímpios todos nada fizeram a não ser aquilo que a mão e a autoridade de Deus decretaram [At 4, 28]. Assim como Pedro já dissera diante da assembleia que Cristo, "segundo o desígnio determinado e a presciência de Deus", fora entregue para ser aniquilado [At 2, 23]. Como se dissesse que Deus (de quem nada esteve escondido desde o início), cônscia e voluntariamente, ordenasse o que os judeus executaram. Como o repete noutra passagem: "Deus realizou o que antecipadamente anunciara pela boca de todos os profetas, a saber, que o seu Cristo havia de padecer" [At 3, 18]. Absalão, ao poluir o leito do pai com união incestuosa, perpetra um crime abominável [2Sm 16, 22]. Contudo, Deus declara que é obra sua. Com efeito, as palavras são: "Tu agiste em segredo, mas Eu cumprirei tudo isso perante a face de todo o Israel e à luz do sol" [2Sm 12, 12]. Jeremias anuncia ser obra de Deus as perseguições dos caldeus na Judeia [Jr 1, 15], razão pela qual Nabucodonosor é chamado Servo de Deus [Jr 25, 9; 27,

6]. Deus clama por toda parte que, por seu assobio [Is 5, 26; 7, 18], pelo clangor de sua trombeta [Os 8, 1], os ímpios são impelidos para a guerra por sua autoridade e comando. Chama a Assíria de "vara de sua ira" e "bastão de seu furor" posto em suas mãos [Is 10, 5]. Chama de obra sua a destruição da cidade santa e a ruína do templo. Davi não murmura contra Deus, mas, reconhecendo-o como justo juiz, confessa que provém da Sua ordem as maldições de Simei. "O Senhor", diz Davi, "ordenou-lhe que amaldiçoasse" [2Sm 16, 10]. Muitas vezes ocorre na história sagrada que tudo o que acontece provém de Deus, como a separação das dez tribos [1Rs 11, 31], a destruição dos filhos de Eli [1Sm 2, 34] e muitos outros fatos do gênero. Mesmo aqueles que são pouco versados na Escritura veem que, por concisão, apenas enumero bem poucos testemunhos entre muitos, mas o suficiente para mostrar a inépcia e tolice dos que, no lugar da providência de Deus, põem a mera permissão, como se Deus estivesse sentado numa torre, esperando eventos fortuitos, com seus juízos dependentes do arbítrio humano.

2. Quando se atenta a esses movimentos secretos, estende-se a todo o gênero humano o que diz Salomão acerca do coração do rei, que se inclina para cá ou para lá conforme a vontade de Deus [Pr 21, 1], como se dissesse que tudo que nossa mente concebe é dirigido ao seu fim pela secreta inspiração de Deus. Por certo, a menos que operasse no interior da mente humana, não diria verdadeiramente que tira a língua dos verazes e a prudência dos anciãos [Ez 7, 26], que priva de entendimento aos príncipes da terra, para que errem afastados do caminho [Sl 107, 40]. E, ainda com relação a isso, frequentemente se lê que os homens se apavoram quando dominados pelo terror de Deus em seu coração [Lv 26, 36]. Davi saiu do acampamento de Saulo sem que ninguém o soubesse, porque um sono de Deus caíra sobre todos [1Sm 26, 12]. Mas nada de mais claro pode ser desejado do que tantas passagens que anunciam que Ele cega a mente dos homens e os aflige com a vertigem, inebria-lhes com o espírito de torpor [Is 29, 10], incute-lhes a demência [Rm 1, 28], endurece-lhes o coração [Ex 14, 21ss.]. Muitos, no entanto, veem a isso como permissão, como se, ao abandonar os réprobos, consentisse serem cegados por Satanás. No entanto, como o Espírito com clareza anuncia que a cegueira e a insanidade sejam impostas pelo justo julgamento de Deus [Rm 1, 20-24], tal solução é muito frágil. É dito que endureceu o coração do faraó, do mesmo modo que o fez pesado e obstinado [Ex 9, 12; 10, 1]. Alguns eludem essa forma de falar com insípida cavilação, porque outra passagem [Ex 8, 11] diz que o próprio faraó tornou pesado seu coração, e põem na vontade dele a causa do endurecimento. Como se ambas, na verdade, não se relacionassem perfeitamente bem, embora de modos diversos, pois o homem, ao mesmo tempo em que é acionado por Deus, também age. E eu lhes rechaço a objeção: se endurecer significa mera permissão, o próprio movimento da contumácia não estará propriamente no faraó. Pois haveria algo mais destemperado e insípido do que interpretar que o faraó passivamente se deixasse endurecer? Acrescente-se que a Escritura não dá ocasião para tais gracejos. Terão o coração endurecido, diz Deus [Ex 4, 21]. Assim Moisés diz dos habitantes da terra de Canaã, que saíram à guerra porque Deus lhes endureceu o coração [Js 11, 20]. O mesmo é repetido por outro profeta: "Mudou-lhes o coração para que odiassem a seu povo" [Sl 105, 25]. Do mesmo modo, em *Isaías*, diz sobre os assírios que os enviou contra uma nação ímpia com ordem para que fosse saqueada e despojada [Is 10, 6]. Não porque quis ensinar homens ímpios e obstinados a obedecer-lhe espontaneamente, mas para que fossem vergados para executar seus juízos, como se os tivessem gravados em sua alma, o que mostra que foram impulsionados à destinação determinada por Deus. Admito que muitas vezes Deus age nos réprobos pela interposta ação de Satanás, mas para que, por seu impulso, o próprio Satanás faça sua parte e avance até onde lhe foi permitido. Um espírito maligno atormenta Saul, mas é dito que procede de Deus [1Sm 16, 14], para que saibamos que a loucura de Saul procedia da justa punição de Deus. Também é dito que o mesmo Satanás cega o entendimento dos infiéis [2Co 4, 4], mas de onde é isso, a não ser que o próprio Deus envie a ação dos erros, para que creiam na mentira aqueles que renunciam à verdade? Segundo a primeira consideração, é dito que "se algum profeta tiver falado falsamente, Eu, Deus, o terei enganado" [Ez 14, 9]. De acordo com a segunda, é dito que Ele próprio os entrega à sua mente de réprobos e os expõem à pior cupidez [Rm 1, 28]. Porque Deus é o autor precípuo de sua justa vingança, enquanto, na verdade, Satanás é apenas seu ministro. Mas como no Segundo Livro discutiremos sobre o arbítrio dos homens, em liberdade ou em servidão, trataremos desses assuntos à frente e aqui só dissemos o necessário ao momento, e cuja súmula é: sendo a vontade de Deus a causa de todas as coisas, é sua providência que governa as deliberações e as obras dos homens, pois não somente mostra sua força nos eleitos, os quais são regidos pelo Espírito Santo, como também obriga os réprobos à submissão.

3. Tendo, até agora, apenas citado aquelas passagens que, de forma clara e evidentes, são apresentadas na Escritura, veja-se que classe de censura lhes fazem aqueles que não duvidam em funestamente macular os orá-culos divinos. Se simulam ignorância, buscando o elogio de sua modéstia, não há, no entanto, maior soberba do que opor uma única palavrinha à autoridade de Deus, dizendo "não me parece assim", ou "não me agrada tratar disso". Se maldizem abertamente, que lhes adianta cuspir para o céu? Na verdade, não é novo o exemplo de tal insolência: porque, em todos os séculos, os homens ímpios e profanos ladraram com a boca raivosa contra essa parte da doutrina. Mas sentirão realmente que é verdade o que, em outros tempos, o Espírito anunciou pela boca de Davi, que no julgamento se manifesta a vitória de Deus [Sl 50, 6]. De modo indireto, Davi realça a insânia dos homens que, com tão desenfreada licenciosidade, do barro em que estão, não só disputam contra Deus como se arrogam o poder de condená-lo. Mas, com brevidade, adverte que as blasfêmias que vomitam contra o céu não atingem Deus, que dissipa a névoa de tais calúnias fazen-do brilhar sua justiça. Também a nossa fé (que, fundada na sagrada Pala-vra divina, é superior a todo o mundo [1Jo 5, 4]) desdenha, de sua altura, essas névoas. Facilmente, é refutado o que objetam em primeiro lugar: nada acontece senão quando Deus quer, então há n'Ele duas vontades con-trárias, pois seu oculto desígnio decreta o que sua Lei manifesta proíbe. Antes de responder, no entanto, quero de novo lembrar aos leitores que esse escárnio não é dirigido a mim, mas ao Espírito Santo, que certamente ditou a confissão do santo homem Jó: "Deus fez como lhe aprouve" [Jó 1, 21], pois, quando é roubado pelos ladrões, reconhece na injúria e no crime deles o justo flagelo de Deus. Noutro lugar, o que diz a Escritura? "Os fi-lhos de Eli não obedeceram a seu pai, por isso Deus quis matá-los" [1Sm 2, 25]. Deus proclama também, por outro profeta, que "está no céu e faz tudo o que quer" [Sl 115, 3]. E já mostrei, de forma bastante clara, que Deus é chamado de autor de todas essas coisas nas quais esses censores que-rem encontrar apenas uma passiva permissão d'Ele. "Aquele que criou a luz e as trevas formou o bem e o mal" [Is 45, 7] testemunha que não acon-teceu nenhum mal que por Ele próprio não tenha sido feito [Am 3, 6]. Di-gam, eu peço, se Ele exerce sua justiça porque quer ou sem o querer. Como ensina Moisés, aquele que é morto pela queda fortuita de um machado foi entregue por Deus à mão do que o mata [Dt 19, 5] e, assim, toda a Igreja diz, segundo Lucas, que Herodes e Pilatos haviam-se coligado para fazer aquilo que as mãos e o decreto de Deus determinaram [At 4, 28]. Sem dúvida, se Deus não quisesse que Cristo fosse crucificado, onde estaria a nossa redenção? Contudo, nem por isso a vontade de Deus combate con-sigo mesma ou foi mudada, ou simula não querer aquilo que na verdade quer. No entanto, embora seja una e simples n'Ele próprio, parece múltipla para nós. Porque, por causa da fraqueza de nossa mente, não compreendemos como Ele quis e não quis, de modo diverso, que o mesmo fosse feito. Paulo, dizendo que a vocação dos gentios é um mistério oculto, acrescenta, pouco depois, que nela é manifestada a multiforme sabedoria de Deus [Ef 3, 9s.]. Como, para a rudeza dos nossos sentidos, parece múltipla a sabedoria de Deus (ou multiforme, como diz o antigo tradutor),[423] deveríamos nós sonhar que há, de algum modo, alguma variedade em Deus, como se ou sua determinação mudasse ou se lutasse contra si próprio? Quando não entendemos como Deus quer que se faça aquilo que proíbe fazer, lembremo-nos de nossa fraqueza e, ao mesmo tempo, consideremos que não é em vão que a luz em que habita é chamada de inacessível, pois está oculta nas trevas [1Tm 6, 16]. Portanto, com facilidade concordarão com a sentença de Agostinho todos os homens devotos e moderados: algumas vezes o homem, com boa vontade, quer algo que Deus não quis, como quando o bom filho quer o pai vivo e Deus o quer morto. Ao contrário, pode acontecer que o homem queira com vontade má o mesmo que Deus quis com vontade boa, como quando o mau filho quer o pai morto e Deus também o quer. Seguramente o primeiro filho quis algo que Deus não quis, e o outro verdadeiramente quis aquilo que Deus quis. Entretanto, a piedade daquele está mais em harmonia com a vontade boa de Deus, mesmo ao querer outra coisa, do que a impiedade deste, ao querer o mesmo. O que importa, para haver aprovação ou desaprovação, é o que concorda com Deus e o que quer o homem, segundo o fim para o qual a vontade de cada qual é dirigida. Assim, o bem que Deus quis, executou-a pela vontade má do homem mau.[424] Aliás, um pouco antes, Agostinho dissera que, com suas revoltas, os anjos apóstatas e todos os réprobos, no que diz respeito a eles, fizeram o que Deus não queria, mas quanto à onipotência de Deus, de modo algum poderiam fazê-lo, pois que obrando contra a vontade de Deus, não puderam impedir a vontade de Deus referente a eles. Por isso se exclama: "Grandes são as obras do Senhor; consideradas por todos os que nelas têm prazer" [Sl 111, 2], e de modo admirável é inexplicável o mesmo que se faz contra a sua vontade, não se faz sem seu consentimento. Porque não seria feito se Ele não o permitisse, nem Ele permite sem o querer, mas querendo. Nem Ele, bom, permitiria que fosse feito o mal, se o Onipotente também não pudesse fazer do mal um bem.[425]

---

423 Jerônimo.
424 Agostinho. *Enchiridion ad Laurentium*, c.101. In: PL 40.
425 Ibidem, c.100. In: PL 40.

4. Também desse modo se resolve, ou se dissolve espontaneamente, outra objeção, segundo a qual se Deus não apenas usa a obra do ímpio, mas também governa suas deliberações e afetos, é pois o autor de todo crime, e portanto os homens são condenados injustamente, pois executam aquilo que Deus ordena, obedecendo à sua vontade. Entretanto, misturam, perversamente, vontade e preceito, embora numerosos exemplos mostrem o quanto estão longe um do outro. Se, quando Absalão violou as esposas do pai [2Sm 16, 22], quis Deus vingar com tal infâmia o adultério de Davi, nem por isso podemos dizer que ordenou ao filho criminoso cometer incesto, mas apenas, talvez no que diz respeito a Davi, que o havia bem merecido, como ele mesmo confessou a propósito das injúrias de Simei. Porque, confessando que Simei amaldiçoava a mando de Deus [2 Sm 16, 10], não lhe louva a submissão, como se aquele cão raivoso obedecesse ao império de Deus, mas, reconhecendo que sua palavra é flagelo de Deus, suporta, com paciência, ser castigado. Por certo, deve-se sustentar que, enquanto Deus executa, por meio dos ímpios, aquilo que determinou na sua justiça oculta, estes não são perdoáveis como se obedecessem ao preceito d'Ele, que por sua cupidez violam. Um notável documento sobre como age Deus e sobre o modo pelo qual sua oculta providência rege o que os homens fazem perversamente é a eleição do rei Jeroboão [1Rs 12, 20], na qual são severamente condenadas a temeridade e a insânia do povo, que, pervertendo a ordem prescrita por Deus, traiçoeiramente se voltava contra a linhagem de Davi; e, contudo, sabemos que Ele o fez ungir com esse propósito. De onde as palavras de Oseias, que aparentam contradição, pois se, em um lugar, dizem que Deus reclamou que aquele reino se levantava sem seu conhecimento e sem sua vontade [Os 8, 4], em outro proclamam que, na sua ira, dera o reino a Jeroboão [Os 13, 11]. Como conciliar que Jeroboão não tivesse reinado da parte de Deus e fosse indicado rei por Deus mesmo? Com certeza porque o povo nem pôde se revoltar contra a linhagem de Davi sem deixar de lado o jugo a ele imposto por Deus, nem tomou ao próprio Deus a liberdade de assim punir a ingratidão de Salomão. Portanto, vemos que Deus, não desejando a traição, quis contudo a revolta para outro fim justo, de modo que Jeroboão, sem o esperar, foi impelido ao reino pela sagrada unção [1Rs 11, 29ss.]. Por essa razão, a história sagrada diz ter Deus suscitado um inimigo para arrancar ao filho de Salomão uma parte do reino [1Rs 11, 23]. Que os leitores ponderem com cuidado ambos os lados: porque agradara a Deus que sob a mão de um só rei fosse o povo governado, foi contra sua vontade que o reino cindiu-se em duas partes;

contudo, de sua vontade teve início a separação. Por certo é o profeta que, com palavras e a unção, dá a Jeroboão, que não cogitava de tal, a esperança do reino, o que não se faz com desconhecimento de Deus ou contra sua vontade, que assim mandou ser feito. No entanto, a rebelião do povo foi justamente condenada, porque contra a vontade de Deus afastou-se da posteridade de Davi. E por isso, como se diz em seguida, o povo foi submetido quando Roboão, arrogantemente, desprezou suas súplicas, o que foi feito por Deus, para confirmar a palavra que anunciara por Aías, seu servo [1Rs 12, 15]. Eis como, sem o querer de Deus, destruiu-se a unidade sagrada, e também por seu querer as dez tribos separaram-se do filho de Salomão. Exemplo semelhante é quando, com o consentimento do povo e mesmo com a oferta de suas mãos, foram degolados os filhos do rei Acab e toda sua linhagem exterminada [2Rs 10, 7]. E, com razão, Jeú relata que nada caiu por terra das palavras de Deus, mas o próprio Deus fizera tudo aquilo que anunciara por meio de seu servo Elias [2Rs 10, 10]. "Contudo, recriminais a cidade da Samaria por esta obra e dizeis serdes justos? Se conspirei contra meu senhor, a estes todos, quem os matou?" [2Rs 10, 9]. Se não me engano, expliquei claramente de que modo, na mesma obra, tanto manifeste o crime do homem como brilhe a justiça de Deus. Para as inteligências comedidas, sempre bastará a resposta de Agostinho: "Se o Pai tenha entregue o Filho, e Cristo seu corpo, e Judas seu Senhor, por que nessa entrega o coração de Deus é justo e o homem é réu, senão porque fizeram um mesmo ato, mas a causa pela qual fizeram não é a mesma?" [*Epístola a Vincêncio*].[426] Mas, se a alguns constrange o que agora dizemos, que nenhum consenso existe entre o homem e Deus, quando Este, com justo impulso, daquele faz aquilo que não é permitido para si, que se socorram do que o mesmo Agostinho adverte em outro lugar: "Quem não teme estes juízos com que Deus age, mesmo no coração dos maus, sempre que quer, concedendo--lhes contudo segundo seus méritos?" [*Sobre a graça e o livre-arbítrio*, c.20].[427] E certamente, na traição de Judas, atribuir a culpa pelo crime a Deus, porque Ele quis que fosse entregue o seu Filho e o entregou à morte, em nada será mais lícito do que transferir para Judas a glória da redenção. E assim, em outra passagem, o mesmo escritor adverte: "neste exame Deus não pergunta o que os homens tenham podido, ou o que tenham feito, mas o que tenham querido fazer",[428] para que sejam

---

426 Idem, *Ep.*, 93, 2, 7 (*ad Vincentium*). In: PL 33.
427 Idem, *De gratia et libero arbitrio*, 21, 42. In: PL 44.
428 Idem, *In Psal*, 61, 22, in: PL 36; *In ep. Ioannis ad Parthos*, t.7, 7. In: PL 35.

julgadas a deliberação e a vontade. Para aqueles a quem isso parece muito duro, considerem, por algum tempo, se é tolerável o seu desdém quando rejeitam passagens com claros testemunhos da Escritura, porque excedem sua compreensão. E tomam como vicioso trazer a público aquilo que Deus nunca teria mandado ser ensinado pelos seus profetas e apóstolos se não tivesse reconhecido que era necessário dar a conhecimento. Nosso saber não deve ser nada além de abarcar, com dócil submissão e, certamente sem exceção, tudo aquilo que é apresentado na Sagrada Escritura. Porém, aqueles que se obstinam em caluniar, quando é claro que o fazem contra Deus, não são dignos de mais ampla refutação.

SEGUNDO LIVRO

Sobre o conhecimento de Deus Redentor em Cristo, que foi revelado antes aos Patriarcas pela Lei, e depois a nós pelo Evangelho.

Capítulo I

Que todo o gênero humano esteja sujeitado à maldição e decaído desde os primórdios de sua origem pela queda e expulsão de Adão. Sobre o pecado original.

ão sem causa, um antigo provérbio tantas vezes aconselha-do ao homem sempre foi o conhecimento de si mesmo.[1] Pois, ainda que a torpeza leve a ignorar algo do que é próprio da vida humana, muito mais repugnante é a ignorância de nós mesmos, que nos faz miseravelmente iludidos ao deliberarmos sobre qualquer coisa necessária, a ponto de cegos nos tornar. Na verdade, mais útil é o preceito, e mais conscioso é para nós não o empregarmos às avessas, como vemos acontecer com alguns filósofos — ao mesmo tempo que exortam o homem a conhecer a si mesmo, propõem como fim que não ignore sua dignidade e excelência, nem querem que seja contemplado nele algo diverso daquilo no que o orgulho vazio é inchado e a soberba é inflada. Ora, o conhecimento de nós mesmos situa-se *primeiro* em que, ao contarmos aquilo que nos foi dado na criação e mantendo Deus inteiramente benigna para nós sua graça, saibamos qual é a excelência de nossa natureza, se for mantida íntegra, ainda que, ao mesmo tempo, ponderemos que nada de próprio nos é inerente, mas que é precária a posse do que seja que Deus reúna em nós, de modo que sempre somos dependentes d'Ele. *Segundo*, em que se nos apresente nossa miserável condição após a queda de Adão, abatida por toda glória e arrogância: que seu sentido nos humilhe, refreados pela vergonha. Pois tal como Deus no início nos moldou à sua imagem [Gn 1, 27], como excitas-se nossa mente ora para o zelo da virtude ora para a meditação da vida eterna, assim, para que nossa negligência não refreie tamanha nobreza de nossa linhagem, que nos distingue dos animais brutos, é então conve-

---

1 Xenoph. *Mem.* IV, 24; Cícero, *Tusc.* I. 22, 52; *Fin.* V. 16, 44; *Leges* I. 22, 57.

niente conhecer que somos anunciados pela razão e pela inteligência para que, cultivando a vida santa e honesta, tendamos ao fim proposto da bem--aventurada imortalidade. Mas essa primeira dignidade não pode vir à mente sem que, por outro lado, em seguida tristemente se ofereça o espetáculo de nossa deformidade e ignomínia, pelo qual nos afastamos de nossa origem na pessoa do primeiro homem. Donde seja a humildade erguida do ódio de nós mesmos e da insatisfação, e seja novamente iluminado o zelo que busca a Deus, no qual cada um recupere aqueles bens dos quais, em suma, encontramo-nos vazios e vagos.

2. A verdade prescreve que isso seja buscado em plenitude ao escrutarmos a nós mesmos. Exige um conhecimento que tanto nos afaste ao longe de toda confiança em nossas próprias forças, como nos conduza à modéstia, destituídos de qualquer pretexto de vanglória; regra à qual convém observar se há o desejo de alcançar, na sabedoria e na ação, a meta acertada. E não me é velado quão mais aclamada é aquela sentença que mais depressa nos convida a contar nossos bens do que aquela que nos deve refrear pelo pudor e nos convida a inspecionar nossa miserável indigência, una com a ignomínia: não há nada que apeteça mais ao espírito humano que ser acariciado pelas lisonjas; por isso, em qualquer parte onde ouve serem engrandecidas suas qualidades, tende a uma excessiva credulidade. Pelo que não é tão admirável que fosse até então perniciosamente iludido pela maior parte dos homens, pois, como nada seja mais inato a todos os mortais que o amor cego de si, com prazer se persuadem de que nada há, entre o que lhes é inerente, que mereça ser odiado. Assim, sem apoio alheio, de modo confuso ganha crédito aquela vaníssima opinião de que o homem suficientemente basta a si mesmo para viver bem e em boa-ventura.[2] Se, de qualquer modo, desejam sentir-se mais modestos, concedendo algo a Deus, ver-se-á que não arrogam tudo a si mesmos; ainda assim, repartem de modo que o melhor tanto da glória como do orgulho fique sempre com eles.[3] Então, se for entabulada uma conversação que espontânea e sedutoramente afague nas entranhas do homem sua premente soberba, nada há que mais lhe agrade. E à medida que alguém proclama de modo por demais benigno seu elogio à superio-

---

2 Cícero, *Nat. Deor.* III 35, 86ss. Cf. Agostinho, *Ep.* 186, c.11, 37 (*ad Paulinum Nolanum*) PL 33, 830.
3 Cf. Os. Agostinho. *Hypomnesticon* (vulgo *Hypognosticon*), III. 10, 18; 11, 20, 15, 33. PL 45, 1631ss 1638.
Cochlaeus, Johannes. *De libero arbitrio*, I, E1 b s1.
Eck, Johannes. *Enchiridion*, 1532, c.31, L7a.

ridade da natureza humana tanto mais bem é acolhido. Ora, a doutrina que ensina ao homem estar satisfeito consigo mesmo não passa de mero passatempo e, de tal maneira engana, que arruína totalmente a quantos lhe dão ouvidos. De que nos adianta, apoiados em vão orgulho, deliberar, instituir, experimentar, estar ocupados do que reputamos ser útil e certamente sermos privados e destituídos, seja da sã inteligência, seja da verdadeira virtude ante os primeiros esforços, se avançamos com segurança até nos precipitarmos na desgraça? De qualquer modo, não pode ocorrer de forma diversa àqueles que têm em si a confiança de poder algo pela própria virtude. Portanto, se alguém ouvir a tais mestres, que nos mantêm contando exclusivamente os nossos bens, não avançará no conhecimento de si mesmo, mas será arrebatado à pior ignorância.

3. Por conseguinte, embora a verdade de Deus e o sentimento comum de todos os mortais concordem em que a segunda parte da sabedoria esteja depositada no conhecimento de nós mesmos, ainda assim, grande é a divergência quanto ao que motiva o conhecimento. No momento em que o homem, no que toca ao juízo da carne, vê-se perfeitamente seguro ao confiar tanto em sua inteligência como em sua integridade, toma coragem e incita a si mesmo para as obrigações da virtude e se proclama em batalha contra os vícios, esforçando-se em dedicar todo zelo ao que é formoso e honesto. Quem, porém, de modo correto ao juízo divino a si inspeciona e examina, nada descobre que desperte o espírito ao bom orgulho, e aquilo mesmo pelo que mais profundamente escruta a si, mais o desapossa, até que, abdicado completamente de todo orgulho, nada lhe falta para a instituição da vida reta. Além disso, não quer Deus. que esqueçamos de nossa primeira nobreza, conferida a nosso pai Adão, a qual, pelo mérito, por certo deve nos despertar ao zelo da justiça e da bondade. Assim é que não podemos sopesar, seja nossa origem primordial, seja o fim para que fomos criados, se não formos provocados a meditar na imortalidade e a desejar o reino de Deus. Mas, tão longe está esse reconhecimento de incitar-nos o espírito, que, antes, submetendo-os, prostra-nos para a humildade. E qual é essa origem? Com certeza, aquela da qual nos afastamos. Qual é o fim de nossa criação? Aquele do qual somos profundamente desviados, para que lamentemos aborrecidos com nossa mísera sorte e, lamentando, suspiremos por ter perdido aquela dignidade. Ora, enquanto dizemos que não é preciso que o homem veja nada em si para que se torne impetuoso, entendemos que nada possui para assoberbar o orgulho. Pelo que, se for conveniente, repartamos assim o modo pelo qual o homem deve ter algum conhecimento de si: *em pri-*

meiro lugar, repute para qual fim tenha sido criado e revestido por dons não desprezíveis, por qual pensamento seja excitado para o culto divino e para a meditação da vida futura. *Depois*, examine suas faculdades, ou, sem dúvida, a carência delas; pelo que, examinada a carência, como se reduzido ao nada, jaza em extrema confusão. A primeira consideração servirá para que reconheça qual seja sua ocupação; a segunda, para que tenha forças para fazê-lo. Trataremos de cada uma delas à medida que a sequência da explicação o exigir.

4. Porque não foi um delito leve, mas um grave crime, o que Deus tão severamente castigou, é preciso que consideremos a respeito da queda de Adão qual é a espécie de pecado que lança a horrível vingança de Deus sobre todo o gênero humano. É pueril que tenha sido recebido por estar relacionado com a impertinência da gula, como se consistisse na abstinência de um único fruto a suma e a principal de todas as virtudes, dado que, onde quer que afluíssem tais frutos, eram todos delícias muito desejáveis, bem como, na feliz fecundidade daquela terra, não se disporia para a suntuosidade apenas de abundância, mas também de variedade. Portanto, cumpre olhar mais ao alto, uma vez que a proibição sob a árvore do bem e do mal foi um exame da obediência, para que Adão provasse estar livremente submetido à autoridade de Deus. O próprio nome, "árvore do bem e do mal", mostra que o fim desse preceito era que, feliz por sua sorte, o homem não se permitisse lançar ao mais alto por má cupidez. Ora, o fim da promessa pela qual é um dever ter-se esperança na vida eterna por quanto tempo se coma da árvore da vida, e, por outro lado, do anúncio de uma terrível morte assim que se prove da árvore do bem e do mal, era provar e exercitar sua fé. Donde não ser difícil evocar por quais modos Adão teria provocado sobre si a ira de Deus. Por certo, Agostinho não fez mal ao dizer que a soberba tenha sido o início de todos os males,[4] porque, se o homem não tivesse ambiciosamente se elevado para além do que tinha direito e do que era legítimo, poderia ter permanecido em sua posição. Deve-se, entretanto, assumir uma definição mais plena dessa espécie de tentação, tal qual descrita por Moisés. Pois desde quando a mulher, por sua infidelidade, retirou-se da palavra de Deus mediante a armadilha da serpente, já aparece que a desobediência teria sido o início da ruína. O que também Paulo confirma, ao ensinar que, pela desobediência de um homem, todos tenham sido perdidos [Rm 5, 19]. Contudo, cumpre notar também que tendo o primeiro homem

---

4 Agostinho. *In Psal.*, 18. II, 15. PL 36, 163.

renunciado à autoridade de Deus, não apenas fora pego pela sedução de Satanás, mas, por desprezar a verdade, também se curvara à mentira. E certamente, desprezado o verbo de Deus, afasta-se toda sua reverência, uma vez que em nada mais consiste sua majestade entre nós, nem permanece íntegro seu culto se não enquanto dependemos de sua palavra. Tal como a infidelidade foi a raiz da expulsão, daqui emerge a ambição e a soberba, às quais foi anexada a ingratidão: que, desejando mais do que fora concedido, Adão indignamente tenha desprezado toda a liberalidade de Deus da qual se enriquecia. Tal impiedade foi prodigiosa: se não alcançasse a igualdade, ao filho da terra parecia pouco ter sido feito à semelhança de Deus. Se a apostasia pela qual o homem se afastou de seu criador, ou melhor, com arrogância se desfez de seu jugo, é um crime horroroso e execrável, é inútil atenuar o pecado de Adão. Quanto mais porque não foi uma simples apostasia, mas se somou a um horrível opróbrio a Deus, dado que subscrevia as calúnias de Satanás pelas quais falsamente acusa Deus de mentira, inveja e maldade. Em suma, a infidelidade abriu a porta da ambição; a ambição foi mãe da contumácia, para que os homens, abandonado o temor de Deus, se lançassem ao que a libido havia impulsionado. Assim, de forma reta Bernardo ensina que nos seja aberta a porta da salvação quando acolhemos o Evangelho aos ouvidos, da mesma forma que por essas janelas foi admitida a morte, enquanto estiveram abertas a Satanás.[5] A Adão jamais teria repugnado a autoridade divina se não fosse incrédulo com relação à sua palavra. Este era, clara e ritualmente, um ótimo freio para a moderação de todos os humores: que nada fosse melhor que cultivar a justiça ao receber a ordem de Deus e, em seguida, que a suprema meta da vida feliz fosse ser por Ele amado. Portanto, arrebatado em tudo o que havia em si pela blasfêmia do diabo, aniquilou toda a glória de Deus.

5. Tal como a vida espiritual de Adão consistia em permanecer unido e atrelado àqu'Ele que o fez, afastar-se d'Ele foi o infortúnio da alma. Nem é de admirar que o gênero de Adão tenha submergido por sua defecção, que perverte toda a ordem no céu e na terra. Gemem todas as criaturas, diz Paulo, sujeitas à corrupção sem que o queiram [Rm 8, 22]. Se for buscada a causa, não há dúvida de que sustentem parte daquela pena da qual o homem é merecedor, em cuja herança foram encerrados. Portanto, dado que, em vista de sua culpa, afluíra de baixo ao alto e de alto a baixo a maldição que grassa por todos os recantos do mundo, não se-

---

5 Bernardo de Claraval, *In Cantic. Serm*. 28. PL 183, 923.

ria estranho que fosse propagada a toda sua descendência. Então, depois de que nele foi apagada a imagem celeste, não sustentou sozinho essa pena pela qual, no lugar da sabedoria, da virtude, da santidade, da verdade, da justiça — das quais fora revestido como ornamentos —, odiosamente acometeram a peste, a cegueira, a impotência, a impureza, a vaidade, a injustiça, mas envolveu e mergulhou sua posteridade em cada uma dessas misérias. Tal é a corrupção hereditária a que os antigos chamaram pecado original, entendendo pela palavra "pecado" a depravação da natureza até então pura e boa.[6] Coisa sobre a qual houve muito debate, já que nada foge mais ao senso comum que fazer a todos réus pela culpa de um, e assim o pecado ser tomado como comum. Essa parece ter sido a razão por que os antiquíssimos doutores da Igreja expuseram tão obscuramente esse ponto, ou, pelo menos, o explicaram com menor clareza do que convinha. Entretanto, essa timidez não pôde impedir que surgisse Pelágio, cujo comentário profano foi que Adão pecou apenas para sua condenação, em nada afetando à sua posteridade:[7] por essa astúcia, Satanás tentava ocultar a doença para que se tornasse incurável. De resto, por ter ultrapassado o testemunho manifesto da Escritura, de que o pecado do primeiro homem passasse à toda posteridade, sofismava que passaria por imitação, e não pela prole.[8] Portanto, a isto se dedicaram os bons homens (e antes deles Agostinho): mostrar não ser corrompida em nós a maldade recebida, mas que o vício inato é transmitido desde o ventre materno;[9] o que foi uma grande audácia negar. Mas a temeridade dos pelagianos e celestinos não fará admirar a quem, na obra literária daquele santo homem, tenha com cuidado examinado o quão brutos e imoderados eles se apresentavam em tudo o mais. Certamente não há ambiguidade em que Davi se confesse nascido na iniquidade e concebido em pecado por sua mãe [Sl 51, 7]. Não censura com isso a falta de seu pai ou de sua mãe, mas, pelo que melhor estime a bondade de Deus para com ele, repete a confissão da própria perversidade em seu nascimento. Dado por certo que aquilo não fosse particular a Davi, segue-se que se deve notar sob seu exemplo a sorte comum ao gênero humano. Por con-

6 Agostinho. *Retract.*, I. 13, 5, PL 32, 604; *De civ. Dei* XIII, 3. 13. 14, PL 41, 378. 386; *Contra Iulianum*, III. 26, 59s, PL 44, 732s.; *Op. imperf.*, V, 30, PL 45, 1469. Cf. Ambrósio, *In Ps.* 48, 8.
7 Agostinho. *Ad Bonif.* Lib., II, C.4, 6, PL 44, 575. Cf. *Ep.* 186. c.8, 27 (*ad Paulinum Nolanum*), PL 33, 826.
8 Idem. *De peccator, meritis et remissione*, I. 9, 9, PL 44, 114.
9 Idem. *De civ. Dei*, XVI, 27, PL 41, 506; *De pecc. Mer.*, I, c.35s, PL 44, 147ss.

seguinte, todos os que descendemos de uma semente impura, nascemos infectos pelo contágio do pecado, ou melhor, antes de voltarmos o olhar àquela luz da vida, estamos sujos e manchados aos olhos de Deus. Quem, de fato, tomaria por puro o impuro? Com certeza ninguém, como está no livro de Jó [Jó 14, 4].

6. Desse modo, ouvimos que a imundície tenha sido transmitida dos pais aos filhos, já que todos, sem nenhuma exceção, tenham sido manchados em sua origem. Ora, essa contaminação não encontra um início a menos que ascendamos, tal qual a uma fonte, ao primeiro de todos os pais. Assim, certamente se vê que Adão não foi somente pai, mas como que uma raiz de toda a natureza humana, e por isso o gênero humano tenha sido viciado em virtude de sua corrupção, comparação que o apóstolo faz entre ele e Cristo: "do mesmo modo que por um homem o pecado entrou no mundo inteiro, e pelo pecado, a morte" [Rm. 5, 12] que foi vulgarizada a todos os homens quando pecaram, assim, pela graça do Cristo a justiça e a vida nos foram restituídas.[10] O que papagueiam aqui os pelagianos? Que o pecado de Adão se propaga pela imitação? Portanto, da justiça de Cristo não avançamos nada além de que nos seja deixado um exemplo para imitação? Quem tolera tal sacrilégio? Uma vez que foge a qualquer controvérsia o fato de a justiça de Cristo ser nossa por comunicação e, com base nela, a vida, simultaneamente se reconheça que em Adão esteve a perda de ambas, tal como em Cristo está a recuperação, e que o pecado e a morte tenham sido introduzidos por Adão, tal como são aniquilados pelo Cristo. Não são palavras obscuras que muitos sejam justificados pela obediência do Cristo, do mesmo modo que, pela desobediência de Adão, foram constituídos pecadores.[11] E, por isso, entre esses dois há esta relação: que um, por sua desgraça, perdeu-nos envolvidos com ele; o outro, por sua graça, restituiu-nos a salvação. Penso que, em tão clara luz da verdade, nada mais precise ser adiantado ou mais laboriosamente provado. Assim também se mostra, na primeira epístola aos Coríntios, como a confirmar aos piedosos a confiança na ressurreição, ser recuperada em Cristo a vida que havia sido perdida em Adão: "aquele que anuncia estarmos todos mortos em Adão, simultaneamente atesta em público estarmos envolvidos pelo flagelo do pecado" [1Co 15, 22]. Com efeito, a condenação não alcançaria àqueles a que não tivessem sido atingidos por nenhuma iniquidade. Mas não se pode compreen-

---

10 Agostinho. *De civ. Dei*, XVI, 27, PL 41, 506; *De pecc. Mer.*,I, c.35s, PL 44, 147ss.
11 Rm 5, 19.

der claramente o que ele quer senão desde a segunda parte daquela relação, em que ensina que a esperança da vida seja restituída em Cristo. Ora, bem se sabe que isso não se dá senão quando Cristo transvasa em nós a força de sua justiça por aquela tão magnífica comunicação, tal como se escreve em outro lugar que o Espírito vive por causa da justiça [Rm 8, 10]. Portanto, não é lícito que o que é dito, que estejamos mortos em Adão, seja interpretado de forma diferente disto: que ele, ao pecar, não apenas atraiu para si a perda e a ruína mas também precipitou nossa natureza em semelhante desgraça, não que, por seu vício, precipitasse a natureza de alguém que em nada nos diga respeito, mas porque, por aquele vício no qual caíra, infectou toda sua semente. De outro modo, não seria diferente o que é sustentado por Paulo, que todos sejam por natureza filhos da ira [Ef 2, 3], se não fossem amaldiçoados desde o próprio ventre. Aqui, é fácil deduzir que se fala sobre a natureza, não tal qual criada por Deus, mas tal como viciada em Adão, porque seria muito pouco adequado fazer de Deus o autor da morte. Assim, portanto, corrompeu-se Adão, sendo que dele a toda prole se transmitira o contágio. Cristo, o próprio juiz celestial, bem claramente pronuncia que nascemos corruptos e em vício, ao ensinar que tudo o que nasceu da carne, seja carne [Jo 3, 6], dado que a porta da vida esteja fechada a todos até que tenham sido regenerados.[12]

7. E não é preciso uma penosa argumentação para que se entenda o ponto que não pouco incomodou aos antigos: se a alma do filho for originada de uma transferência da alma paterna, que resida principalmente nela a corrupção original. É preciso que nos baste, ó Senhor, que tenhas depositado em Adão os bens que quis dar à natureza humana. Por isso, aquele que perdeu o que recebeu, não perdeu unicamente para si mesmo, mas para nós todos. Quem estaria incomodado com a origem da alma tendo entendido, ao ouvir que Adão perdeu os ornamentos que recebeu tanto para nós como para si, que aquilo não fosse dado a um homem, mas atribuído pela natureza a todos os homens? Portanto, nada há de absurdo em que, tendo sido espoliado, seja destituído pela natureza nua e indigente; manchado pelo pecado, que o contágio avance na natureza. Donde, de uma raiz apodrecida, foram produzidos ramos apodrecidos, que transmitiram sua podridão a outros rebentos que deles nasciam. Assim, os filhos tiveram o vício nos pais, como se fossem corrompidos pela descendência, isto é, tal como o início da corrupção que esteve em Adão, como

---

12 Jo 3, 5.

um perpétuo afluir, transvasasse dos ancestrais à posteridade. Com efeito, não está o contágio na substância da carne ou da alma, mas porque assim foi ordenado por Deus: ao conferir aqueles bens ao primeiro homem, aquele simultaneamente tanto conservaria quanto perderia tanto a si quanto aos seus. Ora, com facilidade se refuta o que enganosamente dizem os pelagianos, que não seja verossímil que, por pais piedosos, os filhos sejam levados à corrupção, dado que antes devam ser santificados pela pureza daqueles.[13] De fato, não descendem da regeneração espiritual dos pais, mas da degeneração carnal. Donde, como disse Agostinho, nem o réu infiel nem o fiel inocentado geram inocentes, mas culpados, porque geram de uma natureza viciada [*Contra pelagianos e celestinos*, II].[14] Além disso, que comuniquem de algum modo sua santidade, é uma bênção especial de Deus ao povo que não diminui a precedência daquela primeira e universal maldição da raça humana. Se o que provém da natureza é reprovado, a santificação provém da graça sobrenatural.

8. Para que o exposto não tenha versado sobre um ponto incerto e desconhecido, definamos o pecado original. Não proponho levantar cada uma das definições que foram propostas pelos escritos, mas mostrar ao menos uma que me parece maximamente adequada à verdade. Por tal, vê-se que o pecado original seja uma depravação e corrupção hereditária de nossa natureza espalhada em todas as partes da alma, que primeiro nos torna réus pela ira de Deus e depois exibe em nós a obra que a Escritura chama de obra da carne [Gl 5, 19]. E isso é propriamente o que muitas vezes é chamado por Paulo de pecado, donde emergem obras como adultérios, devassidões, furtos, ódios, massacres, orgias, que por isso chama de frutos do pecado, ainda que, tal como em toda a Escritura e também depois por Paulo, sejam igualmente denominadas "pecados". Pois cumpre observar como distintos dois pontos. O primeiro, que assim viciados e pervertidos por todas as partes de nossa natureza, apenas em consequência de tal corrupção, somos agora tidos como merecidamente condenados e partícipes ante os olhos de Deus, a quem nada agrada senão a justiça, a inocência, a pureza. Ora, essa responsabilidade não é do delito alheio. Embora se diga que somos sujeitos ao juízo de Deus pelo pecado de Adão, isso não deve ser aceito desse modo, pois assim nos sustentaremos inocentes e desmerecedores da culpa de seu delito, mas cumpre ser dito que ele nos tenha comprometido porque estamos todos

---

13 Agostinho. *De civ. Dei*, c.8, 15s, PL 44, 194s.
14 Idem. *De gratia Christi et pecc. orig.*, II,c.40, 45, PL 44, 407.

revestidos pela maldição de sua transgressão. Portanto, não provém de Adão apenas a pena que caiu sobre nós, mas reside em nós, por ele inculcado, o flagelo a que por direito é devida a pena. Por isso, Agostinho, apesar de chamá-lo com frequência de pecado alheio (pelo que mais claramente mostra ser derivada em nós a propagação), ao mesmo tempo assevera ser próprio a cada um [como o faz em vários outros lugares, por exemplo em *Sobre a pena e a remissão dos pecados*, III, c.8].[15] E o próprio apóstolo testemunha com grande clareza que, como todos pecaram, a morte tenha sido vulgarizada a todos [Rm 5, 12], isto é, que todos sejam envolvidos pelo pecado mortal e manchados por suas máculas. E, por isso, as próprias crianças também são culpadas, enquanto trazem consigo a condenação desde o ventre materno, não por vício alheio, mas por seu próprio. Pois, ainda que não tenham mostrado o fruto de sua iniquidade, têm incluída em si a semente, ou melhor, toda sua natureza é de algum modo semente do pecado, por isso não pode senão ser odiosa e abominável para Deus. Donde se segue que o pecado seja propriamente censurado ante os olhos de Deus, uma vez que não seria reprovado se fosse ausente a culpa. Passemos, então, ao outro ponto: que essa perversidade jamais cesse em nós, mas que assiduamente dê à luz novos frutos, a saber, aqueles que antes descrevemos como obra da carne, tal qual um forno aceso exala consigo chamas e centelhas ou uma mina brota água sem fim. Por essa razão, os que definiram o pecado original como a carência da justiça original[16] que deveria ser a nós inerente, ainda que nisso abarquem tudo o que diz respeito a esse ponto, entretanto não expressam de modo pleno e suficiente sua força e energia.[17] Nossa natureza não é apenas indigente e vazia de bem, mas é tão fértil e fecunda de todos os males que não pode ficar tranquila. Os que disseram ser isso a concupiscência,[18] não se valeram de uma palavra tão diferente se com isso for acrescentado (o que raramente é concedido por

---

15 Agostinho, *De pecc. mer. et rem.*, III, 8, 15, PL 44, 194.
16 Anselmo. *De conceptu virginali*, c.6, PL 158, 439.
   Duns Scotus. *In sent.*, d.30, q.2 (Opp. 13, 293).
   Ockham. *In sent.*, II, q.26U; *Quodl.*, III, q.9.
   Cf. João Cochlaeus, *De lib. arb.*, II, M3b; *Philippicas quatuor*, II, 35, G3a.
17 Cf. Mellanchthon. *Locos comm.*, 1521, ed. Kolde, p.81-5.
18 Ambrósio. *Expositio evang. Lucae*, VII, 148.
   Agostinho. *Contra Iul.*, I, 72, II, 56, PL 45, 1097, 1274.
   Pedro Lombardo. *Sent.*, II d.30, 7, PL 192, 722.
   Cf. Boaventura, *In Sent.*, II, d.30, art.2, q.1 (ed. Quar. II, p.721s); Tomás de Aquino, *Summa Theologiae*, II, 1, q.82, art.1 e 3; Gabriel Biel, *In sent.*, II d.30, q.2, art.1, que trazem uma opinião intermediária a respeito do pecado original.

muitos deles)[19] que tudo o que está no homem, desde o intelecto até a vontade, e até mesmo desde a alma até a carne, esteja referido a essa concupiscência, ou, de forma sucinta, que o homem inteiro não seja por si mais do que concupiscência.

9. Por isso eu disse que, do fato de Adão ter-se desviado da fonte da justiça, todas as partes da alma, sem exceção, tenham sido possuídas pelo pecado. Na realidade, seduziu-o não apenas o apetite inferior, mas uma nefanda impiedade ocupava o mais elevado da própria mente e a soberba penetrou o íntimo do coração, pelo que seja insensível e estulto restringir apenas a movimentos sensuais, como dizem, a corrupção que a partir daí emanou, ou chamar de estimulante apenas a parte que alicia, excita e traz aquela sensualidade ao pecado. Pelo que Pedro Lombardo mostrou crassa ignorância, dado que, ao procurar e investigar essa sede, disse, sob o testemunho de Paulo, que ela estivesse na carne, ainda que não propriamente, mas porque aparece mais na carne;[20] como se Paulo de fato designasse somente uma parte da alma, e não a toda a natureza que se opõe à graça sobrenatural. O próprio Paulo elimina toda dúvida ensinando que a corrupção não subsiste unicamente em uma parte, e nada está livre ou desatado de sua decomposição. Pois, discutindo a natureza viciosa, não condena apenas aos movimentos desordenados dos apetites que surgem, mas sobretudo defende que a mente esteja sujeitada à cegueira e o coração à dissolução, de modo que o terceiro capítulo da *Epístola aos Romanos* nada mais seja que a descrição do pecado original,[21] o que se vê de modo mais claro a partir da renovação. Pois o espírito, que é oposto ao homem velho e à carne, não designa apenas a graça pela qual se corrige a parte inferior ou sensual da alma, mas a graça que abarca a plena reforma de toda as partes. E, por isso, Paulo não só reduz ao nada os grandes apetites, mas nos ordena renovar o espírito pela mente [Ef 4, 23]; tal como também, em outro lugar, nos ordena ser transformados na renovação da mente [Rm 12, 2], donde se segue que aquela parte na qual resplandece ao máximo a superioridade e a nobreza da alma, não seja apenas fragilizada mas também corrompida, para que, além de se curar, tenha a obrigação de se transformar praticamente em uma nova natureza. Veremos em breve em que medida o pecado ocupa tanto

---

19 Cf. Pedro Lombardo, *Sent.*, II, d.31, 2-4, PL 192, 724s, a quem Tomás de Aquino contradiz em *Summa theologiae*, II, 1, q.83, art.1. Cf. também João Cochlaeus. *De lib. arb.*, II, M3bs.; O7a.
20 Lombardo. *Sent.*, II, d.31, 2-4; cf. nota 19.
21 Rm 3, 1-20.

a mente como o coração. Aqui, desejei apenas esboçar que todo homem fosse aniquilado, como que por um dilúvio, da cabeça aos pés, já que nenhuma parte esteja imune ao pecado, e, depois, que tudo o que dele procede deve ser imputado ao pecado, tal como Paulo diz que todas as afecções e os pensamentos da carne sejam animosidades contrárias a Deus [Rm 8,7] e sejam, portanto, a própria morte.[22]

10. Resta agora tratar dos que ousam imputar a Deus seus vícios,[23] uma vez que dissemos que os homens sejam naturalmente viciosos.[24] Erroneamente buscam a obra de Deus em sua imundície, quando deveriam procurá-la naquela natureza íntegra e incorrupta de Adão. Da carne, portanto, vem nossa culpa; nossa perdição não vem de Deus, visto que não perecemos por outra razão senão porque degeneramos de nossa primeira condição. E ninguém aqui esbraveça que Deus teria podido estar mais atento à nossa salvação se tivesse se antecipado à queda de Adão.[25] Pois essa objeção, em vista de tão audaz curiosidade, deve ser abominada pelas mentes piedosas e, por isso, pertencer ao mistério da predestinação, do qual trataremos oportunamente.[26] Assim, procuremos imputar sempre nossa caída à corrupção de nossa natureza, e de modo algum à natureza com a qual Adão foi criado. E desse modo não devemos acusar a Deus de que todo o nosso mal se origina Dele. É verdade que aquela ferida funesta se imiscuiu na natureza, mas muito diferente é que seja acrescentada a alguém e que esteja imiscuída desde a origem. Consta, porém, que foi infligida pelo pecado. Não há então motivo para lamentarmos se não a respeito de nós mesmos, o que diligentemente aponta a Escritura. Diz o Eclesiastes: "Isto sei: Deus fez o homem reto, este, porém, procura complicações sem conta" [Ecl 7, 29]. Aparece assim que apenas ao homem deva ser atribuída sua desgraça, dado que, aderindo à retidão pela benignidade divina, tenha por sua própria demência decaído na vaidade.

11. Dizemos, portanto, que o homem é naturalmente corrompido pela viciosidade, mas não que essa viciosidade tenha decorrido por natureza.

---

22 Rm 8,6.
23 Tal como os Libertinos, cf. o que diz Quintino, CR CAlv. Opp., VII, 184, e de outro Libertino, ib., 185 (*Contre la secte des Libertins*, 1545); cf. também o que diz Poqueto, ib. p.231, e certo Franciscano de Rotomago (Farel, *Le glaive de la parolle*, p.57 e 246 etc.; CR Calv. Opp., VII, 347 e 350ss. [*Epistre contre un certain Cordelier*, 1547]). Cf. Agostinho, *Retract.*, I, 9, 2, PL 32, 595.
24 Ver Inst. 1536, Calv. Op. sel. I, 130; Melanchton, *Locos comm.*, 1521, ed. Kolde p.81; Agostinho, *Confess.*, I, a.2.
25 Cf. Agostinho, *De Genesi ad literam imperfectus liber*, XI, 4ss, PL 34, 431ss; Tertuliano, *Adversus Marcionem*, II, 5.
26 Ver Livro III, Capítulo XXI ss.

Negamos que decorre por natureza, pois entendemos que seja mais uma qualidade adventícia que atinge ao homem que uma propriedade substancial, introduzida desde o princípio. Chamamos, entretanto, natural a viciosidade para que ninguém proponha que seja comparada a um mau costume de quem for, dado que, por direito hereditário, alcança a todos. E não o fazemos sem o apoio de nenhuma autoridade. O apóstolo ensina que, pela mesma causa, somos todos filhos da ira [Ef 2, 3]. De que modo Deus estaria irritado com a mais nobre criatura de todas, a quem agradam até mesmo as mais ínfimas de suas obras? Ora, está mais irritado com a corrupção de sua obra do que com ela. Assim, se em virtude da natureza humana viciada não é absurdo dizer que o homem seja abominável para Deus, também não há inépcia em dizer que seja naturalmente mau e vicioso. Do mesmo modo que sem temeridade Agostinho, em virtude da natureza corrompida, chama de naturais os pecados que necessariamente reinam em nossa carne quando a graça de Deus está ausente.[27] Assim se esvai a estulta frivolidade dos maniqueus, que, ao imaginarem que a malícia fosse da essência do homem, ousaram arrogar a ele outro criador, não lhes parecendo justo atribuir a Deus a causa e o princípio do mal.

---

27 Agostinho. *De Genesi ad literam imperfectus*, I, 3, PL 34, 221; cf. *Op. imp. Contra Iul.*, V, 40, PL 45, 1477.

CAPÍTULO II

Que o homem esteja agora espoliado da liberdade do arbítrio e submetido a uma mísera escravidão.

epois de visto que o domínio do pecado, desde que teve o primeiro homem por seu devedor, não apenas se estendeu a todo o gênero, mas com certeza também ocupou cada uma das almas, resta então investigar, já que fomos reduzidos a tal escravidão, se fomos completamente espoliados da liberdade ou, caso algo minúsculo ainda viceje, até que ponto se estende sua força. Mas, para que a verdade dessa questão resplandeça mais fácil para nós, que eu estabeleça no caminho o escopo ao qual cumpre destinar toda a suma. Ora, uma ótima medida para se precaver contra o erro será considerar os perigos que perseguem as duas hipóteses. Pois, quando o homem abdica de toda retidão, imediatamente daí surge a ocasião da ociosidade e, uma vez que se diz que nada tem valor por si mesmo para o zelo da justiça, a tudo toma com indiferença, como se nada mais lhe dissesse respeito. Por outro lado, por insignificante que seja, não há o que possa de algum modo ser atribuído ao homem sem que ele seja arruinado por temerária confiança e sem que se subtraia de Deus a sua honra [Agostinho aponta esses dois precipícios na *Epístola* 47 e no *Tratado sobre o evangelho de João*, c.12].[28] Assim, para que não nos lancemos nesses escolhos, será mantido aqui este curso: que o homem seja instruído de que não foi deixada a ele a posse de nenhum bem, estando ele completamente envolto por uma deplorável necessidade – ainda que seja ensinado a aspirar ao bem, do qual está vazio, e à liberdade, da qual foi privado, e seja desperto da inação ainda mais vivamente do que se

---

28 Agostinho. *Epistolae* 215 (ad Valentinum), PL 33, 971ss; *In Evangelium Ioannis Tractatus Centum Viginti Quatuor*, 53, 8, PL 35, 1778.

fosse apresentado como instruído pela mais alta virtude. Não há quem não veja quão necessário é esse segundo ponto. Quanto ao primeiro, vejo que muitos* têm dúvidas sobre sua conveniência. Pois, a despeito de toda controvérsia, deve claramente constar que, tanto quanto importa que ele se afaste da falsa glória, importa que nada seja retirado ao homem do que é seu. Pois, se não há o que tenha sido concedido ao homem para que se glorie de si mesmo, dado que foi pela benevolência de Deus que foi distinguido por sumos ornamentos, como convém agora que seja humilhado, por ter, por ingratidão, sido expulso da glória incomparável para a extrema ignomínia? Pelo tempo no qual fora elevado ao cume da suma honra, a Escritura não atribui a ele senão que tenha sido criado à imagem de Deus, no que dá a entender que fosse bem-aventurado não por seus próprios bens, mas pela participação em Deus. O que resta, então, a não ser que o homem, desnudado e destituído de toda glória, preste a Deus (a quem não pôde agradecer a benevolência enquanto esteve pleno da riqueza da graça) o seu reconhecimento, e (já que não o glorificou pelo reconhecimento de seus bens, agora ao menos pela confissão da própria pobreza) o glorifique? Ademais, está entre as coisas que nos são próprias que nos seja subtraído todo louvor da sabedoria e da virtude, o qual pertence a Deus, uma vez que aqueles que nos concedem algo além do que é verdadeiro, acrescentam ao sacrilégio a nossa ruína. O que, com efeito, se faz quando somos ensinados a caminhar por nossas próprias forças senão nos elevar às alturas por meio de uma haste de caniço que logo em seguida se quebra e nos derruba? Aliás, superestimamos nossas forças quando as comparamos a uma haste de caniço. Não passa de fumaça tudo o que comentam e tagarelam os homens vãos sobre nossas forças. Donde não estar afastada da realidade uma brilhante sentença, tantas vezes repetida por Agostinho, segundo a qual o livre-arbítrio mais é arruinado que corroborado por seus defensores.[29] Esse proêmio foi necessário em razão de alguns que, ao ouvirem ser completamente destruída a virtude humana para que a virtude de Deus seja edificada no homem, conside-

---

* Há na versão francesa de 1541-45 os seguintes adendos ao trecho apontado: "... Não há quem não veja quão necessário é esse segundo ponto, a saber, *despertar o homem de sua negligência e inação*. Quanto ao primeiro, *mostrar ao homem sua carência*, vejo que muitos ...". (N.T.)

29 Agostinho. *In Evangelium Ioannis Tractatus Centum Viginti Quatuor*, 81, 2, PL 35, 1841; *Epistolae* 217 (ad Vitalem), PL 33, 981; *Ep.* 194 (ad Sixtum Rom.), c.2, 3, PL 33, 875; *Sermones* 333, c.6, PL 38, 1467; *Contra Duas Epistolas Pelagianorum Libri Ad Bonifacium Quatuor*, I, c.4, 8, PL 44, 554.

ram detestável toda essa disputa, como se perigosa, senão supérflua,[30] ainda que pareça ser necessária na religião e utilíssima para nós.

2. Consideremos agora, já que dissemos pouco antes que as faculdades da alma estejam situadas na mente e no coração,[31] que parte sobressai em ambos. Indubitavelmente, os filósofos encenam considerar por consenso que a razão está na mente. Tal qual uma lâmpada, ela reluz à deliberação de todos, e tal qual uma rainha, modera a vontade, de modo que seja cumulada pela luz divina, para que, excedida em vigor, aconselhe de modo excelente para imperar de modo excelente. A sensação, pelo contrário, se dá pelo turvamento da vista e pelo entorpecimento, dado que sempre rasteje pela terra e se revolva nos objetos mais lodosos, jamais se levantando para a verdadeira perspicácia. O apetite, se se sustentar como submetido à razão e não se permitir ser submetido à sensação, dirige-se ao zelo das virtudes, toma a reta via e transforma-se na vontade; donde, se se põe de acordo com a servidão da sensação, então se corrompe e deprava, dado que decai na voluptuosidade.[32] Na verdade, como, na opinião aqui relatada,[33] estão colocados nas faculdades da alma o intelecto, a sensação e o apetite ou vontade (como frequentemente é tomada), aqueles asseveram o que foi dito: que o intelecto sustenta a razão, moderadora da vida boa e bem-aventurada, do mesmo modo que sustenta a si em sua excelência e revela a força naturalmente incutida em si; que seu movimento inferior, chamado sensação, pelo qual há a abstração que leva ao erro e à alucinação, é tal que pode ser domado pela vara da razão e, aos poucos, ser aniquilado. Além disso, localizam a vontade de modo intermediário entre a razão e a sensação, a saber, acompanhada de seu direito e liberdade, seja para conformar-se à razão, seja para ser arrebatada pela sensação, se quiser se perder.

3. Por certo, de quando em quando, não são infectados; na certa, convencidos pela própria experiência do quanto há de dificuldade em que o homem torne estável junto de si o reino da razão, ao mesmo tempo que por vezes é bajulado pelas carícias da voluptuosidade, e, em outras vezes, iludido por uma falsa imagem dos bens, e, em outras ainda, atingido, impotente, por afetações imoderadas, tal qual fosse lançado por cordas ou arcos em diversas direções (como disse Platão no primeiro livro

---

30 Cf. Erasmo, *De libero arbitrio*, p.5ss.
31 Ver Livro I, Capítulo XV, § 7s.
32 Platão, *República*, IV, c.14ss, 439ass; Aristóteles, *De anima*, III, 10, 433a-b; Temístio, *De anima*, IV, 7, ed. Heinze, p.112 (25) ss.
33 Ver Livro I, Capítulo XV, § 6.

das *Leis*).[34] Também por essa razão, Cícero diz que aquelas centelhas, naturalmente ofertadas, são em pouco tempo extintas por opiniões errôneas e maus costumes [*Tusculanas*, I.3].[35] Assim, quando tais aflições ocupam a alma dos homens, confessam ser tão mais difícil combatê-las quanto pareça fácil refreá-las, e não receiam comparar a cavalos indóceis os que, expulsando a razão como se refugando à encilhada, cometam excessos de modo intemperante e sem controle.[36] Aceitam, no entanto, para além de toda controvérsia, que as virtudes e os vícios estejam em nosso poder; pois, dizem, se cabe a nós escolher fazer isso ou aquilo, então também cabe o não fazer. E de modo inverso, se cabe o não fazer, também cabe o fazer. Ora, vemos que o que fazemos é feito por livre escolha. O mesmo acontece com aquilo de que nos abstemos. Então, se fazemos algo bom quando queremos, podemos abandoná-lo, se consumamos algo mau, podemos igualmente fugir dele [ver o livro terceiro da *Ética* de Aristóteles, c.5].[37] E, sem que haja permissão para isso, alguns deles irromperam gloriando-se de que ainda que nossa vida seja certo dom dos deuses, é um dom nosso o vivermos bem e santamente [Sêneca];[38] donde também aquele dístico de Cícero, por intermédio da personagem de Cota: uma vez que cada um adquire para si a virtude, ninguém dentre os sábios jamais rendeu graças a Deus por ela. Com efeito, diz "somos louvados em razão da virtude, e nela glorificados, o que não se daria se fosse um dom de Deus em vez de algo que vem de nós". E um pouco depois, "esta é a sentença de todos os mortais: que a sorte seja pedida a Deus, mas que a sabedoria esteja a cargo de si mesmo" [*Sobre a natureza dos deuses*, I.3].[39] Esta portanto é, em suma, a sentença dos filósofos: que a razão do intelecto humano seja suficiente para uma administração reta; a vontade, a ele subjacente, certamente é solicitada pela sensação para o que há de mau, mas, como possui livre escolha, de forma alguma pode impedir que a condução da razão seja em tudo seguida.

4. Ainda que, dentre os escritores Eclesiásticos, não apareça nenhum que não reconheça estar tanto a sanidade da razão gravemente enfraquecida no homem, desde o pecado, como a vontade grandemente obscurecida pela depravação do desejo, vários deles se colocaram muito próximos aos

---

34 Platão. *Leis*, I, 644 E.
35 Cícero. *Tusculanae*, III, 1, 2.
36 Platão. *Fedro*, c.74s., 253D-254E.
37 Aristóteles. *Ética Nicomaquéia*, III, 7, 113b, 6ss.
38 Sêneca. *Ep. Lucil.* 90 in.; epp 20s; 53; 124. Cf. Horácio, *Ep.* I, 18, 111s; Juvenal, *Satiricon*, X, 363ss.
39 Cícero. *De natura deorum*, III, 36, 86ss.

filósofos. Parece-me que esses antigos tenham decidido exaltar tanto as forças humanas que, se não confessassem eloquentemente sua impotência, teriam, *em primeiro lugar*, provocado as gargalhadas dos próprios filósofos com os quais disputavam, apresentando, *depois*, para a carne – feita por si mesma demasiadamente entorpecida para o bem – uma nova ocasião para a preguiça. Então, para que não ensinassem algo absurdo ao juízo dos homens comuns, zelaram por conciliar a doutrina da Escritura com uma pequena parte dos dogmas da filosofia, ainda que, em suas palavras, perceba-se que se voltassem principalmente para aquele segundo ponto: não dar lugar à preguiça. Em vários lugares sustentou Crisóstomo: "Depois que Deus pôs em nosso poder os bens e os males, deu a escolha do livre-arbítrio: e não reprimiu os contrariados, mas abraçou os que foram propícios" [*Homilias sobre a traição de Judas*].[40] Igualmente, "Aquilo que é mau, muitas vezes é mudado em bom, se assim se o desejar, e o que é bom, por indolência, perde-se e se faz mau; porque o Senhor fez que nossa natureza fosse do livre-arbítrio, e não impõe a necessidade, mas, conformando remédios apropriados, permite que tudo seja estabelecido pela sentença daquele que está enfermo" [*Homilia sobre o Gênesis*, 18].[41] E ainda, "Tal como não podemos nunca fazer nada retamente a não ser que auxiliados pela graça de Deus, assim, a não ser que colaboremos com o que é nosso, jamais poderemos alcançar o favor superior".[42] Ora, antes dissera: "Para que nem tudo seja auxílio divino, é preciso, ao mesmo tempo, que colaboremos com algo" [*Homilia 52*].[43] Aliás, essas palavras são familiares a vários lugares: "Colaboremos com o que é nosso, o restante, Deus suprirá".[44] No que está de acordo com o que disse Jerônimo: "Nosso seja o começar, de Deus, porém, o aperfeiçoar; seja nosso o oferecer o que podemos, dele, completar o que não podemos" [*Diálogo contra os pelagianos*, III].[45] Com certeza vês, com essas sentenças, que fossem mais pródigos do que o conveniente para com o homem quanto ao zelo da virtude, uma vez que tinham para si que não seria possível dispersar o torpor em nós inato a não ser que indicassem que pecávamos apenas por nós mesmos; ora, o quão hábeis foram ao fazer isso veremos depois. Também é certeza que logo mais constará

---

40 Cf. João Crisóstomo. *Homilias sobre a traição de Judas*, I, 3.
41 Idem, *Homilias sobre o Gênesis*, XIX, 1.
42 Ibidem, XXV, 7.
43 Ibidem, LIII, 2; *Homilias sobre São Mateus*, LXXXII, 4.
44 Idem, *Homilias sobre o Gênesis*, XXV, 7.
45 Jerônimo. *Dialogus adversus pelagianos*, III, 1, PL 23, 569.

serem em tudo falsas as sentenças que transcrevemos. Se bem que os gregos, antes de outros e entre eles, de modo particular Crisóstomo, excederam no modo de exaltar a faculdade da vontade humana, ainda que todos os antigos, com exceção de Agostinho, ou divirjam, ou vacilem, ou se pronunciem ambiguamente com relação a essa matéria, como se nada houvesse de certo de seus escritos para poder ser transcrito. Assim, não insistamos para que sejam enumeradas sentenças isoladas mais exatas, mas colhendo de cada um daqui e dali, tomemos tanto quanto pareça ser o exigido para a explicação do argumento. Os que vieram depois (na medida em que cada um capta para si um arguto elogio na defesa da natureza humana), uns após os outros, continuamente decaíram no que há de pior, até que com isso se chegou a, de forma vulgar, considerar o homem corrompido apenas pela parte sensual, em suma, tendo incólume a razão e ainda a maior parte da vontade.[46] Na boca de todos eles, voejava aquele dito segundo o qual os dons naturais estariam corrompidos no homem,[47] e os sobrenaturais, apagados.[48] O propósito desse dito, porém, com esforço, a cada cem, um ligeiramente experimentou. Se eu quiser ensinar com alguma clareza como a natureza foi corrompida, facilmente me contentarei com suas palavras. Mas é de grande interesse ponderar com atenção o que se mantém para o homem, viciado em todas as partes de sua natureza e desprovido de dons sobrenaturais. Assim, trataram dessa matéria muito mais filosoficamente do que era preciso os que se gabavam de ser discípulos de Cristo. Pois, como se o homem ainda estivesse íntegro, sempre se ergueu entre os latinos o nome de livre-arbítrio. Os gregos não tiveram vergonha de empregar um vocábulo muito mais arrogante, pois disseram αυφτεξουῶσιον,[49] como se estivesse nas mãos do homem o poder sobre si mesmo. Então, posto que, até mesmo para o vulgo, todos estão imbuídos do princípio anunciado de que há para o homem o livre-arbítrio e, por outro lado, não poucos dos que querem se tomar por peritos ignoram qual seja sua extensão, *em primeiro lugar* façamos aparecer o alcance do termo, *depois*, baseados na simplicidade da Escritura, sigamos do que dispõe o homem,

46 Cf. Duns Scotus, *In sententiarum* II, d.29, q. única, Opp.13, 267ss.
47 Cf. Agostinho. *De natura et gratia liber unus*, c.3, 3; 19, 21; 20, 22, PL 44, 249, 256s.
48 A frase não é inteiramente de Agostinho, mas de Pedro Lombardo: *Sententiae*, II, d.25, c.8, PL 192, 707.
49 Por exemplo, Clemente de Alexandria, *O pedagogo*, I, c.6, 33, 3; Orígenes, *Sobre os princípios*, III, 1, 1, 20, 21; Crisóstomo, *Comentário sobre a Epístola aos hebreus*, c.7, *Homilia* 12, 3; Gregório de Nazianzo, *Discursos*, 14, 25; *Discursos*, 45, 8.

por sua própria natureza, para o bem ou para o mal. Ainda que o termo apareça continuamente em todos os escritos, poucos definiram o que vem a ser o livre-arbítrio. Contudo, vê-se que Orígenes estabeleceu algo com que vários concordaram: "Que a faculdade da razão tenha discernimento para o bem e para o mal, e a vontade, para escolher entre ambos" [*Peri; ajrcw'n*, I.3].[50] Agostinho também não discorda dele, dado que ensina ser a faculdade da razão e da vontade a que, assistida pela graça, escolhe o bem, e sem sua assistência, o mal. De maneira mais obscura, Bernardo, ao querer falar de modo perspicaz, disse ser um consenso que não se perde a liberdade diante da vontade, e que o juízo não se desvia diante da razão.[51] Também não é suficiente a conhecida definição de Anselmo, que ensina ser uma faculdade a assegurar a retidão em razão de si mesma.[52] E assim Pedro Lombardo e os escolásticos abraçaram ainda mais a definição de Agostinho, uma vez que era mais clara e não excluía a graça de Deus, não parecendo a eles que, sem ela, a vontade bastasse por si. Acrescentaram, contudo, algo que fosse próprio deles, fosse algo mais vantajoso, fosse algo que consideravam levar a um maior esclarecimento. Por princípio, concediam que o nome "arbítrio" se referisse sobretudo à razão, que discerne entre o que é bom e o que é mau, e o epíteto "livre" pertencesse adequadamente à vontade, que pode se voltar para ambos [*Segundo livro das sentenças*, d.24].[53] Por isso, como a liberdade seja adequadamente conveniente à vontade, Tomás disse ser uma excelente conclusão que o livre-arbítrio seja dito uma força eletiva, dado ser um misto de inteligência e apetite, ainda que incline mais ao apetite [p.I, q.83, art.3°].[54] Já apresentamos em quais forças ensinam que está o livre-arbítrio, a saber, na razão e na vontade. Resta agora que se veja sucintamente quanto atribuem a cada parte.

5. Em geral se costumam colocar as coisas intermediárias, as que em nada pertencem ao reino de Deus, sob a decisão livre do homem, mas remeter a verdadeira justiça à graça especial de Deus e à regeneração espiritual. Desejando mostrar isso, o autor da obra *Sobre a vocação dos gentios* enumera uma tríplice vontade: a primeira, sensitiva; a segunda, animal; e a terceira, espiritual; das quais ensina que as duas primeiras sejam livres para o homem e a última seja a obra do Espírito Santo no

---

50 Orígenes. *Sobre os princípios*, III, 1, 3.
51 Bernardo de Claraval. *De gratia et libero arbitrio*, c.2, 4, PL 182, 1004.
52 Anselmo. *Dialogus de libero arbitrio*, c.3. PL 158, 494.
53 Pedro Lombardo. *Sententiae*, II, d.24, c.5. PL 192, 702.
54 Tomás de Aquino. *Suma de teologia*, I, q.83, a.3.

homem [l.1, c.2].[55] A verdade ou inverdade que reside em tal ideia será tratada em seu devido lugar. Com efeito, não é um desvio que se faça agora uma breve recensão das sentenças de outros. Daí tem-se que, quando tratam do livre-arbítrio, esses escritores não buscam inicialmente o que sirva para ações civis ou exteriores, mas o que sirva para a obediência da Lei divina. Confesso que a última questão seja a mais importante, ainda que acredite que a primeira não deva ser absolutamente negligenciada. Espero dar uma excelente razão para essa afirmação: a distinção obtida na escola, que enumera uma tríplice liberdade. A primeira, proveniente da necessidade; a segunda, do pecado; a terceira, da miséria; entre as quais a primeira seria tão naturalmente inerente ao homem que não poderia ser de nenhum modo impedida, e as outras duas seriam perdidas pelo pecado.[56] Aceito livremente essa distinção, a menos que aquela necessidade seja, de forma errônea, confundida com coação. Em outro lugar, aparecerá o quanto se deve discriminar entre elas e quão necessária é essa consideração.[57]

6. Se isto for aceito, o será sem controvérsia: que o livre-arbítrio do homem não é suficiente para as boas obras a não ser que seja auxiliado pela graça, e por certa graça especial, que é dada aos eleitos apenas por meio da regeneração. Pois em nada tardo com os extravagantes que palram que a graça seja exposta de modo igual e promíscuo.[58] Mas isso ainda não esclarece se o homem, estando em tudo privado da faculdade de bem-agir, tenha ainda alguma faculdade, ainda que fraca e pequena, que por si certamente nada pode, mas que, assistida pela graça, faça por ela a sua parte. O Mestre das Sentenças ensina que é necessário para nós uma dupla graça para que nos dirijamos idôneos para a boa obra. Chama a uma de *operante*, que se dá quando queremos o bem de modo efetivo; à outra, *cooperante*, que segue auxiliando a boa vontade [l.2, d.26].[59] Essa divisão não me agrada, pois, ao atribuir à graça de Deus o apetite efetivo do bem, indica que o homem, de algum modo, por sua própria natureza, deseja o bem, ainda que de modo ineficiente, tal como Bernardo, ao asseverar que a boa vontade é uma obra de Deus, admite,

---

55 Pseudo-Ambrósio. *De vocatione gentium*, I, c.2, PL 17, 1075.
56 Pedro Lombardo. *Sententiae*, II, d.25, c.9, PL 192, 708. Cf. Bernardo de Claraval. *De gratia et libero arbitrio*, c.3, 7, PL 182, 1005.
57 Ver Capítulo III deste Livro.
58 Referência a Lélio Socino. Ver em *Respostas de Calvino às questões de L. Socino*, 9 junho de 1555, a resposta dada às questões 2-4. CR Calv. Opp. X 1, 163-5 (*A Instituição da religião cristã*, v.III, c.2). Desconhecemos, entretanto, as questões.
59 Pedro Lombardo. *Sententiae*, II, d.26, c.1, PL 192, 710.

entretanto, que a boa vontade apetece ao homem.[60] Mas isso está muito longe do que foi a intenção de Agostinho, ainda que Lombardo considere que toma daquele essa sua divisão [*Sobre o livre-arbítrio*].[61] A ambiguidade na segunda graça me descontenta, pois dá origem a uma interpretação perversa. Com efeito, assim consideram cooperar conosco a graça segunda de Deus: que a cargo de nosso juízo está ou tornar indisposta a graça primeira, repelindo-a, ou segui-la obedientemente, confirmando-a. Isso é expresso pelo autor da obra *Sobre a vocação dos gentios* deste modo: que aqueles que se valem do uso da razão têm liberdade para se afastar da graça, a fim de que seja uma virtude o não se ter afastado, e para que aquilo que só é possibilitado pela cooperação do Espírito seja considerado mérito para aqueles que poderiam ter tido a vontade de não fazê-lo [l.2, c.4].[62] Quis assinalar de passagem esses dois autores, para que o leitor entenda o quanto dissinto dos mais sãos dos escolásticos. E, por uma medida ainda mais longa, difiro dos sofistas mais recentes, a saber, tanto quanto mais se afastam do que é antigo. Seja como for, ainda assim entendemos ser essa divisão a razão pela qual concederam o livre-arbítrio para o homem. Lombardo pronuncia por fim que o livre-arbítrio não nos é indiferente porque somos igualmente poderosos quanto ao bem e ao mal, ao agir ou ao cogitar, mas apenas porque não estamos sujeitos à coação. Essa liberdade não é impedida mesmo que sejamos pervertidos, servos do pecado, e não possamos senão pecar [*Segundo livro das sentenças*, d.25].[63]

7. Portanto, desse modo se diz que o homem tenha livre-arbítrio não porque tenha uma escolha livre para o bem e para o mal, mas porque age por má vontade, e não por coação. Certamente, é verdade. Mas por que convém distinguir coisa tão insignificante com um título tão soberbo? Singular liberdade, se o homem não se aferrasse a servir o pecado. Desse modo, entretanto, é εφθελοϖδουλο ["voluntariamente escravo"], para que sua vontade seja tida como atada pelas algemas do pecado. De fato abomino essas λογομαχιϖα ["disputas verbais"], pelas quais a Igreja se fatiga sem chegar a lugar algum, mas evito guardar com religiosidade aquelas palavras que soam algo absurdo, em especial onde perniciosamente há erro. Ora, qual deles, pergunto, que ao ouvir ser atribuído ao homem o livre-arbítrio, de imediato não concebe que seja senhor tanto

---

60 Bernardo de Claraval. *De gratia et libero arbitrio*, c.16, 46, PL 182, 1026.
61 Agostinho. *De gratia et libero arbitrio*, c.17, 33, PL 44, 901.
62 Pseudo-Ambrósio. *De vocatione gentium*, II, c.4, PL 13, 1112.
63 Lombardo. *Sententiae*, II, d.25, c.8, PL 192, 708.

de sua mente como de sua vontade a ponto de poder voltar-se por si mesmo a qualquer uma das partes? Talvez, alguém dirá, o perigo seja suprimido se o povo for advertido diligentemente sobre sua significação. Pelo contrário, dado que a natureza humana seja propensa de forma espontânea para a falsidade, alguém antes colherá o erro de uma pequena palavra do que a verdade de uma oração prolixa. Nessa matéria, nossa certeza está antes no próprio vocábulo do que naquilo que foi tomado por experiência. Com efeito, esquecendo aquela velha interpretação, toda a posteridade, enquanto se prendeu à origem da palavra, quase sempre se ergueu em uma confiança destrutiva.

8. Quanto aos Padres, se a autoridade move-nos, por certo têm constantemente na boca esse vocábulo, mas, ao mesmo tempo, declaram em que medida fazem uso dele. Primeiro Agostinho, que não hesita em chamá-lo "servo" [*Contra Juliano*, I.2].[64] Em outro lugar, volta-se contra os que negam o livre-arbítrio, mas declara uma razão excelente: "Somente não ouse negar o arbítrio da vontade para querer desculpar o pecado" [*Homilias para o evangelho de João*].[65] Ao mesmo tempo, confessa em outros lugares que a vontade do homem não seja livre sem o Espírito, dado estar sujeita à cupidez que a vence e aprisiona [*Epístola* 144, *a Anastácio*].[66] E ainda estabelece que a natureza, vencida pelo vício, dado que ceda à vontade, seja privada da liberdade [*Sobre a perfeição da justiça do homem*].[67] E ainda que o homem perde pelo mau uso do livre-arbítrio tanto a si como a seu arbítrio [*Enchiridion* (Manual) *para Lourenço*].[68] E ainda que, aprisionado o livre-arbítrio, nada há que possa quanto à justiça [*Quatro livros contra duas epístolas dos pelagianos, a Bonifácio*, I.1, c.3].[69] E ainda que não seja livre o que a graça de Deus não tenha libertado [ibidem].[70] E ainda que a justiça de Deus não é implementada quando a Lei não ordena e o homem age como se por suas forças, mas somente quando favorecida pelo Espírito, e não é livre pelo homem, mas a vontade submete-se liberada por Deus [ibidem, I.3, c.7].[71] E resume a razão por trás de todos esses escritos quando em outro lugar escreve que o homem, ao ser criado, recebeu o livre-arbítrio entre as maiores forças que

64 Agostinho. *Contra Iulianum libri sex*, II, c.8, 23, PL 44, 689.
65 Idem, *In Evangelium Ioannis Tractatus Centum Viginti Quatuor*, 53, 8, PL 35, 1778.
66 Idem, *Epistolae* 145, 2 (*ad Anastasium*), PL 33, 593.
67 Idem, *De perfectione iustitiae hominis*, c. 4, 9, PL 44, 296.
68 Idem, *Enchiridion de Fide, Spe et Charitate liber unus*, c.9, 30, PL 40, 246.
69 Idem, *Contra Duas Epistolas Pelagianorum Libri Quatuor*, III, 8, 24, PL 44, 607.
70 Ibidem, I, 3, 6, PL 44, 553.
71 Ibidem, III, 7, 20, PL 44, 603.

possui, mas, pecando, perdeu-o [*Sermão 3, sobre a palavra do apósto-lo*].[72] Assim, em outro lugar, depois de mostrar que o livre-arbítrio foi constituído pela graça, investe duramente contra aqueles que a si o arro-gam a despeito da graça. Diz: "Então, para que ousam se vangloriar os homens da miséria ou do livre-arbítrio antes que sejam libertados, ou de suas forças se já estão livres? Nem sequer conseguem fazer ressoar a li-berdade por esse nome, 'livre-arbítrio'". Ora, "onde se acha o Espírito do Senhor, aí está a liberdade" [2Co 3, 17]. Se, portanto, são servos do pe-cado, por que se ensoberbecem do livre-arbítrio? Com efeito, aquele que por alguém foi derrotado, também dele foi feito servo. Ora, se foram li-bertados, por que querem ensoberbecer-se da própria obra? Seriam, des-se modo, tão livres que não querem nem que deles seja servo aquele que disse [Jo 15, 5]: "Sem mim nada podeis fazer" [in *Sobre o espírito e a letra*, c.30]?[73] Consta em outro lugar que Agostinho zombe jocosamente do uso de suas palavras, dado que diz que é certo que seja livre, mas não que seja libertado: livre da justiça, servo do pecado [*Sobre a correção e a graça*, c.13].[74] Sentença que também em outro lugar repete e explica, em que ensina que o homem não seja livre da justiça, a não ser pelo ar-bítrio da vontade. Ora, não se faz livre do pecado a não ser pela graça do Salvador.[75] Assim, aquele que atesta que a liberdade do homem não é senão uma emancipação ou alforria da justiça, deliciosamente zomba daquele nome vão. Então, caso alguém não permita que se deprave a inteligência no uso daquela expressão, certamente não será por mim vexado em vista dessa matéria. Mas, uma vez que estimo não poder ser sustentada sem enorme perigo, sobretudo contra o bom futuro da Igre-ja, se for olvidada, quero não a usurpar e, os outros, se me consultam, prefiro que dela se abstenham.

9. Talvez pensem que pareça maior para mim o prejuízo de ter con-fessado que todos os escritores eclesiásticos, com exceção de Agostinho, tenham falado ou ambígua ou vacilantemente sobre essa matéria, dado não desejar que nada seja tido como certo com base em seus escritos. Com efeito, não poucos igualmente interpretarão isso como se, desse modo, quisesse afastá-los do sufrágio da lei, uma vez que são todos meus adversários. Eu, no entanto, não quis senão aconselhar as mentes pias, de modo simples e de boa fé, pois se, sobre isso, confiarem na senten-

---

72 Idem, *Sermones*, 131, 6, PL 38, 732.
73 Agostinho. *De Spiritu et littera liber unus*, c.30, 52, PL 44, 234.
74 Idem, *De correptione et gratia*, c.13, 42, PL 44, 942.
75 Idem, *Ad Bonifacium*, I, 2, 5, PL 44, 552.

ça daqueles, sempre hesitarão na incerteza, dado que ora ensinam ao homem espoliado das forças do livre-arbítrio a refugiar-se unicamente na graça, ora instruem, ou parecem instruí-lo, em suas próprias armas. Contudo, com frequência acontece, segundo o que for conveniente a essa maneira ambígua de se expressar, que quase não considera a virtude humana, voltem o louvor de todos os bens ao Espírito Santo. Acrescentarei algumas de suas sentenças sobre esse assunto pelas quais isso será ensinado de modo claro. Qual, de fato, foi a intenção do dito de Cipriano, tantas vezes empregado por Agostinho, "Sobre nada nos gloriemos, pois nada é nosso" [in *Sobre a predestinação dos santos, a Bonifácio*, I.4 e outros],[76] senão que o homem, completamente aniquilado no que traz consigo, aprenda a, em tudo, depender de Deus? O que, então, é dito por Agostinho e por Euquério, enquanto expõem que o Cristo é a árvore da vida, à qual quem estender a mão, viverá, árvore da ciência do bem e do mal, do arbítrio da vontade, do qual, quem experimentar, abandonada a graça de Deus, morrerá [*Sobre a literalidade no Gênesis*, I.1]?[77] O que, então, quis Crisóstomo ao dizer que todo homem não é naturalmente pecador, mas sim inteiramente o pecado [*Homilia 1, sobre o advento*]?[78] Se nada de bom nos pertence, se o homem da cabeça aos pés é todo pecado, se, pois, nem é lícito tentar dizer de quanto vale a faculdade do arbítrio, a quem será permitido dividir entre Deus e o homem o louvor pelas boas obras? Eu poderia, dessa mesma forma, fazer muitas outras citações, mas, para que ninguém se engane pensando que escolho apenas as citações que servem à minha causa, preterindo astuciosamente as que são a ela contrárias, abstenho-me de fazê-lo. Ouso, entretanto, afirmar que, ainda que por vezes tenham sido excessivos no elogio do livre-arbítrio, seu propósito foi ensinar que o homem, em vez de confiar em suas forças, tivesse sua fortaleza depositada no

---

76 Cipriano, *Testimonium ad Quirinum*, III, 4. Agostinho, *De praedestinatione Sanctorum liber unus*, c.3, 7; 4, 8, PL 44, 964; 966; *Ad Bonifacium*, IV, c.7, 12, PL 44, 924; cf. Agostinho, *De Correptione et Gratia liber unus*, c.7, 12; *De dono perseverantiae liber unus*, 14, 36, PL 45, 1015, e muitos outros.

77 Agostinho, *De Genesi ad litteram libri duodecim*, VIII, c.4s., PL 34, 375. Euquério, *Comment. in Gen.*, I, sobre o capítulo 1, v.9, PL 50, 907.

78 O texto citado por Calvino aparece na edição erasmiana das *Obras de Crisóstomo de Basileia*, 1530, t.II, p.124, na homilia em que se encontra escrito: "Primeiro Domingo do Advento do Senhor, por intérprete incerto, homilia 35", e a qual começa pelas seguintes palavras: "Naquele tempo, como se aproximasse Jesus ...", homilia que é omitida nas edições de Savili, Morello e de Bernardo de Montfaucon e em suas edições pela edição nova de Paris de 1834ss, não sendo lembrada nem no índice nem como espúria.

Deus uno. Passo agora a explicar o que é, verdadeiramente a natureza do homem.

10. Sou levado a repetir aqui ainda uma vez o que fiz no início desta seção, *para que cada um, abatido e consternado por sua máxima calamidade, indigência, nudez, ignomínia tenha então avançado notavelmente no conhecimento de si*.[79] Com efeito, não há perigo que o homem subtraia excessivamente de si mesmo, desde que aprenda a recuperar em Deus o que lhe falta. Em contrapartida, com certeza não pode assumir para si nem um pouquinho a mais do que é seu de direito sem que se perca por vã confiança e, ao transferir para si a honra divina, faça-se réu de um sacrilégio atroz. Na verdade, sempre que essa concupiscência ataca a nossa mente quando aspiramos ter algo de nosso, a saber, algo que antes resida em nós do que em Deus, sabemos que esse pensamento não é sugerido a nós senão pelo mesmo conselheiro que induziu nossos primeiros pais a quererem ser semelhantes aos deuses, sabedores do bem e do mal. Se é uma palavra diabólica a que exalta o homem em si mesmo, não devemos dar ouvidos a ela, a não ser que se queira acolher o conselho do inimigo. Certamente é doce que tenhamos tanta força que nos desperte a autoconfiança. Mas não sejamos arrastados para essa vã confiança: que nos afaste o grande número de importantes sentenças pelas quais somos severamente prosternados. São elas: "Maldito o homem que se fia no homem, que faz da carne a sua força" [Jr 17, 5]. E ainda "Deus não se compraz com o vigor do cavalo, nem aprecia os músculos do homem, mas aprecia aqueles que o temem, aqueles que aspiram à sua bondade" [Sl 147, 10].[80] E ainda "É Ele que dá forças ao cansado, que prodigaliza vigor ao enfraquecido. Mesmo os jovens se cansam e fatigam; até os moços vivem a tropeçar, mas os que põem a sua esperança n'Ele, renovam suas forças" [Is 40, 29].[81] Todas essas sentenças têm por fim que não nos apoiemos, por menos que seja, na força de nossa opinião, se quisermos ter Deus do nosso lado, o qual "resiste aos soberbos, mas dá graça aos humildes" [Tg 4, 6].[82] Então, que tornem à memória ainda uma vez estas promessas: "Porque derramarei água sobre o solo sedento e correntes sobre a terra seca" [Is 44, 3]. E ainda "Ah! Todos que tendes sede, vinde à água" [Is 55, 1]. Elas testemunham que não são admitidos a re-

---

79 Ver Capítulo I, § 2 deste Livro.
80 Sl 147, 10.11.
81 Is 40, 29-31.
82 Pr 3, 34.

ceber as bênçãos de Deus senão os que se diminuem pelo sentimento de sua pobreza. E não se esqueçam de outras semelhantes, tal qual esta, de Isaías: "Não terás mais o sol como luz do dia, nem o clarão da lua te iluminará, porque o Senhor te servirá de luz eterna" [Is 60, 19]. Certamente Deus não toma o clarão do sol ou da lua a seus servos, mas uma vez que deseja neles aparecer como o único glorioso, afasta ao longe a confiança deles mesmo daquilo sobre o que têm uma opinião em tudo excelente.

11. Sempre me agradou aquele dito de Crisóstomo: "Que o fundamento de nossa filosofia seja a humildade" [*Homilia sobre a perfeição do Evangelho*].[83] Mais ainda o de Agostinho: "Do mesmo modo que foi perguntado àquele orador qual seria o primeiro preceito na eloquência, respondeu que fosse a expressão, qual seria o segundo, a expressão, qual o terceiro, a expressão,[84] assim, se me perguntares sobre o preceito da religião Cristã, por primeiro, segundo e terceiro, também sempre quererei responder: a humildade" [*Epístola 56, a Dióscoro*].[85] Avançando, não entende que a humildade consista em que o homem cônscio de tamanha virtude altivamente se abstenha da soberba, mas em que ele verdadeiramente sinta para si que não tem refúgio a não ser na humildade, do mesmo modo como declara em outro lugar: "Ninguém lisonjeie a si mesmo: sobre o que é seu, cada um é Satanás, donde, aquilo pelo que é bem-aventurado, apenas o tem de Deus. O que, com efeito, tens de teu a não ser o pecado? De ti, louve o pecado, que é teu, pois a justiça é de Deus" [*Homilia sobre o evangelho de João*, 49].[86] E ainda "O que tanto se presume a respeito do que é possível para a natureza? Está ferida, dilacerada, vexada, perdida. Tem necessidade de confissão, não de falsa defesa" [*Sobre a natureza e a graça*, c.52].[87] E ainda "Quando alguém conhece que nada há em si mesmo e que de si nenhuma ajuda recebe, nele as armas são destruídas, as disputas são tranquilizadas". Ora, é necessário, para que todas as armas da impiedade sejam contidas, destruídas, consumidas, que permaneças desarmado, nada tendo em ti por ajuda. Quanto mais débil fores em ti, tanto mais Deus te ampara [*Comentário aos salmos*, 45].[88] Assim, no comentário ao salmo 70, proíbe-nos de recordar

83 João Crisóstomo. *Homilia sobre a perfeição evangélica*. Paris, 1834ss, III, 360.
84 Quintiliano. *A instituição da oratória*, XI, 3, 6.
85 Agostinho. *Epistolae*, 118, c.3, 22 (*ad Dioscorum*), PL 33, 442.
86 Idem, *In Evangelium Ioannis Tractatus Centum Viginti Quatuor*, 49, 8, PL 35, 1750.
87 Idem, *De natura et gratia*, 53, 62, PL 44, 277.
88 Idem, *Enarrationes in Psalmos*, 45, 13, PL 36, 523.

de nossa justiça, para que conheçamos a justiça de Deus, e mostra que Deus indica sua tão grande graça para que saibamos que nada somos, que somos mantidos apenas pela misericórdia de Deus, dado que, por nós mesmos, não somos senão maus.[89] Então, não discutamos aqui com Deus sobre nosso direito, como se afastasse de nossa salvação aquilo que a Ele é atribuído. Pois como nossa é a humildade, d'Ele é a elevação: assim, a confissão de nossa humildade transforma a sua compaixão em remédio. De fato, não reclamo que o homem siga adiante sem estar convencido: e se tem alguma virtude, afaste dela o espírito, para que por verdadeira humildade seja subjugado, mas que, afastado da doença φιλαυτισα και; φιλονεικισα ["do amor de si mesmo e da ambição"] sentimentos que os confundem e levam-no a sentir-se acima do que é conveniente —, dignamente reconheça a si mesmo no espelho verdadeiro da Escritura.

12. E, com certeza, agrada-me aquela conhecida sentença que foi tomada de Agostinho, que os dons naturais tivessem sido corrompidos no homem pelo pecado, mas que os sobrenaturais tivessem sido aniquilados.[90] Pois entendem, por essa segunda parte da sentença, que bastariam tanto a luz da fé quanto a da justiça para alcançar a vida celeste e a felicidade eterna. Portanto, aquele que abdica do reino de Deus, simultaneamente está privado dos dons espirituais para os quais fora preparado na esperança da salvação eterna; donde se segue que esteja assim banido do reino de Deus, visto que qualquer coisa que diga respeito à bem-aventurada vida da alma está extinto nele, até que, pela graça da regeneração, seja recuperado. Entre estes estão a fé, o amor de Deus, a caridade para com os próximos, o zelo da santidade e da justiça. Como Cristo restituiu tudo isso a nós, sejam ditos adventícios e além da natureza, pois obtemos o que havia sido abolido. Por outro lado, a sanidade da mente e a retidão do coração também foram perdidos, donde essa é a corrupção dos dons naturais. Pois ainda que algum resíduo da inteligência e do juízo permaneça uno com a vontade, nem assim dizemos estar íntegra e sã a mente que também está débil e imersa em grandes trevas, sendo a depravação da vontade mais do que suficientemente conhecida. Sendo um dom natural, a razão pela qual o homem discerne entre o bem e o mal, pela qual raciocina e julga, não pode ser totalmente apagada, mas foi em parte debilitada e em parte viciada, como

---

89 Ibidem, 70, I, 2, PL 36, 876.
90 Ver notas 47 e 48.

ruínas que parecem desfiguradas. São nesse sentido as palavras de João para que reluza a luz ainda mais nas trevas, mas que não seja compreendida pelas trevas [Jo 1, 5]. Por esse dito, claramente exprime ambos: que brilhem ainda mais, na natureza perversa e degenerada do homem, as fagulhas reveladoras de ser ele um animal racional e diverso dos brutos, uma vez que recomendado pela inteligência, e, no entanto, que essa luz, de tão coberta de ignorância, seja sufocada, para que não queira emergir de modo eficiente. Assim, a vontade, uma vez que é inseparável da natureza do homem, não perece, mas foi submetida por má cupidez, dado que não queira apetecer a nada de reto. Eis, certamente, uma definição completa, mas que deve ser mais bem-explicada. Portanto, para que a ordem do discurso avance segundo aquela primeira distinção, pela qual repartimos a alma do homem em intelecto e vontade,[91] examinemos, em primeiro lugar, a força do intelecto. Assim, condená-lo a uma cegueira perpétua, para que nenhuma inteligência seja deixada para ele no gênero das coisas, repugna não apenas à palavra de Deus, mas também à experiência do que comumente se sente. Com efeito, vemos que é introduzido na consciência humana um desejo para aquele que ignora que há de ser procurada a verdade, à qual não aspiraria minimamente se algo de seu odor não tivesse sido antes percebido. Assim, há agora uma mínima perspicácia do intelecto humano que é naturalmente arrebatada pelo amor da verdade, cuja negligência nos animais brutos indica o sentido rude, sem a razão. Se bem que aquela perspicácia, por qualquer concupiscência definha antes de iniciar seu caminho, uma vez que logo cai na vaidade. Pois a mente do homem, diante do obscurecimento, não quer seguir a reta via da investigação do verdadeiro, mas vagueia por vários erros, e tal como tantas vezes afunda tateando nas trevas até que desapareça finalmente dispersa. Assim, ao buscar a verdade, revela o quão é inepta para buscá-la e encontrá-la. Depois, esforça-se gravemente por outra vaidade, dado que com frequência não discerne em quais coisas deve buscar o conhecimento verdadeiro. E assim, por ridícula curiosidade, atormenta-se na investigação de coisas supérfluas e sem valor. Quanto às coisas muito necessárias de se conhecer, ou não as nota, ou com desdém e raramente a elas se dobra. Em todo caso, com custo aplica seu zelo em algum momento com seriedade. Ainda que os escritores profanos deplorem em diversos lugares sobre essa depravação, todos quase sempre se descobrem enlaça-

---

91 Ver Livro I, Capítulo XV, § 7.

dos por ela. Pois Salomão, em todo seu *Eclesiastes*, em que se perse-gue esse zelo naqueles que se tomam por homens de imenso saber, de-clara, entretanto, que sejam inanes e frívolos.[92]

13. Contudo, nem sempre seus esforços decaem na ineficiência sem que compreendam algo, sobretudo quando o homem visa às coisas infe-riores. Também não é tão estúpido que não prove um pouco das coisas celestiais, mesmo se negligencia a investigá-las. Porém, não tem a mes-ma facilidade para as duas. Porque, quando quer se elevar sobre as coi-sas deste mundo, aparece, sobretudo, sua debilidade. Por isso, para que melhor percebamos até que grau pode chegar em cada uma das coisas, vale a pena propormos uma distinção, a saber: que certamente uma seja a inteligência das coisas terrenas e outra a das celestes. Chamo coisas terrenas as que não pertencem a Deus, a seu reino, à verdadeira justiça, à bem-aventurança da vida futura, mas que mantêm relação com a razão da vida presente e são contidas de algum modo entre seus fins. Coisas celestes, o conhecimento puro de Deus, a razão da verdadeira justiça e os mistérios do reino celeste. Estão no primeiro gênero a organização po-lítica, a economia, todas as artes mecânicas e as disciplinas liberais. Es-tão no segundo: Deus e o conhecimento da vontade divina, e a regra de que a vida se forme segundo essa vontade. Sobre o primeiro, assim se dá: dado que o homem é um animal de natureza social,[93] e, por isso, de um instinto natural, é propenso a fomentar e a conservar essa socieda-de; e assim, compreendemos que sejam inerentes à alma de todos os homens impressões universais de certa honestidade e ordem civil. Don-de se dá que não se descobre ninguém que, compreendendo ser neces-sária a contenção dos homens pelas leis, sejam eles de que sociedade forem, não tenha abarcado com a mente os princípios daquelas leis. De onde deriva aquela perpétua conformidade na lei, tanto de todos os po-vos, quanto dos mortais sozinhos, porque suas sementes são implanta-das para todos, sem mestre ou legislador. Nem se demore com as dis-sensões e as disputas que em seguida emergem, dado que uns, como patifes e ladrões, desejam a completa inversão da lei e do direito, gras-sando unicamente a libido por direito, dissolvida a barreira das leis; ou-tros (vício mais que vulgar) reputam que seja iníquo o que por outros é sancionado como equitativo. Ao contrário, defendem que seja louvável o

---

92 Ecl 1, 2.14 etc.
93 Sêneca. *De benef.*, VII, 1, 7. Lact., *Inst.*, V, 17, 34; VI, 10, 10; 17, 20; PL 19, 458, 515, 545.

que por outros é vetado. Pois *os primeiros* não odeiam as leis a ponto de ignorar que sejam santas e boas, mas, desvairados, precipitados pela cupidez, disputam contra a razão manifesta, e o que experimentam pela inteligência da mente, abominam por sua libido. Quanto *aos segundos*, a disputa é tal que não frustra aquela concepção de equidade. Pois mesmo que os homens divirjam, entre si, sobre as leis capitais, é sinal de que aceitam algum tipo de justiça. No que certamente é demonstrada a debilidade da mente humana, a qual, mesmo quando parece seguir o caminho, claudica e vacila. Permanece, entretanto, que há em todos a semente de alguma ordenação política. E este é um argumento importante: na constituição desta vida, a nenhum homem se destitui a luz da razão.

14. Seguem-se as artes, sejam liberais, sejam manuais, pelas quais há de se aprender. Também nelas aparece a força da sutileza humana, uma vez que certa aptidão é inerente a todos nós. Ainda que nem todos sejam capazes para o aprendizado de tudo, há um indício satisfatório de uma energia comum, pois não se encontra ninguém em que não se descubra uma perfeita compreensão de alguma arte. E não dispõe da energia e da facilidade apenas para aprender, mas para imaginar algo novo em alguma arte, ou para ampliar e lustrar o que alguém tenha antes ensinado. E Platão, uma vez que disseminou um erro, ao ensinar que tal compreensão nada mais fosse que a recordação,[94] obriga-nos assim a confessar, por uma excelente razão, que seu princípio foi inspirado pelo entendimento humano. Portanto, esses ensinamentos atestam abertamente que a compreensão universal da razão e da inteligência está incutida de forma natural nos homens. Assim, entretanto, universal é o bem, dado que nele cada um deva reconhecer por si a graça peculiar de Deus. Gratidão à qual abundantemente nos desperta o próprio autor da natureza, ao criar os loucos, nos quais representa por quais dons exceda a alma do homem a não ser que cumulada por sua luz, que de modo natural inere a todos, como se o presente de sua beneficência fosse diretamente gratuito para os indivíduos. Além disso, a invenção das próprias artes, ou o ensinamento metódico, ou o conhecimento mais interior e mais notável (que é próprio de poucos) não é um sólido argumento de perspicácia comum. Contudo, uma vez que atinge a pios e a ímpios, por direito é contado entre os dons naturais.

15. Por conseguinte, sempre que encontramos nos escritores profanos aquela admirável luz da verdade que neles reluz, lembremos de que a mente do homem, por mais que se queira em colapso e pervertida de

---

94 Platão. *Mênon*, 82 C, *Fedro*, 249 C. Cícero. *Tusculanas*, I, 24, 57; *De senect*, 21, 78.

sua integridade, ainda assim é vestida e adornada por excelentes dons de Deus. Se considerarmos que a única fonte da verdade seja o Espírito de Deus, nem repeliremos nem desprezaremos a própria verdade, onde quer que apareça, a não ser que queiramos injuriar o Espírito de Deus. Com efeito, os dons do Espírito não são vilipendiados sem o desprezo e o opróbrio do Espírito. O que, então? Negamos que brilhasse a verdade dos antigos legisladores, que com tanta equidade revelaram a ordem civil e a disciplina? Dizemos que estivessem cegos os filósofos na elegante contemplação da natureza e em sua descrição artística? Dizemos que tenha faltado discernimento aos que, pela constituição da arte da discordância, ensinaram-nos a falar com razão? Dizemos que fossem insensatos os que, construindo a medicina, dedicaram a nós seu trabalho? O que dizer de toda a matemática? Não a reputaríamos delírios de dementes? Pelo contrário, certamente não sem enorme admiração, poderíamos ler os escritos antigos sobre todas essas coisas. Ora, admiramos porque fomos impelidos a reconhecer o quão são notáveis. Além disso, declaramos que seja louvável ou notável algo que não reconheçamos ser proveniente de Deus? Envergonhe-nos tamanha ingratidão, na qual não incorreram os poetas pagãos, que confessaram ter sido descobertas dos deuses tanto a filosofia como as leis e todas as boas artes. Portanto, como é patente que esses homens, a quem a Escritura chama ψυχικουϖ,[95] sempre foram argutos e perspicazes na investigação das coisas inferiores, aprendamos por tais exemplos quantos bens o Senhor deixou para a natureza humana depois que foi espoliada do verdadeiro bem.

16. Enquanto isso, não esqueçamos que esses bens excelentíssimos são do Espírito divino, que, para o bem geral do gênero humano, os dispensa a qualquer um. Se for dito que o conhecimento daquelas coisas que são excelentíssimas na vida humana seja comunicado pelo Espírito de Deus, não seria de admirar se, com efeito, fosse preciso que a inteligência e a ciência de Beseleel e Ooliab, requerida para a construção do tabernáculo, fosse instilada pelo Espírito de Deus [Ex 31, 2[96] e 35, 30].[97] Nem há motivo para que alguém pergunte: qual é o comércio dos ímpios, tão alheios a Deus, com o Espírito? Pois quando se diz que o Espírito de Deus habita unicamente nos fiéis, entende-se tratar do Espírito de santificação, pelo qual somos consagrados ao próprio Deus como tem-

---

95 1Co 2, 14.
96 Ex 31, 2-11.
97 Ex 35, 30-35.

plos. Contudo, nem por isso Deus deixa de preencher, mover, vivificar, pela virtude do mesmo Espírito, e isso segundo a natureza de cada um, atribuída pela lei da criação. Pois se o Senhor nos quis auxiliados pela obra e pelo ministério dos ímpios na física, na dialética, na matemática e nos seus demais gêneros, sirvamo-nos dela: se negligenciarmos os dons de Deus voluntariamente neles oferecidos, libertemos as justas penas de nossa preguiça. E, para que ninguém repute o homem por demais bem-aventurado, dado que, sob os elementos deste mundo, seja concedida a ele tanta energia para a compreensão da verdade, acrescente-se ao mesmo tempo que toda essa força de entendimento e inteligência, que desde então alcança, seja algo fluido e evanescente diante de Deus, no qual não subjaz o sólido fundamento da verdade. De forma bastante verdadeira, ensina Agostinho (ao qual, como dissemos, foram obrigados a subscrever o Mestre das Sentenças [I.2, d.25][98] e os escolásticos)[99] que foram banidos os dons gratuitos do homem após a queda, de modo que os dons naturais, que restavam, corromperam-se.[100] Não que possam ser manchados por si mesmos, uma vez que emanam de Deus, mas porque deixaram de ser puros para o homem poluído, não obtendo, desde então, o louvor.

17. Concluindo: que se constate haver em todo o gênero humano a razão própria de nossa natureza, que nos distingue dos animais brutos, tal como eles, pela sensação, são diversos das coisas inanimadas. Pois mesmo que alguns nasçam loucos ou estúpidos, tal defeito não obscurece a graça geral de Deus: antes, lembremos, por tal espetáculo, que o que nos foi deixado deve ser atribuído ao mérito da indulgência de Deus, pois, sem que nos poupasse, a queda traria consigo a ruína de toda a natureza. Ora, alguns excedem pela agudeza, outros sobressaem pelo juízo, para outros a mente é mais ágil para o aprendizado desta ou daquela arte; nessa variedade, Deus nos distingue com sua graça, que ninguém queira arrogar para si como próprio o que flui de sua mera liberalidade. Donde, com efeito, um seja mais excelente que outro, se não para que se faça eminente na natureza comum a graça especial de Deus, que, ao preterir a muitos, clama não ser obrigada a ninguém? Acrescente que Deus instila os movimentos singulares a favor da vocação de cada um, coisa sobre a qual se dão muitos exemplos no *Livro dos Juízes*, em que se diz que o Espírito de Deus

---

98 Pedro Lombardo. *Sententiarum*, II, d.25, c.8, PL 192, 707.
99 Ver comentários dos escolásticos para as *Sentenças* de Lombardo.
100 Ver notas 47 e 48.

revestisse os que chamava a reger o povo [Jz 6, 34]. Em suma, há naqueles feitos exímios um instinto especial, razão pela qual os que seguem a Saul são fortes "cujo coração Deus tocara".[101] E como fora predita a inauguração do reino, assim falou Samuel: "Precipitar-se-á sobre ti o Espírito do Senhor, e serás outro homem" [1Sm 10, 6]. E isso se estende a todo curso do governo, tal como depois se narra sobre Davi, que daquele dia em diante precipitou-se sobre ele o Espírito do Senhor [1Sm 16, 13]. Ora, o mesmo é ensinado a outros no que toca ao movimento particular. Mesmo em Homero [*Odisseia*, 6][102] os homens são ditos exceder em engenho, não na medida em que Júpiter o distribui a cada um, mas οιον εφπ φημαρ αγησι ["segundo o que os conduz a cada dia"]. E com certeza a experiência mostra, enquanto muitas vezes permanecem atônitos os que eram maximamente engenhosos e hábeis, que a mente dos homens esteja na mão e no arbítrio de Deus, dado que as reja a cada instante, razão pela qual se diz que retira o sentido dos prudentes, para que vaguem por lugares intransitáveis [Sl 107, 40]. Quanto ao mais, nessa diversidade divisamos, entretanto, algumas marcas restantes da imagem de Deus, que distinguem o gênero humano de todas as outras criaturas.

18. Agora cumpre expor o que concerne à razão humana daquilo que se volta para o reino de Deus e para a perfeita compreensão espiritual, para a qual sobressaem três coisas: que conheça a Deus; seu favor paterno conosco, no qual consiste nossa salvação; e a razão da vida para que seja conformada segundo as disposições da Lei. Se bem que, nas duas primeiras, e ainda mais propriamente na segunda, os mais engenhosos entre os homens sejam mais cegos que as toupeiras. Sem dúvida, eu não nego que haja entre os filósofos, bem e apropriadamente, ditos esparsos sobre a Lei de Deus, embora sempre tragam o sabor de certa imaginação turbulenta. Ofereceu a eles, pois, aquele Senhor, como já dissemos, um gosto exíguo de sua divindade, para que não se valessem da ignorância para a impiedade,[103] e, de tempos em tempos, impeliu que não pouco dissessem aqueles que seriam convencidos por essa confissão. Ora, viram de tal maneira que se não podiam dirigir-se à verdade, quanto mais poderiam alcançá-la! Tal qual o que peregrina em meio ao campo, no momento em que há o reluzir de um relâmpago noturno, vê longe e amplamente, mas com um aspecto tão esvaecido que é reabsorvido pela escu-

---

101 1Sm 10, 26.
102 Homero. *Odisseia* s (18) 137.
103 Ver Livro I, Capítulo III, § 1.

ridão da noite antes de poder mover um pé, de modo que aquela repentina claridade não lhe serve para conduzi-lo pelo caminho certo. Além disso, essas gotinhas da verdade, que aspergem não mais que fortuitamente a tais livros, estão manchadas por quantas e quais portentosas mentiras? Em suma, jamais farejaram aquela certeza da benevolência divina conosco (sem a qual é necessário que a mente do homem seja preenchido por imensa confusão). Portanto, a razão humana nem se aproxima, nem se lança, nem se ergue para essa verdade, para entender o que vem a ser o verdadeiro Deus, e como quer ser para nós.

19. Entretanto, uma vez inebriados pela falsa opinião de nossa perspicácia, é dificílimo que consintamos nos persuadir de que ela seja absolutamente cega e estúpida nas coisas divinas: penso que teria sido preferível comprovar isso pelo testemunho da Escritura que pela razão. João o ensina com toda clareza, no lugar em que eu ainda há pouco citava,[104] quando escreve que, desde o início, em Deus era a vida, e aquela vida que era a luz dos homens: uma luz tal que reluz nas trevas e que não é apreendida pelas trevas [Jo 1, 4].[105] Por certo ele indica que a alma do homem seja irradiada pelo fulgor da luz divina, para que jamais, absoluta ou restritamente, seja destituída ao menos de sua chama ou ao menos de sua centelha, ainda que, por aquela iluminação, entretanto, não apreenda a Deus. Por que isso? Porque sua agudez, quanto ao conhecimento de Deus, é mera névoa. Quando, com efeito, o Espírito denomina trevas humanas, despoja por completo a faculdade do conhecimento espiritual. Por isso assevera que os fiéis que abraçam a Cristo nascem não pelo sangue, nem pela vontade da carne ou do homem, mas por Deus [Jo 1, 13]. Como se dissesse que a carne não fosse capaz de tão sublime sabedoria para acolher a Deus e ao que é de Deus, a não ser que seja iluminada pelo Espírito de Deus. Do mesmo modo que se atestou que o Cristo foi uma tal revelação especial do Pai, que foi dada a conhecer para Pedro [Mt 16, 17].

20. Se fôssemos persuadidos (o que deveria estar fora de controvérsia) de que falta para a nossa natureza tudo o que o Pai celeste confere a seus eleitos por meio do Espírito da regeneração, nada aqui seria motivo de hesitação. E assim fala o povo fiel pelo profeta: "Pois contigo está a fonte da vida, e na tua luz vemos a luz" [Sl 36, 10]. Ele testemunha o apóstolo, ao dizer: "que ninguém possa dizer Senhor Jesus, a não ser no Espí-

---

104 Ver Livro I, Capítulo III, § 1.
105 Jo 1, 4ss.

rito Santo" [1Co 12, 3]. E João Batista, ao ver o estupor dos discípulos, exclama que ninguém pode tomar o que quer que seja a não ser que a tenha sido dado de cima [Jo 3, 27]. Ora, o dom é entendido por ele como uma iluminação especial, não por uma natureza comum da inteligência, e com isso se vê claramente que se queixa por seus discípulos não terem tirado proveito algum de tudo o que havia lhes falado de Cristo. "Vejo que as palavras imbuídas sobre as coisas divinas nada sejam para a mente dos homens a não ser que o Senhor, por intermédio de seu Espírito, desse a inteligência." Tal como Moisés, ao censurar o povo por seu esquecimento, simultaneamente também aponta que nada podem saber dos mistérios de Deus se não lhes concede essa graça: "Viram teus olhos os sinais e aqueles enormes portentos: e não te deu o Senhor um coração para que entendesses, nem ouvidos para que ouvisses, nem olhos para que visses" [Dt 29, 2].[106] O que mais exprimiria se nos chamasse de débeis na consideração das obras de Deus? Donde o Senhor, por intermédio do profeta, por ocasião de singular graça, promete dar o entendimento aos israelitas, para que por eles fosse conhecido [Jr 24, 7], sem dúvida assinalando que a mente do homem seja espiritualmente sábia apenas no que for esclarecida por Ele. Isso também dilucidamente confirmou o Cristo, dado ter dito que ninguém poderia ir a ele se não a quem o Pai o concedesse [Jo 6, 44]. Como? Se n'Ele não é viva a imagem do Pai, na qual todo o esplendor de sua glória é expresso para nós? Portanto, não pode mostrar melhor qual seja nossa faculdade para o conhecimento de Deus quando nega que nossos olhos sejam para distinguir sua imagem quando ela for plenamente exibida. Como? Se não desceu à terra para que a vontade do Pai fosse manifestada aos homens? Se não morreu também por fidelidade a seu encargo? Certamente assim é; mas nada se faz de sua pregação a não ser que o Espírito, mestre interior, torne o caminho claro para os espíritos. Logo, não vêm a ele se não os que ouviram e foram instruídos pelo Pai. Qual é a razão de se apreender e de se ouvir? Sem dúvida, quando o Espírito, por admirável e singular virtude, desperta os ouvidos para que ouçam e as mentes para que entendam. E para que se veja aquela novidade, cita a profecia de Isaías, quando ao prometer a instauração da Igreja, para aqueles que hão de ser discípulos de Deus, ensina[107] que se reúnam na salvação [Is 54, 7]. Se Deus predisse ali algo peculiar sobre seus eleitos, consta que não se tenha referido acerca daquele gênero de

---

106 Dt 29, 2s.
107 Jo 6, 45; Is 54, 13.

doutrina que também é comum ao ímpio e ao profano. Portanto, resta entendermos ser patente que não entra no reino de Deus a não ser aquele para quem o Espírito Santo, por sua iluminação, tenha constituído uma nova mente. Claramente, Paulo, que tratou dessa matéria, depois que condenou toda a sabedoria dos homens pela estultícia e vaidade, até que fosse de todo esgotada, conclui por fim que "o homem animal não pode perceber o que é do Espírito de Deus: é loucura para ele. Nem pode entender, porque isso é julgado espiritualmente" [1Co 2, 14]. A quem chama "animal"? Sem dúvida, ao que é apoiado pela luz da natureza. Digo que este nada compreende dos mistérios espirituais de Deus. Por que é assim? Será por que é negligente por preguiça? Pelo contrário: ainda que se esforce, nada conseguirá, "porque isso é julgado espiritualmente". O que isso significa? Uma vez que está profundamente oculto da perspicácia humana, apenas se manifesta pela revelação do Espírito, a ponto de ser conduzido pela estultícia quando não é ilumunado pelo Espírito de Deus. E antes, o mesmo apóstolo colocou acima da capacidade dos olhos, dos ouvidos e do entendimento humano as coisas que Deus preparou para aqueles que ama,[108] e até declarou que a sabedoria humana é como um véu que nos impede de compreender bem a Deus. Que mais? O mesmo São Paulo disse que "Deus enlouqueceu a sabedoria do mundo" (1 Cor 1, 20). Vamos nós atribuir-lhe tal agudeza, que possa entranhar-se em Deus e nos segredos de seu reino celestial? Não caiamos em tal loucura!

21. Assim, o que aqui nega para os homens, noutro lugar atribui apenas a Deus, em súplica. Diz: "Que o Deus e Pai da glória vos dê um Espírito de sabedoria e de revelação" [Ef 1, 17]. Ouve, então, que toda a sabedoria e revelação seja um dom de Deus. O que mais então? "Que sejam iluminados os olhos de vossa mente." Com certeza, se carecem de nova revelação, cegam a si mesmos; donde se segue, "para que saibas qual é a esperança de vossa vocação" etc.[109] E assim confessa que a mente dos homens não é capaz de tamanha inteligência para conhecer sua vocação. E não palre aqui algum pelagiano que Deus socorre a tal estupidez ou rudeza ao dirigir pelo ensinamento de sua palavra o intelecto dos homens, o qual, sem condutor, não a poderia alcançar.[110] Davi de fato possuía a Lei, na qual estava compreendido tudo o que pudesse desejar da sabe-

---

108 1Co 2, 9.
109 Ef 1, 18.
110 Cf. Agostinho, *De gratia Christi*, 41, 45, PL 44, 380s; *Ad Bonifacium*, IV, 5, 11 PL 44, 671; *Ep.* 188, 2, 8; 3, 11-13 (*ad Iulianam*), PL 33, 852s.; *Ep.* 217, 2, 4 (*ad Vitalem*), PL 33, 979.

doria, e, não estando satisfeito com isso, pediu que seus olhos fossem desvendados, "para que considere os mistérios de sua Lei" [Sl 119, 18]. Por
essa expressão, certamente assinala que o sol se levante da terra quando o verbo de Deus reluz para os homens: donde "aqueles não alcançam
muito do verdadeiro até que tenha dado ou aberto os olhos aquele mesmo que, por isso, é chamado Pai das Luzes" [Tg 1, 17], porque onde quer
que por seu Espírito não resplandeça, tudo é ocupado por trevas. Assim
também se dá com os apóstolos, que haviam sido correta e abundantemente ensinados por um excelente mestre. Contudo, a menos que carecessem do Espírito da verdade, que às suas mentes deu a erudição dessa
doutrina que antes haviam ouvido [Jo 14, 26], não seriam ordenados a
esperá-lo. Se confessarmos que falta a nós o que pedimos a Deus, e, se
naquilo que nos promete, Ele acusa nossa indigência, ninguém então
duvide confessar ter tanto poder para entender os mistérios de Deus quanto por sua graça tenha sido iluminado. Aquele que atribui para si mais
da inteligência, mais cego é, porque não reconhece sua cegueira.

22. Resta aquela terceira parte,[111] sobre a regra que é conhecida para
que a vida seja instituída de forma excelente, a qual chamamos verdadeiramente de conhecimento da justiça das obras, onde se vê que a mente
humana é bem mais aguda que nas precedentes. Pois o apóstolo atesta
que os gentios, que não têm a Lei, ao fazer a obra da Lei, são a favor da
Lei para si, e mostram que a obra da Lei seja escrita em seus corações,
dando testemunho disso a consciência, e acusando-se entre si em pensamentos ou perdoando-se ante o juízo de Deus [Rm 2, 14].[112] Se os gentios têm naturalmente gravada na mente a justiça da Lei, não podemos
dizer que sejam absolutamente cegos quanto ao modo como viverão. E
nada mais óbvio que, pela lei natural (sobre a qual agora fala o apóstolo),
o homem institua de modo suficiente a norma para a vida reta.[113] Ponde-
remos para qual fim foi incutido nos homens o conhecimento dessa Lei, e
então imediatamente aparecerá até onde ela os conduza para o escopo
da razão e da verdade. Isso também é manifesto nas palavras de Paulo,
se alguém observar sua disposição. Dissera pouco antes que aqueles que
pecaram na Lei sejam julgados pela Lei, e aqueles que pecaram sem a Lei
pereçam sem ela.[114] Uma vez que poderia ser tido como absurdo que os
gentios pereçam sem nenhum juízo precedente, está subjacente que sua

---

111 Da definição dada acima, no § 18.
112 Rm 2, 14s.
113 Cf. Duns Scotus. *In sent.*, II, d.29, q. un., Op.13, 269a.
114 Rm 2, 12.

consciência faça, para eles, as vezes da Lei: eis por que ela basta para a sua condenação. Portanto, o fim da lei natural é que o homem novamente fique sem desculpa. E não é mal definida deste modo: que o reconhecimento da consciência seja suficiente para discernir entre o justo e o injusto, eliminando para os homens o pretexto da ignorância, enquanto pelo testemunho da ignorância mostram sua falsidade. Esta é a indulgência do homem para consigo: que, ao penetrar no mal, a mente seja liberta do sentimento do pecado, até que se afaste dele para sempre. Razão pela qual se vê que Platão foi levado a estimar que não se peca senão por ignorância [no *Protágoras*].[115] Isso teria sido adequadamente dito por ele se a hipocrisia humana não tivesse tanta força para dissimular os vícios, para que a consciência não sinta escrúpulo algum perante Deus. Mas como o pecador, que se empenha em evitar o discernimento natural entre o bem e o mal, se vê muitas vezes como que forçado a manter os olhos abertos, queira ou não, é falso dizer que peca apenas por ignorância.

23. O filósofo Temístio aproximou-se mais da verdade quando diz que o intelecto se engana muito poucas vezes a respeito dos princípios gerais, porém com frequência erra ao julgar as coisas em particular [paráfrase sobre o *De anima*, III, c.46].[116] Não haverá quem não afirme que o homicídio seja mal se perguntado de um modo genérico. Ora, o que conspira quanto à morte do inimigo, delibera como se se tratasse de coisa boa. O adúltero condena o adultério em geral: em sua privacidade, lisonjeia a si mesmo. Esta é a ignorância: quando o homem, ao voltar-se para a hipótese, esquece a própria regra que, há pouco, havia constituído em tese. Coisa sobre a qual tratou de modo muito elegante Agostinho, na exposição do primeiro versículo do salmo 57.[117] Se bem que isso não seja perene, pois às vezes pesa a consciência pela torpeza do escândalo, dado não ser imposto a ela sob a falsa imagem do bem, mas que, ciente e por vontade, lance-se no mal. Dessa disposição, seguem estas palavras: "Vejo o que há de melhor e aprovo. Sigo o que há de pior" [Medéia, em Ovídio].[118] Por isso me é claro que Aristóteles faz uma sábia distinção entre a incontinência e a intemperança. Quando reina a incontinência, αφκρασιϖα, perde o homem, por sua desordenada concupiscência, o sentimento de sua culpa individual, que no entanto condena nos outros; porém passada a perturbação momentânea, logo se arrependem; por ou-

---

115 Platão. *Protágoras*, 357 DE; cf. 352 Bss.
116 Temístio. *De Anima*, VI, 6, ed. Heinze, p.112, 11-24.
117 Agostinho. *In Psal.*, 57, 1, PL 36, 673ss.
118 Ovídio. *Metamorfoses*, VII, 20.

tro lado, a intemperança κύριθος é mais grave, pois o homem tem consciência do mal que pratica, porém não desiste, perseverando obstinadamente em seu propósito [*Ética*, VII, c.3].[119]

24. Mesmo que saibamos da existência de um juízo universal na discriminação do bem e do mal, não devemos reputar que seja em tudo são e íntegro. Pois, se o fim está somente em que o coração dos homens seja imbuído do discernimento do justo e do injusto, para que não pretextem ignorância, é muito pouco necessário que a verdade seja discernida particularmente em cada coisa, mas é demais e suficiente que a compreendam a ponto de não querer tergiversar sem que, convencidos pelo testemunho da consciência, comecem desde já a temer o tribunal de Deus. E, se quisermos confrontar a nossa razão com a Lei de Deus, que é exemplar para a justiça perfeita, descobriremos o quão é cega em muitos pontos. Com certeza compreende muito pouco as que são precípuas na primeira tábua,[*] quais sejam: a confiança em Deus, o louvor da virtude e da justiça que a Ele se deve atribuir, a invocação de seus nomes, a verdadeira observação do sábado. Que alma, apoiada pelo sentido natural, alguma vez suspeitou que o legítimo culto de Deus seja posto nesses preceitos e em semelhantes? Pois, quando os homens profanos querem se unir a Deus, mesmo que por cem vezes forem apartados de suas inúteis frivolidades, ainda assim sempre voltarão a elas. Negam que agradem a Deus os sacrifícios a não ser que se acresça a sinceridade da mente,[120] pelo que atestam conceber algo sobre o culto espiritual de Deus, o qual, entretanto, imediatamente pervertem por falsos comentários. Pois jamais será possível persuadi-los de que é verdadeiro aquilo que a Lei prescreve sobre Ele. Poderia dizer que excede em perspicácia uma mente que nem pode saber por si, nem pode ouvir aos conselhos? Nos preceitos da segunda tábua, há muito mais para a inteligência, pois se referem mais a ordem da vida humana. Se bem que também aqui se depreende existir por vezes uma falta. É excessivamente absurdo a um excelentíssimo intelecto tolerar uma dominação iníqua e por demais impositiva se dela puder se livrar de algum modo pela razão. Não é outro o juízo da razão humana: o quão seja servil e abjeta a alma que pacientemente a tolere e, de modo inverso, o quão seja honesto e inspirado o peito que a derrube.

---

119 Aristóteles. *Ética Nicomaqueia*, VII, 3, 1145bss.
  * Os dez mandamentos são divididos aqui em duas partes: a primeira Tábua contém os quatro primeiros mandamentos relativos ao amor de Deus; a segunda Tábua, os seis últimos, referentes ao amor do próximo.
120 Cícero. *leg.* II, 8, 19 e 24.

Nem a punição das injustiças é tomada entre os filósofos por um vício.[121] Pelo contrário, condenada essa excessiva liberalidade, o Senhor prescreve aos seus aquela paciência desacreditada entre os homens. Ora, em tudo, na observação da totalidade da Lei, a atenção para a concupiscência foge à nossa perspicácia. Com efeito, o homem dominado pelo desejo não é convencido a reconhecer o mal de seus desejos. A luz da natureza é sufocada antes que se encaminhe para a entrada daqueles abismos. Pois, quando os filósofos atribuem o impulso da alma aos vícios imoderados,[122] estão se referindo aos mais elevados e aos que se revelam mais claramente. Porém, não consideram os desejos depravados que sutilmente provocam a alma.[123]

25. Pois tal como, anteriormente, Platão foi merecidamente repreendido por imputar todos os pecados à ignorância,[124] assim também deve ser repudiada a opinião daqueles que ensinam interceder em todos os pecados a malícia deliberada e a depravação.[125] Com frequência percebemos quantas vezes vacilamos apesar de nossa boa intenção. Nossa razão é oprimida por tantas formas de engano, é sujeita a tantos erros, encontra tantos obstáculos, é enredada por tantas angústias, que de muitos modos se afasta da direção correta. Que ela verdadeiramente nada seja diante do Senhor em todas as partes da vida, mostra-o Paulo, ao negar que sejamos idôneos para cogitar algo por nós, unicamente por nós [2Co 3, 5]. Não fala sobre a vontade ou a afecção, mas disto: que nos proíbe de reputarmos que venha à nossa mente um poder pelo qual algo seja corretamente tratado. Está tão depravada de toda realização, perspicácia, inteligência, cuidado, que não busque cogitar ou meditar nada de correto diante do Senhor? Não admira que para nós, que dificilmente suportamos ser espoliados da agudez da razão (a qual reputamos um dote preciosíssimo), isso seja visto como excessivamente duro, mas que seja justíssimo para o Espírito Santo, que conhece que todas as cogitações dos sábios são vãs e que de forma clara pronuncia que toda criação do coração humano seja sempre má [Sl 94, 11; Gn 6, 5 e 8, 21]. Se sempre é mau tudo o que nosso intelecto concebe, reflete, institui, urde, o que virá instituir em nossa mente que agrade a Deus, para quem apenas a santidade e a justiça são aceitas? Assim, há de ser visto que a razão de nossa

---

121 A saber, os peripatéticos, segundo Cícero; cf. Cícero, *Tusculanas*, IV, 19, 43s.
122 Ibidem, IV, 15, 34ss; Lactâncio, *Inst.*, VI, 15.
123 Ver Capítulo VIII, § 49 deste Livro.
124 Ver § 22 deste Capítulo.
125 Cf. as palavras de Medéia, em Ovídio, mencionadas acima, no § 23.

mente, a tudo o que se volte, seja miseravelmente sujeita à vaidade. Davi estava cônscio de que possuía essa debilidade ao pedir que fosse dado para si o intelecto, para que aprendesse retamente os mandamentos do Senhor [Sl 119, 34]. De fato, indica que seu entendimento não era absolutamente suficiente e que desejava obter um novo para si. E não faz isso uma única vez, mas em um só salmo repete umas dez vezes o mesmo pedido.[126] Sob essa repetição, indica o quão seja urgente a necessidade do pedido. E o que ele pede exclusivamente para si, Paulo costuma suplicar para toda a Igreja. Não cessamos, diz, de orar por vós e de desejar que seja pleno o reconhecimento de Deus em toda prudência e inteligência espiritual, "para que marcheis dignamente para Deus" etc. [Fp 1, 4;[127] Cl 1, 9]. Ora, recordemos que simultaneamente a todas as vezes que fez dessa coisa um benefício de Deus, confessou que não fosse posta na faculdade do homem. Agostinho reconheceu a tal ponto o defeito da razão para compreender o que é de Deus que reputou que a graça da iluminação não fosse menos necessária para a mente do que a luz do sol para os olhos. E, não contente, submeteu uma correção: que nós mesmos abrimos os olhos para o discernimento da luz — ora, os olhos da mente, a não ser que sejam abertos por Deus, permanecem fechados [*Sobre a pena e a remissão dos pecados*, II, c.5].[128] E a Escritura não ensina que nossa mente seja iluminada apenas por um dia, para que depois veja por si, pois, pelo que foi dito de Paulo, cabe ao progresso e incremento contínuos que seja ininterruptamente conduzida. E Davi diz isso de forma expressa: "Com todo o coração Te busquei, não me faças errante dos Teus mandamentos" [Sl 119, 10]. Ainda que tivesse sido regenerado, a ponto de não progredir vulgarmente na verdadeira piedade, confessou entretanto ter necessitado a todo o momento de um assíduo direcionamento, para que não declinasse da doutrina de que foi instruído. E assim pede, em outro lugar, um espírito reto, que fora perdido por sua culpa: "porque cabe a Deus restituir aquilo que, furtado de nós temporariamente, inicialmente nos havia dado" [Sl 51, 12].

26. Que seja examinada agora a vontade, para a qual está precipuamente voltada a liberdade do arbítrio, já que a eleição esteja mais para ela do que para o intelecto, como antes se viu.[129] Inicialmente, para que

---

126 Sl 119, 12; 18; 19; 26; 33; 64; 68; 73; 124; 125; 135; 169.
127 Fp 1, 9.
128 Agostinho. *De pecc. mer. et rem.*, II, 5, 5, PL 44, 153s.
129 Ver § 4 deste Capítulo.

não se veja que pertença à retidão da vontade humana o que é ensinado pelos filósofos e recebido por consenso público – que a todo instinto natural apeteça o bem —,[130] observemos que a força do livre-arbítrio não é considerada em um tal apetite que antes provenha da inclinação da essência que da deliberação da mente. Pois também os escolásticos confessaram que não há ação do livre-arbítrio senão quando a razão se volta aos opostos,[131] pelo que entendem ser preciso que o objeto do apetite seja tal que se torne subjacente à eleição, e a deliberação que pavimenta a força da eleição seja precedente. E, sem dúvida, se examinamos o que vem a ser esse bem natural no desejo humano, descobriremos que é comum às feras, pois elas também desejam o bem para si, e onde aparece uma espécie do bem que mova os sentidos, seguem-na. Já o homem, não escolhe pela razão aquilo que seja verdadeiramente bom para si e para a excelência de sua natureza imortal, como se o perseguisse com zelo, nem recorre à razão na deliberação nem se dirige para a mente; mas sem razão, sem deliberação, segue a inclinação da natureza à semelhança do gado. Portanto, não pertence de modo algum ao livre-arbítrio, que o homem se sinta incitado por um sentimento natural a gostar do bem; mas que é necessário que julgue o bem com juízo reto, que depois de conhecê-lo, o eleja e persiga o escolhido. E para que ninguém se veja em embaraço, deve-se advertir de um duplo paralogismo. Pois esse desejo também não é um movimento próprio da vontade, mas uma inclinação natural; e o bem não é chamado de virtude ou de justiça, mas da condição estabelecida para que o homem tenha o bem. Em suma, por mais que apeteça ao homem perseguir o que é o bem, ele entretanto não o segue, tal como não há ninguém a quem não satisfaça a bem-aventurança eterna, à qual ninguém aspira senão pelo impulso do Espírito. Disso resulta, então, que esse desejo natural não serve de modo algum para provar que o homem tem livre-arbítrio, do mesmo modo que a inclinação natural das criaturas para conseguir sua perfeição natural não significa que tenham autonomia para isso. Convém, pois, considerar, entre outras coisas, se a vontade do homem está de tal maneira corrompida e viciada que não pode conceber senão o mal; ou se resta nele, alguma partícula que seja, de perfeição e integridade, da qual procedam os bons desejos.

27. Os que atribuem à primeira graça de Deus o que queremos verdadeiramente parecem dar a entender com suas palavras, igualmente, que

---

130 Orígenes. *Sobre os princípios*, III, 1, 2.
131 Cf. Tomás de Aquino. *Summa Theologiae*, I, q.83, a.3.

existe na alma certa faculdade de querer voluntariamente o bem, porém tão débil que não logra emergir em um firme propósito, nem excita o homem a realizar o esforço necessário. Não há dúvida de que os escolásticos comumente abraçaram essa opinião, assumida por Orígenes[132] e alguns dos antigos,[133] visto que, como falam, costumam reputar o homem entre o que é meramente natural,[134] tal qual o apóstolo descreve: "Não faço o bem que quero, mas pratico o mal que não quero"; "Não consigo aperfeiçoar o querer que jaz em mim" [Rm 7, 15.18]. Desse modo é pervertida toda a disputa que Paulo ali realiza. Com efeito, trata da luta cristã (que de modo ligeiro toca na *Epístola aos Gálatas* [Gl 5, 17]) que os fiéis perpetuamente experimentam em si no conflito da carne e do espírito. Além disso, o Espírito não é desde a natureza, mas desde a regeneração. Ora, o apóstolo fala sobre o regenerado, revelando que, onde dissera nada de bom habitar em si, tratava de sua carne. Por isso nega que seja o espírito que faz o mal, mas o pecado que nele habita. O que pretende esta correção: "Em mim, isto é, em minha carne"? Evidentemente, que seja como se tivesse falado deste modo: "Não habita em mim o meu próprio bem, pois nada de bom se encontra em minha carne". Donde se segue aquela espécie de desculpa: "Não faço, eu mesmo, o mal, mas o pecado que habita em mim", a qual compete apenas aos regenerados, que voltam para o bem a parte precípua da alma. E chega claramente à conclusão que subjaz a esse todo: "Pois segundo o homem interior, tenho prazer na lei de Deus, mas vejo em seus membros outra lei que batalha contra a lei do meu entendimento, e me prende debaixo da lei do pecado que está nos meus membros" [Rm 7, 22-23].[135] Quem teria em si tal conflito, a não ser aquele que, regenerado pelo Espírito de Deus, carrega consigo os restos de sua carne? Na mesma medida, Agostinho, dado ter alguma vez reputado que aquelas palavras fossem pertinentes à natureza do homem, retratou sua interpretação como falsa e inconveniente [*Quatro livros para Bonifácio contra duas cartas dos pelagianos*, I, 10; *Retratações*].[136] E se admitirmos que, sem a graça, por mais que

---

132 Orígenes. *Sobre os princípios*, III, 1, 20, GCS 22, 234s.
133 Cf., por exemplo, Crisóstomo, *In ep. Ad Hebr.*, c.7, Homilia 12, 3, ed. Paris, 1834ss, t.XII, 177.
134 Cf. Lombardo, *Sent.*, II, d.24, 5, PL 192, 702; Tomás de Aquino, *Summa Theologiae*, II, 1, q.109, a.1 e 2; Duns Scotus, *In sent.*, I, d.17, q.2, 12 e q.3, 19, OP 10, 51b, 74a. – ver infra, p.279, n.3.
135 Rm 7, 22s.
136 Agostinho. *Ad Bonif.*, I, 10, 22, PL 44, 561; *Retratações*, I, 23; II, 1, PL 32, 620s; 629s.

ínfimo, os homens tenham algum movimento para o bem, o que responderemos ao apóstolo, que nega mesmo que sejamos capazes para cogitar algo [2Co 3, 5]? O que responderemos ao Senhor que pronuncia, por intermédio de Moisés, que toda imaginação do coração humano seja unicamente má [Gn 8, 21]? Portanto, dado que se equivocaram nesta passagem, não se dê que nos demoremos em suas fantasias. Antes vigore a de Cristo: "Quem comete o pecado, seja escravo do pecado" [Jo 8, 34]. Somos todos pecadores por natureza: assim somos detidos sob o jugo do pecado. Pois se todo homem está sujeito ao império do pecado, certamente é necessário que a própria vontade, que é sua principal sede, seja constrita por nós com todo rigor. E não teria sido outro o dito de Paulo, "seja Deus quem em nós opera o querer" [Fp 2, 13], se essa vontade precedesse a graça de Deus. Afaste-se, portanto, tudo o que muitos gracejaram sobre a preparação,[137] porque, apesar das vezes em que os fiéis pedem o favor de ter o coração disposto para a Lei de Deus (assim como Davi em vários lugares), deve-se notar: que o desejo de pedir seja proveniente de Deus, o que pode ser recolhido de suas palavras, pois, como deseja que seja criado em si um coração puro [Sl 51, 12], certamente não arroga para si o início da criação. Por isso, entre nós antes vigore aquele dito de Agostinho: "Deus precede a ti em tudo; preceda também tu alguma vez à sua ira. Como? Confesse que tens tudo de Deus: que tudo o que tens de bom seja proveniente d'Ele; de ti, tudo o que há de mal". E pouco depois: "Nada há de nosso senão o pecado" [*Sermão* 10, *sobre as palavras dos apóstolos*].[138]

---

137 João (Fisher) Roffens, *Refutação*, art.36, p.548s.; João Cochlaeus, *Sobre o livre--arbítrio*, II, I, 6b; Alf. de Castro, *Adv. omn. haer.*, 1534, IX, fol.150F.
138 Agostinho. *Sermões*, 176, 5, PL 38, 952.

CAPÍTULO III

Tudo que procede da natureza corrupta do homem merece condenação.

 homem não pode ser mais bem conhecido por ambas as faculdades da alma[139] do que quando lhe são atribuídos os títulos pelos quais é descrito na Escritura. Se for completamente retratado por estas palavras do Cristo: "O que nasceu da carne é carne" [Jo 3, 6], para que seja fácil provar que é um animal em tudo miserável. Com efeito, o apóstolo testemunha que a afecção da carne é a morte, visto que é inimizade contra Deus, pois que "não se submete à Lei de Deus, nem pode ser submetida" [Rm 8, 6].[140] Tão perversa é a carne que toda sua afecção exerce uma rivalidade contra Deus para não se submeter à justiça da Lei divina, para que, em suma, nada aparente buscar mais do que a morte? Suponhamos então que nada há na natureza humana além da carne: e então, se pudermos, escolhemos algo bom. "O vocábulo da Carne pertence unicamente ao que é sensual, não à parte superior da alma."[141] Isso, porém, é abundantemente desmentido pelas palavras tanto do Cristo como dos apóstolos. Eis o argumento do Senhor: "É preciso que o homem renasça, porque 'é carne'" [Jo 3, 6]. Não prescreve que renasça segundo o corpo. Ora, a alma não renasce se alguma partícula sua for corrigida, mas quando é completamente renovada. O que confirma a antítese sustentada em ambas as passagens, a carne é assim comparada ao Espírito, para que nada de intermediário seja omitido. Portanto, tudo o que não é espiri-

---

139 A saber, a razão e a vontade. (N.T.)
140 Rm 8, 6s.
141 Cf. João Roffens, *Refutação*, a.36, p.563; 568s; Erasmo, *De libero arbitrio*, p.63; João Cochlaeus, *De libero arbitrio* I, E2bss.

tual no homem, segundo essa razão, é dito carnal. Ora, nada temos do Espírito senão pela regeneração. Logo, a carne é tudo o que temos desde a natureza. Na verdade, se puder haver dúvida acerca de algo mais sobre essa matéria, ela nos é removida por Paulo, quando, ao descrever o velho homem, diz que ele está corrompido pela concupiscência do erro,[142] e convida-nos à renovação de nossa mente pelo espírito [Ef 4, 23]. Vê que ele não sustenta cupidezes ilícitas e depravadas apenas na parte sensitiva, mas na própria mente, e por isso exige sua renovação. De modo claro, pouco antes, retratara aquela imagem da natureza humana que nos mostraria não haver parte em que não sejamos corruptos e perversos, pois escreve que todos os gentios "andem na vaidade de sua mente, tenham obnubilada a inteligência, alienados da vida de Deus, dada a ignorância que neles está e a cegueira de seu coração" [Ef. 4, 17.18]: pouco se duvida de que não se incluam ali todos aqueles que o Senhor ainda não reformou, tanto para a retidão de sua sabedoria como de sua justiça. Que também se faça mais claro por meio da comparação imediatamente acrescida, quando admoesta os fiéis que assim não teriam apreendido a Cristo,[143] visto que colhemos dessas palavras que a graça de Cristo seja o único remédio pelo qual seremos libertados daquela cegueira e dos males daí consequentes. Pois Isaías também havia profetizado desse modo sobre o reino de Cristo, quando o Senhor prometera para sua Igreja que haveria de estar na luz eterna,[144] no momento em que as trevas encobriam a terra, e a escuridão, os povos [Is 60, 2], dado que unicamente na Igreja testemunhe o levantar-se da luz de Deus: fora da Igreja, certamente não resta senão trevas e cegueira.[145] Não enumerarei caso a caso o que há espalhado acerca da vaidade dos homens, especialmente nos *Salmos* e nos *Profetas*. Mais importante é o que escreve Davi: "Se fores pesado com a vaidade, por ela haverás de ser o que há de mais vão" [Sl 62, 10][146] — um pesado golpe transpassa seu entendimento, pois todas as cogitações que daí provêm são ridicularizadas como estultas, frívolas, insanas, perversas.

2. Em nada mais leve é a condenação do coração, já que é dito falso e perverso ante qualquer coisa [Jr 17, 9]. Mas, uma vez que há brevidade em meu zelo, estarei contente com apenas uma citação: a que seja seme-

---

142 Ef 4, 22.
143 Ef 4, 20.
144 Is 60, 19.
145 Cf. Cipriano. *Ep.* 73 (*ad Iubaianum*), c.21.
146 Cf. a versão da *Vulgata*, Sl 61, 10.

lhante o porvir de uma reprodução muito lúcida, na qual intuiremos toda a imagem de nossa natureza. Com efeito, enquanto quer derrubar a arrogância do gênero humano, o apóstolo dá seu testemunho de que "Não há um justo sequer, não há quem entenda ou que busque a Deus. Todos os que se desviaram, ao mesmo tempo se tornaram inúteis, não há quem faça o bem, não há um sequer. A garganta deles é um sepulcro exposto, suas línguas agem dolosamente, há veneno de víboras sob seus lábios. Sua boca está cheia de maldição e de amargor, seus pés, velozes para derramar o sangue; em seus caminhos, destruição e infelicidade. Não há ante seus olhos o temor de Deus" [Rm 3, 10;[147] Is 59, 7]. Com sua impetuosidade, não investe sobre alguns homens, mas sobre toda a nação dos filhos de Adão. E não exproba os costumes depravados de uma ou de outra geração, mas acusa a corrupção perpétua da natureza. O que ele propõe naquele lugar não é simplesmente censurar os homens, para que se recobrem, mas antes ensinar que sejam todos oprimidos por uma calamidade inelutável, da qual não podem emergir a não ser que sejam extraídos pela misericórdia de Deus. Porque não poderia provar isso se não evidenciasse a ruína e a destruição da natureza, profere esses testemunhos, pelos quais está convencido de que nossa natureza esteja mais do que perdida. Portanto, fica demonstrado que os homens são tais quais os aqui descritos não apenas pelo vício de um consentimento depravado, mas também pela depravação da natureza, pois não pode se dar de modo diferente a argumentação do apóstolo: que não há a salvação para o homem a não ser pela misericórdia do Senhor, uma vez que em si mesmo está perdido e em pranto.[148] Não me dedicarei aqui a obter a aprovação da aplicação dos testemunhos, nem para os que pareçam ser inoportunamente usurpados. Agirei como se esses ditos fossem originalmente de Paulo, e não tomados dos *Profetas*: no início, ele subtrai do homem a justiça, isto é, a integridade e a pureza, depois, a inteligência.[149] Ora, o abandono da inteligência demonstra uma apostasia de Deus, a quem buscar é o primeiro grau da sabedoria; ora, é necessário que se dê aquilo para aqueles que se afastaram de Deus. Acrescenta que todos sejam afastados e como que transformados em podres, não há nenhum que faça o bem: então, acrescenta os flagelos que contaminam a cada um dos membros daqueles que estão totalmente dissolutos na maldade. Por úl-

---

147 Rm 3, 10-18.
148 Rm 3, 23ss.
149 Rm 3, 10s.

timo, testemunha que sejam vazios do temor de Deus,[150] de quem é a regra para a qual nossos passos deveriam nos dirigir. Se esses são os dotes hereditários do gênero humano, de nada adianta que se busque algo de bom em nossa natureza. Quanto a mim, confesso que nem todos esses flagelos emergem em cada um dos homens, entretanto não é lícito que estejam impregnados sem que essa serpente esteja latente no peito de cada um. Pois tal como o corpo, enquanto já acalenta em si a causa da doença e a matéria a ela pertinente, mesmo que ainda não ferva a dor, não é dito são, assim também não seja declarada sã a alma, enquanto, por tais vícios, estiver repleta da doença, ainda que não haja uma total similitude. Com efeito, por mais que esteja doente, sobressai no corpo o vigor da vida; já a alma, imersa nesse turbilhão mortal, não apenas opera por meio de vícios, mas está absolutamente vazia de todo bem.

3. Quase a mesma questão que antes foi resolvida[151] ressurge inteira para nós. É fato que em muitas gerações se elevaram alguns que, pela condução da natureza, foram por toda a vida voltados para a virtude. E não me importa se muitas quedas podem ser notadas em seus costumes: pelo próprio zelo da honestidade, provaram que a pureza não estava ausente de sua natureza. Exporemos melhor que valor tais virtudes teriam diante de Deus quando tratarmos da obra do mérito. No entanto, isso deve ser dito também aqui, uma vez que é necessário à explicação do argumento presente. Assim, aqueles exemplos parecem nos advertir que não reputemos em tudo viciosa a natureza do homem: pois, por seu instinto, alguns não apenas excederam por feitos exímios, mas, pelo movimento contínuo de uma vida honestíssima, conduziram a si mesmos. Aqui porém deve nos ocorrer que exista algum lugar para a graça de Deus entre aquela corrupção da natureza, não para que a graça purgue aquela corrupção, mas para que interiormente a reprima. Pois se o Senhor permitisse a cada uma das almas que, a rédeas soltas, exultassem em quaisquer desejos, sem sombra de dúvida não haveria quem não faria, pelo próprio cumprimento, de modo muito verdadeiro, convir a si todos os males pelos quais Paulo condena a toda a natureza [Sl 14, 3].[152] O que há, com efeito, para nos excluirmos daqueles cujos pés são velozes para derramar o sangue, as mãos, manchadas para a rapina e o homicídio, a garganta, semelhante aos sepulcros expostos, a língua, fraudulenta, os

---

150 Rm 3, 12-18.
151 Ver Capítulo II, § 12ss deste Livro.
152 Rm 3, 12.

lábios, envenenados [Rm 3, 13], as obras, inúteis, iníquas, podres, letais, cuja alma está sem Deus, em cujo íntimo há depravações, cujos olhos são elevados para as traições, e as almas, para os insultos, enfim, de quem todas as partes estão dispostas para infinitos flagelos?[153] Se qualquer alma está submetida a todos esses prognósticos (do modo pelo qual corajosamente anuncia o apóstolo), vemos com clareza qual seria o futuro se o Senhor consentisse que a libido humana vagueasse por sua inclinação. Não haveria fera raivosa que tão prontamente fosse liberada, não haveria rio, por mais rápido e violento, do qual a inundação fosse tão impetuosa. Nos seus eleitos, o Senhor cura essas enfermidades, do modo que em breve exporemos; nos outros, somente coíbe pelo freio lançado, apenas para que não extrapolem, uma vez que provê que se ordenem para a conservação da totalidade das coisas. Donde alguns, por pudor, outros, por medo das leis, se contêm para que não irrompam em muitos gêneros de imundície, ainda que não dissimulem em grande parte sua impureza; outros, porque dirigem uma razão honesta para que seja vantajoso o viver, a ela aspiram de qualquer modo; outros emergem sobre um cargo vulgar, pelo qual, por sua majestade, conservam a outros no dever. Assim, por sua providência, Deus refreia a perversidade da natureza, para que não irrompa em ato, mas não purga seu íntimo.

4. No entanto, a dificuldade ainda não está resolvida. Ou convém que façamos de Camilo[154] um companheiro para Catilina, ou teremos em Camilo o exemplo de que a natureza, se cultivada para o zelo, não esteja absolutamente vazia de bondade. Eu, entretanto, confesso que havia em Camilo dotes magníficos, e eram dons de Deus, e se vê que eram dignos de elogios se são nele estimados. Mas de que modo havia em Camilo provas de probidade natural? Porventura também este raciocínio que está sendo desenvolvido não deverá reconduzir à alma? [Agostinho trata disso no livro IV do *Contra Juliano*].[155] Se o homem animal foi dotado por tal integridade dos costumes, não falte para a natureza, sobretudo a zelosa, faculdade para a virtude. Ora, o que se daria se a alma fosse depravada e obtusa, sendo preferencialmente acompanhada por qualquer outra coisa que não a retidão? E não há dúvida de que seria assim se

---

153 Rm 3, 10-18.
154 Camilo é frequentemente lembrado por poetas e escritores romanos entre os exemplos de virtude; cf. Horácio, *Carmem*, I, 12, 42; ep.I, 1, 64; Virgílio, *Geórgicas*, I, 169; Juvenal, *Satiricon*, II, 153ss; Agostinho, *A cidade de Deus*, II, 17; III, 17; IV, 7; V, 18; PL 41, 61s; 96s; 117; 162.
155 Agostinho, *Contra Juliano*, IV, c.3, 16ss, PL 44, 744ss.

concedermos que ele fosse um homem animal. Como, a esta altura, poderemos falar da potência da natureza humana para o bem se, na mais alta manifestação de integridade, sempre é apanhada lançando-se à corrupção? Portanto, não recomendemos como virtuoso o homem cujos vícios se ocultam sob a imagem da virtude, não devemos atribuir à vontade humana, enquanto permanece em sua perversidade, a faculdade de voltar-se para o bem. Mesmo que a solução dessa questão seja evidente: que não sejam dotes comuns da natureza, mas graças especiais de Deus, as quais dispensa em variedade e na correta medida entre os homens profanos. Por essa razão, não tememos dizer, em linguajar comum, que um seja bem-nascido, o outro, de natureza depravada. Contudo, não deixamos de incluir a ambos sob a condição universal da corrupção humana, mas indicamos o que Deus conferira a um de graça especial, que ao outro não foi dignado: querendo estabelecer Saul como rei formou como um novo homem [1Sm 10, 6]; e é por essa razão que Platão, aludindo à fábula de Homero, disse que os filhos dos reis nasçam distinguidos por algumas marcas singulares:[156] porque Deus, querendo velar pelo gênero humano, frequentemente designa aos que destina ao comando com uma natureza heroica, e a partir dessa obra vem a lume tudo o que celebram as histórias dos grandes condutores. O mesmo deve ser declarado sobre os homens simples. Mas como a cada um, quanto maior é sua excelência, mais se deixa levar pela ambição, todas as suas virtudes caem manchadas e perdem seu valor perante Deus, e tudo quanto parecia digno de elogio no homem profano acaba dando em nada. Além disso, quando não há desejo algum de que Deus seja glorificado, falta o princípio da retidão. E é evidente que enquanto não tenham sido regenerados estão vazios e bem distantes de possuir este bem. Nem é suficiente dizer com Isaías que repouse sobre Cristo o espírito do temor de Deus [Is 11, 3]:[157] pelo que nos seja ensinado que todo aquele estranho a Cristo careça do temor de Deus, que é o princípio da sabedoria [Sl 111, 10]. Quanto às virtudes que nos enganam pela aparência inane, que ganham louvor ante a sociedade e entre os homens em geral, no tribunal celeste não terão nenhum valor para merecer a justiça.

5. Vencida pela servidão do pecado, a vontade é assim detida e não pode mover-se para o bem, nem nele se aplicar; com efeito, tal movimento é o princípio da conversão para Deus, o qual a Escritura atribui total-

---

156 Platão. *Crátilo*, 393C, 394A.
157 Is 11, 2.

mente à graça de Deus. Tal como Jeremias pediu ao Senhor que o convertesse se o quisesse convertido [Jr 31, 18]. Donde o profeta, pela mesma passagem, ao descrever a redenção espiritual do povo fiel, apresentando-o redimido da mão do mais forte; apontando, evidentemente, por
qual conjunto de ardilosas cadeias é pecador, quando, evadido do Senhor,
age sob o jugo do Diabo. Permanece, contudo, a vontade, que, por uma
afecção em tudo espontânea, pende e se apressa para o pecado. Vê-se,
dado que assente a essa necessidade, que o homem não esteja privado
da vontade, mas da sanidade da vontade. Bernardo não ensina de modo
inepto que o querer seja inerente a todos nós, mas o querer o bem é progressão, o querer mal, regressão. Por isso, resta ao homem, o querer simplesmente; da natureza corrupta, o querer o mal; da graça, o querer o
bem.[158] Prosseguindo, digo que a vontade está despojada da liberdade
e é necessariamente atraída para o mal; é de admirar que alguém considere áspera tal maneira de falar, pois nenhum absurdo encerra em si
mesma e foi usada pelos santos. Ora, ofende aos que não sabem distinguir entre a necessidade e a coação.[159] E se alguém os interrogar se, porventura, Deus não é necessariamente bom, se, acaso, o Diabo não é necessariamente mal, o que responderiam? Com efeito, é tão unida a
bondade de Deus com a divindade que nada mais seria necessário para
que fosse Deus do que ser bom. Ora, pela queda, o Diabo está tão alienado da comunhão do bem que não pode senão agir mal. Pois, se algum
sacrílego repetir que muito pouco louvor se deve a Deus por sua bondade, à qual servilmente está coagido,[160] a quem não ocorrerá a pronta resposta de que não possa fazer o mal, não por um impulso violento, mas
por sua imensa bondade? Logo, se não impede que a vontade de Deus
seja livre para fazer bem e por necessidade faça o bem; e se o Diabo, que
não é capaz de fazer mais que o mal, sem dúvida peca voluntariamente,
quem ousará dizer que o homem não peca voluntariamente porque se vê
forçado a pecar? Mesmo que Agostinho tenha predicado essa necessida-

158 Claraval, Bernardo de. *De gratia et libero arbitrio*, c.6, 16, PL 182, 1040.
159 Dirige-se a todos os adversários de sua época que disputam sobre essa matéria; cf.
Erasmo, *De libero arbitrio*; João Cochlaeus, *De libero arbitrio*, João Eck, *Enchiridion*,
1532, c.31; Af. De Castro, *Adv. omn. haer.* (sob o título "Liberdade", fol.149bss); João
Fabro, *Contra a absoluta necessidade das coisas contingentes temerariamente sustentada por Martinho Lutero, editada em seu opúsculo de 1538 etc.* Veja de que modo,
por outro lado, Lutero, no livro *De servo arbitrio* de 1525 (WA 18, 634, 21-4), nessa
disputa se atrela como partidário de Tomás de Aquino ao distinguir diligentemente
entre a necessidade e a coação.
160 Cf. Agostinho. *Sobre a natureza e a graça*, 46, 54, PL 44, 273.

de por toda a parte, ainda que fosse acossado pela calúnia de Celeste, certamente não hesitou asseverar estas palavras: "Pela liberdade é fato que há pecado no homem, mas a viciosidade subsequente da liberdade fez a necessidade" [*Livro sobre a perfeição da justiça*].[161] E sempre que há menção a essa matéria, não hesita em falar desse modo sobre a servidão necessária do pecado [*Sobre a natureza e a graça*, e em outros lugares].[162] E que levemos em conta esta distinção: que o homem com certeza é quem deseja pecar, dado estar viciado desde a queda, não podendo ser movido nem agir a não ser para o mal. Não forçado, nem coagido, mas por uma afecção da alma em tudo propensa. Não por uma coação violenta, não por uma coação exterior: pelo movimento da própria libido, que é a depravação da natureza. Se for verdade, não se exprime obscuramente que subjaza certa necessidade de pecar. Subscrevendo a Agostinho, Bernardo escreve assim: "Entre os animais, apenas o homem é livre; entretanto, quando intervém o pecado, também ele é acometido por certa violência, mas desde a vontade, não desde a natureza, para que não seja assim privado de sua liberdade natural". De fato, o que é voluntário, também é livre. E pouco depois: "Assim ignoro por qual modo depravado e admirável, sua própria vontade, transformada pelo pecado no que há de pior, faz a necessidade. Dado que nem a necessidade (enquanto seja voluntária) vise a desculpar a vontade, nem a vontade (dado ser seduzida), excluir a necessidade". Assim é que essa necessidade é de algum modo voluntária. Depois diz que somos premidos por um jugo que não é diverso daquele da servidão voluntária, por isso, que sejam miseráveis pela servidão, indesculpáveis pela vontade, porque a vontade, dado que fosse livre, fez-se serva do pecado. Até que conclui: "Assim, a alma, por algum modo admirável e malévolo, é tida, até certo ponto, subjugada àquela necessidade voluntária e mal liberta, como serva e livre: serva, em razão da necessidade, livre, em razão da vontade, e, o que é mais admirável e mais miserável, porque livre, ré, e serva por isso: porque ré, e, por isso, é serva pelo que é livre" [*Sermão* 81, *sobre os Cânticos*].[163] Certamente, os leitores reconhecerão que, até este ponto, nada foi acrescentado de novo por mim, senão o que, com o consentimento de todos os devotos, Agostinho apresentou no passado e, depois, foi guardado por

---

161 Idem, *Sobre a perfeição da justiça do homem*, 4, 9, PL 44, 295.

162 Idem, *Sobre a natureza e a graça*, 66, 79, PL 44, 286; *Sobre o livre-arbítrio*, I, 11, PL 32, 1233s; *Obra incompleta contra a segunda resposta de Juliano*, I, 88, PL 45, 1107.

163 Bernardo. *Serm. In Cant.*, 81, 7, 9, PL 183, 1174s.

mil anos, conservado nos claustros dos monges. Lombardo, por sua vez, como não soubesse distinguir[164] a necessidade da coação, dedicou erros perniciosos à matéria.

6. Em contrapartida, é conveniente considerar qual é o remédio da divina graça, pelo qual nossa natural perversão é corrigida e sanada. Pois, como o Senhor prodigaliza o que nos falta no auxílio que é oferecido, quando tiver cessado em nós aquela obra, imediatamente entenderemos o que ela seja e, inversamente, a nossa penúria. Tal como disse o apóstolo aos filipenses, que confiava em que todo aquele que principia neles a obra do bem haveria de aperfeiçoá-la até o dia de Jesus Cristo [Fp 1, 6]. Não há dúvida de que, mediante o princípio da boa obra, designe a própria origem da conversão, que está na vontade. Pois, desse modo, Deus principia em nós a boa obra, inspirando em nosso coração o amor pela justiça, bem como o desejo e o zelo dela, ou (para falar de modo mais adequado) inclinando, formando, dirigindo nosso coração para a justiça. Ora, ao nos confirmar para a justiça, perfaz. Para que ninguém tergiverse que o bem seja incoativo desde o Senhor, que seja realçada a vontade, por si enferma. O Espírito declara em outro lugar o que vale a vontade que a ele foi deixada: "Dar-vos-ei um coração novo, porei no que vos é intermediário um espírito novo: e tirarei de vossa carne o coração de pedra; e vos darei um coração de carne: porei no que vos é intermediário o meu Espírito, e farei que andeis de acordo com os meus preceitos" [Ez 36, 26].[165] Quem dirá que a enfermidade da vontade humana seja fortalecida por um subsídio pelo qual de fato aspire à escolha do bem, diante da conveniência de ser completamente renovada e transformada?[166] Se há alguma maleabilidade na pedra, que com ajuda é feita mais delicada para receber alguma flexão, negarei que o coração do homem não seja dúctil para que o que nele é imperfeito, contanto que seja suplementado na obediência do que é reto pela graça de Deus. Mas se, por essa semelhança, ele quis mostrar que nada de bom jamais tenha sido extraído de nosso coração, a não ser que se faça completamente outro, não repartamos entre ele e nós o que reivindica apenas para si. Se a pedra é transformada em carne quando Deus nos converte ao zelo do que é reto, seja abolido tudo o que há de nossa própria vontade: o que segue em seu lugar é de todo proveniente de Deus. Digo que a vontade seja abolida não na

---

164 Lombardo. *Sentenças*, II, d.25, c.5 e 9, PL 192, 707s.
165 Ez 36, 26s.
166 Lombardo. *Sentenças*, II, d.24, c.5; d.25, c.16, PL 192, 702; 709 et passim. Cf. Erasmo. *De libero arbitrio*, p.6; Herborn, *Enchiridion*, c.38, CC 12, 131.

medida em que é vontade, porque permanece íntegro na conversão do homem o que é da primeira natureza; digo, outrossim, que seja criada uma nova vontade, não começar a ser, mas para ser convertida de má em boa. Afirmo com segurança que isso seja feito por Deus, porque não somos idôneos nem mesmo para cogitar algo, como testemunha o mesmo apóstolo [2Co 3, 5]. Desse modo, ensina noutro lugar que Deus não apenas corrija o que é da vontade enferma ou depravada, mas que opere em nós o querer [Fp 2, 13]. Donde facilmente recolhe-se o que disse: que tudo o que há de bom na vontade seja unicamente obra da graça. No mesmo sentido em que disse em outro lugar que seja Deus "quem opera a tudo em todos" [1Co 12, 6]. E não disse isso sobre o governo universal, mas assevera exclusivamente a Deus o louvor de todos os bens que adornam os fiéis. Ora, ao dizer "a tudo", por certo faz de Deus o autor da vida espiritual do início ao fim, o mesmo que ensinara antes com outras palavras, dizendo que os fiéis fossem da parte de Deus em Cristo [Ef 1, 1], quando recomenda abertamente uma nova criação pela qual seja abolido o que há da natureza comum. Com efeito, deve ser subentendida a antítese entre Adão e Cristo, que explica melhor em outro lugar, quando ensina que somos feitos por Deus e criados em Cristo para as boas obras que preparou, para que nelas transitemos [Ef 2, 10]. Por essa razão quer provar que nossa salvação seja gratuita, uma vez que o início de todo bem se dê desde a segunda criação, que alcançamos em Cristo. De qualquer modo, se houvesse uma mínima faculdade desde nós mesmos, também haveria alguma porção de mérito. Para nos aniquilar por completo, avalia que de nada sejamos merecedores, porque somos criados em Cristo para as boas obras que Deus preparou: indica, mais uma vez, que todas as partes das boas obras desde o primeiro movimento sejam próprias de Deus. Por isso, depois que o profeta disse no salmo que sejamos uma criação de Deus, para que não seja feita uma partilha, acrescenta imediatamente que não nos fizemos a nós mesmos [Sl 100, 3]. Pelo contexto, é patente que fala sobre a regeneração, que é princípio da vida espiritual, quando, depois, prossegue para que sejamos seu povo e rebanho de seu pasto. Vemos que, não contente em dedicar a Deus apenas o louvor de nossa salvação, com eloquência nos exclui de qualquer sociedade, como se dissesse não restar nada ao homem de que se gloriar, porque tudo provém de Deus.

7. Talvez haverá os que concederão que seja convertida apenas pela força do Senhor a vontade afastada por si mesma do bem: de modo que, preparada, tenha então seu papel no agir, tal como ensina Agostinho

que a graça precede a toda boa obra, e isso "como acompanhante, não como condutora: serva, não por uma vontade anterior" [*Carta* 106, *para Bonifácio*].[167] No entanto, isso que não foi dito de modo inadequado por um santo homem, Pedro Lombardo deforma em sentido oposto.[168] Eu, porém, tanto nas palavras do profeta que citei quanto em outros lugares, afirmo que sejam claramente assinaladas duas coisas: que o Senhor tanto corrija nossa vontade depravada ou, melhor ainda, liberte-a do jugo, como submeta a si mesmo a boa vontade. Uma vez que provém da graça, admito que seja chamada de serva, mas, porque reformada, é obra do Senhor, e é incorretamente atribuído ao homem que, proveniente da graça, a serva seja submetida pela vontade. Por isso, não foi corretamente escrito por Crisóstomo que nem a graça sem a vontade nem a vontade sem a graça possam operar qualquer coisa,[169] como se, do mesmo modo, a própria vontade não fosse operada pela graça, tal como vimos ainda há pouco em Paulo. Nem foi a intenção de Agostinho, ao chamar a vontade humana de serva da graça, que, pela graça, fosse assinalado para aquela um papel secundário no bem operar. Mas, uma vez que tinha para ela o exclusivo propósito de refutar o péssimo preceito de Pelágio, que sustentava a primeira causa da salvação no mérito do homem, afirma que era suficiente, para a causa presente, que a graça fosse anterior a todo mérito, por outra questão omitida nesse momento, sobre o efeito perpétuo da graça, a qual, entretanto, trata particularmente em outro lugar. Com efeito, por vezes diz que o Senhor "previne aquele que não quer para que queira, segue de perto àquele que quer, para que não frustre o querer",[170] fazendo-o o autor absoluto da boa obra — se bem que suas sentenças sobre essa matéria sejam tão claras que não carecem de longa argumentação. Diz: "Os homens se esforçam por encontrar em nossa vontade algo que seja nosso e não venha de Deus, mas ignoro de que modo possa ser encontrado" [*Sobre a remissão dos pecados*, II, c.18].[171] Ora, na obra contra Pelágio e Celestino, quando interpreta aquele dito de Cristo, "Todo aquele que ouvir o meu Pai, vem a mim" [Jo 6, 45], diz: "O arbítrio é auxiliado desse modo, para que não saiba apenas o que há de ser feito, mas para que faça também aquilo que souber. E assim, quando Deus ensina, não pela letra da Lei, mas pela graça do Espírito, ensina de

---

167 Agostinho. *Epist.* 186 (*ad Paulinum Nolanum*), c.3, 10, PL 33, 819.
168 Lombardo. *Sentenças*, II, d.26, c.3, PL 192, 711.
169 Crisóstomo. *In Matth. hom.*, 82, 4; ed. Paris, 1834ss, t.VII, 888.
170 Agostinho. *Enchiridion*, 32, 9, PL 40, 248; ed. Scheel, p.22.
171 Idem, *Sobre a pena e a remissão dos pecados*, II, 18, 28, PL 44, 168.

modo que o que cada um aprender, não apenas o veja ao conhecer, mas também o apeteça ao querer, e o aperfeiçoe ao agir".[172]

8. Por estarmos agora voltados a um ponto central, desta matéria, resumamos este tema, confirmando-o com testemunhos evidentes da Escritura. E em seguida (para que ninguém nos acuse falsamente de distorcer a Escritura)[173] mostremos pelo testemunho daquele santo homem (digo, Agostinho) não ser destituída a verdade que asseveramos ser tomada da Escritura. Pois não julgo que seja útil arrolar todos os testemunhos para que conduzam, com base na Escritura, à confirmação de nossa afirmação, contanto que, por meio dos mais selecionados que forem proferidos, seja pavimentado o caminho para o entendimento de todos os restantes, que ocasionalmente forem lidos. Por outro lado, a realização não terá avançado intempestivamente se eu garantir que não tenhamos convergido mal, eu e aquele homem a cujo mérito o consenso dos fiéis confia uma grande autoridade. Certamente, a tessitura inicial do bem não provém de nada além de Deus. Assim é que não se vê fé propensa ao bem a não ser nos eleitos. Mesmo assim, a causa da eleição deve ser buscada no que é exterior aos homens, donde se confesse que a vontade reta não seja proveniente do próprio homem, mas que flua do mesmo beneplácito pelo qual, antes da criação do mundo, fomos eleitos. Outra razão, não diferente, impõem-se, pois, uma vez que o princípio do bem querer e agir se dê por meio da fé, deve-se constatar a que lugar pertence a própria fé. Dado que toda a Escritura clame ser a fé um dom gratuito de Deus, segue-se que, seja por mera graça, começamos a querer o bem, nós que, com toda a alma, somos naturalmente propensos para o mal. Portanto, quando, para a conversão de seu povo, o Senhor sustenta aqueles dois preceitos — que seja destituído o coração de pedra, que seja concedido um coração de carne [174] —, abertamente atesta que é preciso abolir o que há de nosso, para que sejamos convertidos à justiça; e tudo o que ocupa o seu lugar provém d'Ele mesmo. E não pronuncia isso num único lugar; diz com Jeremias: "Dar-lhes-ei um coração único e um caminho único, para que temam a mim por todos os dias" [Jr 32, 39]. Pouco depois: "Darei a seu coração o temor de meu nome, para que não se afastem de mim".[175] E com Ezequiel: "Dar-lhes-ei um coração único, e darei um Espírito novo para suas entranhas. Removerei da sua carne o

---

172 Idem, *Sobre a graça de Cristo e o pecado original*, I, 14, 15, PL 44, 368.
173 Todos os adversários em vários pontos.
174 Ez 36, 26.
175 Jr 32, 40.

coração de pedra, e dar-lhes-ei um coração de carne" [Ez 11, 19]. Não poderá reivindicar para si de modo mais evidente que seja subtraído de nós tudo o que há de bom e de reto em nossa vontade, que, no momento de nossa conversão, seja testemunhado que há a criação de um Espírito novo e de um novo coração; com efeito, infere-se que tanto nada de bom é proveniente de nossa vontade até que ela tenha sido reformada, como que, depois da reforma, uma vez que é boa, seja ela proveniente de Deus, e não de nós mesmos.

9. Também são lidas desse modo as súplicas dos santos. Que o Senhor incline o nosso coração para si, dizia Salomão, para que observemos seus mandamentos [1Rs 8, 58]. Ele mostra a pervicácia de nosso coração, já que, a não ser que seja vertido, exulta na rebelião da divina Lei. O mesmo se dá no salmo: "Inclina meu coração para os teus testemunhos" [Sl 119, 36]. E, assim, sempre se deve notar a antítese entre o movimento perverso do coração, pelo qual é levado à contumácia, e aquela correção, pela qual é recolhido na obediência. Ora, quando Davi, ao se sentir momentaneamente privado pela graça diretora, roga a Deus para criar em si um coração puro, para que o Espírito reto seja renovado em suas entranhas [Sl 51, 12], porventura não reconhece todas as partes de seu coração repletas pela impureza e o espírito brandido por uma ardilosa depravação? Ora, ao chamá-la de criatura de Deus, porventura não indica que seja completamente creditada àquele a pureza que suplica? Se alguém observar que a própria súplica seja um signo da afecção pia e santa,[176] há pronta solução: por mais que Davi já estivesse recobrado por alguma parte, compara, entretanto, o estado anterior com aquela triste ruína à qual havia experimentado. Portanto, assumindo a personagem do homem afastado de Deus, com razão pede que lhe seja concedido o que for que Deus confira na regeneração a seus eleitos. Assim, semelhante ao que está morto, opta por ser criado de novo, para se transformar, de propriedade de Satanás, em instrumento do Espírito Santo. Absolutamente admirável e portentosa a libido de nossa soberba. Deus a nada exige com maior severidade que a observação religiosa do sábado, a saber, repousando de nossas obras. Na verdade, nada nos é mais penosamente sacado que deixar de lado as nossas obras para a concessão do justo lugar para as obras de Deus. A não ser que obste a loucura, Cristo restituiu o luminoso testemunho de suas graças, para que não sejam malignamente suprimidas. Diz: "Eu sou a videira, vós os ramos; meu Pai é o

---

176 Cf. Roffens. *Refutação*, art.36, p.565s.

agricultor". "Tal como o ramo, se não permanecer na videira, não pode dar fruto por si, nem vós, se não permanecerdes em mim, porque sem mim nada podeis fazer" [Jo 15, 1].[177] Se não frutificamos por nós mesmos de um modo diferente do que germina um ramo arrancado da terra e despojado da umidade, não deve ser mais amplamente buscado o que há de nossa natureza para a aptidão do bem. E não é ambígua esta conclusão: "Sem mim, nada podeis fazer". Não disse que sejamos mais enfermos do que aquilo que submetemos a nós, mas, ao nos reconduzir para o nada, exclui qualquer conjectura, mesmo a de uma exígua faculdadezinha. Se, em vez disso, frutificamos enxertados na videira de Cristo, que extrai a energia da força da umidade da terra, do orvalho celeste, do calor do sol, vejo que nada nos reste no bom operar se reservarmos ilibado para Deus o que é seu. De nada adianta apresentar a frívola argúcia de que já estejam inclusas no ramo a seiva e a força para exibir os frutos, visto que nem tudo seja tomado da terra ou da primeira raiz, uma vez que Ele confira algo de seu.[178] O Cristo não quis senão que sejamos um lenho árido e sem valor quando somos dele separados, porque, por si, nada é em nós a faculdade para o agir bem, tal como em outro lugar também diz: "Toda árvore que não tiver plantado, o meu Pai erradicará" [Mt 15, 13]. Por isso o apóstolo transcreve toda aquela suma no lugar já citado: "Deus é quem opera em vós tanto o querer como o perfazer" [Fp 2, 13]. A primeira parte da obra do bem é a vontade, a outra, o esforço válido no executar: de ambas, o autor é Deus. Portanto, subtraímos ao Senhor se nos arrogarmos algo seja na vontade, seja no efeito. Se for dito que Deus traz um auxílio para a vontade enferma, algo nos será negado, mas como se diz que Ele efetua a vontade, já se põe no que nos é exterior tudo o que nela há de bom. Além disso, dado que, pelo peso de nossa carne, ainda agora a boa vontade seja oprimida para não emergir, acrescentou, para vencermos as dificuldades daquela batalha, a constância do esforço até que seja dirigido para o efeito. Embora não fosse possível ser tomado de outro modo aquilo que ensina em outro lugar – que seja o Deus único quem efetua a tudo em todos [1Co 12, 6] —, quando ensinamos há pouco que seja compreendido todo o curso da vida espiritual.[179] Razão pela qual Davi, depois de pedir que os caminhos de Deus fossem desvendados para ele, de modo que caminhasse em sua verdade,

---

177 Jo, 15, 1.4s.
178 Pighius. *De libero hominis arbitrio et divina gratia*, 1542, VI, fol.97a ss.
179 Ver § 6 deste Capítulo.

imediatamente acrescenta: "Unifica meu coração para temer o teu nome" [Sl 86, 11]. Por essas palavras, significa que mesmo os dignamente afetados são submetidos por completo às distrações, para que com facilidade se dissipem ou se espalhem, a não ser que sejam fortalecidos para a constância. Razão pela qual, em outro lugar, depois de suplicar que seus passos fossem dirigidos para o serviço da palavra de Deus, solicita a concessão também da força para a batalha: "para que nenhuma iniquidade me domine" [Sl 119, 133]. Assim, o Senhor tanto principia como perfaz a boa obra em nós, para que seja d'Ele: que a vontade concebe o amor do reto, que é inclinada para seu zelo, que é incitada e movida para o esforço de seu seguimento; depois, que a eleição, o zelo, o esforço não se fatiguem, mas que procedam até o efeito; por fim, que o homem siga constantemente o caminho para eles, e persevere até o fim.

10. E move a vontade, não tal qual ensinado e aceito por muitos séculos, de modo que se coloque depois, em nossa mão o impulso para o moderar-se ou para opor-se,[180] mas dispondo essa vontade com toda a eficácia. Por conseguinte, é necessário repudiar aquilo que foi repetido tão frequentemente por Crisóstomo: "Aquele que Ele atrai, deseja ser atraído",[181] pelo que insinua esperar o Senhor, apenas com a mão estendida, ver se nos agrada ser apoiados por seu auxílio. Concedemos que tal fosse a condição do homem ainda íntegro: que pudesse se inclinar a qualquer uma das partes, mas como, por seu exemplo, ele teria ensinado quão miserável é o livre-arbítrio – a menos que Deus tanto queira como possa em nós –, o que nos acontecerá se a graça divina nos for partilhada com sua medida? Longe disso, nós mesmos a obscurecemos e extenuamos por nossa ingratidão. De fato, não ensina o apóstolo que a graça da boa vontade seja oferecida a nós desde que a aceitemos, mas que ela efetue em nós o querer, o que não é senão que o Senhor dirija, flecte, modere nosso coração por seu Espírito, e nele, tal qual em sua propriedade, reine. De fato, não promete, por intermédio de Ezequiel, que daria aos eleitos um Espírito novo apenas para este fim: que possam caminhar em seus preceitos, mas para que realmente caminhem neles [Ez 11, 19; 36, 27]. Nem se pode tomar de outro modo a sentença de Cristo: "Todo aquele que ouve a meu Pai, vem a mim" [Jo 6, 45], a qual seja ensinada como a graça eficaz de Deus por si, do mesmo modo que também Agostinho o defende [em

---

180 Cf. Crisóstomo. *Sobre a Epístola aos hebreus*, c.7, homilia 12, ed. Paris, 1534ss, t.XII, 177s.
181 Idem, *Homilia sobre as repreensões sofridas*, c.6; *Homilia sobre o Evangelho de João*, 10, 1, ed. Paris, 1834ss, III, 155 e VIII, 65.

Sobre a predestinação dos santos].[182] Graça que o Senhor não concede promiscuamente a qualquer um, daquele modo vulgar pelo qual se jacta aquele (se não me engano) dito de Ockham: que ela não seja denegada ao que faz o que há em si.[183] Certamente, deve-se ensinar aos homens que a benignidade de Deus esteja exposta, sem exceção, para todos os que a buscarem, mas como apenas os que a graça celeste inspirou comecem a buscá-la, nem ao menos aquela pequenina parte deveria ser separada de seu louvor. Esta é claramente a prerrogativa dos eleitos: que, regenerados por meio do Espírito de Deus, pela sua condução sejam impelidos e governados. Mérito pelo qual Agostinho tanto escarnece daqueles que arrogam para si alguma parte do querer,[184] quanto repreende aos outros que reputam ser dado promiscuamente para todos o que é o testemunho especial da gratuidade da eleição,[185] "Comum para todos é a natureza, não a graça",[186] chamando uma sutileza vítrea o que por mera vaidade resplandece, quando é estendido de modo geral, para todos, o que Deus confere a quem Ele quer [*Sermão* 11, *sobre as palavras do Apóstolo*].[187] Em outro lugar: "De que modo vieste? Crendo. Teme, enquanto arrogas para ti que por ti foi descoberta a justa via, que pereças a partir da via justa. Vim, dizes, pelo livre-arbítrio, vim pela própria vontade. O que bradas? Queres conhecer que também isso seja emprestado para ti? Ouve aquele que chama: 'Ninguém vem a mim se meu Pai não o atrair' [Jo 6, 44]".[188] E que sejam escolhidos, a despeito de toda controvérsia em torno das palavras de João, que sejam tão eficazmente governados os corações dos pios pelo que é divino, que obedeçam com uma afecção inflexível: "Aquele que é gerado por Deus não pode pecar, porque permanece nele a semente de Deus" [1Jo 3, 9]. Pois vemos ser abertamente excluído o movimento intermediário que os sofistas imaginam, ao qual observa ou repele quem seja livre, quando é asseverada a constância eficaz para a perseverança.

11. Sobre a perseverança, não haveria mais nenhuma dúvida de que fosse tida por um dom gratuito de Deus se não fosse fortalecido um erro

---

182 Agostinho. *Sobre a predestinação dos santos*, 8, 13, PL 44, 970.
183 Gabriel Biel, *In Sent.*, II, d.27, a.2, concl.4; a.3, dub.4; João Roffens, *Refutação*, art.36, p.549; Herborn, *Enchiridion*, c.38, CC 12, p.132; cf. Boaventura, *In Sent.*, II, d.28, a.2, q.1. (*Quaracchi* 2, 681b, 683ab).
184 Agostinho. *Sermão*, 26, c.3, PL 38, 172.
185 Ibidem, c.12, p.177.
186 Ibidem, c.4, p.172s.
187 Ibidem, c.8, p.174.
188 Idem, *Sermão* 30, 8, 10, PL 38, 192.

em tudo pernicioso: que ela fosse dispensada por mérito dos homens, uma vez que cada um não se mostrasse ingrato para a primeira graça. Mas, dado que daí em diante se deu que reputavam estar em nossa mão recusar ou aceitar a graça ofertada de Deus,[189] pela negação dessa opinião, também espontaneamente se precipita aquele erro. Se bem que se erre aqui de duas maneiras, pois, além de ensinarem que com o uso legítimo da primeira graça, merecemos outras novas, acrescentam também que já não é somente a graça que opera em nós, mas que atua com nossa cooperação.[190] O primeiro deve ser tomado deste modo: que o Senhor, enquanto diariamente locupleta e cumula a seus servos de novos dotes de sua graça, porque tem agradecida e estimada a obra que neles principia, encontra neles o que recompensar por graças ainda maiores. E dizem respeito a isso aquelas sentenças: "Para o que tem, será dado"; "Muito bem, servo bom, uma vez que foste fiel no pouco, sobre o muito te colocarei" [Mt 25, 21.23; Lc 19, 17]. Mas aqui há dois cuidados: que não seja dito ser remunerado por graças posteriores o uso legítimo da primeira graça, como se o homem por sua própria realização rendesse eficaz a graça de Deus, nem se declare ser tal a remuneração que cesse de ser dada a graça gratuita de Deus. Reconheço, portanto, que seja esperada pelos fiéis essa bênção de Deus, para que, quanto mais tenham sido mais bem usadas as graças superiores, tanto mais serão depois consagradas maiores graças, mas digo que também aquele uso seja desde o Senhor, e aquela remuneração seja proveniente de sua benevolência gratuita. De modo não menos sinistro que infeliz, usurpam toda aquela conhecida distinção entre a graça operante e a cooperante.[191] Usou-a Agostinho, mas abrandando-a por uma definição conveniente: que Deus, cooperando, perfaz o que começa ao operar, e seja a mesma graça, mas variado o nome pelas maneiras diferentes que tem de obrar.[192] Donde se segue que ele não faz uma separação entre Deus e nós como se, desde o movimento próprio de cada um, houvesse mútua concorrência, mas marca a multiplicação da graça. A isso diz respeito o que ele diz em outro lugar, que a boa vontade do homem precede a muitos dons de Deus, entre os quais também ela está.[193] Donde conclui-se que nada mais reste para que a arrogue para si. O que Paulo também expressa nominalmente. Pois, tendo dito que seja

---

189 Ver p.285, nota 1s.
190 Lombardo. *Sentenças*, II, d.26, 8-9; d.27, 5, PL 192, 713, 715.
191 Ibidem, II, d.26, 1, PL 192, 709s.
192 Agostinho. *Sobre a graça e o livre-arbítrio*, c.17, 33, PL 44, 901.
193 Idem, *Enchiridion*, c.32, PL 40, 248; ed. Scheel, c.IX, 32, p.22.

Deus quem efetua em nós tanto o querer como o perfazer [Fp 2, 13], acrescenta em continuação que faça a ambos por boa vontade, indicando essa expressão que a benignidade seja gratuita. Ora, quanto a isso que costumam dizer, que depois de conferirmos o lugar da primeira graça, já cooperam os nossos esforços subsequentemente à graça,[194] respondo: se entendem que nós, uma vez domados pela virtude do Senhor no obséquio da justiça, avancemos além disso e sejamos propensos para seguir a ação da graça, de nada reclamo. É certíssimo que, onde reina a graça de Deus, seja tal a prontidão para a obediência. De onde, entretanto, isso se daria a não ser que o Espírito de Deus, sempre coerente consigo, pelo princípio pelo qual teria gerado a afecção da obediência, fomente e confirme a constância para a perseverança? Mas, se quiserem assumir que o homem colabore por si para a graça de Deus, deliram de modo extremamente pernicioso.

12. E nisso é distorcido, por inabilidade, aquele dito do apóstolo: "Trabalhei mais do que todos eles; não eu, mas a graça de Deus que está comigo" [1Co 15, 10]. E de fato assim o tomam: porque poderia ser visto como um pouco arrogante demais o dito de que se prefira a todos, certamente o corrige, referindo o louvor para a graça de Deus, mas de modo que chame a si de cooperário da graça.[195] É de admirar que se tenham enredado nesse obstáculo alguns homens não de todo maus. Não escreveu o apóstolo que trabalhasse consigo a graça do Senhor, de modo que fizesse a si uma consorte do trabalho, antes transferiu todo o louvor do trabalho unicamente para a graça. Não fui eu (disse) quem trabalhou, mas a graça de Deus que a mim assistira. Ora, enganou-os a ambiguidade da locução. Mas mais desajeitada é a tradução na qual a força da articulação do grego foi negligenciada.[196] Pois, se fizeres justiça à palavra, não diz que a graça fosse cooperadora consigo, mas que a graça que a ele assistira a tudo efetivasse. E Agostinho ensina isso de forma clara, ainda breve: "Precede a boa vontade do homem a muitos dons de Deus, mas não a todos". Ora, os que ela precede, também neles está. Segue-se então a razão: "porque está escrito: 'Sua misericórdia me precede' [Sl 59, 11],[197] 'Sua misericórdia me segue de perto' [Sl 23, 6]:

---

194 Cf. Erasmo, *De libero arbitrio*, p.75s; Eck, *Enchiridion*, 1532, L7b.
195 Erasmo, *De libero arbitrio*, p.72; De Castro, *Adv. omn. haer.*, VII, fol.132 D, cf. IX, fol.151A.
196 Cf. a tradução da *Vulgata* e Calvino, *Comentário a 1 Coríntios*, CR XLIX, 536 e 540s.
197 Ver a tradução da *Vulgata*, Sl 58, 11.

previne aquele que não quer para que queira e segue de perto àquele que quer para que não frustre o querer".[198] Ao que consente Bernardo, ao apresentar assim a Igreja: "Atrai de algum modo o involuntário, para que o faças voluntário; atrai o que entorpece, para que o transformes no que flui".[199]

13. Ouçamos agora as palavras de Agostinho, para que os pelagianos de nossa época, isto é, os sofistas da Sorbonne, não acusem caluniosamente, como é de seu costume, que toda a antiguidade nos é contrária;[200] no que, aliás, imitam a seu pai Pelágio, por quem, na mesma arena, foi outrora arrastado o próprio Agostinho. A obra *Sobre a correção e a graça*, destinada a Valentino, trata profusamente do que, de modo sucinto, reproduzirei de suas palavras: que a graça concedida a Adão de, se quisesse, persistir no bem, nos foi dada para que, pela vontade, queiramos e superemos a concupiscência.[201] Portanto, se quisesse, ele teria o poder, mas não o querer para poder: a nós, tanto é dado o querer quanto o poder.[202] Que a primeira liberdade tenha sido "o poder não pecar" e muito maior seja a nossa, "o não poder pecar" [ibidem, c.12].[203] E para que não seja reputado que fala sobre a futura perfeição após a imortalidade (tal como incorretamente o faz Lombardo),[204] suprime pouco depois essa dificuldade. É tão claro, diz, que seja acesa pelo Espírito Santo a vontade dos santos, que por isso podem: porque assim querem; por isso querem: porque Deus opera para que assim queiram. Porque se com tão grande debilidade que requer a intervenção do poder de Deus para reprimir nosso orgulho [2Co 12,9] fosse deixado para eles sua vontade – de modo que com o favor de Deus pudessem, se quisessem, e Deus não fizesse o que quisessem – em meio a tantas tentações sua fraca vontade cairia, e com isso não poderiam perseverar. Foi socorro, portanto, para a enfermidade da vontade humana, que a graça divina agisse de modo indeclinável e inseparável: por isso, por mais que estivesse enferma, não se extinguiria.[205] Trata, depois, de que modo o nosso coração necessariamente segue o movimento da disposição de Deus e diz que o Senhor

---

198 Agostinho, *Enchiridion*, c.32, PL 40, 248; ed. Scheel, c.IX, 32, p.22.
199 Claraval. *Serm. In Cant.*, 21, 9, PL 183, 876.
200 Cochlaeus, *De libero arbitrio* II, 1, 1a; K2b s; Eck, *Enchiridion*, 1532, L6ab; De Castro, *Adv. omn. haer*, IX, fol.151B-152B.
201 Agostinho. *Sobre a correção e a graça*, c.11, 31, PL 44, 935.
202 Ibidem, c.11, 32, p.936.
203 Ibidem, c.12, 33, loc. cit.
204 Lombardo. *Sentenças*, II, d.25, c.5, PL 192, 707.
205 Agostinho. *Sobre a correção e a graça*, c.12, 38, PL 44, 939s.

atrai os homens não pela própria vontade deles, mas por aquela que Ele operou [Agostinho, op. cit., c.14].[206] Temos agora atestado, pela boca de Agostinho, o que quisemos obter antes: que a graça não é unicamente oferecida pelo Senhor para ser recebida ou para ser rejeitada segundo agrade a cada um, mas que é ela que forma no coração tanto a eleição como a vontade, para que tudo o que depois se seguir de boa obra seja seu fruto e efeito: nem há outra vontade que a ela obedeça senão a que ela produziu. Também são de Agostinho as palavras de outro lugar: "Toda boa obra em nós, não a faz senão a graça" [Epístola 105].[207]

14. Ora, o que disse em outra parte, que a graça não tolhe a vontade, mas a transforma de má em boa, e a auxilia quando enfim é boa,[208] significa apenas que o homem não é atraído para ser impelido, como que por um impulso estranho, sem o movimento do coração, mas seu interior é afetado de modo que obedeça com o coração. Mas a graça é dada aos eleitos de modo especial e gratuito, tal como escreve a Bonifácio: "Sabemos que a graça não seja dada por Deus para todos os homens, e, para aqueles a quem é dada, não é dada segundo os méritos das obras, nem segundo os méritos da vontade, mas por graça gratuita: àqueles a quem não é dada, sabemos que não seja dada por um justo juízo de Deus" [Epístola 106].[209] E impugna com energia, na mesma epístola, aquela opinião que reputa que a graça subsequente seja vertida para os méritos dos homens, uma vez que, ao não rejeitar a primeira graça, de antemão se fizeram dignos.[210] Agostinho quis, com efeito, que Pelágio reconhecesse que a graça nos seja necessária para cada uma das ações, e não como retribuição pelas obras, pelo que seja verdadeiramente graça. Mas essa matéria não pode ser condensada por uma suma mais breve do que a do oitavo capítulo do livro para Valentino, Sobre a correção e a graça, no qual, em primeiro lugar, ensina que a vontade humana não alcança a graça pela liberdade, mas que pela graça alcança a liberdade. Que pela mesma graça é perpetuamente conformada pela afecção impressa do deleite. Que é fortalecida por uma força insuperável. Que enquanto aquela governar, jamais cai; quando desertar, prontamente desaba. Que pela misericór-

---

206 Agostinho. *Sobre a correção e a graça*, c.14, 45, PL 44, 943.
207 Idem, *Epístolas* 194, c.5, 19 (*ad Paulinum Nolanum*), PL 33, 880.
208 Idem, *Sobre a graça e o livre-arbítrio*, c.20, 41, PL 44, 905. Cf. idem, *Sobre o espírito e a letra*, c.30, 52, PL 44, 233.
209 Ou melhor, Agostinho, *Epístolas* 217 [outrora 107] (*ad Vitalem Carthaginiensem*), c.5, 16, PL 33, 984.
210 Ibidem, c.6, 18s, PL 33, 985.

dia gratuita do Senhor tanto é convertida para o bem como, convertida, nele persevera. Que a direção da vontade humana para o bem, e, depois, a direção para a constância, pende unicamente pela vontade de Deus, e não por nenhum mérito do homem.[211] Assim, é concedido ao homem um livre-arbítrio (se assim se o aprouver chamar) tal qual, em outro lugar, escreve que nem pode ser convertido a Deus, nem persistir em Deus a não ser pela graça; que possua desde a graça tudo o que possui [*Epístola 46*].[212]

---

211 Agostinho. *Sobre a correção e a graça*, c.8, 17, PL 44, 926.
212 Idem, *Epístola* 214, 7 (*ad Valentinum*), PL 33, 970.

Capítulo IV

Como Deus teria operado no coração dos homens.

 não ser que me engane, está suficientemente provado que o homem está tão preso pelo jugo do pecado que não busca ao bem pela própria natureza, por ser inspirado pela devoção ou por ser impelido pelo zelo. A distinção anterior entre coação e necessidade foi sustentada para que fique claro que, embora o homem peque necessariamente, não seja entretanto em nada menos voluntário o pecar.[213] Porém, uma vez que, enquanto segue na servidão do Diabo, vê-se que antes atue o arbítrio daquele que o seu, resta que se examine: o que sejam ambos os gêneros de ação, e, resolvendo a questão, se algo deve ser atribuído a Deus nas obras más, nas quais a Escritura insinua que não seja nula a intercessão de sua ação. Em algum lugar, Agostinho compara a vontade humana ao cavalo que espera o comando do cavaleiro: Deus e o Diabo são os cavaleiros. Se Deus a galopa, diz, com boa disposição rege-a um cavaleiro tão moderado quanto perito: incita uma marcha mais vagarosa, reprime a velocidade demasiada, coage a petulância e a luxúria, abate a pervicácia, conduz ao caminho reto. Se o Diabo a ocupa, um cavaleiro tão estúpido quanto petulante a desvia para caminhos intransponíveis, despenca em fossos, rola por precipícios, instiga à contumácia e à ferocidade.[214] Já que não ocorre exemplo melhor, contentar-nos-emos com o presente. Portanto, que a vontade do homem animal esteja submetida ao domínio do Diabo, não quer dizer, entretanto, que seja forçosamente obrigada a fazer tudo o que

213 Ver Capítulo III, § 5 deste Livro.
214 Cf. Agostinho, *Comentário aos salmos* 148, 2, PL 37, 1938; e Pseudo-Agostinho, *Hypognosticon*, III, 9, 20, PL 45, 1632.

ele mandar (do mesmo modo que, pelo direito de propriedade, coagimos os escravos a cumprir com seu dever, por mais que não queiram); mas, fascinado pelos ardis de Satanás, necessariamente se submete a todo comando dele. Pois aqueles a que o Senhor não dignifica com a condução de seu Espírito, afasta-os por um juízo justo para a ação de Satanás. Por isso, o apóstolo disse que o deus deste século obscurece as mentes dos infiéis destinados para a queda, para que não discirnam a luz do Evangelho [2Co 4, 4]. E, em outro lugar, que ele opera nos filhos da contumácia [Ef 2, 2]. O obscurecimento dos ímpios e quaisquer que sejam os flagelos que se sigam, são chamados de obras de Satanás: dos quais, entretanto, não deve ser buscada uma causa exterior à vontade humana, da qual surge a raiz do mal, na qual o fundamento do reino de Satanás (isto é, o pecado) residirá.

2. Muito diversa é a razão divina em tais ações. Para que ela nos seja patente de um modo mais certo, se dê o exemplo da calamidade impingida pelos caldeus ao santo Jó. Os caldeus, pela destruição de seus pastores, pilharam seus rebanhos com hostilidade. Ora, de forma clara aparece a perversidade de seu crime, para que naquela obra não falte Satã, de quem a história narra que tudo aquilo tenha sido proveniente.[215] Ora, o próprio Jó reconhece naquilo a obra do Senhor, de quem disse que tirasse aquilo que era arrebatado pelos caldeus.[216] De que modo atribuiremos a autoria da mesma obra para Deus, para Satanás, para o homem, a não ser que ou desculpemos a Satanás pela associação de Deus ou prediquemos a Deus a autoria do mal? Facilmente, se primeiro considerarmos o fim do agir e, depois, o modo. A deliberação do Senhor é que seja exercitada a paciência de seu servo com a adversidade; a de Satanás, que seja impelido para o desespero, enfraquecendo-o; os caldeus ambicionam o lucro usurpado, apesar do direito e do que é legítimo. Tanta diversidade na deliberação já distingue amplamente a obra. Quanto ao modo, não é menor a diferença. O Senhor permite a Satanás que aflija a seu servo, aos caldeus, aos quais delega ministros para que executem aquilo, ele os dirige; Satanás, em contrapartida, instiga por seus aguilhões envenenados as almas depravadas dos caldeus, para que perpetrem aquele flagelo; eles rumam furiosamente para a injustiça, e constrangem e contaminam todos os membros para que sejam criminosos. Portanto, se diz adequadamente que Satanás age nos réprobos, nos quais exerce seu reino, isto

---

215 Jó 1, 12.
216 Jó 1, 21.

é, a malícia. Diz-se também que Deus age a seu modo, pois o próprio Satanás (dado ser um instrumento de sua ira), por sua ordem e comando, dobra-se totalmente à execução de seus justos juízos. Omito aqui a moção universal de Deus, da qual todas as criaturas, assim como são sustentadas, obtêm o poder para fazer o que for. Falo exclusivamente daquela ação especial que aparece em qualquer realização. Portanto, vemos não ser absurdo creditar a mesma realização a Deus, a Satanás, ao homem. Porém, a diversidade da intenção e dos meios que a ela conduz, fazem que a justiça do Deus apareça imprescindível e torna evidente a maldade de Satanás e do homem.

3. Os antigos, muito supersticiosos, temiam por vezes a simples confissão da verdade nessa matéria, dado que receassem, caluniando com desrespeito as obras de Deus, abrir uma fresta para a impiedade. Sobriedade que tanto admiro como julgo no mínimo perigosa, se simplesmente tomarmos o que ensina a Escritura. Por certo, há vezes em que nem Agostinho se livrou daquela superstição, tal como quando disse que o endurecimento e o obscurecimento não dizem respeito à operação de Deus, mas à presciência [em *Sobre a predestinação e a graça*].[217] Contudo, as citações da Escritura não admitem tais argúcias, e mostram claramente que, de Deus, intervenha algo mais que a presciência. No quinto livro do *Contra Juliano*, o próprio Agostinho defende que não há pecados apenas da permissão ou da paciência divina, mas também da potência, para que assim os pecados anteriores sejam punidos.[218] De modo semelhante, é muito tênue o que alegam sobre a permissão[219] para que subsista. Com muita frequência se diz que Deus obscureça e endureça aos réprobos, que verta, incline, impila seu coração, como ensinei insistentemente em outro lugar.[220] Se se recorre à presciência ou à permissão, de nenhum modo se explica como isso vem a ser. Nós, portanto, respondemos que isso se dê por uma dupla razão, visto que convenientemente se diga que sejam obscurecidos, endurecidos, inclinados aqueles de quem é retirada a faculdade de ver, de obedecer e de executar, dado que, tomada sua luz, não subsista nada além de trevas e cegueira; dado que, levado seu Espírito, nosso coração se endureça em pedra; dado que, cessando sua direção, seja lançado na obliquidade.

217 Pseudo-Agostinho. *Sobre a predestinação e a graça*, c.5, PL 45, 1668.
218 Agostinho. *Contra Juliano*, V, c.3, PL 44, 786ss.
219 Eck. *Enchiridion*, 1532, c.31, L7b.
220 Ver Livro I, Capítulo XVIII.

A segunda razão é a que chega mais perto do que é próprio àquelas palavras: para que seus juízos sejam executados por Satanás, ministro de sua ira, Deus, como se viu, tanto destina suas deliberações, como excita as vontades e fortalece o esforço. Desse modo, quando Moisés narra que o rei Seon não teria concedido passagem ao povo porque Deus endurecera seu espírito e obstinara seu coração, em seguida acrescenta o fim da deliberação: "Para que o desse em nossas mãos" [Dt 2, 30]. Portanto, porque Deus o queria perdido, a obstinação do coração foi a preparação divina para a ruína.

4. Segundo a primeira razão, há este dito: "Priva o lábio aos verazes, tolhe a razão aos mais velhos" [Jó 12, 20; Ez 7, 26]. E mais: "Priva o coração dos que presidem ao povo da terra, fazendo-os errantes por um caminho intransitável" [Sl 107, 40]. Ainda: "Ó Senhor, por que nos enlouqueceste, endureceste nosso coração para que não te temamos?" [Is 63, 17]. Pois antes indicam o que se dá para o homem quando Deus dele se afasta do que de que modo sua obra seja realizada neles. E há outros testemunhos que vão além. São eles: sobre o endurecimento do faraó, "Endurecerei o coração do faraó para que não vos ouça nem deixe o povo ir" [Ex 4, 21; 7, 3]. Depois, diz que Ele agravava seu coração e o fortalecia [Ex 10, 1]. Porventura endureceu sem abrandar? Sim, é verdade, mas fez ainda mais: endurecendo a obstinação de seu peito, enviou Satanás. Porque antes havia dito "ocuparei seu coração", o povo se vai do Egito. Perambulam pelo caminho os perigosos habitantes da região. Donde teriam sido estimulados? Moisés certamente diria ao povo que era o Senhor quem fortalecia o coração deles [Dt 2, 30]. O profeta, narrando a mesma história, diz que Ele vertia seu coração para que tivessem ódio de seu povo [Sl 105, 25]. Assim, não podemos dizer que se tivessem lançado destituídos da deliberação do Senhor. Pois, se foram fortalecidos e vertidos, foram deliberadamente inclinados para aquilo. Quanto a isso, por mais que lhe agrade se vingar pelas transgressões do povo, de que modo cumpriu sua obra nos réprobos? Para que vissem que a eficácia do agir se dava graças a Ele, deu-lhes apenas o ministério. Pois ora ameaçava chamá-los para si por seu assobio [Is 5, 26; 7, 18]; ora que fossem para Ele como malhas para enredar [Ez 12, 13; 17, 20]; ora como martelos, para ferir os israelitas [Jr 50, 23]. Mas declarou principalmente que não fosse ocioso neles, ao chamar a Senaquerib de machado [Is 10, 15], o qual foi tanto destinado como impelido para cortar por sua mão. Assim, não foi má a definição dada por Agostinho, em algum lugar, que dos homens seja que pequem, que o fazer isso ou aquilo ao pecar seja pelo poder de Deus, que divide as trevas conforme o que deve ser visto [Agostinho, *Sobre a predestinação dos santos*].[221]

5. Consta claramente, pelo menos de um lugar, que o ministério de Satanás interceda para que os réprobos sejam instigados, por mais que Deus sempre os destine por sua providência. Com efeito, diz Samuel que Saul teria sido ou arrebatado ou enviado pelo mau espírito do Senhor, e que o mau espírito procedia do Senhor [1Sm 16, 14; 18, 10; 19, 9]. Atribuir isso ao Espírito Santo é sacrílego. Portanto, o espírito impuro, chamado espírito de Deus porque responde à sua vontade e potência, é antes um seu instrumento para o agir do que seu próprio autor. Ao mesmo tempo, deve-se acrescentar o que é ensinado por Paulo: que a eficácia divina é proveniente do erro e da sedução, para que creiam, pela mentira, aqueles a quem a verdade não se evidenciou [2Ts 2, 11]. Contudo, por uma diferença muito grande, sempre difere na mesma obra aquilo que o Senhor faz daquilo que Satanás e os ímpios propalam. Ele compele seus maus instrumentos, que mantêm sob sua mão e pode enviar para o que quiser, a servirem à sua justiça. Na medida em que são maus, evidenciam pelo efeito a maldade concebida pela depravação do intelecto. Os restantes, enquanto pertencem à supressão da tergiversação dos ímpios para vingar a calúnia à majestade de Deus, já foram expostos no capítulo *Sobre a providência*.[222] Aqui, apenas se esboçou de que modo Satã reina no homem réprobo, para indicar de que modo Deus age sobre ambos.

6. Ora, quanto às ações que, por si, não são nem viciosas nem justas e dizem respeito antes ao corpo que à vida espiritual, mesmo que as tenhamos mencionado,[223] ainda não se explicou o quanto de liberdade o homem tem sobre elas. Não foram poucos os que concederam ao homem a livre eleição dessas ações[224] — julgo que mais por não quererem discutir profundamente sobre a matéria que por desejarem asseverar como certo aquilo que concedem. Eu, a despeito de reconhecer que aqueles para os quais são nulas as forças para a salvação admitam,[225] em primeiro lugar, que se deve ter pelo estudo o que é necessário para a salvação, não reputo, entretanto, que também esta parte seja negli-

---

221 Agostinho. *Sobre a predestinação dos santos*, c.16, 33, PL 44, 984.
222 Ver Livro I, Capítulos XVII e XVIII.
223 Ver Capítulo II, § 13-17 deste Livro.
224 Agostinho. *Confissões*, I, 18; o comentário de Melanchton para esse passo, 1535; CR Mel. Op. XXI, 374.
225 Agostinho. *Confissões*, loc. cit.; Melanchton, loc. cit., p.374s.

genciada: que conheçamos ser da graça especial do Senhor que, quantas forem as vezes que se dê de a mente escolher o que nos diz respeito, tantas serão as vezes que inclina para isso a vontade; ou melhor, tantas serão as vezes que tanto a mente como a alma se desviam do que, de outro modo, seria funesto. E a tal ponto se estende a força da providência divina: não apenas para que tivesse previsto convenientemente de que maneira os acontecimentos sucedam das coisas, mas para que a vontade dos homens tenda para os acontecimentos. Por certo, à medida que reputamos a administração das coisas exteriores para o nosso sentido, não duvidamos que sejam postas sob o arbítrio humano, mas, se prestamos ouvidos a tantos testemunhos que clamam que o Senhor reja nelas a alma dos homens, concluímos que o livre-arbítrio nos submeta a uma moção especial de Deus. Quem cativou a vontade dos egípcios para que emprestassem aos israelitas vasos preciosíssimos [Ex 11, 3]? Jamais eles teriam, pela própria vontade, induzido seu espírito. Então, as almas deles antes eram submetidas ao Senhor que regidas por eles mesmos. Nem certamente Jacó, a não ser que fosse persuadido por Deus, conforme se considere que os homens sejam revestidos por diversas afecções, teria dito sobre o filho José (a quem tomava como um egípcio profano): "Que Deus dê a vós encontrar misericórdia ante aquele homem" [Gn 43, 14]. Tal como toda a Igreja reconhece no salmo que, querendo Deus deles se apiedar, por Ele tenha sido amansado para a clemência o coração dos gentios cruéis [Sl 106, 46]. Ou melhor, quando Saul é inflamado na ira para se armar para a guerra, exprime-se o espírito de Deus como a causa que a isso o impeliu [1Sm 11, 6]. Quem impede o ânimo de Absalão de abraçar a deliberação de Aquitofel, que costumava ser tomada por oráculo [2Sm 17, 14]? Quem dobra Roboão, para que fosse persuadido pela deliberação juvenil [1Rs 12, 10]?[226] Quem, no advento de Israel, aterrorizou os gentios, antes de grande audácia? Confessou a prostituta Raab que isso certamente fora feito pela vontade divina [Js 2, 9]. Ou melhor, quem precipitou os corações de Israel pelo medo e pelo pavor senão aquele que, na Lei, ameaça dar a eles um coração cheio de terror [Lv 26, 36; Dt 28, 65]?

7. Alguém observará que esses são exemplos particulares, dos quais não se deva inferir nenhuma regra universal.[227] Eu, porém, digo que sejam suficientes para provar o que afirmo: que Deus, sempre que deseja

---

226 Cf. 1Rs 12, 15.
227 Cf. Erasmo. *De libero arbitrio*, p.66.

que se faça o caminho para sua providência, verte e dirige a vontade dos homens nas coisas exteriores, de modo que não seja livre a eleição destes sem o arbítrio de sua liberdade ser dominado pelo Senhor. Queiramos ou não, ao depender antes da moção de Deus que da eleição da nossa liberdade, nossa alma colherá que seja reputado que, nas coisas muito pouco obscuras, com frequência nos falta o juízo e a mente: posta em coisas não difíceis, a alma enlanguesce. Por outro lado, para as coisas muito obscuras, imediatamente é oferecida uma pronta deliberação, nas maiores e perigosas, a alma, acima de toda dificuldade, põe-se à disposição. E assim interpreto o que disse Salomão: "Que o ouvido ouça, que o olho veja, o Senhor faz a ambos" [Pr 20, 12]. Não se vê que eu fale aqui sobre a criação, mas sobre a graça de função peculiar. Dado que escreve que o Senhor tenha em sua mão o coração do rei, como que torrentes de águas, e que o incline para onde quiser [Pr 21, 1], com certeza sob uma espécie compreende todo o gênero. Com efeito, se a vontade de alguém é negligente para toda sujeição, isso compete por máximo direito à vontade régia, que exerce de algum modo o comando sobre as outras, donde, se ela é dobrada pela mão de Deus, que a nossa não seja eximida pela mesma condição. Sobre essa matéria, excede a notável sentença de Agostinho: "... a Escritura, se for inspecionada, não mostra apenas que dirige para os atos bons e para a vida eterna a boa vontade dos homens — por Ele feitas das que são más e das que são d'Ele provenientes —, mas também para que aquelas que conservam a criação do século estejam, desse modo, sob o poder de Deus, para que, pelo que queira e quando queira, incline-as ou para a prestação de benefícios ou para a imposição de penas, certamente por um juízo muito oculto, mas muito justo" [*Sobre a graça e o livre-arbítrio, para Valentino*, c.20].[228]

8. Aqui, lembrem os leitores que a faculdade do arbítrio humano não está sendo apreciada segundo o vir a ser das coisas, o que alguns ignorantes costumam fazer de maneira inadequada — parece-lhes que a vontade humana seja bela e engenhosamente convencida da servidão, donde, nem sequer para os sumos monarcas tudo decorra da resolução. Na verdade, essa faculdade da qual falamos deve ser considerada no interior do homem, e não medida pelos acontecimentos exteriores. Visto que, na discussão sobre o livre-arbítrio, não se questiona: se, porventura, convém para o homem perfazer e executar, seja o que for que a alma delibere, independentemente de impedimentos exteriores, mas se, em qualquer

---

228 Agostinho. *Sobre a graça e o livre-arbítrio*, c.20, 41, PL 44, 906.

coisa, tem liberdade tanto para a eleição do juízo como para a afecção da vontade. Se ambas estiverem à disposição do homem, Atílio Régulo, encerrado por aguilhões em um tonel estreito,[229] não teria menor livre--arbítrio que César Augusto governando a maior parte do orbe terrestre.

---

229 Sêneca. *Dial.*, I, 3, 9; *Epistolas* 67, 7; cf. Cícero, *In Pisonem*, 19; *De officiis*, 1, 13; Agostinho, *A cidade de Deus*, I, 15, PL 41, 28ss.

Capítulo V

Refutação das objeções que costumam ser aferidas para a defesa do livre-arbítrio.

 eria possível ver como suficiente o que foi dito sobre a servidão do arbítrio humano se aqueles que visam a isso contestar, por uma falsa opinião do que seja a liberdade, não trouxessem algumas razões contrárias, por eles aventadas, para combater o que dissemos. Primeiro, recolhem não poucos absurdos e, com eles, querem que nossa sentença seja execrada como se repugnasse também ao senso comum. Depois, combatem nossa sentença pelos testemunhos da Escritura. Rechacemos, pela ordem, a ambas as invencionices. Dizem eles: se o pecado é necessário, instantaneamente deixa de ser pecado; se for voluntário, então pode ser evitado.[230] Essas também foram as armas de Pelágio para atacar a Agostinho.[231] Não queremos, contudo, tachar àqueles com o nome deste até estarmos satisfeitos com respeito à própria matéria em questão. Nego, então, que o pecado deva ser menos imputado por ser necessário; ou melhor, nego que seja consequente o que inferem: que seria evitável porque é voluntário. Com efeito, se alguém quiser debater com Deus e escapar ao juízo pelo pretexto de que não poderia agir de outro modo, tem pronta a resposta que levantamos em outro lugar:[232] que não seja desde a criação, mas da corrupção da natureza, que os homens, escravizados pelo pecado, não possam querer senão o mal. De onde vem essa impotência que os ímprobos livremente reclamam, a não ser de que Adão tivesse voluntariamente se consagrado à tirania do Diabo? Eis, portanto, donde vem a viciosi-

---

230 Erasmo, *De libero arbitrio,* p.25; Eck, *Enchiridion,* 1532, c.31, L6a.
231 Cf. Agostinho. *Obra incompleta contra a segunda resposta de Juliano,* I, 46; 60; 82; 84; 106, PL 45, 1069; 1081; 1103s; 1119s, etc.
232 Ver Capítulo III, § 5 deste Livro.

dade, a cujos nós estamos atados: de que o primeiro homem tenha-se afastado de seu autor. Se de fato todos os homens são merecidamente tomados por essa queda, não se reputem desculpados pela necessidade, na qual têm muito clara a causa de sua danação. Expliquei isso com clareza acima, e apresentei como exemplo o próprio Diabo,[233] donde seria óbvio que não peca menos voluntariamente quem peca por necessidade, tal como, em contrapartida, a vontade, nos anjos eleitos, ainda que seja indeclinável desde o bem, não deixa entretanto de ser vontade. Com habilidade, Bernardo ensina o mesmo: que sejamos mais miseráveis por isto: porque a necessidade é voluntária, a qual nos faz de tal modo dela dependentes que sejamos servos do pecado, tal como mencionamos antes [*Sermão* 81, *sobre o Cântico dos cânticos*].[234] A segunda parte do raciocínio é viciosa, porque falsamente salta do voluntário para o livre; ora, nós provamos acima[235] que seja feito de modo voluntário o que, entretanto, não é subjacente à livre eleição.

2. Acrescentam não ser adequado que a pena seja infligida ou que o prêmio seja recompensa para o homem a menos que tanto as virtudes quanto os vícios procedam da livre eleição do arbítrio.[236] Ainda que esse argumento seja aristotélico,[237] reconheço ser usurpado em outros lugares de Crisóstomo[238] e de Jerônimo. O próprio Jerônimo não nega que também fosse familiar aos pelagianos e também se reporta às palavras deles: "Se a graça de Deus age em nós, então ela, e não nós que não trabalhamos, será coroada" [*Epístola para Ctesifonte* e *Diálogo contra os pelagianos*, 1].[239] Sobre as penas, respondo que elas devem ser infligidas por direito a nós, de quem a culpa do pecado emana. Na verdade, que importa se o homem peca por um juízo livre ou servil, dado que peque por uma cupidez voluntária, especialmente quando disso se prova que seja pecador porque está sob a servidão do pecado? Quanto aos prêmios da justiça, será um absurdo ainda maior reconhecermos que eles antes dependem da benignidade de Deus que dos próprios méritos? Quantas vezes

---

233 Ibidem.

234 Claraval. *Serm. In Cant.*, 81, 7; 9, PL 183, 1174s; ver acima, p.278.

235 Ver capítulo 3, § 5 deste volume.

236 Erasmo, *De libero arbitrio,* p.59; Cochlaeus, *De libero arbitrio*, I, d.1ª; II, L3b; Eck, *Enchiridion*, 1532, c.31, L6a; Alf. de Castro, *Adv. omn. haer.*, IX, fol.152B; João Faber, *De absoluta necessitate, opusc.*, 1538E5a.

237 Aristóteles. *Ética Nicomaqueia*, III, 7, 1113b, 21ss.

238 Crisóstomo. *Homilia sobre o verso: "ó Senhor, não há no caminho humano"*, ed. Paris, 1834ss, VI, 183.

239 Jerônimo, *Ep.* 133, 5 (*ad Ctesiph.*); *Dial. Adv. Pelag.*, I, 6, PL 23, 501.

se repete em Agostinho que Deus não coroa nossos méritos, mas seus dons, já que é chamado de prêmio não o que é devido a nossos méritos, mas o que é retribuído pela graça já conferida?[240] De modo absolutamente arguto, advertem que não haveria lugar para o mérito se não brotasse da fonte do livre-arbítrio,[241] mas, ao tratar disso de modo tão divergente, erram muito. Agostinho não hesita ensinar, em vários lugares, que é necessário o que reconhecem como tão sacrílego, como quando diz "quais são os méritos de quaisquer que sejam os homens?". E mais: "Pois aquele que vem, não com uma mercê devida, mas junto a uma graça gratuita, livre do pecado e libertador, encontra sozinho todos os pecadores" [Epístola 52].[242] E ainda: "Se te for dado o que é devido, deves ser punido. O que acontece então? Deus não te dá a pena devida, mas doa a graça indevida"; "Se tu queres ser alheio à graça, jacta teus méritos" [Comentário ao salmo 31];[243] "Por ti, nada és: os pecados são teus, mas os méritos, de Deus. Para ti é devido o castigo, e quando vier o prêmio, coroará os dons d'Ele, não teus méritos" [Comentário ao salmo 70].[244] Com o mesmo sentido ensina, em outro lugar, que não há graça que venha do mérito, mas mérito da graça. E, pouco depois, conclui que Deus preceda todos os méritos por seus dons, para que daí escolha seus méritos, e dê, de modo absolutamente gratuito, porque nada encontra para que salve [Sermão 15, sobre as palavras do apóstolo].[245] Mas quanto mais é necessário se alongar, dado que tais sentenças são frequentemente recorrentes em todos os seus escritos? Na verdade, ainda agora mais bem os livrará desses erros o apóstolo, se ouvirem de que princípio deduz a glória dos santos: "Àqueles a que elege, também chamou; àqueles a que chamou, também justificou; àqueles a que justificou, glorificou" [Rm 8, 29].[246] Por que, então, o apóstolo atesta que os fiéis sejam coroados [2Tm 4, 8]? Porque são eleitos, chamados e justificados pela misericórdia do Senhor, não por seus feitos. Que Ele apresse, então, em fazer inane o temor de que não haverá mais méritos se o arbítrio não permanecer livre. De fato, é muito estulto afastar-se e recuar daquilo pelo que a Escritura nos chama. "Se tudo recebeste de que te

---

240 Por exemplo, Agostinho, *Epístola* 194, c.5, 19 (*ad Sixt. Rom.*), PL 33, 880; *Sobre a graça e o livre-arbítrio*, c.6, 15, PL 44, 890.
241 Erasmo. *De libero arbitrio*, p.50; 53; 59; Cochlaeus, *De libero arbitrio*, II, L3b.
242 Agostinho. *Epístola* 155 (*ad Macedonium*), c.2, 5, PL 33, 669.
243 Idem, *Comentário aos salmos*, 31, 2, 7, PL 36, 263.
244 Ibidem, 70, 2, 5, PL 36, 895.
245 Idem, *Sermão* 169, c.2, PL 38, 917.
246 Rm 8, 29s.

glorias, como se não o tivesses recebido?" [1 Co 4,7]. Vês que retira tudo do livre-arbítrio, para que não sobre lugar para os méritos. Mas, uma vez que a beneficência e a liberalidade de Deus é inexaurível e múltipla, Ele nos confere as graças e igualmente remunera as nossas virtudes, porque as faz nossas.

3. Acrescentam algo que pode ser tomado como de Crisóstomo: que se não pertencer à nossa vontade a faculdade de eleger o bem ou o mal, ou será preciso que, partícipes da mesma natureza, sejamos todos maus, ou que sejamos todos bons [*Homilia* 22, *para o Gênesis*].[247] Não está muito longe disso o escritor daquela obra *Sobre a vocação dos gentios*, apresentado sob a alcunha de Ambrósio, ao raciocinar que ninguém jamais fosse afastado da fé a não ser que a nós fosse deixada a condição da mutabilidade pela graça de Deus [l.2, c.4],[248] na qual é admirável que tantos homens se percam. Com efeito, como não vem à mente de Crisóstomo que seja a eleição de Deus que faça tal discernimento entre os homens? Com certeza não temos medo de conceder que Paulo afiança uma grande luta: que todos sejam simultaneamente depravados e dados à malícia, mas – acrescentamos com ele – que seja feita a misericórdia de Deus para que todos não permaneçam na depravação. Portanto, dado que trabalhemos em igual intensidade para a mesma doença, convalescerão apenas aqueles nos quais agradar ao Senhor pôr a mão medicinal. Os outros, que negligencia por um juízo justo, consumir-se-ão até definharem na própria podridão. E não é por outra razão que uns perseveram até o fim e outros caem no início do caminho. Embora a própria perseverança também seja dom de Deus, que não é concedida promiscuamente a todos, mas dada àqueles que vimos. Se for requerida a causa da diferença – por que uns sempre perseveram e outros definham pela instabilidade – não nos consta senão que a uns o Senhor sustenta fortalecidos por sua virtude para que não pereçam, a outros, exemplos de inconstância, não administra a mesma virtude.

4. Além disso, insistem que não adianta acolher a exortações, que seja supérfluo o uso de admoestações, que sejam ridículas as repreensões, a menos que esteja sob o poder do pecador obedecer. Dado que objetassem de modo similar a Agostinho, ele se viu obrigado a escrever o libelo *Sobre a correção e a graça*. Ali, se bem que dilua copiosamente aquilo, convoca entretanto os adversários a esta suma: "Ó, homem, conheces na

247 Crisóstomo. *Homilia sobre o Gênesis*, 23, 5, ed. Paris, 1834ss, IV, 252.
248 Pseudo-Ambrósio. *De vocatione gentium*, II, c.4, PL 13, 1112.

prescrição o que deves fazer, conheces na correção não teres por teu vício, conheces na oração donde tomas o que queres ter".[249] Quase sobre o mesmo argumento, há a obra *Sobre o espírito e a letra*, em que ensina que Deus não mede os preceitos de sua Lei pelas forças humanas: ao mandar o que é reto, concede gratuitamente a seus eleitos a faculdade de desempenhar.[250] E não deve haver longa discussão sobre essa matéria. Em primeiro lugar, não estamos sozinhos nessa causa, mas conosco também está Cristo e todos os apóstolos. Eles teriam visto de que modo fogem, em meio à peleja, aqueles que se expõem a tais antagonistas. Cristo, que atesta que sem ele nada podemos [Jo 15, 5], porventura repreende e castiga menos por isso àqueles que agiam mal para além dele? Porventura exortou menos por isso que cada um seja entregue às boas obras? Quão severamente Paulo investe contra os coríntios quanto à negligência da caridade? Pede ao Senhor, entretanto, que seja dada a eles unicamente a caridade. Atesta na *Epístola aos romanos* que "não depende daquele que quer, nem daquele que corre, mas de Deus que faz misericórdia" [Rm 9, 16]; contudo, não deixa depois de admoestar e exortar e recolher. Por que, então, não interpelam ao Senhor que não iluda a criação, exigindo dos homens aquilo que apenas pode ser dado por Ele, castigando-os por aquilo que assumem pela falta de sua graça? Por que não admoestam a Paulo para que poupe àqueles que não têm sob as mãos o querer ou o correr, a menos que preceda a misericórdia de Deus, que então destitui deles? Como se não fosse evidente para o Senhor a excelente razão de sua doutrina, que prontamente oferece aos que religiosamente a procuram. Paulo com certeza indica o quanto a doutrina, a exortação e a repreensão são eficientes por si mesmas para a imutabilidade da alma ao escrever que nada seja aquele que planta, nem o que rega: "o Senhor, que dá o incremento, é o único que age eficazmente" [1Co 3, 7]. Desse modo, vemos Moisés prescrever com severidade os preceitos da Lei, e os profetas instarem e ameaçarem duramente os transgressores, já que reconhecem, ao mesmo tempo, que apenas quando é dado a eles um coração para o entendimento é que os homens vêm a saber que é uma obra própria de Deus o circuncidar os corações e dar a carne aos lapídeos, o inscrever sua Lei pelas vísceras, em suma, o fazer que, ao renovar as almas, a doutrina seja eficaz.

---

249 Agostinho. *Sobre a correção e a graça*, c.3, 5, PL 44, 918.
250 PL 44, 199ss.

5. Para que então as exortações? Se forem desprezadas pelo coração obstinado dos ímpios, haverão, quando estiverem no tribunal do Senhor, de testemunhar contra eles as exortações que desde já verberam e ferem sua consciência, uma vez que, apesar de escarnecê-las com muita audácia, não podem entretanto rejeitá-las. Mas o que há de fazer um pobre homem, alguém pergunta, quando a moleza do coração, que era necessária para a obediência, é a ele denegada? Muito pelo contrário: a que ele volta as costas, dado não poder imputar a dureza senão a si mesmo? Assim, os ímpios, livremente dispostos a escapar daquelas exortações se for lícito, queiram ou não, são prosternados em virtude delas. Deve ser considerada uma utilidade precípua com respeito aos fiéis: naqueles em que o Senhor faz tudo por intermédio de seu Espírito, não negligencia, desse modo, o instrumento de sua palavra e não o usurpa sem eficácia. Mantém, portanto, o que é verdadeiro: que toda a virtude dos devotos esteja situada na graça de Deus, segundo aquele dito do profeta: "Dar-vos-ei um coração novo para que andeis em minhas exortações" [Ez 11, 19.20]. No entanto, alguém pode questionar, por que então são admoestados de seu ofício e não são antes convencidos da direção do Espírito? Por que são solicitados por exortações, quando não podem se apressar antes que se dê a incitação do Espírito? Por que são castigados se apenas se desviam do caminho quando são derrubados pela enfermidade necessária da carne? Ó, homem, quem és tu para impores leis a Deus? Se Ele quis que fôssemos preparados pela exortação, para que fosse recebida aquela mesma graça pela qual se dá que a exortação seja obedecida, o que tens nessa economia para que atormentes ou difames? Se as exortações e as repreensões não realizassem nos fiéis nada mais que mostrar a falsidade do pecado, por isso mesmo não deveriam ser reputadas como de todo inúteis. Agora, dado que ajam no interior pelo Espírito para que se inflame o desejo do bem, para que se afaste o torpor, para que a voluptuosidade da iniquidade seja suprimida e a doçura envenenada, mas, contra isso, sejam muito valorosas para que seja gerado o ódio e o tédio, quem, por chacota, ousaria chamá-las de supérfluas? Se alguém deseja uma resposta mais clara, tenha desse modo que Deus opera em seus eleitos de dois modos: interiormente, por meio do Espírito; exteriormente, por intermédio da Palavra. Pelo Espírito, iluminando a mente, formando o coração no amor e culto da justiça, faz deles uma nova criatura. Pela Palavra, excita para que esperem, busquem, persigam a mesma renovação. Em ambos os modos, mostra a eficácia de sua mão apenas em favor de sua distribuição. Ao destinar a mesma palavra aos réprobos, ainda que não os corrija, faz servirem para outro uso: que também no presente sejam ameaçados pelo testemunho da consciência e sejam tornados ainda mais indesculpáveis no dia do juízo. Assim, ainda que o Cristo tenha pronunciado que não viriam a Ele senão aqueles a quem o Pai trouxesse e que os eleitos viessem depois que tivessem ouvido ao Pai e d'Ele aprendido [Jo 6, 44-45], ele não negligencia, entretanto, a tarefa dos doutores, mas por sua voz convida sinceramente àqueles que é necessário ensinar o interior pelo Espírito Santo, para que cresçam. Paulo admoesta que a doutrina não seja ociosa perante os réprobos, porque é para eles odor da morte na morte, ainda que seja um odor suave para Deus [2Co 2, 16].

6. São muito dedicados a recolher os testemunhos da Escritura, e o fazem sinceramente, para nos encobrir ao menos pelo número, dado que não o possam pelo peso.[251] Mas, como no momento em que chega às batalhas uma multidão não acostumada a guerrear, quanto mais ela tenha de pompa e ostentação, menos são os golpes para que seja imediatamente dispersa e afugentada, assim também nos será muito fácil dispersá-los com sua turba. Com efeito, dado que eles reúnam sob pouquíssimos pontos tudo o que empregam contra nós, e, uma vez ordenados, a muitos desses pontos se dá uma única e suficiente resposta, não deverá ser necessário nos incumbirmos da resolução de cada um deles. Estabelecem os preceitos como viga de sustentação, reputando que sejam tão ajustados a nossas faculdades que tudo o que exigem ser provado defendem que pode ser necessariamente alcançado.[252] Então, expõem um a um os preceitos e, com base neles, medem a disposição de nossas forças. Ou Deus nos ilude, dizem, dado que ordene a santidade, a piedade, a obediência, a castidade, a dileção, a mansidão e interdite a imundície, a idolatria, a impudicícia, a ira, a rapina, a soberba e similares, ou apenas requer aquilo que estiver sob nosso poder.[253] Avançando, é possível distinguir em três espécies quase todos os preceitos que recolhem. Uns exigem a primeira conversão para Deus; outros falam simplesmente acerca da observação da Lei; outros ordenam que se persevere na graça recebida de Deus. Falemos de todos quanto ao gênero para, daí, descermos às formas propriamente. Que as faculdades dos homens sejam estendidas até às Leis divinas, estabelece já há muito aquele dito, e dele não há poucas espécies, mas é proveniente de uma ignorância muito rude da Lei. Pois os que to-

---

251 Cf. os livros dos adversários que citamos.
252 Cf. Cochlaeus, *De libero arbitrio*, I, F7bs.
253 Cf. Idem, II, N1a; De Castro, *Adv. omn. haer.* IX, fol.152B.

mam por enorme sacrilégio ser dito que a observação da Lei é impossível, perseguem um argumento, sem sombra de dúvida, muito válido: que, de outro modo, é inútil a Lei ser dada.[254] Com efeito, falam como se Paulo jamais houvesse falado sobre a Lei. Pergunto então como tomariam isto: que a Lei seja posta em vista das transgressões [Gl 3, 19], que seja por meio da Lei o conhecimento do pecado [Rm 3, 20], que a Lei efetive o pecado [Rm 7, 7],[255] que intervenha para que avulte a falta [Rm 5, 20]: se fosse limitada às nossas forças, não teria sido dada inutilmente? Posta muito acima de nós, convenceria a nossa impotência. Certamente, pela mesma definição, o fim e o complemento da Lei é a caridade [1Tm 1, 5]. E ao suplicar que ela preencha a alma dos tessalonicenses [1Ts 3, 12], com clareza reconhece que a Lei soe sem sucesso em nossos ouvidos, a menos que Deus inspire a nosso coração toda a suma dela.

7. Se a Escritura apenas ensinasse que a Lei seja a regra da vida, para a qual deveríamos conformar nosso zelo, também eu, sem demora, fincaria os pés na sentença daqueles, mas, dado que muitas vezes nos explique de modo diligente e perspícuo o uso da Lei,[256] antes convém considerar, por meio daquela interpretação, o valor da Lei no homem. O quanto diz respeito à causa presente, ao mesmo tempo que prescreve o que devemos fazer, ensina que a virtude de obedecer venha da bondade de Deus, por isso convida às preces nós que postulamos que ela nos seja dada. Se unicamente subsistir a ordem e nenhuma promessa, as forças seriam tentadas para que respondessem se bastariam para a ordem, mas, dado serem em simultâneo acrescentadas promessas que clamam que em nós não apenas o subsídio mas toda a virtude esteja situada no auxílio da graça divina, elas sobretudo atestam que sejamos absolutamente ineptos e, com mais razão, incapazes para a observação da Lei. Por isso, não mais se reclame uma proporção de nossas forças com os preceitos da Lei, como se o Senhor, que dera na Lei a regra da justiça, exigisse a nossa fraqueza como medida. Antes, por causa das promessas, seja reputado o quão somos incapazes por nós mesmos, nós que em tudo tantas vezes carecemos de sua graça. Mas, a quem, dizem, parece verossímil que o Senhor destinasse a Lei, a broncos e lapídeos?[257] Não há esforço para

---

254 Cochlaeus, *De libero arbitrio,* I, C8b; Eck, *Enchiridion* 1532, c.31, L6a; De Castro, loc. cit., João Faber, *De absoluta necessitate,* opusc.153 8B8bss.

255 Rm 7, 7s.

256 Ver Capítulo VII, § 6ss, § 10s. e § 12ss deste Livro.

257 Cochlaeus. *De libero arbitrio,* I, C4b; Eck, *Enchiridion* 1532, c.31, L6a; cf. Orígenes, *Sobre os princípios,* III, 1, 5, GCS 22, 200; Agostinho, *Sermões,* 156, 12, PL 38, 857; *Sobre a pena e a remissão dos pecados,* II, 5, 6, PL 44, 154s.

convencer a alguém disso. Com efeito, os ímpios não são nem insensíveis nem imbecis: quando instruídos pela Lei de que se voltam contra Deus por suas libidinagens, dão testemunho de suas próprias ações; nem os pios: ao serem admoestados de sua impotência, recorrem à graça. Dizem respeito a isso as seguintes sentenças solenes de Agostinho: que Deus ordene o que não podemos, para que conheçamos o que devemos pedir a Ele [*Sobre a graça e o livre-arbítrio*, c.16].[258] Grande é a utilidade dos preceitos se forem dados ao livre-arbítrio apenas para ser honrada ainda mais a graça de Deus [*Epístola* 29].[259] A fé impetra o que a Lei manda [*Enchiridion* (Manual) *para Lourenço*];[260] ou melhor, por isto manda a Lei: para que a fé impetre o que pela Lei foi mandado; ou melhor, Deus nos exige a própria fé e não encontra o que exige a menos que tenha dado o que encontra [*Homilia* 29, *para o evangelho de João*].[261] E ainda: que Deus dê o que ordena, e ordene o que quiser.[262]

8. Isso fica mais claro se passamos em revista as três formas de preceitos mencionadas acima.[263] Com frequência o Senhor ordena, tanto na Lei como nos *Profetas*, que nos convertamos para Ele [Jl 2, 12]. Em sentido contrário, canta o profeta: "Converte-me, ó Senhor, e serei convertido; com efeito, depois que me converteste, fiz penitência" etc. [Jr 31, 18]. Ordena para que circuncidemos as impurezas de nosso coração [Dt 10, 16]. E denuncia, por intermédio de Moisés, que essa circuncisão se faz por sua mão [Dt 30, 6]. Requer em vários lugares a renovação do coração,[264] mas testemunha que é dada por si em outro lugar [Ez 36, 26]. Ora, como disse Agostinho, não fazemos para Deus o que Ele nos promete pelo arbítrio ou pela natureza, mas Ele o faz por meio da graça.[265] E essa observação é a que ele mesmo enumera em quinto lugar entre as regras de Ticônio, para bem distinguirmos entre a Lei e as promessas, ou entre os mandamentos e a graça [*A doutrina cristã*, c.3].[266] Procurem, então, os que recolhem dos preceitos o valor do homem para a obediência, para que destruam a graça de Deus, pela qual os próprios preceitos

---

258 Agostinho. *Sobre a graça e o livre-arbítrio*, c.16, 32, PL 44, 900.
259 Idem, *Epístolas*, 167, c.4, 15 (*ad Hieronymum*), PL 33, 739.
260 Idem, *Enchiridion*, c.117, PL 40, 287, ed. Scheel, c.31, 117, p.72; cf. *Epístolas*, 157, c.2, 8 (*ad. Hilar.*), PL 33, 677.
261 Idem, *Comentário ao Evangelho de João*, 29, 6, PL 35, 1631.
262 Idem, *Confissões*, X, 29, 40; 31, 45 etc., PL 32, 796. 798; *Sobre a graça e o livre--arbítrio*, c.15, 31, PL 44, 899; *Sobre o espírito e a letra*, c.13, 22, PL 44, 214.
263 *Seção* 6, p.304.
264 Ez 18, 31.
265 Agostinho. *Sobre a graça de Cristo e o pecado original*, I, c.30, 31, PL 44, 375.
266 Idem, *A doutrina cristã*, III, c.33, PL 34, 83.

são acrescentados. Os preceitos do segundo gênero são simples, pelos quais somos ordenados a honrar a Deus, servir e aderir à sua vontade, observar às suas instituições, seguir a sua doutrina. Ora, são numerosos os lugares que testemunham que seja d'Ele o dom de tudo o que pudermos ter da justiça, da santidade, da piedade, da pureza. Pertence ao terceiro gênero aquilo que, por intermédio de Lucas, é referido pela exortação de Paulo e de Barnabé aos fiéis: que permaneçam na graça de Deus [At 13, 43]. Mas onde deverá ser pedida aquela virtude da constância, Paulo o ensina em outro lugar. No que resta, irmãos, diz ele, sede fortes por intermédio do Senhor [Ef 6, 10]. Em outro lugar, repreende para que não entristeçamos o Espírito de Deus, pelo qual somos selados no dia de nossa redenção [Ef 4, 30]. Mas porque os homens não poderiam dar o que ali se exige, pede ao Senhor, para os tessalonicenses, que os tenha dignos para seu santo chamado e implemente neles todo o bem proposto por sua bondade e pela obra da fé [2Ts 1, 11]. Do mesmo modo, na *Segunda epístola aos coríntios*, tratando sobre a esmola, recomenda a boa e pia vontade deles, pouco depois, entretanto, rende a Deus as graças que pôs no coração de Tito para que cumprisse a exortação [2Co 8, 11; 16]. Certamente, se Tito não pudesse prestar o ofício de oráculo para exortar aos outros a não ser uma vez que Deus sugerisse, como outros se voltariam para agir voluntariamente sem que o próprio Deus dirigisse seus corações?

9. Os mais argutos usam como sofismas a todos esses testemunhos "porque nada impede que confiemos a Ele nossas forças e que Deus traga auxílio aos esforços enfermos".[267] Acrescentam ainda passagens dos *Profetas* nas quais parece que os efeitos de nossa conversão sejam distribuídos entre nós e Deus: "Convertei-vos para mim, e Eu me converterei para vós" [Zc 1, 3].[268] Já mostramos quais auxílios Deus nos trará,[269] e não devemos nos dar ao trabalho de repeti-los aqui. Quero que me seja concedido ao menos isto: dado que Deus ordena que obedeçamos a Lei, que frustra ser requerida em nós a faculdade de implemento da Lei — quando consta que também seja necessária a graça do Legislador para que os preceitos de Deus sejam implementados para todos —, a qual também é prometida para nós, uma vez que disso é patente ao menos que de nós é exigido mais do que possamos resolver. Por isso, nenhum

---

267 O teor diz respeito a todos os escritos dos adversários.
268 Erasmo, *De libero arbitrio*, p.34; Eck, *Enchiridion*, 1532, c.31, L5b; João Faber, *De absoluta necessitate,* opuc. 1538 E5a.
269 *Seção* 7s, p.305ss.

engano pode diluir aquele dito de Jeremias: que o pacto que Deus firma-ra com o povo antigo fosse quebrado, porque era apenas literal; ora, não é sancionado senão quando é acrescentado o Espírito, que forma o coração para a obediência [Jr 31, 32].[270] E o erro deles não é aprovado pela sentença "Convertei-vos a mim, e eu me converterei a vós", visto que nela se marca, não a conversão de Deus, que renova nosso coração para que os sentidos sejam recobrados, mas a conversão pela qual Ele é atestado benévolo e propício pela prosperidade das coisas, tal como Ele indica algumas vezes a ofensa por coisas adversas. Portanto, depois que o povo, vexado por muitas misérias e formas de calamidades, queixou-se de que Deus estivesse contra si, Ele responde que não há de faltar a eles Sua benignidade se se voltarem à retidão da vida e a Ele, que é exemplo de justiça. Assim, distorcem incorretamente a sentença ao interpretá-la como o repartir-se da obra da conversão entre Deus e os homens. Mostramos isso de forma sucinta porque o local adequado para esse argumento será o tratado da Lei.[271]

10. O segundo dos argumentos é limítrofe à ordem do anterior. Ale-gam as promessas pelas quais o Senhor pactua com nossa vontade, quais sejam: "Buscai a bondade, e não a malícia, e vivereis" [Am 5, 14].[272] Se quiserdes e ouvirdes, comereis os bens da terra; se não quiserdes, a es-pada vos devorará, porque o Senhor falou.[273] E ainda: "Se afastares de minha face tuas abominações, não serás expulso" [Jr 4, 1];[274] "Se ouvi-res a voz de teu Deus Jeová e cumprires e guardares seus mandamentos, o Senhor te fará o mais excelso entre os povos da terra" [Dt 28, 1].[275] E outras semelhantes [Lv 26, 3].[276] Pensam que sejam delegados à nossa vontade, de modo inoportuno e por engano, os benefícios que o Senhor oferece nas promessas, a menos que esteja em nosso alcance ou o estabelecê-las ou o quebrá-las.[277] E por certo há prontidão em ampliar as queixas sobre esta matéria: que sejamos cruelmente iludidos pelo

---

270 Jr 31, 32s.
271 Ver Capítulo VII, § 8s deste Livro.
272 Opõe-se aqui a Bartolomeu Camerarius, *De gratia et libero arbitrio*, 1556, III, 7, p.271.
273 Schatzgeyer, *Scrutin.*, c.1, CC5, p.11; Erasmo, *De libero arbitrio*, p.33; Cochlaeus, *De libero arbitrio* I, D2b; Eck, *Enchiridion* 1532, c.31, L5a; De Castro, *Adv. omn. haer.*, IX, fol.150C; cf. Orígenes, *Sobre os princípios*, III, 1, 6.
274 Cochlaeus, *De libero arbitiro*, I, F1b.
275 Faber, *De absol. necess.*, opusc. 1538C2a.
276 Ibidem, C1b.
277 Cf. Cochlaeus, *De libero arbitrio*, I, C8b.

Senhor, dado que denuncie que sua benignidade dependa de nossa vontade, se a própria vontade não está sob nossa lei. Com efeito, seria notável essa liberalidade de Deus, que exporia a nós seus benefícios sem que houvesse uma faculdade para deles fruirmos; admiraria a certeza das promessas que dependem de coisas impossíveis para que jamais sejam implementadas. Sobre as promessas que têm a condição apontada, falamos em outro lugar,[278] para que futuramente seja claro que não há nenhum absurdo na impossibilidade de cumpri-las. Quanto ao que diz respeito a esse lugar, nego que Deus nos iluda de modo desumano ao convidar a merecer seus benefícios a nós, que sabe sermos absolutamente impotentes. Se bem que, já que as promessas são igualmente oferecidas aos fiéis e aos ímpios, elas têm sua utilidade para ambos. Tal como Deus toca a consciência dos ímpios somente pelos preceitos, para que não descansem suavemente nos pecados sem ter memória dos juízos d'Ele, também atesta nas promessas que tanto são indignos quanta seja sua benignidade. Quem há de negar que seja justíssimo e muito conveniente Deus ser benfazejo àqueles que o acolhem, enquanto os que negam Sua majestade são vingados por sua severidade? Assim é que Deus age reta e ordenadamente ao dizer aos ímpios, vencidos pelas algemas dos pecados, esta lei nas promessas: que apenas sejam recebedores de seus benefícios se abandonarem a depravação, ou apenas para que entendam isto: que por seu mérito são excluídos daqueles benefícios, devidos aos verdadeiros cultores de Deus. Ou melhor, uma vez que zele para os fiéis serem estimulados a implorar sua graça de todos os modos, não será estranho se aquilo que mostramos que Ele faça muito frutuosamente para eles pelos preceitos, também o experimente pelas promessas. Instruídos sobre a vontade de Deus pelos preceitos, sejamos admoestados de nossa miséria, nós que tanto nos afastamos daquela Vontade com todas as nossas forças. Ao mesmo tempo, sejamos instigados a invocar o seu Espírito, por quem seremos dirigidos na via reta. Mas, uma vez que nossa vergonha não é completamente aguçada pelos preceitos, acrescentam-se as promessas, que por certa doçura nos aliciam a amá-los. Ora, quanto mais nos fizermos fervorosos na busca da graça de Deus, maior será nosso desejo da justiça. Tal como naqueles esconjuros, "se quiserdes, se ouvirdes", para que o Senhor não atribua a nós nem a faculdade livre do querer, nem a do ouvir, nem zombe de nossa impotência.

---

278 Ver Capítulo VII, § 4, e Capítulo VIII, § 4, deste Livro. Ver também Livro III, Capítulo XVII, §§ 1-3 e 6s.

11. Também a terceira classe tem muita afinidade com aquelas. De fato, produzem passagens pelos quais Deus exprobra o povo ingrato: apenas por sua indulgência manter-se-ia que o povo recebesse todos os gêneros de bens. Tratam desses gêneros as seguintes passagens: "os amalecitas e os cananeus estão lá diante de vós, e caireis à espada, dado que não quisestes aquiescer ao Senhor" [Nm 14, 43]; "Porque vos chamei e não respondestes, faça a esta casa tal como fez a Silo" [Jr 7, 13];[279] "Esta gente não ouviu a voz do Senhor seu Deus, nem recebeu os ensinamentos, por isso está afastada do Senhor" [Jr 7, 28];[280] "Porque endurecestes vosso coração e não quisestes obedecer ao Senhor, todos esses males vos sucederão" [Jr 32, 32].[281] Como, dizem, tais exprobrações reuniriam àqueles aos quais é permitido responder imediatamente: com efeito, para nós havia a prosperidade do coração, temíamos a adversidade, ora, se deu que não tenhamos nos submetido ao Senhor, nem escutado a sua voz para o que há de ser buscado daquela e para o que há de ser evitado desta, porque isso não era permitido aos que estão submetidos à dominação do pecado. Frustra, portanto, que sejamos exprobrados pelos males dos quais não estava em nosso poder nos afastar. Mas, omitida a desculpa da necessidade, na qual há uma defesa vacilante e fútil, pergunto se não podem afastar a culpa. Pois, se são convencidos de alguma culpa, o Senhor não exprobra contrariamente ao que se dá: seria por sua perversidade que não teriam experimentado o fruto de sua clemência. Respondam, então, para que não possam negar a causa da contumácia, que sua vontade fosse depravada. Se encontram a fonte do mal em seu meio, o que desejam ao investigar causas exteriores? Que não sejam vistos como os autores da própria ruína? Se é verdade que é por seu vício, e não pelo de outrem, que os pecadores tanto sejam privados dos benefícios divinos como castigados pela vingança, há uma excelente razão para que ouçam estas exprobrações da boca de Deus: para que se, se mantiverem obstinadamente nos vícios, aprendam que sua maldade seja acusada e detestada nas calamidades antes de acusar a Deus de uma sevícia iníqua. Se não despojam a docilidade, tomados pelo desgosto dos pecados (pelos quais se vêm merecidamente miseráveis e perdidos), voltem ao caminho e, por uma dura confissão, reconheçam que o Senhor recorda ao

---

279 Jr 7, 13s.
280 Jr 7, 28s; aos versículos precedentes, 23-26, objeta Cochlaeus, *De libero arbitrio*, I, F2b.
281 A passagem não coincide, mas parece que visa a Jr 5, 3 na versão da Vulgata; cf. Cochlaeus, *De libero arbitrio*, I, F2a.

repreender. A utilidade das repreensões dos profetas aos devotos que foram citadas consta de uma solene oração de Daniel, localizada no capítulo 9.[282] Ora, vimos o exemplo da utilidade da primeira para os judeus, aos quais Jeremias é obrigado a narrar a causa de suas misérias, dado que não se daria diferentemente do que Deus predissera: "Falarás a eles todas estas palavras, e não te ouvirão; chamarás a eles, e não te responderão" [Jr 7, 27]. Para que, então, cantava aos surdos? Para que, sem querer e contra a vontade, entendessem que fosse verdadeiro o que escutavam: que seria um sacrilégio nefando atribuírem a Deus a culpa de seus males, a qual neles residia. Por essas poucas soluções, podemos muito facilmente escapar de uma imensa coleção de testemunhos que, para erigir um simulacro do livre-arbítrio, as hostes dos transgressores da Lei costumam dispor para a graça de Deus, por meio tanto dos preceitos quanto dos esconjuros em sentido contrário. Vergonhosamente, o salmo diz sobre os judeus: "Nação depravada, que não conduziu seu coração" [Sl 78, 8]; também, por outro salmo, o profeta exorta os homens de sua geração para que não endureçam seu coração [Sl 95, 8], com certeza porque a culpa de toda contumácia permanece fixa na depravação dos homens, mas daí tolamente se conclui que o coração, cuja preparação pertence a Deus, seja flexível a ambas as partes. Disse o profeta: "Inclinei meu coração para observar seus preceitos" [Sl 119, 112], sem dúvida porque, livremente e com alegria, pela propensão da alma, uniu-se a Deus. Entretanto, não se jacta de ser o autor da inclinação, a qual no mesmo salmo reconhece ser um dom de Deus.[283] Assim, ao acolher a admoestação de Paulo, ao obrigar os fiéis a operar sua salvação com temor e tremor, porque é Deus quem opera e quer e perfaz [Fl 2, 12],[284] determina que ajam por seus membros, para que não sejam indulgentes com o torpor da carne, mas, ao recomendar o medo e a solicitude, também os humilha, para que se recordem de que isso pelo que são obrigados a agir seja obra própria de Deus. Assim, exprime explicitamente que os fiéis agem com passividade (se assim se pode dizer), uma vez que a faculdade é sugerida do céu, para que não arroguem absolutamente nada para si mesmos. Por isso, quando Pedro nos exorta a subministrarmos a virtude na fé [2Pd 1, 5], não nos concede as partes secundárias, como se fizéssemos algo separadamente, mas apenas desperta a preguiça da car-

---

282 Dn 9, 4-19.
283 Sl 119, 36.
284 Fl 2, 12s.

ne, pela qual muitas vezes é sufocada a própria fé. O mesmo espera o dito de Paulo: "Não extingais o Espírito" [1Ts 5, 19], porque muitas vezes arrasta os fiéis pela vergonha, a menos que se corrijam. Se alguém, entretanto, daí infere que esteja no arbítrio deles fomentar a luz oferecida, com facilidade será refutada sua ignorância, porque a mesma diligência que Paulo requer [2Co 7, 1] não provém senão de Deus. Pois também frequentemente nos obrigamos a nos purgar de toda mancha quando o Espírito reivindica apenas para si o encargo da consagração. Por fim, pelas palavras de João, é claro que nos é transferido por concessão o que a Deus compete: "Qualquer um que seja em Deus, guarde a si mesmo" [1Jo 5, 18]. Os pregoeiros do livre-arbítrio agarram essa frase como se fôssemos guardados em parte pela virtude de Deus, em parte pela nossa; como se não tivéssemos do céu a mesma custódia, como lembra o apóstolo. Donde também Cristo roga ao Pai que nos guarde do mal [Jo 17, 15]; e sabemos que os pios, ao lutarem contra Satanás, não alcançam a vitória senão pelas armas de Deus. Assim, onde Pedro ordena que as almas sejam purificadas na obediência da verdade, imediatamente acrescenta como correção: pelo Espírito [1Pd 1, 22]. Por fim, João mostra, de modo breve, que nada são todas as forças humanas na disputa espiritual, desde que ensina não poderem pecar os que são gerados de Deus, porque a semente de Deus neles permanece [1Jo 3, 9]; e apresenta a razão em outro lugar: que a nossa fé seja a vitória que vence o mundo [1Jo 5, 4].

12. Contudo, cita-se o testemunho sobre a Lei de Moisés, que parece muito contrário à nossa solução. Pois, depois que a Lei foi promulgada, ele respondeu ao povo deste modo: "Este mandamento que hoje recomendo a ti não é oculto, nem posto à distância, nem situado no céu, mas está lado a lado contigo, em tua boca e em teu coração, para que o cumpras" [Dt 30, 11].[285] Se esses ditos forem entendidos estritamente em relação aos preceitos, reconheço não terem pouco peso para a causa presente. Pois, mesmo que fosse obra fácil desviar que aqui se trate não da facilidade e da tendência da observação, mas do conhecimento, ainda assim, entretanto, talvez restassem não poucos empecilhos. O apóstolo, porém, que não é um intérprete ambíguo, livra-nos de toda dúvida ao afirmar que Moisés fala aqui da doutrina do Evangelho [Rm 10, 8]. Se algum rebelde responder que esses ditos fossem distorcidos por Paulo, para que pudessem ser trazidos ao Evangelho, se bem que sua audácia não care-

---

285 Dt 30, 11.12.14; Erasmo, *De libero arbitrio*, p.36-7; Eck, *Enchiridion*, 1532, c.31, L4b; Schatzgeyer, *Scrutin.*, c.1, CC5, 10; Herborn, *Enchiridion*, c.38, CC12, 130.

ça de impiedade, há algo além da autoridade do apóstolo para responder a ele. Pois, se Moisés falasse apenas dos preceitos, inflaria o povo por uma confidência muito vã. O que teria feito, senão que se arruinassem, se empreendessem a observação da Lei por suas próprias forças, como algo não difícil para si? Donde vem, então, a tão óbvia facilidade para a observação da Lei, quando o acesso não é patente senão por um precipício fatal? Por isso, nada é mais certo do que Moisés ter compreendido por suas palavras a aliança da misericórdia, que promulgara una com a execução da Lei. Pois também havia ensinado, poucos versículos antes, que seria preciso que nosso coração fosse circuncidado pela mão de Deus para que o amemos [Dt 30, 6]. Portanto, não pôs na virtude do homem a facilidade da qual fala em seguida, mas no auxílio e no socorro do Espírito Santo, que de modo potente leva a cabo sua obra em nossa enfermidade. Se a passagem não deve ser entendida em relação simplesmente aos preceitos, mas também às promessas do Evangelho, a tal ponto não estabelecem a comparação da faculdade da justiça em nós que a destroem por completo. Paulo, reputando que a salvação seja proposta no Evangelho não sob uma condição dura, árdua e impossível, pela qual a Lei age conosco (a saber, para que a sigam apenas aqueles que cumprem todos os mandamentos), mas por um acesso fácil, livre e patente, confirma esse testemunho. Portanto, em nada está reivindicada a liberdade para o arbítrio humano em tal testemunho.

13. Costumam levantar objeções também com outras passagens,[286] pelas quais se mostra que às vezes Deus retira o subsídio de sua graça para examinar os homens e observar para que lado eles convertem seu zelo, tal como se encontra em Oséias: "Irei a meu lugar, até que ponham em seu coração e busquem a minha face" [Os 5, 14].[287] Dizem: seria ridículo o Senhor ter considerado que Israel buscasse a sua face a menos que fossem flexíveis de alma os que podem inclinar seu próprio engenho para o que quiserem. Como se isso não fosse abundamente empregado por Deus nos *Profetas*: que traga diante de si a imagem que despreza e expulsa o povo até que ele se corrija numa vida melhor. Mas, enfim, o que os adversários elegem de tais ameaças? Se quiserem que o povo, afastado de Deus, possa aplicar-se por si mesmo à conversão, têm toda a Escritura contrária a isso; se reconhecem a graça de Deus necessária para a conversão, o que discutem conosco? E a reconhecem de tal modo

---

286 Cf. Camerarius, ibidem, III, 9, p.276.
287 Os 5, 15.

necessária que pretendem sua faculdade assegurada para o homem.[288] Donde o provam? Com certeza não daquela passagem, nem de semelhantes; de um lado está o afastar-se do homem e examinar o que faça autorizado e deixado por si, de outro lado, que venha em auxílio de suas parcas forças diante da extensão da fraqueza. O que, então, alguém diz, insinuam essas fórmulas? Respondo que valem como se assim falasse Deus: já que admoestando, exortando, repreendendo, nada cresça nesse povo contumaz, furtar-me-ei por pouco tempo e, calado, deixarei que seja vexado. Verei se, depois de longas calamidades, ele retoma alguma vez minha recordação, para que busque a minha face. Ora, que o Senhor se afaste ao longe significa que afaste a profecia. Que espreite o que farão os homens significa que neles exerça, calado e como se dissimulando, as várias aflições no tempo. Faz a ambos para mais nos humilhar; com efeito, antes seremos esmigalhados pelos flagelos das coisas adversas que corrigidos, a menos que por seu Espírito nos reúna àquela docilidade. Além disso, de quando o Senhor, ofendido e como que fatigado por nossa obstinação inquebrantável, exclui-nos por um tempo (a saber, afastando a sua palavra, na qual costuma exibir certa presença de si) e experimenta o que fazemos em sua ausência, falsamente se recolhe que há alguma força para o livre-arbítrio que Ele contemple e examine, quando não o faz senão para nos impelir a reconhecer a nossa ουφδενιϖαν, "nulidade".

14. Também argumenta, de um modo que se costuma falar e está presente nas palavras dos homens e também nas Escrituras, segundo o qual se diz que as boas obras são nossas, e não menos fazemos o que é santo e agradável ao Senhor, que o que é mau e o que o desgosta. Pois, se os pecados forem imputados a nós por direito, certamente, pela mesma razão, também será assinalado a nós algo nas benignidades. De fato, não estaria de acordo com a razão ser dito que faríamos o que somos inábeis para fazer por movimento próprio, como se fôssemos pedras movidas por Deus. Então, como demos as primeiras à graça de Deus, essas falas indicam que seja nossa obra ter também as partes secundárias. Se daquilo fosse reclamado o classificar como nossas as boas obras, eu objetarei contrariamente que seja chamado de nosso o pão que pedimos a Deus nos ser dado. O que auferem do título de possessão senão que, pela benignidade de Deus e por favor gratuito, seja feito nosso o que de outra forma seria minimamente devido a nós? Portanto, ou riam do mesmo

---

288 Herborn, *Enchiridion*, c.38, CC12, 129; cf. *Actes de Ratisbonne*, 1541, CR, Calv. Op., V, 518.

absurdo na oração dominical ou não tomem por ridículo serem chamadas de nossas as boas obras, nas quais nada temos de próprio a não ser pela liberalidade de Deus. No entanto, isto é muito mais forte: a Escritura muitas vezes afirma que nós mesmos cultuamos a Deus, observamos a justiça, obedecemos a Lei, zelamos pelas boas obras. Dado que esses sejam ofícios próprios da mente e da vontade, como seria conveniente referi-los ao Espírito e ao mesmo tempo atribuí-los a nós, a menos que houvesse certa comunicação do nosso zelo com a virtude divina? Esclareceremos essas intrigas sem nenhum trabalho se reputarmos corretamente o modo pelo qual o Espírito do Senhor age nos santos. É estranha aquela similitude pela qual de forma invejosa nos oprimem; com efeito, quem tem tamanha falta de juízo para pensar que o movimento do homem em nada difere do lançamento da pedra?[289] E também não se extrai nada de similar de nossa doutrina. Encontramos nas faculdades naturais do homem o aprovar, o rejeitar, o querer, o não querer, o desembaraçar-se, o resistir, ou seja, aprovar a vaidade, recusar o bem sólido, querer o mal, não querer o bem, desembaraçar-se para o mal, resistir à justiça. O que faz aqui o Senhor? Se a tal depravação quer usar como um instrumento de sua ira, dirige e destina para o que quiser, para que, pela mão viciosa, cumpra-se sua boa obra. Celerado, portanto, o homem que serve desse modo à potência de Deus, enquanto apenas se submete ao zelo de sua libido: porventura o colocaremos lado a lado com a rocha que, lançada por um ímpeto alheio, não é impelida nem por um movimento, nem por um sentimento, nem por uma vontade própria? Vejamos o quanto é diferente. O que há, de fato, nos bens dos quais trata precipuamente a questão? Quando erige o seu reino neles, coíbe a vontade por meio de seu Espírito, para que não seja raptada vagando acima e abaixo em libidinagens pela inclinação da natureza. Para que propenda na santidade e na justiça, dobra à regra de sua justiça, compõe, forma, dirige. Para que não titubeie ou conceda, pela virtude de seu Espírito estabelece e confirma. Razão pela qual Agostinho diz: "Tu me dizes, então, que somos agitados, não agimos. Pelo contrário: tu ages e serás agitado; donde ages bem se agires desde o bem. O Espírito de Deus que age em ti é adjutor para os agentes. Prescreve o nome de adjutor para que, também tu, ajas de algum modo".[290] Pela primeira parte, adverte que a ação do homem não seja determinada pelo movimento do Espírito Santo, porque há von-

---

289 Cf. Cochlaeus, *De libero arbitiro*, I, B1a; C8bs.
290 Agostinho, *Sermões* 156, c.11, 11, PL 38, 855s.

tade desde a natureza, que é regida para que aspire ao bem. Ora, o que é acrescentado em seguida, que possa, pelo nome de auxílio, recolher que também nós ajamos de algum modo, não convém que seja tomado como se por isso atribua algo a nós, mas, para que não fomente em nós a preguiça, concilia a ação de Deus com a nossa para que o querer seja desde a natureza, e o querer o bem, desde a graça.[291] Por isso, dissera um pouco antes que, a não ser que Deus nos ajudasse, não apenas não poderíamos vencer, mas nem sequer poderíamos lutar.[292]

15. E assim aparece que a graça de Deus (como esse nome é tomado quando se fala da regeneração) seja a regra do Espírito para dirigir e moderar a vontade do homem. Não pode moderar sem que corrija, reforme, renove (pelo que dizemos que o princípio de regeneração seja abolir o que há de nosso) e sem, ao mesmo tempo, mover, agir, impelir, levar, manter. Donde podemos inferir que, com certeza, sejam d'Ele todas as ações que daí emanam. Paralelamente, não negamos que seja muito verdadeiro o que ensina Agostinho: que a vontade não seja destruída pela graça, mas, antes, por ela reparada,[293] porque por excelência há os dois: que a vontade do homem é renovada ao dirigir a viciosidade e a perversidade corrigidas à verdadeira regra da justiça e, ao mesmo tempo, que uma nova vontade é criada no homem, uma vez que esteja tão viciada e corrupta que necessariamente tenha de se atribuir um engenho de todo novo. Logo, nada obsta que não se diga que agimos retamente porque o Espírito de Deus atue em nós, ainda que nossa vontade não confira a si nada que seja separado de sua graça. Por isso, deve-se ter na memória aquilo que, em outro lugar, citávamos de Agostinho:[294] que frustra alguns estarem muito ocupados em encontrar na vontade do homem algo próprio de bom. Com efeito, seja o que for que os homens tragam, por zelo, para mesclar o livre-arbítrio à graça de Deus não é mais do que a corrupção dele, tal como se alguém diluísse no vinho uma água barrenta e amarga. Ora, ainda que tudo o que há de bom na vontade provenha unicamente da instigação do Espírito, uma vez que também nos é ingênito o querer, não nos afastamos da realidade ao dizer que agimos naqueles dos quais Deus reivindica para si, por direito, o louvor. Em primeiro lugar, porque é nosso, pela benignidade d'Ele, tudo o que é operado em nós, desde que en-

---

291 Ver Agostinho, *Sermões* 156, c.11-2; mas as mesmas palavras ("querer ... graça") aparecem claramente em Bernardo, *De gratia et libero arbitrio*, 6, 16, PL 44, 1010.
292 Agostinho. *Sermão* 156, c.9, 9, PL 38, 855.
293 Idem, *Sobre a graça e o livre-arbítrio*, c.20, 41, PL 44, 905.
294 Ver p.254, 4ss.

tendamos que não parta de nós. Ademais, porque nossa é a mente, nossa a vontade, nosso o zelo, que d'Ele dirigem para o bem.

16. Além disso garimpam, daqui e dali, testemunhos que não dariam muito trabalho aos de entendimento medíocre que absorveram com dignidade apenas as soluções anteriores. Citam aquela sentença do *Gênesis*: "Sob ti estará o apetite dele, e tu o dominarás" [Gn 4, 7], que entendem ser sobre o pecado, como se o Senhor tivesse prometido a Caim que não havia de estar em sua alma a força superior do pecado se quisesse trabalhar na sua dominação.[295] Ora, nós dizemos que antes esteja congruente com a ordem da oração que tal dito seja tomado sobre Abel. Com efeito, ali é proposto por Deus que se mostre a iniquidade da inveja que Caim concebera no irmão. Faz isso por uma razão dupla: que inutilmente meditava o crime pelo qual ultrapassaria o irmão diante de Deus, para quem não há honra senão a da justiça; ademais, que fosse muito ingrato, ante o benefício de Deus já recebido, aquele que certamente não pode tolerar o irmão submetido a seu império. Na verdade, para que não sejamos vistos como quem abraça esta interpretação porque a outra nos seja contrária, concedamos que Deus houvesse claramente falado sobre o pecado. Se assim for, Deus ou promete ou obriga o que denuncia. Se ele obriga, já demonstramos que não segue daí nenhuma prova da faculdade humana; se promete, onde há o complemento da promessa quando Caim sucumbe ao pecado a que ele mesmo deveria dominar? Acreditam inclusa à promessa uma condição tácita, como se dissesse que havia de ser reposta a vitória se lutasse, mas quem acolheria esses rodeios? Pois se essa dominação se refere ao pecado, ninguém hesitaria que seja uma oração imperativa, na qual não é definido o que podemos, mas o que devemos, mesmo além das possibilidades. Se bem que tanto a própria realidade quanto a regra gramatical defendam haver ùma comparação entre Caim e Abel, uma vez que o primogênito não teria sido menos estimado que o irmão menor a menos que, pelo próprio crime, fosse ainda inferior.

17. Empregam também o testemunho do apóstolo, porque diz que "não depende daquele que quer, nem daquele que corre, mas de Deus que faz misericórdia" [Rm 9, 16], segundo o qual elegem que algo esteja na vontade e no esforço, o que por si agrada ao fraco, que, ajudado

295 Schatzgeyer, *Scrutin*, c.1, CC5, 11; Herborn, *Enchiridion*, c.38, CC12, 130; Erasmo, *De libero arbitrio*, p.32; Cochlaeus, *De libero arbitrio*, I, B7a; Eck, *Enchiridion*, 1532, c.31, L4b; De Castro, *Adv. omn. haer.*, IX, fol.149F; Faber, *De absoluta necessitate*, opusc.1538, C3b.

pela misericórdia de Deus, não carece de um sucesso próspero.[296] Contudo, se pensassem com sobriedade qual é a causa de que trata Paulo, não esgotariam tão inconsideradamente essa sentença. Sei que para eles Orígenes [*Sobre a Epístola aos Romanos*, I.7][297] e Jerônimo [*Diálogo contra os pelagianos*, 1][298] podem ser citados como partidários. Eu também poderia, em compensação, opor a eles Agostinho,[299] mas o que eles opinam não diz respeito a nós, se constar o que queria Paulo. Ele ensina que a salvação esteja preparada somente àqueles que o Senhor digne por sua misericórdia, que permaneça a ruína e a destruição àqueles que Deus não escolha. Havia mostrado a sorte dos réprobos sob o exemplo do faraó;[300] do mesmo modo, havia confirmado a certeza da eleição gratuita pelo testemunho de Moisés: "Terei misericórdia daqueles de que terei misericórdia". Conclui, "não depende daquele que quer ou daquele que corre, mas de Deus que faz misericórdia". Se for entendido desse modo, que não sejam suficientes a vontade ou o esforço, porque são desiguais para tamanha dificuldade, teria sido muito pouco convenientemente dito por Paulo. Por isso, afastemo-nos dessas argúcias minúsculas: "não depende daquele que quer, nem daquele que corre", portanto há alguma vontade, há alguma corrida. Com efeito, é ainda mais simples a mente de Paulo: não há vontade, não há corrida que nos preparem para o caminho da salvação, aqui há apenas a misericórdia do Senhor. Não fala aqui de modo diverso do que a Tito, quando escreveu que a bondade e a humanidade surgissem de Deus, e não das obras da justiça que fizemos, mas pela imensa misericórdia d'Ele [Tt 3, 4].[301] E aqueles que repetem incessantemente que Paulo indicasse haver alguma vontade e alguma corrida, uma vez que teria negado que dependesse "daquele que quer ou daquele que corre", não concederão para mim, ao raciocinar do mesmo modo, que erigisse para nós alguma boa obra, uma vez que Paulo nega, nas obras que teríamos feito, que fôssemos assegurados da bondade de Deus. Ora, se veem um vício nessa argumentação, abram os olhos e discirnam que a sua mão pode salvar-se da acusação de falácia. Também é firme a razão na qual Agostinho se apoia:

---

296 Erasmo, *De libero arbitrio*, p.49; Faber, *De absoluta necessitate*, E2a, 5b.
297 Orígenes. *In ep. ad Rom. comment.*, VII, 16 (*ad Rom.* 9, 16), ed. Lommatzsch, t.VII, 163ss.
298 Jerônimo. *Dial. Adv. Pelagianos*, I, 5, PL 23, 500s.
299 Ver notas 303s.
300 Rm 9, 17.
301 Tt 3, 4s.

se fosse dito que não dependa do que quer nem do que corre[302] porque não basta a vontade nem a corrida, que possa ser retorquido em contrário aquela parte de que não dependa da misericórdia de Deus, porque nem ela agiria sozinha. Dado ser a segunda parte absurda, com mérito conclui Agostinho que, por isso, há aquele dito: "porque nenhuma vontade do homem seja boa a menos que seja preparada desde o Senhor",[303] não que não devamos querer e correr, mas porque é Deus quem torna a ambos eficazes em nós [*Epístola* 107, *a Vital*].[304] Não é menos grosseiramente distorcida por alguns a passagem de Paulo: "Somos cooperários de Deus" [1Co 3, 9].[305] Há pouca dúvida de que se restrinja apenas aos ministros: ora, são chamados operários não aqueles que trazem algo de si, mas porque Deus se vale da obra daqueles depois que os faz idôneos e os instrui com os dotes necessários.

18. Apresentam o *Eclesiástico*, sobre o qual não se ignora que o escritor seja de autoridade duvidosa. Dado que não o repudiemos (o que, entretanto, nos agrada ser feito por nosso juízo), o que ele atesta em favor do livre-arbítrio? Diz: "Assim que o homem foi criado, foi deixado nas mãos de sua deliberação: que sejam dados para ele os preceitos, aos quais, se guardar, por eles, em paga, será guardado, que seja posta perante o homem a vida e a morte, o bem e o mal, o que quer que queira, será dado a ele" [Eclo 15, 14].[306] Seja concedido que o homem, desde sua criação, tenha tomado a faculdade de apoderar-se da vida ou da morte. O que seria perdido se respondêssemos contrariamente? Por certo não há a intenção de contradizer Salomão, que asseverou ter sido o homem criado reto desde o início e que a si mesmo acrescentasse muitas invencionices [Ecl 7, 30];[307] com efeito, uma vez que o homem se degenerou, provocando o naufrágio de si e de todos os bens, não mais compete que tudo o que é atribuído à primeira criação continue na natureza viciada e degenerada. Portanto, respondo não apenas àqueles mas também ao escritor do *Eclesiástico* (enfim, seja ele quem for). Se queres instituir ao homem que busque que a faculdade da salvação seja adquirida junto de si mesmo, tua autoridade vale tanto para nós quanto obtenha um mínimo

---

302 Rm 9, 16.
303 Agostinho. *Enchiridion*, c.32, PL 40, 248; ed. Scheel, c.9, 32, p.21s.
304 Idem, *Epístolas* 217, 4, 12 (*ad Vitalem*), PL 33, 983.
305 Eck, *Enchiridion*, 1532, c.1, L5a ; De Castro, *Adv. omn. haer.*, IX, fol.151A.
306 Eclo 15, 14.15.17; Erasmo, *De libero arbitrio*, p.19; Cochlaeus, *De libero arbitrio*, I, B5a; Eck, *Enchiridion*, 1532, c.31, L4b; De Castro, *Adv. omn. haer.*, IX, fol.150B.
307 Ecl 7, 29 (*Vulgata* 7, 30).

prejuízo contra a indubitável palavra de Deus. Se apenas zelas para conter a maldade da carne, a qual costuma recolher uma defesa inútil ao transferir seus males a Deus, e por esse motivo respondes que a retidão teria sido incutida no homem para que aparecesse ser ele a causa de sua queda, assinto de bom grado, ou melhor, apenas convirjo contigo nisto: que esteja agora espoliado daqueles ornamentos com os quais o Senhor o investira no início. E assim reconheçamos também que agora necessite de um médico, não de um defensor.

19. Nada têm mais frequentemente na boca que a parábola de Cristo sobre o peregrino, que os ladrões lançaram semivivo no caminho [Lc 10, 30]. Sei que é comuníssimo a quase todos os escritores que, sob a figura do peregrino, estivesse representada a calamidade do gênero humano, donde os nossos adversários argumentam que não teria sido tão mutilado pelo latrocínio do pecado e do Diabo o homem que não retivesse sobre si as relíquias dos primeiros bens, visto que é dito ter sido deixado semivivo. Onde, com efeito, está a metade da vida a não ser que permanecesse alguma porção tanto da reta razão como da reta vontade?[308] Primeiro, se eu não quiser dar lugar à alegoria deles, o que teriam feito? Pois, além disso, não há dúvida de que fora pensado pelos Pais que confraternizasse com o sentido da oração do Senhor. As alegorias não devem avançar para além do que a regra que têm prescrita para a Escritura: afastam-se a tal ponto que, por si, não bastam para fundamentar nenhum dogma. E não faltam razões pelas quais poderei, se quiser, demolir todo esse comentário. A palavra de Deus não deixa para o homem meia vida, mas ensina que estivesse completamente perdido quanto à razão da vida bem-aventurada. Paulo, ao falar sobre nossa redenção, não disse curados os semivivos, mas ressuscitados, dado que estivéssemos mortos [Ef 2, 5]; não interpela aos semivivos para que recebam a iluminação de Cristo, mas os que dormem e os sepultos [Ef 5, 14]; nem difere o próprio Senhor, dado que disse que viria a hora em que os mortos ressurgiriam por sua voz [Jo 5, 25]. Por qual frente oporão uma leve alusão a sentenças tão claras? Que essa alegoria valha por certo testemunho. O que, entretanto, obteriam de nós? O homem está semivivo, tem portanto algo salvo; com efeito, tem a mente capaz de inteligência, ainda que não penetre na sabedoria celeste e espiritual; tem não menor juízo da honestidade; tem algum sentimento da divindade, por mais que não al-

308 Cochlaeus, *De libero arbitrio*, II, 1, 2b; Herborn, *Enchiridion*, c.38, CC12, 129; cf. Pseudo-Agostinho, *Hypognosticon*, III, 8, 11s., PL 45, 1628s.

cance a verdadeira razão de Deus. Mas isso implica o quê? Com certeza não são eficazes para nos vetar aquela citação de Agostinho, aprovada pelo sufrágio comum dos escolásticos: que sejam proibidos para o homem depois da queda os bens gratuitos de que depende a salvação; e de fato, os naturais estão corruptos e poluídos.[309] Assim, mantém-se para nós indubitável esta verdade que não pode ser abalada por nenhuma maquinação: a mente do homem está tão afastada da justiça de Deus que não concebe, deseja e projeta nada que não seja ímpio, distorcido, sujo, impuro, escandaloso; o coração, tão completamente impregnado pelo veneno do pecado, que não busque senão o que exala um mau cheiro corrupto. Pelo que, se alguma vez ostentam algo na aparência de bem, a mente, entretanto, sempre permanece envolvida por uma obliquidade hipócrita e falaz, e a alma, amarrada por uma perversidade interior.

---

309 Ver notas 7 e 8.

Capítulo VI

Que se busque em Cristo a redenção para o homem perdido.

ma vez que todo o gênero humano pereceu na pessoa de Adão, para nós, aquela superioridade e nobreza[310] de origem de que falávamos era tão sem valor que antes se converteria em ignorância caso não aparecesse o Deus Redentor na pessoa de seu filho unigênito, que não reconhece como sua obra os homens viciados e corrompidos pelo pecado. Portanto, depois que caímos da vida na morte, todo aquele conhecimento de Deus criador sobre o qual falamos[311] teria sido inútil a menos que se sucedesse também a fé que nos propõe a Deus como Pai em Cristo. Com certeza, aquela ordem original servia para que a obra do mundo fosse para nós uma escola de aprendizado da piedade, de onde se daria a passagem para a vida eterna e a felicidade perfeita. Mas, depois da queda, para onde quer que voltemos os olhos, deparamos de cima a baixo a maldição de Deus, que, ao ocupar e envolver criaturas inofensivas por nossa culpa, necessariamente oprime nossa alma pelo desespero. Ainda que Deus queira exceder de muitos modos seu amor paterno para nós, não é permitido que se recolha da visão do mundo que seja nosso Pai. Depois, a consciência interiormente nos convence e mostra que está no pecado a justa causa do abandono, para que Deus não nos declare ou repute como filhos. Ele acrescenta tanto a indolência como a ingratidão, porque a nossa mente, cega, não discerne o que seja verdadeiro, e, como são depravados todos os nossos sentidos, malignamente tiramos de Deus a sua glória. Assim, vem ao espírito aquela citação de Paulo: "Visto como,

---

310 Ver Livro I, Capítulo XV.
311 Ver Livro I, Capítulo I ss.

na sabedoria de Deus, o mundo não conheceu a Deus por sua própria
sabedoria, aprouve a Deus salvar os crentes pela loucura da pregação".
[1Co 1, 21]. Ele chama de sabedoria de Deus este magnífico espetáculo
do céu e da terra, indicado por inúmeros milagres, de cuja visão sabiamente chegava a conhecer a Deus, mas, porque progredimos tão mal daí,
nos chama para a fé em Cristo, que sob a imagem de loucura é o fastio
do incrédulo. Por conseguinte, ainda que o intelecto humano não responda
à pregação da cruz, é preciso entretanto que a abrace com humildade, se
desejamos voltar a Deus, nosso criador e autor, de quem estamos afastados, para que comece novamente a ser um pai para nós. Sem um Mediador, por certo de nada vale para a salvação o conhecimento de Deus depois
da queda do primeiro homem: uma vez que Cristo não fala apenas de sua
geração, mas compreende a todos os séculos, quando disse que esta seja
a vida eterna: conhecer o Pai, o único Deus verdadeiro, e aquele que Ele
enviou, Jesus Cristo [Jo 17, 3]. Pelo que é ainda mais grave a negligência
daqueles que escancaram o céu a quaisquer profanos e incrédulos, exce-
tuada a graça[312] daquele que, em vários lugares, a Escritura ensina ser a
única entrada pela qual ingressamos na salvação.[313] Pelo que, se alguém
quiser restringir aquele dito de Cristo à promulgação do Evangelho, prontamente há uma refutação, porque para todos os séculos e nações foi dada
a mesma regra: que não seja possível agradar a Deus sem a reconciliação dos que estão afastados d'Ele e sem chamar os filhos da ira de malditos. Que tu acrescentes o que Cristo responde à mulher samaritana: "Vós
adorais o que ignorais, nós, porém, adoramos o que sabemos, porque a
salvação vem dos judeus" [Jo 4, 22]. Palavras pelas quais tanto condena
as falsas religiões das nações como aponta a razão: porque apenas ao
povo eleito fora prometido um Redentor sob a Lei, donde se segue que
nenhum culto jamais foi agradável a Deus a menos que dissesse respeito
a Cristo. Donde também Paulo afirma que todas as nações estivessem
sem Deus e privadas da esperança da vida [Ef 2, 12]. Logo, quando João
ensina que desde o início a vida se deu em Cristo [Jo 1, 4] e todo o mundo[314] dela se afastou, é necessário que ele volte à fonte: por isso, o Cristo, na medida em que é Mediador, assevera que seja a vida.[315] Evidentemente, não cabe senão aos filhos de Deus a hereditariedade dos céus.

---

312 Des. Erasmo, *Colloqu.* (*Convivium religiosum*), Op. 1540, I, 573s.; *epist. ad Io. Ulatten*,
     Op. epist. ed. Allen, V, 339. Cf. Zwínglio, *Expositio fidei*, c.12, ed. Schul. Et Schulth.,
     IV, 65. Coel. Sec. Curio, *De amplitudine beati regni dei*, 1554, lib.2, p.196s.
313 Jo 10, 9.
314 Jo 1, 10.
315 Jo 11, 25; 14, 6.

Ora, pela passagem e pela ordem não deve ser concedido que sejam filhos aqueles que não estão inseridos no corpo do Filho unigênito. E João atesta que aqueles que creem no seu nome, se fazem filhos de Deus [Jo 1, 12]. Mas, uma vez que ainda não proponho tratar explicitamente da fé em Cristo, terá sido suficiente tê-lo feito de passagem.

2. Tal como Deus jamais se mostrou propício ao povo antigo, jamais deu a esperança da graça sem o Mediador. Omito os sacrifícios da Lei, pelos quais clara e abertamente foi ensinado aos fiéis que a salvação não deve ser buscada senão na expiação que foi realizada apenas por Cristo. Digo somente isto: que o estado bem-aventurado e feliz da Igreja sempre se fundamentou na pessoa do Cristo. Pois, ainda que Deus tenha juntado à sua aliança toda a descendência de Abraão, Paulo, entretanto, avalia com prudência que é propriamente o Cristo aquela semente na qual todas as gerações foram abençoadas [Gl 3, 16], já que sabemos que nem todos que são gerados d'Ele segundo a carne não considerados de sua linhagem. Pois – dado que me calarei sobre Ismael e outros – o que se deu para que dos dois filhos de Isaac, quando ainda estavam unidos no útero da mãe (com efeito, Esaú e Jacó foram irmãos gêmeos) um tenha sido eleito e o outro, repudiado?[316] Ou melhor, o que se deu para que, o primogênito rejeitado, apenas o mais novo tivesse lugar? De onde, ademais, teve lugar que a parte do maior tenha sido abdicada? Portanto, é manifesto que a semente de Abraão tenha sido decretada precipuamente na cabeça de um e que não conste a salvação prometida até que se tenha dirigido ao Cristo, cujo ofício é recolher os que estiverem espalhados. Assim, a primeira adoção do povo eleito dependia da graça do Mediador. Mesmo que isso não fosse expresso nas palavras de Moisés, claramente aparece que fosse muito conhecido de todos os fiéis. Pois, antes que fosse criado um Rei para o povo, Ana, a mãe de Samuel, referindo-se à felicidade dos devotos, fala assim em seu cântico: "Deus dará força a seu Rei e exaltará a coragem de seu Messias" [1Sm 2, 10], palavras pelas quais entende que Deus abençoasse sua Igreja. A isso corresponde o oráculo que submeteu pouco depois: "O Sacerdote que constituirei andará ante o meu Cristo".[317] Não deve, pois, haver dúvida de que o Pai celeste quis viva em Davi e em sua posteridade a imagem de Cristo, razão pela qual, querendo exortar os fiéis para o temor de Deus, obriga que o Filho seja beijado [Sl 2, 12]. Corresponde a isso aquela sentença do Evan-

---

316 Rm 9, 11.
317 1 Sm 2, 35.

gelho, "Quem não honra o Filho, não honra o Pai" [Jo 5, 23]. Assim, permitiu que, pela queda das dez tribos, fosse arruinado o reino; entretanto, é preciso que permaneça o tratado que Deus firmara em Davi e seus sucessores, tal como também foi anunciado pelo profeta: "Não destruirei completamente o reino devido a Davi, meu servo, e a Jerusalém, que escolhi, mas para teu filho restará uma tribo" [1Rs 11, 12],[318] lugar em que o mesmo dito é repetido uma segunda e uma terceira vez. E também prescreve: "Afligirei a semente de Davi, mas não por todos os dias" [1Rs 11, 39]. Depois de algum tempo, foi dito: "Por causa de Davi, seu servo, Deus deu a luz para Jerusalém, para que levantasse seu filho e guardasse salva Jerusalém" [1Rs 15, 4]. E, dado que as coisas pendessem para a destruição, disse em contrário: "Deus não quis dispersar Judá por causa de Davi, seu servo, porque havia dito que sempre daria a ele e a seu filho uma luz" [1Rs 11, 34].[319] E conduziu à suma de que, preteridos todos os outros, apenas fosse escolhido Davi, no qual residiria o beneplácito de Deus, tal como dito em outro lugar: "Repeliu o tabernáculo de Siló e o tabernáculo de José e não elegeu a tribo de Efraim" [Sl 78, 60.67], mas escolheu a tribo de Judá, o monte Sião ao qual amou.[320] Escolheu a Davi, seu servo, para ser o pastor de Jacó, seu povo, e de Israel, sua hereditariedade.[321] Por fim, Deus tanto quis preservar sua Igreja que seu estado incólume e salvação dependiam de sua cabeça. Por isso exclama Davi: "Jeová, força de seu povo, fortaleza que salva o seu Cristo" [Sl 28, 8]. E imediatamente acrescenta o pedido: "Guarda teu povo e abençoa a tua herança",[322] significando que o estado indiviso da Igreja estivesse indissoluvelmente unido ao império de Cristo. Em outro lugar, com o mesmo sentido: "Observa, Jeová, que o Rei nos ouça no dia em que o invocarmos" [Sl 20, 10]. Palavras pelas quais abertamente ensina que não é por outra confiança que se refugiasse na obra de Deus, a não ser porque os fiéis se ocultavam sob o auxílio do Rei, o que é recolhido de outro salmo: "Observa, Jeová, bendito o que vem em nome de Jeová" [Sl 118, 25.26], onde consta que os fiéis sejam de novo chamados para Cristo, esperando a salvação pela mão de Deus. Diz respeito ao mesmo outro pedido, em que toda a Igreja implora a misericórdia de Deus: "Seja a tua mão sobre o homem de tua direita, sobre o filho do homem que conservaste (ou

---

318 1 Rs 11, 13.
319 Ou melhor, 2Rs 8, 19.
320 Sl 78, 68.
321 Sl 78, 70s.
322 Sl 28, 9.

tornaste apto) para ti" [Sl 80, 18]. Pois, ainda que deplore a dispersão de todo o povo, o autor do salmo solicita a restauração apenas na cabeça. Ora, tendo sido o povo arrastado ao exílio, a terra devastada e as coisas perdidas na lembrança, Jeremias lamenta a ruína da Igreja, reclama principalmente que a esperança seja arrebatada aos fiéis pela destruição do reino. "O Cristo, o fôlego de nossas vidas, foi preso em nossos pecados, de quem dizemos: viveremos em tua sombra entre as nações" [Lm 4, 20]. Aqui de forma clara transparece porque Deus não pode ser propício ao gênero humano sem um Mediador: o Cristo, a quem voltavam a sua fé, sempre foi objeto para os santos Pais sob a Lei.

3. Quando é prometida a consolação dos aflitos, sobretudo quando descrita a libertação da Igreja, fixa-se de antemão a bandeira da confiança e da esperança no próprio Cristo: "Deus saiu para a salvação de seu povo com o seu Messias", diz Habacuque [Hc 3, 13]. E sempre que menciona a restauração da Igreja aos profetas, convoca mais uma vez o povo para a promessa feita a Davi sobre a perpetuidade do reino. Muito a propósito vem a admirável resposta de Isaías, que, ao ver como o incrédulo rei Acaz rechaça o anúncio que se fazia de que Jerusalém seria libertada do cerco, e Deus queria socorrê-lo em seguida, saltando, por assim dizer, de um propósito a outro, vai parar no Messias: "Eis a virgem que conceberá e dará a luz ao filho" [Is 7, 14], com o significado indireto de que, embora o rei e o povo, por sua depravação, rechaçassem a promessa a eles oferecida, como se, pela obra dada, estivessem aplicados em fazer sucumbir a fé de Deus, não haveria, entretanto, de ser corrompido o tratado sem que, a seu tempo, viesse o Redentor. Por fim, cuidaram todos os profetas, para mostrar um Deus aplacável, sempre também de apresentar aquele reino de Davi, do qual dependia tanto a redenção como a salvação eterna. Como Isaías: "Estabelecerei convosco um tratado, as misericórdias prometidas a Davi; eis que Eu o dei como testemunho aos povos" [Is 55, 3]. Com efeito, porque os fiéis não poderiam esperar diferentemente nas coisas perdidas a menos que, inserido aquele testemunho, Deus lhes fosse propício. Assim também Jeremias, para levantar os desesperados, disse: "Eis que virão os dias nos quais suscitarei para Davi um gérmen justo, e então guardarei a Judá, e Israel habitará em segurança" [Jr 23, 6].[323] E também Ezequiel: "Suscitarei sobre minhas ovelhas um pastor, evidentemente Davi, meu servo. Eu, Jeová, serei para eles um Deus, e meu servo Davi, um pastor, e cunharei com eles um tra-

---

323 Jer 23, 5s.

tado de paz" [Ez 34, 23].[324] Ademais, em outro lugar, depois que falara sobre a incrível renovação, disse: "Meu servo Davi será o rei deles e será um pastor para todos, e cunharei um tratado eterno de paz com eles" [Ez 37, 25.26]. Trago poucas passagens de muitas, porque apenas quero admoestar os leitores de que a esperança de todos os devotos jamais foi depositada em nada que não fosse o Cristo. Concordam também todos os outros profetas, tal como é dito com Oséias: "Serão igualmente congregados os filhos de Judá e os filhos de Israel, e porão para si uma única cabeça" [Os 1, 11];[325] o que depois explica mais claramente: "Voltarão os filhos de Israel e dirão que Jeová é seu Deus e Davi seu rei" [Os 3, 5]. Também Miquéias, traçando algumas palavras sobre o retorno do povo, exprime com nitidez: "O rei passou diante deles, e Jeová estava à cabeça deles" [Mq 2, 13]. Da mesma forma, Amós, querendo prometer a salvação do povo, diz: "Suscitarei naquele dia o tabernáculo de Davi, que está destruído, e repararei as brechas e erguerei as ruínas" [Am 9, 11]. E porque aquela fosse a única bandeira da salvação: emergir de novo no sublime a régia glória na família de Davi, o que é terminado em Cristo. E assim Zacarias, como fosse próprio à sua época a manifestação de Cristo, exclama mais abertamente: "Alegra-te, filha de Sião, rejubila-te, filha de Jerusalém, eis que o teu rei vem a ti, justo e protetor" [Zc 9, 9]. Citação à qual corresponde o salmo antes citado: "Jeová, fortaleza que salva o Seu Cristo! Que Jeová guarde, ao estender a salvação da cabeça para todo o corpo!" [Sl 28, 8].

4. Deus quis que os judeus estivessem tão imbuídos de tais presságios para que voltassem corretamente os olhos para o Cristo ao procurar a causa da libertação. E, por mais que degenerassem em torpezas, não poderiam abolir da memória aquele princípio geral: Deus, pela mão de Cristo, tal como fora prometido a Davi, haverá de ser o libertador da Igreja, e somente desse modo haverá de ser firmado o tratado gratuito pelo qual Deus adotará seus eleitos. Disso se deu que retumbasse na boca das crianças aquele cântico de quando o Cristo entrou em Jerusalém, pouco antes da morte: "*Hosana* ao Filho de Davi!" [Mt 21, 9]. E assim se revela que fosse conhecido e célebre e de emprego corrente o único pedido que cantavam: que restasse para si o penhor da misericórdia de Deus, no advento do Redentor. Para que creiam de modo distinto e perfeito em Deus, Cristo obriga os discípulos a crerem nele: "Credes em Deus, crede

---

324 Ez 34, 23-25.
325 Os 2, 2 (*Vulgata* 1, 11).

também em mim" [Jo 14, 1]. Falando de modo adequado, ainda que a fé se eleve do Cristo ao Pai, ele indica que ela, mesmo se iniciada por Deus, esvaeça aos poucos, a não ser que interceda o próprio meio que a retêm firmemente sólida. Ademais, a majestade de Deus é muito alta para que nela penetrem os mortais que, como pequenos vermes, rastejam sobre a terra. Motivo pelo qual admito aquele conhecido dito – que seja Deus o objeto da fé – desde que receba uma correção, porque não frustra que se chame a Cristo a imagem do Deus invisível [Cl 1, 15]. Mas, para que nos lembremos dessa disposição, a salvação não pode se tornar conhecida para nós a menos que Deus venha a nosso encontro em Cristo. Ora, ainda que, por falsos comentários, os escribas tivessem obnubilado aos judeus o que os profetas ensinaram sobre o Redentor, Cristo tomou por confesso, como que recebido por consenso público, que não exista outro remédio para as coisas perdidas, nem outro modo de libertação da Igreja, além da manifestação do Mediador. Com certeza não foi conhecido como deveria pelo vulgo o que Paulo ensina: que Cristo seja o fim da Lei [Rm 10, 4], entretanto, que seja verdadeiro e certo é transparentemente exposto pala própria Lei e pelos *Profetas*. Ainda não tratarei da fé, porque haverá outro lugar mais oportuno.[326] Desse modo, permaneça gravado para os leitores que o primeiro grau para a piedade é reconhecer que Deus é o nosso Pai, para que nos proteja, governe e fomente, até que recolha na herança eterna de seu reino. Donde imediatamente se faz o que antes dissemos:[327] que não conste o conhecimento salvífico de Deus sem o Cristo. Por isso, desde o início do mundo foi proposto para todos os eleitos aquele a quem os outros se voltariam e no qual depositariam sua confiança. Nesse sentido, Irineu escreve que o Pai, que é imenso, seja finito no Filho, porque se acomodou ao nosso modo, para que não absorva nossa mente pela imensidão de sua glória.[328] Sem entender isso, os fanáticos distorcem uma sentença útil em uma fantasia ímpia, como se apenas uma porção da divindade defluísse desde toda a perfeição em Cristo,[329] quando Irineu quer apenas que Deus seja compreendido unicamente no Cristo. Sempre foi de todo verdadeira aquela passagem de João: "Aquele que não tem o Filho, também não tem o Pai" [1Jo 2, 23]. Pois, ainda que outrora muitos dessem glórias a uma força superior, que

---

326 Ver Livro III, Capítulo II.
327 Supra, seção 1, p.320s.
328 Irineu, *Adv. haer.*, IV, 4, 2, ed. Stieren, p.568.
329 Valentino Gentil, que é apontado no volume I, capítulo 13, §23ss; ep. do mesmo, CR Calv. Opp. IX, 395.

tomavam para si como o autor do céu e da terra, uma vez que não havia para eles um Mediador, não se pode dar que degustassem verdadeiramente a misericórdia de Deus e que fossem persuadidos de ser Ele um Pai. Portanto, uma vez que não tinham a cabeça, isto é, o Cristo, esvaeceu-se entre eles o conhecimento de Deus, donde também se dá que, perdidos enfim em grandes e vergonhosas superstições, revelem sua ignorância. Tal como hoje os turcos, ainda que preguem que o criador do céu e da terra seja o seu Deus, põem entretanto, ao se afastarem do Cristo, um ídolo no lugar do verdadeiro Deus.

Capítulo VII

Que tenha sido dada a Lei – não a que manteria em si o povo antigo – mas a que fomentaria a esperança da salvação em Cristo até seu advento.

 ão se pretende, com aquela interminável série que mencionamos, que a Lei tenha sido acrescentada cerca de quatrocentos anos após a morte de Abraão para que o povo eleito fosse afastado de Cristo, mas, pelo contrário, para que mantivesse as almas suspensas até o seu advento, inflamasse também o desejo d'Ele e confirmasse que não careceriam de maior espaço de tempo para a espera. Não entendo pelo nome de "Lei" apenas os dez preceitos, que prescrevem uma regra de vida pia e justa, mas a forma da religião ensinada por Deus pela mão de Moisés. E Moisés não foi dado como o legislador que aboliria a bênção prometida para a linhagem de Abraão, mas, pelo contrário, vemos que em todo lugar reclame à memória dos judeus aquele tratado gratuito firmado com seus pais, dos quais eram herdeiros, como se fora enviado para renová-lo. E isso fica muito nítido nas cerimônias. O que é mais inane ou frívolo do que os homens oferecerem um vapor fétido de gordura animal para se reconciliarem com Deus? Recorrer à aspersão de água ou de sangue para que sejam lavadas as suas imundícies? E, por fim, todo o culto legal (se for reputado por si, como se não contivesse sombras e figuras que correspondam à verdade) será uma realidade absolutamente ilusória. Visto não estar afastado dessa matéria que, tanto no discurso de Estêvão [At 7, 44] como na *Epístola aos hebreus* [Hb 8, 5], seja tão diligentemente examinada aquela citação em que Deus obriga Moisés a formar tudo o que diga respeito ao tabernáculo segundo um exemplar que fora mostrado a ele no monte [Ex 25, 40]. A menos que houvesse algum propósito espiritual ao qual tenderiam, os judeus não estariam iludidos na operação daquilo de modo diferente dos gentios em suas frivolidades.

Os homens profanos, que jamais se incumbiram seriamente do zelo da piedade, não se mantêm na escuta de tão variados ritos sem fastio, e não apenas se admiram de que Deus tivesse cansado o povo antigo com tamanha acumulação de cerimônias, mas as desprezam e delas se riem tal qual de brincadeiras infantis, porque não se voltam, de fato, para o fim, do qual é necessário que seja condenada a vaidade se forem separadas as figuras da Lei. Se bem que aquela figura não mostre que Deus ordenasse os sacrifícios para ocupar seus cultores em exercícios terrenos, mas, antes, para elevar mais ao alto suas mentes. O que também pode ser tomado da natureza d'Ele, porque, como é espiritual, não se ocupa senão do culto espiritual. Atestam isso todas as sentenças dos *Profetas*, pelas quais acusam os judeus de indolência, visto reputarem que quaisquer sacrifícios sejam de algum peso para Deus. Por acaso haveria a deliberação de cercear algo da Lei? De modo nenhum. Mas, como eram seus verdadeiros intérpretes, quiseram desse modo dirigir os olhos ao escopo do qual o vulgo errava. Logo, da graça oferecida aos judeus certamente se recolhe que a Lei não fora inútil para Cristo; com efeito, Moisés propôs a eles como fim da sua adoção: para que fossem para Deus reino sacerdotal [Ex 19, 6], o que não poderiam ter assegurado a menos que intercedesse uma reconciliação maior e mais prestativa do que pelo sangue do animal sacrificado. O que seria menos admissível do que os filhos de Adão, que por um flagelo hereditário nascem todos manchados pelo pecado, serem elevados a uma dignidade régia e, assim, feitos consortes da glória de Deus, a menos que aquele bem seja para eles proveniente de algum outro lugar? Do mesmo modo, como o direito do sacerdote poderia vigorar entre aqueles que, por vícios sórdidos, eram abomináveis para Deus a menos que fossem consagrados em uma cabeça santa? Por esse motivo, Pedro converte com elegância aquele dito de Moisés, ensinando que fosse exibida em Cristo a plenitude da graça, cujo gosto os judeus perceberam sob a Lei: "Vós sois uma raça eleita, um sacerdócio real" [1Pd 2, 9]. A anástrofe tende para isto: que mais fossem adeptos aqueles para os quais Cristo apareceu pelo Evangelho do que seus pais, uma vez que todos teriam sido prenunciados pela honra sacerdotal e régia, para que, liberados por seu Mediador, ousassem apresentar-se à visão de Deus.

2. E, de passagem, deve-se notar isto: que o reino que foi erigido ainda na família de Davi seja parte da Lei e esteja contido sob o ministério de Moisés; donde, tanto em toda a raça levítica quanto na posteridade de Davi, Cristo fosse objeto dos olhos do povo antigo como se em dois espelhos. Porque, como eu disse acima,[330] não poderiam estar de modo diferente perante Deus os reis ou os sacerdotes, os quais também tanto eram servos do pecado e da morte como poluídos por sua corrupção. Aqui é patente ser muito verdadeira aquela citação de Paulo de que os judeus teriam sido retidos como que sob a custódia de um pedagogo [Gl 3, 24], até que viesse a semente em cuja graça teria sido dada a promessa. Pois, uma vez que o Cristo ainda não se tornara conhecido, eles eram semelhantes à criança, cuja debilidade ainda não poderia ser elevada plena da ciência das coisas celestes. Ora, de que modo foram tomados pela mão e conduzidos para Cristo pelas cerimônias foi dito antes,[331] e convém que isso seja mais bem entendido nos vários testemunhos dos profetas. Pois, ainda que tenha sido preciso para eles chegar a aplacar Deus por sacrifícios diários, Isaías, prometeu que haveria a expiação de toda a abominação por um único sacrifício [Is 53];[332] o que Daniel confirmou [Dn 9].[333] Os sacerdotes designados pela tribo de Levi ingressavam no santuário, e sobre um único foi dito que fosse eleito por juramento divino aquele que seria sacerdote para sempre, segundo a ordem de Melquisedeque [Sl 110, 4]. Era então visível a unção pelo óleo; Daniel, por uma visão, anuncia que outra haveria de ter lugar. E não insistirei mais: de modo extenso e transparente, o autor da *Epístola aos hebreus*, do capítulo quarto até o décimo primeiro, mostra que as cerimônias foram inanes, sem nenhum valor, até que se deu a vinda de Cristo. No que diz respeito aos dez preceitos, deve ser tida de modo semelhante a admoestação de Paulo: "Que Cristo seja o fim da Lei na salvação de todo aquele que crê" [Rm 10, 4]. E outra: "Que Cristo seja o espírito que vivifica a letra, por si mortal" [2Co 3, 6]. Pois pela primeira por certo significa que de nada adianta a justiça ser ensinada pelos preceitos até que o Cristo a confira pela atribuição gratuita e pelo espírito de regeneração. Por esse motivo, merecidamente chama a Cristo de complemento ou fim da Lei, uma vez que não avance em nada que exija de nós a ciência de Deus, a menos que Cristo socorresse tanto os que trabalham sob o jugo de um fardo intolerável quanto os oprimidos. Em outro lugar, ensina que a Lei foi posta em vista das transgressões [Gl 3, 19], para humilhar os homens convencidos de sua condenação. Além disso, uma vez que a Lei é a verdadeira e única preparação para a busca do Cristo, seja o que for que ensine por diversas palavras,

---

330 Supra, seção 1, p.326s.
331 Ibidem.
332 Is 53, 5.
333 Dn 9, 26.27.

elas combinam excelentemente entre si. Mas, estando em discussão com doutores perversos, que forjavam que fôssemos merecedores da justiça pelas obras da Lei, foi, para refutar o erro daqueles, impelido a por vezes tomar a Lei de modo absolutamente estrito, a qual, não obstante, está revestida pelo tratado de uma adoção gratuita.

3. Ora, é conveniente que se conheça de que modo, ensinados pela lei moral, tenhamo-nos tornado ainda mais sem desculpa, para que sejamos incitados a pedir perdão. Se for verdade que nos é ensinada na Lei a perfeição da justiça, também se terá que a observação absoluta da Lei seja uma justiça perfeita diante de Deus, pela qual o homem é estimado e reputado justo no tribunal celeste. Por esse motivo, promulgada a Lei, Moisés não hesita em tomar o céu e a terra como testemunhas de que tivesse proposto a Israel a vida e a morte, o bem e o mal [Dt 30, 19]. Nem pode repugnar que ainda se dê a recompensa da salvação eterna, do modo como foi prometida pelo Senhor, para a justa obediência da Lei. Por outro lado, também é conveniente considerar se nossa obediência é tal que possamos esperar, confiantes, essa recompensa. Porque, de que nos serviria saber que o prêmio da vida eterna consiste em guardar a Lei, se não soubermos também que por este meio podemos alcançar a vida eterna? É aqui, precisamente, onde se manifesta a fraqueza da Lei. Por que ao não se encontrar em nenhum de nós esse modo perfeito de guardar a Lei, somos excluídos da promessa da vida eterna e caímos em maldição perpétua. Não falo apenas do que está feito, mas do que é necessário fazer; como a doutrina da Lei está muito acima da faculdade humana, o homem certamente pode observar de longe as promessas que são feitas, sem entretanto colher nenhum fruto delas. Portanto, resta apenas que do bem daquelas estime melhor sua miséria: ao cogitar extirpada a esperança da salvação, a morte é iminente para si. De outro modo, erguem-se sanções horrendas que resistem enlaçadas a não poucos de nós, mas, direi, erguem-se a todos, e nos perseguem com uma aspereza inexorável, para que contemplemos a morte como muito presente na Lei.

4. Desse modo, se considerarmos somente a Lei, não podemos senão perder, confundir e desesperar a alma, já que por aquela estamos todos condenados e amaldiçoados, e longamente afastados da bem-aventurança que promete aos que a guardam. Então, talvez alguém diga, o Senhor escarnece de nós desse modo? Quão pouco se afasta do engodo mostrar a felicidade e convidar e exortar a ela, atestar que esteja preparada para nós, quando nesse meio-tempo a passagem está fechada e inacessível? Respondo: ainda que as promessas da Lei, uma vez que são condicionais, dependam de uma perfeita obediência, que não é encontrada em lugar algum, não é vão que nos sejam dadas. Quando aprendemos que elas nos seriam vãs e ineficazes a menos que, por sua bondade gratuita, Deus nos tivesse abraçado sem a visão das obras e que estivéssemos a tal ponto enlaçados pela fé àquela bondade exibida a nós pelo Evangelho, certamente não falta para elas a sua eficácia, ainda que com a condição que se lhes impõe. Assim, com efeito, enquanto nos confere tudo gratuitamente, dado acrescentar à cumulação de sua beneficência a consideração de nossa quase completa obediência e a ignorância do que falta ao complemento, igualmente nos faz recolher, pela condição por nós realizada, o fruto das promessas da Lei. Mas, uma vez que essa questão será mais bem desenvolvida quando se tratar da justificação da fé,[334] não a levaremos adiante neste ponto.

5. Ora, por poucas palavras se explica e se confirma o que dissemos da impossibilidade da observação da Lei. Vulgarmente, isso costuma ser visto como uma sentença muito absurda, de tal modo que Jerônimo não teria hesitado em denunciá-la anátema.[335] Não me demoro, porém, no que foi visto por Jerônimo: nós investigaremos o que é verdadeiro. Não arranjarei aqui longos circunlóquios sobre os vários gêneros de possibilidade. Chamo impossível o que jamais foi nem será na posteridade, impedido por ordenação e decreto de Deus. Se remontarmos à memória mais longínqua, digo não ter existido nenhum santo que, circundado por um corpo mortal, alcançou o escopo da dileção para amar a Deus com todo o coração, com toda a mente, com toda a alma, com toda a potência. Pelo contrário: não há nenhum em que não tenha trabalhado a concupiscência. Quem protestaria? Vejo certamente uma tola superstição que imagina para nós uma espécie de santos os quais dificilmente corresponderiam à pureza dos anjos celestes, mas isso repugna tanto à Escritura como à experiência racional. Digo ainda que não haverá nenhum, daqui para a frente, que atinja a meta da verdadeira perfeição sem estar desligado da massa corporal. Em primeiro lugar, abundam claros testemunhos da Escritura sobre essa matéria: "Não há homem justo sobre a terra que não peque", dizia Salomão [1Rs 8, 46]. E Davi: "Nenhum vivente é justificado na tua presença" [Sl 143, 2]. E Jó, em vários lugares, afirma o mesmo.[336] Muito mais claramente que todos, Paulo declara: "A carne é concupiscente

334 Ver Livro III, Capítulo XVII, § 6.
335 Jerônimo, *Adv. Pelag.*, I, 10; III, 3; PL 23, 503; 572.
336 Cf. Jó 9, 2; 25, 4.

contra o espírito, e o espírito contra a carne" [Gl 5, 17]. E não é por razão diversa que prova que todos que estão sob a Lei são sujeitos à maldição, ao menos porque está escrito: "Malditos a todos que não permaneceram em todos os seus mandamentos" [Gl 3, 10; Dt 27, 26], indicando, ou melhor, dando como certo que ninguém possa nela permanecer. Ora, é conveniente que tudo o que foi anunciado pela Escritura seja tomado como perpétuo, ou melhor, como necessário. Os pelagianos vexavam Agostinho com uma argúcia semelhante: que fosse uma injúria para Deus que Ele obrigasse mais do que os fiéis são capazes de oferecer pela graça d'Ele.[337] Agostinho, que se esquivava da calúnia, reconhecia que o Senhor certamente poderia, se quisesse, elevar o homem mortal à pureza angélica, mas nem jamais o fez, nem o fará, pois o asseverou de modo diverso na Escritura.[338] Sem negar isso, acrescento que de modo inoportuno se dispute sobre a potência de Deus contra a sua verdade; por isso, que não seja, por sofismas, uma sentença perigosa alguém dizer que não possa ser feito o que a Escritura pronuncia que não haverá de ser. Se disputarem sobre a palavra, o Senhor respondeu aos discípulos que perguntavam quem poderia ser salvo: "Isso é impossível para os homens, mas para Deus tudo é possível" [Mt 19, 25].[339] Também é por uma razão muito válida que Agostinho responde que jamais nesta carne renderemos a Deus o legítimo amor que a Ele devemos. O amor, diz, deriva de tal modo do conhecimento que não pode amar perfeitamente a Deus quem antes não tenha conhecida sua bondade em plenitude. Enquanto peregrinamos no mundo, enxergamos por um espelho e em enigmas: portanto, conclui-se ser imperfeito o nosso amor [no final de *Sobre o espírito e a letra*, e em várias outras passagens].[340] Assim, considerando a impotência de nossa natureza, que esteja para além da controvérsia a impossibilidade de implementar a Lei nesta carne, como também é mostrado em outro lugar, com base em Paulo [Rm 8, 3].

6. Mas, para que toda a matéria fique mais evidente, recolhamos em ordem sucinta o ofício e o uso da lei que chamam de moral.[341] Ora, na medida em que o entendo, está contida nas três partes expostas a se-

---

337 Agostinho. *De perf. iust. hom.*, c.3, 8, PL 44, 295.
338 Cf. Agostinho, *De spir. et lit.*, c.36, 66, PL 44, 245s.
339 Mt 19, 25s.
340 Não as mesmas palavras, mas a mesma sentença aparece em Agostinho, *De spir. Et lit.*, c.36, 64s, PL 44, 242ss; cf. *De perf. iust. hom.*, c.8, 17ss, PL 44, 299ss.
341 Cf. Melanchthon, *Loc. comm.*, 1521 (ed. Kolde,4 p.117), 1535 (CR Mel. *Opp.*, XXI, 390-2).

guir.[342] A primeira é que, enquanto mostra a justiça de Deus, isto é, a única justiça aceita por Deus, admoesta a todos de sua injustiça, convence e, por fim, condena. Seria assim preciso que o homem, cego e inebriado pelo amor de si, fosse ao mesmo tempo obrigado ao conhecimento e à confissão de sua fraqueza e de sua impureza, visto que, a menos que sua vaidade seja evidentemente refutada, é inflado por uma confiança insana em suas forças e jamais pode ser convencido a perceber a tenuidade delas enquanto as estimar exclusivamente de seu arbítrio. Se bem que, tão logo começa a compará-las com a dificuldade da Lei, vê sua soberba diminuída. E, por mais que tenha tomado suas forças em alta conta, logo percebe que elas arquejam sob tanto peso, depois, que vacilam e se abatem, até que enfim sucumbem e são extintas. Instruído desse modo pelo magistério da Lei, abandona aquela arrogância que antes o cegava. A segunda parte seria: o homem deve ser curado da doença da soberba, pela qual se diz que ele trabalhe. Quando se permite que permaneça por seu juízo, a hipocrisia toma o lugar da justiça. Contente com ela, ignoro por quais justiças factícias seja lançado contra a graça de Deus. Por último: que o homem, levado a examinar sua vida na balança da Lei e abandonando a presunção de sua falsa justiça, vê por quão imenso espaço se distancia da santidade, ou, pelo contrário, o quanto abundam em si infinitos vícios, dos quais antes se via puro. De fato, os males da concupiscência estão absconsos em recessos tão profundos e sinuosos que facilmente enganam a atenção do homem. E não é sem razão que o apóstolo diz que teria ignorado a concupiscência "se a Lei não tivesse dito 'Não sejas concupiscente'" [Rm 7, 7], dado que, a menos que a Lei a descubra de seus refúgios, a concupiscência destrói o pobre homem de um modo tão secreto que seu dardo mortal nem sequer é percebido.

7. Assim, a Lei é como que um espelho no qual contemplamos nossa impotência e, a partir daí, a iniquidade, e depois, a partir de ambas, a maldição, de modo que o espelho representa para nós as máculas de nossa fronte. Deste modo, aquele que abdica de viver retamente, vê-se impelido a permanecer enterrado no lodo dos pecados. Contínua ao pecado, está a maldição. Por isso, maiores as transgressões em que são envolvidos os que a Lei apanha, e simultaneamente mais severos os juízos de que são feitos réus. Diz respeito a isso o dito do apóstolo de que, pela Lei, dá-se o conhecimento do pecado [Rm 3, 20]. Em primeiro lugar, nota

---

342 Para essas três partes, cf. Melanchthon, *Loc. comm.*, 1535, CR Mel. *opp.*, XXI, 405s. Para os §§ 6 e 7, cf. Melanchthon, *Loc. comm.* (1521), ed. Kolde,4 p.150-7.

apenas o seu ofício, experimentado pelo pecador ainda não regenerado. Unidos àquele, estão estes: que a Lei interviesse para que abundasse o pecado [Rm 5, 20], e por isso seja a administração da morte [2Co 3, 7], que opere a ira [Rm 4, 15] e mate. Com efeito, mais indubitavelmente cresce a iniquidade, mais patentemente é ferida a consciência pela intelecção do pecado, dado que, pela contumácia, caminha para a prevaricação contra o Legislador. Resta, portanto, que prepare a ira de Deus para a queda do pecador, porque, por si, não pode senão acusar, condenar e perder. De modo similar, Agostinho escreveu: "Se faltar o Espírito da graça, estará presente para isto: fazer réus e matar" [*Sobre a correção e a graça*].[343] Ora, o que foi dito nem afeta a Lei pela ignomínia, nem decerto rebaixa sua excelência em qualquer sentido. Sem dúvida, se nossa vontade estivesse completamente formada e composta na sua obediência, o mero conhecimento dela já bastaria para a salvação, mas, dado que nossa natureza, carnal e corrupta, lute de modo hostil contra a Lei espiritual de Deus, para que sua disciplina em nada a emende, resta à Lei, concebida para a salvação (caso encontrasse ouvintes idôneos), ceder à ocasião do pecado e da morte [ver Ambrósio, *Sobre Jacó e a vida bem-aventurada*, I, c.6].[344] Já que estamos convencidos de sermos todos seus transgressores, mais à claro é exposta a justiça de Deus, mais a nossa iniquidade é, em contrapartida, posta a nu; tanto maior a certeza com que confirma reservado para a justiça o prêmio da vida e da salvação, maior a certeza com que expõe a destruição dos iníquos. Portanto, tão longe está que tais elogios afrontem a Lei que são muito válidos para uma mais ilustre recomendação da beneficência divina. Pois disso seguramente é patente que sejamos impedidos, por nossa maldade e depravação, de fruir a bem-aventurança da vida exposta pela Lei. Donde se faz mais afetuosa a graça de Deus, que nos socorre sem o subsídio da Lei, e mais amável Sua misericórdia, que a ela nos confere, pela qual aprendemos que Ele jamais se fatiga de nos abençoar e cumular com novos bens.

8. Ora, visto que, pelo testemunho da Lei, a iniquidade e a condenação sejam consignadas como tudo o que há de nosso, não se dá por isso (desde que nela cresçamos retamente) que concedamos ao desespero e, como almas perdidas, caiamos no precipício. Com certeza, estão deste modo aterrorizados os réprobos, mas somente como consequência da obstinação da alma. Convém que, entre os filhos de Deus, outro seja o

---

343 Agostinho. *De correptione et gratia*, c.1, 2, PL 44, 917.
344 Ambrósio. *De Iacobo et vita beata*, I, 6.

fim da erudição. O apóstolo atesta como certo estarmos condenados pelo juízo da Lei, pelo qual toda boca se cala e o mundo inteiro se mostra sujeitado a Deus [Rm 3, 19]. Ensina ainda o apóstolo em outra passagem: que Deus encerra a todos sob a incredulidade, não para perder ou consentir que todos pereçam, mas para que tenha misericórdia de todos [Rm 11, 32], mas para que, abandonada uma insensata confiança em sua força, entendam ser mantidos e firmados unicamente pela mão de Deus, para que se refugiem, nus e vazios, à sua misericórdia, reclinando-se completamente nela, cravando-se nela arrependidos, tomando unicamente a ela pela justiça e pelos méritos, a qual é exposta em Cristo para todos aqueles que, por uma fé verdadeira, tanto a reclamam como esperam. E assim é que, nos preceitos da Lei, Deus é não só o remunerador da perfeita justiça, da qual somos todos destituídos, como também, em contrapartida, o juiz severo dos crimes. Mas, no Cristo, sua face plena de graça e de doçura reluz também diante dos miseráveis e indignos pecadores.

9. Agostinho muitas vezes trata do bom êxito para que se implore a graça do auxílio, como quando escreve a Hilário: "A Lei nos obriga a, empenhados em fazer as obrigações e fatigados em nossa fraqueza sob a Lei, aprender a reclamar o socorro da graça" [*Epístola* 89].[345] Igualmente a Asélico: "A utilidade da Lei é que o homem se convença de sua fraqueza e seja compelido a implorar o remédio da graça, que está em Cristo" [*Epístola* 200].[346] Também a Inocêncio Romano: "A lei obriga; a graça subministra as forças para a ação" [*Epístola* 95].[347] E a Valentino: "Deus obriga aquilo que não podemos para aprendermos o que devemos pedir d'Ele" [*Sobre a correção e a graça*].[348] E ainda: "A Lei vos foi dada para tornar-vos réus; tornados réus, temereis; tementes, pedireis a indulgência – não sereis presunçosos sobre vossas forças" [*Comentário ao salmo 70*].[349] Igualmente: "A Lei foi dada para que, do grande, se fizesse o pequeno; para demonstrar que não tiveste por ti forças para a justiça, e assim, indigente, indigno e carente, te refugiaste na graça". Depois, dirige a palavra a Deus: "Faz assim, ó Senhor, faz assim, ó Senhor misericordioso: ordena o que não possa ser cumprido, ou melhor, ordena o que não possa ser cumprido senão pela tua graça, para que, quando os homens não forem capazes de cumpri-lo por suas forças, toda a boca seja

345 Agostinho. *Ep.* 157, c.9 (*ad Hilarium Syracusanum*), PL 33, 677.
346 Idem, *Ep.* 196, c.2, 6 (*ad Asellicum*), PL 33, 893.
347 Idem, *Ep.* 177, 5 (*ad Innocentium Romanum*), PL 33, 766.
348 Ou melhor, Agostinho, *De gratia et libero arbitrio*, c.16, 32, PL 44, 900.
349 Agostinho, *In Psal.* 70, sermão 1, 19, PL 36, 889.

calada e ninguém veja a si como grande. Que todos sejam pequenos, e que o mundo inteiro seja feito réu diante de Deus" [*Comentário ao salmo 118*, pelo discurso 27].[350] Mas devo ser um tolo reunindo tantos testemunhos, uma vez que aquele santo homem tenha escrito todo uma obra sobre isso, à qual deu o título de *Sobre o espírito e a letra*.[351] Descreve um segundo bom êxito de um modo não tão significativo, ou porque entendeu que dependesse do anterior, ou porque não o tinha tão digno, ou porque não possuía as palavras pelas quais explicaria este outro de modo tão distinto e perspícuo: que este ofício da lei não cessa nem nos próprios reprovados. Com efeito, ainda que não avancem com os filhos de Deus a ponto de, após a expropriação da carne, serem renovados e reflorescerem pelo homem interior, mas jazam atônitos no desespero pelo primeiro terror, cabe, entretanto, para que se manifeste a equidade do juízo divino, que sejam exasperados desse modo pelas tormentas de sua consciência. Ainda que sempre desejem tergiversar livremente contra o juízo de Deus, mesmo que ele não esteja evidente agora, estão tão consternados pelo testemunho da Lei e da consciência que revelam em si mesmos aquilo de que são merecedores.

10. Há um segundo ofício da Lei para que aqueles que não alcançam nenhum cuidado do justo e do reto, a não ser quando coagidos, sejam reprimidos ao menos pelo pavor das penas enquanto ouvem maus presságios nas sanções dela. Ora, não são coagidos pelo fato de o interior da alma deles ser agitado ou disposto, mas porque, tal como por um freio lançado, afastam as mãos das obras exteriores e coíbem sua depravação interior, a qual, de outro modo, haviam de espalhar petulantemente. Dado isso, perante Deus, por certo nem são melhores nem mais justos. Pois, ainda que não ousem, impedidos por terror ou pudor, exercer o que conceberam na alma ou espalhar publicamente as fúrias de sua libido, não têm, entretanto, o coração composto para o temor e a obediência de Deus. Pelo contrário: mais retêm a si, mais fortemente acendem, fervem, borbulham em seu interior, dispostos a fazer seja o que for e se lançar para onde quer que seja, se não os obstasse esse terror da Lei. E não apenas isso, mas, muito perniciosamente, odeiam a própria Lei e execram o Deus Legislador, visto que, se pudessem, tolheriam ao máximo aquele que não podem tolerar que ordene o que é reto e vingue os que desprezam sua majestade. No entanto, a todos ainda não regenerados – de forma mais

---

350 Agostinho. *In Psal.* 118, sermão 27, 3, PL 37, 1581.
351 PL 44, 199ss.

obscura a alguns e mais clara a outros –, é inerente a sensação de que são levados ao zelo da Lei não por uma submissão voluntária, mas porque constrangidos e reticentes pela violência do temor. Tal justiça coagida e forçada é contudo necessária para a comunidade dos homens, os quais são cautelosos com essa tranquilidade enquanto se toma cuidado para não se misturarem com a desordem, o que aconteceria se fosse permitido tudo a todos. Ainda mais: aos filhos de Deus não é inútil a aplicação dessa pedagogia durante o tempo em que, antes da vocação, destituídos da santificação pelo Espírito, são lascivos pela insipiência da carne. Com efeito, apesar de, ainda não domesticados pela alma, pouco avançarem no presente, enquanto se retraem pelo terror do castigo divino de uma petulância exterior, acostumam-se, de algum modo, a ser levados pelo jugo da justiça, para que, quando forem chamados, não estejam completamente toscos e noviços para a disciplina, como se para uma coisa desconhecida. Vê-se que o apóstolo tenha falado adequadamente desse ofício quando ensina que "A Lei não é destinada ao justo, mas aos injustos e rebeldes, ímpios e pecadores, celerados e profanadores, parricidas, homicidas, fornicadores, pederastas, mercadores de escravos, mentirosos, perjuros, e para tudo o que se oponha à sã doutrina" [1Tm 1, 9].[352] Indica assim que ela seja uma amarra para os exultantes e para as desmesuradas libidos da carne que, de outro modo, espalhar-se-iam.

11. Pode ser acomodado a ambos o que disse em outro lugar, que a Lei fosse o pedagogo dos judeus para o Cristo [Gl 3, 24], porquanto sejam dois os gêneros de homens que sua pedagogia conduz pela mão ao Cristo. Uns (sobre os quais falamos em primeiro lugar), porque estão demasiadamente cheios de confiança na virtude ou na justiça, não são idôneos para o recebimento da graça de Cristo, a não ser que sejam antes esvaziados. Portanto, pelo conhecimento de sua miséria, a Lei os subjuga para a humildade, a fim de que sejam preparados para experimentar o que antes não consideravam afastado de si. Outros têm necessidade do freio pelo qual são retidos, de modo que não afrouxem os freios da lascívia de sua carne para não se afastarem por completo do zelo de toda a justiça. Com efeito, onde ainda não reina o Espírito de Deus, as libidinagens são tão efervescentes que há o perigo de mergulharem a alma que não está submetida a elas no esquecimento e no combate de Deus: e se daria de tal modo, a menos que o Senhor fosse ao encontro com esse remédio. E assim, se não regenera imediatamente aqueles que destinava

---

352 1Tm 1, 9s.

à herança de seu reino, até o tempo de sua visitação, conserva-os, por obra da Lei, sob o temor — certamente não aquele temor casto e puro em que seus filhos devem estar, entretanto útil na instrução para a verdadeira piedade por sua capacidade. Matéria sobre a qual temos tantas provas que o exemplo é muito pouco necessário. De fato, todos os que foram experimentados na ignorância de Deus reconheceram que isto acontecia com eles: eram retidos pelo freio da Lei em algum medo e observância de Deus até que, regenerados pelo Espírito, começassem a amar pela própria alma.

12. O terceiro uso — o principal e que diz respeito ao próprio fim da Lei — tem lugar entre os fiéis em que já vige e reina no coração o Espírito de Deus.[353] Pois, ainda que tenham no coração a Lei escrita e esculpida pelo dedo de Deus, isto é, ainda que sejam tão afetados e animados pela direção do Espírito que desejem obedecer a Deus, quanto a isso, entretanto, progridem na Lei de dois modos. É para eles um excelente instrumento pelo qual aprendem, melhor e mais certamente no dia a dia, qual é a vontade do Senhor, à qual aspiram, para que sejam confirmados em seu entendimento. Por exemplo, se um servo de tal modo preparado, com todo o zelo da alma, para ser aprovado por seu senhor deve necessariamente também explorar e observar com mais esmero os costumes do senhor, para os quais se dispõe e acomoda, nenhum de nós exima a si dessa necessidade. Assim, não penetrou em tal estado de sabedoria ninguém que não pudesse, pelo aprendizado cotidiano da Lei, fazer progresso no conhecimento mais puro da vontade divina. Depois, como não carecemos apenas de doutrina, mas também de exortação, o servo de Deus também toma esta utilidade desde a Lei: ser estimulado, pela meditação frequente dela, para a submissão, e com isso se fortalecer e retrair de cair em falta. É preciso, sim, que insistam consigo nesse modo os santos, os quais, por mais que, segundo o Espírito, queiram contender com ardor para a justiça de Deus, são entretanto sempre onerados pela vergonha da carne, para que não prossigam com a prontidão legítima. A Lei é um açoite para esta carne, pelo qual, como um asno inerte e tardo, é impelida para a obra; ou melhor, para o homem espiritual, uma vez que ainda não se livrou do peso da carne, será um aguilhão contínuo que não se permita o que ele deseja. E não é de admirar que Davi se referia a esse uso quando celebrava a Lei por aqueles insignes elogios: "A Lei do Senhor é imaculada, converte as almas; a justiça do Senhor é reta, alegra

---

353 Cf. Melanchton, *Locos comm.* (1521), ed. Kolde,4 p.220s.

os corações; o preceito do Senhor é lúcido, ilumina os olhos" etc. [Sl 19, 8].[354] E ainda: "Tua palavra é lâmpada para os meus pés e luz para o meu caminho" [Sl 119, 105]; e muitos outros, que tece por todo o *Salmos*. E não são contrárias a essas passagens as sentenças paulinas pelas quais se mostra não em que a Lei serve para o uso do que é regenerado, mas o que pode conferir por si para o homem. Ora, aqui proclama o profeta com quanta utilidade o Senhor ilustrava com os ensinamentos da Lei àqueles aos quais inspirava interiormente com a prontidão da submissão, e não aponta apenas os preceitos, mas, pelas ações realizadas, a promessa anexa da graça, a única que faz o amargo tornar-se doce. O que seria menos amável do que a Lei unicamente atormentar as almas, com exigências e ameaças, pelo medo e oprimi-las pelo terror? Davi mostra que tenha tomado para si um Mediador na Lei, sem o qual não há diversão ou leveza.

13. Incapazes de estabelecer essa diferença, alguns ignorantes rejeitam ardorosamente a tudo em Moisés, e obrigam que ele se aplique às duas tábuas da Lei, a saber, porque reputam ser estranho aos cristãos aderir à doutrina que contém a administração da morte.[355] Que muito diste de nossa alma essa opinião profana; de fato, Moisés ensinou belamente que a Lei, que não pode gerar entre os pecadores senão a morte, nos santos deva ter um uso melhor e mais prestativo. Estando para morrer, assim proclamou ao povo: "Ponde vosso coração em todas as palavras que hoje testemunho para vós, para que a ordeneis a vossos filhos e ensineis a guardar, realizar e implementar tudo o que está escrito no volume desta Lei, porque os preceitos não são inúteis para vós", mas foram dados para em vós ter vida singular [Dt 32, 46].[356] Pois se não há quem negue haver eminentemente naquela justiça um exemplo absoluto, ou é preciso não existir nenhuma regra de vida reta e justa ou se afastar dela é um crime. Se bem que não são várias mas uma a regra de vida perpétua e inflexível. Eis por que Davi faz da vida do homem justo uma meditação contínua na Lei [Sl 1, 2]. Que isso não seja por nós referido apenas a um período determinado, uma vez que é muito conveniente a todas as épocas até o fim do mundo; por isso, nem nos afastemos por medo nem recuemos fugindo de sua instituição, que prescreve em quantidade mui-

---

354 Sl 19, 8s.
355 Serveto, *De iusticia regni Chr.*, c.III, f.D7a ss; Libertinos (cf. *Contre la secte des Lib.*, 1545, CR VII 206s, 229, 233); João Agrícola, *positiones a. 1537 a Luthero editae* (*Disput. Dr. Martin Luthers*, ed. P. Drews, p.249ss; WA XXXIX 1, 342s).
356 Dt 32, 46s.

to precisa a santidade que devemos ter enquanto trazemos à nossa volta o cárcere do nosso corpo. Não cumpre para nós a vez de um rígido cobrador, o qual não se satisfaz a não ser com a tarefa executada, mas, na perfeição à qual nos exorta, mostra que a meta pela qual lutamos durante toda a vida não é menos útil que nosso ofício costumeiro. Se não fraquejamos nesse esforço, tudo vai bem. Pois esta vida toda é uma pista: percorrido o seu curso, o Senhor concederá alcançarmos aquela meta, à qual, agora, nosso zelo se volta à distância.

14. Agora, uma vez que a Lei tem força de exortação para os fiéis — não para ligar a consciência deles pela maldição, mas para afastar a preguiça pela perseguição constante e espicaçar a imperfeição —, muitos, ao querer distinguir tal libertação daquela maldição, dizem que a Lei foi suprimida para os fiéis[357] (falo até aqui da Lei Moral), não por não mais os obrigar ao que é reto, mas por já não ser para eles o que era antes, isto é, por não os condenar e perder esmigalhando e confundido sua consciência. E por certo Paulo não ensina de modo obscuro uma tal supressão da Lei. Que ela também fosse pregada pelo Senhor, ele confirma ao não refutar a opinião de que a Lei fosse por Ele dissipada se ela não tivesse prevalecido entre os judeus. Dado que dificilmente seria possível emergir sem nenhum motivo, é crível que tivesse sua origem na falsa interpretação que eles têm da doutrina, tal como todos os erros costumam ter lugar quando tomados por verdade. Nós, para não lançar a mesma pedra, distinguimos com rigor o que foi suprimido na Lei do que ainda permanece firme. E isso porque o Senhor atesta não ter vindo para abolir a Lei, mas para implementá-la, e não haver de ser preterido o ápice da Lei até que passem o céu e a terra, até que tudo se faça [Mt 5, 17],[358] confirmando sem sombra de dúvida que seu advento em nada retira da observância da Lei — e muito adequadamente, visto que, antes, tenha vindo para que seus transgressores se emendem. Permanece portanto inviolável através de Cristo a doutrina da Lei, a qual, ensinando, admoestando, sujeitando, corrigindo, nos forma e prepara para toda boa obra.

15. O que Paulo disse sobre a maldição não se refere ao ofício de instruir, mas consta apenas para aprisionar o vigor da consciência. Com efeito, a Lei não apenas ensina mas exige, de modo imperativo, o que ordena. Se não for exibida, ou melhor, se se furtar em parte ao ofício,

---

357 Melanchthon, *Loci comm.* (1521), ed. Kolde,4 p.206, 208fin., 210, 213 (217), 220, 222; Zwinglio, *De vera et falsa religione commentarius*, 1525, CR ZW, opp. III 710, 22ss.
358 Mt 5, 17s.

bordeja o rio da maldição. Por essa razão diz o apóstolo: "E os que são pelas obras da Lei, estes estão sujeitados à maldição, pois está escrito: 'Execráveis todos aqueles que não concluem a tudo'" [Gl 3, 10; Dt 27, 27]. Diz que estão sob as obras da Lei aqueles que não estatuem a justiça na remissão dos pecados, por meio da qual somos separados do rigor da Lei. Ensina, então, que é preciso nos separarmos do vínculo da Lei, a menos que queiramos perecer sob a sua miséria. Mas que vínculo? Daquela cobrança austera e infecta que nada renuncia conforme o cúmulo do direito, nem permite uma transgressão impune. Para que o Cristo nos redimisse disso, digo, dessa maldição, fez-se uma maldição para nós. E assim está escrito: "Maldito todo aquele que está suspenso no madeiro". O capítulo seguinte traz que o Cristo fosse submetido à Lei "para remir os que estavam sob a Lei", porém, com o mesmo sentido, acrescenta em continuação "a fim de que recebêssemos a adoção filial" [Gl 3, 13; 4, 4;[359] Dt 21, 23]. O que é isso? Para que não fôssemos mantidos na perpétua servidão que reprimiria nossa consciência com a preocupação da morte. Enquanto isso, permanece inabalável que nada fosse retirado da autoridade da Lei, para que não nos seja conveniente prestar a ela sempre a mesma veneração e obediência.

16. Outra é a regra das cerimônias, que não foram ab-rogadas quanto ao efeito, mas apenas quanto ao uso. Que o Cristo, com o seu advento, tenha imposto o seu fim, a tal ponto nada derroga da santidade delas, que antes as recomenda e torna ilustres. Pois, tal como teriam apresentado ao povo antigo um espetáculo inane se não fosse mostrada a eles a força da morte e da ressurreição de Cristo, assim, a menos que cessassem, não seria possível discernir hoje para que fim teriam sido instituídas. Por isso, para provar que a observação delas não seja apenas vã mas também prejudicial, Paulo ensina que sejam sombras do que aparece para nós no corpo de Cristo [Cl 2, 17]. Vemos, portanto, que na abolição delas refulja melhor a verdade do que se, à distância e como que mantido por um véu, ainda representassem o Cristo, que apareceu de modo claro. Por isso, também o véu do templo caiu rasgado em duas partes pela morte de Cristo [Mt 27, 51], uma vez que dera à luz a imagem já viva e expressa dos bens celestes, que fora esboçada somente por delineamentos obscuros, tal como fala o autor da *Epístola aos hebreus* [10, 1]. Diz respeito a isso aquele dito de Cristo: "A Lei e os profetas até João! Daí em diante, é evangelizado o Reino de Deus" [Lc 16, 16]; não

---

359 Gl 4, 4s.

que os Santos Pais tenham sido privados da pregação que contém a esperança da salvação e da vida eterna, mas porque viram, apenas à distância e em meio a sombras, o que hoje avistamos em clara luz. Ora, porque era preciso que a Igreja de Deus transcendesse daqueles rudimentos para o que estava mais ao alto, João Batista explica que "a Lei foi dada por meio de Moisés; a graça e a verdade feitas por Jesus Cristo" [Jo 1, 17]. Porque, ainda que a verdadeira expiação tenha sido prometida nos velhos sacrifícios e a arca da aliança tenha representado um penhor do favor paterno de Deus, isso tudo teria passado à sombra não fosse fundado pela graça no Cristo, onde é encontrada a estabilidade sólida e eterna. Certamente, isto permanece fixo: por mais que tenham deixado de ser observados os ritos legais pelo próprio fim, entretanto melhor se conhece a utilidade deles antes do advento do Cristo, o qual, abolindo o uso, selou por sua morte a força e o efeito.

17. Traz um pouco mais de dificuldade a razão escrita por Paulo: "E vós, dado que fôsseis mortos pelos delitos e a impureza de vossa carne, Ele vos vivificou com Aquele que vos perdoa todos os delitos, que apaga o que estava declarado como dívida contra nós no decreto que nos era contrário; e O arrancou do mundo, pregando-o na cruz" etc. [Cl 2, 13].[360] Vê-se que a abolição da Lei seja estendida muito amplamente, para que já não tenhamos mais nada daquele decreto. Erram, na realidade, aqueles que a entendem exclusivamente sobre a Lei Moral, da qual interpretam antes inexorável a severidade que abolida a doutrina.[361] Outros, examinando com maior argúcia as palavras de Paulo, reconhecem ter ele se referido propriamente ao cerimonial da Lei, e mostram que não apenas uma vez a palavra "decreto" soa desse modo. Pois Paulo fala também aos efésios: "Ele é a nossa paz, que fez de ambos um, esvaziando a Lei dos mandamentos estabelecida em decretos, para que reunisse os dois em si mesmo, em um homem novo" [Ef 2, 14].[362] É muito pouco duvidoso que trate aqui das cerimônias, uma vez que fala do interstício pelo qual os judeus se separavam dos gentios. Pelo que reconheço que os primeiros sejam justamente repreendidos por estes,[363] mas me parece que a mente do apóstolo ainda não seja bem explicada também por estes. Pois, de nenhum modo, agrada que aquelas duas passagens sejam compatí-

---

360 Cl 2, 13s.
361 Melanchthon. *Commentar. in epist. ad Col.*, 1529, f.E6ab.
362 Ef 2, 14s. Cf. Butzer, *Metaphras. et enarrat. in epist. ad Rom.*, 1536, p.205 ab.
363 A saber, Melanchthon a Butzer, loc. cit.

veis em tudo. Querendo tornar os efésios mais seguros de sua aliança com a sociedade de Israel, ensina ter sido suprimido o impedimento pelo qual outrora eram afastados, no que se referia às cerimônias. Com efeito, os ritos das abluções e dos sacrifícios que os judeus consagravam ao Senhor os distinguiam dos gentios. E quem não vê, na *Epístola aos colossenses*, que ele alcance um mistério mais sublime? Há, com certeza, uma disputa sobre as observações mosaicas, às quais os falsos apóstolos zelavam impelir o povo cristão, mas, tal como ensina mais profundamente aquela controvérsia na *Epístola aos gálatas*, também de algum modo a chama de novo à sua fonte, da mesma maneira em que o faz também nesta passagem. Pois, se não consideramos nos ritos senão a necessidade de cumprimento, a que interessaria reclamar a declaração de dívida a nós contrária? Além disso, que quase toda a suma de nossa redenção seja posta em que fosse suprimida? Motivo pelo qual o próprio assunto reclama que aqui se repute algo mais interior. Eu, porém, confio estar perseguindo um entendimento autêntico, se me for concedido o que foi escrito por Agostinho de modo verdadeiro em algum lugar, ou melhor, o que ele hauriu das claras palavras do apóstolo: que nas cerimônias judaicas antes se mostrasse a confissão dos delitos que a expiação [Hb 7, 9.10].[364] O que, de fato, faziam pelos sacrifícios senão se reconhecerem cônscios da morte, no lugar da qual ofereciam bodes expiatórios? O que mais atestam pelas purificações senão serem imundos? Assim, de tempos em tempos, renovavam a declaração tanto da dívida do crime quanto da sua impureza: a solução não estava em tal depoimento. Razão pela qual o apóstolo escreveu que somente pela morte do Cristo intercessor seria realizada a redenção das prevaricações que permaneciam sob o Antigo Testamento [Hb 9, 15]. De forma muito adequada, portanto, o apóstolo diz que a declaração de dívida seja contrária a seus cultores, visto que, por ela, assinalavam claramente a sua condenação e imundície. Nem obsta que aqueles também tenham sido para nós partícipes da mesma graça. Obtêm isso no Cristo, não nas cerimônias – que o apóstolo diferencia do Cristo naquela passagem – visto que, empregadas, obscureciam a glória de Cristo. Temos que as cerimônias, se consideradas por si mesmas, sendo elegante e apropriadamente chamadas de declarações de dívida, sejam contrárias à salvação dos homens, desde que eram como instrumentos solenes que atestariam a responsabilidade deles. Mas, pelo contrário, quando os falsos apóstolos querem atá-las à Igreja Cristã, não sem razão

---

364 Agostinho. *De pecc. mer. et rem.*, I, 27, 54, PL 44, 139.

Paulo, recuperando a mais profunda significação delas, advertiu aos colossenses para onde teriam retrocedido se tivessem consentido ser subjugados por elas desse modo.[365] Simultaneamente arrancava-se deles o benefício de Cristo: uma vez que, pela expiação realizada e eterna, aboliu aquelas obrigações cotidianas, as quais, válidas apenas para a confirmação dos pecados, nada poderiam para seu desvaecer.

---

365 Cl 2, 16ss.

Capítulo VIII

A explicação da Lei Moral.

eputo ser apropriado acrescentar aqui os dez preceitos da Lei e uma breve explicação deles, tornando mais patente o que já foi dito:[366] que o culto que Deus uma vez prescreveu ainda vigora; donde surge também a confirmação do segundo ponto: que, com esses preceitos, Ele não só ensinou aos judeus algo do que seria a verdadeira razão da piedade, mas, constatando serem eles incapazes de observá-los, constrangeu-os pelo horror do juízo, como se trazidos pela força ao Mediador. Ao explicar a suma daquilo que é requerido quanto ao conhecimento verdadeiro de Deus, ensinamos que Ele não pode ser concebido por nós em sua magnitude sem que sua majestade imediatamente nos obrigue a seu culto.[367] Quanto ao conhecimento de nós mesmos, colocamos precipuamente isto: que, esvaziados da opinião da própria virtude, despojados da confiança da própria justiça, aprendamos, pelo contrário, alquebrados e contundidos pela consciência da miséria, a sólida humildade e a expropriação de nós mesmos.[368] O Senhor trata de ambos em sua Lei, quando, em primeiro lugar, ao reivindicar para si o poder legítimo de imperar, chama-nos à reverência de sua divindade e indica em que ela se funda e constitui. Depois, promulgada, a regra de sua justiça (cuja retidão é perpetuamente combatida por nosso depravado e impetuoso intelecto e de cuja perfeição jaz distante a nossa faculdade inferior, fraca e esgotada para o bem) manifesta tanto nossa impotência como nossa injustiça. Tudo isso, que deve

---

366 Ver Capítulo VII deste Livro.
367 Cf. Livro I, Capítulo I, § 2.
368 Cf. Capítulos I-V deste Livro.

ser aprendido das duas tábuas, de algum modo nos é ditado por aquela lei interior, impressa e como que gravada, como dito antes,[369] em todos os corações. Com efeito, nossa consciência não nos permite dormir um sono tranquilo e despreocupado sem ser uma testemunha interior que recomenda o que devemos a Deus, sem expor para nós a diferença entre o bem e o mal, e assim nos mostrar o quanto nos afastamos do dever. De fato, como o homem está envolvido pela escuridão dos erros, difícil e debilmente degusta por aquela lei natural qual seja o culto aceito por Deus; por certo muito tempo falta ainda para se ter uma correta noção d'Ele. Quanto a isso, está tão inflado pela arrogância e ambição e cegado pelo amor próprio, que ainda não pode se examinar a si mesmo ou em si se aprofundar, pelo que aprende a submeter-se e a rebaixar-se, bem como a confessar sua miséria. Donde (o que era necessário para nossa estupidez e para nossa contumácia) o Senhor ter estabelecido uma Lei escrita para nós, que tanto atestaria com maior clareza o que na lei natural estava muito obscuro como, afastado o torpor, atingiria mais vivamente nossa mente e memória.

2. Agora é fácil entender o que deve ser aprendido da Lei. Tal como Deus é nosso Criador, de modo que obtém por direito o lugar de Pai e Senhor junto de nós, assim, por essa razão, devemos a Ele a glória, a reverência, o amor, o temor. Ainda mais que não é direito nosso seguir a tudo o que for incitado pela libido da alma, mas, dependentes de sua vontade, devemos nos firmar unicamente naquilo que lhe agrade. Depois, a justiça e a retidão estão em seu coração, mas a iniquidade é abominável para Ele, e, por isso, a não ser que queiramos nos afastar de nosso criador por uma ingratidão ímpia, é necessário cultivarmos a justiça por toda a vida. Pois, já que mostramos a reverência a Ele somente quando preferimos sua vontade à nossa, para Ele não é legítimo senão o culto da observância da justiça, da santidade, da pureza. E não é lícito aspirar à desculpa de que, faltando a disposição, tal como devedores exauridos, não devamos saldar a dívida. Com efeito, não convém que meçamos a glória de Deus com base em nossa aptidão: sejamos o que for, Ele é sempre semelhante a si mesmo, amigo da justiça, inimigo da iniquidade. Da obrigação natural, permanece para nós a necessidade de observar tudo o que Ele exige de nós, uma vez que não pode exigir senão o que é reto, pois, em virtude de nossos vícios, somos incapazes de fazer algo. Se, por nossa própria cupidez, na qual reina o pecado, mantivermo-nos cativos, sem

---

369 Cf. Capítulo II, § 22, deste Livro.

nos empenhar na obediência de nosso Pai, não há porque reclamar em nossa defesa aquela necessidade cujo mal tanto está em nosso interior como deve ser a nós imputado.

3. Quando avançamos a tal ponto pela doutrina da Lei, então, sendo ela a condutora, convém descermos até nós, donde, por fim, faremos referência a estes dois pontos: em primeiro lugar, comparando a justiça da Lei com nossa vida, que muito dista de responder à vontade de Deus, reconhecemo-nos indignos de reter nosso lugar entre as Suas criaturas, e menos ainda de sermos vistos como filhos. Em segundo lugar, considerando nossas forças, são não apenas inapropriadas para a implementação da Lei, mas completamente nulas. Daí necessariamente se segue tanto a desconfiança de nossas próprias forças como a ansiedade e a perturbação da alma. Com efeito, a consciência não pode sustentar o peso da iniquidade sem que imediatamente se apresente o juízo de Deus. E não pode sentir o juízo de Deus sem ser incutida do horror da morte. De modo semelhante, constrangida pelo testemunho da impotência, nada pode fazer para não cair de imediato no desespero de suas forças. Cada uma dessas duas afecções gera a humildade e a queda. Até que, enfim, o homem, atemorizado pelo sentimento da morte eterna (que vê ser iminente para si pelo mérito de sua injustiça), converta a si à misericórdia única de Deus, tal qual ao único porto de salvação, para que, sentindo não estar em seu poder pagar o que deve à Lei, desesperando de si mesmo, aspire pedir e esperar a ajuda em outro lugar.

4. No entanto, ainda não contente em aconselhar a reverência de sua justiça, o Senhor acrescenta promessas e ameaças para imbuir nosso coração do amor à justiça e do ódio da iniquidade. Assim, uma vez que o olho de nossa mente, em vez de ser atraído pela beleza única do bem, antes se cega, quis o Pai clementíssimo, por sua indulgência, atrair-nos a amá-lo e esperá-lo pela doçura dos prêmios. Anuncia, então, que tem guardados consigo prêmios pelas virtudes, e que não há de operar em vão aquele que seguir seus preceitos. Proclama, pelo contrário, que a injustiça não é apenas execrável para Ele, mas que não há de escapar impune, visto que Ele mesmo haverá de vingar o desprezo de sua majestade. E, para nos encorajar de todos os modos, promete tanto as bênçãos da vida presente quanto a bem-aventurança eterna àqueles que observarem a obediência de seus mandamentos; aos transgressores, ameaça não menos com as calamidades presentes que com o suplício da morte eterna. Com efeito, aquela promessa, "Quem os cumprir encontrará neles a vida" [Lv 18, 5], bem como a ameaça a ela correspondente,

"A alma que pecar morrerá" [Ez 18, 4.20], dizem respeito ou à imortalidade ou à morte futura, que jamais terá fim. Onde quer que seja lembrada a benevolência ou a ira de Deus, contém-se sob aquela a eternidade da vida e sob esta a condenação eterna. Na Lei se encontra um longo catálogo das bênçãos e das maldições presentes [Lv 26, 4;[370] Dt 28, 1].[371] Nas sanções, certamente está a suma pureza de Deus, que não pode suportar a iniquidade; nas promessas, além do supremo amor à justiça (o qual não permite que se fraude o prêmio), também é demonstrada sua admirável benignidade. Pois, dado que somos devedores de sua majestade com tudo o que há de nosso, por um excelente direito, tudo o que de nós requer, reclama como uma dívida. Ora, o pagamento da dívida não é digno de remuneração. Portanto, abdica de seu direito quando propõe um prêmio para nossos obséquios, que, tal qual fossem indevidos, não são mostrados de modo espontâneao. Ora, o que essas promessas anunciam a nós, em parte já foi dito,[372] em parte aparecerá mais detalhada em seu devido lugar.[373] No momento é suficiente termos e reputarmos que esteja nas promessas da Lei o louvor invulgar da justiça, pelo qual mais acertadamente consta o quanto sua observação agrada a Deus. Quanto às sanções, que sejam postas na maior execração da injustiça, para que o pecador, impregnado da doçura dos vícios, não se esqueça do juízo do Legislador, que para ele foi preparado.

5. Continuando, o fato de o Senhor, ao trazer uma regra da justiça perfeita, ter reclamado para sua vontade todas as suas partes indica que nada seja mais bem recebido por Ele que a obediência. O que deve ser observado com maior diligência, considerando que a lascívia da mente humana é mais propensa a excogitar continuamente vários cultos pelos quais Ele se faça propício.[374] Essa afetação (uma vez que naturalmente inserida no intelecto humano) irreligiosa da religião propagou-se por todos os séculos, e ainda agora se propaga, visto que os homens sempre anseiam imaginar uma razão que obtenha a justiça para além da Palavra de Deus. Donde os preceitos da Lei ocupam o lugar mais estreito nas boas obras que são comumente divisadas, sendo quase todo o espaço ocupado por aquela inumerável confusão do que é humano. Ora, a que mais, se não a tal libido, zelou Moisés por coibir quando, após a promulgação da Lei,

---

370 Lv 26, 3-39.
371 Dt 28, 1-68.
372 Ver Capítulo V, § 10, e Capítulo VII, § 4, deste Livro.
373 Ver Livro III, Capítulo XVII, §§ 1-3, 6s.
374 Cf. Livro I, Capítulo IV, § 3.

assim interpelou o povo: "Observa e ouve tudo o que prescrevo a ti, para que seja bom para ti e para teus filhos, depois de ti, por toda a eternidade, dado que farás o que é bom e agradável ante teu Deus" [Dt 12, 28]; "O que prescrevo a ti, apenas isto farás, não acrescentarás nem diminuirás".[375] E antes, tendo atestado que sua sabedoria e inteligência perante as outras nações fosse o ter recebido do Senhor os juízos, as justiças e as cerimônias, acrescentou: "Guarda então, a ti e à tua alma, solicitamente, não te esqueças das palavras que foram vistas por teus olhos, para que nunca se afastem de teu coração" [Dt 4, 9], ou seja, uma vez que Deus previa que, a menos que fossem severamente contidos, os israelitas não se aquietariam sem que, recebida a Lei, dessem à luz novas justiças para além dela, pronunciou que a perfeição da justiça estivesse compreendida nisso, o que deveria ser um freio muito válido. No entanto, ainda assim não abandonaram tão proibida audácia. E quanto a nós? Com certeza somos restritos pela mesma palavra, e não há dúvida de que valha para todo o sempre aquilo pelo que o Senhor reclama uma doutrina absoluta da justiça para a sua Lei. No entanto, não contentes com ela, trabalhamos prodigiosamente inventando e forjando boas obras, umas após as outras. Um ótimo remédio para a cura desse vício seria incutir com constância este pensamento: foi-nos trazida pela divindade a Lei que nos ensinaria a perfeita justiça, que não ensina uma justiça diferente daquela que é exigida pelo que está prescrito pela vontade divina. Portanto, frustra que sejam propostas novas formas de obras para ganhar o favor de Deus, de quem consta como legítimo culto apenas a obediência, sem que, antes, o zelo das boas obras que ultrapassa os limites da Lei de Deus seja uma intolerável profanação da justiça divina e verdadeira. Do mesmo modo e com muita verdade, Agostinho às vezes chama a obediência que é prestada a Deus de "mãe e guarda de todas as virtudes" e noutras vezes a chama de "origem" [*A cidade de Deus*, IV, 12; *Sobre o bem conjugal; Contra os adversários da Lei e dos profetas*].[376]

6. Depois que explicarmos a Lei do Senhor, então, com maior prontidão e maior fruto, será confirmado o que antes dissemos sobre sua função e uso.[377] Mas, antes de começar a tratar de cada um de seus artigos, é preciso considerar aquilo que traz dela um conhecimento universal.

---

375 Dt 13, 1.
376 Agostinho, *De civ. Dei*, XIV, 12, PL 41, 420; *De bono coniugali*, c.23, 30, PL 40, 393; *Contra adver. legis et proph.*, I, 14, 19, PL 42, 613.
377 Ver Capítulo VII deste Livro.

Deve ser primeiro posto que a vida do homem seja informada na Lei não apenas para uma honestidade exterior, mas para uma justiça interior e espiritual. Ainda que ninguém o queira negar, poucos porém estão corretamente advertidos. Isso acontece porque não têm em vista o Legislador, por cujo engenho também a natureza da Lei deve ser considerada. Se algum édito real proibir fornicar, matar e roubar, reconheço que nada será infringido àquele que apenas conceber em sua alma o fornicar, o matar, o roubar. Com efeito, porque a previdência de um legislador mortal não se estende senão à civilidade exterior, seus interditos não são violados a não ser a ignomínia seja realizada. Deus no entanto — a cujo olho nada foge e não pondera tanto a aparência externa quanto a pureza do coração —, sob o interdito da fornicação, do homicídio, do furto, veta a libido, a ira, o ódio, o desejo do que é alheio, o dolo e tudo que tal. Sendo um Legislador espiritual, não fala menos da alma que do corpo. Ora, o homicídio da alma é a ira e o ódio; o furto é a cupidez e a avareza; a fornicação é a libido. Também as leis humanas, objetará alguém, dizem respeito às deliberações e às vontades, não a eventos fortuitos.[378] Reconheço-o, mas dizem respeito ao que emergir exteriormente. Consideram por qual motivo o delito de alguém foi dado a público, mas não escrutam suas cogitações secretas. Donde a elas é suficiente alguém manter a mão afastada da transgressão, mas, em contrapartida, porque a Lei celeste é abundante em nossa alma, é necessária antes de tudo a coerção da alma à justa observação da Lei. A maioria dos homens, mesmo quando dissimulam ser rigorosos seguidores da Lei, pondo olhos, pés, mãos e todas as partes do corpo em alguma observação da Lei, mantêm, contudo, o coração completamente distante de qualquer obediência, e tomam-se por satisfeitos ocultarem dos homens probos o que geram frente os olhos de Deus. Ouvem: não matarás, não cometerás adultério, não roubarás; e não levantam sua espada para matar, não misturam seus corpos ao de meretrizes, não lançam mãos sobre os bens alheios. Nessa medida, tudo é bem, mas aspiram matar com toda a alma, fervem de libidinagem, olham com maus olhos todos os bens, devorando-os com a cupidez. Falta-lhes o que era o principal da Lei. Donde, pergunto, provém tal estupidez, senão de que, omisso o Legislador, antes acomodam a justiça a seu entendimento? A eles responde duramente Paulo, afirmando que a Lei seja espiritual [Rm 7, 14]:[379] pelo que entende ser exigido não apenas o obséquio

---

378 Platão. *Leis*, IX, 862 DE.
379 Melanchton. *Locis comm.* (1522), ed. Kolde,4 p.153.

da alma, da mente, da vontade, mas ser requerida uma pureza angélica, a qual, limpa de toda a sordidez da carne, não conheça senão o espírito.

7. Quando dizemos que este é o sentido da Lei, não formamos uma nova interpretação, mas seguimos a Cristo, o excelente intérprete da Lei. Dado que os fariseus imbuíssem o povo com uma opinião perversa, de que cumpriria a Lei quem não perpetrasse nenhuma obra exterior a ela contrária, Cristo aponta esse erro perigosíssimo e anuncia que o aspecto impudico da mulher seja adultério, que todo aquele que tem ódio de seu irmão seja atestado como homicida, e faz réus do tribunal os que tenham concebido a ira em sua alma, réus do conselho os que, murmurejando ou se irritando, deram sinal de uma alma ofendida, réus da geena de fogo os que se manifestaram em franca ira com insultos e maledicências [Mt 5, 21;[380] 24;[381] 43].[382] Aqueles que não viram, imaginaram Cristo como outro Moisés, como um doador da lei evangélica que supriria os defeitos da lei mosaica.[383] De onde deriva aquele axioma vulgar sobre a perfeição da lei evangélica, de que ela superaria em muito a lei antiga,[384] o qual é de muitos modos pernicioso. Pois, fundamentado no próprio Moisés, em lugar em que depois colheremos a suma dos preceitos, é patente o quão indigna é a injúria impressa à Lei divina. Ele também nos dá a saber que a santidade dos pais não distasse muito da hipocrisia, afastando-nos daquela regra una e perpétua da justiça. No entanto, é muito fácil a refutação desses erros, visto que reputaram ter Cristo acrescentado algo à Lei onde unicamente restituiu sua integridade, apontando-a e purgando-a quando obscurecida pela mentira e manchada pelo amargor dos fariseus.

8. Seja esta nossa segunda observação: que sempre há mais nos preceitos e interditos do que é expresso pelas palavras, o que deve ser assim entendido, para não se constituir a nós tal como a regra de Lesbos,[385] pela qual, confiantes, façamos o que quisermos e como quisermos, distorcendo licenciosamente a Escritura. Alguns, mostrando essa imoderada liberdade, vilipendiam a autoridade da Lei para uns, e fazem morrer a esperança de entendimento em outros. Portanto, se for possível, deve-se penetrar nalguma via que nos leve por passo reto e sólido à vontade

---

380 Mt 5, 21s.
381 Mt 5, 28.
382 Mt 5, 43ss.
383 Melanchton usa palavras semelhantes em *Locis comm.* (1522), ed. Kolde,4 p.217.
384 Cf. Tomás de Aquino, *Summa Theologiae*, II, 1, q.91, art.5.
385 Aristóteles. *Eth. Nic.*, V, 14 1137b 29. Cf. CR Calv. Opp. VIII 78.

de Deus. Deve-se buscar até que ponto a interpretação excede a finalidade das palavras, para assegurar não fazer da Lei divina um apêndice das glosas humanas, mas sim retomar fielmente o sentido puro e original do Legislador. Acrescento que o recurso retórico da sinédoque está presente em todos os preceitos, de modo que será justamente ridicularizado todo aquele que quiser restringir o sentido da Lei à precariedade das palavras. Por isso, embora seja claro que a sóbria interpretação da Lei deva ir além das palavras, permanece obscuro até onde ela vai se não for limitada de alguma forma. Considero um modo excelente o de dirigir-se à razão do preceito, de modo que, de cada preceito, seja examinado o porquê de nos ter sido dado. Por exemplo, todo preceito ou é imperativo ou proibitório. A verdade de cada um desses gêneros imediatamente aparecerá se intuirmos a razão ou o fim, tal como o fim do quinto preceito é que seja dada a honra àqueles a quem Deus a atribui. Eis, portanto, a suma do preceito: que é reto e agradável a Deus honrarmos aqueles aos quais é dada alguma excelência, assim como é uma abominação o desprezo e a contumácia contra eles. A razão do primeiro preceito é a de que apenas um único Deus seja louvado. Portanto, sua suma será a verdadeira piedade, isto é, o culto da divindade voltar-se ao coração de Deus, enquanto a impiedade é abominada. Assim, deve-se inspecionar em cada um dos preceitos a respeito de que coisa tratam, donde deverá ser buscado o fim, até encontrarmos o que o Legislador atesta ali que é propriamente agradável ou desagradável a Ele. Finalmente, o raciocínio deve ser conduzido ao que é contrário, deste modo: se isto agrada a Deus, o contrário lhe desagrada; se isto lhe desagrada, o contrário lhe agrada; se isto é recomendado, o contrário é vetado; se isto é vetado, o contrário é recomendado.

9. O que agora se comunica sob a obscuridade, far-se-á claríssimo no decorrer do próprio exercício da exposição dos preceitos. Razão pela qual bastaria ser comunicado, desde que a última parte (seja por não ser entendida por alguns, ou, entendida, possa ser vista de início como inconsequente) tenha sua prova brevemente confirmada. A ela não faltam provas: com efeito, não há quem não concorde que, quando o bem é ordenado, é vetado o mal que luta contra ele. O juízo comum não recebe penosamente que, ao se vetar o mal, sejam impostos os deveres que lhe são contrários. Por certo é tomado como trivial que sejam recomendadas as virtudes quando os vícios são, contrariamente, condenados. Mas nós postulamos algo mais do que essas fórmulas significam no trivial. Assim, se com frequência entendem que a abstinência do vício seja uma virtude contrária ao vício,[386] nós sustentamos que a virtude seja ir além da abstinência, a saber, que seja ainda fazer aquilo que é contrário ao vício. Por isso, pelo preceito "não matarás", a assunção do homem comum não considera nada além de se manter a abstinência de toda ação má e de todo o desejo de uma ação má. Eu digo que seja contido algo mais: que ajudemos, com os subsídios que pudermos, a vida do próximo. E, para não falar sem razão, confirmo-o assim: Deus veta que o irmão seja ferido ou violentado com a injúria, porque deseja que a vida dele nos seja cara e preciosa; portanto, postula simultaneamente que possam ser conferidos à conservação dela os ofícios de caridade. E assim deve-se ver que o fim do preceito sempre nos torna acessível tudo o que nos é obrigado ou proibido fazer a seu respeito.

10. No entanto, por que, como que por meios preceitos, Deus quis dar a entender por sinédoques mais do que expressou? Ainda que outras razões costumem também ser aduzidas, esta é a que mais me agrada: porque a carne sempre procura diluir a impureza dos pecados (a não ser quando é palpável) e induzir pretextos ilusórios, Deus propôs como exemplo o que em cada um dos gêneros de transgressão havia de pior e mais celerado, com o qual atemorizaria também os ouvidos e imprimiria em nossa alma um horror maior a todo pecado. Isto nos é com frequência imposto na consideração dos vícios: quanto mais acobertados, mais os enfraquecemos. O Senhor desfaz esses enganos quando nos acostuma a referir toda a multiplicidade de vícios a esses artigos que de modo excelente representam o quanto há em cada um deles do gênero das abominações. Por exemplo, a ira e o ódio não são reputados males a ser execrados quando chamados por seus nomes, mas, quando intercalados sob o nome de homicídio, melhor entendemos o quanto são abominados junto de Deus, por cuja voz são colocados em tão horrenda ordem de flagelos. Assim advertidos pelo juízo divino, aprendemos a estimar melhor a gravidade dos delitos que antes pareciam leves.

11. Em terceiro lugar, deve-se considerar o que significa a partição da Lei divina em duas tábuas, das quais todos os sãos julgarão que, não sem razão ou sem prudência, cumpre fazer por vezes uma menção solene. Tem-se de partida a causa disso: não há o que seja ambíguo acerca dessa matéria para nós. Com efeito, Deus dividiu a sua Lei em duas partes, nas quais está contida toda a justiça, de modo que assinalou à primeira os ofícios da religião, que dizem respeito particularmente ao culto de sua divinda-

---

386 Cf. Tomás de Aquino, *Summa Theologiae*, II, 1, q.98, a.1.

de; à outra, os ofícios de caridade, que dizem respeito aos homens. Claro que o primeiro fundamento da justiça é o culto de Deus, o qual, destruído, todas as partes restantes da justiça, tal qual as partes de um edifício destruído e em ruínas, são dilaceradas e dissipadas. Que justiça dizemos ser essa, se não vexamos a um homem com furto e rapina, mas, por um sacrilégio criminoso, espoliamos enquanto isso a majestade de Deus de sua glória? Que não conspurquemos nosso corpo com a fornicação se, por nossas blasfêmias, profanamos o nome sacrossanto de Deus? Que não matemos a um homem se procuramos matar e extinguir a memória de Deus? Portanto, é vão falar de justiça sem religião, e ela não terá maior beleza que a do tronco de um corpo sem cabeça quando tomado como ornamento. E a religião não é apenas a parte principal da justiça, mas é também a alma, pela qual toda ela respira e vive. Sem o temor de Deus, os homens tampouco observam entre si a equidade e a dileção. Portanto, chamamos o culto de Deus de princípio e fundamento da justiça, visto que, se for ele suprimido, toda a equidade, a continência, a temperança que os homens praticam entre si será inane e frívola perante Deus. Dizemos fonte e princípio: porque, com base nele, os homens aprendem a viver entre si com temperança e sem maldade se venerarem a Deus tal qual o juiz do reto e do iníquo. Por isso, pela primeira tábua ensina-nos a piedade e os ofícios próprios da religião, pelos quais sua majestade é louvada; pela segunda, prescreve de que modo devemos gerir a sociedade dos homens em razão do temor de seu nome. Razão pela qual nosso Senhor (como os evangelistas o chamam) uniu toda a suma da Lei em dois artigos: que amemos a Deus de todo o coração, de toda a alma, com todas as forças e que amemos o próximo como a nós mesmos [Mt 22, 37;[387] Lc 10, 27]. Assim vemos como, nas duas partes em que toda a Lei está encerrada, Ele dirija uma para Deus e destine a outra aos homens.

12. Ainda que toda a Lei esteja contida em dois artigos, nosso Deus no entanto, pelo que tiraria todo pretexto de desculpa, quis comentar em dez preceitos, mais ampla e pormenorizadamente, tanto o que diz respeito à sua honra, temor e amor, como o que diz respeito à caridade, a qual nos manda ter para com os homens por causa d'Ele mesmo. E não há um mau zelo em conhecermos a divisão dos preceitos, desde que lembremos que é o tipo de matéria sobre a qual deve ser livre o juízo de cada um, pelo que não devemos contender com aquele que dissentir. E é necessário apontar isso neste lugar, para que os leitores não riam ou se

---

387 Mt 22, 37ss.

admirem da divisão que iremos propor, considerando-a nova ou nunca pensada. Está fora de controvérsia que a Lei seja distinta em dez palavras, uma vez que isso é muitas vezes comprovado pela autoridade do próprio Deus. Eis por que se disputa não sobre o número, mas sobre a forma de dividi-las. Os que as dividem atribuindo três preceitos à primeira tábua, deixam os sete restantes para a segunda, riscam o preceito sobre o número das imagens, ou o ocultam sob o primeiro,[388] quando não há dúvida de que tenha sido posto pelo Senhor no lugar de um mandamento distinto; ao décimo, sobre não desejar as coisas alheias, ineptamente separam em dois. Acontece que logo se entenderá que tal forma de divisão fosse desconhecida de uma idade mais pura. Outros são os que enumeram conosco quatro artigos na primeira tábua, mas, no lugar do primeiro, estabelecem uma promessa, não um preceito.[389] Eu, porém, uma vez que não sou convencido senão por uma razão evidente, tomo as dez palavras de Moisés como os dez preceitos, e parece-me que se encontram dispostos em uma belíssima ordem: permitindo a eles a sua opinião, seguirei o que me parece mais provável; com efeito, assumo que aquele mandamento do qual fazem o primeiro tenha o lugar de prefácio para toda a Lei. Seguem-se depois os quatro preceitos da primeira e os seis da segunda tábua, na ordem pela qual serão expostos. Orígenes [*Homilias para o Êxodo*][390] ensina esta divisão como recebida sem controvérsia no decorrer de toda sua época. Ela também é corroborada para Bonifácio por Agostinho [l.III],[391] que, na enumeração desta ordem, observa: "Servir ao único Deus com a obediência da religião, para que não seja louvado um ídolo, para que o nome do Senhor não seja tomado em vão", dado que antes falara do preceito sobre o descanso no sábado. Em outro lugar, contudo, a primeira divisão lhe é mais favorável, mas por uma causa muito leviana, visto que no número ternário (se forem confiados três preceitos à primeira tábua) seja mais resplandecente o mistério da Trindade, ainda mais porque nem mesmo ali dissimula que, no mais, nossa ordem lhe seja mais agradável [*Questões sobre o Antigo Testamento*, l.II].[392] Além de-

---

388 Pedro Lombardo, *Sent.*, III, d.37, 1.2, PL 192, 830s.; Tomás de Aquino, *Summa Theologiae*, III, q.100, a.4; Lutero, *Enchiridion piar. prec.*, WA X 2, 377s; Melanchthon, *Loci comm.* (1521) ed. Kolde,4 p.117ss.
389 Cyrillus Alex., *Pro sancta Christ. religione adv Iulianum*, V; Hesychius, *Comment. In Levit.*, VII, c.26; Butzer, *Enarrationes in Evang.*,1536, p.385.
390 Orígenes, *In Exodum homiliae*, hom. 8, 3.
391 Agostinho. *Contra duas epistolas Pelagianorum ad Bonifacium*, III, 4, 10, PL 44, 594.
392 Idem, *Quaestiones in Heptateuchum*, II, 71, PL 34, 620s.; cf. *Serm.* 9, 6; 23, 3, PL 38, 80.208; *Ep.* 55, 11 (*ad Ianuarium*), PL 33, 213; etc.

les, está conosco o autor das obras imperfeitas sobre Mateus.[393] Josefo, sem dúvida segundo o consenso de sua época, assinala cinco preceitos para cada tábua.[394] Visto que, com razão, contrapõe-se que assim se confunde a distinção da religião e da caridade, então é refutado pela autoridade do Senhor, que em Mateus, no catálogo da segunda tábua, põe novamente o mandamento de honrar os pais [Mt 19, 19]. Ouçamos agora o próprio Deus falar por suas palavras.

PRIMEIRO PRECEITO
Eu sou Jeová, teu Deus, que te tirou da terra do Egito, da casa da servidão: não terás outros deuses ante minha face.

13. É indiferente se tomamos a primeira sentença do primeiro mandamento como uma parte, ou se a lemos em separado, desde que não se negue que seja uma espécie de proêmio para toda a Lei. Primeiro, deve-se buscar na promulgação das leis que não sejam logo ab-rogadas por desprezo. Assim, o Senhor provê, antes de tudo, que a majestade da Lei da qual é doador não caia no desprezo, para cuja sanção é empregado um argumento tríplice. Reivindica para si o poder e o direito de império, pelo qual constrange o povo eleito à necessidade de obedecer. Dá a promessa da graça, por cuja suavidade alicia ao zelo da santidade. Recorda o benefício, pelo qual acusa os judeus de ingratidão, a menos que respondam à sua benignidade. Sob o nome de Jeová, é designado o império e a dominação legítima, pois se tudo é desde si mesmo e n'Ele consiste, é justo que tudo seja referido a si, tal como disse Paulo [Rm 11, 36]. Desse modo, por essa única palavra, somos suficientemente sujeitos ao jugo da divina majestade, uma vez que seria portentoso querermos nos afastar dos ditames daquele sem o qual não podemos ser.

14. Depois de mostrar ser a Ele, que tem o direito de dar os preceitos, que a obediência é devida, para que não pareça que atrai somente pela necessidade, seduz também pela doçura, anunciando ser ele o Deus da Igreja. Com efeito, subjaz a essa frase uma relação mútua, contida na promessa: "Eu serei para eles um Deus, eles serão para mim um povo" [Jr 31, 33]. Donde Cristo confirma a imortalidade de Abraão, Isaac e Jacó, de o Senhor ter atestado ser o Deus deles [Mt 22, 32]. Pois é como se

393 *Opus imperfectum in Matth.*, entre as obras de Crisóstomo. Ed. Paris, 1834ss, VI, p.947b.
394 Josefo, *Antiquitates Iud.*, III, 5, 8, 101. Ed. Niese I, 178.

fosse dito assim: Eu vos tomei como um povo para mim, ao qual não beneficiaria unicamente na vida presente, mas também concederia a bem--aventurança da vida futura. Ora, a que isso diz respeito está anotado em vários lugares na Lei, pois, desde que, por uma tal misericórdia, o Senhor nos permite ser tomados como seu povo, elege-nos, diz Moisés, para Ele como um povo especial, um povo santo, que guardará seus preceitos [Dt 7, 6; 14, 2; 26, 18].[395] De onde vem aquela exortação: "Sede santos, por-que Eu sou santo" [Lv 19, 2]. Esses dois segmentos dão origem àquele testemunho dado ao profeta: "O filho honra o pai, e o servo o senhor. Se Eu sou o Senhor, onde está o meu temor? Se sou Pai, onde está o meu amor?" [Ml 1, 6].

15. Segue-se a lembrança dos benefícios, que mais deve ser válida para comover-nos quanto mais for detestável, mesmo entre os homens, a ignomínia da ingratidão. Por certo admoestava Israel de um benefício recente, mas eternamente memorável por tão admirável magnitude que também valeria para a posteridade. E ele é muito conveniente para a causa presente; com efeito, o Senhor aponta que eles haviam sido libertos da miserável servidão para que O cultuassem como o autor da liberdade, com a obediência e a prontidão para a submissão. Também costuma, para nos reter em seu verdadeiro e único culto, atribuir a si epítetos pelos quais discerne sua sacra divindade de todos os ídolos e deuses imaginários. Pois, como disse antes, tal é a nossa propensão à vaidade, conjunta com a temeridade, que tão logo Deus é nomeado, nossa mente não se con-têm sem decair em algum comentário frívolo.[396] Por conseguinte, que-rendo dar um remédio a esse mal, Deus mesmo orna sua divindade com certos títulos, e assim nos cerca como que por cancelas, para que não vaguemos de cá para lá e temerariamente forjemos para nós algum novo deus, quando, abandonado o Deus vivo, erguemos um ídolo. Por essa razão, sempre que querem designá-lo adequadamente, os profetas ves-tem, e como que incluem n'Ele, aquelas marcas sob as quais se manifes-tara ao povo de Israel. De fato, quando é chamado "Deus de Abraão" ou "Deus de Israel" [Ex 3, 6], quando é colocado entre os querubins no tem-plo de Jerusalém [Am 1, 2; Hc 2, 20; Sl 80, 2; 99, 1; Is 37, 16], essas e outras formas de falar semelhantes não o ligam a um único lugar ou povo, mas são postas apenas para que as cogitações dos pios repousem na-quele Deus que, pela aliança estabelecida com Israel, representava a si

---

395 Dt 26, 18s.
396 Cf. Livro I, Capítulo 4, § 3.

de tal modo que não seja nenhum pouco lícito afastar-se de tal ideia. No entanto, que isto permaneça claro: que se faz menção à redenção pela qual os judeus se submetam mais ardorosamente ao Deus que a eles reivindica para si por direito. Para nós porém — para não considerarmos que isso nada tem a ver conosco —, convém reputar que a servidão de Israel no Egito fosse um tipo de cativeiro espiritual, no qual nos detemos vencidos até que, libertados pelos braços de sua virtude, o Vingador nos conduza ao reino da liberdade celeste. Tal como outrora quis reunir os israelitas que estavam esparsos no culto de seu nome, livrando-os da intolerável dominação do faraó à qual estavam submetidos, assim para aqueles que hoje proclama ser um Deus, aparta a todos do ruinoso poder do Diabo, reproduzido fisicamente por aquele cativeiro. Desse modo, não há ninguém cuja alma não deva ser inflamada para escutar a Lei proferida por um sumo Rei, de quem todas as coisas procede, e ao qual se deve justamente se ordenar e dirigir como a seu fim. Digo que não há ninguém que não deva ser incitado a abraçar o Legislador, a cujos mandamentos sabe ter sido particularmente escolhido para observar, de cuja benignidade, com a afluência de todos os bens, espera obter até a glória da vida imortal; e por cuja admirável virtude e misericórdia sabe-se livre dos desfiladeiros da morte.

16. Fundada e estabelecida a autoridade de sua Lei, edita o primeiro preceito para que não tenhamos outros deuses ante sua face. O fim do preceito é o Senhor querer ser o único com proeminência para seu povo e ter este definitivamente sujeitado. Para que isso se torne realidade, ordena afastar-se de nós qualquer impiedade e superstição que diminua ou obscureça a divindade de sua glória. Pela mesma razão, prescreve que seja, pelo zelo da piedade, louvado e adorado por nós. E a simplicidade das palavras parece ter sido usada para tal finalidade, visto não podermos ter a Deus sem ao mesmo tempo abraçar tudo o que é próprio d'Ele. Portanto, ao vetar que tenhamos outros deuses, indica que não transfiramos para outro aquilo que é próprio d'Ele. Ora, ainda que seja inumerável o que devemos a Deus, isso não é ineptamente referido a quatro artigos: a *adoração*, que traz como um apêndice a obediência espiritual da consciência, a *confiança*, a *invocação* e a *ação de graças*. Chamo adoração a veneração e o culto que cada um de nós presta a Ele quando se submete à sua grandiosidade, pelo que requeiro, não sem razão, submetermos nossa consciência à sua Lei. A confiança é, desde o reconhecimento de suas virtudes e o aquiescer em sua segurança, quando, reconhecendo n'Ele toda a sabedoria, justiça, força, verdade e bondade, consideramo-nos bem-aventurados pelo simples fato de nos comunicarmos com Ele. Que a invocação seja o recolhimento de nossa mente, sempre que é premida por alguma necessidade, à sua fé e ajuda, tal qual a um único socorro. A ação de graças é a gratidão pela qual o louvor de todos os bens é a Ele atribuído. Como o Senhor não pode consentir que nada disso seja desviado para outro, assim ordena que tudo seja atribuído exclusivamente a Ele. Com efeito, não seria bastante abstermo-nos de outro deus se não nos confiarmos ao Senhor, o que é desejado por alguns abomináveis contendores, para os quais o sumo compêndio é manter o escárnio de todas as religiões. Mas é preciso preceder a verdadeira religião, pela qual as almas se referem ao Deus vivo, por quem, imbuídas de seu conhecimento e como único escopo, aspiram, em todas as ações da vida, contemplar, temer, louvar a sua majestade, abraçar a comunicação de seus bens, requerer seu favor seja no que for, reconhecer a magnificência das obras celebrada pelo louvor e confissão, e depois se guardar da superstição depravada, pela qual as almas, afastadas do verdadeiro Deus, são conduzidas de cá para lá, como se para vários deuses. Por isso, se nos confiarmos ao único Deus, repitamos de cor o que foi dito antes, que devem ser afastados para muito longe todos os deuses fictícios, para que não seja destruído o culto que Ele reivindica unicamente para si. Pois é de todo lícito que não se afaste d'Ele nem um pedacinho de sua glória, para que resida com Ele tudo o que lhe é próprio. A meus olhos, a parte que se segue amplifica a indignidade, visto que Deus é provocado ao ciúme sempre que colocamos nossas ficções em seu lugar, tal como a mulher impudica que, ao expor publicamente o adultério cometido perante os olhos do marido, abrasa ainda mais sua alma. Portanto, já que Deus atesta, por sua virtude e graça presente, que olhava o povo que elegera para si, para que antes fosse detido do crime da queda, admoesta não ser possível assumirem-se novos deuses sem que Ele seja testemunha e espectador do sacrilégio. E, assim, acrescenta muita impiedade a tal audácia aquele que julga poder iludir os olhos de Deus em suas deserções. Pelo contrário, o Senhor proclama que tudo o que tramamos, tudo o que maquinamos, tudo o que fabricamos acaba diante de seus olhos. Portanto, seja pura a consciência ou distante das cogitações ocultíssimas de apostasia, se quiser ter nossa religião aprovada pelo Senhor. Pois, íntegra e incorrupta, a glória de sua divindade não requer apenas uma confissão ao exterior, mas a seus olhos, que enxergam os refúgios mais recônditos dos corações.

Segundo Preceito
Não faças algo esculpido para ti, nem algo semelhante ao que está acima no céu, ou abaixo na terra, ou nas águas que estão sob a terra. Não os adorarás, nem louvarás.

17. Tal como pronunciou no último mandamento que seria o único Deus, além do qual não se deveria ter ou pensar outros deuses, anuncia então mais explicitamente quem é e por qual gênero de culto deve ser honrado, para que não ousemos imaginá-lo carnal. O fim desse preceito é que o legítimo culto d'Ele não seja profanado por ritos supersticiosos. Porque, em suma, nos reconduz e separa completamente das ínfimas considerações carnais que nossa mente insensata costuma imaginar quando, em sua rudez, concebe a Deus e, daí, nos forma para o legítimo culto de si, isto é, para o que é espiritual e instituído por Ele. Indica que há nessa transgressão um vício por demais crasso: a idolatria exterior. Com efeito, são duas as partes do mandamento: a primeira reprime nossa licenciosidade, para que não ousemos sujeitar a Deus sob nossos sentidos ou representá-Lo, Ele que é incompreensível, sob nenhuma espécie. A segunda parte proíbe que adoremos alguma imagem por causa da religião. Na continuidade, enumera rapidamente todas as formas pelas quais costumava ser figurado pelos povos supersticiosos e gentios. Por aqueles que estão no céu, entende o Sol, a Lua e outras estrelas e talvez as aves, tal como no quarto capítulo do *Deuteronômio*, exprimindo sua intenção, nomeia tanto as aves como os astros [Dt 4, 15][397] — o que eu não indicaria senão por que alguns, imperitamente, apontam que se referisse aos anjos.[398] E assim ignoro a parte restante, porque é conhecida por si e já, no Primeiro Livro, ensinamos clara e suficientemente que, sejam quais forem, as formas visíveis de Deus que o homem cogita repugnam diametralmente à sua natureza, e por isso, tão logo os ídolos são postos como mediadores, a verdadeira religião é corrompida e pervertida.[399]

18. A sanção que é acrescida não deve ser de pouco valor para expulsar nossa indolência. Ele declara que é Jeová, o nosso Deus, Deus [ou seja, forte, pois o nome "Deus" é derivado de fortaleza] ciumento, que visita a iniquidade dos pais nos filhos, até a terceira e a quarta gerações daqueles que odeiam seu nome, mas é misericordioso até a milésima para aqueles que o amam e observam seus preceitos.

---

397 Dt 4, 17.19.
398 Cf. Agostinho. *De civ. Dei*, XIX, 23, 4, PL 41, 654.
399 Ver Capítulo XI do Livro I.

É como se dissesse que somente Ele é aquele em quem devemos repousar. E, para nos induzir, anuncia seu poder, que não suporta ser impunemente combatido ou diminuído. Sustenta aqui, com efeito, o nome EL, que significa Deus: mas porque é derivado de fortaleza, para exprimir melhor o sentido, não hesitei em traduzir também isso, ou melhor, inserir o contexto. Depois, chama a si mesmo de ciumento, indicando não querer um par. Em terceiro lugar, assevera que vingará sua majestade e glória se alguém a transferir para criaturas ou a algo esculpido, e não com uma vingança breve ou simples, mas a que é estendida a filhos, netos e bisnetos, a saber, aqueles que serão imitadores da impiedade paterna. Tal como também exibe sua perpétua misericórdia e benignidade por uma longa posteridade àqueles que o amam e guardam a sua Lei. Deus muitas vezes assume perante nós a personagem do marido, visto que a conjunção pela qual nos une a si quando nos recebe no seio da Igreja tem o lugar de um esponsal sagrado, o qual é preciso fundar na fé mútua. Dado que Ele em tudo exerce o ofício de um marido fiel e veraz, então estipula para nós o amor e a castidade conjugal: isto é, que não prostituamos nossas almas desonrando-as a Satanás, à libido, aos desejos imundos da carne. Donde, quando pronuncia a apostasia dos judeus, reclama de que tenham abandonado o pudor e se manchado com o adultério. Portanto, tal como o marido, que quanto mais santo e casto, mais gravemente se inflama ao ver a esposa inclinar-se para o rival, assim o Senhor, que a nós se esponsou na verdade, atesta que seu ciúme seja inflamadíssimo quando, negligenciada a pureza de seu santo matrimônio, nos sujamos com desejos criminosos, em especial quando desviamos para outro ou manchamos com alguma superstição o culto de sua divindade, o qual deveria ser ilibado ao máximo. Pois, quando o fazemos, não apenas violamos a fé dada em matrimônio, mas poluímos o próprio leito nupcial com os adultérios cometidos.

19. Cumpre ver o que pretende com a ameaça quando se anuncia visitador da iniquidade dos pais nos filhos até a terceira e a quarta gerações. Pois, além de ser estranho à equidade da justiça divina aplicar a pena que outro cometeu ao inocente, o próprio Deus também afirma que não fará o filho carregar a iniquidade do pai [Ez 18,20], ainda que não tenha sido repetida apenas uma vez a sentença de que a pena dos crimes dos avós será prorrogada às gerações futuras. E assim com frequência falou Moisés: "Jeová, Jeová, que traz a iniquidade dos pais aos filhos até a terceira e a quarta geração" [Nm 14, 18]. De modo semelhante, Jeremias: "Aquele que é misericordioso até a milésima geração, que traz a iniquidade dos pais sobre o seio dos filhos que os sucedem" [Jr 32, 18].

Não poucos, enquanto se cansam penosamente na resolução desse nó, reputam que se deve entender apenas como as penas temporais, as quais não é absurdo serem mantidas para os filhos pelos delitos dos pais, uma vez que são muitas vezes infligidas para o que é salutar. O que certamente é verdadeiro, pois Isaías denunciou a Ezequias que seus filhos seriam espoliados do reino e deportados ao exílio em vista do pecado perpetrado por ele [Is 39, 7]. A casa do faraó e de Abimeleque foram afligidas pelo dano feito a Abraão [Gn 12, 17; 20, 3] etc.; mas, quando esses testemunhos são oferecidos para a solução da questão, antes se mostra um desvio que uma interpretação. Com efeito, pronuncia aqui e em lugares semelhantes uma maldição mais grave do que a limitada aos termos da vida presente. Portanto, assim deve ser tomado que a justa maldição do Senhor não caia unicamente sobre a cabeça do ímpio, mas também em toda a família. Quando cai, o que se pode esperar, se não que o pai, destituído do Espírito de Deus, viva desonradamente? Que o filho, semelhantemente abandonado pelo Senhor pela maldade do pai, siga a mesma via da ruína? Por fim, que os netos e bisnetos, semente execrável de homens detestáveis, despenquem em abismos depois deles?

20. Antes inspecionemos se tal vingança não convém à justiça divina. Se toda a natureza dos homens é condenável, sabemos estar preparada a destruição para aqueles a quem o Senhor não dignar a comunicação de sua graça, afinal não perecem por um ódio iníquo de Deus, mas pela própria iniquidade, nem há lugar para a reclamação de que, a exemplo de outros, não tenham sido ajudados pela graça de Deus para a salvação. Portanto, quando é aplicado a esses ímpios e escandalosos, como punição dos crimes, que suas casas sejam privadas da graça de Deus por muitas gerações, quem recriminará a Deus em vista de sua justíssima vingança? Mas o Senhor pronuncia, em sentido contrário, que a pena do pecado paterno não será transferida ao filho [Ez 18, 20]. Observe o que é feito ali. Os israelitas, dado que tivessem sido afligidos desde muito tempo e assiduamente por muitas calamidades, passaram a recitar o provérbio de que seus pais teriam comido uma uva azeda e, assim, estragado os dentes dos filhos, com o que queriam dizer que eles, ainda que justos e inocentes, sofriam as penas dos pecados cometidos pelos pais: antes pela implacável iracúndia de Deus que pela moderada severidade. O profeta mostra-lhes que não é assim, uma vez que são punidos pelas próprias desonras, e não convém à justiça de Deus que o filho justo sofra um suplício pela maldade do crime do pai, o que também não é defendido na presente sanção. Se a visitação da qual agora se fala é aplicada quando o

Senhor retira da família dos ímpios a graça, luz de sua verdade e os auxílios restantes para a salvação, é porque, cegados e afastados d'Ele, os filhos insistem em seguir as pegadas dos pais, sustentando as maldições
dos crimes paternos. Sendo prontamente subjugados, por um justo juízo
de Deus, tanto às misérias temporais quanto à ruína eterna, não são punidos pelos pecados alheios, mas pela própria iniquidade.

21. Pela outra parte, é oferecida a promessa de que a misericórdia de
Deus é propagada por mil gerações, a qual também aparece com frequência
na Escritura, e é inserida na aliança da Igreja: "Serei o teu Deus e o de tua
semente depois de ti" [Gn 17, 7]. Visando a isso, Salomão escreveu que
os filhos dos justos haveriam de ser bem-aventurados após a morte deles
[Pr 20, 7], em virtude não apenas de uma santa educação (que não tomava como de pouca importância) mas da bênção prometida na aliança: que
a graça de Deus resida eternamente na família dos pios. Daí o exímio consolo dos fiéis e o ingente terror dos ímpios, pois se a memória da justiça
e da iniquidade vale tanto a Deus, mesmo após a morte, dado que sua maldição e sua bênção redundam até a posteridade, muito mais ela residirá
na cabeça de seus autores. No mais, nada obsta que a descendência dos
ímpios por vezes se volte ao bom fruto, e a descendência dos fiéis degene-
re, pois o Legislador não quis estabelecer aqui uma regra perpétua que
impediria a escolha deles, basta à consolação do justo e ao terror do pecador que ela não seja vã ou a sanção ineficaz, ainda que nem sempre aplicada. Tal como as penas temporais, que são infligidas a poucos criminо-
sos, as sanções são testemunhos da ira divina contra os pecados e do juízo
que futuramente há de se dar para todos os pecadores, ainda que muitos
passem impunemente até o fim da vida. Assim, quando o Senhor dá um
exemplo dessa bênção, que sua graça e misericórdia estende de pais para
filhos, fornece um testemunho de uma graça constante e perpétua para seus
cultores. Quando a iniquidade do pai é estendida ao filho, ensina que tipo
de juízo permanece para todos os réprobos por seus próprios crimes. A
certeza disso é o que aqui principalmente visei. Em segundo plano, que
concede a nós a amplitude de sua misericórdia, a qual estende a mil gerações, enquanto impõe sua vingança a apenas quatro gerações.

TERCEIRO PRECEITO
Não tomarás o nome de Jeová, teu Deus, em vão.

22. O fim desse preceito é: Deus deseja sacrossanta para nós a majestade de seu nome. A suma será que não a profanemos por tomá-la com

menosprezo ou de modo irreverente. Interdito que segue da ordem do preceito que a veneração religiosa dela seja tomada por nós com zelo e cuidado. Assim, ensina-nos a ser ponderados de alma e língua, para não falarmos do próprio Deus e de seus mistérios senão de modo reverente e muito sóbrio, para que, ao avaliar suas obras, não concebamos senão o que é digno de honra diante d'Ele. Digo que convém observar sem descanso estas três condutas: primeiro, que tudo o que a mente concebe e a língua pronuncia sobre Ele reflita sua excelência, bem como responda à sacra sublimidade de seu nome e, por fim, esteja apto a louvar sua magnificência. Segundo, que não abusemos temerariamente de seu santo Verbo e adoráveis mistérios, seja por ambição, avareza ou diversão, mas, à medida que a dignidade avança impressa em seu nome, sempre mantenham entre nós sua honra e apreço. Por fim, que não injuriemos ou detratemos suas obras, tal como os homens miseráveis costumam fazê-lo, mas tudo o que recordarmos ter sido feito por Ele, prediquemos com sabedoria, justiça e elogios de bondade. Isso é santificar o nome de Deus. Quando se dá de modo contrário, é poluído de um abuso vão e depravado, porque é tomado de seu uso legítimo, ao qual estava consagrado com exclusividade e, ainda que não seja destituído senão de sua dignidade, é paulatinamente desprezado. E se há tanto mal em tal procedimento temerário de usurpação do nome divino, muito mais haverá se for conferido a usos nefandos, como os que o aplicam às superstições da necromancia, às devoções bárbaras, aos exorcismos ilícitos e a outros encantamentos ímpios. Ora, no mandamento se assume, acima de tudo, o juramento no qual o abuso perverso do nome divino é maximamente detestável, para que, daí, mais bem nos afastemos de tudo o que lhe causa profanação. Aqui, porém, prescreve-se sobre o culto de Deus e a reverência de seu nome, não sobre a equidade que deve ser encontrada entre os homens. Disso é patente que o perjúrio e o falso testemunho no qual incorre a sociedade dos homens são condenados na segunda tábua; ora, seria uma repetição supérflua se esse preceito tratasse do ofício da caridade. Também a própria distinção requer isso, uma vez que Deus não atribui em vão, como foi dito, duas tábuas à sua Lei. De onde vem que reclame para si seu direito e defenda a santidade de seu nome, mas não que ensine as dívidas que os homens têm para com os homens.

23. Em primeiro lugar, deve-se ter o que é o juramento. Ora, é o atestado de Deus para a confirmação da verdade de nossas palavras. Com efeito, são indignas de ser contadas como juramentos as execrações manifestadas para depreciar a Deus. Que um atestado desse tipo, quando retamente empregado, seja uma espécie de culto divino é mostrado em muitos lugares da Escritura, como na ocasião em que Isaías profetiza sobre a aliança com a sociedade dos egípcios e dos assírios: "Falarão a língua de Canaã e jurarão em nome do Senhor" [Is 19, 18], isto é, jurando pelo nome do Senhor, darão uma confissão de religião. O mesmo quando fala da propagação de seu reino: "Quem quer que abençoe a si, abençoe no Deus dos fiéis, e quem jurar na terra, jurará no Deus verdadeiro" [Is 65, 16]. E em Jeremias: "Se aprenderem, ensinarão o povo a jurar em meu nome, tal como o ensinaram a jurar por Baal, edificarão no meio de minha casa" [Jr 12, 16]. E com razão dizemos, ao invocar o nome do Senhor em testemunho, ser atestada nele a nossa religião. Assim confessamos ser a verdade eterna e imutável aquele que chamamos não unicamente como testemunha idônea da verdade diante de outros, mas também como que seu único fiador, capaz de trazer à luz o que está escondido, e, por isso, como o conhecedor dos corações. Com efeito, quando faltam os testemunhos dos homens, recorremos ao testemunho de Deus, sobretudo quando o que deve ser asseverado repousa na consciência. Razão pela qual o Senhor exaspera-se amargamente com aqueles que juram por outros deuses, e interpreta esse gênero de juramento como um argumento de manifesta defecção: "Teus filhos me abandonaram e juram por aqueles que não são deuses" [Jr 5, 7]. E declara a gravidade de tal crime pela aplicação das penas: "Destruirei aqueles que juram pelo nome do Senhor e juram por Melcom" [Sf 1, 5].

24. Quando entendemos que o Senhor deseja que nossos sacramentos sejam inerentes ao culto de seu nome, devemos cuidar com maior diligência que não tragam desprezo ou ultraje e vilania para com o culto. Não é pouco desprezo se for perjurado por ele, donde também é chamado na Lei de profanação [Lv 19, 12]. O que resta ao Senhor quando é espoliado de sua verdade? Logo deixa de ser Deus. Mas é certamente espoliado quando é constituído um sufragista e aprovador do que é falso. Eis por que Josué quis levar Acã à confissão da verdade: "Filho meu, dá a glória ao Senhor de Israel" [Js 7, 19], apontando que desonraria gravemente o Senhor se fosse por ele perjurado. O que não é admirável: a mentira não está para nós sem que seu sacro nome seja de algum modo injuriado. Que essa locução era comum entre os judeus, quando alguém era chamado para fazer um juramento, consta em esconjuro semelhante que os fariseus usam no *Evangelho de João* [Jo 9, 24]. Instituem a nós para esse cuidado as fórmulas que são tomadas da Escritura: "O Senhor vive" [1Sm 14, 39]; "Que o Senhor faça isto para mim, e isto me acrescente" [2Sm 3, 9]; "Seja Deus um testemunho em minha alma" [2Co 1, 23]; que mostram não podermos chamar a Deus como testemunha de nossas orações sem invocar para nós o vingador do perjúrio quando mentimos.

25. O nome de Deus torna-se vil e vulgar quando se fazem juramentos verdadeiros mas supérfluos, visto que também assim é tomado em vão. Porque não é suficiente nos abstermos do perjúrio, sem que, ao mesmo tempo, lembremos que o juramento não é dado e instituído por desejo ou voluptuosidade, mas por causa da necessidade. Por isso, quem vai além do uso que é lícito para ele, acomoda coisas não necessárias. Não pode querer outra necessidade do que aquela na qual se deve servir a religião ou a caridade. Matéria na qual hoje se delinque com grande licenciosidade, sendo tanto mais intolerável quanto deixa, por costume, de ser imputada como um delito: o que certamente não é considerado pouco diante do tribunal de Deus. De fato, por aqui e por ali o nome de Deus é tratado promiscuamente em colóquios frívolos, e não se considera que seja feito um mal, uma vez que, na posse de tamanha improbidade, chegou-se a uma audácia longa e impunida. No entanto, permanece invariável o mandamento do Senhor, permanece firme a sanção, e seu efeito haverá de ser obtido por aquela certa vingança particular proclamada naqueles que tomaram o nome d'Ele em vão. Por outro lado, também é pecado que, em vez de Deus, ponhamos nos juramentos os santos, seus servos – uma manifesta impiedade, uma vez que assim transferimos a eles a glória da divindade [Ex 23, 13]. Não é sem motivo que o Senhor prescreve por um mandamento especial que juremos por seu nome; com um interdito especial, proíbe que sejamos ouvidos jurando a outros deuses [Dt 6, 13; 10, 20]. E o apóstolo atesta o mesmo quando escreve que, em seus juramentos, os homens apelam ao superior, mas Deus, porque não há o que seja maior que sua glória, jura por si mesmo [Hb 6, 16].[400]

26. Não contentes com essa moderação, os anabatistas, sem exceção, execram todos os juramentos, considerando uma interdição geral feita por Cristo: "Eu digo a vós, não jureis de modo algum, seja porém a vossa palavra sim, sim, não, não. O que está além disso, vem do mal" [Mt 5, 34].[401] Sem reflexão, impingem isso a Cristo, dado que o façam um adversário do Pai, que teria descido à terra para ab-rogar os seus decretos. Porém, na Lei, o Deus eterno não só permite o juramento como uma coisa

---

400 Hb 6, 16s.
401 Mt 5, 34.37.

legítima (o que por si haveria de ser suficiente), mas, na necessidade, ordena-o [Ex 22, 11]. Ora, o Cristo se diz um com o Pai [Jo 10, 30], que não faz senão o que o Pai teria mandado [Jo, 18], que sua doutrina não fosse tirada d'Ele mesmo [Jo 7, 16] etc. O que então? Não fazem Deus contrário a si mesmo quando aquilo que uma vez teria aprovado ao preceituar os costumes depois proíbe e condena? Mas, uma vez que a dificuldade nas palavras de Cristo não é nula, examinemo-las um pouco. De fato, jamais conseguiremos isso se não colocarmos os olhos no que o Cristo visava e voltarmos nossa atenção ao que ali pretende. Não é instituído por Ele que a Lei seja ampliada ou restrita, mas que seja reduzida a seu sentido verdadeiro e original, que fora profundamente depravado pelos comentários de falsos escribas e dos fariseus. Se atentarmos para isso, não consideraremos que o Cristo condenasse a totalidade dos juramentos, mas apenas àqueles que transgrediam a regra da Lei. Pelo o que Ele diz, o povo não se precavia em nada contra os perjúrios, ainda que a Lei interditasse não apenas a eles mas também os juramentos inanes e supérfluos. Portanto, o Senhor, intérprete corretíssimo da Lei, adverte que seja um mal não apenas perjurar como também jurar. Jurar de que modo? Em vão. Ora, ele deixa os juramentos que são recomendados na Lei a salvo e livres. Eles acham que lutam mais validamente quando se agarram com obstinação à locução "de modo algum", a qual, entretanto, não se refere à palavra do juramento, mas às fórmulas subjacentes dos sacramentos. Pois também esta era uma parte do erro: que considerassem não atingir o nome de Deus quando juravam pelo céu e pela terra. Portanto, após o artigo principal da prevaricação, o Senhor elimina para eles todos os subterfúgios: que não considerassem escapar se, suprimido o nome de Deus, apelassem ao céu e à terra. Pois também é preciso notar aqui de passagem que, embora o nome de Deus não seja expresso, os homens juram por Ele de modos enviesados, tal como quando quer que jurem pela luz vital, pelo pão que os alimenta, por seu batismo ou por outros penhores que a liberalidade divina tem para com eles. E o Cristo, ao proibir ali que se jure pelo céu, pela terra e por Jerusalém, por certo não corrige a superstição, como alguns erroneamente consideram, mas antes repele a argúcia sofística daqueles que tomavam como nada o lançar de maneira fútil juramentos disfarçados, como que se abstivessem do sagrado nome de Deus, o qual, no entanto, está insculpido em cada um de seus benefícios. Há outra razão: quando ou um mortal, ou um morto, ou um anjo é substituído no lugar de Deus, tal como em meio aos povos profanos, por adulação, imagina-se aquela fórmula afetada, "pela vida ou boa fortuna do rei", uma vez que, assim, por uma falsa apoteose é obscurecida e diminuída a glória do Deus único. De fato, quando não se propõe nada além de pedir a confirmação do que é dito por meio do sagrado nome de Deus, ainda que isso se aconteça de forma enviesada, lesa-se sua majestade com todos os juramentos frívolos. Proibindo por completo que se jure, o Cristo espolia o vão pretexto dessa licença. O mesmo é pretendido por Tiago, ao tomar aquelas palavras que citou do Cristo: "Uma vez que sempre grassou no mundo aquela temeridade, que, no entanto, é uma profanação do nome de Deus" [Tg 5, 12]. Pois se considerarmos a locução "de modo algum" à substância, como se fosse ilícito qualquer juramento, sem nenhuma exceção, para que teria sido adicionada a explicação que imediatamente segue: nem pelo céu, nem pela terra etc.?, segundo a qual é suficientemente manifesto ser apresentados sofismas em que os judeus consideravam diminuir seu vício.

27. Por isso, não pode ser ambíguo ao juízo são que o Senhor proibisse ali apenas os juramentos que foram vetados pela Lei. Pois também Ele, que exibiu exemplarmente na vida a perfeição que ensinou, não se afastou dos juramentos sempre que a situação o requeria, e os discípulos, que não duvidamos que em tudo se submetessem a seu mestre, também seguiram o mesmo exemplo. Quem ousará dizer que Paulo tivesse jurado se o juramento fosse absolutamente proibido? E, na verdade, quando a situação assim o obriga, jura sem nenhum receio, ainda por vezes acrescentando uma imprecação.[402] No entanto, a questão ainda não está encerrada, já que não poucos consideram que de tal interdição sejam excluídos apenas os juramentos públicos,[403] aqueles que prestamos pela ordem e exigência do magistrado, os quais também costumam tomar os príncipes na sanção dos tratados, ou o povo quando jura no nome do príncipe, ou o soldado quando é compelido ao sacramento do exército, e os juramentos que tais. Também nessa ordem, e por direito, incluem os que aparecem em Paulo, para asseverar a dignidade do Evangelho, visto que os apóstolos não são homens privados em sua função, mas ministros públicos de Deus.[404] Não nego que sejam os mais seguros, defendidos pelos mais sólidos testemunhos da Escritura. Ao magistrado é ordenado a compelir a testemunha ao juramento naquilo que é dúbio, e a ela, forçosamente, a responder pelo juramento, e o apóstolo disse que fosse minis-

---

402 Rm 1, 9; 2Co 1, 23.
403 O próprio Calvino assim ensinara na *Instituição* publicada no ano de 1536. Cf. também o elenco de Zwinglio, loc. cit., p.408ss.
404 Tal como o próprio Calvino, loc. cit.

trado esse remédio para as controvérsias humanas [Hb 6, 16]. Nesse preceito há para ambos uma sólida aprovação de seu ofício. Com efeito, é possível observar entre os povos antigos que fosse um hábito de máxima religião o juramento público e solene; os vulgares, que eram feitos de modo corriqueiro, consideravam como nada ou como coisa pouca, donde também consideravam que não intercedesse neles o nome de Deus. Porém teria sido muito perigoso condenar os juramentos privados, que, nas situações necessárias, eram empregados sóbria, santa e reverentemente, desde que eram sustentados pela razão e pelo exemplo. Pois, se quanto ao que é grave e sério, é lícito que chamem a Deus no que é privado como um juiz para si, é muito mais lícito chamá-lo como uma testemunha. Assim, se o seu próximo o acusa de deslealdade, você procurará se justificar em virtude da caridade; porém, se ele não se der por satisfeito com seus argumentos, então, se sua honra cair em perigo por causa da obstinação dele, poderá apelar ao juízo de Deus, para que Ele, a seu tempo, demonstre sua inocência. Tem menos importância, se considerarmos as palavras, chamar-lhe como testemunha que como juiz. Não vejo, pois, porque se deve reprovar esta forma de juramento, em que se recorre a Deus como testemunha. E não faltam exemplos vários. Se o sacramento de Abraão e Isaac com Abimeleque é tomado com o nome de público [Gn 21, 24; 26, 31], em contrapartida certamente Jacó e Labão, que estabeleceram uma aliança por juramento mútuo, estavam em privado [Gn 31, 53].[405] Estava em privado Booz, que do mesmo modo confirmou o casamento de Ruth [Rt 3, 13]. Estava em privado Abdias, homem justo e temente a Deus, que por juramento assevera o que quer persuadir a Elias [1Rs 18, 10]. Por isso não tenho nenhuma regra melhor senão que moderemos os juramentos de tal modo que não sejam temerários, nem promíscuos, nem libidinosos, nem frívolos, mas sirvam à justa necessidade, a saber, ou quando a glória de Deus é reivindicada ou quando a edificação do irmão é promovida,[406] o que é esperado pelo mandamento da Lei.

---

405 Gn 31, 53s.
406 Cf. Butzer, *Enarrationes in Evang.*, 1530, f.54b-55a (1536, p.135-7).

Quarto Preceito

Recorda-te de santificares o dia do sábado.
Por seis dias trabalharás e farás todas as tuas obras.
Mas o sétimo dia, o sábado, é de Jeová, teu Deus.
Nele não farás trabalho algum etc.

28. O fim desse preceito é que, mortos para nossas próprias afecções e obras, meditemos no reino de Deus e, instituídos por essa meditação, exercitemos as razões que provêm d'Ele. De fato, tendo consideração peculiar e distinta dos outros, requer uma série um pouco diversa de interpretação. Os antigos o costumam chamar de "à sombra", porque contém a observação exterior do dia – que no advento do Cristo fora abolida com outras figuras –[407] o que, embora dito com verdade por eles, toca a matéria apenas diminuta e parcialmente. Eis por que a exposição deve ser retomada com maior profundidade e devam-se considerar as três causas que, parece-me, constam nesse mandamento. Quis o Legislador celeste figurar espiritualmente, sob a quietude do sétimo dia, o povo de Israel, que, expressando sua fidelidade, folgaria de suas próprias obras para permitir que Deus operasse neles. Depois, quis que fosse estatuído um dia pelo qual conviria que a Lei fosse ouvida e as cerimônias realizadas, ou, pelo menos, a que dedicariam peculiar meditação de suas obras, para que, por essa recordação, fossem exercitados para a piedade. Em terceiro lugar, procurou dar um dia de descanso aos servos e aos que estão sob o império de outros, pelo qual teriam algum afastamento do trabalho.

29. Muitos lugares ensinam que, no sábado, tivesse lugar primário a figura do repouso espiritual,[408] visto que de nenhum outro preceito o Senhor exige mais severamente a obediência [Nm 15, 32].[409] Quando quer indicar aos profetas que toda a religião está destruída, queixa-se de os sábados estarem poluídos, violados, sem guarda, não santificados, como se, omitido esse favor, nada mais restasse a ser honrado [Ez 20, 12; 22, 8; 23, 38; Jr 17, 21.22; 27; Is 56, 2]. Segue-se de sua observância altíssimos encômios, donde também os fiéis, entre outros oráculos, estimavam admiravelmente a revelação do sábado. Com efeito, assim falaram os levitas em *Neemias*, na congregação solene: "Mostraste a nossos pais o teu sábado

---

407 Agostinho, *Contra duas ep. Pelag.*, III, 4, 10, PL 44, 594; *Sermo* 163, 3, PL 38, 752; etc.
408 Cf. Agostinho, *Ep.* 55, 9, 17s. (*ad Ianuar.*), PL 33, 212 s; *Sermo* 9, 3; 23, 3, PL 38, 77. 208; *Contra duas epist. Pelagianorum*, III, 3, 10, PL 44, 594.
409 Nm 15, 32-36.

santo, deste a eles os mandamentos e as cerimônias e a Lei pela mão de Moisés" [Ne 9, 14]. Vemos quão singular dignidade tem entre todos os preceitos da Lei. Tudo isso cabe à recomendação da dignidade do mistério, belissimamente expresso por Moisés e Ezequiel. Assim temos no *Êxodo*: "Cuideis de guardar o meu sábado, porque é um signo entre mim e vós para as vossas gerações, para que saibais que Eu sou o Senhor que vos santifica. Guardai o sábado; com efeito, é santo para vós" [Ex 31, 13;[410] 35, 2]. E ainda: "Guardem o sábado, filhos de Israel, e celebrem-no por suas gerações; pois é um pacto sempiterno entre mim e os filhos de Israel e um signo perpétuo".[411] E com maior amplitude Ezequiel, cuja suma também traz para isto: "Que seja o signo pelo qual Israel conheceria que Deus fosse seu santificador" [Ez 20, 12]. Se a nossa santificação consiste na mortificação da própria vontade, já se vê apta a analogia do signo exterior com a própria realidade interior. Deve-se repousar completamente para que Deus opere em nós, fazendo ceder nossa vontade, resignando o coração, abdicando de todos os desejos da carne. Por fim, deve-se deixar de todos os encargos do próprio intelecto para que, operando Deus em nós, n'Ele repousemos, tal como também ensina o apóstolo [Hc 3, 13; 4, 9].

30. Para os judeus, a observação de um dia entre sete representava essa perpétua cessação, que foi recomendada pelo Senhor com seu exemplo para ser celebrada com maior religiosidade: e não vale pouco, para o aguçamento de seu zelo, que o homem se saiba tendendo à imitação do Criador. Se alguém reclamar algum significado misterioso para o número septenário, uma vez que este é o número da perfeição na Escritura, não é sem causa que tenha sido escolhido para destacar a perpetuidade.[412] O que também é sufragado por Moisés ao narrar que, no dia em que descansou de suas obras, o Senhor tenha encerrado a sucessão dos dias e das noites. Também se pode apontar uma observação diferente para o número, a saber, que o Senhor teria designado que o sábado jamais haveria de ser absoluto até que viesse o último dia. Com efeito, nele começamos aqui nossa bem-aventurada quietude, nela cotidianamente fazemos novos progressos, mas, uma vez que ainda é assíduo o embate com a carne, ela não será consumada antes de ser implementado o que narrou Isaías sobre a continuação de lua nova a lua nova, de sábado a sábado [Is 66, 23], quando Deus será tudo em todos [1Co 15, 28]. Assim pode parecer que o Senhor delineasse a seu povo, por meio do sétimo dia, a

---

410 Ex 31, 13s.
411 Ex 31, 16.
412 Gregório I, *Moralia in Iob.*, 35, 8, 15-17, PL 76, 757ss.

perfeição futura de seu sábado no último dia; povo que, pela meditação contínua do sábado, aspirará por toda a vida a essa perfeição.[413]

31. Se alguém se sentir enfastiado com essa observação sobre os números, considerando-a muito sutil, em nada me oponho que tome uma mais simples: que o Senhor ordenasse um dia certo pelo qual o povo exercitaria a meditação assídua da quietude espiritual sob o ensinamento da Lei; que assinalasse o sétimo porque previa ou que bastasse ou que melhor estimulasse o povo pela semelhança proposta por seu próprio exemplo ou que admoestasse não esperar do sábado mais do que se tornar conforme ao seu Criador. Na verdade, pouco importa: que permaneça o mistério, que foi apontado precipuamente, sobre a quietude perpétua de nossas obras, a cuja contemplação os profetas com frequência chamavam os judeus, para que não se considerassem satisfeitos com a cessação do que é carnal. Além das citações alegadas, temos ainda a Isaías: "Se advertires o teu pé do sábado, para que não faças a tua vontade no meu dia santo, e chamares de delicado e santo o sábado do Senhor glorioso, e o glorificares ao não fazer os teus caminhos e não descobrires a tua vontade para que digas as palavras, então te deleitarás no Senhor" etc. [Is 58, 13].[414] Quanto ao mais, não há dúvida de que, com o advento do Cristo Senhor, tenha-se abolido o que aqui era cerimonial. Ele mesmo é a verdade, em cuja presença todas as figurações esvaecem; o corpo, em cuja visão as sombras dispersam; é Ele, digo, o verdadeiro complemento do sábado: pelo batismo fomos sepultados com Ele, estamos unidos à sua morte, para que, partícipes da ressurreição, andemos na novidade da vida [Rm 6, 4]. Por isso, escreve o apóstolo em outro lugar que o sábado fosse uma sombra da realidade futura: "que o corpo se firme no Cristo" [Cl 2, 16.17], isto é, sobre a sólida substância da verdade, sobre a qual bem explicou naquela passagem: "ela não está contida num único dia, mas em todo o curso de nossa vida, até que, plenamente mortos para nós mesmos, fartemo-nos da vida de Deus". Portanto, deve estar afastada do cristão a observância supersticiosa dos dias.

32. Visto que as duas últimas causas não devem ser enumeradas entre as sombras antigas, mas convêm igualmente a todos os séculos, o sábado, ab-rogado, entre nós ainda mantém este lugar: que sejam estabelecidos dias para a audição da Palavra, para a partilha do pão místico, para o encontro nas orações públicas e, depois, para ser dada aos servos

---

413 Quanto ao que precede, cf. Butzer, *Enarrationes in Evang.* 1530, f.118b (1536, p.299s).
414 Is 58 13s.

e operários sua remissão do trabalho.[415] Não há dúvida de que as duas fossem visadas pelo Senhor na prescrição do sábado. A primeira, só no que toca aos costumes dos judeus, tem abundantes testemunhos. A segunda foi assinalada por Moisés no *Deuteronômio*, por estas palavras: "Para que teu servo e tua serva repousem, e tu também, como recordação de que tu mesmo também servistes no Egito" [Dt 5, 14].[416] Também no *Êxodo*: "Para que repouse teu boi e teu asno, e respire o filho de tua serva" [Ex 23, 12]. Quem negará que ambas convenham tanto a nós como aos judeus? As assembleias eclesiásticas nos são prescritas pela palavra de Deus, e sua necessidade é plenamente conhecida pela própria experiência da vida: a menos que fossem estabelecidas e tivessem seus dias constituídos, de que modo se poderiam dar? Da palavra do apóstolo, tem-se que tudo deve ser conduzido por nós decentemente e em ordem [1Co 14, 40]. De fato, a menos que seja possível conservar esse governo e moderação, estão tão distantes o decoro e a ordem que, uma vez dissolvidos, far-se-á presentíssima a perturbação e a ruína da Igreja. Pois, se cabe a nós a mesma necessidade para a qual o Senhor constituíra o sábado como um auxílio para os judeus, ninguém infira que ela em nada nos toque. Com efeito, o nosso Pai providentíssimo e indulgentíssimo provê não menos a nossa necessidade que a dos judeus. Por que, pode-se dizer, não nos reunimos antes todos os dias, para que assim se suprima a distinção dos dias? Quisera isso se desse! Com certeza a sabedoria espiritual seria digna de dedicação diária de uma partícula de tempo. Mas, se não é possível obter da debilidade de muitos que se reúnam diariamente, e a regra da caridade não permite exigir mais deles, por que não nos submetermos à regra que vemos ser imposta para nós pela vontade de Deus?

33. Sou obrigado a me alongar um pouco mais aqui, já que hoje não poucos espíritos inquietos alvoroçam-se a respeito do dia do domingo: reclamam que a massa cristã seja favorável ao judaísmo, pois que mantém alguma observação dos dias.[417] Eu, porém, respondo que está além do judaísmo observar a esses dias, uma vez que nisso diferimos em muito dos judeus. Com efeito, não o celebramos como uma cerimônia estritíssima da religião, na qual consideramos ser figurados os mistérios espirituais, mas o tomamos como um remédio necessário para manter a ordem na Igreja. Paulo ensina que os cristãos não sejam julgados por sua observância, uma

---

415 Cf. Butzer, loc. cit., f. 118b-199a (p.300).
416 Dt 5, 14s.
417 Refere-se aos anabatistas. Cf. também Serveto, *De iusticia regni Chr.*, c.III, E7a.

vez ser ela uma sombra da realidade futura [Cl 2, 16]; por isso teme ter trabalhado em vão entre os gálatas, visto que ainda observavam os dias [Gl 4, 10.11]. E disse em romanos que é supersticioso quem distingue um dia de outro dia [Rm 14, 5]. Mas quem, além desses furiosos, não vê de qual observância trata o apóstolo? Com efeito, não tinham em vista o fim político e da ordem eclesiástica, mas, quando retinham as sombras tais quais as realidades espirituais, obscureciam na mesma medida a glória de Cristo e a luz do Evangelho. Por isso não se abstinham das obras manuais, porque seriam empecilhos ao zelo sagrado e à meditação, mas porque, por certa religiosidade, imaginavam que, ao se abster, cultivavam os mistérios uma vez a eles recomendados. Digo que foi a respeito de tal distinção extemporânea que investiu o apóstolo, e não a respeito da escolha legítima que serviu à paz da sociedade cristã, visto que nas Igrejas por ele instituídas o sábado era mantido com esse fim. De fato, prescreveu aos coríntios esse dia, pelo qual recolheriam as oferendas para apoiar seus irmãos de Jerusalém [1 Co 16, 2]. Caso se tema a superstição, muito maior era o perigo nas pausas judaicas que nos dias de domingo, agora mantidos pelos cristãos. Assim, visto que era proveitoso afastar a superstição, foi abolido o dia religioso dos judeus, e como era necessário manter na Igreja o decoro, a ordem e a paz, outro dia foi destinado para esse fim.

34. Não foi aleatoriamente que aqueles a quem chamamos antigos colocaram o dia do domingo no lugar do sábado. Dado que a verdadeira quietude que o antigo sábado representava teve na ressurreição do Senhor um fim e complemento, pelo mesmo dia, que pôs fim à sombra, os cristãos são admoestados a não aderir a uma cerimônia de sombras. Também não insisto no número septenário, de modo que force a Igreja à sua servidão; também não condenarei as Igrejas que mantêm outros dias para suas assembleias, desde que se abstenham da superstição, o que se dará se, bem edificados, forem indicados apenas para a observação da disciplina e da ordem. Que a suma seja: tal como a verdade era trazida para os judeus sob figuras, para nós é recomendada sem sombras, em primeiro lugar para que, por meio de nossas obras, meditemos por toda a vida em um sabatismo perpétuo, pelo qual o Senhor opere em nós por intermédio de seu Espírito; depois para que, cada um em privado, sempre que puder, exercite diligentemente no devoto reconhecimento das obras de Deus e então todos nós observemos, ao mesmo tempo, a ordem legítima da Igreja, constituída para a audição da palavra, a administração dos sacramentos, as orações públicas; em terceiro lugar, para que não oprimamos desumanamente os que são a nós submetidos [sobre essa liberdade, veja Sócrates, *História tripartite eclesiástica*, I.9, c.38].[418] Assim esvaecem as frivolidades dos falsos profetas, que imbuíram o povo nos séculos passados com a opinião judaica, não inferindo senão que fosse ab-rogado nesse mandamento o que era cerimonial (chamado por eles de "a taxação do sétimo dia"), mas que permanecesse o que é moral, a observância de um dia na semana.[419] Ora, isso não seria senão mudar o dia por beligerância para com os judeus, retendo na alma a mesma santidade do dia, visto que o mistério dos dias permaneceria significando para nós o mesmo que para os judeus. E vimos que tirassem proveito de tal doutrina, pois os que aderem às constituições deles superam em muito aos judeus na crassa e carnal superstição do sabatismo, de modo que em nada lhes seja menos conveniente hoje aquelas reprovações lidas em Isaías [Is 1, 13; 58, 13], dirigidas pelo profeta a seus coetâneos. Quanto ao mais, para que a religião não pereça nem languesça entre nós, deve-se manter precipuamente a doutrina geral, frequentando com diligência as assembleias sagradas e operando para que sejam dados os subsídios exteriores que valem para a promoção do culto de Deus.

QUINTO PRECEITO
Honra teu pai e tua mãe,
para que sejas longevo sobre a terra
que Jeová, teu Deus, haverá de dar para ti.

35. O fim desse preceito é: se está no coração do Senhor Deus a conservação de sua disposição, convém serem invioláveis para nós os graus de eminência por Ele ordenados. A suma será, portanto, que ergamos nossos olhos àqueles que o Senhor pôs à nossa frente, seguindo-os com honra, obediência e gratidão. Donde se conclui o interdito de que não retiremos a dignidade deles, seja por injúria, por contumácia ou por ingratidão. De fato, aparece com abundância o vocábulo "honra" na Escritura, como quando o apóstolo diz que sejam duplamente dignos de honra os presbíteros que bem presidem [1Tm 5, 17], não entendendo somente que a eles seja devida a reverência, mas quanta remuneração é merecida pelo ministério deles. Ora, visto que esse preceito sobre a sujeição entra em profunda luta com a depravação do entendimento humano (que, embevecido pelo desejo de superioridade, penosamente sustenta sua sujeição),

---

418 Cassiodoro, *His. trip.*, IX, 38, PL 69, 1153.
419 Cf. Alberto Magno, *Compendium veritatis theologicae*, V, 62; Tomás de Aquino, *Summa Theologiae* Ia-IIae, q.100, a.3, ad2; q.122, a.4, ad1.

é proposta como exemplar uma superioridade que, por natureza, é maximamente amável e minimamente odiada, dado que podia abrandar e curvar com maior facilidade nossa alma a consentir à submissão. Portanto, o Senhor acostuma-nos pouco a pouco a toda sujeição legítima desde aquela que é facílimo tolerar, já que estão todas sob a mesma razão e comunica seu nome àqueles a que atribui a eminência, uma vez que é necessário conservá-la. Exclusivamente a um convêm os títulos de Pai, Deus e Senhor, dado que, sempre que ouvimos um deles, convêm nossa alma ser ferida pelo sentimento de sua majestade. Portanto, aos que faz partícipes desses títulos, ilustra com certa centelha de seu fulgor para que brilhem, cada qual conforme à sua posição. Assim, naquele que é nosso pai é devido reputar algo de divino, uma vez que, não sem causa, traz consigo um título divino. Aquele que é príncipe, aquele que é senhor, tem não pouca comunhão de honra com Deus.

36. Razão pela qual não deve ser ambíguo Deus estabelecer aqui uma regra universal, pois, uma vez que sabemos que alguém foi posto à nossa frente por ordem d'Ele, prestemos a esse alguém a reverência, a obediência, a gratidão e os ofícios que nos forem possíveis. E não interessa se aqueles a quem essa honra é deferida são dignos ou indignos, pois, seja lá como forem, não atingiram esse lugar senão pela providência de Deus, em virtude da qual o próprio Legislador quis honrá-los. No entanto, declaradamente prescreve a reverência aos pais, que nos sustentaram nesta vida, à qual a própria natureza deve, de certo modo, instituir-nos. São monstros, não homens, os que infringem por injúria ou obstinação o poder paterno. Por isso, o Senhor ordena que sejam trucidados todos os que são insubmissos a seus pais, dado serem indignos do benefício da luz os que não reconhecem aqueles por cuja obra vieram à luz. E vários suplementos da Lei comprovam ser verdadeiro o que destacamos: que sejam três as partes da honra de que aqui falamos – a reverência, a obediência e a gratidão. O Senhor sanciona a primeira quando prescreve que seja morto quem maldisser o pai ou a mãe [Ex 21, 17; Lv 20, 9; Pr 20, 20], vingando assim o desprezo e a injúria. A segunda, quando decreta contra os insubmissos e rebeldes a pena de morte [Dt 21, 18].[420] Cabe à terceira o que disse o Cristo em *Mateus*, que esteja no preceito de Deus fazermos o bem aos pais [Mt 15, 4].[421] E, todas as vezes que Paulo faz menção ao mandamento, reclama que nele seja interpretada a obediência [Ef 6, 1;[422] Cl 3, 20].

420 Dt 21, 18-21.
421 Mt 15, 4-6.
422 Ef 6, 1-3.

37. Acrescenta-se uma promessa, a modo de recomendação: que admoeste ainda mais o quão grata seja a Deus a submissão que aqui nos é ordenada. Com efeito, provocando esse aguilhão, Paulo afasta nosso torpor ao dizer que esse mandamento seja o primeiro com a promessa, visto que a promessa prescrita na primeira tábua não foi especial nem própria de um mandamento, mas se estenderia a toda a Lei. Então, ela deve ser assim compreendida: que o Senhor falava de modo particular aos israelitas sobre a terra que prometera a eles como herança. Se, então, a posse da terra era uma garantia da benignidade divina, não nos admiremos se o Senhor tenha querido atestar sua graça aumentando a longevidade da vida, por meio da qual fazia que fossem diuturnamente colhidos os frutos de seu benefício. Portanto, o sentido é: honra pai e mãe, pelo que, mediante uma vida longeva, será por muito tempo lícita para ti a fruição da posse da terra que há de ser dada para ti como testemunho da minha graça. Quanto ao mais, uma vez que toda a terra é abençoada para os fiéis, merecidamente colocamos de novo a vida presente entre as bênçãos de Deus. Eis por que de modo semelhante essa promessa diz respeito a nós, a saber, uma vez que a duração da vida presente é para nós um atestado da benevolência divina. Com efeito, ela não é prometida a nós ou foi prometida aos judeus como se contivesse em si a bem-aventurança, mas porque costuma ser para os pios um símbolo da indulgência divina. Eis por que, quando acontece de ser tomada a vida a um filho obediente aos pais antes da idade madura (o que se vê acontecer não raramente), o Senhor persevera com constância, não diminuindo em nada o complemento de sua promessa, visto que recompensa com cem geiras de terra aquele a quem havia prometido apenas uma. Tudo consiste em considerarmos que uma vida longeva nos foi prometida uma vez que é uma bênção de Deus; que seja uma bênção, uma vez que é um atestado da graça divina, a qual, pela morte, ele atesta de modo infinitamente mais abundante e sólido a seus servos, bem como demonstra com a própria realidade.

38. Quanto a isso, quando o Senhor promete a bênção da vida presente aos filhos que louvarem os pais com a observância devida, acrescenta ao mesmo tempo que uma maldição certíssima seja iminente aos insubmissos e desobedientes, que não fica sem ser executada: pronuncia, por sua Lei, que sejam culpados do juízo de morte e ordena para eles o sumo suplício. Se escapam do julgamento, Ele mesmo decreta o castigo de qualquer modo. Testemunhamos a quantidade de homens desse gênero que perece ou em lutas ou em rixas, outros que são afligidos de modos insólitos, sendo quase todos uma prova de que essa não seja uma ameaça vã. E aqueles que acaso escapam até uma provecta senectude, uma vez que privados da bênção de Deus nesta vida, não fazem senão padecer misérias: e são reservadas penas ainda maiores na posteridade, tanto dista que sejam feitos partícipes das bênçãos prometidas aos filhos devotos. Mas também isto deve ser destacado: que não lhes seja mandado obedecer senão no Senhor [Ef 6, 1], e isso já está claro desde o primeiro fundamento estabelecido, com efeito comandam por aquela posição na qual o Senhor os eleva pela porção de sua honra, que a eles comunica. Portanto, a submissão que a eles é exibida, deve ser um degrau para alçarmos os olhos àquele sumo Pai: eis por que, se nos instigam à transgressão da Lei, merecidamente então não são tidos por nós como pais, mas como estranhos, que procuram nos afastar da obediência ao verdadeiro Pai. E isso deve ser assumido a respeito dos príncipes, senhores e de todo o gênero de superiores. É indigno e dissonante que a excelsitude de Deus seja rebaixada para que seja engrandecida a eminência deles, que daquela depende e por isso a ela deve nos levar.

Não matarás.

39. O fim do preceito é: se o Senhor atou a linhagem dos homens em certa unidade, a cada um deve ser recomendada a incolumidade de todos. Portanto, em suma, nos é interditada toda violência e injúria e qualquer prejuízo que lese o corpo do próximo. Se está em nossas mãos o auxílio para conservar a vida do próximo, somos obrigados a aplicá-lo fielmente, a procurar o que for para a tranquilidade dele, a vigiar para debelar o que é prejudicial; se ele estiver em perigo, a estender a mão em auxílio. Se recordarmos que fala assim o Deus legislador, procuremos, ao mesmo tempo, moderar por essa regra a nossa alma. Pois seria ridículo que aquele que assiste às cogitações do coração e nelas precipuamente se fixa, não desse a erudição da verdadeira justiça para nada além do corpo. Portanto, também é proibido por essa Lei o homicídio do coração, e é prescrita a afeição interior para a conservação da vida do irmão. Sem dúvida é a mão que executa o homicídio, mas é a alma que o concebe, quando infetada pela ira e pelo ódio. Veja se é possível nos irarmos contra o irmão sem ardermos por um desejo prejudicial. Se não nos iramos, então também não odiamos, uma vez que o ódio nada mais é que a ira arraigada. Embora dissimulemos e procuremos desembaraçar-nos com

rodeios vãos, onde há ira ou ódio, há uma afeição maléfica. Se insistir-
mos em tergiversar, já foi pronunciado pela boca do Espírito que é homicida aquele que odeia o irmão em seu coração [1Jo 3, 15]; pela boca do
Senhor Cristo, foi dito que seja réu do tribunal aquele que se irar contra
seu irmão, seja réu do conselho o que o disser cretino, seja réu da geena
de fogo o que o disser louco [Mt 5, 22].

40. Ora, a Escritura descreve uma dupla equidade que sustenta tal preceito, uma vez que o homem tanto é a imagem de Deus como é a nossa
carne. Eis por que, a não ser que se queira violar a imagem de Deus, deve-
-se tê-lo como sacrossanto; a não ser que se queira despojar a humanidade, devemos favorecê-lo como a própria carne. A exortação que deve ser
inferida da redenção e da graça de Cristo será tratada em outro lugar. O
Senhor quis considerar naturalmente no homem estes dois preceitos, que
nos induziriam à sua conservação: que reverenciemos no homem a imagem de Deus nele impressa e que abracemos a nossa carne. Por conseguinte, não escapa do crime de homicídio aquele que se abstém de derramar o sangue. Se perpetramos alguma obra, se planejamos uma tentativa,
se concebemos por escolha e deliberação o que seja contrário à integridade do outro, seremos tidos como um réu de homicídio: a menos que,
pelo contrário, zelemos por conservar a possibilidade e a ocasião daquela integridade, prevaricamos contra a Lei por tal desumanidade. Visto que
tantas vezes se ocupa da incolumidade do corpo, compreendamos então
o quanto de zelo e de trabalho é devido para a integridade da alma, a qual
é imensuravelmente mais elevada perante o Senhor.

SÉTIMO PRECEITO
Não cometerás adultério.

41. O fim desse preceito é: uma vez que Deus ama a castidade e a
pureza, é preciso afastar de nós toda imundície. Portanto, a suma será
que não nos manchemos por nenhuma sujeira ou intempérie libidinosa
da carne, ao que corresponde o preceito afirmativo de que moderemos,
com castidade e continência, todas as partes de nossa vida. Ora, veta no-
meadamente a fornicação, à qual tende toda libido para que sua fealda-
de (que é maior e mais palpável à medida que imprime a mácula ao corpo) nos conduza à abominação de qualquer libido. Visto que o homem foi
criado sob essa lei, de não levar uma vida solitária, mas de se valer do
auxílio a si acrescentado, depois da maldição do pecado ficou ainda mais
dependente dessa necessidade: quanto a isso, o quanto foi conveniente,

o Senhor trouxe-nos um auxílio quando instituiu o matrimônio, o qual, iniciado por sua autoridade, também santificou com sua bênção. Donde consta também que seja maldita ante ele qualquer sociedade para além do matrimônio: e que aquela sociedade conjugal seja ordenada como um remédio para a necessidade, para que não irrompamos em uma libido desenfreada. Portanto, não nos embeveçamos ao ouvir que não é possível o homem associar-se com uma mulher fora do matrimônio sem a maldição de Deus.

42. Visto que, pela condição da natureza e pela libido acendida depois da queda, estejamos duplamente dependentes da união com as mulheres, a não ser aqueles que o Senhor exime por uma graça singular, veja cada um o que foi dado para si. Reconheço que a virgindade é uma virtude que não deve ser desprezada, mas, visto ser negada a uns e concedida a outros apenas por algum tempo, os que são oprimidos pela incontinência e não podem ser superiores na batalha, confiram para si o subsídio do matrimônio, para que assim alcancem o grau de castidade de sua vocação. Pois os que não tomam essa palavra, se não socorrem a sua intemperança com o remédio proposto e concedido, lutam contra Deus e resistem à sua ordem. E não me venha ninguém dizer (o que muitos hoje fazem) que aquele que tem Deus como seu auxílio tudo possa.[423] Pois o auxílio de Deus não é acrescentado senão àqueles que andam em seus caminhos, isto é, em sua vocação [Sl 91, 1-14], da qual se afastam todos que, abandonados os auxílios divinos, lutam para superar e vencer por uma inane temeridade suas necessidades. O Senhor afirma que a continência é um dom singular de Deus e do gênero daqueles que não são comuns, nem é para todo o corpo da Igreja, mas conferida a poucos membros. Constitui primeiro certo gênero de homens, que se castraria em razão do reino dos céus [Mt 19, 12], isto é, que possa vagar mais desimpedido e livre para os negócios celestes. E para que ninguém considere que tal castração esteja situada no que é possível para os homens, pouco antes mostrara que nem todos são dela capazes, mas apenas aqueles a quem é particularmente dado do céu,[424] donde conclui: "Quem puder compreender, compreenda".[425] O que também Paulo assevera de modo ainda mais claro quando escreve que cada um tenha um dom particular de Deus: "um deste modo, outro, de outro modo" [1Co 7, 7].

---

423 Josse van Clichtove, *Propugnaculum*, II, c.25, fol.110b; João Eck, *Enchir.* 1532, c.19, H6a.
424 Mt 19, 11.
425 Mt 19, 12.

43. Uma vez que somos claramente admoestados de não ser da vontade de cada um conservar a castidade no celibato, ainda que com zelo e esforço a isso aspire em seu grau máximo, mas que é uma graça particular que o Senhor confere apenas a alguns homens, para os ter mais prontos para a sua obra, não nos recusamos a Deus e à natureza por Ele instituída se não acomodamos o gênero de nossa vida à medida de nossas possibilidades? O Senhor aqui proíbe a fornicação, portanto requer de nós a limpidez e a pureza. Há uma única razão para isso ser observado: que cada um se meça por sua própria medida.[426] Ninguém despreza temerariamente o matrimônio, como se fosse para si uma coisa inútil ou supérflua; ninguém aprecia o celibato a não ser que possa carecer de esposa. Tampouco busca nisso a tranquilidade ou a comodidade da carne, mas apenas, livre de tal vínculo, estar mais pronto e preparado para todos os ofícios da piedade. E já que esse benefício a muitos não é conferido senão por certo tempo, cada um se abstenha do matrimônio até quando for idôneo para o celibato. Se as forças fraquejam ao apelo da libido, entenda que já seja imposta para si pelo Senhor a necessidade de um cônjuge. O apóstolo mostra isso quando prescreve a cada homem, para fugir da fornicação, que tenha sua esposa, e a cada mulher, seu marido. Do mesmo modo: "Aquele que não pode se conter, contraia o matrimônio no Senhor" [1Co 7, 2.9]. O primeiro significa que a maior parte dos homens está sujeita à incontinência, o outro não livra a nenhum dos sujeitados da obrigação de recorrer àquele único remédio pelo qual se escapa facilmente da impureza. Portanto, os que são incontinentes, se negligenciam medicar com essa razão a sua enfermidade, pecam por não observar o mandamento do apóstolo. E não se enfatue quem não toca uma mulher, como se não pudesse ser acusado de impureza, visto que a alma nesse entretempo arda em seu interior. Paulo define a castidade como a limpidez da alma unida à pureza do corpo: "A mulher solteira pensa o que diz respeito ao Senhor, de modo que seja santa de corpo e espírito" [1Co 7, 34]. E assim, enquanto confirma pela razão aquele preceito superior, não diz apenas que seria melhor tomar uma esposa que se poluir em uma sociedade fornicadora, mas diz que deve ser melhor casar que arder.

44. Se os cônjuges reconhecem que sua sociedade é abençoada por Deus, sejam admoestados de que ela não deve ser conspurcada com uma libido intemperante e dissoluta. Com efeito, se a honestidade do matrimônio vela a torpeza da incontinência, então imediatamente não deve lhe

---

426 Horácio. *Ep.* I 7, 98.

servir de incentivo. Eis por que os cônjuges não devem avaliar que tudo seja lícito para eles, mas cada um tome com sobriedade sua esposa, e do mesmo modo a esposa ao marido: agindo assim, não admitam nada que seja indigno da honestidade e da temperança do matrimônio. Deve ser assim reduzido à medida e à modéstia o matrimônio contraído no Senhor, e não correr rumo à extrema lascívia. Ambrósio deferiu uma sentença grave, mas não indigna, quando chamou adúltero da esposa aquele que, no trato conjugal, não mantêm o cuidado do pudor ou da honestidade [Ambrósio, *Livro sobre a filosofia*, citado por Agostinho em *Contra Juliano*, II].[427] Por fim, consideremos quem é o Legislador que condena a fornicação: por certo aquele que, possuindo a nós todos sob seu juízo, requer a integridade de alma, de espírito e de corpo. Portanto, quando proíbe a fornicação, veta ao mesmo tempo que se armem ciladas à castidade alheia, tanto pelo ornamento lascivo do corpo como por gesticulações obscenas e por palavras impuras. Assim, não falta razão à sentença de Arquelau ao adolescente vestido de modo excessivamente voluptuoso e delicado, de que não importava por qual parte fosse efeminado,[428] visto que voltamos os olhos para Deus, que abomina toda contaminação, em qualquer parte que apareça, seja de nossa alma ou de nosso corpo. E, para não haver dúvida, lembremos que a castidade é aqui recomendada por Deus. Se o Senhor requer de nós a castidade, condena tudo o que é contrário a ela. Por isso, se aspiramos à obediência, que não arda a alma interiormente por uma cupidez depravada, nem os olhos sejam lascivos em afeições corruptas, nem o corpo seja cultivado para a sedução, nem a língua, por meio de palavras sujas, seduza a mente a semelhantes cogitações, nem a gula inflame seu excesso. Com efeito, todos os vícios desse gênero são como certas máculas com as quais a limpidez da castidade é manchada.

OITAVO PRECEITO
Não furtarás.

45. O fim desse preceito é: se a injustiça é uma abominação para Deus, que seja dado a cada um o que é seu. Portanto, a suma será que nos é vetado cobiçar as coisas alheias, e por isso ordena a cada um que se dedique à obra fiel de conservar os seus bens. Com efeito, assim deve ser

---

427 Agostinho. *Contra Iulianum*, II, 7, 20, PL 44, 687; o livro de Ambrósio sobre a filosofia não chegou até nós.
428 Gélio III, 5, 2. Cf. Plutarco, *De sanit. tuenda*, 126A.

cogitado: a cada um advém o que possui não por uma sorte fortuita, mas da distribuição do sumo Senhor de todas as coisas; portanto não é possível, sem fraude, perverter com artimanhas más as faculdades que a distribuição divina estabelece. Ora, são vários os gêneros de furtos. Um está na violência quando, por uma força qualquer e licenciosidade predatória, toma-se o que é alheio. Outro, na impostura maliciosa, quando é subtraído de forma fraudulenta. Outro, na mais encoberta esperteza, quando é retirado por uma aparência de direito. Outro, nos elogios, quando é despojado sob o pretexto de doação. Mas não insistamos em uma espécie de recensão; saibamos que todas as artes pelas quais desviamos para nós as posses e o dinheiro do próximo, quando se afastam da sinceridade da dileção rumo ao engano ou a qualquer modo de cupidez prejudicial, devem ser tidas como furtos. Ainda que isso seja obtido licitamente na disputa forense, não é considerado diferente por Deus. De fato, Ele vê as longas artimanhas pelas quais o homem de alma sagaz começa a enredar os mais simples, até que por fim os arrasta em seus laços; vê as leis duras e desumanas pelas quais o mais forte oprime e precipita o mais fraco; vê os atrativos, tais quais anzóis, pelos quais o mais astuto ilude o imprudente: tudo isso é oculto para o tribunal humano, nem é dado ao conhecimento. E essa injúria não tem lugar somente com relação ao dinheiro, ou aos favores, ou aos campos, mas em qualquer direito; com efeito, fraudamos o próximo em seu bem se negamos os ofícios que nos obrigam a ele. Se um procurador ou um feitor ocioso devora o sustentáculo do senhor, nem atenta ao cuidado das coisas familiares, se gasta por injúria ou dissipa luxuriosamente as posses a ele confiadas, se o servo mantém o dono da casa ludibriado, se divulga seus segredos, se de nenhum modo faz progredir sua vida ou seus bens, se, em contrapartida, o senhor vexa desumanamente a família, isso é tido como furto diante de Deus. Portanto, retém e perverte o alheio aquele que não executa o que, por sua própria vocação, deve fazer aos outros.

46. Por isso, obedecemos retamente tal mandamento se, contentes com nossa sorte, não zelamos por atingir senão o lucro honesto e legítimo, se não desejamos nos enriquecer com a injúria nem planejamos destruir a fortuna do próximo para aumentar as coisas que são nossas, se não lutamos por acumular mediante obras cruéis e extraídas do sangue alheio, se não rapinamos com intemperança, onde quer que seja, lícita ou ilicitamente, aquilo pelo que se fartará a avareza ou se satisfará a prodigalidade. Pelo contrário, esteja sempre aqui nosso escopo, uma vez que é lícito ajudar, por conselhos e obras, fielmente a todos a manterem o que é seu, e, se tivermos de tratar com pérfidos e enganadores, esteja-mos antes preparados a ceder algo do que é nosso do que a entrar em disputa com eles. E não é só isso, mas àqueles que vemos premidos pela dificuldade das coisas, partilhemos de suas necessidades, e com nossa abundância aliviemos a carência deles. Por fim, cada um considere em que medida está por ofício obrigado aos outros, e o que deve, pague de boa fé. Por essa razão, todo o povo honre àqueles que tiver para si como prefeitos, tome sobre si com equidade de espírito o domínio daqueles, obedeça às leis e decretos, não se recuse a nada que possa fazer sem ofen-der a Deus. Por sua vez, aqueles que são responsáveis pelo cuidado de seu povo, conservem a paz pública, sejam o socorro dos bons, punam os maus, administrando assim tudo como se prestassem contas de sua fun-ção a Deus, o Supremo Juiz. Os ministros das Igrejas tomem a incumbência do ministério da palavra, não adulterem a doutrina da salvação, mas a transmitam pura e íntegra ao povo de Deus. E não instituam apenas a doutrina, mas o exemplo de vida; presidam, enfim, como bons pastores às ovelhas. O povo, de sua parte, receba-os como núncios e apóstolos de Deus, renda-lhes a honra que o Sumo Mestre a eles dignou, provendo--lhes o que for necessário para a vida. Os pais recebam os filhos, dado que confiados a si por Deus, alimentando-os, regendo-os, ensinando-os: e não exasperem suas almas com sevícia e os afastem de si, mas os favo-reçam e abracem com a leveza e a indulgência que lhes é devida. Tam-bém já foi dito de que modo a observância aos pais é devida pelos filhos. Os jovens reverenciem os de idade avançada, dado que o Senhor quis que sua idade fosse digna de honra. Também os mais velhos, por sua prudên-cia e costume (pelo que mais se destacam), moderem a fraqueza dos jo-vens, não irrompendo contra eles ataques ásperos e ruidosos, mas equi-librando a severidade com afabilidade e boa disposição. Os servos mostrem-se diligentes e respeitosos na obediência do senhor, e não ape-nas na aparência, mas de alma, tal como se servissem ao próprio Deus. Os donos da casa também não sejam desagradáveis e intratáveis ante os servos, não os vexem com aspereza demasiada, não se tornem intra-táveis, mas antes reconheçam que são seus irmãos, servos consigo do Se-nhor celeste, que devem ser mutuamente tratados com amor e humani-dade. Então, digo, que cada um considere apenas o que deve por sua ordem e lugar ao próximo e pague o que deve. Quanto a isso, que a mente sempre seja voltada ao Legislador, dado que sabemos que essa regra é constituída para a alma e, em consequência, para as mãos, para que ze-lem por comodidade, proveito, defesa e promoção dos outros.

Nono Preceito
Não apresentarás um falso testemunho contra o teu próximo.

47. O fim desse preceito é: visto que Deus, que é a Verdade, execra a mentira, a verdade deve ser cultivada entre nós, sem disfarce. A suma, portanto, será que não violemos o nome de alguém com calúnias e falsas recriminações, ou que com mentiras dificultemos sua sorte, e, por fim, que não lesemos ninguém por desejo de ultraje e de insolência. Corresponde a essa interdição a ordem de que auxiliemos, uma vez que for lícito, a obra fiel de cada um, asseverando a verdade, para assegurar tanto a integridade de seu nome como de suas coisas. Vê-se que o Senhor quisesse expor o sentido de seu mandamento com suas próprias palavras no *Êxodo*: "Não admitas a palavra da mentira, nem estendas a tua mão para dar um falso testemunho em favor do ímpio" [Ex 23, 1]. E ainda: "Foge da mentira".[429] Também, noutra passagem, não apenas nos relembra daquela parte sobre a mentira para que não sejamos caluniadores e mexeriqueiros junto ao povo [Lv 19, 16], mas para que ninguém engane seu irmão[430] — e ordena os dois com mandamentos explícitos. Não há dúvida de que, tal como coibiu pelos mandamentos anteriores a sevícia, a impureza, a avareza, aqui é coercitivo da falsidade, que, como antes notamos, comporta duas partes: ou, pela maldade e pelo vício de caluniar, delinquimos contra a fama do próximo, ou, mentindo, e por vezes ainda injuriando, retiramos seus auxílios. Ora, de nada importa que consideremos ser aqui nomeado o testemunho solene e do tribunal, ou se o vulgar, que é dado em particular, pois sempre deve ser retomada a passagem segundo a qual, de cada gênero de vícios, é proposta uma espécie como paradigma, à qual as outras são referidas; ora, deve ser muitíssimo amada aquela na qual a torpeza dos vícios é eminente em seu grau máximo. Se bem que convenha estendê-lo de forma geral às calúnias e às difamações desfavoráveis pelas quais iniquamente o próximo é agravado, uma vez que a falsidade do testemunho forense jamais carece de perjúrio. Ora, foi claramente tratado no terceiro mandamento sobre os perjúrios, uma vez que profanam e violam o nome de Deus. Por isso, é legítima a observância do preceito, para que a língua, ao dizer a verdade, sirva ao próximo tanto quanto à boa fama como quanto ao que é proveitoso. A equidade está mais que manifesta, pois, se um nome bom é um tesouro precioso para qualquer

429 Ex 23, 7.
430 Lv 19, 11.

um, não é em nada um menor prejuízo quando o homem é espoliado da fortuna ou da integridade do nome. Ora, no saque de seu sustentáculo, às vezes o falso testemunho não tem menor resultado do que o roubo feito pela mão.

48. E, no entanto, é admirável com quanta segurança tantas vezes se peca quanto a essa matéria, dado serem muito poucos os que não sofrem claramente dessa doença, de tal forma que nos ocupamos, por certa doçura envenenada, tanto em investigar quanto em descobrir o mal alheio. Nem consideremos ser uma desculpa idônea o fato de não mentirmos sempre, pois quem proíbe que o nome do irmão seja deturpado pela mentira quer também conservá-lo ilibado, o quanto for possibilitado pela verdade. Visto que Ele se dirige exclusivamente contra a falsidade, também se infere o que é recomendado por Ele. Com efeito, para manter salva a fama do próximo, deve bastar que Deus se preocupe com ela. Eis por que é condenada, acima de qualquer dúvida, toda maledicência. Entendemos por maledicência não a repreensão que se faz pelo zelo da purificação; nem a acusação ou a denúncia ao tribunal, pela qual se reclama o remédio; nem a repreensão pública, que serve para incutir o medo em outros pecadores; nem a manifestação para aqueles que à saúde interessa serem advertidos para não perecerem por ignorância; mas a acusação criminosa que nasce pela petulância da maldade e da difamação. Visto que esse mandamento vai ainda além: para que não simulemos uma polidez jocosa e impregnada de calúnias amargas, pelas quais os vícios alheios, sob a aparência de zombaria, sejam criticados com mordacidade, tal como é do costume de muitos daqueles que obtêm o elogio de um gracejo com a vergonha e, mais, com o sofrimento de outros, uma vez que, por tal descaramento, os irmãos são por vezes gravemente difamados. Se voltarmos agora os olhos para o Legislador, a quem, por direito, não convém dominar menos os ouvidos e a alma do que a língua, por certo virá à mente não serem menos proibidas a avidez em escutar as calúnias assim como a propensão inoportuna aos juízos desfavoráveis. Seria ridículo considerar que o mesmo Deus que odeia a doença da maledicência da língua não reprovasse a maldade da alma. Portanto, se há o temor e o amor de Deus em nós, na medida do que é lícito e devido e do que toca à caridade, não voltemos a língua ou os ouvidos às maledicências e aos gracejos amargos, nem permitamos que a mente se desvie para suspeitas temerárias, mas — intérpretes justos dos ditos e feitos de todos, tanto pelo juízo como pelos ouvidos e pela língua — candidamente conservemos salva para eles sua honra.

Décimo Preceito
Não cobiçarás a casa de teu próximo etc.

49. O fim do último preceito é: se Deus deseja que toda alma possua a afeição da dileção, deve ser arrancada da alma toda cupidez contrária à caridade. Portanto, a suma será que não surja em nós uma cogitação que mova nossa alma por uma concupiscência prejudicial e inclinada para a queda do outro. A isso corresponde, em sentido contrário, o preceito de unirmos tudo o que concebemos, deliberamos, queremos, meditamos, ao bem e à comodidade do próximo. Mas aqui surge para nós uma dificuldade grande e obscura, pelo que parece. Com efeito, se antes foi verdadeiramente dito por nós, sob as palavras de "fornicação" e "furto", que fossem coibidos a libido da fornicação e a deliberação de prejudicar e enganar, é forçoso constatar que fosse supérfluo depois nos proibir de desejar para nós mesmos os bens alheios. Mas nos livra facilmente desse nó a distinção entre a deliberação e a cupidez. Com efeito, a deliberação, tal como falamos dela nos preceitos anteriores, é o consentimento deliberado da vontade, quando a libido subjuga a alma. Pode haver cupidez sem tal deliberação e assentimento quando a alma é apenas estimulada e provocada a objetos vãos e perversos. Então, tal como o Senhor ordenou até aqui a regra do zelo com a vontade da caridade para as obras, assim ordena agora que as concepções da alma sejam dirigidas à caridade, para que não sejam de nenhum modo depravadas e desviadas, estimulando a alma para uma direção estranha. Tal como vetou que a alma fosse propensa e induzida à ira, ao ódio, à fornicação, ao roubo, à mentira, proíbe agora que seja a isso instigada.

50. De fato, não é sem causa que exige tanta retidão. Pois quem nega ser justo que todas as potências da alma estejam ocupadas com a caridade? Ora, se alguma se extravia do escopo da caridade, quem negará que seja torpe? De onde vêm as cupidezes danosas a um irmão que tomam a alma de alguém a não ser que, negligenciado aquele escopo, não zele senão por ela? De fato, se a alma estivesse completamente imbuída da caridade, não haveria uma ínfima parte dela que fosse afetada por tais imaginações. Portanto, é preciso estar esvaziada da caridade na mesma medida em que recebe a concupiscência. Alguém há de objetar que, no entanto, não deve ser concedido que fantasias, que esvoaçam temerariamente na mente até se esvaecer, sejam condenadas tal qual concupiscências, cuja sede está no coração. Respondo que a questão aqui seja sobre aquele gênero de fantasias que, enquanto se apresentam à mente, mordem e ferem a alma, uma vez que a mente jamais apetece a algo sem que o coração acabe excitado. Por isso, Deus ordena o admirável ardor da dileção, que não deseja ver impedido por uma ínfima ninharia de concupiscência. Requer uma alma admiravelmente composta, que não seja afetada pelo mais leve aguilhão a se mover contra a lei da dileção. Para que não considerarmos este um caminho gravemente destituído de apoio, foi Agostinho o primeiro a abrir para mim o entendimento dele.[431] Ora, ainda que sua deliberação tenha sido proibir qualquer cupidez, o Senhor propôs como exemplo aqueles objetos que nos tomam no mais das vezes com uma falsa imagem de deleite, para que nada fosse deixado à cupidez, quando dela afasta aquelas coisas pelas quais mais fortemente se enamora e exulta. Eis a segunda tábua da lei, pela qual somos suficientemente admoestados quanto ao que devemos aos homens segundo Deus, a cuja consideração depende toda a noção de caridade. Porque é inútil que tomemos qualquer um dos ofícios que são ensinados nesta tábua a não ser que a nossa doutrina seja sustentada pelo temor e pela reverência de Deus tal como por um fundamento. Ainda que me cale, o leitor prudente julgará que aqueles que buscam dois preceitos na proibição da concupiscência[432] laceram, por uma perversa divisão, o que era uno. E não obsta em nada que seja duas vezes repetido o comando "não desejarás", porque, quando põe a casa, enumera suas partes, começando pela esposa. Por onde fica patente, em primeiro lugar, que os hebreus agem com correção ao fazer os preceitos serem lidos de uma vez e, em segundo lugar, que Deus preceitue que aquilo que alguém possuir não permaneça a salvo e intacto apenas da injúria ou do desejo de fraude, mas também da mínima cupidez solicitada à alma.

51. De fato, agora não será difícil o juízo quanto ao que diz respeito à completude da Lei, a saber, o complemento da justiça, para formar a vida do homem desde um exemplar da pureza divina. Deus ali delineou sua obra de tal forma que, se alguém fizer tudo o que parece estar ali preceituado, será, de certo modo, uma expressão em vida da imagem de Deus. Eis por que Moisés, quando quis dar à memória dos israelitas uma suma, disse: "E agora, Israel, o que pede a ti o Senhor teu Deus, a não ser que temas o Senhor e andes em seus caminhos, que o ames e o sirvas com todo o coração e com toda a alma e guarde os seus mandamentos?" [Dt 10, 12]. E não cansava de proclamar-lhes o mesmo sempre que indicava

---

431 Agostinho. *De spiritu et litera*, c.36, 64ss, PL 44, 242ss.
432 Ver p.353, nota 376.

o escopo da Lei. Assim, a doutrina da Lei diz respeito a isto: que o homem, pela santidade da vida, una-se e, tal como Moisés fala em outro lugar, prenda-se a seu Deus.[433] E a perfeição dessa santidade está situada em dois pontos já citados: que amemos o Senhor Deus de todo o coração, de toda a alma, com todas as forças [Dt 6, 5; 11, 13] e ao próximo como a nós mesmos.[434] E, em primeiro lugar, está certamente que nossa alma seja preenchida por completo pela dileção de Deus. Daí flui, além disso, a dileção ao próximo. Isso é mostrado pelo apóstolo quando escreve que o fim do preceito seja a caridade que vem de uma consciência pura e de uma fé não simulada [1Tm 1, 5]. Vê que se colocam acima de tudo a consciência e a fé não simulada, ou, em resumo, a verdadeira piedade, donde deriva a caridade. Portanto, muito se engana quem reputa ser apenas ensinados na Lei alguns rudimentos e primórdios da justiça, pelos quais os homens são levados ao aprendizado, ainda que não sejam dirigidos à meta das boas obras,[435] quando não deve ser desejado nada além daquela sentença de Moisés e daquela de Paulo quanto à suprema perfeição. Pergunto, então, pelo que deseja agir aquele que está descontente com a instituição pela qual o homem tem a erudição para o temor de Deus, o culto espiritual, a obediência dos mandamentos, a retidão para seguir os caminhos do Senhor, e, por fim, a pureza da consciência, a fé sincera e a dileção? Confirma-se a interpretação da Lei que descobre e encontra todos os ofícios de piedade e dileção em seus preceitos. Assim, os que a dividem em tantos elementos áridos e vazios, como se a vontade de Deus fosse ensinada em partes, não têm de nenhum modo a finalidade dela, como o atesta o apóstolo.

52. No entanto, como Cristo e os apóstolos às vezes omitem a primeira tábua ao relembrar a suma da Lei, muitos erram nessa matéria, enquanto querem estender as palavras deles para as duas tábuas. Cristo, em *Mateus*, diz que é principal na Lei a misericórdia, o juízo e a fé [Mt 23, 23]. Sob a palavra "fé" não me parece ambíguo que designe a verdade para os homens. E com certeza é inútil a sentença ser estendida a toda a Lei por aqueles que a tomam pela religião de Deus, pois o Cristo falava sobre as obras pelas quais o homem deve ser aprovado como justo.[436] Se observarmos isto, também não nos admiraremos de que, tendo um moço perguntado quais eram os mandamentos por cuja observação ingressamos

---

433 Lv 19, 2.
434 Nm 19, 18.
435 Tomás de Aquino. *Summa Theologiae*, II-1, q.91, a.5.
436 Melanchthon. *Annotationes in Ev. Matth.*, 1523, f.46a.

na vida, Cristo tenha respondido apenas estes: não matarás, não adulterarás, não furtarás, não darás falso testemunho. Honra o pai e a mãe, ama o teu próximo como a ti mesmo [Mt 19, 18], visto que a obediência da primeira tábua estava baseada ou na afeição do coração ou nas cerimônias. A afeição do coração não se via, os hipócritas assiduamente praticavam as cerimônias, mas, por outro lado, as obras de caridade são tais que por elas testemunhamos a sólida justiça. De fato, isto ocorre tantas vezes nos *Profetas* que deveria ser familiar ao leitor mediocremente familiarizado. Pois, quase sempre que exortam à penitência, omitida a primeira tábua, clamam a fé, o juízo, a misericórdia e a equidade. E não esquecem esse modo do temor de Deus, mas exigem uma séria prova dele por meio dos sinais. Por certo é notório que, quando falam da observação da Lei, insistem muitas vezes na segunda tábua, porque ali se visualiza melhor o zelo da justiça e da integridade. E não é preciso recensear as citações, pela facilidade com que cada um pode perceber o que digo.

53. Então, alguém poderá dizer, não estaria mais para a suma da justiça o viver inocentemente com os homens do que o honrar a Deus pela piedade? Absolutamente não, mas, uma vez que ninguém guarda sem temeridade a caridade por tudo a não ser que tema seriamente a Deus, daí também é presumida a aprovação da piedade. Acrescente-se a isso que o Senhor, visto ter plena ciência de que nenhuma beneficência nossa poderia adiantar-lhe de algo (o que também é atestado pelo profeta), não pede para si os nossos ofícios, mas nos ocupa das boas obras para o próximo [Sl 16, 2].[437] Por isso, não é sem causa que o apóstolo põe toda a perfeição dos santos na caridade [Ef 3, 19]. E não é um absurdo que a chame noutro lugar de complemento da Lei, acrescentando que cumprisse a Lei aquele que ama o próximo [Rm 13, 8] e, ainda, que toda a Lei esteja compreendida numa sentença: ama o próximo como a ti mesmo [Gl 5, 14]. Não ensina senão o mesmo que o próprio Cristo quando diz: "O que quiserdes que os homens façam a vós, fazei-o a eles: isto é, a Lei e os *Profetas*" [Mt 7, 12]. É certo que se tem em primeiro lugar, na Lei e nos *Profetas*, a fé e tudo o que pertence ao culto legítimo de Deus, que em um lugar secundário está a dileção, mas o Senhor entende que nos seja prescrito na Lei apenas a observância do direito e da equidade entre os homens, a qual exercemos para atestar o devoto temor d'Ele, se houver algum em nós.

---

437 Cf. Sl 15, 2 na versão *Vulgata*.

54. Sustentemos aqui, então, que a nossa vida há de ser de todo conforme à vontade de Deus e ao prescrito pela Lei quando for o mais frutuosa aos irmãos em todas as formas possíveis. De fato, não se lê em toda a Lei uma sílaba que estabeleça para o homem uma regra sobre aquilo que há de ser feito ou omitido para a comodidade de sua carne.[438] Porque os homens nascem mais predispostos ao amor de si que à justiça e, por mais que não se afastem da verdade, sempre manterão esse amor, a Lei não se ocupou com nada que inflasse ainda mais esse amor espontaneamente imódico [ver Agostinho, *A doutrina cristã*, I, c.23ss].[439] Por isso é claramente visível que os mandamentos sejam não sobre o amor de nós mesmos, mas de Deus e do próximo, e viva e zele excelente e santíssimamente aquele que faz o mínimo para si, e ninguém viva nem pior nem mais iniquamente do que aquele que vive e zela apenas para si, e somente cogita e busca o que é seu.[440] E, já que nada exprimiria melhor o quanto devemos estar propensos a agir por dileção ao próximo, exige como medida o amor de nós mesmos, entendido que não haveria uma afeição mais veemente ou mais válida. Devemos pensar com diligência a força da locução; com efeito, não concede (como certos sofistas estupidamente sonharam) a parte anterior τῇφιλαυτία ["ao amor de si"] e assinala a outra para a caridade,[441] mas, antes, transfere aos outros aquela afeição do amor que naturalmente trazemos para nós mesmos. Eis porque o apóstolo assevera que a caridade não busca o que é seu [1Co 13, 5]. E não deve ser nem um pouco considerada a razão deles: que o regulado seja sempre inferior à sua regra, visto que o Senhor não estabelece uma regra para o amor de nós mesmos, à qual fosse subjacente a caridade aos outros, mas, como a afeição do amor costuma residir em nós por uma depravação natural, mostra que é preciso ser ele difundido para o outro, para que não nos dediquemos a beneficiar o próximo com menor disposição, ardor e solicitude do que a nós mesmos.

55. Já que Cristo demonstrou, quando da parábola do samaritano, que está contido sob a palavra "próximo" qualquer homem, por mais estranho que nos seja [Lc 10, 36], não devemos limitar o preceito da dileção às nossas relações de parentesco ou de amizade. Não nego ser ainda maior

---

438 Quanto a isto e ao que se segue até a p.393, cf. Lutero, *Enchiridion piarum prec.*, C 5a, WA X 2, 388.
439 Agostinho. *De doctrina Christiana*, I, 23-25, PL 34, 27ss.
440 Cf. Lutero. *Enchir.*, C 5 b, WA X 2, 388.
441 P. Lombardo, *Sent.* III, d.28, 1; 29, 1, PL 192, 814ss; Boaventura, *In Sent.*, III, d.29, art. un., q.2. Quar., 3, 641s; Tomás de Aquino, *Summa theologiae*, II-2, q.26, a.4.5; Duns Scotus, *In sent.*, III, d.29, qu. un.; Biel, *In sent.*,III, d.29, a.2, concl.4.

nossa obrigação de ajudar familiarmente àquele que é mais unido a nós. De fato, assim impele a razão da humanidade que, quanto mais sejam os ofícios pelos quais os homens se ligam entre si, mais estreitamente se unam, seja por consanguinidade, por familiaridade ou por vínculos próximos. E quanto a isso, não há nenhuma ofensa a Deus, por cuja providência somos, de certo modo, levados para tal disposição. Mas, digo, todo o gênero dos homens, sem exceção, deve ser abraçado com a afeição da caridade; que não haja aqui discriminação entre bárbaros ou gregos, dignos ou indignos, amigos ou inimigos, visto que todos devem ser considerados em Deus, não em si mesmos. Não é de admirar que impliquemos em vários erros quando nos desviamos desse intuito. Pois, se agrada manter o verdadeiro rumo da dileção, os olhos não se devem voltar primeiro aos homens, cuja visão com frequência exprime antes o ódio que o amor, mas a Deus, que ordena ser difundido a todos os homens o amor que a Ele devemos, para que este seja um fundamento perpétuo: seja qual for o homem, deve ser dileto, porque Deus é dileto.

56. Por isso, foi de ignorância ou de malícia pestilenta a deliberação que tomaram os escolásticos de que seria livre submeter-se ou não aos preceitos sobre não desejar a vingança, sobre amar os inimigos, que foram transmitidos em comum tanto outrora para todos os judeus como agora são transmitidos para todos os cristãos.[442] Ora, relegaram aos monges a obediência necessária deles, que seriam mais justos que um simples cristão, por terem-se obrigado espontaneamente a observar os conselhos. E assinalam a razão pela qual não tomavam os preceitos por leis: viam ser demasiado onerosos ou graves, sobretudo para os cristãos, que estão sob a Lei da graça.[443] E não é que ousam recusar a eterna Lei de Deus sobre a dileção do próximo? Acaso tal distinção aparece em alguma página da Lei antes que em muitos lugares ali apareçam mandamentos que exigem muito severamente de nós a dileção dos inimigos? Qual é então o valor de sermos ordenados a alimentar o inimigo exaurido [Pr 25, 21], a redirecionar ao caminho seus bois e asnos errantes, ou a levantar os que sucumbem ao fardo [Ex 23, 4]?[444] Fazemos o bem aos animais em favor deles sem que isso goze de nenhuma benevolência? Como? Acaso não é eterna a palavra do Senhor: "Minha é a vingança e Eu recompensarei" [Dt 32, 35]? O que aparece mais explícito noutro lugar: "Não bus-

---

442 Cf. Tomás de Aquino, *Summa Theologiae* II-1, q.108, a.4; cf. Melanchthon, *Locos comm.* (1521), ed. Kolde,4 p.121ss.
443 Cf. ibidem, II-1, q.108, a.4.
444 Ex 23, 4s.

carás a vingança nem terás lembrança da injúria dos teus concidadãos" [Lv 19, 18] — ou apaguem isto da Lei ou reconheçam que o Senhor foi um Legislador, mas não mintam que tenha sido um Conselheiro.

57. Mas o que, pergunto, queriam com a frase que ousaram ultrajar com uma parva glosa? "Amai vossos inimigos, fazei o bem aos que vos odeiam, orai pelos que vos perseguem, abençoai os que vos execram, para que sejais filhos do vosso Pai que está nos céus" [Mt 5, 44]. Quem aqui não concluirá, junto com Crisóstomo, que, de causa tão necessária, probamente conste que não sejam exortações, mas prescrições [*Livro sobre a compunção do coração*]?[445] O que mais nos resta quando somos expulsos do número dos filhos de Deus? Mas, segundo eles, apenas os monges serão filhos do Pai celeste, os únicos que ousarão invocar o Deus Pai. O que entretanto dizer da Igreja? Pela mesma resolução será relegada aos gentios e publicanos. Diz, com efeito, o Cristo: "Se fordes benévolo aos vossos amigos, que graça esperais daí? Acaso não fazem o mesmo os gentios e publicanos?" [Mt 5, 46]. De fato nos serviria bem que nos fosse deixado o título de cristãos retirada a herança do reino celeste! E não é menos firme o argumento de Agostinho: "Quando o Senhor proíbe a fornicação, não proíbe menos tocar a esposa do inimigo que a do amigo; quando interdita o furto, não permite que absolutamente nada seja furtado, seja do amigo, seja do inimigo" [*Sobre a doutrina cristã*].[446] Ora, Paulo reconduz os dois, o não fornicar e o não furtar, à regra da dileção, ou melhor, ensina estar contido sob esse mandamento que ames o teu próximo como a ti mesmo [Rm 13, 9]. Portanto, ou é preciso que Paulo seja um falso intérprete da Lei ou necessariamente daí se conclui que, pelo preceito, também os inimigos devem ser amados tal como os amigos. E assim se mostram verdadeiros filhos de Satanás os que afastam tão licenciosamente o jugo comum aos filhos de Deus. Ora, tenho dúvidas quanto a se proclamaram esse dogma mais por estupidez que por impudência. Com efeito, não há nenhum dos antigos que não decrete como coisa certa que esses sejam unicamente preceitos. Que não se tenha duvidado disso na época de Gregório transparece de uma segura afirmação sua, pois, para além de controvérsias, mantêm-nos como preceitos.[447] E quão estupidamente raciocinam? Dizem que o peso seria demasiado grave para o cristão. Como se alguém pudesse considerar algo mais grave do que

445 Crisóstomo. *De compunctione cordis*, I, 4; cf. idem, *Adversus oppugnatores vitae monasticae*, III, 14.
446 Agostinho. *De doctrina christiana*, I, 30, 32, PL 34, 31.
447 Gregório I, *Homiliae in Evang.*, II, hom.27, 1, PL 76, 1205.

amar a Deus de todo o coração, com toda a alma, com todas as forças. Ante esta Lei, não há o que não deva ser tido como fácil, seja o amor do inimigo, seja o despojamento da alma de toda cupidez de vingança. Tudo, até o menor ponto da Lei, com certeza é árduo e difícil para a nossa fraqueza. O Senhor é a nossa força, que Ele dê o que ordena e ordene o que quiser![448] Estarem os cristãos sob a Lei da graça não é vagar desenfreadamente sem Lei, mas inerirem a Cristo, por cuja graça estão livres da maldição da Lei e por cujo espírito têm inscrita a Lei no coração.[449] Paulo, como uma alusão à Lei de Deus, chama essa graça inadequadamente de lei, a qual opõe àquela como comparação, mas estes, sob o nome de "Lei", filosofam sobre o nada.

58. É pela mesma razão que chamaram de pecado venial tanto a impiedade oculta que contraria a primeira tábua como a prevaricação direta do último mandamento.[450] E assim o definem como a cupidez sem o assentimento deliberado, que não se estabelece longamente no coração.[451] Eu, porém, digo que certamente não se pode introduzir senão pela falta daquilo que é requerido na Lei. Estamos proibidos de termos outros deuses. Quando a mente, abalada com a maquinação da desconfiança, volta o olhar a outro, quando, por súbita cupidez, é incitada a transferir a outro sua bem-aventurança, donde vêm esses movimentos, ainda que esvaecentes, se não de que há algum vazio na alma para que tais tentações sejam recebidas? E para que esse argumento não seja levado mais adiante, o preceito é amar a Deus de todo o coração, de toda a mente, de toda a alma; portanto, a menos que todas as potências da alma estejam voltadas ao amor de Deus, há já um afastamento da obediência da Lei, uma vez que os que nisso levantam hostes contra o seu reino e interpelam os seus éditos mostram que não há um trono bem-estabelecido para Deus em nossa consciência. De fato, foi demonstrado que o último mandamento diga respeito a isso.[452] Algum desejo punge nossa alma? Já possuímos a matéria da concupiscência e ao mesmo tempo nos constituímos transgressores da Lei, uma vez que o Senhor não proíbe apenas deliberar e maquinar o que seja prejudicial ao outro mas também o ser estimulado e agitado pela concupiscência. De fato, sempre cabe à transgressão da Lei a maldição de Deus. Portanto, não se dá que sejamos

---

448 Agostinho. *Confess.*, X, 29, 40; 31, 45, PL 32, 796-8.
449 Melancthon. *Locos comm.* (1521), ed. Kolde,4 p.212.
450 Cf. Tomás de Aquino. *Summa Theologiae*, II-1, q.74, a.10.
451 Ibidem, a.3, ad.3; cf. Boaventura, *In sent.*, II, d.42, a.2, q.1, ed. Quar. II, p.966a.
452 Seção 49 e 50, p.388ss.

eximidos do juízo da morte pela leveza da cupidez. Ao considerar os pecados, diz Agostinho, não tragamos balanças dolosas, em que pesamos o que queremos, por nosso arbítrio, dizendo que isto é grave, aquilo, leve, mas tragamos a balança divina da Santa Escritura, tal qual do tesouro do Senhor, e nela pesemos o que há de mais grave, ou melhor, não pesemos, mas reconheçamos o que é pesado pelo Senhor [*Sobre o batismo, contra os donatistas*, II, c.6].[453] E quanto à Escritura? Certamente, quando chama a morte de estipêndio do pecado,[454] Paulo mostra que essa distinção fosse desconhecida para ele. Visto que estamos mais propensos à hipocrisia que ao justo, não era oportuno acrescentar o fomento que abrandaria as consciências torpes.

59. Oxalá considerassem o que implica para si aquele dito de Cristo: "Aquele que transgredir o menor destes mandamentos, e a isso ensinar os homens, nada terá no reino dos céus" [Mt 5, 19]! Acaso não estão entre esse número quando ousam enfraquecer a transgressão da Lei a tal ponto, como se não fosse digna de morte? Seria preciso considerar não apenas o que é prescrito, mas quem é aquele que manda, pois, em qualquer mínima transgressão da Lei por Ele mandada, é derrogada sua autoridade. Acaso é pouco para eles que a majestade de Deus seja violada em alguma coisa? Depois, se Deus expôs sua vontade na Lei, tudo o que é contrário à Lei, desagrada a Ele. Acaso imaginam tão desarmada a ira de Deus que não se seguiria imediatamente a vingança de morte? E Ele não falou de modo obscuro (se forem induzidos antes a ouvir a voz d'Ele na alma que a obscurecer a clara verdade com suas insípidas argúcias): "A alma que tiver pecado morrerá" [Ez 18, 20]. De forma similar, o que ainda há pouco citei: "O estipêndio do pecado é a morte" [Rm 6, 23]. Ora, admitem que esses sejam pecados, porque não o podem negar, no entanto defendem que não sejam mortais. Mas, uma vez que até agora foram mais do que o suficiente indulgentes com a insânia, aprendam ao menos a recobrar os sentidos. Visto que, se perseveram no delírio, os filhos de Deus, excedendo às ordens deles, mantenham que todo pecado seja mortal, uma vez que é uma rebelião contrária à vontade de Deus, que necessariamente provoca sua ira, uma vez que é uma prevaricação da Lei, para a qual foi proclamado, sem exceção, o juízo de Deus; que os delitos dos santos sejam veniais, não por sua própria natureza, mas porque alcançaram a vênia por meio da misericórdia de Deus.

---

453 Agostinho, *De baptismo contra Donatistas*, II, 6, 9, PL 43, 132.
454 Rm 6, 23.

Capítulo IX

Ainda que os judeus o tenham conhecido sob a Lei, Cristo foi revelado plenamente apenas pelo Evangelho.

ma vez que não foi em vão a vontade de Deus de outrora atestar a si como Pai mediante expiações e sacrifícios, nem ter sido vão consagrar para si o povo eleito, sem dúvida já era conhecido desde então com a mesma imagem pela qual, em pleno fulgor, agora aparece a nós. Por isso Malaquias, depois de ordenar aos judeus que cumprissem a Lei de Moisés e perseverassem em seu zelo (considerando que, após sua morte, haveria no futuro uma interrupção do ministério profético), sem demora anuncia que o sol da justiça haveria de aparecer [Ml 4, 2].[455] Por essas palavras, admoesta que a Lei valha para conter os devotos na esperança do Cristo que há de vir, no entanto, muito mais luz deve ser esperada em seu advento. Por essa razão, Pedro disse que os profetas se perguntaram e sinceramente investigaram sobre a salvação que agora é evidenciada pelo Evangelho, e a eles fora revelado, que ministravam aquilo que anunciaram pelo Evangelho não para eles ou para a época deles, mas para nós [1Pd 1, 12].[456] Não que a doutrina deles tenha sido inútil para o povo antigo ou em nada lhes tenha sido profícua, mas porque não se apoderaram do tesouro que Deus transmitiu a nós pelas mãos deles. Pois a graça sobre a qual testemunharam está hoje familiarmente posta diante de nossos olhos e, mesmo que a tivessem provado com moderação, a nós se oferece sua fruição de forma mais abundante. Por isso, o Cristo, que assevera ter para si o testemunho de Moisés [Jo 5, 46], louva a medida da graça pela qual superamos os judeus, pois, falando aos discípulos, diz: "Bem-aventurados os olhos

---

455 Ml 3, 20 (*Vulgata* 4, 2).
456 1Pd 1, 10.12.

que veem o que vistes e bem-aventurados os ouvidos que ouvem o que ouvistes". E muitos reis e profetas desejaram isso, mas não o consegui-ram [Mt 13, 16;[457] Lc 10, 23].[458] Não é pouca esta recomendação da revelação do Evangelho: "Os Patriarcas, que se destacaram por uma rara piedade, foram preteridos por Deus em nosso favor". Sentença à qual em nada repugna outra passagem, em que se diz que Abraão tivesse visto o dia de Cristo e exultado de alegria [Jo 8, 56], dado que, ainda que fosse obscura a visão de realidade tão remota, em nada porém faltou a certeza da esperança do bem, donde aquela alegria que acompanhou o santo patriarca até a morte. Nem por aquela frase que nos anunciou, de que ninguém jamais viu a Deus, o unigênito que está no seio do Pai [Jo 1, 18], João Batista exclui que partilhem da inteligência e da luz que refulge na pessoa do Cristo os fiéis que teriam falecido antes disso, mas, comparan-do a sorte deles com a nossa, ensina que nos sejam manifestos os misté-rios que eles viram apenas sob sombras obscuras, tal como o autor da *Epístola aos hebreus* honestamente explica que o que foi falado muitas vezes e de muitos modos antigamente pelos profetas, agora o é pelo Fi-lho dileto [Hb 1, 1].[459] Portanto, por mais que aquele unigênito, que hoje é para nós o esplendor da glória e marca da substância de Deus Pai, an-tigamente tenha sido conhecido pelos judeus, tal como em outro lugar apontamos desde Paulo[460] que Ele fosse o condutor da antiga libertação, no entanto, é verdade que, em outro lugar, o mesmo Paulo ensina que agora reluzisse em nossos corações o Deus que ordenou que das trevas resplandecesse a luz, para que brilhasse o conhecimento da glória de Deus na face de Jesus Cristo [2Co 4, 6], uma vez que, quando apareceu nessa sua imagem, de certo modo se fez visível em comparação ao que antes em sua aparência estava obscuro e sob sombras. Assim, é mais torpe e detestável a ingratidão e a depravação daqueles que continuam cegos diante de uma luz meridiana. Por isso, Paulo diz que a mente deles seja entenebrecida por Satanás para que não discirnam a glória de Cristo, refulgente no Evangelho sem nenhum véu interposto.[461]

2. Assim, tomo o Evangelho pela manifestação clara do mistério de Cris-to. Certamente reconheço, à medida que o Evangelho é chamado por Paulo de doutrina da fé [1Tm 4, 6], que em partes dele sejam vistas, onde quer

457 Mt 13, 16s.
458 Lc 10, 23s.
459 Hb 1, 1s.
460 Ver Capítulo VI, § 4, deste Livro.
461 2Co 3, 14.

que apareçam na Lei, as promessas sobre a remissão gratuita dos pecados, pelas quais Deus reconcilia os homens consigo. Na verdade, ali opõe a fé aos horrores pelos quais a consciência é angustiada e vexada se a salvação depende das obras. Donde se segue que, tomando a palavra "evangelho" em sentido lato, sob ela estão compreendidos os testemunhos que antigamente Deus deu aos Pais por sua misericórdia e favor paterno, mas, digo que ela seja aplicada por excelência à proclamação da graça exibida no Cristo. Isso não deve ser aceito apenas pelo costume, mas depende da autoridade de Cristo e dos apóstolos [Mt 4; 9].[462] Daí ter sido atribuído a Ele como próprio que pregasse o Evangelho do reino. E Marcos assim prefacia: "Início do Evangelho de Jesus Cristo" [Mc 1, 1]. De fato, não é preciso explicitar as passagens nas quais se prova uma coisa tão clara e sobejamente conhecida. Portanto, com seu advento, o Cristo fez brilhar a vida e a imortalidade pelo Evangelho [2Tm 1, 10]. Com essas palavras, Paulo não entende que os Pais foram mergulhados nas trevas da morte até que o Filho de Deus se revestisse de carne, mas, reivindicando para o Evangelho essa prerrogativa de honra, ensina que ele fosse um gênero novo e insólito de delegação, pela qual Deus dá o que teria prometido, para que, na pessoa do Filho, apareça a verdade das promessas. Pois, ainda que os fiéis sempre tenham experimentado como verdadeiro aquele trecho de Paulo – que em Cristo estejam todas as promessas e ainda o amém [2Co 1, 20] – porque foram seladas em seus corações, porque ele implementou em sua carne todo o necessário para nossa salvação, a própria exibição viva da realidade obteve por direito um elogio novo e singular. Disso vem o que disse o Cristo: "Daqui em diante, vereis os céus abertos, e os anjos de Deus subindo e descendo sobre o Filho do homem" [Jo 1, 51]. Com efeito, ainda que se veja uma alusão à escada mostrada em visão ao patriarca Jacó, essa marca indica a excelência de seu advento, que abrirá uma porta dos céus para nós, para que o ingresso seja patentemente familiar.

3. Deve-se, no entanto, tomar cuidado com a diabólica imaginação de Serveto, que, querendo louvar a magnitude da graça de Cristo, ou ao menos fingindo querer isso, abole por completo as promessas, como se tivessem um fim com a Lei. Como pretexto, diz que pela fé do Evangelho nos seja dado o complemento de todas as promessas,[463] como se, de fato, não houvesse nenhuma distinção entre nós e o Cristo. É certo que adver-

---

462 Mt 4, 17; 9, 35.
463 Serveto. *Christ. Restitutio: De fide et iustitia regni Christi*, II, c.2; I, c.1; epist.9.

ti ainda há pouco que Cristo não ignorou nada do que provém da totalidade da suma de nossa salvação, mas disso incorretamente se infere que já nos apoderamos dos benefícios partilhados por ele, como se fosse falso aquele dito de Paulo: "Que nossa salvação esteja oculta na esperança".[464] Reconheço que, ao crer em Cristo, passemos ao mesmo tempo da morte à vida, mas deve ser mantido ainda aquele dito de João: "Por mais que saibamos que somos filhos de Deus, isso, no entanto, ainda não terá aparecido até que sejamos semelhantes a Ele, a saber, quando o tivermos visto tal como Ele é".[465] Portanto, por mais que Cristo ofereça a nós no Evangelho a plenitude presente dos bens espirituais, a fruição sempre permanece sob a guarda da esperança até que, despojados da carne corruptível, transfiguremo-nos na glória daquele que nos precede. Enquanto isso, o Espírito Santo nos ordena reclinar às promessas, cuja autoridade deve conter em nós todo ladrar daquele cão impuro. Pois Paulo atesta que a piedade tem a promessa tanto da vida futura quanto da presente [1Tm 4, 8], razão pela qual se jacta de ser apóstolo de Cristo segundo a promessa de vida que está n'Ele [2Tm 1, 1]. E, em outro lugar, admoesta-nos de que temos as mesmas promessas [2Co 7, 1] que outrora foram feitas aos santos. Por fim, estabelece a suma felicidade em estarmos selados pelo Espírito Santo da promessa.[466] De fato, não temos a fruição do Cristo a não ser na medida em que o abraçamos revestido de suas promessas. Disso se conclui que ele com certeza habita em nosso coração e que, ainda assim, peregrinamos para longe d'Ele, uma vez que caminhamos pela fé, e não pela visão.[467] E não há incongruência nesses dois pontos: que tenhamos no Cristo tudo o que diz respeito à perfeição da vida celeste e, no entanto, a fé seja a visão dos bens que não se veem.[468] Somente na natureza ou na qualidade das promessas deve ser assinalada uma diferença, uma vez que o Evangelho aponta com o dedo o que a Lei revelava em sentido figurado.

4. Disso também se demonstra o erro daqueles que jamais consideram que a Lei está para o Evangelho de um modo diferente pelo qual o mérito das obras está para a imputação gratuita da justiça.[469] É certo

---

464 Cl 3, 3.
465 1Jo 3, 2.
466 Cf. Ef 1, 13.
467 2Co 5, 7.
468 Cf. Hb 11, 1.
469 Vê-se que visa aos antinomistas germânicos; cf., por exemplo, as cartas de Andreas Poach, *De synodo Isenacensi*, datada de 17 de agosto de 1556 (J. Seehawer, *Zur Lehre vom Brauch des Gesetzes*, p.94) e sua Sentença em Schlüsselburg, IV 268, 276ss.

que essa antítese não deve ser repudiada, uma vez que muitas vezes Paulo entende sob o nome da Lei a regra para o viver com justiça, pela qual Deus exige de nós o que é seu, não dando nenhuma esperança de vida a não ser que o obedeçamos absolutamente em tudo e, pelo contrário, acrescentando uma maldição se nos furtamos o mínimo desse destino. Assim, afirma que é por gratuidade que somos agradáveis a Deus e por vênia que somos divisados como justos, uma vez que não se encontraria em nenhum lugar a observação da Lei, à qual é prometida a mercê. Portanto, é com aptidão que Paulo faz a justiça da Lei e do Evangelho contrárias entre si.[470] Mas o Evangelho não sucede à Lei de modo que anuncie uma razão diferente da salvação, antes sanciona e prova que seja ratificado tudo o que a Lei prometera e une o corpo à sombra. Com efeito, quando Cristo diz ter havido a Lei e os profetas até João,[471] não atribui aos Pais a maldição da qual não podem escapar os servos da Lei, mas aponta que eles tenham sido imbuídos apenas de rudimentos, dado terem-se mantido muito aquém da grandeza da doutrina evangélica. Por isso, quando Paulo chama o Evangelho de potência de Deus para a salvação de todo aquele que crê [Rm 1, 16], imediatamente acrescenta ter o testemunho que provém da Lei e dos profetas.[472] De fato, no fim da mesma epístola, ainda que ensine que a revelação de um mistério envolvido em silêncio desde os tempos eternos seja a mensagem de Jesus Cristo, mitiga a explicação o acréscimo daquela sentença que ensina que ele tenha sido manifestado pelos escritos proféticos.[473] De onde concluímos que, quando se trata da totalidade da Lei, o Evangelho dela difere apenas com relação à clareza da manifestação, quanto ao mais, segundo a inestimável afluência da graça exposta para nós no Cristo, não se diz sem propósito que, com seu advento, o reino celeste de Deus foi erigido na terra.

5. Entre a Lei e o Evangelho, foi colocado João, que obteve o encargo de intermediário e de aliado de ambos. Ainda que, ao chamar Cristo de cordeiro de Deus e vítima para a expiação do pecado,[474] João tenha exibido a suma do Evangelho, no entanto, uma vez que não explicou aquela incomparável virtude e glória que por fim se manifestou na ressurreição, Cristo nega que ele seja igual aos apóstolos [Mt 11, 11]. De fato, suas

470 Rm 3, 21ss; Gl 3; etc.
471 Mt 11, 13; Lc 16, 16.
472 Rm 3, 21.
473 Rm 16, 25.26.
474 Jo 1, 29.

palavras significam isto: por mais que João se destaque entre os filhos das mulheres, aquele que é menor no reino dos céus é maior do que ele. Porque não indicou ali as pessoas dos homens, mas, depois que preferiu João a todos os profetas, exaltou em máximo grau a pregação do Evangelho, que em outro lugar vimos ser designada pelo reino dos céus. Ora, que João tenha respondido ser ele mesmo somente uma voz [Jo 1, 23], como se fosse inferior aos profetas, não o fez por causa de uma humildade dissimulada, mas quis ensinar não ter sido mandada para si uma delegação própria, mas que cumpra o ofício de subalterno, tal como fora predito por Malaquias: "Eis que envio Elias, o profeta, antes que venha o dia de Jeová, grande e terrível" [Ml 4, 5].[475] E, por todo o curso de seu ministério, não fez senão preparar discípulos para Cristo. Tal como prova por intermédio de Isaías que isso fora imposto a si pela divindade. Nesse sentido, foi chamado por Cristo de "luzeiro que arde e reluz" [Jo 5, 35], uma vez que o dia ainda não brilhara plenamente. Isso, no entanto, não o impede que seja enumerado entre os anunciadores do Evangelho, uma vez que usou o mesmo batismo que depois foi transmitido aos apóstolos. Mas aquilo que João iniciou não foi completado com um avanço mais livre pelos apóstolos senão depois de Cristo ser recebido na glória celeste.

---

475 Ml 3, 23 (*Vulgata* 4, 5).

CAPÍTULO X

Sobre a semelhança
entre o Antigo e o Novo Testamento.

udo o que foi exposto até aqui já deixa claro que, desde o início do mundo, quaisquer que tenham sido os homens que Deus associou à sorte de seu povo, eles estavam ligados a Ele pela mesma lei e pelo mesmo vínculo de doutrina que vigora entre nós. Entretanto, como não é de pouco interesse que esse ponto seja bem-estabelecido, apresenta-lo-ei tal qual um apêndice, uma vez que os Patriarcas foram consortes conosco da mesma herança e esperaram uma salvação comum pela graça do mesmo Mediador, uma vez que a condição deles nessa sociedade tenha sido diversa. Ora, ainda que, para a prova disso, tenhamos reunido testemunhos desde a Lei e dos profetas que tornam claro jamais ter havido outra regra de religião e de piedade para o povo de Deus, destinaremos por direito um lugar peculiar para que a diferença entre o Antigo e o Novo Testamento seja discutida mais acuradamente, uma vez que com muita frequência os escritores disputam sobre essa matéria, o que poderia causar embaraço ao leitor pouco perspicaz. Ainda mais porque o que nos haveria de ser utilíssimo tornou-se, em contrapartida, necessário, dada a obscuridade do monstruoso Serveto e de não poucos insensatos provenientes da seita dos anabatistas, que tomam o povo de Israel tal qual um rebanho de porcos, zombando dele como se cevado nesta terra pelo Senhor sem nenhuma esperança da imortalidade celeste.[476] Portanto, para afastarmos esse erro pestilento da alma dos devotos e, ao mesmo tempo, ex-

---

476 Cf. Serveto. *De iusticia regni Christi*, 1532, c.1, D1b; c.2, D6b; C.3, E1b-2b; *Christ. Restitutionem*, 1553; *De Trin. Dial.*, I, p.233, 237ss; *De fide et iust. regni Christ.*, I, c.3, p.305, II, c.1, p.314ss, c.2, p.321ss.

pulsar todas as dificuldades que, ouvida a menção da diversidade entre o Antigo e o Novo Testamento, costumam brotar de imediato, inspecionemos de passagem o que têm de semelhante e de diverso a aliança que o Senhor outrora, antes do advento do Cristo, firmou com os israelitas e aquela que, com Cristo agora manifesto, concluiu conosco.

2. E, com certeza, o mesmo pode ser dito de ambas. A aliança com todos os Patriarcas tanto não difere em nada da nossa, quanto à substância e à realidade, que elas são absolutamente uma e a mesma,[477] ainda que variem quanto à administração. Porém, dado que uma simples afirmação não fornecerá a ninguém o entendimento, é necessário buscar uma explicação mais longa se quisermos que alguém progrida nessa matéria. Quanto ao mais, seria supérfluo mostrar a similitude ou, antes, a unidade de cada partícula já exposta, retomando-as de forma integral, assim como seria intempestivo misturar neste ponto o que será dito em outro lugar. Ora, deve-se insistir aqui que devemos considerar três pontos principais. Primeiro, que não foi proposta aos judeus como meta uma opulência carnal e uma felicidade às quais aspiraram como fim, mas que eles foram tomados para a esperança da imortalidade, bem como que a fé da adoção certamente tenha sido dada a eles tanto pelos oráculos, como pela Lei, como pelos Profetas. Segundo, que a aliança pela qual foram conciliados com o Senhor foi mantida não pelos méritos deles, mas somente pela misericórdia do Deus que chama. Terceiro, que tivessem e conhecessem o Cristo Mediador por intermédio de quem foram tanto unidos a Deus quanto depositários de suas promessas. O segundo ponto, talvez ainda não claramente conhecido, haverá de ser demonstrado de vários modos em seu devido lugar,[478] onde, por vários e luminosos testemunhos dos profetas, confirmaremos que tudo o que alguma vez o Senhor beneficamente fez a seu povo o fez apenas por bondade e indulgência. O terceiro ponto também já recebeu, aqui e ali, demonstrações nada obscuras. Também é certo não termos deixado de tocar o primeiro deles.

3. Por estar estreitamente vinculado à causa presente e nos serem propostas muitas controvérsias a seu respeito, o último ponto merece nosso máximo esforço na busca de sua elucidação. Contudo, se falta algo à explicação dos outros dois, que seja oportunamente suplementado ou se indique o lugar adequado para isso. O apóstolo elimina qualquer dúvida

---

477 Cf. Butzer. *Enarrationes in Evang.*, 1536, p.120.
478 Ver Livro III, Capítulo XVII.

sobre todos esses pontos quando diz que o Evangelho de Deus Pai, proclamado a respeito de seu Filho segundo o tempo destinado, muito antes fora prometido pelos profetas na Escritura [Rm 1, 2]. Igualmente, que a justiça da fé que Ele ensinou pelo Evangelho tenha o testemunho desde a Lei e os profetas [Rm 3, 21], visto que o Evangelho não detém o coração dos homens na alegria da vida presente mas o eleva à esperança da imortalidade, não o toca às delícias terrenas mas, ao anunciar a esperança depositada no céu, de algum modo o transporta para lá. E assim define noutro lugar: "Depois que terdes crido no Evangelho, fostes selados pelo Espírito Santo da promessa, que é o penhor de nossa herança, da posse adquirida na redenção" [Ef 1, 13].[479] De modo semelhante: "Ouvimos a vossa fé em Cristo e a caridade para com os santos, em razão da esperança reservada nos céus para vós, sobre a qual ouvistes através da palavra veraz do Evangelho" [Cl 1, 4].[480] E ainda chamou-nos pelo Evangelho à participação da glória de nosso Senhor Jesus Cristo [2Ts 2, 14], donde também é dita palavra de salvação, da força de Deus para a salvação dos fiéis e de reino dos céus. Por ser espiritual a doutrina do Evangelho e aquela que abrirá o acesso para a posse da vida incorruptível, não consideremos que, abandonado e negligenciado o cuidado da alma, paralisasse àqueles a que foi prometida e anunciada, tal como animais na cobiça das voluptuosidades do corpo. E que ninguém proponha aqui o engano de que tenham sido destinadas a um povo novo as promessas assinaladas na Lei e nos profetas sobre o Evangelho.[481] Pois, pouco depois que ele sustentou aquela passagem sobre o Evangelho prometido na Lei, acrescentou que seja o que for que contenha a Lei, sem dúvida é adequadamente dirigido àqueles que estão sob ela [Rm 3, 19]. Reconheço que tratasse de outro tema, mas não estava tão esquecido que, ao dizer pertencer aos judeus tudo o que a Lei ensina, já não considerasse o que poucos versículos antes afirmara sobre o Evangelho prometido na Lei.[482] Portanto, o apóstolo mostra de modo muito claro que o Antigo Testamento dizia respeito precipuamente à vida futura quando diz que estavam contidas sob ele as promessas do Evangelho.

4. Pela mesma razão, segue-se que o Evangelho consistia na gratuita misericórdia de Deus e que era confirmado pela intercessão de Cristo, já que a pregação evangélica não só anuncia que a indulgência paterna de

---

479 Ef 1, 13s.
480 Cl 1, 4s.
481 Cf. Serveto, *De iusticia regni Christi*, c.1, D1b-2a; c.3, E2b; ver supra, p.403.
482 Rm 1, 2; 3, 21.

Deus justifique os pecadores para além de seu mérito como também anuncia que toda sua suma tenha termo em Cristo. Quem, portanto, ousaria fazer desprovidos de Cristo os judeus,[483] com quem ouvimos que tivesse sido forjada a aliança do Evangelho, da qual o único fundamento é Cristo? Quem fará alheios ao benefício[484] da salvação gratuita aqueles a quem ouvimos que tivesse sido administrada a doutrina da justiça da fé? Para que não discutamos mais sobre coisa tão dilúcida, temos a insigne sentença do Senhor: "Abraão exultou porque veria o meu dia; viu e se alegrou" [Jo 8, 56]. E o apóstolo mostra que era para todo o povo fiel o que Cristo atestou ali sobre Abraão, quando disse permanecer ontem, hoje e sempre [Hb 13, 8]. Não se fala ali simplesmente sobre a divindade eterna de Cristo, mas de sua força, que foi manifestada perpetuamente aos fiéis. Eis por que a Bem-aventurada Virgem e Zacarias dizem em seus cânticos que a salvação revelada no Cristo fosse a exibição das promessas que o Senhor outrora fizera a Abraão e aos patriarcas [Lc 1, 54.72]. Se o Senhor, ao exibir seu Cristo, cumpre a fé de seu antigo juramento, não se pode dizer que o fim d'Ele não tenha sempre estado em Cristo e na vida eterna.

5. E o apóstolo não faz os israelitas iguais a nós somente na graça da aliança mas também na significação dos sacramentos. Querendo intimidar os coríntios, para que não incorressem em semelhantes flagelos, a Escritura recita para eles os exemplos das penas pelas quais antigamente os israelitas haviam sido castigados, partindo deste prefácio: "Não há por que reivindicarmos para nós alguma prerrogativa que nos livre da vingança de Deus a que foram subjugados, uma vez que o Senhor não apenas deu a eles os mesmos benefícios mas também tornou sua graça ilustre entre eles com os mesmos símbolos" [1Co 10, 1;[485] 11], como se dissesse: se confiais que estais fora de perigo, uma vez que tanto o Batismo, pelo qual sois insignes, como a Ceia, que cotidianamente tomais, contêm promessas exímias, enquanto, desprezada a bondade divina, viveis em licenciosa lascívia, sabei que também não careceram de tais símbolos os judeus, contra os quais, no entanto, o Senhor exerceu com muita severidade seus juízos. Foram batizados na passagem do mar e na nuvem pela qual foram protegidos do ardor do sol. Dizem que aquela passagem fosse um batismo carnal, que corresponderia ao nosso, segundo

---

483 Cf. Serveto, loc. cit., c.1, C7a, D1b-2a; ver supra, p.403.
484 Cf. Idem, loc. cit., c.3, E2bSS.; ver supra p.403.
485 1Co 10, 1-6.

certa proporção.[486] Se isso for tomado como verdadeiro, não procederia o argumento do apóstolo que quis aqui tirar dos cristãos que se considerem superiores aos judeus pela prerrogativa do batismo. Nem está submetido a esse erro o que imediatamente se segue: que eles comessem conosco do mesmo alimento espiritual e bebessem a mesma bebida espiritual que entende ser o Cristo.[487]

6. É certo que, para enfraquecer aquela sentença de Paulo, põem como objeção o que disse Cristo: "Os vossos Pais comeram o maná no deserto e morreram; quem come a minha carne não morrerá na eternidade" [Jo 6, 31],[488] sendo que as duas se conciliam entre si sem embaraço. O Senhor, uma vez que dirigia a palavra para ouvintes que apenas queriam encher o ventre com comida, sem se preocupar de fato com o alimento da alma, ajusta em grande medida a fala à capacidade deles e estabelece, sobretudo para o entendimento deles, a comparação do maná e do seu corpo. Eles postulavam que, para adquirir para si a graça da autoridade, Deus demonstrasse sua força por algum milagre, como o que produzira para Moisés no deserto quando enviara o maná do céu. Ora, não aprenderam com o maná senão o remédio da abstinência carnal, pela qual o povo então era afligido, não penetrando naquele mistério mais sublime ao qual Paulo visa. Portanto, a fim de demonstrar o quanto deveriam esperar d'Ele um benefício mais prestativo do que aquele que seus Pais disseram ter sido conferido por Moisés, forma esta comparação: "Se foi, quanto à vossa opinião, um milagre grandioso e memorável que o Senhor, por intermédio de Moisés, tenha subministrado para seu povo, para que não perecesse com fome no deserto, o alimento celeste, pelo qual haveria de ser sustentado por um curto espaço de tempo, recolhei daí o quanto mais excelente seja o alimento que prodigaliza a imortalidade". Vemos por que o Senhor, omitindo o que era precípuo no maná, marcou exclusivamente sua ínfima utilidade. Visto que os judeus, como que pelo zelo com que se faz uma repreensão, apresentaram como objeção que o Senhor teria socorrido a necessidade do povo com o remédio do maná, Moisés responde que Ele é o administrador de uma graça muito superior, ante a qual deveria ter merecidamente diminuído o valor a alimentação carnal do povo, a única que estimavam ser tão valiosa. Paulo, uma vez que sabia que o Senhor, quando enviou o maná do céu, não apenas vertia o ali-

---

486 Ver supra, p.403.
487 1Co 10, 3s.
488 Melhor: Jo 6, 49. 54. Cf. Serveto, loc. cit., c.3, E2a; ver supra p.403.

mento para o ventre mas também dispensava os mistérios espirituais para figurar a vivificação espiritual que tem lugar em Cristo, não negligencia essa parte, que era muito digna de consideração. Eis por que, certa e claramente, conclui-se que o Senhor nos digna agora com as mesmas promessas da vida eterna e celeste que foram comunicadas aos judeus, que também foram seladas com sacramentos verdadeiramente espirituais.

7. Se os leitores preferirem que sejam recitados testemunhos provenientes da Lei e dos profetas, dos quais se torne perspícuo que a aliança espiritual fosse comum aos Pais, tal como ouvimos desde Cristo e dos apóstolos, a isso me submeteria como a uma oferenda e com o maior prazer, visto que assim mais certamente serão convencidos os adversários, que depois não terão com o que tergiversar. E começarei com esta demonstração que, apesar de sabê-la fútil e praticamente ridícula para a arrogância dos anabatistas, junto aos dóceis e sãos, no entanto, de muito valerá. E tomo como confessado que à palavra de Deus seja inerente aquela eficácia da vida, dado que a qualquer um que Deus tenha dignado com sua participação, vivifica sua alma. Com efeito, vale desde sempre aquela passagem de Pedro, que seja incorruptível a semente que permanece na eternidade [1Pd 1, 23], tal como ele também conclui daquelas palavras de Isaías [Is 40, 6]. Então, visto que Deus tenha outrora atado a si os judeus por esse sacro vínculo, não deve haver dúvida de que os reservou para a esperança da vida eterna. Pois, quando digo que tenham abraçado a palavra que os uniu mais adequadamente a Deus, entendo um tipo de comunicação diferente daquele geralmente difundido pelo céu, pela terra e por todas as criaturas do mundo (que, embora vivifique a tudo, cada qual por sua natureza, não livra, no entanto, da necessidade da corrupção), mas aquela comunicação especial pela qual as almas dos pios tanto são iluminadas para o conhecimento de Deus como são de algum modo a ele unidas. Visto que, por tal iluminação da palavra, aderiram a Deus Adão, Abel, Noé, Abraão e os demais pais, digo que não há dúvida de que ela fora para eles a entrada para o reino imortal de Deus. Com efeito, ela era uma sólida participação de Deus, que não pode se dar sem o bem da vida eterna.

8. No entanto, se isso for visto como algo não pouco implícito, coragem!, passemos à própria fórmula da aliança, que não satisfará apenas aos de intelecto plácido, mas mostrará abundantemente a ignorância daqueles que se esforçam por nos contradizer. Com efeito, o Senhor sempre pactua assim com seus servos: "Serei para vós um Deus e vós sereis para mim um povo" [Lv 26, 12], palavras com as quais também os profetas estão acostumados a expor tanto a vida como a saúde e a suma de toda a bem-aventurança. E não sem causa Davi com muita frequência anuncia que seja bem-aventurado o povo cujo Senhor é Deus [Sl 144, 15], bem-aventurada a gente que Ele elege para si como herança [Sl 33, 12]; certamente, não a graça da felicidade terrena, mas, como livra da morte, conserva perpetuamente e concede a misericórdia eterna aos que toma como povo. Tal como se vê em outros profetas: "Tu és nosso Deus, não morreremos" [Hb 1, 12]; "O Senhor, nosso Rei, nosso Legislador, Ele nos salvará" [Is 33, 21]; "Bem-aventurada és, Israel, uma vez que haverás de te salvar no Senhor" Deus [Dt 33, 29]. Mas, para que não nos dediquemos muito a uma coisa supérflua, em vários lugares nos *Profetas* é recorrente esta admoestação: "Nada falta para a afluência de todos os bens e, principalmente, para a certeza da salvação, desde que para nós Deus seja o Senhor, e com mérito: com efeito, se a sua face, ao mesmo tempo em que ilumina é um penhor muito presente da salvação, a que homem se manifestará como Deus, a quem, sem que também abra os tesouros da salvação? Com efeito, com esta condição é o nosso Deus, que habita em nosso meio: tal como fora testemunhado por Moisés" [Lv 26, 12]. Ora, não é possível que essa sua presença seja obtida sem que, ao mesmo tempo, a vida seja possuída. E, para não se dizer nada além disso, tinham muito clara a promessa da vida espiritual em suas palavras: "Sou o vosso Deus" [Ex 6, 7]. Não anunciava que haveria de ser um Deus apenas para os corpos, mas precipuamente para as almas, ora, as almas, que não estão unidas a Deus senão pela justiça, permanecem na morte quando afastadas d'Ele. Por outro lado, estando presente aquela conjunção, traz consigo a salvação perpétua.

9. Acrescenta que não atestava somente ser um Deus para eles, mas que prometera que sempre o haveria de ser, para que, não satisfeita com os bens presentes, a esperança fosse estendida para a eternidade. E muitas passagens mostram que isso valesse para eles como uma marca do tempo futuro, uma vez que os fiéis não estão consolados apenas quanto aos males presentes mas também quanto aos futuros, pois Deus jamais deixaria de estar presente para eles. Então (visto que era a segunda parte da promessa), ainda mais claramente tinham a confirmação de que a bênção de Deus era prorrogada para eles para além dos limites da vida terrena: "Serei o Deus de vossa semente depois de vós" [Gn 17, 7]. Pois, como declarou sua benevolência para com os mortos ao fazer o bem para os pósteros, muito menos deixaria faltar a eles o seu favor. Deus não é como os homens, que transferem seu amor aos filhos dos amigos, uma vez que, estes, porque interrompida sua faculdade pela morte, já não dedicam seus ofícios para aqueles que queriam bem. Mas Deus, cujo bem--fazer não é impedido pela morte, seguramente não tira dos mortos o fruto de sua misericórdia, a qual, por causa deles, espalha por mil gerações [Ex 20, 6]. Portanto, o Senhor quis mostrar a eles um documento preclaro da magnitude e da afluência de sua bondade, a qual haveriam de provar depois da morte, descrevendo que ela transbordaria por toda a família. O Senhor selou a verdade dessa promessa e como que anunciou seu complemento quando se disse o Deus de Abraão, de Isaac e Jacó muito depois de suas mortes [Ex 3, 6]. O que então? Acaso não seria uma apelação ridícula se tivessem perecido? Isso teria sido como se dissesse: "Eu sou o Deus daqueles que não são". Por isso, os evangelistas apontam que os saduceus foram repreendidos por Cristo com este único argumento [Mt 22, 23;[489] Lc 20, 32]:[490] que não pudessem negar que tivesse sido atestada por Moisés a ressurreição dos mortos, pois certamente aprenderam do próprio Moisés que todos os santos estejam em sua mão [Dt 33, 3]. Donde era fácil inferir que é certo não serem extintos pela morte os que aquele que é o árbitro da vida e da morte recebe em sua tutela, guarda e proteção.

10. Então (o que é o ponto principal desta controvérsia), consideremos se acaso os próprios fiéis não foram instituídos por Deus de tal modo que considerassem ser melhor para si a outra vida, e, negligenciada a vida terrena, meditassem naquela. Em primeiro lugar, que a condição de vida a eles infligida pela divindade foi um exercício assíduo pelo qual eram admoestados de serem todos miserabilíssimos se fossem felizes apenas nesta vida. Adão, ainda que infelicíssimo pela recordação da felicidade perdida, penosamente sustenta com pesados trabalhos sua pobreza. E não era premido pela maldição de Deus somente nos trabalhos manuais [Gn 3, 17], donde tomou um extremo luto da consolação que a ele restava: dos dois filhos, um é violentamente arrancado de si pelo nefasto assassinato cometido pelo outro irmão [Gn 4, 8], sobrevivendo aquele cuja visão merecidamente detesta e abomina. Abel, trucidado com crueza na flor da idade, é um exemplo da calamidade humana. Noé, enquanto todo o orbe certamente se deliciava, passou com grande fadiga boa parte da vida na construção da arca [Gn 6, 22]. Visto que foge da morte, isso se torna mais penoso para ele do que se enfrentasse cem mortes, pois, além de a arca

---

489 Mt 22, 23-32.
490 Lc 20, 27-38.

ter sido para ele como que um sepulcro por dez meses, nada poderia ter sido mais desagradável que ser detido por tanto tempo imerso em meio ao esterco dos animais. Depois de lutar para sair de tantas dificuldades, cai em nova matéria de grande pesar, ao se ver objeto do escárnio do próprio filho, sendo obrigado a amaldiçoar com a própria boca àquele que tinha recebido como um grande benefício de Deus o ser salvo do dilúvio [Gn 9, 24].[491]

11. Abraão com certeza deve valer para nós o mesmo que dez miríades,[492] se for considerada sua fé, que para nós é proposta como um modelo excelente do crer, em cuja descendência, dado sermos filhos de Deus, é preciso estarmos inclusos [Gn 12, 4].[493] O que, de fato, seria mais absurdo que Abraão, sendo o pai de todos os fiéis, não ter lugar certo entre eles? Com efeito, Abraão não pode ser retirado do número, ou melhor, do grau mais digno de honra sem que toda a Igreja seja abolida. Então, quanto ao que diz respeito à experiência de vida, quando, em primeiro lugar, foi chamado sob a ordem de Deus, foi arrancado da pátria, dos parentes, dos amigos, nos quais se considera estar a principal doçura da vida, como se o Senhor tivesse a deliberação clara de querer espoliá-lo de todos os encantos da vida. Ao mesmo tempo que ingressou na terra em que a ele foi ordenado habitar, foi expulso de lá pela fome.[494] Refugiou-se para buscar auxílio, quando, para se manter incólume, necessariamente teve de prostituir a esposa [Gn 12, 12],[495] o que não se sabe se não teria sido mais cruel do que muitas mortes. Quando voltou à terra de sua morada, daí novamente foi expulso pela fome. Qual é a felicidade de habitar na terra em que sempre estás com fome, ou melhor, em que pereces por abstinência, a não ser que fujas? Ao mesmo tempo, pela mesma necessidade, submete-se a Abimeleque, perdendo a esposa para manter a cabeça.[496] Enquanto vagou de modo incerto muitos anos por aqui e por ali, foi obrigado pelas contínuas rixas dos servos a afastar de si o sobrinho, que tinha no lugar de um filho.[497] Afastamento que, sem dúvida, não foi aceito por ele diferentemente do que se lhe tivesse sido cortado um membro. Pouco depois, ouve que tenha sido tomado cativo

---

491 Gn 9, 24s.
492 Cf. Cícero, *Brut.*, 191.
493 Gn 12, 3.
494 Gn 12, 10.
495 Gn 12, 11ss.
496 Gn 20, 1ss.
497 Gn 13, 5-9.

pelos inimigos.[498] Para onde quer que fosse, encontrava vizinhos em prodigiosa barbárie, que nem lhe permitiam beber água dos poços que, certamente com muito trabalho, cavara. Com efeito, não teria resgatado o uso do rei de Gerara a não ser que tivesse antes sido proibido.[499] Quando chegou a uma cansada velhice, viu-se sem filhos, o que é muito desagradável e cruel para aquela idade, até que, ultrapassando toda esperança, gerou Ismael, por cujo nascimento, no entanto, pagou um preço muito alto. Como tenha fomentado a contumácia de uma escrava, o nascimento foi a causa de muitas perturbações domésticas e das incessantes censuras de Sara.[500] Finalmente nasceu Isaac, mas mediante a paga de o primogênito Ismael ser repudiado e lançado quase hostilmente ao abandono.[501] Quando lhe restou apenas Isaac, em quem repousava o cansaço do bom homem envelhecido, pouco depois foi ordenado a ele que o matasse.[502] O que a mente humana poderia pensar de mais calamitoso que o pai ser feito o carrasco do filho? Tivesse perecido por uma doença, quem não consideraria ser miserabilíssimo o velho a quem, como zombaria, tivesse sido dado um filho a fim de duplicar sua dor de não ter tido filhos? Se fosse assassinado por um estranho, muito maior seria a calamidade, dado a indignidade. De fato, supera qualquer exemplo de calamidade ser trucidado pela mão do pai. Por fim, viu-se tão desprezado e vexado por todo o decorrer da vida que, se alguém quiser pintar num quadro um exemplar de vida calamitosa, não haverá de encontrar nada de mais qualificado. E ninguém traga como objeção que não fosse completamente infeliz porque, ao final, emergiu de forma próspera de toda e qualquer tempestade; não dizemos que leve uma vida bem-aventurada aquele que, durante longo tempo, tenha com esforço se livrado de infinitas dificuldades, mas aquele que, sem experimentar a males, placidamente frui dos bens presentes.

12. Também não foi sem dificuldade que Isaac, afligido por males menores, degustou de um mínimo de doçura. Mas as vexações que ele experimentou não permitem que um homem seja bem-aventurado na terra. A fome o fez fugir da terra de Canaã; a esposa foi arrancada de seu seio;[503] os vizinhos o perseguiram e pressionaram de todos os modos onde quer

---

498 Gn 14, 14-16.
499 Gn 21, 25-31.
500 Gn 16, 5.
501 Gn 21, 2.9ss.
502 Gn 22, 1ss.
503 Gn 26, 1ss.

que estivesse, dado que também foi obrigado a lutar por água;[504] sua casa susteve muitas moléstias de suas noras [Gn 26, 35];[505] foi premido pela dissensão dos filhos; e não pode suportar tanto mal a não ser exilando aquele a quem abençoara [Gn 28, 1.5]. E Jacó, de fato, não é senão um exemplar insigne de extrema infelicidade. Passou uma infância atormentada com a família, entre as ameaças e os terrores do irmão primogênito, às quais, por fim, viu-se obrigado a ceder. Banido para longe dos parentes e do solo natal, para além da dureza do exílio, nada encontrou de mais suave e humano junto ao tio Labão. Teria sido pouco o ter servido por sete anos com uma servidão duríssima e muito austera [Gn 29, 20] se não tivesse sido iludido por um dolo perverso quanto à esposa. Teve de ingressar em nova servidão para conquistar outra esposa, consumindo-se o dia todo com o calor do sol, passando a noite acordado, afligido pelo gelo e pelo frio, tal como ele mesmo se queixa. Suportou tal aspereza da vida durante vinte anos, exasperado diariamente por novas injúrias do sogro. E não encontrou repouso em sua casa, que viu dissolvida e quase arruinada por ódio, brigas e o ciúme das esposas. Quando se lhe ordenou que se recolhesse à sua pátria, fez-se necessário que fizesse da partida semelhante a uma fuga ignominiosa; no entanto, nem assim pôde escapar da iniquidade do sogro sem ser vexado no meio do caminho com suas censuras e injúrias [Gn 31, 23]. Em seguida, surpreendeu-o uma dificuldade mais cruel. Pois, ao acercar-se do irmão, teve diante de si tantas mortes que poderiam ser comparadas às de um homem cruel e inimigo. Portanto, foi atormentado e dilacerado por grandes terrores enquanto esperou sua chegada [Gn 32, 11]:[506] quando o teve sob suas vistas, caiu semimorto a seus pés, até que o sentiu mais aplacado do que ousou esperar. E ainda foi privado de Raquel, cônjuge especialmente dileta, assim que ingressou na terra [Gn 35, 16].[507] Depois, ouviu que o filho que dela tivera — e por isso amava mais que os outros — fora dilacerado por uma fera [Gn 37, 32]: ele mesmo conta quanta tristeza experimentou com a morte do filho, visto que, depois de verter lágrimas diuturnas, recusou obstinadamente todas as formas de consolo, considerando que a ele não restasse senão descer, em luto, junto ao filho no sepulcro. Enquanto isso, a audácia dos filhos em sua vingança pelo rapto e defloração da filha [Gn 34, 2], que não apenas o fizeram ser insuportável para todos os habitantes da região,

---

504 Gn 26, 12ss.
505 Gn 26, 34s.
506 Gn 32, 12 (*Vulgata* 32, 11).
507 Gn 35, 16-29.

mas criou para ele o perigo iminente de ser assassinado, foi causa de quanta ansiedade, luto, aborrecimento? Seguiu-se aquela horrenda desonra de Rubem, o primogênito, com a qual nada de mais grave poderia acontecer [Gn 35, 22]. Afinal, visto que a violação da esposa estivesse contada entre sumos infortúnios, o que deveria dizer quando tal crime foi a ele perpetrado pelo próprio filho? Pouco depois, outro incesto contaminou a família [Gn 38, 18], de modo que tantas vergonhas deveriam fazer cair uma alma de outro modo muito constante e não abatida pelas calamidades. Sob o termo da vida, querendo socorrer sua fome e a dos seus, foi abalado violentamente com o anúncio de novo infortúnio, que deu a saber que um dos filhos estava aprisionado e, para recuperá-lo, seria obrigado a confiar aos outros Benjamim, a quem amava mais que a nenhum outro [Gn 42, 32].[508] Quem considerará que em tal acúmulo de males fosse dado a ele ao menos um momento no qual respiraria em segurança? Por isso, ele mesmo dá um excelente testemunho de si para o faraó: seus dias sobre a terra foram breves e maus [Gn 47, 9]. Quem anuncia que passasse a vida em contínuas misérias, nega que tivesse experimentado o proveito daquela prosperidade que a ele fora prometida pelo Senhor. Portanto, ou Jacó era um avaliador malévolo e ingrato da graça de Deus, ou se reconhecerá que era verdadeiramente miserável sobre a terra. Se a afirmação foi verdadeira, presume-se que ele não tivesse esperança nas coisas terrenas.

13. Se esses santos Patriarcas esperaram a vida bem-aventurada da mão de Deus (o que está completamente fora de dúvida), tanto cogitaram como viram uma bem-aventurança diversa da terrestre. O que também o apóstolo mostra belissimamente: "Pela fé, Abraão permaneceu na terra da promessa como se fosse alheia, morando em tendas, com Isaac e Jacó, consortes da mesma herança". Com efeito, esperavam uma cidade bem-fundada, da qual Deus haveria de ser o artífice e o criador. Na fé, todos estes morreram sem receber as promessas, mas de longe as inspecionaram e nelas creram, e confessaram que haveriam de ser hóspedes e inquilinos sobre a terra. Pelo que apontam que buscavam a pátria e se, pelo seu desejo estivessem ligados à que deixaram, haveria a possibilidade de voltarem, mas desejavam uma pátria melhor, a celeste. Donde Deus não ter vergonha de ser chamado de seu Deus, uma vez que preparava para eles uma cidade [Hb 11, 9].[509] De fato, teriam sido mais estú-

---

508 Gn 42, 32-34.
509 Hb 11, 9. 10. 13-16.

pidos que um tronco perseguindo com tanta pertinácia promessas das quais não havia nenhuma esperança na terra, a menos que esperassem o complemento delas noutro lugar. E não sem razão ocupa-se primeiro disto: que tenham chamado esta vida de peregrinação, tal qual também Moisés assim se referiu [Gn 47, 9]. Se são peregrinos e inquilinos na terra de Canaã, onde está a promessa do Senhor pela qual dela foram constituídos herdeiros? Portanto, indica que visava mais ao longe o que o Senhor prometera-lhes sobre a possessão da terra. Eis por que não adquiriram nem um palmo da terra de Canaã senão na sepultura, pelo que testemunhavam que esperavam o fruto da promessa apenas depois de terem recebido a morte. E essa é a causa pela qual Jacó teria tido em tão grande estima ser sepultado ali, dado que, por juramento, obrigou José a tal oferenda [Gn 47, 29.30]; razão pela qual, alguns anos depois, José quis que fossem transferidos também os seus ossos, ainda que algum tempo depois de já terem se transformado em cinzas [Gn 50, 25].

14. Por fim, é explícito que tivessem em tudo pelo que zelaram na vida a bem-aventurança da vida futura a eles proposta. Para que Jacó aspirou tanto à primogenitura, a ponto de rodear o perigo, se ela tivesse forjado para ele apenas o exílio e a deserção, não trazendo nada de bom, a não ser que visasse uma bênção mais elevada? E declarou que tivesse para si essa intenção pelas palavras que pronunciou entre os últimos suspiros: "Esperarei tua salvação, ó Senhor" [Gn 49, 18]. Que salvação esperava, ao perceber que sua alma expirava, a não ser que divisasse na morte o início de uma nova vida? E o que debatemos a respeito dos santos e dos filhos de Deus, quando não faltou o gosto de uma experiência similar àquele que, por outro lado, esforçava-se em lutar contra a verdade? O que queria Balaão ao dizer "Que minha alma morra a morte dos justos, e façam o meu fim semelhante ao deles" [Nm 23, 10], a menos que experimentasse aquilo que Davi depois anunciou, "É preciosa aos olhos do Senhor a morte dos santos" [Sl 116, 15], "mas a morte dos ímpios, terrível" [Sl 34, 22]? Se o termo e a meta final estivessem na morte,[510] não seria possível marcar nela nenhuma diferença entre o justo e o ímpio; é pela sorte que, depois da morte, permanece diversa para ambos, que são distintos.

15. Ainda não avançamos para além de Moisés, de quem falam que não tivesse outro ofício que induzir um povo carnal, pela fertilidade do campo e abundância de todas as coisas, a louvar a Deus. E, no entanto (a

---

510 Cf. Horácio, *Ep.* I 16, 79.

não ser que alguém espontaneamente recuse a luz que a si se oferece), aí já se funda uma límpida declaração da aliança espiritual, visto que, se descermos aos profetas, ali se anuncia com pleníssimo fulgor tanto a vida eterna como o reino de Cristo. Em primeiro lugar Davi, que supera os outros em antiguidade de tal modo que, conforme a ordem da disposição divina, delineou mais obscuramente do que eles os mistérios celestes. No entanto, com quanta clareza e certeza dirige para esse fim tudo o que é seu? Com esta sentença atesta de que modo estimava a habitação terrestre: "Aqui sou estrangeiro e peregrino, tal como todos os meus pais" [Sl 39, 13]. "Vaidade é todo homem que vive, tal como uma sombra é cada um que anda. E agora, o que espero, ó Senhor? Minha esperança se dirige a ti!".[511] Claro que quem confessa nada ser sólido ou estável na terra e, no entanto, retém a firmeza da esperança em Deus, contempla a felicidade depositada para si em outro lugar. Costuma chamar os fiéis a essa contemplação sempre que os quer verdadeiramente consolar. Pois, noutra passagem, depois que fala sobre a brevidade da imagem efêmera e evanescente da vida humana, acrescenta: "Ora, a misericórdia do Senhor está até a eternidade sobre os que o temem" [Sl 103, 17]. O que é semelhante ao que se encontra no salmo 102: "No início, Senhor, fundaste a terra, e os céus são obra de tuas mãos. Eles perecerão, tu, porém, permaneces; como vestes envelhecerão, e como um indumento os mudarás. Tu, porém, permaneces o mesmo, e teus anos não findarão. Os filhos dos teus servos habitarão e os que vierem depois deles ante a ti se estabelecerão" [Sl 102, 26-29]. Se, diante da destruição dos céus e da terra, os devotos não deixam de se estabelecer diante do Senhor, a salvação deles está por certo unida à eternidade de Deus. Com efeito, essa esperança não pode absolutamente ser mantida a não ser que repouse na promessa o que se expõe em Isaías: "Os céus como fumaça se esvaecem, a terra se gasta como uma veste, e seus habitantes tal como eles perecerão; ora, a minha salvação estará na eternidade, e a minha justiça não faltará" [Is 51, 6], trecho em que a perpetuidade é atribuída à justiça e à salvação não apenas na medida em que residem em Deus, mas à medida que são experimentadas pelos homens.

16. E não seja lícito tomar de modo diferente o que canta sobre o sucesso próspero dos fiéis em outros lugares, a não ser que sejam conferidos na manifestação da glória celeste. Quais sejam: o Senhor guarda as almas dos seus santos, liberta-os das mãos dos pecadores [Sl 97, 10].

---

511 Sl 39, 6-8.

Uma luz surge para o justo, e a alegria para o coração do reto. Ainda, a justiça do devoto permanece pelos séculos dos séculos, sua coragem será exaltada na glória: "O desejo dos pecadores perecerá" [SI 112, 7.9].[512] Ainda: "Os justos reconhecerão teu nome, os retos habitarão com tua face" [SI 140, 14]. E mais: "Na memória eterna estará o justo" [SI 112, 6]; "O Senhor redime a alma dos seus servos" [SI 34, 23]. Pois o Senhor frequentemente permite que seus servos não sejam somente vexados mas lacerados e perdidos pela libido dos ímpios, consente que os bons definhem nas trevas e na miséria, ao passo que os ímpios refulgem como que entre estrelas, e assim não aviva para eles a serenidade de seu vulto para que fruam de uma alegria diuturna. Eis por que Ele certamente não dissimula que, se os fiéis fixassem os olhos no estado presente das coisas, haveriam de ser abalados por uma gravíssima tentação, como se não houvesse nenhuma graça ou mercê da inocência junto de Deus, a tal ponto prospera e floresce para muitos a impiedade, enquanto a nação dos fiéis é premida pela ignomínia, pela pobreza, pelo desprezo e por todo gênero de cruzes. "Pouco me afastei sem que meus pés tropeçassem, sem que se dissipassem os meus passos, consumindo-me a fortuna dos ímpios, ao ver a prosperidade dos ímprobos".[513] Enfim, conclui depois da narração: "Instituirei o pensamento se puder conhecer isto, mas há um tormento para meu espírito até que entre no santuário do Senhor; e entenderei o fim deles" [SI 73, 17].

17. Portanto aprendemos, por essa confissão de Davi, que os santos Patriarcas não ignorassem, sob o Antigo Testamento, o quão raramente ou mesmo que jamais Deus representasse neste mundo o que promete a seus servos, e por isso elevassem a alma ao sacrário de Deus, no qual tinham escondido o que não aparece nas sombras da vida presente. Esse foi o juízo final de Deus, o qual, dado que os olhos não vissem, estavam contentes de entender pela fé. Apoiados por tal confiança, não duvidavam de que, apesar de tudo o que acontecia no mundo, haveria de vir um tempo em que seriam implementadas as promessas de Deus. Tal como atestam estas palavras: "Contemplarei a tua face na justiça, satisfar-me-ei com tua imagem" [SI 17, 15]. Ainda: "Estou tal como a oliveira verdejante na casa do Senhor" [SI 52, 10]; "O justo florescerá como a palmeira, frondescerá tal como o cedro do Líbano. Plantados na casa do Senhor, nos átrios do nosso Deus florescerão. E então frutificarão: na velhice serão

---

512 SI 112, 4.9.10.
513 SI 73, 2s.

férteis e verdejantes" [Sl 92, 13].[514] Tal como dissera pouco antes: "Quão profundos são teus pensamentos, Jeová, florescem os ímpios, germinam como que ervas, para que pereçam perpetuamente".[515] Onde estará a beleza dos fiéis senão quando a face deste mundo tiver sido substituída pela manifestação do reino de Deus? Quando voltarem os olhos àquela eternidade, desprezada a aspereza momentânea das calamidades presentes, seguramente irromperão nestas palavras: "Não deixarás que o justo morra eternamente. De fato, tu precipitarás os celerados em um fosso de destruição" [Sl 55, 23.24]. "Onde haverá neste mundo um poço de eterna ruína que absorva os celerados, dos quais em outro lugar se enumera sobre sua felicidade que, no dia final, em um instante, têm fim, sem muito langor?" [Jó 21, 13]. Onde haverá tamanha estabilidade dos santos, dos quais, reclama o próprio Davi que não só se abalaram, mas foram completamente oprimidos e abatidos? Com efeito, punha para si, diante dos olhos, não o que faria instável e mais do que tudo revolta a vicissitude do mundo, mas o que o Senhor haverá de fazer quando um dia fixar a constituição eterna do céu e da terra, tal como descreve elegantemente em outro lugar: "Os estultos se apoiam em sua opulência, ensoberbecem-se de muitas dádivas" [Sl 49, 7], e, no entanto, nenhum, seja qual for a excelência que proclame, poderá redimir seu irmão da morte, nenhum poderá pagar a Deus o preço da redenção. Quando, porém, veem morrer tanto os sábios quanto os maus, bem como perderem-se os estultos, e a outros serem deixados os seus bens, pensam que suas casas permanecerão suas pela eternidade, as moradas pelos séculos, e dão seus nomes à terra. Mas o homem não permanecerá na honra, será semelhante aos animais que perecem. É uma suma estultícia isso que meditam; no entanto, os pósteros cupidamente os imitam. Como rebanhos, serão postos nos sepulcros, a morte os presidirá. Ao surgir da luz, os retos os dominarão, perecerá a forma deles, o inferno será seu domicílio.[516] Em primeiro lugar, por aquele escárnio dos estultos, que repousam nos enganadores e volúveis bens do mundo, mostra que uma felicidade muito diversa deve ser buscada pelos sábios. Mas expõe, com ainda maior evidência, aquele mistério da ressurreição quando erige o reino dos fiéis tendo eles sido perdidos e extintos. Com efeito, pergunto, o que dizemos ser aquele "surgir da luz", senão a revelação da nova vida, que se segue ao fim da presente?

---

514 Sl 92, 13-15.
515 Sl 92, 6. 8.
516 Sl 49, 8-15.

18. Daí teria nascido aquele pensamento que os fiéis tomaram como consolação das misérias e remédio da tolerância: "Há um instante na indignação do Senhor, uma vida na sua misericórdia" [Sl 30, 6]. Como, em um momento, punham fim nas aflições que os afligiam por toda a vida? Onde viam tão grande duração da benignidade divina, de cujo gosto dificilmente provaram um pouco? Se estivessem apegados à terra, não poderiam ter encontrado nada assim, mas, uma vez que visavam ao céu, conheceram que os santos do Senhor são acossados pela cruz não mais do que por um instante, pois as recompensas que haverão de recolher serão eternas; para os ímpios, pelo contrário, ainda que tivessem sonhado ser bem-aventurados um dia, previam uma ruína eterna e que jamais terá fim. Donde aquelas palavras: "A memória do justo será abençoada, o nome dos ímpios, porém, apodrecerá" [Pr 10, 7]. "É preciosa aos olhos do Senhor a morte dos santos, a morte dos pecadores, terrível" [Sl 116, 15; 34, 22]. Ainda em Samuel: "O Senhor conservará os pés de seus santos, e os ímpios perecerão nas trevas" [1Sm 2, 9], o que significa que eles conheciam bem que, por mais que os santos sejam de vários modos cercados, seu êxito final será a vida e a salvação; e que a felicidade dos ímpios seja um caminho ameno pelo qual, pouco a pouco, deslizam numa morte voraz. Por isso chamavam a morte destes de a desgraça dos não circuncidados [Ez 28, 10; 31, 18; etc.], pelo que a esperança da ressurreição seria eliminada. "Sejam apagados do livro da vida, e não sejam inscritos junto aos justos" [Sl 69, 29].

19. De fato, é mais insigne que outras aquela sentença de Jó: "Sei que o meu redentor vive, que no último dia ressuscitarei sobre a terra, e na minha carne verei o Deus meu salvador. Esta minha esperança está depositada em meu seio" [Jó 19, 25].[517] Os que querem exibir sua acuidade, propõem o erro de que essa sentença não deve ser entendida sobre a ressurreição final, mas que Jó se referisse ao primeiro dia pelo qual Deus haveria de ser mais indulgente para com ele;[518] ainda que concedamos algo a eles, no entanto retiraremos, queiram ou não, que Jó pudesse chegar a tal amplitude de esperança pousando seus pensamentos na terra. Portanto, é necessário reconhecer que elevasse os olhos à imortalidade futura, que enxergasse que, ainda que jazesse no sepulcro, o redentor estaria presente para si. Visto que a morte é um desespero tão grande para os que pensam apenas na vida presente, ainda assim não pode ar-

517 Jó 19, 25-27.
518 Ver, supra, p.403; cf. CR V 229ss. Lê-se algo semelhante no Livro III, Capítulo XXV, § 4.

rancar a esperança dele. "Ainda que me matasse, n'Ele não esperaria menos" [Jó 13, 15].[519] E não me oponha aqui um contendor que essas palavras tivessem sido de poucos, donde não se prova que essa tenha sido a doutrina entre os judeus.[520] Teria imediatamente recebido de mim a resposta de que esses poucos não teriam adiantado com tais sentenças alguma sabedoria secreta, à qual seriam admitidos os de intelecto e excelência singular, mas que foram constituídos pelo Espírito Santo doutores do povo, que ensinaram os mistérios de Deus para todos e que claramente promulgaram os princípios que deveriam ser da religião popular. Portanto, quando ouvimos os oráculos públicos do Espírito Santo, pelos quais Ele expôs tão clara e limpidamente sobre a vida espiritual na Igreja dos judeus, seria uma intolerável pertinácia relegá-los a uma aliança exclusivamente carnal, em que apenas se faria menção da terra e da opulência terrestre.

20. Se eu descer aos profetas posteriores, certamente será lícito passear livremente por ali como se em campo nosso. Pois, se a vitória não foi difícil em Davi, Jó e Samuel, ali será muito mais fácil. Com efeito, o Senhor tomou essa economia e essa ordem na disposição da aliança de sua misericórdia, de modo que mais o tempo avançava para uma exibição plena, dia a dia, com maiores incrementos ilustrava a revelação. Por isso, no início, quando a primeira promessa de salvação foi dada a Adão, saltaram como que centelhas tênues; depois que se deu a aproximação, maior amplitude de luz começou a se erguer, que emergiu mais e mais, e exibiu seu mais amplo fulgor até que por fim, todas as nuvens dissipadas, Cristo, o sol da justiça, iluminou plenamente todo o orbe terrestre. Portanto, não há de se temer que, pedindo auxílio aos profetas para a comprovação de nossa causa, eles nos venham a faltar, mas, uma vez que vejo que haveria de ser uma vasta floresta a ser tratada, na qual seria necessário demorar-se muito mais do que cabe ao papel de uma instituição (com efeito, seria uma obra de grande volume) e ao mesmo tempo julgo já ter aberto, com o que foi dito antes, um caminho até para o leitor pouco perspicaz, caminho que ele será capaz de percorrer sem obstáculos, abster-me-ei de uma prolixidade desnecessária. No entanto, estejam advertidos os leitores de se lembrar de tomar para esse caminho aquela chave que antes lhes pusemos nas mãos: sempre que os profetas relembrarem a bem-aventurança do povo fiel (da qual com dificuldade uns

---

519 Assim, de acordo com a *Vulgata*.
520 Ver, supra, p.403.

poucos vestígios são discernidos na vida presente), recorram a esta distinção: que os profetas, para melhor a recomendarem ao povo, desenharam a bondade de Deus com benefícios temporais como que por contornos, mas pintaram para eles tal efígie para que as mentes fossem raptadas para fora da terra e dos elementos deste mundo, e necessariamente levadas a pensar na felicidade da vida espiritual e futura.

21. Estaremos contentes com um único exemplo. Quando os israelitas foram deportados à Babilônia, viram sua dissipação ser muito semelhante à morte, e dificilmente poderiam ser demovidos dessa opinião sem considerar ser uma fábula o que Ezequiel vaticinou sobre sua restituição, dado que avaliavam isso como se anunciasse que cadáveres apodrecidos haveriam de ser erguidos para a vida. O Senhor, para mostrar que essa dificuldade em nada o impediria de dar lugar a seu benefício, mostra, por meio de uma visão, um campo cheio de ossos secos, aos quais, apenas pela força de sua palavra, em um instante restitui o espírito e o vigor [Ez 37, 4].[521] A visão por certo servia para corrigir a incredulidade presente, mas, ao mesmo tempo, lembrava aos judeus quanto a força do Senhor se estendia para além da recondução do povo, a tal ponto que apenas por um sinal facilmente traria à vida ossos secos e dispersos. Eis por que Isaías comparou corretamente aquela sentença com esta: "Vivem os mortos, ressurgem com meu cadáver. Despertai e cantai, vós que habitais o pó, uma vez que o orvalho do campo verdejante é o teu orvalho, e a terra dos gigantes será destruída. Vai, povo meu, entra em teus tabernáculos, fecha suas portas sobre ti, esconde-te por um pouco de tempo, até que passe a indignação. Eis, com efeito, que o Senhor sai de seu lugar para visitar a iniquidade a Ele contrária dos habitantes da terra, e a terra revelará o seu sangue, e não cobrirá por muito tempo seus assassinados" [Is 26, 19].[522]

22. Quanto ao mais, se alguém tentasse reduzir tudo a tal cânone, agiria de modo absurdo. Há passagens que, sem nenhuma máscara, mostram a imortalidade futura, que está reservada para os fiéis no reino de Deus, das quais não recitamos poucas e que se tornam várias quando unidas a outras, donde tomamos precipuamente as duas seguintes. Uma em Isaías: "Tal como novos céus e nova terra, aos quais faço que estejam diante de mim, assim estará a vossa semente. E assim será mês após mês, sábado após sábado: que venha toda a carne para a adoração perante

---

521 Ez 37, 1-14.
522 Is 26, 19-21.

minha face, diz o Senhor. E sairão e verão os cadáveres dos homens que prevaricaram contra mim, visto que seus vermes não morrerão, nem o fogo se extinguirá" [Is 66, 22].[523] Outra de Daniel: "Naquele tempo surgirá Miguel, o grande príncipe, que se conserva junto aos filhos de teu povo, e virá o tempo da angústia, ao qual, desde que tiveram origem as nações, não houve igual. E então se salvará todo o teu povo que se encontrar inscrito no livro. E a partir daí, os que dormem no pó da terra acordarão, uns para a vida eterna, outros para o opróbrio sempiterno" [Dn 12, 1].[524]

23. Ora, uma vez que há menos controvérsias que clareza, não me dedicarei à prova dos dois últimos pontos, a saber, que os Pais tivessem como penhor de sua aliança o Cristo e repousassem n'Ele toda a confiança da bênção. Concluamos com segurança o que nem as maquinações do Diabo podem apagar: o Antigo Testamento, ou aliança, que o Senhor estabeleceu com o povo de Israel, não foi limitado às coisas terrenas, mas continha a promessa da vida espiritual e eterna, tendo sido necessário que sua esperança fosse impressa em todas as almas que verdadeiramente aderiram à aliança. Afastemos para longe essa opinião insana e perniciosa de que o Senhor ou nada mais tivesse proposto aos judeus, ou que eles não buscassem nada mais que a saciedade do ventre, as delícias da carne, as ajudas florescentes, a força exterior, a fecundidade dos filhos e tudo o que o homem tem de equivalente aos animais. De fato, o Senhor Cristo não promete hoje aos seus um reino dos céus diferente daquele em que se reclinarão com Abraão, Isaac e Jacó [Mt 8, 11]; e Pedro asseverou que os judeus de sua época seriam herdeiros da graça do Evangelho, visto que eram filhos dos profetas, contemplados na aliança que o Senhor estabeleceu outrora com sua gente [At 3, 25]. E isso não foi atestado somente por palavras, o Senhor também o aprovou com um fato. No momento em que ressuscitou, julgou conveniente unir a sua ressurreição à de muitos santos, e permitiu que fossem vistos na cidade [Mt 27, 52]: dando assim certamente um penhor de que tudo o que Ele fez e sofreu para a obtenção da salvação eterna, não cabe menos aos fiéis do Antigo Testamento que a nós. E Pedro atesta que foram dotados do mesmo Espírito de fé pelo qual somos regenerados para a vida [At 15, 8]. Dado ouvirmos que neles habitasse aquele Espírito, que é como certa centelha da imortalidade em nós (donde também é chamado de "penhor de nossa

---

523 Is 66, 22-24.
524 Dn 12, 1-2.

herança"), como ousamos privá-los da herança da vida? Pelo que é mais admirável aquele estupor em que outrora caíram os fariseus, que tanto negaram a ressurreição como a substância da alma, sendo que tinham ambos assinalados por tão ilustres testemunhos da Escritura. Nem haveria de ser hoje menos prodigiosa a estupidez de toda uma nação ao esperar o reino terrestre de Cristo, se a Escritura não tivesse muito antes prenunciado a eles que haveriam de receber tal pena por ter repudiado o Evangelho. Com efeito, convinha ao justo juízo de Deus que fossem tomadas pela cegueira as mentes que, recusando a luz dada do céu, trouxessem as trevas sobre si. Portanto, assiduamente leem e revolvem a Moisés, mas são impedidos pelo véu que se lhes coloca diante de discernir a luz que refulge em sua face [2Co 3, 14]; e assim permanece para eles encoberto e obscuro, até que se volte para o Cristo, de quem enquanto podem, zelam por se afastar e separar.

CAPÍTULO XI

Sobre a diferença entre um Testamento e outro.

oderá ser dito então: não existe nenhuma diferença entre o Antigo e o Novo Testamento? E o que se fará com tantas passagens da Escritura em que eles são colocados como coisas muito diversas entre si? Eu, de fato, assumo as diferenças que são lembradas na Escritura, mas de modo que absolutamente não retirem aquela unidade já constituída, tal como se verá quando delas tratarmos pela ordem. Ora, elas são (o quanto me é lícito advertir e possível lembrar) principalmente quatro. Se alguém quiser acrescentar a elas uma quinta, não me oponho. Digo — e declaro que assim haverei de mostrar — que todas são de tal conformação que dizem respeito antes ao modo da administração que à substância. Por isso, em nada impedem que as promessas do Antigo e do Novo Testamento permaneçam as mesmas e que o próprio Cristo seja o fundamento de tais promessas. A primeira diferença é que o Senhor — ainda que também quisesse outrora que a mente de seu povo espreitasse a herança celeste e que a alma estivesse a ela atenta — exibia a vida celeste, para que fosse contemplada e de certo modo provada pelos benefícios terrenos, pelo que seu povo seria mais bem-alimentado na esperança. Agora, mais clara e dilucidamente revelada pelo Evangelho, a graça da vida futura dirige nossa mente à sua meditação diretamente, não permitindo que nos entretenhamos com as coisas inferiores como fazia com os judeus.[525] Os que não atentam para essa deliberação de Deus, não consideram que o povo antigo fosse mais além daqueles bens que eram prometidos para o corpo. Ouvem a terra de Canaã ser muitas vezes nomeada tal qual um

---

525 Cf. Butzer. *Enarrationes in Evang.*, 1536, p.121.

prêmio insigne e a tal ponto único para os cultores da Lei divina. Não ouvem nada ser mais severamente ameaçado pelo Senhor aos transgressores da Lei do que a expulsão da posse de sua terra e sua dispersão em regiões estrangeiras. Veem que nessa suma residam quase todas as bênçãos e ameaças apontadas por Moisés. Não pondo nenhuma dúvida quanto a isso, concluem que os judeus foram separados de outros povos não por sua causa, mas por uma causa alheia, mais exatamente para que a Igreja Cristã tivesse uma imagem na qual divisar o testemunho exterior das coisas espirituais.[526] Mas, como a Escritura demonstra, em outras passagens, que os benefícios terrenos com os quais Deus os recompensava eram destinados a conduzi-los como que pela mão à esperança dos bens celestes, foi uma grande imperícia, para não dizer estupidez, que não tenham considerado semelhante dispensação. O ponto de nossa controvérsia com esse tipo de gente é que eles ensinam que a posse da terra de Canaã, tida pelos israelitas como a suma e última bem-aventurança, para nós, após a revelação do Cristo, representa a herança celeste.[527] Ao contrário, nós concluímos que, na posse terrena da qual fruíam, tal como num espelho, visualizavam a herança futura, que acreditavam estar preparada para si nos céus.

2. Isso será mais bem-ilustrado pela semelhança proposta por Paulo aos gálatas. Ele compara a nação judaica a um jovem herdeiro que, ainda não idôneo para reger a si mesmo, segue a conduta de um tutor ou pedagogo a cuja guarda é confiado [Gl 4, 1].[528] Que essa passagem refira-se sobretudo às cerimônias em nada impede ser de aplicação também a esse ponto; portanto, a mesma herança foi destinada tanto a eles quanto a nós, mas ainda não teriam sido capazes, dada a idade, de tomá-la e manejá-la; nossa Igreja era a mesma deles, mas era ainda jovem, está se desenvolvendo. Assim, o Senhor os manteve sob essa conduta esboçando as promessas espirituais com o que é terreno, e não fornecendo promissões vazias e vagas. Portanto, tendo tomado a Abraão, Isaac e Jacó e sua posteridade na esperança da imortalidade, prometeu a eles a terra de Canaã como herança, não para que nela terminassem suas esperanças, mas para que, na visão dela, se exercitassem e confirmassem na esperança daquela herança verdadeira, que ainda não aparecia. E, para que não pudessem se enganar, concedia uma promessa superior, que testemunhava que aquela terra não seria o supremo benefício de Deus. As-

---

526 Ver, supra, p.403; opinião semelhante é encontrada em Sebastian Franck, *Paradoxis*.
527 Cf. Serveto. *De iusticia regni Chr.*, 1532, c.1, D1b-2a; ver, supra, p.403.
528 Gl 4, 1-3.

sim, Abraão não se deixou entorpecer na promessa recebida da terra, mais levantou sua mente para uma promessa maior no Senhor: "Ouve, Abraão, eu sou o teu protetor, e tua mercê será muito grande" [Gn 15, 1]. Aqui vemos que o fim de sua mercê é proposto para Abraão no Senhor, para que não a busque passageira e enganadora nos elementos deste mundo, mas a considere imperecível. Acrescenta depois a promessa da terra, com a única condição de que seja um símbolo da benevolência divina e um ícone da herança celeste, a qual as vozes dos santos declaram que assim a entenderam. Por isso Davi se eleva das bênçãos temporais àquela que é suma e última: "O desejo de ti enlanguesce o meu coração e a minha carne. Deus é a minha porção para sempre!" [Sl 73, 25; 84, 3]. Ainda: "O Senhor é parte de minha herança e de meu cálice, tu és quem conserva para mim a minha herança" [Sl 16, 5]. E mais: "Clamei a Ti, Senhor, e disse: Tu és a minha esperança, a minha porção na terra dos viventes" [Sl 142, 6]. Aqueles que ousam assim falar, por certo reconhecem que sua esperança transcende o mundo e tudo o que diz respeito aos bens presentes. No entanto, os profetas com frequência descrevem essa bem-aventurança dos séculos futuros sob o ícone que receberam do Senhor, de modo que assim devem ser entendidas essas sentenças: que "os pios possuirão a terra por herança, os criminosos serão dela apagados" [Jó 18, 17], que "Jerusalém abundará de todos os gêneros de dons, e Sião transbordará de todas as coisas" [em muitas passagens de *Isaías*].[529] Vemos que isso tudo não cabe propriamente à terra de nossa peregrinação ou à Jerusalém terrestre, mas àquela verdadeira pátria dos fiéis e àquela "cidade celeste na qual o Senhor concede a bênção e a vida para sempre" [Sl 133, 3].

3. Esta é a razão pela qual, no Antigo Testamento, os santos são vistos estimar, mais do que agora é devido, a vida mortal e suas bênçãos. Com efeito, por mais que soubessem que a meta de sua trajetória não consistisse na vida mortal — uma vez que reconheciam ter o Senhor imprimido nela os traços de sua graça para que eles se exercitassem na medida de sua compreensão —, alimentavam uma afeição ainda maior pela vida mortal do que se a considerassem por si mesma. Ora, tal como o Senhor, ao testemunhar sua benevolência para os fiéis pelos bens presentes, delineava a felicidade espiritual por tais ícones e símbolos, assim também, por outro lado, dava, mediante penas corpóreas, um testemunho de seu juízo quanto aos réprobos. E então, quanto mais claros eram

---

529 Is 35, 10; 52, 1ss; 60; 62.

os benefícios de Deus nas coisas terrestres também mais claras eram as penas. Dado não considerarem essa analogia e conveniência (por assim dizer) entre as penas e os prêmios, os imperitos maravilham-se de tão grande mudança em Deus, como se aquele que antes estava tão pronto a vingar com suplícios severos e horrendos a quaisquer delitos do homem agora, como que acalmada a afeição da antiga ira, punisse muito mais leve e raramente, faltando pouco para que então sejam imaginados deuses diferentes para o Antigo e para o Novo Testamento,[530] tal como sobreveio aos maniqueus.[531] Mas é fácil nos livrarmos de tais dificuldades quando voltamos nossa atenção para o que falei dessa dispensação de Deus: que ele quisesse significar e figurar naquele tempo tanto a graça da felicidade eterna e futura pelos benefícios terrestres quanto a gravidade da morte espiritual pelas penas corpóreas, com o que transmitiu, como que envolto nisso, seu testamento ao povo de Israel.

4. Outra diferença entre o Antigo e o Novo Testamento é estabelecida pelas figuras, visto que, estando ausente a verdade, aquele mostrava, em vez do objeto, apenas a imagem e a sombra, enquanto este exibe a verdade presente e o próprio objeto. E isso é muitas vezes mencionado onde quer que se oponham o Antigo e o Novo Testamento, sendo que, na *Epístola aos hebreus*, há sobre a matéria uma menção mais extensa que em qualquer outro lugar.[532] Ali, o apóstolo disputa contra aqueles que consideravam não ser possível abolir as observações da Lei mosaica sem com isso destruir toda a religião. Para refutar o erro, assumiu o que fora anunciado ao profeta sobre o sacerdócio de Cristo:[533] tendo-Lhe sido concedido um sacerdócio eterno, é certo que fosse abolido aquele sacerdócio em que uns eram cotidianamente substituídos por outros.[534] Ora, prova prevalecer a instituição do novo sacerdote, que fora estabelecido pelo juramento.[535] Depois acrescenta que deriva dessa mudança de sacerdote a mudança do Testamento.[536] E confirma que isso fosse necessário em virtude da debilidade da Lei, que não podia levar nada à perfeição.[537] Então explica qual teria sido aquela debilidade: que a Lei mantinha uma justiça carnal exterior pela qual seus cultores não se poderiam tornar

---

530 Ver, supra, p.403; cf. Serveto, *De iusticia regni Chr.*, c.3, D8ab.
531 Agostinho. *De moribus ecclesiae catholicae*, c.10, PL 32, 1317.
532 Cf. Butzer. *Enarr. in Evang.*, 1536, p.121.
533 Sl 110, 4; Hb 7, 11.
534 Hb 7, 23.
535 Hb 7, 21.
536 Hb 8, 6-13.
537 Hb 7, 19.

perfeitos segundo a consciência,[538] visto que ela não poderia apagar os pecados nem indicar a verdadeira santidade com o sacrifício dos animais. Conclui que nela estivesse uma sombra dos bens futuros, não uma efígie viva das coisas,[539] e, por isso, que não tivesse outra função que a de ser uma introdução à esperança que seria mais bem exibida no Evangelho [Sl 110, 4; Hb 7, 11-19; 9, 9; 10, 1].[540] Aqui deve ser visto por qual parte se compara a aliança legal com a aliança evangélica e o ministério de Cristo com o mosaico. Pois, se for pertinente uma comparação quanto à substância das promessas, haverá uma grande discordância entre os dois Testamentos, mas, como o estado da questão nos conduz a outro caminho, deve-se investigá-lo para encontrar a verdade. Portanto, exponhamos diante de todos a aliança que sancionou eternamente e jamais interrompeu. O complemento dela é o Cristo, donde alcança até que seja estabelecida e ratificada. Enquanto tal confirmação era esperada, o Senhor, por intermédio de Moisés, prescreveu as cerimônias, que são como que símbolos solenes da confirmação. Punha-se em debate se seria preciso que as cerimônias que foram ordenadas na Lei dessem lugar para o Cristo. Ainda que não fossem senão acidentais para a aliança, ou seja, certamente complementares, anexas e (como se diz vulgarmente) acessórias, uma vez que, no entanto, eram instrumentos de sua administração, têm o nome de aliança, tal como se costuma dar a outros sacramentos. Por isso, em suma, o Antigo Testamento é chamado neste lugar de "razão solene para a confirmação da aliança", "razão que compreende as cerimônias e os sacrifícios". Desde que nada subsista de sólido nas cerimônias a não ser que se passe adiante, o apóstolo defende que era preciso serem rejeitadas e abolidas para darem ao Cristo o lugar de fiador e mediador de um Testamento mais excelente, por meio do qual fosse adquirida de uma vez a santificação eterna dos eleitos e fossem apagadas as transgressões que permaneciam sob a Lei. Se a alguém interessar, podemos ainda dar esta definição: que o Antigo Testamento do Senhor era apresentado envolto numa observação obscura e ineficaz das cerimônias e, por isso mesmo, tinha caráter temporário, estando como que em suspenso até que, apoiado por uma confirmação firme e substancial, fosse enfim feito novo e eterno, depois de consagrado e estabelecido pelo sangue de Cristo. Donde o Cristo chamar o cálice que oferece na Ceia aos

---

538 Hb 9, 9.
539 Hb 10,1.
540 Hb 7, 19.

discípulos de "cálice do Novo Testamento em seu sangue" [Mt 26, 28], significando que constasse sua verdade, pela qual o Testamento de Deus se fez novo e eterno ao ser selado com o seu sangue.

5. Com isso transparece em que sentido o apóstolo disse que os judeus foram conduzidos ao Cristo pelo ensinamento da Lei antes que ele fosse exibido na carne [Gl 3, 24; 4, 1]. Reconhece também que eles fossem filhos e herdeiros de Deus, mas que, em razão de sua puerícia, deveriam estar sob a custódia de um pedagogo. Com efeito, convinha que, ainda não se tendo levantado o sol da justiça, não houvesse tamanho fulgor da revelação nem tamanha perspicácia do entendimento. Assim, portanto, o Senhor dispensou para eles a luz de suas palavras: para que a vissem ao longe e obscuramente. Por isso Paulo marca essa tenuidade do entendimento com a palavra "puerícia", a qual o Senhor quis que exercitassem com os elementos deste mundo e com pequenas observações exteriores, como se fossem regras de uma disciplina infantil, até que brilhasse o Cristo, por intermédio de quem seria preciso que o conhecimento do povo fiel amadurecesse. O próprio Cristo assinalou essa distinção quando disse que a Lei e os profetas tinham profetizado até João [Mt 11, 13], e daí em diante era anunciada a boa-nova do reino de Deus.[541] O que a Lei e os profetas trouxeram para os homens de seu tempo? Com certeza ofereciam o gosto daquela sabedoria que ainda haveria de ser manifestada com clareza e, de longe, mostravam antecipadamente seu brilho. Mas quando o Cristo pôde ser apontado com o dedo, foi aberta a porta do reino de Deus. De fato, nele estão expostos todos os tesouros de sabedoria e entendimento [Cl 2, 9][542] pelos quais quase se penetra na própria cercania celeste.

6. E nada obsta que quase não se encontre ninguém na Igreja Cristã que possa ser comparado, quanto à prestância da fé, com Abraão, e os profetas tenham-se destacado por aquela força do Espírito pela qual ainda hoje iluminam todo o universo. Aqui não se busca o que Deus distribuiu da graça para poucos, mas se segue aquela dispensação ordinária para o ensino do povo, a qual se dá entre aqueles mesmos profetas, que foram, mais do que outros, dotados de um conhecimento especial, dado que a pregação deles fosse obscura, como se sobre coisas longínquas, e com sentido metafórico. Quanto a isso, por mais que fosse eminente neles um admirável conhecimento, como tiveram de se submeter necessariamen-

541 Lc 16, 16.
542 Cl 2, 3.

te ao ensinamento para o povo comum, também eles são contados entre as crianças. Por fim, nunca foi dada a eles uma perspicácia tamanha de modo que não se mostrasse em alguma parte a obscuridade daquela época. Donde aquela citação do Cristo: "Muitos reis e profetas desejaram ver o que vós vistes e não viram, e ouvir o que vós ouvistes e não ouviram. Por isso são bem-aventurados os vossos olhos porque viram, e os ouvidos porque ouviram" [Mt 13, 17; Lc 10, 24].[543] E certamente foi justo que a presença de Cristo trouxesse a prerrogativa de que dela emergisse a revelação dos mistérios celestes. Isso também diz respeito ao que citamos antes da *Primeira epístola de Pedro*, que para eles era evidente que sua obra fosse muito útil para o nosso século [1Pd 1, 12].[544]

7. Passo à terceira diferença, que é tomada de Jeremias, cujas palavras são: "Eis que os dias virão, diz o Senhor, e farei uma aliança nova com a casa de Israel e com a casa de Judá, não segundo o pacto que estabeleci com vossos Pais no dia em que os tomei pela mão e os tirei da terra do Egito, pacto que arruinaram, ainda que Eu reinasse sobre eles, mas este será o pacto que farei com a casa de Israel: porei a minha Lei em suas vísceras, inscrevê-la-ei em seus corações e serei propício para com a iniquidade deles. E não ensinará ninguém a seu próximo ou a seu irmão: todos me conhecerão, do menor ao maior" [Jr 31, 31].[545] Delas, o apóstolo deu lugar para o estabelecimento de uma comparação entre a Lei e o Evangelho, dado ter chamado aquela de literal e este de doutrina espiritual: disse que aquela fora deformada em tábuas de pedra, como se estivesse inscrito nos corações que ela fosse uma pregação de morte; este, de vida; aquela da condenação; este, da justiça; aquela deve ser abandonada; este, permanecer [2Co 3, 6].[546] Tendo o apóstolo se proposto a comentar o que entendia o profeta, seria suficiente mostrar as palavras de um para alcançar o significado das palavras do outro, por mais que exista algo de dessemelhante entre eles. Com efeito, o apóstolo fala da Lei muito mais aborrecidamente que o profeta, e não o faz considerando apenas a Lei, mas certamente — uma vez que havia patifes κακοϖζηλοι ("zelosos") da Lei que, por um zelo perverso das cerimônias, obscureciam a claridade do Evangelho —, discute a natureza da Lei segundo o erro e a estulta afetação daqueles. Portanto, será necessário ob-

---

543 Mt 13, 16-17; Lc 10, 23-24.
544 Ver Capítulo IX, § 1, deste Livro.
545 Jr 31, 31-34. Cf. Butzer, *Enarr. in Evang.*, 1536, p.121; Melanchthon, *Locos comm.*, 1535, CR *Mel. Opp.*, XXI, 456.
546 2Co 3, 6-11.

servar isso especialmente em Paulo. Tanto Jeremias como o apóstolo comparam o Antigo e o Novo Testamento, mas cada um deles considera somente o que é próprio deles. Por exemplo: a Lei contém em vários lugares promessas de misericórdia, mas, uma vez que emprestadas de outro lugar, não dizem respeito à Lei quando falam unicamente de sua natureza. Elas são atribuídas à Lei para que seja marcado o que é reto — proibir os crimes, prometer o prêmio aos cultores da justiça, ameaçar a pena para os transgressores, ainda que nem mude nem corrija a depravação do coração, naturalmente inerente a todos os homens.

8. Agora, expliquemos a comparação do apóstolo por partes. O Antigo Testamento é literal, porque promulgado sem a eficácia do Espírito. O Novo, espiritual, visto que o Senhor o insculpiu no coração dos homens. Por isso, a segunda antítese é como que uma declaração da primeira. O Antigo é mortal, porque não pode mais do que envolver todo o gênero dos homens pela maldição; o Novo é instrumento de vida, porque os restabelece com Deus, libertados da maldição na graça; aquele é ministério de condenação, porque torna réus da injustiça a todos os filhos de Adão; este, da justiça, porque revela a misericórdia de Deus, por meio da qual somos justificados. A antítese final deve ser referida às cerimônias da Lei. Porque aquele tinha uma imagem das coisas ausentes, era preciso que perecesse e esvaecesse com o tempo. O Evangelho, porque exibe o próprio corpo, retém uma estabilidade firme e perpétua. Também Jeremias chama as leis morais de aliança débil e frágil, mas por outra razão, a saber, porque logo foi abruptamente rompida pela queda de um povo ingrato; mas, como tal violação se deve à culpa do povo, não é conferida adequadamente ao Testamento. Já as cerimônias, que por sua própria fraqueza foram dissolvidas com o advento de Cristo, já continham em si as causas da fraqueza. A diferença entre a *letra* e o *espírito* não deve ser tomada como se o Senhor tivesse dado sua Lei aos judeus sem nenhum fruto, sem converter para si a nenhum deles, mas foi estabelecida por comparação, para recomendar a afluência da graça com a qual a pregação do Evangelho honrou o mesmo Legislador, como se revestido em uma nova pessoa. Pois, se contarmos a multidão daqueles que, dentre todos os povos, trouxe regenerados por seu Espírito à comunhão de sua Igreja, diremos que foram muito poucos e quase ninguém aqueles que antigamente abraçaram com a afeição do coração e com a alma a aliança do Senhor, ainda que tenham sido muitos se contados sem uma comparação.

9. A quarta diferença surge da terceira. Com efeito, o Antigo Testamento chama a Escritura de servidão, porque gerasse nas almas o temor; o

Novo Testamento, de liberdade, dado erigir as almas na confiança e segurança. Assim disse Paulo: "Não recebestes novamente o Espírito de servidão para o temor, mas o Espírito de adoção, pelo qual clamamos 'Aba, Pai!'" [Rm 8, 15].[547] Diz respeito a isso o que se tem em *Hebreus*: que os fiéis não tivessem atingido agora um monte corpóreo, e o fogo ardente, e a escuridão, as trevas, e a tempestade, para que nada seja ouvido ou visto, a não ser o que atinge as mentes pelo terror, de tal modo que o próprio Moisés tenha-se assustado ao soar de uma voz terrível, que todos rogaram não ouvir, mas que tivessem atingido o monte Sião e a cidade do Deus vivo, a Jerusalém celeste etc. [Hb 12, 18].[548] Ora, Paulo menciona isso que tiramos da *Epístola aos romanos*, mas o explica mais extensamente em *Gálatas*, quando propõe uma alegoria sobre os dois filhos de Abraão, deste modo: "Que a serva Agar seja um ícone do monte Sinai, onde o povo de Israel recebeu a Lei; Sara, a liberta, seja uma figura da Jerusalém celeste, da qual flui o Evangelho. Que tal como nasceu da semente de Agar um servo que nunca recebeu a herança e, de Sara, um liberto ao qual se deve a herança, assim somos submetidos à servidão pela Lei, regenerados unicamente na liberdade do Evangelho" [Gl 4, 22].[549] A suma é que o Antigo Testamento incutiu o pavor e o temor das consciências, o benefício do Novo faz que se alegrem; aquele mantinha oprimidas as consciências pelo jugo da servidão, este por liberalidade as mantêm em liberdade. Se propuserem a objeção de que, tendo os santos Pais do povo de Israel o mesmo Espírito de fé que o nosso, segue-se que foram partícipes da liberdade e da alegria, respondemos que nada disso obtiveram que fosse pela Lei; mas, como foram premidos pela Lei e pela condição servil e sentiram-se fatigados pela inquietude da consciência, recorreram ao auxílio do Evangelho, e por isso foi um fruto especial do Novo Testamento, que, para além da lei comum do Antigo, tenham sido eximidos do mal. Depois, negaremos que tivessem recebido no espírito tanta liberdade e segurança que não tenham experimentado de algum modo desde a Lei o temor e a servidão. Com efeito, por mais que fruíssem daquela prerrogativa assegurada pela graça do Evangelho, estavam, no entanto, sujeitos aos mesmos vínculos da observação e obrigações que o vulgo. Portanto, como eram obrigados a observar solicitamente àquelas cerimônias que eram símbolos de semelhante ensinamento da servidão e

---

547 Cf. Melanchthon, loc. cit.
548 Hb 12, 18-22.
549 Gl 4, 22-31.

atestados pelos quais se reconheciam réus do pecado, não estavam livres da obrigação: com toda a razão se diz que estão antes de nós sob o Testamento da servidão e do temor, quando se considera aquela dispensação comum pela qual o Senhor tratava então com o povo de Israel.

10. As três últimas comparações que mencionamos são da Lei e do Evangelho; portanto, sob o nome de Antigo Testamento é assinalada naquelas a Lei, e de Novo Testamento, o Evangelho. A primeira tem uma extensão maior, pois compreende sob si também as promessas que foram proclamadas antes da Lei. Agostinho, acertadamente, nega que fossem listadas sob o nome do Antigo Testamento, não entendendo senão o que ensinamos, visto que se refere às sentenças de Jeremias e de Paulo em que o Antigo Testamento é diferenciado da palavra da graça e da misericórdia. Acrescenta também sabiamente, no mesmo lugar, que pertençam ao Novo Testamento, desde o início do mundo, regenerados por Deus, os filhos da promessa, que, pela fé que opera pela dileção, obedeceram os mandamentos, na esperança não dos bens carnais, terrenos, temporais, mas dos espirituais, celestes, eternos, crendo principalmente no Mediador, por intermédio de quem não duvidaram que o Espírito também seria administrado a eles, para que fizessem o bem e fossem perdoados sempre que pecassem [..., *a Bonifácio*, III, c.4].[550] E isto é o que tinha a intenção de asseverar: que todos os santos, que a Escritura lembra que foram especialmente escolhidos por Deus desde o início do mundo, fossem consortes conosco na mesma bênção para a salvação eterna. Há apenas isto entre a nossa divisão e a dele: que a nossa (segundo aquela sentença do Cristo: a Lei e os profetas até João [Mt 11, 132], a partir daí o anúncio da boa-nova do reino de Deus)[551] faz a distinção entre a clareza do Evangelho e a mais obscura dispensação da palavra que o precedeu, a dele, unicamente diferencia a fraqueza da Lei da firmeza do Evangelho. E aqui também deve ser destacado sobre os santos Pais que tivessem vivido de tal modo sob o Antigo Testamento que não se retiveram nele, mas aspiraram sempre ao Novo, até que foram abraçados em uma certa comunhão com ele. Com efeito, o apóstolo condena como cegos e malditos àqueles que, satisfeitos com as sombras presentes, não estenderam a mente ao Cristo. Para que não avancemos mais, que maior cegueira pode ser imaginada do que esperar a expiação do pecado de um animal morto? Que se busque a purificação da alma pela aspersão de uma

---

550 Agostinho. *Contra duas epístolas Pelagianorum ad Bonifac.*, III, 4, PL 44, 591ss.
551 Lc 16, 16.

água exterior? Que se queira aplacar a Deus com cerimônias frias, como se elas lhe fossem muito agradáveis? Incorrem em todos esses absurdos aqueles que se mantêm nas observações da Lei sem se referir ao Cristo.

11. A quinta diferença que pode ser acrescentada consiste em que o Senhor, até o advento de Cristo, separou um povo no qual estaria contida a aliança da graça.[552] Quando o Altíssimo distribuiu as nações, quando dividiu os filhos de Adão, disse Moisés, manteve em sua posse a seu povo e a Jacó, a amarra de sua herança [Dt 32, 8].[553] Em outro lugar, fala assim ao povo: "Eis que são do Senhor teu Deus o céu e a terra e tudo o que nela está. Unicamente os manteve junto a si para amá-los e escolheu a semente deles depois deles, com efeito, a vós, dentre todos os povos" [Dt 10, 14].[554] Portanto, somente àquele povo, como se pertencesse a si apesar dos outros homens, dignou o conhecimento de seu nome, depositou a sua aliança como que em seu seio, manifestou a presença de sua divindade, honrou com todas as prerrogativas. Mas, dado que omitamos os demais benefícios, tratemos aqui de um: que uniu aquele povo a si pela comunhão de sua palavra, para que fosse chamado e tido como o Deus dele. Enquanto deixava as outras nações andarem na vaidade, como se não tivessem nada com Ele [At 14, 16], não deu aquele que seria o único remédio para sua ruína, a saber, a pregação de sua palavra. Por isso, Israel era o filho preferido de Deus, os outros, estranhos; ele, conhecido e amparado na fé e no cuidado, os outros, abandonados em suas trevas; ele, santificado por Deus, os outros, profanos; ele honrado com a presença de Deus, os outros excluídos de qualquer proximidade. E quando veio a plenitude dos tempos [Gl 4, 4], destinada à instauração de tudo, e foi exibido aquele conciliador entre Deus e os homens, derrubado o muro que até então mantivera encerrada entre as fronteiras de Israel a misericórdia de Deus, foi anunciada a paz tanto para aqueles que estavam mais distantes como para aqueles que manteve unidos proximamente de si, para que todos, uma vez reconciliados com Deus, fossem reunidos num único povo [Ef 2, 14].[555] Eis por que já não há razão em distinguir gregos e judeus, circuncidados e não circuncidados, mas é tudo em todos o Cristo [Gl 6, 15], a quem foram dadas as nações como herança e os confins da terra como posse [Sl 2, 8], para que domine sem

---

552 Cf. Melanchthon. *Locos comm.*, 1535, CR *Mel. Opp.*, XXI, 454.
553 Dt 32, 8.9.
554 Dt 10, 14.15.
555 Ef 2, 14-17.

diferença de mar a mar e dos rios até os últimos confins da terra [Sl 72, 8; e outros].[556]

12. Portanto, o chamado dos gentios é um símbolo insigne que ilustra a excelência do Novo Testamento sobre o Antigo, que certamente foi antes atestado por vários e claríssimos oráculos dos profetas, mas de modo que seu complemento repousasse no advento do Messias. Também é certo que nem o Cristo o fez avançar desde o início de sua pregação, mas o guardou até que, cumprido tudo o que dizia respeito à nossa redenção e encerrado o tempo de sua humilhação, recebeu do Pai o nome que está acima de todo nome, ante o qual todo joelho se dobrará [Fl 2, 9]. Por isso, ainda não completo o tempo, negou à mulher de Canaã que fora enviado senão para as ovelhas perdidas de Israel [Mt 15, 24], nem permitiu que os apóstolos fossem além desses limites na primeira missão. "Não andeis pelo caminho dos gentios, não entreis nas cidades dos samaritanos, mas ide antes às ovelhas perdidas da casa de Israel" [Mt 10, 5]. Por mais que fosse pródigo de tantos testemunhos quando foi comunicado aos apóstolos, foi visto por eles como algo tão novo e insolente que ficaram horrorizados, como que diante de algum prodígio. E por certo não o empreenderam sem temor ou protesto. E não é de admirar: com efeito, não parecia em nada conforme à razão que o Senhor, que por tantos anos separara Israel das demais nações, como se tivesse mudado repentinamente, suprimisse aquela deliberação. Sem dúvida as profecias o haviam predito, mas não puderam estar a tal ponto atentos às profecias que em nada fossem afetados pela novidade da realidade que se lhes apresentava aos olhos. E não foi suficiente para demovê-los os exemplos da futura vocação dos gentios que Deus teria dado antes, visto que, além de ter chamado a muito poucos, inseriu-os de algum modo na família de Abraão, para ingressarem em seu povo. De fato, esta vocação pública fazia parecer que os judeus não eram apenas igualados aos gentios, mas que fossem tomados como que por mortos. Acrescenta que jamais os judeus foram igualados a quaisquer dos estrangeiros que Deus antes havia juntado ao corpo da Igreja. E por isso, não sem razão, Paulo anuncia que esse mistério tivesse sido escondido por séculos e gerações de tal maneira que teria sido admirável também para os anjos [Cl 1, 26].[557]

13. Considero que a diferença entre o Antigo e o Novo Testamento esteja bem e fielmente explicada por essas quatro ou cinco partes, ao me-

556 Zc 9, 10.
557 Cf. 1 Pd 1, 12.

nos no que é suficiente para um ensinamento simples. Mas, uma vez que não poucos reclamam que essa mudança no governo da Igreja, com um modo diverso de ensinar, essa tão grande mudança dos ritos e cerimônias sejam um absurdo tremendo, devemos responder a eles antes de passarmos adiante. Mas isso poderá ser feito de modo breve, uma vez que não são objeções tão firmes que precisem de refutação acurada. Dizem que não se deve conceder que Deus, que é perpetuamente consistente quanto a si, sofra uma mudança tão grande que reprove depois o que antes havia ordenado e recomendado. Respondo que Deus não deve ser tomado como mutável em razão de que tenha acomodado formas diversas para séculos diversos, uma vez que soube o que caberia a cada um deles. Se um camponês prescreve à sua família ofícios de inverno diversos dos de verão, não o acusemos por isso de inconstância, ou consideremos que se desvie da correta regra da agricultura que está unida à perpétua ordem da natureza. De modo semelhante, se um pai de família der erudição, cultivar, tratar diferentemente seus filhos na puerícia, na adolescência e na juventude, não dizemos que por isso seja inconstante e se afaste do que estabelece. Portanto, que marca de inconstância atribuímos a Deus que distinguiu a diversidade dos tempos com marcas adequadas e congruentes? A última semelhança nos deve tornar plenamente satisfeitos: Paulo faz os judeus semelhantes a crianças, os cristãos, a adolescentes.[558] O que há de desordenado em tal regra de Deus que tenha detido aqueles nos rudimentos conformes à idade deles, enquanto nos institui com uma disciplina mais firme e como que mais viril? Portanto, nisso brilha a constância de Deus, que ensina para todos os séculos a mesma doutrina que prescreveu no início e continua requerendo o culto de seu nome. Que ele tenha mudado a forma e o modo exterior, não mostra que seja sujeito à mutação, mas em que medida se adapta à capacidade dos homens, que é variada e mutável.

14. (Dizem) Donde vem essa diversidade senão de que Deus a tenha querido? Não poderia muito bem ter revelado a vida eterna com palavras claras e sem metáforas tanto desde o início como depois do advento do Cristo, ensinar aos seus com poucos e claros sacramentos, enviar o Espírito Santo, difundir sua graça por todo o universo? Isso é, de fato, como se discutissem com Deus por que criara o mundo tão tarde, quando poderia tê-lo feito desde o início, por que quis que houvesse diferenças entre o inverno e o verão, entre o dia e a noite. Nós (o que deve ser

---

558 Gl 4, 1.

assumido por todos os devotos) não duvidemos de que tudo o que Deus fez, o fez sábia e justamente, ainda que com frequência ignoremos a causa de ter sido feito assim. Seria exigir muito de nós que não concedamos que Deus tenha razões para suas deliberações que nos são veladas. E (dizem) que é admirável que recuse e abomine agora as vítimas animais e todo aquele aparato dos sacerdotes levitas, que antes o agradavam. Como se o que é exterior e caduco de fato agrade a Deus ou de algum modo o afete! Já se disse[559] que Ele não teria feito nada disso por sua causa, mas que a tudo recomendasse para a salvação dos homens. Se um médico curar, por um método excelente, a um jovem da doença e, depois, já estando o paciente velho, o médico usar para ele outro tipo de cura, dizemos por isso que o médico repudia agora o método que antes lhe agradara? Ainda que persista naquele método, leva em conta a idade. Assim era preciso que Cristo, enquanto ausente, fosse figurado por outros signos como prenunciado e como o que haveria de vir, e que, agora, já revelado, seja representado por outros. Quanto à vocação de Deus, derramada, com o advento de Cristo, por todos os povos mais amplamente que antes, e às graças do Espírito, ainda mais difundidas, quem, pergunto, negará ser justo que esteja na mão e no juízo de Deus a dispensação livre das suas graças, pelas quais quis iluminar as nações? Os lugares que quis incitar com a pregação de sua palavra? O modo e a medida que escolheu para estender o proveito e o sucesso de sua doutrina? Que restitua, de acordo com sua misericórdia, quando bem quiser, o conhecimento de seu nome, retirado do mundo por quantos séculos quis, em razão da ingratidão dos povos? Vemos, portanto, quão são indignas as calúnias com as quais os homens ímpios turbam as almas dos simples, dado que coloquem em dúvida a justiça de Deus ou a fé da Escritura.

---

559 Ver §§ 5 e 13 deste Capítulo.

Para exercer seu ofício de Mediador, foi preciso que o Cristo fosse feito homem.

oi sobremaneira necessário que aquele que haveria de ser nosso Mediador fosse verdadeiro Deus e verdadeiro homem. Se se indagar acerca da necessidade, certamente não foi simples nem absoluta, como se costuma dizer, mas emanou de um decreto celeste, do qual dependia nossa salvação. Tudo o mais que nos era útil e bom, estabeleceu o Pai clementíssimo. Como nossas iniquidades interpuseram-se entre nós e Ele, tal qual nuvens que nos afastassem irrevogavelmente do reino dos céus, ninguém, a não ser aquele que a Ele alcança, poderia ser um intérprete para a restituição da paz. Ora, quem o alcançaria? Acaso algum desde os filhos de Abraão? Como, se todos eles, inclusive seu pai, tinham pavor da visão de Deus? Algum dos anjos? Mas também eles tinham necessidade de uma Cabeça, por cuja união aderissem sólida e indissoluvelmente a seu Deus. O que, então? Era certamente um caso a ser lamentado a não ser que a própria majestade de Deus descesse até nós, uma vez que o ascender não nos cabia. Assim, foi preciso que o Filho de Deus fosse feito para nós um Emanuel, um "Deus conosco", de tal maneira que, por uma conjunção mútua, sua divindade e natureza divina fossem reunidas entre si. De outro modo, não haveria proximidade tão direta, nem afinidade tão firme, donde se daria a esperança de Deus habitar conosco, tão grande era a separação entre nossa sordidez e a suma pureza de Deus. Por mais que o homem se mantivesse afastado de toda mancha, era muito miserável sua condição para que chegasse a Deus sem um Mediador. O que faria, então, mergulhado por uma ruína desafortunada na morte e nos infernos, manchado por tantas máculas, fétido por sua corrupção, e, por fim, coberto com toda maldição? Portanto, não foi sem razão que Paulo, que-

rendo apresentar o Cristo Mediador, lembrou expressamente que ele fosse homem: "um Mediador de Deus e dos homens, o homem Jesus Cristo" [1Tm 2, 5]. Poderia dizer "Deus", poderia ao menos ter omitido o nome "homem", tal como fez com o de Deus, mas, uma vez que o Espírito falava por sua boca, conheceu a nossa fraqueza, como era conveniente, usou um remédio muitíssimo adequado, estabelecendo o Filho de Deus como um intermediário, tal qual um dos nossos. Assim, ninguém se incomode procurando onde se deve encontrar aquele Mediador ou por qual caminho se deve a ele chegar: ao ser chamado de homem, adverte ser próximo, ou melhor, contíguo a nós, uma vez que é nossa carne. Isso por certo designa o que em outro lugar é explicado com muitas palavras: "Pois não temos um sumo sacerdote que não possa compadecer-se das nossas fraquezas, porém um que, como nós, em tudo foi tentado, mas sem pecado". [Hb 4, 15].

2. O que se torna ainda mais claro diante da consideração de quanto não foi vulgar que exercesse o papel de Mediador; com efeito, restituiu-nos de tal modo na graça de Deus que nos transformou, de filhos do homem, em filhos dele, de herdeiros da geena, em herdeiros do reino celeste. Quem teria tal poder, a não ser que o Filho de Deus fosse feito também filho do homem e recebesse o que é nosso para transferir para nós o que é seu? E o que era seu por natureza, fazer nosso pela graça? Portanto, baseados nesse penhor, confiamos que somos filhos de Deus, uma vez que o Filho de Deus se apropriou de um corpo natural como o nosso corpo, de carne da nossa, de ossos dos ossos, para que fosse o mesmo que nós. Não tomou como fardo o que nos era próprio, para que, em compensação, coubesse a nós o que ele tinha de próprio, e assim foi comumente conosco tanto filho de Deus como filho do homem. Daí aquela santa fraternidade, que recomenda por sua própria boca, quando diz: ascendo ao meu Pai e vosso Pai, meu Deus e vosso Deus [Jo 20, 17]. Por essa razão é certa para nós a herança do reino celeste, uma vez que o Filho único de Deus, de quem somente a herança era própria, adotou-nos como seus irmãos, uma vez que, se somos irmãos, portanto também somos consortes na herança [Rm 8, 17]. Quanto a isso, foi sobremaneira útil para essa causa que fosse tanto verdadeiro Deus como homem aquele que haveria de ser nosso futuro redentor. Cabia a Ele absorver a morte: quem o poderia senão a vida? Cabia a Ele vencer o pecado: quem o poderia senão a própria justiça? Cabia a Ele abater os poderes do mundo e dos ares: quem o poderia senão o que é superior em força tanto ao mundo como ao ar? Na posse de quem está a vida, ou a justiça, ou o império do céu e das potestades, senão somente em poder de Deus? Portanto, o clementíssimo Deus fez a si na pessoa do unigênito, o nosso Redentor, quando nos quis redimidos.

3. Outro ponto de nossa reconciliação com Deus era este: que o homem, que se perdeu pela desobediência, opusesse como remédio a obediência, satisfizesse o juízo de Deus, pagasse as penas do pecado. Apresentou-se, portanto, o nosso Senhor como verdadeiro homem, vestiu-se da pessoa de Adão, assumiu o nome e assumiu seu lugar obedecendo ao Pai, para apresentar nossa carne como o preço da reparação para o justo juízo de Deus e, na mesma carne, pagar a pena de que éramos merecedores. Por fim, dado que nem Deus sozinho possa experimentar a morte, nem o homem possa sozinho superá-la, associou a natureza humana com a divina, para submeter a debilidade daquela à morte, para a expiação dos pecados, mantendo com a força desta a luta com a morte, para adquirir para nós a vitória. Os que espoliam Cristo, seja de sua divindade, seja de sua humanidade, certamente ou diminuem sua majestade e glória ou obscurecem sua bondade. Mas, em contrapartida, não injuriam menos os homens, arruinando e derrubando sua fé, que não pode permanecer se não estiver apoiada nesse fundamento. Acrescente-se que foi esperado aquele redentor filho de Abraão e de Davi, que Deus prometera na Lei e pelos profetas, do que as mentes pias recolhem outro fruto, visto que, traçada a origem desde Davi e Abraão, reconhecem com mais certeza que este seja o Cristo que foi celebrado por tantos oráculos. Mas, daquilo que expus, deve-se reter precipuamente que a natureza comum seja um penhor da nossa sociedade com o Filho de Deus, que, vestido com nossa carne, debelou a morte e o pecado para que fosse nossa a vitória e nosso o triunfo, que ofereceu em sacrifício a carne que de nós tomou, para que, feita a expiação, apagasse nossas faltas e aplacasse a justa ira do Pai.

4. Aquele que considerar isso com a atenção devida, refutará facilmente as especulações que os espíritos volúveis e cúpidos de novidades tomam para si, tal como que o Cristo, mesmo que não necessitasse de um remédio para a redenção do gênero humano, ainda assim haveria de ser homem. Certamente reconheço que, na ordem primeira da criação e no estado perfeito da natureza, ele fosse a cabeça para os homens e os anjos, razão pela qual é chamado por Paulo de "o primogênito de toda criatura" [Cl 1, 15], mas, dado que toda a Escritura clame que fosse revestido de carne para se tornar redentor, imaginar outra causa ou outro fim é uma grande temeridade. É bem sabido para que fim Cristo foi desde o início prometido: para que renovasse um mundo arruinado e socorresse os homens perdidos. Por isso sua imagem foi proposta sob a Lei nos sacrifícios, para que os fiéis esperassem que Deus haveria de lhes ser propício, havendo de ser reconciliado depois da expiação do pecado. E como por todos os séculos, quando a Lei ainda não fora promulgada, o Mediador jamais foi prometido sem sangue, concluímos que, por uma deliberação eterna de Deus, Ele fosse destinado para purgar as manchas dos homens, uma vez que o derramamento de sangue é um sinal de expiação. Assim se ocuparam d'Ele os profetas, prometendo que haveria de ser um reconciliador entre Deus e os homens. Bastará para tudo isso um dos mais célebres testemunhos de Isaías, quando predisse que a mão de Deus haveria de tocar povos criminosos para que o castigo da paz estivesse sobre Ele, e que haveria de ser Sacerdote aquele que se ofereceria como vítima, que de Suas feridas haveria de estar a saúde de outros, e, uma vez que todos erraram e se dispersaram como ovelhas, agradasse a Deus que Ele fosse afligido para carregar as iniquidades de todos [Is 53, 4.5].[560] Quando ouvimos dizer que Cristo foi divinamente apontado para socorrer míseros pecadores, quem quer que ultrapasse esses limites não carece de uma tola curiosidade. Então, quando Ele se apresenta, assevera que esta seja a causa de seu advento: para que Deus, aplacado, recolha-nos da morte para a vida. O mesmo foi testemunhado sobre Ele pelos apóstolos. Por isso, antes de a Palavra ensinar que Cristo fosse feito carne,[561] João narra a queda do homem [Jo 1, 9].[562] Mas, antes de tudo, deve-se ouvir Ele mesmo falando sobre seu ofício: "Deus amou tanto o mundo que deu seu filho unigênito para que todo que n'Ele crer não pereça, mas tenha a vida eterna" [Jo 3, 16]. Ainda: "Vem a hora que os mortos ouvirão a voz do Filho de Deus, e os que ouvirem viverão" [Jo 5, 25]; "Eu sou a ressurreição e a vida, quem crê em mim, ainda que esteja morto, viverá" [Jo 11, 25]; "O Filho do Homem vem para salvar o que estava perdido" [Mt 18, 11]; "O são não tem necessidade de médico" [Mt 9, 12]. E assim por diante, pois, se quiséssemos citar todas as passagens procedentes, não terminaríamos nunca. Na verdade, bastariam os apóstolos para nos chamar à fonte, em consenso, e certamente, a não ser que viesse para a reconciliação com Deus, arruinaria a honra do sacerdócio, uma vez que foi feito Sacerdote como um meio de intercessão entre os

560 Is 53, 4-6.
561 Jo 1, 14.
562 Jo 1, 9-11.

homens e Deus [Hb 5, 1]; e não seria a nossa justiça, uma vez que foi feito vítima para nós, para que Deus não imputasse a nós os nossos pecados [2Co 5, 19]. E, por fim, seria espoliado de todos os elogios com que é ornado pela Escritura. Seria arruinada, ainda, aquela passagem de Paulo: "Visto que era impossível para a Lei, Deus enviou o seu Filho para que, na semelhança da carne do pecado, pagasse por nós" [Rm 8, 3]. Nem permaneceria o que ensina em outro lugar, que nesse espelho aparecesse a bondade e o imenso amor de Deus pelos homens, ao nos dar Cristo como redentor [2Tm 2, 11]. E, por fim, em nenhum lugar a Escritura assinala outro fim pelo qual o Filho de Deus tenha desejado tomar a nossa carne, e também recebido tal mandato do Pai, senão para que se fizesse uma vítima e aplacasse o Pai a nosso respeito. Assim estava escrito, e assim foi preciso que Cristo sofresse [Lc 24, 26] e pregasse em seu nome a penitência.[563] "Por isso me ama o Pai, uma vez que disponho minha alma pelas ovelhas: eis o mandamento que me deu" [Jo 10, 17];[564] "Tal como Moisés exaltou a serpente no deserto, assim é preciso que o Filho do Homem seja exaltado" [Jo 3, 14]. E em outro lugar: "Pai, salva-me desta hora, mas para isso Eu cheguei a esta hora. Pai, glorifica o Filho" [Jo 12, 27.28], quando claramente assinala o fim da carne que foi assumida, fazendo-se vítima e expiação para a abolição do pecado. Pela mesma razão, Zacarias pronuncia que viesse segundo a promessa feita aos pais: "para que ilumine aqueles que se assentam na sombra da morte" [Lc 1, 79]. Lembremos que isso tudo foi pregado sobre o Filho de Deus, "no qual", conforme Paulo atesta em outros lugares, "estão escondidos todos os tesouros de ciência e de sabedoria" [Cl 2, 3] e "fora de quem se gloria de não saber nada" [1Co 2, 2].

5. Se alguém opuser que nada disso impede que o mesmo Cristo que redimiu os condenados também atestasse seu amor pelos íntegros, revestindo-se de sua carne,[565] a resposta é fácil. Visto que o Espírito pronuncie que o decreto eterno de Deus estivesse unido a estes dois: para que Cristo se fizesse para nós um Redentor e nos fizesse partícipes de sua natureza — nem é necessário nos aprofundarmos nisso. Quem é premido pelo desejo de saber algo mais, não satisfeito com a imutável ordenação divina, mostra certamente sua insatisfação com o Cristo que nos foi dado como preço da redenção. De fato, Paulo não só expõe para

---

563 Mais corretamente: Lc 24, 46ss.
564 Jo 10, 17s.
565 Cf. Osiandro, *An filius...*, K2a.

qual fim ele foi enviado, mas, elevando-se ao sublime mistério da predestinação, reprime oportunamente toda lascívia e prurido do intelecto humano: "O Pai elegeu-nos no Cristo antes da criação do mundo, para nos adotar como filhos segundo o propósito de sua vontade, e nos aceitou em seu Filho, no qual temos a redenção através de seu sangue" [Ef 1, 4.5].[566] Com certeza não pressupõe aqui a queda de Adão como superior ao tempo, mas mostra o que, antes dos séculos, Deus estabeleceu para dar remédio à miséria do gênero humano. Se, ao contrário, o adversário objetar que essa deliberação de Deus dependesse da ruína do homem, a qual Ele previu, para mim é mais do que suficiente que, com uma ímpia audácia, prorrompam na invenção de um novo Cristo todos aqueles que se permitem perguntar ou desejam saber mais sobre Cristo do que aquilo que Deus predestinou por seu misterioso decreto. E, com razão, ao falar assim do ofício próprio de Cristo, Paulo pediu aos efésios o espírito de inteligência para que compreendessem o alcance, a sublimidade, a extensão, a profundidade e a caridade de Cristo, que está eminentemente acima de toda ciência [Ef 3, 16-18],[567] como se com essa obra circundasse nossa mente com cancelas, para que não decline nem um pouco da graça da reconciliação sempre que se faça menção a Cristo. Tendo como certas as palavras de Paulo que atestam ser fidedigno que Cristo viesse para tornar salvos os pecadores [1Tm 1, 15], sem nenhuma restrição concordo com elas. E, dado que o mesmo apóstolo ensine, noutro lugar, que a graça agora manifestada no Evangelho nos tivesse sido ofertada em Cristo antes de todos os séculos [2Tm 1, 9], estabeleço que devemos permanecer constantemente nela até o fim. Osiandro iniquamente revolta-se contra tal simplicidade, abrasando mais uma vez neste tempo aquela questão ainda há pouco esboçada.[568] Acusa de insolência àqueles que negam que o Filho de Deus tivesse aparecido na carne se Adão não tivesse decaído, uma vez que nenhum testemunho da Escritura repudia esse comentário.[569] Como se, de fato, Paulo não tenha posto um freio à curiosidade perversa quando, ao falar da redenção obtida por Cristo, ordena imediatamente que evitemos as questões tolas [Tt 3, 9].

---

566 Ef 1, 4-7.
567 Ef 3, 16-19.
568 Cf. Osiandro, *An filius...*, A4a -B1a, em que ele enumera entre os patronos de sua opinião a Alexandre Alésio, Duns Scoto e, principalmente, João Pico de Mirândola (Alexandre Alésio, *Summa universae theologiae* III, q.2, membr.13 [Ed. Nurenberg., 1482]; Duns Scotus, *In Sent.*, III, d.7, q.3, 3.; João Pico de Mirândola, *Conclusiones in theologia num. XXIX*, concl.15).
569 Osiandro, op. cit., B1b.

Irrompe tamanha insanidade em alguns que, enquanto desejam ser vistos como representantes agudos, perguntam se o Filho de Deus poderia ter assumido a natureza de um asno.[570] Osiandro desculpa essa abominação — que todos os devotos tomam como detestável — com o pretexto de ela jamais ter sido contestada explicitamente na Escritura. Como se Paulo, ao ensinar que nada é mais precioso ou digno de ser conhecido que o Cristo crucificado [1 Co 2, 2], admitisse a um asno como o autor da salvação! Portanto, aquele que, em outro lugar, prega que Cristo foi ordenado pela deliberação eterna do Pai para reunir a todos [Ef 1, 22] jamais reconheceria alguém que não juntasse as partes para a redenção.

6. Ora, o princípio de que Osiandro se jacta é completamente frívolo. Ele quis que o homem tivesse sido criado à imagem de Deus porque teria sido formado como exemplar do Cristo futuro, para que aquele que o Pai decretara ser revestido pela carne fosse uma referência ao homem. Donde conclui que, se Adão jamais houvesse decaído de sua origem primeira e íntegra, Cristo ainda assim haveria de ser homem. Que o argumento seja tolo e distorcido o entendem por si todos os que são dotados de juízo são. Enquanto isso, Osiandro considerou ter sido Adão o primeiro a ver o que seria a imagem de Deus, a saber, não apenas que a glória de Deus reluzisse nos dons exímios com os quais o homem fora ornado mas que Deus habitava nele essencialmente. No entanto, para conceder que Adão gestasse a imagem de Deus, na medida em que a Ele fora unido (o que é a verdadeira e suma perfeição da dignidade), eu defendo que a similitude de Deus não deva ser buscada senão naquelas marcas de excelência com as quais Deus marcou Adão ante os outros animais. E decerto todos reconhecem consensualmente que Cristo já então fosse a imagem do Deus uno e, por isso, imagem de tudo o que de excelente foi insculpido no próprio Adão, procedendo daí que ele se acercasse da glória de seu criador através do Filho Unigênito. Portanto, o homem foi criado à imagem de Deus [Gn 1, 27], no que o próprio Criador quis que sua glória resplandecesse como que num espelho. E foi elevado a tal grau de honra pela graça do Filho Unigênito. Mas, eu acrescento, o mesmo filho foi a cabeça comum tanto dos anjos quanto dos homens, de tal modo que a dignidade que fora concedida aos homens pertencia igualmente aos anjos. Se todos ouvimos que os homens são chamados de filhos de Deus [Sl 82, 6], não deveria ser permitido negar que eles fossem investidos de algo pelo que representavam o Pai, visto que, se Ele quis representar sua glória tanto

---

570 Guilherme de Ockham, *Centiloquium theologiae*, concl. 7.

nos anjos quanto nos homens e na natureza de cada um deles fosse sua glória muito clara, insipientemente Osiandro contesta que os anjos fossem então tomados depois dos homens, uma vez que não gestaram a figura de Cristo. Com efeito, não fruiriam assiduamente da visão presente de Deus a menos que fossem semelhantes a Ele, nem Paulo teria ensinado que os homens fossem renovados quanto à imagem de Deus [Cl 3, 10] para associarem-se aos anjos, para se poder unir entre si e, ao mesmo tempo, sob uma Cabeça. E por fim, se se crê em Cristo, esta será a nossa felicidade última: que, ao sermos recebidos nos céus, sejamos conformes aos anjos.[571] Se é lícito Osiandro inferir que o primeiro exemplar da imagem de Deus estivesse no Cristo Homem, com igual direito alguém defenderia ser preciso que Cristo fosse consorte da natureza angélica, uma vez que também aos anjos pertença a imagem de Deus.

7. Portanto, não há razão para Osiandro temer que Deus seja tomado como mentiroso, pois, a não ser que na mente divina houvesse antes um decreto fixo e imutável sobre a futura encarnação de Cristo, a integridade de Adão não precisaria ter sido arruinada, e este seria, com os anjos, semelhante a Deus, tornando dispensável que o Filho de Deus fosse feito ou homem ou anjo. É também inútil o absurdo temido por Osiandro de que Cristo, a menos que tivesse de nascer por uma deliberação imutável de Deus antes da criação do homem — não como redentor mas como o primeiro homem —, Ele, uma vez que nascido apenas por acidente, teria sido afastado de Sua prerrogativa, ou seja, a renovação do perdido gênero humano, inferindo-se daí que tivesse sido criado à imagem de Adão. Afinal, por que é repugnante para Osiandro o que a Escritura ensina tão abertamente: que Cristo fosse feito semelhante a nós em tudo, menos no pecado [Hb 4, 15]? Donde também Lucas não hesita de enumerá-lo na genealogia como Filho de Adão [Lc 3, 38]. Também gostaria de saber por que Cristo é chamado por Paulo de Segundo Adão [1Co 15, 47], senão porque fora destinada a ele a condição humana, para que levantasse da ruína os descendentes de Adão. Pois se ela precedesse aquela ordem da criação, deveria ter sido dito o Primeiro Adão. Osiandro afirma com segurança que, porque o Homem Cristo era preconcebido na mente de Deus, os homens foram formados quanto a esse exemplar. Ora, ao chamá-lo de Segundo Adão, Paulo estabelece a queda — a partir da qual se deu a necessidade de reformar a natureza para a ordem inicial — como uma intermediária entre a origem primeira do homem e a restituição que con-

---

571 Mt 22, 30.

quistamos por intermédio de Cristo, donde se segue que a queda mesma fosse a causa do nascimento do Filho de Deus, para que se fizesse homem. Enquanto Osiandro raciocina mal e estupidamente que Adão, desde que permanecesse íntegro, fosse a imagem futura de si mesmo, não de Cristo, respondo o contrário: ainda que o Filho de Deus jamais vestisse a carne, não fulgurava menos no corpo ou na alma de Adão a imagem de Deus, em cujos raios sempre apareceu que Cristo fosse verdadeiramente a Cabeça e tivesse o primado de tudo. E assim se dissolve a argúcia fútil ventilada por Osiandro de que os anjos não teriam essa Cabeça se Deus não propusesse que seu Filho vestisse a carne, ainda que para além da culpa de Adão. De fato, Osiandro toma muito inconsideradamente o que ninguém são pode conceder: que não cabe a Cristo o primado sobre os anjos, para que fruam de seu principado, senão na medida em que Ele é homem. Em contraposição, tomamos emprestadas as palavras de Paulo: "Este é a imagem do Deus invisível, o primogênito de toda a criação" [Cl 1, 15]. Não que Cristo seja criado ou deva ser contado entre as criaturas, mas porque, primeiro, o estado íntegro do mundo — o qual foi desde o início insigne por uma suma beleza — não teve outro princípio, e porque, segundo, à medida que foi feito homem, Cristo é o primogênito desde os mortos [Cl 1, 18]. Assim é que o apóstolo propõe ambos à consideração em um único e breve contexto: que "tudo fosse criado pelo Filho, para que dominasse os anjos" [Cl 1, 16] e que "fosse feito homem, para começar a ser o Redentor".[572] Cabe à mesma insipiência dizer que os homens não tomariam Cristo por Rei a menos que fosse homem. Como se não pudesse se realizar o reino de Deus ainda que Seu Filho eterno — mesmo que não revestido de carne humana e unindo os anjos e os homens à sua glória e vida celeste – tivesse Ele mesmo a supremacia! Mas Osiandro sempre se engana ou tece ilusões para si com o falso princípio de que a Igreja seria αφκεϖφαλον ("acéfala") a não ser que Cristo aparecesse na carne. Como se, assim como os anjos fruem d'Ele como Cabeça, não pudesse presidir aos homens com sua força divina, nem alimentá-los e fomentá-los com a força misteriosa de seu espírito e de seu corpo, até que, unidos no céu com os anjos, fruam da mesma vida! Osiandro toma como oráculos infalíveis essas ninharias que até agora refutei e, inebriado pela doçura de suas especulações, costuma entoar hinos ridículos do nada! Diz em seguida ter um argumento muito mais sólido, a saber, a profecia de Adão que, ao ver sua esposa, disse: "Agora este é o osso de meus ossos

---

572 Cl 1, 14.

e a carne de minha carne" [Gn 2, 23]. Ora, o que prova essa profecia? Que Cristo atribua em Mateus as mesmas palavras a Deus. Como se, de fato, tudo o que Deus falou por intermédio dos homens deva ser tomado por vaticínio. Osiandro pretende que existe um vaticínio em cada um dos preceitos da Lei, dado constar terem Deus como autor. Acrescente-se que, subsistindo no sentido literal, Cristo seria rude e terreno,[573] uma vez que não falou da união mística que é dignada para a Igreja, mas apenas da fidelidade conjugal, ensinando que Deus pronunciou que o homem e a mulher haveriam de ser uma única carne por esta causa: para que ninguém tente violar com o divórcio aquele vínculo indissolúvel. Se Osiandro despreza essa simplicidade, que reprove o Cristo, uma vez que não transmitiu o mistério aos discípulos ao interpretar tão sutilmente o que foi dito pelo Pai. Nem Paulo apoia o delírio de, após dizer que somos carne da carne de Cristo, acrescentar que este seja um mistério grandioso [Ef 5, 30].[574] Com efeito, não quis se referir àquele sentido em que Adão proferiu essas palavras, mas, sob a figura e a semelhança do matrimônio, propor a sagrada conjunção que nos faz um com Cristo. E assim soam as palavras, uma vez que, ao advertir que fala isso sobre Cristo e a Igreja, distingue como uma correção o matrimônio pela lei e a conjunção espiritual entre Cristo e a Igreja: eis por que facilmente esvaece aquela futilidade. E não considero necessário discutir semelhantes quinquilharias, já que dessa brevíssima refutação se depreende toda a vaidade. Por certo será muito suficiente, como sólido alimento para os filhos de Deus, esta afirmação: "vindo, porém, a plenitude dos tempos, Deus enviou seu Filho, nascido de mulher, nascido sob a Lei, para redimir aqueles que estavam sob a Lei" [Gl 4, 4].

---

573 Mt 19, 4-6.
574 Ef 5, 30-32.

Capítulo XIII

Cristo revestiu-se da verdadeira substância da carne humana.

 menos que me engane, seria supérfluo voltar a falar da divindade de Cristo, provada em outros pontos desta obra com testemunhos claros e firmes.[575] Resta-nos ver de que modo, ao vestir nossa carne, Cristo cumpriu o papel de Mediador. E consideremos que a verdade da natureza humana foi outrora impugnada tanto pelos maniqueus quanto pelos marcionitas, estes forjando para si um espectro no lugar do corpo de Cristo,[576] aqueles sonhando-o revestido com uma carne celeste.[577] Mas muitos e válidos testemunhos da Escritura são contrários a ambos. Com efeito, a bênção não é prometida nem na semente celeste, nem em um títere humano, mas na semente de Abraão e de Jacó [Gn 17, 2; 22, 18; 26, 4]; nem o trono eterno é prometido para um homem feito de ar, mas para o filho de Davi e para o fruto de seu ventre [Sl 45, 7]; donde, também exibido na carne, é chamado filho de Davi e de Abraão [Mt 1, 1]; por isso, não apenas uma vez que nasceu do ventre da Virgem, já que criado no ar, mas porque (como Paulo o interpreta) foi feito segundo a carne da semente de Davi [Rm 1, 3], tal como o mesmo apóstolo ensina em outro lugar que fosse descendente dos judeus [Rm 9, 5]. Eis por que o próprio Senhor, não satisfeito com o nome de Homem, também muitas vezes se chama de Filho do Homem, querendo exprimir com clareza que Ele é homem gerado verdadeiramente da semente do homem. Como o Espírito Santo, tantas vezes e por tantos instrumentos e com tanta diligência e simplicidade, narrou uma realidade que por si não é oculta, quem

575 Ver Livro I, Capítulo XIII, §§ 7-13.
576 Cf. Agostinho, *Serm.* 75, 7, 8, PL 38, 477; *Confess.* V, 9, 16, PL 32, 713 etc.
577 Cf. Tertuliano, *De carne Christi*, c.6.8. Pseudo-Tertuliano, *Adv. omnes haereses*, 6.

cogitaria que alguns mortais ousariam, com tamanha vergonha, espalhar embustes quanto a isso? E, no entanto, ainda outros testemunhos nos estão à mão, se quisermos reunir mais, tal qual o de Paulo: "Deus enviou seu Filho, nascido de mulher" [Gl 4, 4] e numerosos outros, nos quais consta que fosse sujeito à fome, à sede, ao frio e às outras enfermidades de nossa natureza. E desses muitos testemunhos, escolhamos os que podem conduzir as almas com firmeza para a edificação da verdadeira confiança, como a afirmação de que Cristo não se deteve na honra dos anjos, para assumir a natureza deles, mas assumiu a nossa, para que, pela morte, destruísse na carne e no sangue aquele que tinha sob o seu poder o império da morte [Hb 2, 16].[578] E, pelo benefício de sua comunicação, somos vistos como seus irmãos; mais ainda, que se fez semelhante aos irmãos a fim de ser um intercessor misericordioso e fiel [Hb 2, 11.17], pois não temos um pontífice que não possa compadecer-se de nossas enfermidades [Hb 4, 15] e semelhantes. Diz respeito ao mesmo ponto[579] o que tratamos pouco antes,[580] que foi preciso expiar em nossa carne os pecados do mundo, o que é asseverado por Paulo. E, por isso, com certeza cabe a nós tudo o que o Pai conferiu a Cristo, porque é a cabeça da qual todo o corpo, unido por composição, simultaneamente se fortifica [Ef 4, 16]. Assim, não pode ser tomado de outro modo o que foi dito, o Espírito foi dado a Cristo sem medida,[581] para que todos possamos haurir de sua plenitude [Jo 1, 16], quando nada é mais absurdo do que Deus enriquecer-se em sua essência por um dom adventício. Por essa mesma razão, Cristo diz noutro lugar: "Por eles me santifico" [Jo 17, 19].

2. Com espantosa inépcia, distorcem as passagens que proferem para a confirmação de seus erros e não avançam nada com argúcias frívolas quando buscam impugnar as passagens que eu trouxe em nossa defesa. Marcião imaginou que Cristo vestisse um fantasma por corpo, por ter declarado, em alguns lugares, ter sido feito à semelhança do homem e achado na forma de homem [Fl 2, 7]. Mas, desse modo, não entendeu o que Paulo tratou ali; na verdade, não quis ensinar qual corpo Cristo teria assumido para si, mas, como podia exibir, por direito, sua divindade, não tomou ante si senão o que era abjeto e desprezível do homem. Por seu exemplo, exorta-nos à submissão, porquanto, sendo Deus, poderia propor imediatamente para o mundo sua claríssima glória, e no entanto aban-

---

578 Hb 2, 16.14.
579 Na discussão que se segue, Calvino parece pretender impugnar o anabatista Mennon Simons.
580 Ver Capítulo XII, § 3 deste Livro.
581 Jo 3, 34.

donou o que era de seu direito e espontaneamente esvaziou-se a si, porque, vestindo a imagem de servo e satisfeito com aquela humildade, admitiu esconder com o véu da carne sua divindade.[582] Então, não ensinou aqui o que foi Cristo, mas como se mostrou. Ainda mais que, de todo o contexto, conclui-se facilmente que Cristo fosse esvaziado na verdadeira natureza do homem.[583] De fato, o que foi que tomou para si ao dizer que fosse encontrado na forma tal qual um homem senão que, por um tempo, não resplandeceu a glória divina, mas somente revelou a forma humana, numa condição vil e abjeta? E não é diferente o que disse Pedro, que fosse "morto pela carne, vivificado pelo espírito" [1Pd 3, 18], a não ser que o Filho de Deus fosse fraco na natureza do homem. O que Paulo explica de modo mais nítido, dizendo que "sofreu segundo a fraqueza humana" [2Co 13, 4]. E a isso cabe a exaltação, que diz claramente que Cristo adquiriu uma glória nova depois de esvaziar-se a si mesmo, o que não seria propriamente adequado a não ser que fosse homem dotado de carne e alma. Mani fabricou um corpo aéreo, tendo em vista que Cristo foi chamado segundo Adão sobre o mais alto do céu [1Co 1, 47]. Mas o apóstolo não fala ali de uma essência celeste do corpo, mas de uma força espiritual, que, difundida por Cristo, a nós vivifica. Como vimos, Pedro e Paulo a separam da carne, dado que muito mais claramente se estabelece por essa passagem a doutrina que vigora entre os ortodoxos sobre a carne de Cristo. E, a não ser que Cristo tivesse uma natureza una conosco, seria vazia a conclusão veemente de Paulo: "Se Cristo ressuscitou, nós também ressuscitaremos; se não ressurgirmos, também Cristo não teria ressurgido" [1Co 15, 16]. Por mais que os antigos maniqueus, ou mesmo os recentes, utilizem subterfúgios para se livrar disso, não o conseguem. Estúpida é a escapatória que palreiam de que Cristo é dito Filho do Homem uma vez que foi prometido aos homens; visto ser evidente que por essa expressão – de acordo com a maneira de falar dos hebreus – não há de se entender mais que verdadeiro homem. Não há dúvida de Cristo ter usado aqui uma expressão de sua língua. Também deve estar fora de controvérsia o que convém entender por "filhos de Adão". E, para não nos alongarmos, é por demais suficiente a passagem do salmo oitavo em que os apóstolos se referem a Cristo: "O que é o homem, para que te recordes dele, ou o filho do homem para que o visites?".[584] Com essa figura, exprime-se a verdadeira humanidade de Cristo, uma vez que, mesmo não ten-

---

582 Cf. Fl 2, 5-7.
583 Cf. Mennon, *Antwoort*, 1556 (*Mennonis Opera Omnia*, 1681).
584 Sl 8, 5.

do sido gerado diretamente de um pai mortal, sua origem remonta a Adão. E isso não muda em nada o que antes citamos,[585] que Cristo fosse partícipe da carne e do sangue, agregando junto a si as crianças para o perdão de Deus [Hb 2, 14], palavras pelas quais Cristo é estabelecido como sócio e consorte de nossa natureza. É no mesmo sentido que disse serem uno o autor da santidade e os que são santificados. E do contexto se conclui que se refere à sociedade de natureza, pois em seguida acrescenta: "por isso não se envergonha de chamá-los irmãos" [Hb 2, 11]. Com efeito, se antes dissera que os fiéis originam de Deus, haveria alguma razão para se envergonhar de tamanha dignidade? Mas, como Cristo, por sua imensa graça, agrega a si os sórdidos e ignóbeis, por isso se diz que não se envergonhe. Ora, propõem em vão a objeção de que, desse modo, os ímpios haveriam de ser irmãos de Cristo, já que sabemos que os filhos de Deus não nascem da carne e do sangue, mas do Espírito, pela fé. Por isso, a carne não faz sozinha a conjunção fraterna. Ora, ainda que o apóstolo assinale essa honra apenas aos fiéis, não se infere, no entanto, que os incrédulos não tenham nascido da mesma fonte, tal como, quando dizemos que Cristo foi feito homem para nos fazer filhos de Deus, não se estende a locução a qualquer um, dado que a fé seja interposta como o meio que nos insere no corpo espiritual de Cristo. Também sustentam insipientemente uma discussão a respeito do nome "primogênito". Alegam que Cristo deveria ter nascido de Adão, desde o início, para ser o primogênito entre os irmãos [Rm 8, 29]. No entanto, a primogenitura não é referida à idade, mas ao grau de honra e à eminência da virtude. Tampouco tem mais cores o que papagueiam acerca de Cristo ter assumido o homem, não os anjos [Hb 2, 16], porque recebera na graça o gênero humano.[586] Ampliando a honra com a qual Cristo nos foi dado, compara-nos aos anjos, que foram deixados em segundo plano quanto a isso. E, se for tomado de modo probo o testemunho de Moisés segundo o qual a semente da mulher esmagará a cabeça da serpente [Gn 3, 14], a disputa estará plenamente encerrada. Na realidade, essa palavra não é tomada apenas sobre Cristo, mas sobre todo o gênero humano:[587] tendo Cristo adquirido para nós a vitória, Deus diz, de modo geral, que os descendentes da mulher haveriam de ser superiores ao Diabo. Donde deriva ser Cristo o primogênito do gênero humano, uma vez que foi uma deliberação de Deus que Eva, a

585 Ver § 1 deste Capítulo.
586 Com esse comentário, Calvino visa não ao *Antwoort* de Mennon, mas talvez ao *Eyne clare Bekentenisse*, que Menno escreveu para Jan £aski. Cf. Serveto, *Christ. Rest.*: *De Trin. lib.* II.
587 Cf. Mennon, *Antwoort*.

quem fala, se apoiasse na boa esperança, para que não sucumbisse à aflição.

3. Não envolvem em alegorias menos estultas que ímprobas os testemunhos em que Cristo é chamado de "semente de Abraão" e "fruto do ventre de Davi", pois, se o nome de "semente" tivesse sido proposto de forma alegórica, Paulo por certo não se teria calado quando afirmou, sem reticências e sem figurações, que "não há vários redentores filhos de Abraão, mas somente Cristo" [Gl 3, 16]. É da mesma farinha o que tomam como pretexto: que não seja chamado "filho de Davi" senão porque fora prometido e, ao seu tempo, por fim exibido [Rm 1, 3]. De fato, depois que Paulo diz "filho de Davi", acrescenta logo em seguida "segundo a carne", designando certamente a natureza. Assim também no nono capítulo, ao anunciar o Deus bendito, apresenta-o, segundo a carne, como descendente dos judeus.[588] Logo, a não ser que tivesse sido verdadeiramente gerado da semente de Davi, de que valeria a expressão de ser fruto de seu ventre?[589] De que valeria esta promessa: "de teus rins descende aquele que permanecerá em teu trono" [Sl 132, 11]?[590] E assim, jogam sofisticamente com a genealogia de Cristo, como aparece em Mateus: ainda que não enumere os pais de Maria, mas de José,[591] fazendo uso da palavra sobre uma coisa tão sem mistério, tomava como suficiente mostrar que José era um rebento da semente de Davi, já que constaria que Maria era da mesma família. Lucas é ainda mais preciso, ao ensinar que a salvação trazida por Cristo é comum a todo o gênero humano, uma vez que Cristo, o autor da salvação, foi gerado de Adão, o pai comum de todos.[592] Reconheço que da genealogia não se conclui senão que Cristo é filho de Davi apenas uma vez que nasceu da Virgem, mas são muito soberbos os novos marcionitas ao dissimular a causa de seu erro: para mostrar que Cristo tomou seu corpo do nada, defendem que as mulheres sejam αφσποϖρου ["sem semente"], e assim subvertem os elementos da natureza. Ora, visto não ser esta uma disputa teológica e serem da mais óbvia e fácil refutação as fúteis razões que eles aduzem, dado pertencerem à filosofia e à arte médica, dela não tratarei, e será suficiente para diluí-la o que propõem como objeção com base na Escritura. Com efeito, como Aarão e Joiada casaram-se fora da tribo de Judá, a separação das tribos tornar-se-ia confusa se a semente da geração fosse inerente às mulhe-

---

588 Rm 9, 5.
589 Lc 1, 42
590 Cf. 2Sm 7, 12; At 2, 30.
591 Mt 1, 16.
592 Lc 3, 38.

res. É também por demais sabido que, em respeito à ordem política, a descendência seja referida à semente do homem, sem que a superioridade do sexo seja afetada pela união da semente da mulher à geração. E essa solução se estende a todas as genealogias. A Escritura, quando faz a recensão do catálogo dos homens, com frequência nomeia apenas os homens — acaso, por isso, deve-se dizer que as mulheres não sejam nada? Ora, mesmo às crianças é evidente que elas estejam compreendidas sob os homens. Por essa razão se diz que as mulheres dão à luz para seus maridos, uma vez que o nome da família sempre está em poder dos homens. Logo, tal como a superioridade do sexo viril é concedida pelo fato de os filhos, desde a condição dos pais, serem vistos como nobres ou plebeus, assim, na escravidão, o parto segue o ventre, segundo os jurisconsultos.[593] Donde é lícito concluir que o filho seja procriado da semente materna: e desde muito tempo foi tomado como um costume dos povos que as mães fossem chamadas de genitoras, ao que também consente a Lei de Deus, que teria vetado incorretamente em outras passagens o matrimônio do tio materno com a sobrinha, uma vez que não haveria nenhuma consanguinidade. Também seria lícito ao homem tomar em matrimônio a irmã de ventre, desde que tivesse sido gerada por outro pai. Ora, reconheço que, tal como a força passiva é atribuída às mulheres, assim respondo que seja recomendado o mesmo tanto a elas como aos homens. O próprio Cristo não se disse nascido através de uma mulher, mas de uma mulher [Gl 4, 4]. E alguns deste bando, abandonando o pudor, maldosamente perguntam se acaso não quisemos dizer que Cristo fora gerado da semente menstrual da Virgem. Por isso, pelo contrário, eu sustentarei se acaso não teria sido fortificado no sangue da mãe, o que serão obrigados a reconhecer. Portanto, conclui-se validamente das palavras de Mateus que, tendo sido gerado de Maria, Cristo foi procriado da semente dela, tal como marca uma geração semelhante quando diz que Booz foi gerado de Raab [Mt 1, 5]. E não é verdade que Mateus tenha descrito a Virgem aqui como se um canal pelo qual Cristo teria fluído, mas diferencia o modo admirável de geração do vulgar, visto que, por ela, Cristo foi gerado da semente de Davi. Pela mesma razão pela qual Isaac foi gerado de Abraão, Salomão de Davi, José de Jacó, é dito que Cristo foi gerado da mãe. Querendo provar que Cristo tinha sua origem em Davi, o Evangelista contextualiza as palavras de tal modo que apenas elas sejam suficientes: que fosse "gerado de Maria". Donde se segue que assumisse por confesso que Maria era consanguínea de José.

---

593 Cf. Justiniano, *Instituições* I, 3, 4; *Digesta* I, 5, 5, 2.

4. Os absurdos que nos querem imputar são repletos de calúnias pueris. Concluem que Cristo seria torpe e infame se fosse tomado da origem humana, porque não se poderia eximir da lei comum, que inclui, sem exceção, toda a raça de Adão sob o pecado. No entanto, a antítese lida em Paulo facilmente desata este nó: "tal como por um homem o pecado e pelo pecado a morte, assim pela justiça de um único homem abundou a graça" [Rm 5, 12];[594] à qual corresponde também esta outra: "O primeiro Adão, que é desde a terra, é terreno e animal; o segundo, que é desde o céu, é celeste" [1Co 15, 47]. Por isso, o mesmo apóstolo, ao ensinar que Cristo foi enviado na semelhança do pecado da carne para satisfazer à Lei [Rm 8, 3], separa-o claramente da sorte comum, para que seja verdadeiro homem sem vício nem corrupção. Ora, de modo pueril gracejam que, se Cristo está imune de toda mancha e, por uma operação misteriosa do Espírito, foi gerado da semente de Maria, então não seria impura a semente da mulher, mas pelo menos o seria a do homem. Na verdade, não fazemos Cristo imune de toda mancha pelo fato de Ele se ter gerado unicamente de uma mulher, sem relacionamento com um homem, mas porque foi santificado desde o Espírito, para que a geração fosse pura e íntegra, tal como haveria de ser antes da queda de Adão. E, acima de tudo, é claro para nós que a Escritura, sempre que nos admoesta sobre a pureza de Cristo, marca sua verdadeira natureza de homem, porque seria supérfluo dizer que Deus fosse puro. Também a santificação da qual se fala em *João*, no capítulo 17, não teria lugar quanto à natureza divina. De fato, não se mantém a ficção de uma dupla semente de Adão, por mais que nenhuma contaminação atingisse Cristo, porque a geração do homem não é imunda ou viciosa por si, mas acidental, desde a queda. Por isso, não é de admirar que Cristo, por quem deveria ser restituída a integridade, estivesse isento da corrupção vulgar. Também não passa de mera desfaçatez lançarem-nos como absurdo que, se a Palavra de Deus vestiu a carne, então estava inserida em uma estreita prisão do corpo terreno, uma vez que, ainda que numa única pessoa se reunisse a imensa essência do Verbo com a natureza do homem, não teríamos inventado nenhuma prisão. De fato, o Filho de Deus desceu admiravelmente do céu, ainda que não tenha deixado o céu; quis admiravelmente ser gestado no ventre da Virgem, viver na terra e pender na cruz, ainda que sempre tenha provido o mundo, como desde o início.

---

594 Rm 5, 12ss.

CAPÍTULO XIV

Como as duas naturezas fornecem a pessoa do Mediador.

 uando se diz que o Verbo foi feito carne [Jo 1, 14], não se deve entender que ou tivesse se convertido em carne ou tivesse sido confusamente misturado à carne, mas, tendo tomado para si, desde o ventre da Virgem, um templo no qual habitaria, de modo que aquele que era Filho de Deus, foi feito Filho do Homem; não por uma confusão da substância, mas pela unidade da pessoa. Assim asseverarmos que de tal maneira está unida a divindade com a humanidade, que cada uma retêm integralmente suas propriedades, e, sem dúvida, ambas constituem Cristo. Se podemos encontrar algo semelhante a tamanho mistério nas coisas humanas, tomemos a similitude do homem, no qual vemos duas naturezas, que, no entanto, de tão misturadas uma à outra, não retêm sua propriedade individual: nem a alma é o corpo, nem o corpo é a alma. Por isso atribui qualidades peculiares à alma, que não são próprias de modo algum do corpo, e vice--versa; e igualmente da totalidade do homem se predicam coisas que não podem se atribuir a nenhuma das partes consideradas em si mesmas. Por fim, o que é próprio da alma é transferido ao corpo, e o que é próprio do corpo, à alma, considerando-se ser um único homem, não vários. Tais modos de falar significam que no homem reside uma única pessoa, composta de duas naturezas que se unem, bem como, sem dúvida, existe uma grande diferença entre cada uma delas.[595] A Escritura também fala assim de Cristo, atribuindo-lhe às vezes o que é particularmente referente à humanidade, outras vezes o que compete apenas à divindade; e outras vezes, o que compete a ambas as naturezas em conjunto, e não convém

---

595 Cf. Agostinho, *Serm.* 186, 1. PL 38, 999; *Enchir. ad Laur.*, c. 36. PL 40, 250.

a nenhuma delas em particular. E sem dúvida exprime com tanta veneração a conjunção de uma dúplice natureza que subjaz ao Cristo, que por vezes elas se comunicam entre si, metáfora que, pelos antigos, é chamada ιφδιωμαστων κοινωνιστα ("comunicação de propriedades"[596]).[597]

2. E isso não estaria bem-estabelecido se a Escritura, por meio das muitas frases claríssimas constantes em muitos de seus pontos, não provasse que nada disso foi cogitação humana. O que Cristo dizia de si, "Antes que Abraão fosse feito, Eu sou" [Jo 8, 58], era algo muito alheio à humanidade. E não desconheço o engano com o qual alguns depravam essa passagem: que Cristo fosse anterior a todos os séculos, uma vez que preconcebido como Redentor tanto na deliberação do Pai quanto na mente dos fiéis.[598] Mas, dado que Ele distinga o dia da manifestação e a essência eterna, e declaradamente assuma para si, desde a Antiguidade, a autoridade pela qual é mais excelente que Abraão, sem dúvida reivindica para si o que é próprio da divindade. Tampouco cabe ao homem o que Paulo assevera: que seja o primogênito de todas as criaturas, que existiu antes de tudo e através de quem tudo está estabelecido [Cl 1, 15]; também o que Ele diz de si: que fosse glorioso junto ao Pai antes que o mundo fosse criado [Jo 17, 5] e operasse com o Pai [Jo 5, 17]. Portanto, é certo que esses e atributos semelhantes sejam exclusivos da divindade. Ora, por outro lado, que seja chamado de "servo do Pai" [Is 42, 1, e em outras passagens], que crescesse em idade e sabedoria junto de Deus e dos homens [Lc 2, 52], que não buscasse sua própria glória [Jo 8, 50], que ignorasse o Dia Final [Mc 13, 32], que não falasse por si mesmo, não fizesse sua vontade [Jo 14, 10; 6, 38], que fosse visto e tocado [Lc 24, 39] — isso tudo cabe unicamente à humanidade. Uma vez que, quanto à natureza divina, em nada pode ser acrescentado e tudo se opera em razão d'Ele, nada lhe é velado, faz tudo pelo arbítrio de sua vontade, e é invisível e intocável. No entanto, não concebe atributos apenas à sua natureza humana, mas os recebe em si como se conviesse à pessoa do Mediador. Ora, uma comunicação *idiomatum*, ou de propriedades, é o que diz Paulo: "Deus por seu sangue adquiriu para si a Igreja" [At 20, 28] e "foi crucificado o Senhor da glória" [1Co 2, 8]. Ainda o que diz João: "A palavra da vida foi tocada" [1Jo 1, 1]. Sem dúvida, Deus nem tem san-

---

596 Cf. § 2, a seguir.
597 Cirilo de Alexandria, *De incarnat. unigeniti*. PG 75, 1244, 1249; Leão I, *Epist.* 28, 5. PL 54, 771/2; João Damasceno, *Expositio fidei orthodoxae* III, 3 s. PG 94, 993 s.
598 Referência a Serveto.

gue, nem sofre, nem pode ser tocado por mãos, mas, visto ser aquele o verdadeiro Deus e homem, o Cristo crucificado derramou por nós seu sangue, o que se realizou em sua natureza humana e, impropriamente, ainda que não sem razão, foi transferido para a divindade. Semelhante é o exemplo em que João ensina que "Deus dispôs Sua alma por nós" [1Jo 3, 16]. Portanto, também ali a propriedade da humanidade se comunica com outra natureza. Por outro lado, quando Cristo, agindo nesta terra, disse que não teria ascendido ao céu senão o Filho do Homem que estava no céu [Jo 3, 13], certamente então não estava no céu segundo o homem e na carne que revestira, mas, uma vez que ele era Deus e homem, segundo a união da dúplice natureza, dava a uma o que era da outra.

3. Com muita clareza comentam a verdadeira substância de Cristo as passagens abundantes no Evangelho de João que tratam simultaneamente de ambas as naturezas; visto que não foi apenas da divindade, nem da humanidade, mas de ambas ao mesmo tempo, que recebeu do Pai o que ali se lê: o poder de perdoar os pecados [Jo 1, 29], de ressuscitar a quem quiser, de conferir a justiça, a santidade, a salvação, que tenha sido estabelecido o Juiz dos vivos e dos mortos, para que fosse honrado tal como também o é o Pai [Jo 5, 21-23]. Por fim, que seja chamado "a luz do mundo" [Jo 9, 5], "o bom pastor", "a única porta" [Jo 10, 9.12], "a verdadeira vinha". Com efeito, o Filho de Deus, dado que se manifestou na carne, foi revestido de tais prerrogativas, as quais Ele obteve do Pai antes da criação do mundo, ainda que não do mesmo modo ou pela mesma relação, e não poderiam ser dadas a um homem que não fosse mais que homem. Convém ser tomado no mesmo sentido o que se encontra em Paulo: "Realizado o Juízo, Cristo há de entregar o reino ao Deus e Pai" [1Co 15, 24]. É certo que o reino do Filho de Deus não teve início nem terá fim, mas, tal como por humildade, escondeu-se sob a carne e esvaziou-se a si e assumiu a forma de servo e depôs a imagem de majestade, submetendo-se obediente ao Pai [Fl 2, 8]. Cumprida tal sujeição, foi coroado pela glória e pela honra [Hb 2, 9] e elevado ao sumo império, para que perante Ele todo joelho se dobre [Fl 2, 10], assim então tanto o próprio nome, como a coroa da glória bem como tudo o que recebeu do Pai ao Pai sujeita, para que Deus seja tudo em todos [1Co 15, 28]. Para que fim lhe foi concedido o poder e o império senão para que o Pai nos governe por sua mão? Também nesse sentido se diz que está sentado à direita do Pai. De fato, isso é temporal, até que fruamos a visão da divindade presente. E aqui não pode ser desculpado o erro dos antigos de, ao não atentarem à pessoa do Mediador, obscurecerem o sentido genuíno de quase toda a doutrina que se lê no Evangelho de João e trazerem para si muitas dificuldades.[599] Tomemos, portanto, para nós esta chave do claro entendimento: o que diz respeito ao ofício do Mediador não fala de modo exclusivo nem da natureza divina, nem da natureza humana.[600] Assim, Cristo reinará até que se apresente como o Juiz do Mundo, pois, em vista de nossa fraqueza, promove nossa união com o Pai. Ora, quando, consortes da glória celeste, virmos a Deus tal qual é, então, cumprido o ofício de Mediador, Cristo deixará de ser o enviado do Pai e estará satisfeito com aquela glória que possuía antes da criação do mundo. E o nome de Senhor não cabe a nenhuma outra relação particular na pessoa de Cristo a não ser à medida que estabelece um grau intermediário entre nós e Deus. Diz respeito a isso aquela citação de Paulo: "Para nós há um só Deus, o Pai, de quem é tudo e para quem nós vivemos; e um só Senhor, Jesus Cristo, pelo qual são todas as coisas, e nós também por ele." [1Co 8, 6]; com efeito, a quem o Pai concede o império temporal até que sua divina majestade seja vista face a face — a quem, acrescento, nada falta, devolvendo o império ao Pai para que seja ainda mais claramente eminente. Pois então Deus também deixará de ser a cabeça do Cristo, uma vez que a divindade do próprio Cristo fulgurará por si, dado ter estado até então encoberta por certo véu.

4. Se os leitores dela se apropriarem habilmente, essa observação não terá pouca importância para desatar muitos nós. Com efeito, é admirável como os incultos,[601] e até mesmo alguns não completamente ignorantes,[602] distorcem tais fórmulas considerando que são atribuídas a Cristo de um modo que não é suficientemente adequado nem à sua divindade, nem à sua humanidade, porque entendem que elas não sejam congruentes à sua pessoa, na qual se manifestou como Deus e homem. Digo, entretanto, que se deva ver sobretudo quão harmoniosamente essas fórmulas concordam entre si, bastando para isso que tenham um sóbrio intérprete, que examine tão grandes mistérios com o cuidado que é conveniente [Agostinho, *Enchiridion para Lourenço*, c.36].[603] De fato,

---

599 Vê-se que Calvino tem em vista alguns doutores gregos que se aproximavam de certa doutrina monofisita sobre a pessoa de Cristo; cf. Cirilo de Alexandria, *Expos. In Ev. Ioh.*, ad Ioh. 5, 19; 5, 30; 8, 28s e semelhantes. PG 73, 357s; 386ss; 832ss; quanto à doutrina de Calvino, cf. Agostinho, *De Trin.* I, 10, 20. PL 42, 834.

600 Cf. Blandrata, *Quaestiones*, CR XVII, 170s, e as respostas de Calvino, CR IX, 332.

601 Ver, a seguir, p.463, nota. Também os anabatistas sustentavam opiniões equivocadas sobre a divindade e a humanidade de Cristo. Ver as epístolas de Calvino a Farell sobre o anabatista Herman, CR XI 11, 25.

602 Talvez Blandrata, q. CR XVII, 170s; Gentil, *epist. ad. min.* CR IX, 392.

603 Agostinho, *Enchiridion ad Laurentium*, c.36, PL 40, 250.

não há o que espíritos furiosos e agitados não perturbem. Eles se apropriam dos atributos da humanidade para eliminar a divindade,[604] dos da divindade para eliminar a humanidade,[605] e daqueles que são ditos simultaneamente de ambas as naturezas para que não sejam convenientes a nenhuma. De fato, o que é isso senão contender que Cristo não seja homem porque é Deus, que não seja Deus porque é homem, que não seja nem homem nem Deus porque é simultaneamente tanto homem como Deus? Portanto, constando que Cristo tenha as naturezas unidas, embora não confusas, dado que é Deus e homem, tomamos que seja o nosso verdadeiro Senhor e o Filho de Deus, mesmo segundo a humanidade, ainda que não em virtude da humanidade. Devemos afastar para longe de nós o erro de Nestório, que, antes querendo dividir que distinguir a natureza, imaginou um Cristo dúplice, enquanto vemos que a Escritura por uma clara voz o conteste, tanto revestindo com o nome de Filho de Deus aquele que nasceu da Virgem [Lc 1, 32], como chamando a própria Virgem de "mãe de nosso Senhor" [Lc 1, 43]. Também devemos nos guardar da insânia de Êutiques, para não destruirmos ambas as naturezas querendo demonstrar a unidade da pessoa. Já citamos tantos testemunhos em que a divindade é distinta da humanidade e ainda restam tantos outros trechos espalhados, que eles podem calar mesmo a boca mais propensa a contendas. E, pouco adiante, acrescentarei não poucas passagens que dissiparão ainda melhor essa ilusão. Neste momento, será suficiente para nós uma única passagem: Cristo não teria chamado a seu corpo de templo [Jo 2, 19] a não ser que indubitavelmente n'Ele habitasse a divindade. Eis por que Nestório foi com justiça condenado no Concílio de Éfeso, tal como, depois, Êutiques, em Constantinopla e em Calcedônia, porque não é mais lícito confundir as duas naturezas no Cristo que dividi-las.

5. E em nosso século emergiu um monstro não menos ruinoso, Miguel Serveto, que supôs, no lugar do Filho de Deus, uma ficção composta, desde a essência divina, de espírito, carne e três elementos incriados.[606] Em primeiro lugar, nega que Cristo seja Filho de Deus senão na medida em que foi gerado no ventre da Virgem desde o Espírito Santo. Essa astúcia faz que, destruída a distinção de uma natureza dúplice, Cristo seja uma mistura de Deus e homem, não podendo ser visto como Deus e homem.

---

604 Serveto, *De Trin. Erroribus*, l. I, f2bss etc.
605 Ibidem, l. II, f.58a-b; *Dialog. de Trin.* l. I, f.A6b-7b etc.
606 Miguel Serveto, *Christ. Restitutio*: *De Trin.*, lib. V, p.193 s; *De Trin.*, dial. II, p.205s.

E a isso atribui que Cristo, antes de ser exibido na carne, fosse apenas metáforas sombreadas em Deus, das quais por fim foi exibida a verdade ou o efeito, com o qual a Palavra que fora destinada para tal honra verdadeiramente começou a ser o Filho de Deus. Nós reconhecemos, sem dúvida, que o Mediador, que nasceu da Virgem, seja propriamente o Filho de Deus, já que o homem Cristo não seria um espelho inestimável da graça de Deus se não estivesse unida a ele aquela dignidade para ser o Filho unigênito de Deus e assim ser chamado. Também mantém-se a definição da Igreja: que seja visto como Filho de Deus uma vez que a Palavra, gerada desde o Pai antes dos séculos, recebeu a natureza humana pela união hipostática, ou seja, conforme o entendimento dos antigos, aquela união que, de duas naturezas, constitui uma única pessoa. A locução "união hipostática" foi criada para repelir o delírio de Nestório, que produzira a fantasia de o Filho de Deus habitar na carne de tal modo que ele mesmo não seria um homem. Serveto propõe a calúnia de termos forjado um dúplice Filho de Deus quando dissemos que a palavra eterna, antes de ser revestida na carne, já fosse o Filho de Deus, como se tivéssemos dito algo diferente de que fosse manifestado na carne. Com efeito, ainda que Deus fosse antes de ter sido feito homem, nem por isso um novo Deus teria começado a ser. E não é nada absurdo que se mostrasse na carne o Filho de Deus, aquele que desde a geração eterna constituiu o ser Filho de Deus. O que indicam as palavras do anjo à Maria: "O santo que nascerá de ti será chamado de Filho de Deus",[607] como se dissesse que o nome de Filho, que estava mais obscuro sob a Lei, haveria de ser célebre e visto em todo lugar. A isso corresponde aquela citação de Paulo: "Uma vez que agora somos filhos de Deus através de Cristo, clamemos livre e confiantemente 'Abba, Pai'" [Rm 8, 15]. Acaso, antigamente, os Profetas também não foram tomados entre os filhos de Deus? Pelo contrário, apoiados nesse direito, invocaram o Deus Pai. Mas Paulo assinala como um privilégio do reino de Cristo ter-se Ele produzido no mundo como o Filho unigênito de Deus, destacando ainda mais claramente a paternidade celeste. Deve-se sempre ter em mente que Deus jamais teria sido Pai, dos anjos ou dos homens, senão com relação ao Filho unigênito — sobretudo dos homens, que a própria iniquidade tornou odiosos para Deus e que são filhos pela adoção gratuita, em contraposição a Cristo, que o é pela natureza. A reclamação de Serveto de que a filiação dependa do decreto de Deus a Si mesmo tampouco é pertinente, porque

---

607 Lc 1, 35.

aqui não se trata de simbolismos, tal como a expiação demonstrada no sangue dos animais, mas — não podendo ter sido de fato filhos de Deus a menos que sua adoção fosse fundada na Cabeça — carece de fundamento arrancar da Cabeça o que foi comum aos membros. E vou além disso: se a Escritura chama os anjos de filhos de Deus [Sl 82, 6], para quem tamanha dignidade não dependia da futura redenção, também é necessário que Cristo presida pela ordem àqueles que Ele concilia com o Pai. Repetirei isso ainda uma vez, e o acrescentarei ao gênero humano. Se, desde a origem primeira, tanto os anjos quanto os homens foram criados sob a Lei para que Deus fosse o Pai comum de ambos os gêneros, e se for verdadeira a citação de Paulo de que Cristo sempre foi a cabeça e o primogênito de toda criatura, para que tivesse primazia sobre tudo [Cl 1, 15], creio poder concluir com justiça que também o Filho de Deus tenha existido antes da criação do mundo.

6. Visto que o princípio (por assim dizer) de sua filiação tenha-se manifestado na carne, segue-se que fosse Filho também com relação à natureza humana. Serveto e semelhantes agitadores pretendem que o Cristo que apareceu na carne seja o Filho de Deus, uma vez que, fora da carne, não poderia ter recebido esse nome. Respondam então para mim se é filho segundo ambas as naturezas e ambas as relações. Com certeza palreiam assim: mas muito diferente é o que ensina Paulo! Reconhecemos que Cristo se diz filho na carne humana, mas não como os fiéis, somente pela adoção e pela graça, mas como verdadeiro e natural, e por isso único, para que com tal marca seja diferenciado de todos os outros. E de fato, a nós, que somos regenerados na nova vida, é dignado o nome de filhos de Deus, mas o nome de verdadeiro e unigênito é conferido apenas a Cristo. Ora, de que modo seria único em meio a tantos irmãos a não ser que possuísse uma natureza que nós recebemos por dom? Donde estendemos a honra para toda a pessoa do Mediador, para que seja verdadeira e propriamente Filho de Deus aquele que nasceu da Virgem e se ofereceu ao Pai como vítima na cruz, e mais ainda com relação à divindade — tal como Paulo ensina ao se dizer escolhido para o Evangelho de Deus, que ele antes prometera sobre o seu Filho, que foi gerado da semente de Davi segundo a carne e declarado Filho de Deus com poder [Rm 1, 1-3].[608] Chamando-o precisamente de "filho de Davi segundo a carne", por que teria dito também que fosse declarado Filho de Deus, a não ser que quisesse indicar que isso dependia de algo diverso da pró-

---

608 Rm 1, 1-4.

pria carne? Pois, no mesmo sentido em que teria dito, em outro lugar, que Cristo sofreu da enfermidade da carne para poder ressuscitar através da força do Espírito [2Co 13, 4], agora estabelece uma diferença para ambas as naturezas. Concedam então ser necessário que, tal como recebeu da mãe a causa pela qual é chamado Filho de Davi, assim tem do Pai a causa pela qual é Filho de Deus, e com isso é distinto e de uma natureza diferente da humana. A Escritura, em vários pontos, adorna-o com um duplo nome, chamando-o por vezes de Deus, por vezes de Filho do Homem; o segundo nome não poderia ter sido a Ele aplicado se não fosse do costume da língua hebraica ser dito "filho do homem" o que é da descendência de Adão. Em contrapartida, sustento que é chamado Filho de Deus em virtude da essência e da divindade eterna, porquanto não deva ser menos admissível ser referido à natureza divina o que é chamado de Filho de Deus que à natureza humana o que é chamado de Filho do Homem. E por fim, naquela passagem que citei, Paulo não entende que aquele que foi gerado da semente de Davi segundo a carne deva ser declarado Filho de Deus, de um modo diverso àquele em que ensina que Cristo, descendendo dos judeus segundo a carne, seja o Deus bendito pelos séculos [Rm 9, 5]. Se for notado em ambos os lugares uma distinção das duas naturezas, com qual direito negarão que o Filho de Deus tenha relação com a natureza divina, aquele que, segundo a carne, também é Filho do Homem?

7. Em defesa de seu erro, os ineptos sustentam com alvoroço que se disse que Deus não poupou o próprio Filho [Rm 8, 32]; que o anjo prescreveu que aquele que nasceria da Virgem fosse chamado de Filho do Altíssimo [Lc 1, 32].[609] Para que não se ensoberbeçam com objeção tão fútil, acompanhem um pouco conosco quão invalidamente raciocinam. Se, com efeito, concluem com acerto que foi na concepção que começou a ser o Filho de Deus, uma vez que aquele que foi concebido devesse assim ser chamado, segue-se que o Verbo começasse a ser desde sua manifestação na carne, uma vez que em *João* se encontra que ele anuncia o Verbo da vida, a qual suas mãos tocaram [1Jo 1, 1]. De forma semelhante, como será interpretado o que se lê no profeta, "Tu, Belém, terra de Judá, és pequenina dentre mil; de ti, Judá, nascerá para mim o condutor que regerá o meu povo de Israel, saído do início para a eternidade" [Mq 5, 2],[610] se querem seguir tal via de argumentação? Já testemunhei que não

---

609 Serveto, *De Trin. Erroribus*, lib. I, f. 6 a.
610 Mq 5, 1, *Vulgata* 5, 2.

apoiamos em nada a Nestório, que ensinou um Cristo dúplice, pois de nossa doutrina temos que Cristo nos fez com Ele filhos de Deus, por direito de uma conjunção fraterna, uma vez que, na carne que assumiu de nós, Ele é o filho unigênito de Deus. E Agostinho admoesta com prudência que é um espelho ilustre da graça admirável e singular de Deus o fato de, uma vez que é homem, ter aderido a uma honra que não poderia merecer.[611] Portanto, desde o ventre materno, Cristo foi ornado com a prerrogativa da carne, já que era Filho de Deus. E não se deve, na unidade da pessoa, inventar uma mistura que prive da divindade o que lhe é próprio. De fato, não há absurdo nenhum em que Cristo e a Palavra eterna de Deus, unidos em uma pessoa por duas naturezas, sejam chamados por diversas maneiras de Filho de Deus, sendo, segundo várias relações, ora ditos Filho de Deus, ora Filho do Homem. Por isso, nenhuma outra calúnia de Serveto nos é mais grave que a sugestão de que, antes de aparecer na carne, Cristo jamais fora chamado Filho de Deus, a não ser metaforicamente. Ainda que sua descrição tenha sido obscura, como já o provamos, o Filho não seria o Deus eterno senão porque foi a Palavra gerada pelo Pai eterno; nem caberia aquele nome à pessoa do Mediador que ele assumiu a não ser porque Deus se manifestou na carne; nem Deus seria chamado de Pai desde o início a menos que, desde então, houvesse uma relação mútua com o Filho, por intermédio de quem todo parentesco ou paternidade é divisada no céu e na terra [Ef 3, 15] — de todas essas evidências, conclui-se prontamente que Cristo fosse também sob a Lei e os profetas o Filho de Deus antes de ser celebrado por tal nome na Igreja. Se a disputa girar apenas em torno da palavra, Salomão, falando sobre a imensa grandeza de Deus, afirma que seu filho, tanto quanto Ele, é incompreensível: "Diga o seu nome, se puderes, ou o de seu filho" [Pr 30, 4]. A despeito de não ignorar que esse testemunho não terá peso suficiente entre os contenciosos, nele me apoio somente para mostrar o erro maligno daqueles que negam que o Filho de Deus seja Cristo a não ser na medida em que foi feito homem. Acrescente-se que, em voz única e consensual, todos os escritores mais antigos testemunharam isso tão claramente que não é menos ridícula que detestável a desfaçatez daqueles que ousam apresentar Irineu e Tertuliano como objeção, já que cada um deles reconhece que fosse invisível o Filho de Deus que depois apareceu de modo visível.[612]

---

611 Agostinho. *De civ. Dei*, X, 29, 1, PL 41, 308.
612 Irineu, *Adv. haer.* III, c.16, 6; Tertuliano, *Adv. Praxeam*, c.15.

8. Ora, ainda que Serveto tenha reunido portentos horrorosos aos quais talvez outros não subscrevessem, se investigarem com atenção cada um daqueles que não reconhecem o Filho de Deus senão na carne serão obrigados a conceder que Cristo não o é senão porque foi concebido no ventre da Virgem por meio do Espírito Santo, tal como antigamente os maniqueus defenderam que a alma do homem se originasse de uma trans-ferência de Deus, uma vez que liam que Deus tinha inspirado em Adão o sopro da vida [Gn 2, 7]. Pois tomam com tamanha obstinação o nome de Filho que não concebem nenhuma diferença entre as naturezas, mas con-fusamente tagarelam que o homem Cristo seja o Filho de Deus, uma vez que, segundo a natureza humana, foi gerado de Deus. Assim, a geração eterna da Sabedoria, pregada por Salomão [Ecl 24, 14], é abolida, e ou não há nenhuma razão da divindade no Mediador, ou, no lugar do ho-mem, está suposto um espectro. Para admoestar os leitores devotos a se manterem na sobriedade e na modéstia, por certo seria proveitoso o relato dos truques mais crassos de Serveto, com os quais fascinava a si e a outros; no entanto, considero supérfluo, dado que compus um livro especialmente sobre o assunto.[613] Eis então a suma do pensamento de Serveto: o Filho de Deus, desde o início, foi uma ideia e preordenação do homem que seria a imagem essencial de Deus. Ele não reconhece portanto outra Palavra de Deus senão no esplendor exterior. E nutre esta interpretação: que na geração do Filho, desde o início, fosse gerada em Deus a vontade, a qual ele estendeu em ato à própria criatura. Com isso, mistura o Espírito com a própria Palavra, uma vez que Deus teria distribuído o Verbo invisível e o Espírito na carne e na alma. Depois, a figuração de Cristo toma para ele o lugar da geração, mas diz que aquele que então foi Filho por uma forma obscura, também Ele foi gerado pela Palavra, à qual atribui o pa-pel de semente. Donde se seguiria que os porcos e os cães não sejam menos filhos de Deus, porquanto foram criados desde a semente original da Palavra de Deus. Ora, ainda que Cristo seja reunido de três elemen-tos incriados, já que gerado da essência de Deus, ainda assim inventa que fosse primogênito entre as criaturas, pois que a divindade essencial é a mesma para as pedras, segundo o seu grau. De fato, para não despojar Cristo de sua divindade, assevera que sua carne fosse οὐμοουσιον ("da mesma substância") de Deus, e que a Palavra fosse feita homem pela conversão da carne em Deus. Assim, não podendo apreender Cristo Fi-

---

613 *Defensio orthodoxae fidei de sacra Trinitate contra prodigiosos errores Michaelis Serveti Hispani... Per Iohannem Calvinum MDLIIII.* CR, VIII, 457ss.

lho de Deus a não ser que sua carne se originasse da essência de Deus e fosse convertida na divindade, conduz para o nada a hipóstase eterna da Palavra e nos toma o Filho de Davi, que foi prometido como redentor. E repete com frequência que o Filho fosse gerado de Deus, por ciência e predestinação, ainda que, de fato, fosse homem desde aquela matéria que no início fulgurava junto de Deus em três elementos e depois apareceu na primeira luz do mundo, na nuvem e na coluna de fogo. Mas seria muito longo apontar com quanta torpeza Serveto luta falsamente consigo. Deste compêndio, os leitores fiéis concluirão que, pelas sinuosas astúcias de um cão impuro, a esperança da salvação é extinta por completo, pois se a carne fosse a própria divindade, deixaria de ser seu templo. Logo, Cristo não seria o nosso redentor a não ser que aquele nascido da semente de Abraão e de Davi fosse feito verdadeiramente homem segundo a carne. E Serveto falsamente insiste nas palavras de João de que a Palavra fosse feita carne, uma vez que, assim como elas atacam os erros de Nestório, também em nada corroboram o comentário ímpio cujo autor foi Êutiques, dado que pelo Evangelista não foi proposto senão que a unidade da pessoa esteja asseverada em duas naturezas.

CAPÍTULO XV

Para saber com que fim Cristo foi enviado pelo Pai, devem ser n'Ele examinados principalmente três pontos: o ofício profético, o reino e o sacerdócio.

or mais que os heréticos preguem o nome de Cristo, Agostinho com retidão nega que o fundamento deles seja o mesmo que o dos devotos, pois ele permanece próprio da Igreja, uma vez que, se for diligentemente considerado o que ao Cristo cabe, ele será encontrado junto àqueles apenas pelo nome. Assim, os papistas de hoje, por mais que façam ressoar as expressões "Filho de Deus" e "redentor do mundo", ao se darem por contentes com a escusa de um nome vazio, despojado de sua força e dignidade, verdadeiramente se fazem merecedores daquela citação de Paulo: "Não têm cabeça" [Cl 2, 19]. Portanto, para que a fé encontre em Cristo a matéria sólida da salvação, e assim n'Ele descanse, deve-se estabelecer o princípio de que conste de três partes o ofício a ele imposto pelo Pai, pois foi dado como Profeta, Rei e Sacerdote. Se bem que de pouco adiantaria ter esses nomes se não se chegasse ao conhecimento do fim e do uso, pois também são pronunciados no Papado, mas frivolamente e sem maior fruto, dado que se ignore a fórmula que está contida em cada um deles.[614] Dissemos antes[615] que por mais que Deus, ao submeter o povo a uma série contínua de profetas, jamais o tenha destituído de uma doutrina útil e suficiente para a salvação, a mente dos fiéis, no entanto, sempre esteve imbuída da persuasão de que, com o advento do Messias, deveria ser esperada finalmente uma luz plena do entendimento. Assim chegou a expectativa de tal matéria até os samaritanos, aos quais, con-

---

614 Referência a Tomás de Aquino, *Summa Theologiae* III, q.22, a.1.
615 Ver Capítulo VI, §§ 2-4, deste Livro.

tudo, jamais se tornou conhecida a verdadeira religião, o que é patente na fala daquela mulher: "Quando o Messias vier, nos ensinará tudo" [Jo 4, 25]. De fato, isso não foi uma presunção temerária da alma dos judeus, mas, dado que foram instruídos com oráculos certos, assim creram. Ilustre, entre outras, é a sentença de Isaías: "Eis que o coloquei como testemunha do povo, como condutor e mestre do povo o dei" [Is 55, 4]; com efeito, do mesmo modo o teria chamado em outro lugar um anjo ou um intérprete de uma grande deliberação [Is 9, 6].[616] Por essa razão, ao recomendar a perfeição da doutrina evangélica, quando disse que antigamente Deus falou aos Pais, de várias maneiras por intermédio dos profetas, o apóstolo acrescenta que hoje fala a nós através do Filho amado [Hb 1, 1]. Ora, é porque foi um ofício comum dos profetas manter suspensa a Igreja e simultaneamente apoiá-la até o advento do Mediador, que lemos que os fiéis na dispersão se queixaram de ter sido privados daquele bem ordinário: "Já não vemos os sinais miraculosos; já não há profeta, nem há entre nós alguém que saiba até quando isto durará" [Sl 74, 9]. E, de fato, quando Cristo já não estava distante, foi predeterminado um tempo para Daniel selar a visão e a profecia [Dn 9, 24], não apenas para que constasse como correta a autoridade do vaticínio sobre o qual ali se tratava, mas, para que, com espírito justo, os fiéis carecessem por um tempo de profetas, uma vez que estava iminente a plenitude e a conclusão de todas as revelações.

2. Deve-se notar que cabe uma fórmula aos três ofícios de Cristo. Sabemos que, sob a Lei, tanto os profetas quanto os sacerdotes eram ungidos com um óleo sagrado, donde também o célebre nome de Messias foi imposto ao Mediador prometido. Ainda que reconheçamos que o nome Messias foi usado por uma consideração e razão particular do reino (como mostrei em outro lugar),[617] também a unção profética e a sacerdotal têm seu grau e não são por nós negligenciadas. Da primeira, se faz uma menção expressa em *Isaías*, com estas palavras: "O Espírito do Senhor Jeová está sobre mim, por isso Jeová me ungiu: para pregar aos mansos, trazer o remédio aos de coração contrito, promulgar a libertação dos cativos, publicar o ano da graça" etc. [Is 61, 1]. Vemos que Cristo foi ungido pelo Espírito para ser pregador e testemunha da graça do Pai, e não por uma razão frívola, uma vez que foi distinto dos doutores que tinham ofício semelhante. Pelo contrário: aqui deve ser notado que não recebeu a

---

616 Is 9, 5 (*Vulgata* 9, 6).
617 Ver Capítulo VI, § 3, deste Livro.

unção somente para si, para cumprir o papel de mestre, mas para todo o seu corpo, para que a força do Espírito correspondesse à contínua pregação do Evangelho. E, ainda assim, permanece imutável que a perfeição da doutrina por Ele trazida impôs um fim a todas as profecias, para que sejam depostos por sua autoridade aqueles que, não contentes com o Evangelho, assumirem algo de estranho. Pois aquela voz que ecoou do céu o elevou por um privilégio singular para além de toda ordem: "Este é o meu filho amado, escutai-o" [Mt 3, 17].[618] Por isso, sua unção é difundida da cabeça aos membros, tal como fora predito por Joel: "Vossos filhos profetizarão e vossas filhas terão visões" etc. [Jl 2, 28].[619] Ora, o que Paulo disse, que nos seria dado em sabedoria [1Co 1, 30] e, em outro lugar, que n'Ele estariam escondidos os tesouros de toda ciência e entendimento [Cl 2, 3], tem um sentido um pouco diferente: nada de útil fora d'Ele é conhecido, e todos que pela fé percebam como Ele é são abraçados por toda a imensidão dos bens celestes. Razão pela qual escreve, noutro lugar, que determinou nada saber de precioso para além de Jesus Cristo, e d'Ele crucificado [1Co 2, 2]. O que é muito verdadeiro, porque não é lícito avançar para além da simplicidade do Evangelho. E para isto tende a dignidade profética no Cristo: para que saibamos que estão incluídos na suma doutrina que Ele traz todos os números da perfeita sabedoria.

3. Passemos ao reino, sobre o qual é vão emitir palavras a não ser que, antes, os leitores sejam admoestados de que sua natureza é a espiritual, uma vez que daí se conclui o que Ele vale e confere para nós com toda a sua força e eternidade. A eternidade, que o anjo atribui à pessoa de Cristo em *Daniel* [Dn 2, 44], também acomoda para a salvação do povo em *Lucas* [Lc 1, 33]. Mas a eternidade também é dúplice ou deve ser estabelecida de dois modos: uma pertence a todo o corpo da Igreja, a outra é própria a cada um de seus membros. À primeira, deve-se referir o que é dito no salmo: "Uma vez jurei por minha santidade, não mentirei para Davi, a sua semente permanecerá eternamente e seu trono como o sol ante minha visão, assim como a lua, estabelecida na eternidade e como uma testemunha fiel no céu" [Sl 89, 36-38]. Não há dúvida de que aí Deus promete que haverá de ser, pela mão de seu Filho, o presidente e o defensor eterno da Igreja. Com efeito, não se encontra senão em Cristo a verdade desse vaticínio, visto que, logo após a morte de Salomão, caiu

---

618 Na verdade, Mt 17, 5.
619 Joel 3, 1 (*Vulgata* 2, 28).

a maior parte da dignidade do reino, e vergonhosamente a família de Davi foi transferida a um único homem e, depois, diminuída aos poucos, até cair num triste e vergonhoso infortúnio. Tem o mesmo sentido aquela exclamação de Isaías: "Quem comentará a sua geração?" [Is 53, 8], pois desse modo afirma que Cristo haveria de sobreviver à morte para uni-lo a seus membros. Portanto, sempre que ouvirmos que Cristo está armado com um poder eterno, recordemos que esse socorro sustenta a perpetuidade da Igreja, para que, entre as agitações turbulentas pelas quais é continuamente oprimida, entre graves e terríveis movimentos que ameaçam inúmeras desgraças, permaneça porém salva. Assim, quando Davi, rindo da audácia dos inimigos que procuram separar deles o jugo de Deus e de Cristo, diz que inutilmente se tumultuam os reis e as nações, porque aquele que habita nos céus é suficientemente forte para quebrar suas forças [Sl 2, 3.4], deixando os devotos ainda mais certos de sua redenção, anima para a espera do bem sempre que acontecer de ela ser oprimida. Assim, noutra passagem, quando diz na pessoa de Deus "Senta-te à minha direita, até que ponha os teus inimigos como escabelo de teus pés" [Sl 110, 1], admoesta que, por mais que muitos e fortes inimigos conspirem para atacar a Igreja, não terão forças suficientes para prevalecer contra o decreto imutável de Deus que constitui seu Filho o Rei Eterno. Donde se segue que o Diabo, com todas as forças do mundo, jamais poderá apagar a Igreja, fundada no trono eterno de Cristo. Logo, no que diz respeito ao uso particular de cada um, aquela mesma eternidade deve nos elevar à esperança da bem-aventurada imortalidade: divisamos que tudo o que é terreno e desde o mundo é temporal ou até mesmo caduco. Portanto, dado que eleva nossa esperança para os céus, Cristo anuncia que seu reino não é deste mundo [Jo 18, 36]. Por fim, cada um de nós que ouvir ser o reino de Cristo espiritual, despertado por tal palavra, avance à esperança de uma vida melhor e espere, do que agora é protegido pela mão de Cristo, um fruto pleno daquela graça no século futuro.

4. Aquilo que dissemos — que a força e a utilidade do reino de Cristo não podem ser percebidas por nós senão quando conhecemos que esse reino seja espiritual — é ainda mais claro disto: visto que devemos militar sob a cruz por todo o curso da vida, áspera e miserável é nossa condição. De que então nos adiantaria sermos recolhidos sob o império de um rei celeste se não soubéssemos que seu fruto é estabelecido para além da vida terrena? Por isso, cumpre saber que tudo o que é prometido em Cristo para a nossa felicidade não subsiste em comodidades exteriores, para que levemos uma vida alegre e tranquila, para que tenhamos recursos em abundância, para que estejamos seguros de todo mal e gozemos das delícias que a carne costuma esperar, mas reside naquilo que é próprio da vida celeste. Ora, assim como no mundo o estado próspero e desejável de um povo está contido, em parte, na abundância de todos os bens e na paz doméstica e, em parte, em defesas válidas pelas quais esteja protegido contra a violência exterior, assim também Cristo locupleta os seus com tudo o que é necessário para a salvação eterna das almas, e os provê com a força pela qual permanecem inexpugnáveis contra qualquer ataque dos inimigos espirituais. Donde concluímos que Ele reina mais para nós que para si, interior e exteriormente, para que, repletos dos dons do Espírito, dos quais somos naturalmente vazios, conforme Deus considera conveniente, sintamo-nos verdadeiramente unidos ao Senhor para a perfeita bem-aventurança. Depois, confiantes na força do mesmo Espírito, não duvidemos de que sempre seremos vitoriosos contra o Diabo, contra o mundo e quaisquer gêneros de males. Diz respeito a isso a resposta de Cristo aos fariseus: "Uma vez que o reino de Deus está entre nós, não virá com o que é observável" [Lc 17, 21].[620] É provável que, tendo Cristo confessado que seria o Rei sob o qual se esperava a suma bênção de Deus, os fariseus pedissem por zombaria que exibisse suas insígnias. Para que aqueles muito mais voltados para a terra do que é justo não se demorassem em pompas estultas, ordenou entrarem em suas consciências, dado ser o reino de Deus a justiça, a paz e o regozijo no Espírito Santo [Rm 14, 17]. Com isso, temos leve ideia do que o reino de Cristo nos confere, pois, uma vez que não é terreno ou carnal, sujeito à corrupção, mas sim espiritual, leva-nos até a vida eterna, para que passemos por esta vida pacientemente sob sofrimentos, fome, frio, desprezo, opróbrios e outras moléstias, contentes apenas com que nosso Rei jamais nos abandone sem socorrer nossas necessidades, até que, findas nossas batalhas, sejamos chamados ao triunfo — e tal é o modo de reinar que partilha conosco tudo o que recebe do Pai. Logo, uma vez que nos arma e instrui com sua força, orna com decoro e magnificência, locupleta com bens, donde está à nossa disposição uma matéria abundante para a glória e também a sugestão da confiança, para que lutemos intrepidamente contra o Diabo, o pecado e a morte. Por fim, porque vestidos com sua justiça, superaremos bravamente todos os opróbrios do mundo, e assim como ele nos enche liberalmente com seus dons, nós, em contrapartida, exibiremos os frutos em sua glória.

---

620 Lc 17, 20.21.

5. Por isso, não propõe que sua unção régia seja conferida a nós com óleo ou unguentos aromáticos, mas é chamado de Cristo de Deus, porque sobre Ele repousa o Espírito da sabedoria, da inteligência, da deliberação, da fortaleza e do temor de Deus [Is 11, 2]. Esse é o óleo da alegria, com que o salmo afirma que foi ungido com preferência a seus consortes, porque, a não ser que nele houvesse tal eficácia, seríamos todos pobres e famintos [Sl 45, 8]. Como foi dito,[621] não enriqueceu para si mesmo, mas para que sua abundância fosse vertida aos famintos e sedentos. Pois, tal como foi dito que o Pai não deu o Espírito ao Filho com comedimento [Jo 3, 34], assim se exprime a razão: para que todos recebamos de sua plenitude e graça sobre graça [Jo 1, 16]. Fonte da qual emana aquela prodigalidade lembrada por Paulo, pela qual a graça é distribuída de vários modos aos fiéis, segundo a medida da doação de Cristo [Ef 4, 7]. Com isso fica suficiente e abundantemente confirmado o que eu disse: que o reino de Cristo está situado no Espírito, não nas delícias ou pompas terrenas, e, por isso, para sermos seus partícipes, devemos renunciar ao mundo. Um símbolo visível dessa sagrada unção foi mostrado no batismo de Cristo, enquanto sobre Ele pousou o Espírito na forma de uma pomba [Lc 3, 22]. E não deve ser visto como novo ou absurdo o nome de unção designar o Espírito e seus dons,[622] porque não temos nosso sustento de outro lugar. De fato e em especial no respeitante à vida celeste, não há em nós uma gota de vigor senão quando a instila o Espírito Santo, que escolhe Cristo como sede, para que d'Ele jorrem com abundância para nós os dons celestes dos quais somos tão carentes. Ora, visto que tanto os fiéis permanecem invencíveis com a fortaleza de seu Rei como neles exuberam seus dons espirituais, não são sem mérito chamados de cristãos. Quanto ao mais, da eternidade da qual já falamos[623] nada subtrai a sentença de Paulo: "então trará o reino para o Deus e o Pai" [1Co 15, 24]. Ainda: "Sujeitou o próprio Filho, para que Deus fosse tudo em todos" [1Co 15, 28], uma vez que não quis dizer senão que, naquela glória perfeita, a administração do reino não haverá de ser tal qual é agora. O Pai deu ao Filho todo o poder para que por sua mão nos governe, fomente, sustente, proteja sob sua tutela e nos auxilie. Assim, quanto mais peregrinamos para longe de Deus, mais Cristo intercede como o intermediário que nos reconduz, pouco a pouco, a uma sólida conjunção com Deus. E que Cristo se sente

---

621 Ver § 2 deste Capítulo.
622 1Jo 2, 20.27.
623 Ver § 3 deste Capítulo.

à direita do Pai tem igual valor de ser dito um legado do Pai, com quem está todo o poder do império, uma vez que Deus, por via intermediária, quis reger e guardar a Igreja na pessoa do Filho. Tal como também Paulo expõe no capítulo 1 de *Efésios*, que estivesse à direita do Pai, dado ser a cabeça da Igreja, que é o seu corpo.[624] E não é diferente o que Paulo ensina noutra passagem: que "a Ele foi dado um nome que está acima de todo nome, para que ao nome de Jesus se dobre todo joelho e toda língua confesse que Ele está na glória de Deus Pai" [Fp 2, 9],[625] pois, com essas mesmas palavras, também recomenda uma ordem do reino de Cristo que é necessária para nossa fraqueza presente. Assim, Paulo conclui corretamente que Deus, por si, então haverá de ser a cabeça da Igreja, já que estará completo o papel de Cristo na defesa da Igreja. Pela mesma razão, em vários lugares a Escritura chama a Cristo de Senhor, uma vez que o Pai o constituiu acima de nós para exercer seu comando por intermédio d'Ele. Com efeito, embora muitos domínios sejam celebrados neste mundo, "todavia, para nós há um só Deus, o Pai, de quem é tudo e para quem nós vivemos; e um só Senhor, Jesus Cristo, pelo qual são todas as coisas, e nós também por ele" [1Co 8, 6]. Donde corretamente conclui que Ele seja o mesmo Deus que pela boca de Isaías asseverou ser o Rei e o Legislador da Igreja [Is 33, 22]. Pois, ainda que em alguns lugares chame de benefício e dom do Pai tudo o que tem em seu poder, não quer dizer senão que reina divinamente, uma vez que por isto veste a pessoa do Mediador: para que, ao descer do seio e da glória incompreensível do Pai, aproxime-se de nós. Por isso é muito justo que nós, por consentimento único, preparemo-nos para obedecer e dirigir com sumo ardor nossos favores ao seu sinal. Pois, assim como une os ofícios de rei e de pastor junto aos fiéis que voluntariamente se submetem a Ele, carrega, pelo contrário, um cetro de ferro com o qual quebra e destrói todos os obstinados, como se vasos de oleiro [Sl 2, 9]. Ouvimos também que haverá de ser o juiz dos gentios, para que cubra a terra de cadáveres e deite por terra toda grandeza a si adversa [Sl 110, 6]. Hoje com certeza são vistos exemplos disso, mas o atestado pleno permanece para o Juízo Final, que poderá ser visto como o ato final de seu reino.

6. Sobre o sacerdócio de Cristo, diremos sucintamente que se deve manter, como seu fim e utilidade, ser um mediador livre de toda mancha, que por sua santidade reconcilia Deus conosco. Mas, uma vez que

---

624 Ef 1, 20-23.
625 Fp 2, 9.10.

uma justa maldição impedisse nossa entrada e Deus, em virtude de seu ofício de juiz, estivesse irritado conosco, foi necessária a intervenção de um sacrifício, para que o Sacerdote realizasse um favor que aplacasse a ira do próprio Deus contra nós. Eis por que, para cumprir esse ofício, foi preciso Cristo aparecer com um sacrifício como intermediário, uma vez que também sob a Lei não era lícito ao sacerdote ingressar no santuário sem sangue, para que os fiéis soubessem que, por mais que fosse interposto como um protetor, o sacerdote só poderia tornar Deus propício se os pecados fossem expiados. O apóstolo trata extensamente disso na *Epístola aos hebreus*, desde o capítulo sétimo até quase o final do décimo. A suma, no entanto, leva a isto: não cabe senão a Cristo a honra do sacerdócio, uma vez que o sacrifício de sua morte apagou nossas faltas e satisfez com relação aos pecados. Somos admoestados da grandeza desse momento naquele juramento solene de Deus, que foi emitido sem hesitação: "Tu és eternamente sacerdote, segundo a ordem de Melquisedeque" [Sl 110, 4]. Ele quis, sem dúvida, sancionar a fonte na qual sabia verter o ponto principal de nossa salvação. E, como foi dito, não cabe a nós ou a nossas posses o acesso a Deus, a não ser que, purgados de nossas manchas, o sacerdote nos santifique e obtenha para nós a graça da qual nos separa a imundice de nossos crimes e vícios. Assim, vemos que devemos começar da morte de Cristo para que chegue a nós a eficácia e utilidade de seu sacerdócio. Daí concluímos ser um protetor eterno aquele de cujo patrocínio alcançamos o favor, e surge não apenas a confiança em pedir mas também a tranquilidade das consciências pias enquanto se reclinam completamente na indulgência paterna de Deus e estão certas e persuadidas de que tudo o que é consagrado pelo Mediador lhe seja agradável. Posto que Deus teria ordenado sob a Lei que lhe fossem oferecidas vítimas e animais, diversa e nova foi a disposição em Cristo, dado ser ele mesmo hóstia e sacerdote, nem poderia ser encontrada outra reparação idônea em favor dos pecados, nem há alguém digno de tamanha honra oferecida a Deus pelo Filho unigênito. Logo, Cristo sustenta a pessoa do sacerdote, tanto para, pela eterna lei da reconciliação, tornar o Pai favorável e propício a nós como para nos acrescentar à sociedade de tamanha honra [Ap 1, 6]. Pois, ainda que poluídos quanto a nós, n'Ele somos sacerdotes, oferecemos a nós e a tudo o que é nosso para Deus e ingressamos livremente no santuário celeste, para que sejam agradáveis e de bom olor diante de Deus os sacrifícios que provêm com preces e louvores. E também a isso se estendem as palavras de Cristo "Por eles santifico a mim mesmo" [Jo 17, 19], porque, banhados por sua santidade à medida que nos consagrou consigo ao Pai (a nós que, de outro modo, seríamos desagradáveis à sua presença), tornamo-nos agradáveis a Ele como puros e limpos, e até mesmo como sagrados. Diz respeito a isso a unção do santuário, da qual se faz menção em *Daniel* [Dn 9, 24]. Deve ser notada a antítese entre esta unção e aquela obscurecida, que estava em uso então, como se o anjo tivesse dito que, dissipadas as sombras na pessoa do Cristo, haveria de ser claro o sacerdócio — razão pela qual é ainda mais detestável a invenção daqueles que, não satisfeitos com o sacerdócio de Cristo, ousam impor a si mesmos o seu sacrifício, o que é experimentado cotidianamente no Papado, dado ser a missa vista como a imolação de Cristo.

CAPÍTULO XVI

Como Cristo desempenhou o papel de Redentor para conseguir nossa salvação: em que se trata sobre sua morte e ressurreição, e sobre a ascensão aos céus.

 que dissemos até agora sobre Cristo deve apontar a um único escopo: para que, condenados, mortos e perdidos em nós mesmos, busquemos n'Ele a libertação, a vida e a salvação, tal como somos ensinados por aquela insigne sentença de Pedro: "não foi dado aos homens outro nome sob o céu no qual convenha serem salvos" [At 4, 12]. De fato, não foi temerariamente, por acaso ou por arbítrio humano, que o nome de Jesus foi-lhe imposto, mas foi trazido do céu por um anjo, embaixador do decreto supremo, pela razão que se segue: "porque foi enviado para salvar o povo dos pecados" [Mt 1, 21; Lc 1, 31]. Palavras nas quais se deve notar o que esboçamos noutro lugar:[626] que a ele foi dado o ofício de redentor, para ser o nosso salvador. No entanto, a redenção ainda seria incompleta, a menos que nos conduzisse por progressos contínuos até a última meta da salvação. Assim, tão logo nos afastamos d'Ele, o mínimo que seja, pouco a pouco esvaece a salvação, que está enraizada n'Ele, para que sejam espontaneamente privados de toda a graça aqueles que n'Ele não descansam. E é digna de ser lembrada a admoestação de Bernardo de que o nome de Jesus não seja apenas luz, mas alimento, que seja também o óleo, sem o qual é seco todo o alimento da alma, que seja o sal, sem o qual fica sem tempero tudo o que é proposto, e, por fim, mel para a boca, música para os ouvidos, júbilo para o coração, e ainda remédio, e tudo o que se disputa seja insosso a não ser que ressoe aquele nome [*Sermão 15, Sobre o Cântico dos Cânticos*].[627] Mas aqui convém examinarmos

---

626 Ver Capítulo VI, § 1, deste Livro.
627 Bernardo. *Sermones in Cantica*, 15, 6, PL 183, 340s.

com atenção como ele obteve para nós a salvação, para que, persuadidos de ser ele seu autor e abraçados a um fundamento estável de nossa fé, repudiemos tudo o que possa dela nos afastar. Porque como ninguém pode imergir em si mesmo e considerar com seriedade o que é, verdadeiramente, sem sentir que Deus lhe é hostil e inimigo; e, por conseguinte, tem necessidade absoluta de procurar algum modo de aplacar a ira daquele que requer satisfação, é necessário que se tenha certeza plena e indubitável. Pois a ira e a maldição de Deus têm sempre acompanhado os pecadores, até que consigam sua absolvição; uma vez que Deus sendo um juiz justo não consente que sua Lei seja violada sem o correspondente castigo.

2. De fato, antes de avançarmos, devemos ver de que modo é pertinente que Deus, que nos provê com sua misericórdia, tenha sido um inimigo até ser reconciliado conosco por Cristo. Pois de que modo nos teria dado no Filho unigênito um penhor singular de seu amor a não ser que já fosse tomado por um favor gratuito? Visto que aparece aqui certa repugnância, desfarei esse nó. O Espírito fala muitas vezes na Escritura deste modo: "Deus foi um inimigo para os homens até que foram restituídos para a graça pela morte de Cristo" [Rm 5, 10]; "eles foram malditos até que, por seu sacrifício, foi expiada a iniquidade deles" [Gl 3, 10.13], "eles foram separados de Deus até que, por seu corpo, foram recebidos na união" [Cl 1, 21.22]. Frases desse tipo são adaptadas à nossa compreensão para entendermos melhor quão miserável e calamitosa é a nossa condição fora de Cristo. De fato, a não ser que se dissesse com palavras claras que pendiam sobre nós a ira e a vingança de Deus e a morte eterna, não reconheceríamos quão miseráveis éramos sem a misericórdia de Deus e não estimaríamos o suficiente o benefício da libertação. Por exemplo, certamente seria afetado e sentiria algo do quanto deve à misericórdia divina todo aquele que ouvisse o seguinte: se Deus tivesse odiado a ti no tempo em que eras pecador e, dado que eras merecedor, a ti renunciasse, caberia a ti uma ruína terrível, mas, uma vez que por sua espontânea e gratuita indulgência fostes mantido na graça e Ele não permitiu que te afastasses d'Ele, assim te libertou do perigo. Por outro lado, se alguém ouvisse o que a Escritura ensina: que fosse afastado de Deus pelo pecado e herdeiro da ira, sujeitado à maldição da morte eterna, excluído de toda esperança de salvação, apartado de toda bênção divina, escravizado por Satanás, cativo sob o jugo do pecado, e, por fim, destinado a uma ruína terrível e já envolto nela, e então que intercedesse o Cristo protetor, recebendo em si a pena e remindo o que era iminente, desde o justo juízo de Deus, para todos os pecadores, que expiasse com seu sangue os males que os faziam odiosos para Deus, que Deus Pai fosse satisfeito e tornado propício com tal penhor, que sua ira fosse aplacada pelo intercessor, que a paz com os homens fosse estabelecida por esse fundamento, que a benevolência d'Ele para com os homens estivesse contida nesse vínculo; não seria ainda mais tocado quanto mais vivamente lhe fosse apresentado o tamanho da calamidade de que foi removido? Em suma, visto que nossa alma não consegue se apoderar da vida na misericórdia de Deus com suficiente paixão e a devida gratidão sem antes ser tocada e consternada pelo temor da ira de Deus e pelo horror da morte eterna, somos então instituídos pela sagrada doutrina de que, sem Cristo, vemos Deus de certo modo irado conosco e com a mão preparada para a nossa ruína, e não somos abraçados por sua benevolência e caridade paterna senão em Cristo.

3. Ainda que isso seja dito em virtude de nossa fraqueza, não é de modo algum falso. Com efeito, Deus, que é a suma justiça, não pode amar a iniquidade que vê em todos nós. Portanto, todos temos em nós o que é merecedor do ódio de Deus. Por isso, segundo nossas naturezas corruptas e por nossa subsequente aproximação de uma vida depravada, quanto à ofensa a Deus somos de fato todos réus diante de sua vista e nascidos para a condenação da geena. Mas, porque o Senhor não quis perder o que é seu em nós, encontra nisso algo que amar por sua benignidade: por mais que sejamos pecadores por nosso vício, permanecemos no entanto suas criaturas; por mais que tenhamos trazido a morte para nós, Ele no entanto nos criou para a vida. Assim, por puro e gratuito amor conosco, é excitado para receber-nos na graça. Contudo, se há uma separação perpétua e irreconciliável entre a justiça e a iniquidade, enquanto permanecemos pecadores, não pode nos receber por inteiro. Por isso, para ser eliminado todo motivo de inimizade e sermos completamente reconciliados com Ele, pela expiação proposta na morte de Cristo, abole tudo o que há de mal no homem, para que nós, antes sujos e impuros, apareçamos justos e santos à sua visão. Por isso, por sua dileção, Deus Pai provê e antecipa nossa reconciliação em Cristo. Ou melhor, porque antes amou [1Jo 4, 19], depois nos reconcilia consigo. Mas uma vez que, até que Cristo nos socorra com sua morte, permanece em nós a iniquidade que merece a indignação de Deus e é ante Ele maldita e condenada, não temos uma união plena e firme com o Senhor antes de Cristo nos unir. A tal ponto que, se desejamos a promessa de Deus ser aplacado e propício para conosco, convém mantermos nossos olhos e mentes somente em Cristo, dado que é apenas por ele que alcançamos a graça de os pecados não serem imputados a nós, imputação que traz consigo a ira de Deus.

4. Por essa razão, Paulo disse que consistisse em Cristo e fosse n'Ele fundada a dileção com a qual, antes da criação do mundo, Deus nos abraçou [Ef 1, 4].[628] Isso é claro e conforme à Escritura nas passagens, excelentemente conciliadas entre si, em se diz Deus declarou sua dileção para conosco dando o Filho unigênito para a morte [Jo 3, 16] e, no entanto, que era nosso inimigo antes de sermos reconduzidos à graça pela morte de Cristo [Rm 5, 10]. De fato, para que isso seja mais firmemente estabelecido entre aqueles que requerem o testemunho da Igreja antiga, citarei uma passagem de Agostinho em que ensina o mesmo: "Incompreensível e imutável é a dileção de Deus". De fato, não começa a ter dileção por nós a partir da reconciliação com Ele por meio do sangue de Seu Filho, mas manifestou essa dileção antes da constituição do mundo, para que também nós fôssemos filhos com seu Unigênito, absolutamente antes de sermos algo. Portanto, somos reconciliados pela morte de Cristo, não de modo que Ele, desde a reconciliação por meio do Filho, começasse então a amar aqueles a quem odiava, mas fomos reconciliados já sob a dileção daquele com o qual, em razão de nosso pecado, nutríamos inimizade. Se o que digo for verdade, que o ateste o apóstolo: "Recomenda sua dileção por nós, pois, dado que ainda fôssemos pecadores, Cristo morreu por nós" [Rm 5, 8]. Assim, ele teve caridade conosco mesmo que, exercendo a inimizade contra ele, realizássemos a iniquidade. Por isso nos tinha dileção de um modo admirável e divino, mesmo quando nos abominava: odiava em nós aquilo que ele não fizera, mas, uma vez que nossa iniquidade não esgotou por completo sua obra, sabia tanto odiar em cada um de nós aquilo que fizéramos quanto amar em cada um de nós o que ele fizera [*Tratado sobre o evangelho de João*, 110].[629] Eis as palavras de Agostinho.

5. Logo, quando se pergunta como Cristo, abolido o pecado, removeu a divergência entre nós e Deus e adquiriu a justiça que o faz favorável e benévolo conosco, pode-se responder, de modo geral, que afiançasse isso para nós por todo o curso de Sua obediência. O que se prova com o testemunho de Paulo: "Tal como, da transgressão de um, muitos foram constituídos pecadores, assim, da obediência de um, somos constituídos justos" [Rm 5, 19]. E claramente, em uma passagem sobre o perdão que nos

---

628 Ef 1, 4. 5.
629 Agostinho, *In Ioh. tract.* 110, 6. PL 35, 1923s.

exime da maldição da Lei, estende isso para toda a vida de Cristo: "Quando veio a plenitude do tempo, Deus enviou o seu filho feito desde uma mulher, sujeito à Lei, para redimir aqueles que estavam sob a Lei" [Gl 4, 4]. Assim, também no próprio batismo ele asseverou ter implementado a parte da justiça, visto que cumpriu obedientemente o mandato do Pai [Mt 3, 15]. E, por fim, revestindo a pessoa do servo, começou a pagar o preço da libertação para a nossa redenção. A Escritura, no entanto, para uma definição mais exata atribui o modo da salvação como que particular e próprio da morte de Cristo. Ele mesmo anuncia que daria a alma para a redenção de muitos [Mt 20, 28]. Paulo ensina que "ele morreu em razão de nossos pecados" [Rm 4, 25]. João Batista anunciou que Ele viria "para tirar o pecado do mundo, porque seria o cordeiro de Deus" [Jo 1, 29]. Em outra passagem, Paulo diz sermos gratuitamente justificados pela redenção que está em Cristo, porque foi proposto como reconciliador em seu sangue [Rm 3, 25][630] e, ainda, que somos justificados em seu sangue e reconciliados através da morte [Ro 5, 9.10]. Em contrapartida, quem não conhecera o pecado, fez-se pecador por nós, para que fôssemos a justiça de Deus n'Ele [2Co 5, 21]. Não recensearei tudo, porque seria um catálogo imenso, e então muitas passagens haveriam de ser citadas em sua ordem. Eis por que, no símbolo de fé que é chamado de Apostólico, por uma excelente ordem imediatamente após o nascimento de Cristo se faz a transição para a morte e a ressurreição, para que consista uma perfeita suma da salvação. No entanto, não se exclui nenhuma parte da obediência que cumpriu em vida, tal como Paulo a resume do início ao fim nisto: que se tenha esvaziado tomando a forma de servo e sendo obediente ao Pai até a morte, a morte pela cruz [Fp 2, 7].[631] E, de modo claro, também na morte a sujeição ocupa o primeiro lugar, uma vez que o sacrifício não seria em nada útil para a justiça a não ser que oferecido espontaneamente. Assim, quando o Senhor atesta que dispõe a sua alma pelas ovelhas [Jo 10, 15], acrescenta: "ninguém a tira de mim".[632] Com esse mesmo sentido, Isaías diz que Cristo calasse tal como o cordeiro diante do tosquiador [Is 53, 7]. E narra a história do Evangelho que ele avançou ao encontro dos soldados [Jo 18, 4] e se manteve diante de Pilatos sem defesa, para receber a sentença [Mt 27, 11]. Com certeza, não sem luta, uma vez que tanto assumira nossas enfermidades como, desse modo, precisou provar que prestava uma deferência a seu Pai.

---

630 Rm 3, 24.
631 Fp 2, 7.8.
632 Jo 10, 18.

E esse foi um exemplo não vulgar de incomparável amor conosco: lutar com terrores horríveis e, entre terríveis sofrimentos, afastar o cuidado de si para velar por nós. É de suma importância termos em mente que Cristo não poderia tornar Deus propício sem que, abdicando da afeição de si, ao Pai se submetesse, consentindo totalmente seu arbítrio. Com relação a isso, o apóstolo cita convenientemente aquela passagem do salmo: "No livro da Lei está escrito sobre mim, ó Deus, que farei a tua vontade. Quero a tua Lei no meio de meu coração". Então diz: "Eis que venho" [Hb 10, 5; Sl 40, 9].[633] Sendo que as consciências temerosas encontram a quietude somente no sacrifício e na ablução pelos quais os pecados são expiados, somos dirigidos com mérito para esse ponto de partida, e na morte de Cristo se estabelece para nós a matéria de vida. E, uma vez que a maldição da culpa era mantida para nós no tribunal celeste, em primeiro lugar aponta-se a condenação ante o governador da Judeia, Pôncio Pilatos, para sabermos que a pena à qual estávamos atados foi infligida a um justo. Dado que não poderíamos escapar do juízo horrível de Deus, Cristo, para nos salvar, submeteu-se a ser condenado por um homem mortal, mais ainda, criminoso e profano. De fato, o nome do governador não é expresso apenas como um acréscimo à história de fé, mas para aprendermos o que ensina Isaías: "O castigo de nossa paz caiu sobre ele, e por suas feridas fomos curados" [Is 53, 5]. Pois, para extirpar a causa de nossa condenação, não era suficiente que se sujeitasse a uma morte qualquer, mas, para reparar nossa redenção, que escolhesse um gênero de morte pelo qual, trazendo para si a condenação e recebendo em si o sacrifício, de ambos nos libertasse. Se, de outro modo, fosse degolado por ladrões ou morto num tumulto por uma contenda com um vulgo, não seria exibida nenhuma forma de reparação em semelhante morte. Mas, ao ser apresentado como réu no tribunal, interrogado e acusado por testemunhas, condenado pela boca do próprio juiz à morte, forneceu testemunhos para desempenhar o papel de culpado e criminoso. E aqui dois pontos devem ser marcados: tanto foram preditos pelos vaticínios dos profetas como apresentam uma grande consolação e confirmação para a fé. E assim é que, quando ouvimos que Cristo, enviado do trono do juiz para a morte, foi pendurado entre ladrões, temos o complemento da profecia citada por Evangelista: "foi contado entre os iníquos" [Is 53, 11;[634] Mc 15, 28]. Por que isso? Para que fizesse as vezes de pecador, não de justo ou inocente,

---

633 Hb 10, 7. 9; Sl 40, 8. 9.
634 Is 53, 12.

uma vez que enfrentava a morte não por causa da inocência, mas do pecado. Em sentido contrário, quando ouvimos que foi absolvido pela boca daquele mesmo pelo qual foi condenado (pois Pilatos foi coagido a dar testemunho de sua inocência não uma única vez), venha à mente o que se encontra em outro profeta: que "restituiu o que não havia roubado" [Sl 69, 5]. E, assim como vemos representados na pessoa de Cristo tanto pecadores e criminosos quanto o reluzir da inocência, tenhamos muito claro que lhe foi imputado um crime antes em lugar de outro que em seu próprio. Portanto, contado entre o número dos criminosos, sofreu a sentença solene de um governador, ainda que Pôncio Pilatos tenha, ao mesmo tempo, anunciado ser ele justo quando afirmou não encontrar nenhuma causa contra ele [Jo 18, 38]. Esta é a nossa absolvição: que foi transferida para a cabeça do Filho de Deus a culpa que nos mantinha sujeitados à pena. Pois tal compensação deve preponderar sobre tudo, para não temermos nem nos afligirmos por toda a vida, como se estivesse mantida para nós a justa vingança de Deus que o Filho tomou para si.

6. Logo, também a própria forma da morte não carece de mistério. A cruz era maldita tanto pela opinião humana quanto pelo decreto da Lei divina. Portanto, ao ser erguido nela, Cristo se fez sujeito à maldição. E foi preciso que assim fosse feito, para que, sendo a maldição transmitida para ele, fôssemos eximidos dela, que permanecia para nós em razão de nossas iniquidades, ou, antes, que cabia a nós. E isso foi esboçado na Lei, visto que eram chamadas *Aschamot* (palavra pela qual é designado o próprio pecado) as vítimas e expiações oferecidas pelo pecado. Com a tradução desse nome, o Espírito quis indicar que a maldição estivesse no lugar das próprias καθαρμασπτων ("purificações"), que recebiam e sustentavam a devida execração dos crimes. Ora, o que foi representado simbolicamente nos sacrifícios mosaicos, em Cristo foi exibido como arquétipo dos símbolos. Eis por que, para que cumprisse por completo a justa expiação, consagra sua alma como *Ascham*, isto é, como uma vítima para a reparação do pecado — como disse o profeta [Is 53, 5.11][635] —, na qual, de certo modo, são depositadas a mancha e a pena que deixam de ser imputadas a nós. E o apóstolo atesta isso de forma ainda mais clara quando ensina que "aquele que não conhecera o pecado foi feito o pecado por nós pelo Pai, para que realizássemos a justiça de Deus n'Ele" [2Co 5, 21]. Pois o Filho de Deus, puríssimo de todo vício, revestiu no entanto as iniquidades, os opróbrios e a ignomínia que eram nossos, e, em troca,

---

635 Is 53, 10.

cobriu-nos com sua pureza. Vê-se que diz respeito a isso mesmo o que ensina sobre o pecado, "que o pecado fosse condenado em sua carne" [Rm 8,2], visto que o Pai aboliu a força do pecado quando sua maldição foi transferida para a carne de Cristo. E com essa palavra se indica que, na morte, Cristo foi imolado para o Pai como vítima reparadora, para que, pela propiciação realizada por seu sacrifício, deixemos de temer a ira de Deus. Está claro agora o que quis o profeta com esta citação: que n'Ele fossem depositadas todas as nossas iniquidades [Is 53, 6]. Visto que haveria de limpar aquelas imundícies, Cristo foi recoberto com elas pela transferência da imputação. O apóstolo testemunha que o símbolo de tal coisa foi a cruz, à qual foi pregado: "Cristo nos redimiu da execração da Lei ao ser feito execração por nós". Com efeito, está escrito: "Execrável todo o que pende num madeiro, para que a bênção de Abraão em Cristo chegasse às nações" [Gl 3, 13].[636] Pedro refere-se a isso quando ensina que Ele levasse nossos pecados no madeiro [1Pd 2, 24], uma vez que, do próprio símbolo da maldição, devemos entender que o peso que nos oprimia foi imposto a ele. No entanto, não se deve entender que, porque se sujeitou à maldição, tenha sido destruído por ela, mas antes que, suportando-a, destruiu, quebrou, dissipou toda a sua força. Por isso a fé apreende na condenação de Cristo, a absolvição, e na maldição, a bênção. Eis por que Paulo, não sem razão, celebra magnificamente o triunfo que Cristo alcançou para si na cruz, como se a cruz, que era repleta de vergonha, tivesse se convertido em carro triunfal: foi pregado à cruz o título de dívida que nos era contrário e, espoliados os principados, trouxe-os à público [Cl 2, 15].[637] E não é de admirar, posto que, através do Espírito eterno (como atesta outro apóstolo), Cristo ofereceu a si mesmo [Hb 9, 14]; donde aquela conversão das coisas naturais. Mas, para que isso crie raiz firme em nosso coração e nele se insira profundamente, venham sempre à nossa mente o sacrifício e a ablução. Com efeito, não poderíamos confiar que Cristo seja αφπολυϖτρωσιν και; αφντιϖλυτρον και; ιϑλαστητϖριον ("resgate; redenção; propiciação") a menos que tivesse sido vítima. Por isso, a Escritura faz tantas vezes menção ao sangue nas passagens em que mostra o modo da redenção. Se bem que o sangue derramado de Cristo não valeu apenas para a propiciação mas também assumiu as vezes de um banho para a purgação de nossas imundícies.

---

636 Gl 3, 13s.
637 Cl 2, 14s.

7. Segue-se no Símbolo que fosse morto e sepultado, no que, ainda uma vez, deve-se ver de que modo se pôs em nosso lugar para pagar o preço de nossa redenção. A morte havia-nos submetido a seu jugo, e ele se colocou em poder dela em nosso lugar, com o que então dela nos eximiu. É isso o que entendeu o Apóstolo ao escrever que ele experimentou a morte por todos [Hb 2, 9]. Assim é que, morrendo, afastou a morte de nós ou, o que é o mesmo, por sua morte nos redimiu para a vida. Mas tem esta diferença em relação a nós: permitiu à morte que o deglutisse, não para ser absorvido por seu abismo, mas antes para absorvê-la, pois permitiu ser por ela submetido, não para ser oprimido por seu poder, mas antes para prosternar aquela que para nós era iminente e já maltratava os abatidos. E por fim para que pela própria morte destruísse aquele que tinha o império letal, o Diabo, e libertasse aqueles que, por medo da morte, estavam durante toda a vida sujeitos à servidão [Hb 2, 15]. Eis o primeiro fruto que sua morte estendeu para nós. O segundo é que, por sua participação, mortifica nossos membros terrenos para não realizarem ações contra o próximo e para fazer morrer nosso homem velho, de modo que já não mais vigore e frutifique. Também diz respeito a isso a sepultura: d'Ele consortes, estejamos com ele sepultos também para o pecado. Quando o apóstolo ensina que estamos inseridos na semelhança da morte de Cristo e com ele sepultados na morte do pecado, por sua cruz foi crucificado para nós o mundo, e nós para o mundo [Gl 2, 19; 6, 14], e morremos com ele [Cl 3, 3], não apenas nos exorta a exprimir um exemplo de sua morte, mas declara ser inerente a ela a eficácia que deve aparecer em todos os cristãos, a não ser que queiram fazer a própria morte inútil e infrutífera. Por isso, é proposta para nós a fruição de um duplo benefício na morte e sepultura de Cristo: a libertação da morte da qual éramos escravos e a mortificação de nossa carne.

8. De fato, não convém omitir a descida aos infernos, na qual não foi pequena a importância para a realização da redenção. Por mais que, nos escritos antigos, apareça que a partícula que se lê no Símbolo não tenha sido outrora tão usada nas igrejas,[638] é necessário, ao se tratar da suma da doutrina, conferir a ela um lugar, visto que contém uma matéria muito útil e que não deve ser desprezada. Por certo não são poucos os que, entre os antigos, não a negligenciaram. Donde é lícito presumir que, por ter sido inserida depois de algum tempo, não foi de imediato, mas paulatinamente, admitida nas igrejas. Está fora de controvérsia que tenha sido

---

638 Cf. a explanação de Erasmo sobre o "Símbolo que é dito dos apóstolos".

assumida com o consentimento de todos os devotos, dado não haver nenhum Patriarca que não lembre em seus escritos a descida de Cristo aos infernos, ainda que com interpretações divergentes. De fato, pouco importa à matéria por quem ou em que tempo foi primeiro inserida. Antes, a atenção deve ser posta no Símbolo para constar para nós uma suma de fé plena e completa, na qual nada se introduza a não ser que requerido pela puríssima palavra de Deus. Se alguém, por demasiado rigor na escolha das palavras, quiser impedir que essa partícula seja acrescentada ao Símbolo, o exposto a seguir tornará claro que é uma suma de tanto interesse para nossa redenção que, se preterida, muito se perderá do fruto que provém da morte de Cristo. Há ainda aqueles que pensam que nada de novo se diz aqui, mas que se repete com outras palavras o que antes fora dito sobre a sepultura, visto que a palavra "inferno" apareça com frequência na Escritura no lugar de "sepulcro".[639] Concedo ser verdadeiro o que reclamam sobre o significado da palavra: não raro o inferno é tomado por sepulcro, mas repugnam à opinião deles duas razões, com as quais mostrarei facilmente em que deles discordo. Com efeito, não seria um grande aborrecimento que uma coisa sem dificuldade e demonstrada com palavras fáceis e claras, seja depois mais obscuramente indicada do que declarada por palavras complexas? Pois, sempre que duas locuções que exprimem a mesma coisa são postas em conjunto, convém que a posterior seja uma explicação da anterior. E, de fato, qual será a explicação se alguém falar deste modo: que Cristo ter sido sepultado significa ter descido aos infernos? Depois, não seria verossímil que uma batologia supérflua como essa fosse inserida neste compêndio, no qual devem ser marcados os pontos capitais da fé com pouquíssimas e eminentes palavras. E duvido que não concorde facilmente comigo qualquer um que se demore com um pouco mais de atenção nesta matéria.

9. Em paralelo, outros interpretam que Cristo teria descido em direção às almas dos Patriarcas que morreram sob a Lei, para cumprir o papel de núncio da perfeita redenção e retirá-las do cárcere em que eram mantidas.[640] Quanto a isso, trazem de forma equivocada testemunhos dos *Salmos* de que Cristo quebrou as portas de bronze e os grilhões de ferro [Sl 107, 16], e ainda de Zacarias, de que ele redimiria os cativos do poço em que não havia água [Zc 9, 11]. De fato, dado que os *Salmos* anunciem a libertação daqueles que estavam cativos em regiões longínquas e Zacarias

---

639 Butzer, *Enarrationes in Evang.*, 1536, p.511s.
640 Tomás de Aquino, *Summa theologiae*, III, q.52, a.5.

compare a derrota da Babilônia ao lançamento do povo a um poço seco ou a um abismo e, ao mesmo tempo, ensine que a salvação de toda a Igreja fosse uma saída de infernos profundos, ignoro o que foi feito para que a posteridade repute que fosse um lugar subterrâneo ao qual se acrescenta o nome de limbo[641] — ainda que tal fábula seja tomada por grandes autores[642] e hoje seriamente defendia por muitos como verdadeira,[643] não é mais do que uma fábula. Concluir que as almas dos mortos estavam em um cárcere é pueril: ora, qual foi a necessidade da alma de Cristo ter descido para dar-lhes a liberdade? Quanto a mim, reconheço sem restrições que Cristo as tenha iluminado com a força de seu Espírito, ao menos para que soubessem que a graça que experimentaram com a esperança fosse então exibida ao mundo.[644] Provavelmente isso seria adequado à citação de Pedro em que diz ter Cristo vindo e pregado aos espíritos que estavam sob vigilância (em um cárcere, como em geral se traduz)[645] [1Pd 3, 19], pois o contexto nos leva a isto: que os fiéis mortos antes daquele tempo fossem consortes conosco da mesma graça, uma vez que a força da morte foi amplificada pelo fato de as pias almas, com a aproximação de Cristo aos mortos, poderem ter a visão de Sua visitação presente, a qual esperavam com ansiedade. Em sentido contrário, ficou ainda mais patente aos réprobos estarem eles excluídos de toda salvação. Ora, que Pedro não tenha feito a distinção não deve ser tomado como se nenhuma diferença existisse entre os pios e os ímpios, mas que o apóstolo quis apenas ensinar que era comum a ambos os gêneros a sensação da morte de Cristo.

10. De fato, sobre a descida de Cristo aos infernos, distanciando-nos do argumento do Símbolo, devemos buscar uma interpretação mais clara. Da palavra de Deus, consta para nós uma consolação sã, piedosa e plena de consolo singular. Nada teria sido feito se Cristo sofresse somente a morte corpórea; era preciso que ele sentisse a severidade da vingança divina, tanto para interceder na ira de Deus quanto para reparar um justo juízo. Donde também foi necessário que ele lutasse contra as multidões dos infernos e contra o horror da morte eterna, como se lutasse de próprio punho.[646] Citamos do profeta que Cristo recebeu a imposição

---

641 Cf. Tomás de Aquino, *Summa theologiae* III, *supplem.*, q.69, a.4-7.
642 Cf. Irineu, *Adv. haer.* IV, 2; V, 31; Tertuliano, *De anima* 7; 55.
643 Cf., por exemplo, Gabriel Biel, *In sent.* III, d.22; Serveto, *Christ. Rest.*: epis.18, CR VIII, 682s.
644 Cf. "A exposição da fé" de Zwinglio.
645 Ver Vulgata.
646 Cf. o que Calvino disse sobre a descida de Cristo aos infernos em *Psychopannychia* (1534), CR V, 224.

da correção de nossa paz,[647] que foi ferido em razão de nossos crimes e arruinado em razão de nossas enfermidades [Is 53, 5] — passagens pelas quais se entende que fiança e fiador tomaram o lugar dos criminosos e, sobretudo, que se submeteu no lugar dos réus aquele que expiou e diluiu todas as penas por eles esperadas, com uma única exceção, dado que não poderia ser detido pelas dores da morte [At 2, 24]. Portanto, não é de admirar que se diga que descesse aos infernos, pois suportou aquela morte que é infligida aos criminosos por um Deus irado. E é muito frívola e ridícula a escusa dos que dizem que, desse modo, a ordem seria pervertida, porque é um absurdo sujeitar à sepultura quem a precedeu.[648] E, uma vez exposto aos olhos dos homens o sofrimento de Cristo, oportunamente acrescentou-se o juízo invisível e incompreensível que ele sustentou diante de Deus, para sabermos não apenas que seu corpo foi apresentado como pagamento da redenção, mas que foi um pagamento maior e mais excelente que, torturado na alma, tenha suportado os terrores do homem condenado e perdido.

11. Nesse sentido, Pedro disse que Cristo ressuscitou dissolvidas as dores da morte, às quais foi impossível retê-lo ou superá-lo [At 2, 24]. A morte não é nomeada sem razão, mas exprime que Cristo estivesse enredado pelas dores nascidas da maldição e da ira de Deus, nas quais está a origem da morte. Quão insignificante teria sido experimentar a morte como que por diversão! De fato, foi um exemplo verdadeiro de imensa misericórdia o não ter recusado a morte de que tinha tanto horror. Nem há dúvida de que foi isso o que o apóstolo quis ensinar na *Epístola aos hebreus* quando escreveu que Cristo fora atendido por seu medo — palavra que alguns traduzem como reverência ou piedade,[649] mas a própria matéria e maneira de falar mostram quão isso é inapropriado [Hb 5, 7]. Portanto, ao orar com lágrimas e real clamor, Cristo foi atendido por seu medo, não para que fosse imune à morte, mas para que não fosse absorvido como pecador, já que ali desempenhava o papel de nossa pessoa. E certamente não se pode imaginar um abismo mais temível do que nos sentirmos abandonados e rejeitados por Deus e não seremos por ele atendido ao invocarmos, como se Ele mesmo conspirasse nosso perecimento. Por isso vemos que o Cristo foi lançado, como se coagido por uma angústia premente, a exclamar: "Meu Deus, ó meu Deus, por que me abando-

---

647 Ver § 5 deste Capítulo.
648 Provável referência a Sebastião Castellion; cf. a epístola de Calvino a Vireto (CR XI, 688) e a sentença dos ministros de Genebra sobre Castellion (CR XI, 675).
649 Ver *Vulgata*.

nastes?" [Sl 22, 2; Mt 27, 46]. Nem é provável o que não poucos pretendem: que falou assim antes pela opinião de outros que da própria,[650] dado
constar que o clamor tenha saído de uma amargura íntima da alma. No
entanto, não concluímos que Deus tenha sido adverso a Cristo ou contra
Ele se irado. Como se teria irado com o Filho dileto, no qual repousou
sua alma? Ou como Cristo aplacaria o Pai quanto a outros se o tivesse
contrário a si? Mas dizemos isto: que Ele sustentou a gravidade da severidade divina, porque, afligido pela mão do Pai, experimentou todos os
sinais de um Deus irado e punitivo. Por isso Hilário conclui que, por meio
dessa descida, alcançou para nós a derrota da morte [*Sobre a Trindade*,
IV].[651] E não se afasta de nossa sentença noutras passagens, como: "Cruz,
morte, infernos, são a nossa vida" [ibidem, II].[652] Ainda: "O Filho de Deus
está nos infernos, mas o homem está referido para o céu" [ibidem, III].[653]
Mas, por que cito o testemunho de um homem em particular quando o
próprio apóstolo assevera, comemorando o fruto dessa vitória, que foram libertados aqueles que por toda a vida estiveram sujeitos à servidão
do medo da morte? Portanto, foi preciso que Cristo vencesse aquele medo,
que natural e frequentemente angustia e preme a todos os mortais, o que
não poderia ter feito senão com luta. Que o lamento não se deveu a uma
causa vulgar ou supérflua, em breve ficará patente. Assim, lutou de próprio punho contra os poderes do Diabo, o horror da morte, as dores dos
infernos, para apontar a vitória sobre eles e alcançar o triunfo, para que
não temamos na morte aquilo que nosso Príncipe sobrepujou.

12. Aqui, embora rudes, movidos mais pela malícia que pela insipiência, certos patifes clamam em alta voz que eu faça uma injúria atroz a
Cristo, uma vez que não se deve absolutamente conceder que ele temes-
se sobre a salvação de sua alma. Depois, levantam uma calúnia mais dura:
que eu atribua ao Filho de Deus um desespero que seria contrário à fé.[654]
Em primeiro lugar, movem uma controvérsia ímproba sobre o medo e o
pavor de Cristo, que os evangelistas anunciam com tanta clareza. Pois,
antes que chegasse o tempo da morte, o espírito perturbou-se e foi to-

---

650 Cirilo, *Ad reginas de recta fide oratio altera*, PG 76, 1555ss.
651 Hilário, *De Trinitate*, 4, 42, PL 10, 128.
652 Ibidem, 2, 24, PL 10, 24.
653 Ibidem, 3, 15, PL 10, 84.
654 Segundo a sentença dos ministros de Genebra sobre Castellion (CR XI 675, 17s), não
    parece verossímil que Calvino tenha-se referido nesta seção ao que Castellion argu-
    mentara contra ele sobre a descida de Cristo. Por mais que se ensine que a discus-
    são de Calvino impugnasse Castellion, não pode ser absolutamente negado que tal-
    vez aqui ele se tenha defendido da acusação de algum luterano.

mado de lamento, e, tendo ido ao encontro dela, começou a temer mais violentamente. Se disserem que foi uma simulação, será uma escapatória muito detestável. Então, reconheçamos com confiança (como Ambrósio ensina com verdade) que, a não ser que nos envergonhe a cruz, a tristeza seja conveniente a Cristo.[655] E, a menos que a alma fosse partícipe da pena, teria sido apenas um redentor para os corpos. Ora, foi preciso que lutasse para levantar os que jaziam prostrados. E tanto não é em nada afastado de sua glória celeste por isso que nunca é suficientemente louvada a bondade que refulge de não se ter recusado a receber em si nossas fraquezas. Donde também a consolação daquelas ansiedades e dores a nós proposta pelo apóstolo: "Por isso o Mediador experimentou nossas fraquezas: para que fosse mais propenso a socorrer as misérias" [Hb 4, 15]. Reclamam que o que é vicioso por si seja indignamente atribuído a Cristo. Como se, de fato, saibam mais que o Espírito de Deus, que concilia ao mesmo tempo a estas duas verdades: que Cristo, ainda que tentado por tudo, tal como nós, permaneceu sem pecado. Portanto, não há porque nos assustarmos com a debilidade de Cristo, à qual se sujeitou, não coagido pela violência ou pela necessidade, mas somente pelo amor e misericórdia de que, por nós, se reveste. Ora, tudo o que sofreu espontaneamente em nosso favor, em nada diminui sua força. Porém, esses detratores falham numa coisa: não reconhecem que a fraqueza em Cristo seja pura e vazia de todo vício e mancha, uma vez que Ele se manteve entre os limites da obediência. Pois, uma vez que a moderação não pode ser vista na depravação de nossa natureza, em que todas as afeições são excedidas com turbulenta impetuosidade, por essa fita medem erroneamente o Filho de Deus. E, dado que fosse íntegro, unida a suas afeições vigorou a moderação que coibiria o excesso. Donde pôde ser semelhante a nós na dor, no medo e no temor, ainda que diferente por aquela marca. Convictos, passam ainda a outro engano: por mais que Cristo tenha temido a morte, não temeu a maldição e a ira de Deus, das quais sabia estar protegido. Mas, considerem os leitores devotos quão digno de honra seria para Cristo ser mais suscetível e cuidadoso do que muitos homens comuns. Lançam-se à morte com contumácia os ladrões e outros malfeitores, muitos a desprezam com grande audácia, outros, placidamente a ela obedecem. Que grandeza e constância de ânimo foram as do Filho de Deus, ao sentir-se tão conturbado e comovido pela mesma? De fato, falam sobre ele coisas invulgares, dado que, diante da violência da cruci-

---

655 Ambrósio, *Expositio Evang. sec. Lucam* X, 56-62.

ficação, gotas de sangue escorreram de sua face. E não apresentou esse espetáculo para olhos alheios, pois dirigiu suas queixas ao Pai em um retiro particular. E toda dúvida possível desaparece, pois foi necessário que os anjos descessem do céu para o encorajar de uma forma nova.[656] E ainda dizem quão vergonhoso teria sido aquele esmorecimento se ele, pelo terror de uma morte comum, tivesse sido atormentado a tal ponto que suasse sangue e não pudesse ser reconfortado a não ser com a visão dos anjos? O quê? Aquele pedido três vezes repetido, "Pai, se possível, passe de mim este cálice!" [Mt 26, 39], acaso não mostra, pelo incrível amargor saído da alma, que era aquele um embate mais áspero e mais árduo para Cristo do que com a morte comum? Donde se comprova que os contendores com os quais disputo papagueiam com muita audácia sobre coisas desconhecidas, uma vez que jamais consideraram com seriedade o que seria ou nos valeria sermos redimidos pelo juízo de Deus. E é esta nossa sabedoria: sentir integramente quanto custou ao Filho de Deus a nossa salvação. Se alguém perguntar agora se Cristo teria descido aos infernos quando suplicou a morte,[657] respondo que esse fosse o começo, donde se pode concluir quão cruéis e horríveis tormentos sofreu ao ter entendido que estava como réu no tribunal de Deus por nossa causa. Ora, por mais que a força divina do espírito tenha-se ocultado por um momento, dando lugar à enfermidade da carne, cumpre saber, no entanto, que, por maior que fosse a tentação vinda da dor e do medo, Cristo não teria lutado contra a fé. E assim se implementou o que se encontra no discurso de Pedro: que "não pudesse ser retido pelas dores da morte" [At 2, 24], uma vez que Ele, ainda que se sentindo abandonado por Deus, por certo não se afastou nem um nada da confiança em Sua bondade. O que ensina aquela celebre invocação, na qual clamou ante a violência da dor, "Meu Deus, ó meu Deus, por que me abandonastes?" [Mt 27, 46]? Pois, ainda que sobremaneira angustiado, não deixou de chamar de seu o Deus do qual exclama estar afastado. Disto se repele tanto o erro de Apolinário quanto o daqueles que são chamados de monotelistas. Ele inventou para Cristo que o espírito eterno estivesse no lugar da alma, para que fosse homem apenas pela metade. Como se pudesse, de fato, expiar nossos pecados sem ter obedecido ao Pai. Ora, onde está a afeição ou a vontade da obediência senão na alma? Por isso sabemos o quanto ela foi ator-

---

656 Lc 22, 43.
657 É muito mais verossímil que Calvino se refira a Sebastião Castellion aqui do que na parte anterior desta seção. Ver nota 654.

mentada pela agitação para que nossas almas obtivessem a paz e a quietude. Quanto a isso, contra os monotelistas, vemos agora que, segundo
o homem, Cristo não quis o que queria segundo a natureza divina. Nego
que tenha submetido o medo, sobre o qual falamos, com uma afecção
contrária, pois não é obscura aquela forma de repugnância: "Pai livra-me
desta hora, mas foi em razão desta hora que vim. Pai clarifica o Teu nome"
[Jo 12, 27].[658] No entanto, não houve desconcerto em tal perplexidade,
como acontece conosco quando nos esforçamos por nos refrear.

13. Segue-se a ressurreição dos mortos, sem a qual seria truncado tudo
o que dissemos até aqui. Com efeito, ainda que na cruz, morte e sepultura de Cristo não apareça senão a fraqueza, a fé vai além de tudo isso a
fim de ser erigida com plena força. Por isso, mesmo tendo em sua morte
um sólido complemento da salvação, uma vez que por meio dela tanto
somos reconciliados com Deus como o seu justo juízo é satisfeito, a maldição é eliminada e a pena é expiada. No entanto, somos ditos regenerados na esperança viva não pela morte, mas pela ressurreição [1Pd 1, 3],
uma vez que, tal como ele ao ressurgir emerge vitorioso da morte, assim
a vitória de nossa morte consiste finalmente na própria ressurreição. O
modo em que isso se dá é mais bem expresso pelas palavras de Paulo: "é
dito morto em razão de nossos pecados, ressuscitado em razão de nossa
justificação" [Rm 4, 25], como se dissesse que, por sua morte, foi eliminado o pecado, por sua ressurreição, instaurada e restituída a justiça. E
como nos teria libertado da morte se ele mesmo sucumbisse a ela? Como
conquistaria para nós a vitória se falhasse no embate? Eis por que a
matéria de nossa salvação foi por nós repartida entre a morte e a ressurreição de Cristo: por aquela o pecado foi abolido e a morte extinta, e por
esta a justiça foi reparada e a vida erigida, mas de modo que, pelo benefício desta, aquela nos declare Sua força e eficácia. E assim Paulo assevera que na própria ressurreição ele fosse declarado o Filho de Deus,[659]
uma vez que então seria exibida a potência celeste como um claro espelho de sua divindade e como um apoio estável de nossa fé, tal como, em
outra passagem, ensina que tivesse sofrido pela fraqueza da carne, mas
que ressuscitasse pela força do espírito [2Co 13, 4]. Com o mesmo sentido, falando em outro lugar sobre a perfeição: "para que o conheçam e
a potência de sua ressurreição". Em seguida, no entanto, acrescenta a comunhão com a morte [Fp 3, 10]. Está muito adequadamente concorde

---

658 Jo 12, 27.28.
659 Rm 1, 4.

com isso aquela citação de Pedro: "Deus o ressuscitou dentre os mortos e deu a Ele a glória, para que nossa fé e esperança estejam em Deus" [1Pd 1, 21] — não que a fé vacile sustentada pela morte, mas porque a força de Deus, que nos guarda sob a fé, aparece em toda a plenitude na própria ressurreição. Por isso lembremos que, em todas as menções exclusivas à morte, compreenda-se também o que é próprio da ressurreição, e que há uma sinédoque na palavra "ressurreição" sempre que empregada isoladamente, sem a palavra "morte", para que consigo traga o que convém em particular à morte. Mas, uma vez que ao ressurgir Cristo obteve a vitória para que se fizesse ressurreição e vida, com mérito Paulo defende que a fé seria abolida e o Evangelho tornar-se-ia vazio e falaz a menos que sua ressurreição fosse inserida em nossos corações [1Co 15, 17]. Por isso, em outra passagem, depois que se gloriou na morte de Cristo contra os terrores da condenação, acrescenta como ampliação: ou melhor, "o mesmo que morreu ressuscitou, e agora por nós aparece como Mediador diante de Deus" [Rm 8, 34]. Depois, tal como já expusemos que a mortificação de nossa carne depende da comunicação da cruz,[660] assim também cumpre entender que a ele corresponde outro fruto que obtemos de sua ressurreição. Por isso o apóstolo diz que estamos inseridos na semelhança de sua morte, para que, partícipes da ressurreição, andemos na novidade da vida [Rm 6, 4]. E assim, em outro lugar, tal como do argumento de que somos mortos com o Cristo[661] deduz que nossos membros devem ser mortificados sobre a terra [Cl 3, 5], assim também, porque ressurgimos com o Cristo, infere que deve ser por nós buscado o que está acima da terra e não o que está sobre ela [Cl 3, 1].[662] Palavras pelas quais não somos somente convidados, a exemplo do Cristo ressuscitado, a seguir uma vida nova, mas por sua força se dá o ensinamento para sermos regenerados na justiça. Alcançamos ainda um terceiro fruto da ressurreição de Cristo: que tal como ela é um penhor recebido, tornamo-nos seguros de nossa própria ressurreição, da qual consta que aquela seja uma hipóstase certíssima, matéria sobre a qual ele disputa extensamente na primeira epístola aos coríntios [1Co 15].[663] Ora, deve-se notar de passagem que se diz que tivesse ressuscitado dos mortos, expressão com a qual se exprime a verdade tanto da morte quanto da ressurreição, como

---

660 Ver § 7 deste Capítulo.
661 Cl 3,3.
662 Cl 3, 1. 2.
663 1Co 15, 12-26.

se se dissesse que sofreu aquela mesma morte pela qual tantos homens naturalmente são derrotados, como que tivesse recebido, na mesma carne mortal que assumiu, a imortalidade.

14. Não sem razão, acrescenta-se depois da ressurreição a ascensão aos céus. Ainda que ao ressurgir Cristo tenha começado a ilustrar mais plenamente sua glória e força, já deixando a abjeta e ignóbil condição da vida mortal e a ignomínia da cruz, somente na ascensão aos céus seu reino foi verdadeiramente consagrado. O que mostra o apóstolo quando ensina que Ele tivesse ascendido para que cumprisse tudo [Ef 4, 10], em cujo testemunho o Apóstolo, usando uma espécie de contradição em suas palavras, adverte que há um perfeito acordo e conformidade entre ambas as coisas. Com efeito, Cristo de tal maneira se afastou de nós, que, entretanto, se faz presente de um modo muito mais útil que quando vivia na terra e se mantinha na humilde morada da carne. E assim, ao retomar aquele célebre convite, "Quem tem sede, venha a mim" etc. [Jo 7, 37], João acrescenta que o Espírito não tivesse ainda sido dado aos fiéis, porque Jesus ainda não havia sido glorificado.[664] O que também foi atestado aos discípulos pelo próprio Jesus: "Convém a vós que Eu parta, pois, a não ser que Eu parta, o Espírito Santo não virá" [Jo 16, 7]. E propõe como consolação da ausência corporal que não os deixará órfãos, mas voltará, certamente de um modo invisível, porém mais desejável, uma vez que então serão instruídos com uma experiência mais certa de que o império que conquistou e a autoridade que exercia bastavam para que os fiéis vivessem bem-aventuradamente e morressem com felicidade. E vemos com nitidez com quão maior abundância difundiu então seu Espírito, com quão maior magnificência promoveu seu reino, quão maior força exibiu ao ajudar os seus quanto ao destruir os inimigos. Elevado aos céus, retirou a presença de seu corpo de nossa visão, não para se afastar dos fiéis que até então peregrinavam na terra, mas para reger com uma força mais presente tanto o céu como a terra. Visto que melhor cumpriu o que prometera — que estaria conosco até a consumação dos séculos — com sua ascensão, pela qual, tal como o corpo foi elevado acima de todos os céus, a força e a eficácia foram difundidas e propagadas para além de todos os limites do céu e da terra. Quero antes explicar isso com as palavras de Agostinho: "Cristo haveria de ir pela morte à direita do Pai, donde haveria de julgar os vivos e os mortos, e isto com a presença cor-

---

664 Jo 7, 39.

poral, segundo a doutrina sã e a regra de fé. Pois haveria de estar com eles com a presença espiritual depois de sua ascensão" [*Tratado sobre o evangelho de João*, 109].[665] E em outra passagem é mais desenvolto e claro: "Cumpriu-se segundo a graça inefável e invisível o que foi dito por ele: eis que estou convosco todos os dias até a consumação dos séculos" [Mt 28, 20]. De fato, segundo a carne que o Verbo assumiu, segundo o que nasceu da Virgem, segundo aquilo que estava contado entre os judeus, que pregado ao lenho, que deposto da cruz, que envolvido em panos de linho, que depositado no sepulcro, que manifestado na ressurreição, "nem sempre me tereis convosco". Por quê? Visto que conversou com seus discípulos por quarenta dias segundo a presença do corpo e com a companhia deles, pela visão, não pelo seguimento, ascendeu aos céus [At 1, 3. 9] tanto não está aqui, senta-se ali, à direita do Pai [Mc 16, 19], como está aqui: não retira a presença da majestade [Hb 1, 3]. Portanto, segundo a presença da majestade, sempre temos a Cristo, segundo a presença da carne, foi corretamente dito aos discípulos: "nem sempre me tereis".[666] A Igreja o teve segundo a presença da carne por poucos dias, agora tem pela fé o que o olho não vê.[667]

15. Eis por que imediatamente acrescenta que está sentado à direita do Pai: pela semelhança tomada dos príncipes, que têm seus assessores, dos quais exigem que cumpram o papel de reger e de imperar. Assim se diz que Cristo, em quem o Pai quer ser exaltado e por cuja mão quer governar, foi recebido à sua direita, como se fosse dito que ele fosse consagrado no domínio do céu e da terra, aderindo solenemente à posse da administração a ele confiada, e isso não uma única vez, mas que se mantivesse nela até que desça dela para o Juízo. E assim interpretou o apóstolo quando falou: "O Pai o constituiu à sua direita acima de todo principado, potestade, força, dominação e de todo nome que seja nomeado não apenas neste século, mas no futuro" [Ef 1, 20; Fp 2, 9] e tudo sujeitou a seus pés [1 Co 15, 27], e o deu para a Igreja como cabeça sobre todas as coisas etc. [Ef 4, 15].[668] Vede para que fim caiba aquele assentar-se: para que todas as criaturas, tanto celestes como terrenas, recebam sua majestade, sejam regidas por sua mão, considerem atentamente sua vontade, submetam-se à sua força. E os apóstolos, sempre que recordam o

---

665 Isso não se encontra em Agostinho neste lugar, mas cf. Agostinho, *In Ioh. Tract.* 78, 1. PL 35, 1835 e *Serm.* 361, 7. PL 39, 1602.
666 Mt 26, 11.
667 Agostinho, *In Ioh. trac.* 50, 13. PL 35, 1763.
668 Mais corretamente, Ef 1, 22.

assentar-se, não querem senão ensinar que tudo está estabelecido por seu arbítrio [At 2, 30;[669] 3, 21; Hb 1, 8]. Eis por que erram aqueles que consideram ser designada a Ele apenas a bem-aventurança. Nada importa que, nos *Atos*, Estêvão testemunhe tê-lo visto de pé [At 7, 55], porque não se trata aqui da disposição corporal, mas da majestade do império, dado que sentar-se não é senão presidir o tribunal celeste [Agostinho, *Sobre a fé e o símbolo*, c.7].[670]

16. A fé recolhe disso muitos frutos, por entender que o Senhor tenha aberto com sua ascensão aos céus a porta do reino celeste, que fora fechada por Adão. Uma vez que ingressou com nossa carne como que em nosso nome, segue-se o que disse o apóstolo: que "de certo modo já estamos sentados com Ele" [Ef 2, 5],[671] a fim de que não esperemos o céu com uma esperança vazia, mas a possuamos em nossa Cabeça. Depois, a fé reconhece que Ele não reside junto ao Pai sem um grande bem para nós. Tendo ingressado em um santuário que não foi feito por mãos, aparece ante o Pai como um advogado e intercessor assíduo em nosso favor [Hb 7, 25, 9, 11;[672] Rm 8, 34]; assim volta os olhos de Deus para a Sua justiça, afastando-os de nossos pecados, reconciliando de tal modo a disposição d'Ele para conosco que, por sua intercessão, abre para nós o caminho e o acesso para o trono d'Ele, enchendo com graça e clemência aquele que de outro modo estaria pleno de horror pelos míseros pecadores. Em terceiro lugar, a ascensão apreende a sua força, na qual está situada nossa fortaleza, virtude, auxílio e o regozijo diante dos infernos. Pois, ascendendo aos céus, levou cativo o cativeiro [Ef 4, 8] e, espoliados os inimigos, locupletou seu povo, e cotidianamente o cumula com dons espirituais. Portanto, senta-se nas alturas, donde, transferindo para nós sua força, vivifica-nos na vida espiritual, para nos santificar por seu Espírito, para adornar sua Igreja com vários dons de graças, para conservá-la guardada sob sua proteção contra todos os males, para coagir com a fortaleza de sua mão os que não se sujeitam à sua cruz e os inimigos de nossa salvação, e, por fim, para ter todo o poder no céu e na terra, até que prostre todos os inimigos, que também são nossos, e tenha consumado a edificação de sua Igreja [Sl 110, 1]. E aqui está o verdadeiro estado de seu reino, aquele poder que o Pai lhe conferiu até que complete o último ato, vindo a julgar os vivos e os mortos.

---

669 At 2, 30-36.
670 Agostinho, *De fide et symbolo* c. 7. PL 40, 16.
671 Ef 2, 5.6.
672 Hb 9, 11. 12.

17. Com certeza, Cristo dá a todos os seus atestados claros de uma força muito presente, mas uma vez que, de certo modo, Seu reino está escondido na terra sob a humildade da carne, a fé é chamada, com toda a razão, para cogitar a presença visível que ele manifestará no Dia Final — descerá do céu com a forma visível em que foi visto ascender [At 1, 11; Mt 24, 30] — e aparecerá para todos com a inefável majestade de seu reino, com o fulgor da imortalidade, com o imenso poder da divindade, com a escolta dos anjos. Por isso se ordena que esperemos o redentor até o dia em que separará as ovelhas dos cabritos, os eleitos dos réprobos [Mt 25, 31][673] e não haverá quem, entre os vivos ou entre os mortos, escapará de seu juízo. Desde os extremos da terra, ouvir-se-á o toque da trombeta, pelo qual todos serão convocados ao Seu tribunal, tanto os que forem encontrados vivos naquele dia como os que já tenham sido tirados do convívio dos vivos pela morte [1 Ts 4, 16].[674] Há quem tome aqui as palavras "vivos" e "mortos" de outra maneira, e claramente vemos que alguns antigos hesitassem quanto à sua exposição,[675] mas aquele primeiro sentido, simples e claro, é muito mais conveniente ao Símbolo, que consta ter sido escrito ao modo do povo. E não é contrário a isso o que assevera o apóstolo: que "está constituído para todos os homens que morram uma única vez" [Hb 9, 27]. Pois, ainda que aqueles que chegarem com a vida mortal até o dia do Juízo Final não morram pelo modo e pela ordem natural, a morte que sofrerão, porque estará no lugar da morte, não será chamada inadequadamente de morte. É certo que nem todos dormirão, mas todos serão transformados [1Co 15, 51]. O que é isto? A vida mortal deles perecerá e será absorvida por um momento e será totalmente transformada numa nova natureza [1Co 15, 52]. Ninguém negará que essa ruína da carne seja a morte, no entanto ainda permanece verdade que os vivos e os mortos serão citados ao Juízo, porque os mortos, que estão em Cristo, ressurgirão em primeiro lugar, depois os que restaram e sobreviveram serão raptados com eles nos ares para o encontro com o Senhor [1 Ts 4, 16].[676] E é verossímil que essa partícula fosse tomada do discurso de Pedro referido por Lucas [At 10, 42] e da solene admoestação de Paulo a Timóteo [2Tm 4, 1].

18. Tanto dista que Cristo se tenha elevado ao tribunal para nossa condenação que surge a eminente consolação de que o Juízo esteja nas mãos

---

673 Mt 25, 31-33.
674 1 Ts 4, 16.17.
675 Agostinho, *De fide et symbolo* 8, 15. PL 40, 188; *Enchir. ad Laur.*, c.55, PL 40, 258.
676 1Ts 4, 16s.

daquele que já nos tinha destinado para si como consortes na honra do julgamento. Como perderia o povo o seu Príncipe clementíssimo? Como a Cabeça dissiparia os seus membros? Como o Advogado condenaria seus clientes? Pois se o apóstolo ousou exclamar "Com a intercessão de Cristo, não pode haver quem condene" [Rm 8, 33], é muito mais verdadeiro que Cristo, o próprio intercessor, não haverá de condenar aqueles que recebe em sua fé e proteção. Com certeza não é pouca segurança que não nos apresentemos a outro tribunal que o de nosso redentor, de quem a salvação deve ser esperada [cf. Ambrósio, *Sobre Jacó e a vida bem-aventurada*, I, c.6];[677] além disso, aquele que agora promete pelo Evangelho a bem-aventurança eterna, quando então julgar, haverá de confirmar a promessa. Portanto, para este fim o Pai honrou o Filho, concedendo a ele todo o juízo [Jo 5, 22]: para que assim acalmasse as consciências dos seus do tremor pelo terror do Juízo. Segui até aqui a ordem do Símbolo Apostólico, uma vez que, com poucas palavras, abrange os pontos principais da redenção e pode estar para nós no lugar de uma tábua na qual vemos, distinta e seladamente, o que é digno de atenção no Cristo. Ora, eu o chamo de Apostólico sem ter-me preocupado com seu autor. Certamente com grande consenso, é atribuído pelos escritores antigos aos apóstolos, seja porque avaliaram que foi escrito e publicado em comum por eles, seja porque estimaram que tal fórmula fosse um compêndio fielmente conciso para a confirmação da doutrina trazida através de suas mãos. De fato, não tenho dúvida de que, onde quer que tenha sido inicialmente proferido, desde a origem primeira da Igreja e até desde o próprio tempo dos apóstolos, fosse tomado no lugar de uma confissão pública e recebido com a aprovação de todos. E não é verossímil que tenha sido escrito por uma única mão, dado que, desde o princípio, conste que fosse de uma sacrossanta autoridade entre todos os pios. Deixemos para além de toda controvérsia aquilo que nele deve ser precipuamente considerado: é resumida, em ordem sucinta e distinta, toda a história de nossa fé, e nele não está contido senão o que é confirmado com sólidos testemunhos da Escritura. Entendido isso, de nada importa fatigar-se ou disputar com alguém sobre o autor, a não ser talvez para quem não baste ter a verdade certa do Espírito Santo, por não entender por qual boca ela foi enunciada ou por qual mão foi escrita.[678]

---

677 Ambrósio, *De Iacobo et vita beata* I, 6.
678 Lourenço Valla e Desidério Erasmo (Erasmo de Roterdã) negavam que o Símbolo tivesse sido composto pelos apóstolos.

19. Ora, quando vemos toda a suma de nossa salvação e cada uma de suas partes compreendidas em Cristo [At 4, 12], devemos nos prevenir para não transferir, ainda que uma porção mínima, a outrem. Se é buscada a salvação, pelo próprio nome de Jesus somos ensinados em poder de quem ela está [1Co 1, 30], se quaisquer outros dons do Espírito serão encontrados em sua unção; se a fortaleza, em seu domínio; se a pureza, em sua concepção; se a indulgência, em seu nascimento: ele profere que em tudo se fez semelhante a nós para aprender a se condoer [Hb 2, 17]; se a redenção, em sua paixão; se a absolvição, em sua condenação; se a remissão da maldição, em sua cruz [Gl 3, 13]; se a satisfação, em seu sacrifício; se a purgação, em seu sangue; se a reconciliação, na Sua descida aos infernos; se a mortificação da carne, em seu sepulcro; se a novidade da vida, em sua ressurreição; se a imortalidade, nela mesma; se a herança do reino celeste, em sua entrada nos céus; se o socorro, se a segurança, se a abundância e a faculdade de todos os bens, em seu reino; se a esperança segura do Juízo, no poder de julgar a ele transmitido. E, por fim, n'Ele estão os tesouros de todo o gênero de bens dos quais emana a saciedade, não em outro lugar. Pois aqueles que, não contentes unicamente com ele, vagam aqui e ali em várias esperanças, ainda que o visem de forma precípua, não seguem a via reta, visto que voltam alguma parte de suas cogitações para outro. Se bem que tal desconfiança não se pode insinuar quando a abundância de seus bens tenhamos alguma vez conhecido em sua integridade.

C A P Í T U L O XVII

É correto e adequado dizer que Cristo nos fez merecedores da graça e da salvação de Deus.

 ssa questão deve ser tratada tal qual um apêndice. Há homens falsamente astutos[679] que, mesmo reconhecendo que a salvação foi alcançada para nós por Cristo, sustentam não ser possível ouvir o nome "mérito", pois consideram obscurecer a graça de Deus. Assim, querem que Cristo seja apenas um instrumento ou um ministro, não o autor ou o condutor e Príncipe da Vida, tal como é chamado por Pedro [At 3, 15]. Quanto a mim, reconheço não haver nenhum lugar para o mérito quando se deseja opor Cristo, unicamente e por si, ao juízo de Deus, uma vez que não se encontra nenhuma dignidade no homem que faça de Deus devedor de um favor, ou melhor, como Agostinho escreve com muita verdade, uma luz claríssima da predestinação e da própria graça é o homem salvador Jesus Cristo, porque, isso que ele é, a natureza humana que n'Ele está, não adquiriu de nenhum mérito das obras ou da fé precedentes. Responda-se, pergunto, donde teria merecido aquele homem que fosse assumido na unidade da pessoa do Verbo coeterno ao Pai, para ser o Filho unigênito de Deus? Portanto, apareça em nossa cabeça a mesma fonte da graça, donde, segundo a medida de cada um, ele é difundido por todos os seus membros. Cada um, desde o início de sua fé, se faz cristão por essa graça pela qual aquele homem, desde seu início, foi feito Cristo [Agostinho, *Primeiro livro sobre a predestinação dos santos*, c.15].[680] Ainda, em outra passagem: não há exemplo mais ilustre da predestinação que o próprio Mediador. Com efeito, aquele que fez, desde a semente de Davi,

---

679 Lélio Socino. Suas questões não chegaram até nós.
680 Agostinho, *De praedest. sanct.* 15, 30. PL 44, 981.

um homem justo que jamais seria injusto, faz justos aqueles que são membros daquela cabeça, e assim por diante [idem, *Sobre o dom da perseverança*, último capítulo].[681] Portanto, visto que se trata do mérito de Cristo, não se estabelece nele o princípio, mas nos elevamos à ordenação de Deus, que é a causa primeira, já que, por mero beneplácito, estabelece o Mediador que haveria de adquirir para nós a salvação. E assim, insipientemente, opõe-se o mérito de Cristo à misericórdia de Deus. É uma regra vulgar que não entrem em conflito os que são subalternos, e, por isso, nada obsta a que a justificação dos homens seja gratuita desde exclusivamente a misericórdia de Deus e, ao mesmo tempo, que intervenha o mérito de Cristo, que é sujeito à misericórdia de Deus. Ora, com correção se opõem às nossas obras tanto o favor gratuito de Deus quanto a obediência de Cristo, cada um por sua ordem. Pois Cristo não teria merecido o que fosse senão pelo beneplácito de Deus, mas mereceu porque foi destinado para aplacar, com seu sacrifício, a ira de Deus e apagar, com sua obediência, as nossas transgressões. Em suma, uma vez que o mérito de Cristo depende apenas da graça de Deus (que constitui para nós o único modo de salvação), não é sem aptidão que ela é oposta a todas as justiças humanas.

2. Essa distinção pode ser recolhida de várias passagens da Escritura. Deus teve tanta dileção pelo mundo que deu seu Filho unigênito, para que todo o que n'Ele crê não pereça [Jo 3, 16]. Vemos que a dileção de Deus tem um lugar principal, tal como uma causa ou origem suma, e se siga a fé em Cristo, tal qual uma causa segunda e mais próxima. Se alguém observar que Cristo não seria senão uma causa formal, mais enfraquece a sua força do que propõem as palavras. Pois, se alcançamos a justiça pela fé que n'Ele repousa, a matéria de nossa salvação deve ser n'Ele buscada, o que é claramente provado em muitas passagens. Não que o tenhamos primeiro amado, mas Ele nos amou primeiro, e enviou seu filho para ιθλασμο;ν ("aplacar") nossos pecados [1Jo 4, 10]. Com nitidez se demonstra que Deus, com essas palavras, para nada obstar seu amor a nós, estabeleceu um modo de reconciliação em Cristo. E tem um grande peso o nome "aplacar", uma vez que, de algum modo, o Deus inefável, pelo tempo em que nos amou, estava no entanto irado conosco, até que foi reconciliado em Cristo. Dizem respeito a isso todas estas sentenças: "Ele é a expiação para os nossos pecados" [1Jo 2,2]; "Agradou a Deus reconciliar por Ele todos para si, sendo pacificado por Ele por meio do

---

681 Agostinho, *De dono perseverantiae* 24, 67. PL 45, 1034.

sangue da cruz" etc. [Cl 1, 20]; "Deus estava em Cristo, reconciliando o mundo para si, não imputando os pecados aos homens" [2Cor 5, 19]; "Teve-nos agraciados no Filho amado" [Ef 1, 6]; "para que ambos fossem reconciliados por Deus num único homem pela cruz" [Ef 2, 16]. A razão desse mistério pode ser solicitada ao primeiro capítulo da *Epístola aos efésios*, em que Paulo, depois de ensinar que fôssemos eleitos em Cristo, acrescenta que somos unidos na mesma graça.[682] De que modo Deus começou a abraçar com seu favor àqueles que amou antes da criação do mundo senão exibindo seu amor quando foi reconciliado pelo sangue de Cristo? Pois, uma vez que Deus é a fonte de toda a justiça, foi necessário que o homem, sendo pecador, tivesse a Ele como inimigo e juiz. Eis por que o princípio do amor é a justiça, assim descrita por Paulo: "Aquele que não cometera pecado, foi feito pecado por nós, para que fôssemos a justiça de Deus n'Ele" [2Co 5, 21]. Sugere assim que fomos unidos à justiça gratuita pelo sacrifício de Cristo para agradarmos a Deus, nós que somos filhos da ira e afastados pelo pecado. Quanto ao mais, essa distinção é ainda marcada sempre que se acrescenta à caridade de Deus a graça de Cristo, donde se segue que o que Cristo adquiriu de seu, concedeu a nós, porque de outro modo não caberia a ele o louvor que o Pai lhe atribuiu: que a graça seja d'Ele e seja d'Ele proveniente.

3. Ora, que Cristo tenha, por sua obediência, adquirido e merecido para nós a graça do Pai, conclui-se de várias passagens da Escritura de modo certo e sólido. Pois tomo isto por confesso: se Cristo faz uma reparação por nossos pecados, dissolve-se a pena por nós devida; se, com Sua obediência, aplaca a Deus; e por fim se, justo, sofreu pelos injustos, sua justiça concede para nós a salvação, dado valer o mesmo que merecer. E Paulo atesta que somos reconciliados e recebemos a reconciliação por sua morte [Rm 5, 11].[683] Com efeito, a reconciliação não tem lugar a não ser que a ofensa preceda. Portanto, o sentido é que Deus, de quem estávamos afastados pelo pecado, foi aplacado pela morte de seu Filho para ser propício a nós. E deve-se notar que pouco depois se segue uma antítese. Tal como pela transgressão de um muitos foram constituídos pecadores, assim também, pela obediência, serão constituídos justos [Rm 5, 19]. O sentido é que, tal como pelo pecado de Adão fomos afastados de Deus e destinados à ruína, assim, pela obediência de Cristo, fomos recebidos no favor como justos. E o tempo futuro do Verbo não exclui a justiça pre-

---

682 Ef 1, 4 s.
683 Rm 5, 10s.

sente, tal como aparece do contexto, pois também dissera antes que o καϖρισμα ("dom"), a partir de numerosas faltas, esteja na justificação.

4. Quanto ao mais, quando dizemos que, pelo mérito de Cristo, foi dada a nós a graça, entendemos que, pelo seu sangue, fôssemos purificados, e que a expiação de sua morte fosse pelos pecados. "O seu sangue nos limpa do pecado" [1Jo 1, 7]. "Este sangue é aquele que foi derramado para a remissão dos pecados" [Lc 22, 20].[684] Se há esse efeito do derramamento do sangue para que os pecados não sejam a nós imputados, segue-se que, por seu preço, seja reparado o juízo de Deus. Diz respeito a isso aquela passagem de Batista: "Eis o cordeiro de Deus, que tira o pecado do mundo" [Jo 1, 29]. Pois opõe Cristo a todos os sacrifícios da Lei, para ensinar que somente n'Ele se implementou o que mostraram aquelas figuras. Ora, sabemos o que Moisés frequentemente diz: "Expiará a iniquidade, apagará e remirá o pecado".[685] Por fim, as antigas figuras ensinam de forma excelente qual é a força e a eficácia da morte de Cristo. E o apóstolo explica a matéria na *Epístola aos hebreus*, assumindo habilmente este princípio: que "a remissão não se dá sem o derramamento de sangue" [Hb 9, 22]. Donde conclui que Cristo apareceu em definitivo para a abolição do pecado, por meio de seu sacrifício, ainda que fosse oferecido para tirar o pecado de muitos.[686] Ora, antes dissera que, não pelo sangue de bodes ou de novilhos, mas por seu próprio sangue, entrasse uma única vez no santuário, pela redenção eterna obtida [Hb 9, 12]. Logo, quando assim argumenta: "se o sangue do novilho santifica segundo a pureza da carne, muito mais as consciências são purificadas de obras mortas pelo sangue de Cristo" [Hb 9, 13],[687] facilmente se evidencia que a graça de Cristo em muito se enfraquece quando não concedemos a seu sacrifício a força da expiação, do aplacamento e da reparação, tal como pouco depois acrescenta: "Este é o mediador do Novo Testamento, a fim de que, intervindo a morte na redenção dos delitos que existiam sob a Lei, aqueles que são chamados recebam a promessa da herança eterna" [Hb 9, 15]. De fato, é especialmente conveniente analisar a analogia descrita por Paulo, que por nós seja feito maldição etc. [Gl 3, 13]. Teria sido supérfluo e a tal ponto absurdo onerar Cristo com a maldição a não ser que, pagando o que outros deviam, adquirisse para eles a justiça. Também é claro o testemunho de Isaías: "Foi imposto a Cristo o castigo

---

684 Melhor: Mt 26, 28.
685 Ex 34, 7; Lv 16, 34.
686 Hb 9, 28.
687 Hb 9, 13s.

da nossa paz, e por suas feridas obteve para nós a saúde" [Is 53, 5]. A não ser que Cristo tivesse feito uma reparação por nossos pecados, não se diria que aplacasse a Deus com a pena n'Ele recebida, à qual estávamos sujeitos, ao que corresponde o que se segue no mesmo lugar: "Em razão do crime de meu povo, Eu o atingi". Acrescente-se a interpretação de Pedro, que não permite nenhuma ambiguidade: "levou os nossos pecados sobre a cruz" [1Pd 2, 24], pois diz ter-se depositado em Cristo o ônus da condenação, do qual fomos aliviados.

5. Os apóstolos não dizem obscuramente que pagou o preço pelo qual nos teria redimido da culpa da morte: justificados por sua graça pela redenção, que está em Cristo, a quem Deus dispôs como ιϑλαστηωριον ("aplacador") pela fé que está em seu sangue. Paulo recomenda nisso a graça de Deus, porque Deus estabeleceu o preço da redenção na morte de Cristo [Rm 3, 24]; depois ordena que nos refugiemos em seu sangue para que, adeptos da justiça, estejamos seguros ante o juízo de Deus.[688] Tem o mesmo valor esta passagem de Pedro: "Fomos redimidos não pelo ouro ou pela prata, mas pelo precioso sangue do cordeiro imaculado" [1Pd 1, 18]. A antítese não seria congruente se esse preço fosse reparador dos pecados, razão pela qual Paulo diz que fomos magnificamente comprados [1 Co 6, 20]. Também não seria mantida outra passagem sua: "um único Mediador que se deu αφντιωλυτρον ('em resgate')", a não ser que se depositasse n'Ele a pena da qual éramos merecedores. Por isso, o mesmo apóstolo define a redenção no sangue de Cristo como a remissão dos pecados [Cl 1, 14], como se dissesse: "somos justificados ou absolvidos ante Deus, uma vez que aquele sangue responde quanto à reparação", o que está consoante também com outra passagem: "que tivesse sido apagado na cruz o atestado que nos era contrário" [Cl 2, 14]. Com efeito, a marca do pagamento ou da compensação está em que nos absolva da culpa. Peso maior subjaz também a estas palavras de Paulo: "Se formos justificados pelas obras da Lei, então Cristo morreu inutilmente" [Gl 2, 21]. Concluímos daí que deve ser pedido a Cristo o que a Lei conferia quando alguém a cumpria, ou (o que é o mesmo) que alcancemos pela graça de Cristo o que Deus prometeu para nossas obras na Lei: "Quem as cumprir, viverá nelas" [Lv 18, 5]. O que confirma no discurso de Antioquia, asseverando que, ao crer em Cristo, somos justificados daquilo que não pudemos ser justificados na lei de Moisés [At 13, 38]. Pois, se a observação da Lei é a justiça, quem negará que Cristo, enquanto toma para

---

688 Rm 3, 25.

si esse peso, concilia-nos totalmente com Deus, como se fôssemos observadores da Lei, merecendo o favor para nós? Diz respeito ao mesmo o que traz depois, na *Epístola aos gálatas*: "Deus enviou seu Filho sujeito à Lei, para redimir aqueles que estavam sob a Lei" [Gl 4, 4].[689] Para que fim, de fato, dar-se-ia tal sujeição senão para alcançar para nós a justiça, assumindo afiançar aquilo que não podíamos pagar? Donde aquela imputação da justiça sem as obras, da qual Paulo falou [Rm 4], a saber, que Deus nos imputa e aceita como nossa a justiça que só é encontrada em Cristo. Sem dúvida não é por outra causa que a carne de Cristo é chamada de "nosso alimento" [Jo 6, 55], senão porque n'Ele encontramos a substância da vida. Aquela força provém somente do fato de o Filho de Deus ter sido crucificado como preço de nossa justiça. Tal como Paulo diz: que "Ele mesmo se entregou como um sacrifício de agradável odor" [Ef 5, 2]. E, em outro lugar, que foi morto em razão de nossos pecados, ressuscitou em razão de nossa justificação [Rm 4, 25]. Donde se confessa que não nos foi dada por Cristo apenas a salvação, mas que agora o Pai, pela graça d'Ele, nos é propício. Pois não há dúvida de que n'Ele esteja solidamente implementado o que Deus pronuncia figuradamente por intermédio de Isaías: "Farei por mim e por Davi, o meu servo" [Is 37, 35]. Matéria para a qual o apóstolo fornece excelente testemunho quando diz: "Os pecados são redimidos para vós em razão do nome d'Ele" [1Jo 2, 12]. Pois, ainda que não tenha expressado o nome de Cristo, João O designa, como é de seu costume, sob o pronome αυφτο ("ele"), com o mesmo sentido em que pronuncia Senhor: "Assim como eu vivo pelo Pai, assim também vós viveis por mim" [Jo 6, 57]; passagem à qual corresponde o que diz Paulo: "Pois vos foi concedido, por amor de Cristo, não somente o crer nele, como também o padecer por ele" [Fp 1, 29].

6. De fato, perguntar se mereceu algo para si (o que fazem Lombardo, em *Sentenças*, III, d.18[690] e os escolásticos[691]) não é menos uma curiosidade estulta que uma definição temerária em que asseveram o mesmo. Que necessidade teria o Filho único de Deus de descer para adquirir algo de novo para si? Deus, ao expor sua deliberação, elimina toda dúvida. De fato, não se diz que o Pai velasse pela utilidade do Filho em seus méritos, mas que o entregasse para a morte, não para que ele perecesse, mas porque amou o mundo [Rm 8, 32].[692] E devem ser destacadas as

---

689 Gl 4, 4s.
690 Lombardo, *Sent.* III, d. 18. PL 192, 792 ss.
691 Cf. Boaventura, *In Sent.* III, d. 18; Tomás de Aquino, *Summa Theologiae* III, q. 59, a. 3.
692 Rm 8, 32. 35. 37.

falas proféticas: "Nasceu uma criança para nós" [Is 9, 6]; "Exulta, ó filha de Sião, eis que o teu rei vem para ti" [Zc 9, 9]. De outro modo, também seria friamente recebida a confirmação do amor que Paulo recomenda: "Cristo se sujeitou à morte em favor dos inimigos" [Rm 5, 10]. Concluímos disso que não tivesse um motivo próprio, o que ele afirma claramente ao dizer: "por eles me santifico" [Jo 17, 19]. E assim atesta que não adquire nada para si aquele que transfere para os outros o fruto de sua santidade. E por certo isto merece máxima observância: que Cristo, para se consagrar completamente à nossa salvação, de certo modo se esqueceu de Si. E ainda trazem às avessas este testemunho de Paulo: "por isso o exaltou o Pai, e lhe deu um nome" etc. [Fp 2, 9].[693] Com quais méritos pode chegar o homem a ser juiz do mundo, cabeça dos anjos e apoderar--se do sumo império de Deus de tal modo que resida nele aquela majestade da qual, unidas, todas as forças dos homens e dos anjos não podem alcançar? Mas há uma solução plena e fácil: Paulo não falou ali sobre a causa da exaltação de Cristo, mas somente mostrou a consequência para que fosse para nós um exemplo, e não quis, de nenhum modo, dizer senão o que disse em outra passagem: "Foi preciso que Cristo sofresse, e assim entrasse na glória do Pai" [Lc 24, 26].

693 Lombardo, *loc. cit.*, d. 18, 3; Boaventura, *loc. cit.*, q. 2.

SOBRE O LIVRO

Formato: 16 x 23 cm
Mancha: 27,5 x 49,0 paicas
Tipologia: ITC Symbol Medium 10/14
Papel: Pólen soft 80 g/m² (miolo)
Cartão (capa)
1ª edição: 2008

EQUIPE DE REALIZAÇÃO

Maria Tereza Galuzzi e Adir de Lima (Preparação de original)

Agnaldo Alves e Alexandre Agnolon (Revisão)

Eduardo Seiji Seki (Editoração Eletrônica)

GRÁFICA PAYM
Tel. [11] 4392-3344
paym@graficapaym.com.br